蘭臺出版社

中國文化研究叢書第一輯
10

總編纂 党明放

秦漢之際的政治思想與皇權主義

雷戈 著

中國學術研究叢書系列
總編纂　党明放

中國文化研究叢書第一輯

党明放　　鄭茂良、陳　濱　肖愛玲　韋明鏵　許友根
艾永明　　傅紹良　　王　勇　李憲堂　雷　戈

《中國學術研究叢書》出版總序

党明放

國學，初指國立學校，明置中都國子學，掌國學諸生訓導政令。後改稱中都國子監，國子監設禮、樂、律、射、御、書、數等教學科目。

國學，廣義指中國歷代的文化傳承和學術記載，狹義指以儒學為主的中國傳統學說，根據文獻內容屬性，國學分經、史、子、集四類，各有義理之學、考據之學及辭章之學。

國學是以先秦經典及諸子百家為根基，涵蓋了兩漢經學、魏晉玄學、隋唐佛學、宋明理學、明清實學和同時期的先秦詩賦、漢賦、六朝駢文、唐詩宋詞元曲與明清小說等一脈特有而完整的文化學術體系，並存各派學說。

學術，指系統而專門的學問，是對客觀事物及其規律的學科化。學問，學識和問難，《周易》：「君子學以聚之，問以辯之。」而自成系統的觀點、主張和理論，即為學說，章炳麟《文略》：「學說以啟人思，文辭以增人感。」無論是學術、學問、學說，皆建立在以文化為主體之上。

「文化」一詞源於拉丁文 Colere，本義開發、開化。最早將其作為專門術語加以運用的是英國文化人類學創始人愛德華・泰勒（Edward. B. Tylor 1832—1917），他在《原始文化》書中寫道：「文化或文明是一個複雜的總體，它包括知識、信仰、藝術、道德、法律、風俗以及作為一個社會成員的個人通過學習獲得的任何其他的能力和習慣。」

人類社會可劃分為政治部分、文化部分和經濟部分。一個國家,有其政治制度、文化面貌和經濟結構;一個民族,有其政治關係、文化傳統和經濟生活。在人類社會發展進程中,文化是「源」,文明是「流」。文化存異,文明求同。

文化是產生於人類自身的一種社會現象。《周易》云:「觀乎天文,以察時變。觀乎人文,以化成天下。」東漢史學家荀悅《申鑒》云:「宣文教以章其化,立武備以秉其威。」南齊文學家王融〈曲水詩序〉云:「設神理以景俗,敷文化以柔遠。」

文化是人類的內在精神和這種內在精神的外在表現。文化具有多方的資源、特質、滯距,以及不同的選擇、衝突和創新。

文化分為物質文化、精神文化和制度文化。文化不僅在人類學、民族學、社會學、考古學,以及心理學中作為重要內涵,而且在政治學、歷史學、藝術學、經濟學、倫理學、教育學,以及文學、哲學、法學等領域的核心價值。

文化資源包括各種文化成果和形態。比如語言、文字、圖畫、概念、遺存、精神,以及組織、習俗等。其特性主要體現在文化資源的精神性、多樣性、層次性、區域性、集群性、共享性、變異性、稀缺性、潛在性以及遞增性。

歷史文化資源作為人類文化傳統和精神成就的載體,構成了一個獨立的文化主體,並具有獨特的個性和價值,可分為自然文化資源和社會文化資源,自然文化資源依靠文化提升品味,依靠時間形成魅力;社會文化資源包括人文景觀、歷史文化和民俗風情等。

民族文化資源具有獨特性、融合性和創新性,包括有形的文化資源和無形的精神文化資源,諸如:民俗節慶、遊藝文化、生活文化、禮儀文化、制度文化、工藝文化以及信仰文化等。

我國是一個多種宗教並存的國家,諸如佛教、道教、基督教、天主教以及伊斯蘭教等,在漫長的歷史發展進程中,各類宗教和宗教派別形成了寶貴的宗教文化資源。宗教文化具有很大的包容性,幾乎囊括了從哲學、思想、文學、藝術到建築、繪畫、雕塑等方面的所有內容,並且具有很大的旅遊需求和開發價值。

文化資源具有社會功能和產業功能。社會功能具有明顯的時代性、可變性、

擴張性、商品性、潛在性，以及滯後性，主要體現在促進文化傳播、加強文化積累、展現國民風貌、振奮民族精神、鼓舞民眾士氣和推動文明建設等方面。

文化是一個國家和民族的凝聚力、生命力和影響力的集中體現。人類文化的交往，一種是垂直式的，稱之為文化傳遞；一種是水平式的，稱之為文化傳播。垂直式的文化交往屬於文化積累，或稱文化擴散，能引發「量」的變化；水平式的文化交往屬於文化融合，或稱文化采借，能引發「質」的變化。一切文化最終將積澱為社會人群的內涵與價值觀，群體價值觀建築在利它，厚生，良善上，這族群的意識模式便影響了行為模式，有了利它，厚生為基礎的思維模式，文化出路便往利它，厚生，豐盛溫潤社會便因之形成。這個群體因有了優質文化而有了安定繁盛的社會，生活在其中的人們可以快樂幸福。

東漢王符《潛夫論》云：「天地之所貴者，人也；聖人之所尚者，義也；德義之所成者，智也；明智之所求者，學問也。」歷代學人為了文化進程，著手文獻整理，進行編纂，輯佚，審校，註釋，專研等，「存亡繼絕」整校出版文化傳承工作。

蘭臺出版社擬踵繼前人步伐，為推動時代文化巨輪貢獻禺人之力，對中國傳統文化略盡固本培元，守正創新，傳佈當代學界學人，對構建中國傳統文化研究的成果，將之整理各類叢書出版，除冀望將之藏諸名山，傳諸百代之外，也將為學人努力成果傳佈，影響更多人，建立更好的優質文化內涵。並將此整校編纂出版的重責大任，視其為出版者的神聖使命，期盼學界學人共襄盛舉！

蘭臺出版社社長盧瑞琴君致力於中國文化文獻著作的整理出版，首部擬策劃出版《中國學術研究叢書》，接續按研究主題分類，舉凡國家制度、歷史研究、經濟研究、文學研究、典籍史論，文獻輯佚、文體文論、地理資源、書法繪畫、哲學思想，倫理禮俗，律令監督，以及版本學、考古學、雕塑學、敦煌學、軍事學等領域，將分門別類，逐一出版。邀稿對象多為國內知名大學教授、社科機構研究員，以及相關研究領域裡的專家和學者的專業研究成果為主，或國家社會科學、文化部、教育部，以及省級社科基金項目的代表性科研成果，諸位教授主持國家社科基金重大招標項目，以及擔任部省級哲學、社會科學重大攻關項目首席專家，並且獲得不同層次、不同級別、不同等級的成果獎項為出版目標。

　　中國文化研究首部《中國學術研究叢書》的出版，將以此重要的研究成果，全新的文化視野，深邃厚重的歷史文化積澱和異彩紛呈的傳統文化脈絡為出版稿約。

　　清人張潮《幽夢影》云：「著得一部新書，便是千秋大業；注得一部古書，允為萬世宏功。」人類著述之根本在於人文關懷。叢書所邀作者皆清遠其行，浩博其學；學以辯疑，文以決滯；所邀書稿皆宏富博大，窮源竟委；張弛有度，機辯有序。

　　文搜百代遺漏，嘉惠四方至學。《中國學術研究叢書》開啟宏觀視覺，追溯本紀之源，呈現豐贍有趣的文化圖景。雖非字字典要，然殊多博辯，堪為文軌，必將為世所寶。

　　瑞琴君問序於余，鄙人不才，輒就所知，手此一記，罔顧辭飾淺陋，可資通人借鑒焉。

王寅端月識於問字庵

作者係文化學者、蘭臺出版社駐北京總編輯、中國學術研究叢書總編纂

目　錄

緒論　學術史的梳理與論題的構思

一、作為思想史範疇的後戰國時代

「思想史」是一個沒有確定性界限的概念。[1]但這並不影響我們在最為寬泛意義上的正當使用。所以對「思想史」一說，最常見的情景反而是最少爭議和分歧。因為它處於某種不言而喻的共識狀態。

自 20 世紀有現代意義上的中國政治思想史研究以來，先秦兩漢這段思想史的研究基本呈現一種「馬鞍形」狀態，即兩頭高，中間低。戰國諸子始終是一熱點，漢代董（仲舒）王（充）諸家亦為重點。相形之下，秦朝至漢初八十年卻顯得頗有些寂寞。更重要的是，對這段歷史、社會、政治和思想，人們一直不能給予理論上的明確定位，即形成一個相對清晰的理論框架來分析和描述

1　我同意史華茲的意見，「思想史」的趣味正在於「『思想』（thought）這個詞語的語義邊界是不確定的。它可以包含認知、推理、意向性、想像力、情感、驚歎、困惑以及不能夠在電腦上輕易程式設計類比的意識生活的許多其他方面的內容。此外，它還有其他一些模糊的涵義，既可以指思維過程（process of thinking），也可能指諸如觀念（ideas）、心態（mentalities）或內在態度（inner attitudes）之類固定化的思想『產品』。」（《古代中國的思想世界》，第 14 頁注釋 1，江蘇人民出版社，2004 年。）另外，陳啟雲通過對「哲學史」（History of Philosophy）、「思想史」（History of Thought）、「觀念史」（History of Ideas）及「心態史」（History of Mentality）之間的區分，提出了「思想文化史」（Intellectual History），用以「強調思想在文化中的核心地位」。（見《中國古代思想文化的歷史論析》，第 1 頁，北京大學出版社，2001 年。）

這段歷史和思想。將秦漢視為一個整體，強調其社會形態和政治制度的一致性，確有道理；反之，強調秦制漢政之殊異，也有道理。但無論是「熱」還是「冷」，其思想史斷代均屬一種自然時代範疇。

思想史時代有兩種性質：自然時代與觀念時代。所謂「自然時代」就是朝代的自然順序，習稱的先秦、秦漢就是自然時代。所謂「觀念時代」就是根據特定研究意圖而對歷史時期所作的重新劃分和切割，[2] 其目的是凸顯該時期的思想史特性，即突出該時期特有的觀念價值。簡言之，「觀念時代」即是打破朝代界限而重新規劃的思想史階段。如果說戰國思想史是自然時代範疇，後戰國思想史就是觀念時代範疇。在我看來，自然時代與觀念時代之兩分並非基於思想史內緣外緣兩個層面之確認，其本質在於兩種類型之差異。思想史時代兩種類型的規定不僅僅是思想史的分期或斷代所需要，而且更是揭示思想史結構所必須。

作為一種思想史觀念，我把觀念時代具體理解為思想史的中時段性。因為思想史的長時段研究和短時段研究局限都比較明顯。中時段方法則具有更大優勢。我對中時段的定位是百年左右，其伸縮尺度最好是七十至一百三十年。[3] 觀念時代作為思想史中時段性的好處是，它可以直接付諸史學研究實踐。太長或太短都不合適。雖然就理論而言，觀念時代範疇原則上可以適用於長短各個時段，但從史學研究特性看，中時段應該是最好的定位。當然這涉及一個時代遠近與文獻多寡的問題。所以三代只能用長時段，現當代可以用短時段。比如，二十年至五十年，可以構成一個有效的觀念時代範疇。

馮友蘭對中國思想史曾有一個「一分為二」的觀點，一部中國思想史可以劃分為兩個階段：「子學時代」和「經學時代」。「儒家之興起，為子學時代之開端；儒家之獨尊，為子學時代之結局。」[4] 他的《中國哲學史》就是這樣寫的。

2　某種意義上，它不妨視之為對思想史的不同階段和層面所作的「分期」。

3　我對這個時段的設定有兩個考量。一是從大的統一朝代看，一般從二百年到三百年不等，所以七十至一百三十年的觀念時代劃分可以靈活使用於每個朝代的前後期或早中晚期。同時對那些非統一的歷史時期來說，七十至一百三十年的觀念時代劃分也能夠對它們進行相對穩定的思想把握和觀念測量。二是從個體生命的角度看，七十至一百三十年大約是三代人到六代人之間。在古代，三代人或六代人左右無疑能構成一個具有獨特內涵並且可以辨識的觀念連續體。應該說，觀念連續體的概念在很大程度上成為我設定思想史觀念時代的一個基準。

4　〈原雜家〉，《中國哲學史》下冊，中華書局，1961 年新 1 版。

「上篇謂自孔子至淮南王為子學時代；自董仲舒至康有為為經學時代。」[5] 上下兩冊，各分一半。倒也公平妥當。對此我有個相似的看法，即中國思想史可分為「道」、「術」兩個時代。春秋戰國即為「道的時代」，秦漢至明清即為「術的時代」。[6] 正因如此，對思想史的技術分析在秦漢以後顯得特別重要。甚至具有根本性。但從思想史中時段性的角度看，無論「子學時代」、「經學時代」，還是「道」、「術」時代，皆不能構成真正具有可分析性和操作性的觀念時代範疇。因為它們都太大了。[7] 所以我覺得，子學時代還應細分為戰國和後戰國兩個階段。這樣，後戰國就具有了雙重觀念性質，既是「子學時代」之終結，又是「術」時代之開始。所謂觀念時代性質，其含義正在於此。後戰國時代因而成為一個思想史的中時段研究之嘗試。

　　20 世紀的中國思想史研究使用自然時代範疇產生了不少有分量的學術成果。但局限性也甚為明顯。以後戰國為中心，可以看出人們使用自然時代範疇來對先秦秦漢思想史的分期和論述，有這樣幾種大同小異的觀點。

　　馮友蘭說，戰國末期到秦漢之際，中國思想界不但有一種「道術統一」的學說，而且有一種「思想統一的運動」。[8] 其原因有三。第一，政治一統論。「就統治者說，思想統一是必需的。因為統治者一方面在決定政策上，必需有一個一貫的理論根據，一方面在政策施行上，也需不受太多的龐雜不一致的批評，所有的統治者，大概都是主張思想統一的，自戰國至秦漢，政治上既趨向『大統一』，所以統治者亦提倡思想統一。」第二，真理一元論。人們相信真理「本來而且只能有一個。既信真理為一，則對於各家之學之矛盾分歧，必有人思有

5　《中國哲學史》下冊，第 492 頁。另外，傅斯年也說：「周漢諸子是一氣，不能以秦為斷，是一件再明顯沒有的事實。」（〈戰國子家敘論〉，《史學方法導論》，中國人民大學出版社，2004 年。）應該說，肯定周漢諸子的連續性與同質性並非毫無道理，但如果強調過度，無視相反之事實，則只能因小失大，而遮蔽更大的真理。

6　不妨一喻，春秋戰國彷彿希臘時代，秦漢以後彷彿羅馬時代。前者的理論建構必然轉換為後者的制度實踐。這意味著，後戰國思想史價值往往不在於觀念演繹，而在於觀念實踐。

7　在這個意義上，我覺得用某一個特別大的「超級概念」貫通幾千年，總有些不妥。

8　馮氏專門區分了「道術統一」與「思想統一」。主張道術統一的有儒道兩家。「戰國末期道術統一說與道家之興起，很有關係。」儒道雖主張道術統一，但《荀子》邏輯是以自家而統他家，只會「罷黜百家」，而不會折衷百家。〈天下篇〉認為「方術不能統一，又不想去統一」。韓非子「只有統一思想的學說，而沒有『道術統一』的學說。」韓非子統一思想的辦法是，「采道家清虛無為之論，以為其君道無為之說，采儒者之忠君正名及其他各家有利於治世強國之學說，以為法之內容。」（〈原雜家〉）

以『一』之。」第三，思想邏輯論。「就思想史之發展言，經過一『百家爭鳴』之時代，隨後亦常有一綜合整理之時代。」[9] 雜家因此而生。[10]

蕭公權說，中國政治思想史可分為兩段。春秋戰國為「封建天下之思想」，[11] 即所謂「創造時期」；秦漢至明清為「專制天下之思想」，即所謂「因襲時期」和「轉變時期」。[12] 具體到兩漢政治思想史又可分為三期。第一期為漢初四帝統治時期。「此六十年中黃老頗盛，儒家亦不免受其影響而兼尚無為。」[13] 這一期與戰國秦漢之際相重疊。其特點表現為門戶由分而合。當然合的並不徹底。所謂「放棄門戶之見者遂成雜家之學，堅持門戶之別者亦參採異端，以與師說相糅合參合之限度不同，故學說之純駁不一。」因此周末秦漢學術每每呈兩種樣態。「一為學派之名號猶昔，而思想之內容有異。二為一派之中間有分支，而數派之間反相混合。自此以後，先秦學派之能繼續存在者，雖尚壁壘森嚴，而精神迥別。」[14]

蒙文通說：「周秦之際，諸子之學，皆互為採獲，以相融會。」韓非受學儒門，兼取道家，而集法家之大成。「荀之取於道、法二家，事尤至顯。」[15] 概

9　〈原雜家〉。

10　「凡企圖把不同或相反的學說，折中調和，而使之統一的，都是雜家的態度，都是雜家的精神。」、「雜家者流，出於食客。」馮氏在注釋中進一步說明，如果「不治而議論」之大夫即為「議官」，「實亦即是食客。」雜家特點是，「第一，『道術統一』說之中心觀點，為戰國末期儒道二家所公認者。此說以為道術之全，包括所有的學說，或包括所有學說之『好』的一方面。」、「第二，對於百家之學，『道術統一』說以為他們都見到總全道術之一偏一隅，這也是荀子和〈天下篇〉所共同主張的。」、「第三，雜家又採取荀子韓非子的見解，認為各家學說，有統一之必要。就實用上說，學說必須統一不二，才不至惑亂法令，混淆是非；就知識上說，必知大全的道術，才算全知之士。」似乎可以說，秦漢各家「都有雜家的傾向」。有人將其視之為「通病」，有人則看作「時尚」。但雜家不能解決思想統一的問題，「雜家正如陳勝吳廣，所謂『為王者驅除難耳』。」（〈原雜家〉）

11　嚴格說來，這個時期已是封建消亡階段。其思想已與封建天下無甚關係。準確說，應該是「爭霸天下之政治思想」。它介於專制天下與封建天下興亡之際，而其思想則為中國思想史之絕唱。

12　具體言之，秦漢至宋元為「因襲時期」，明初至清末為「轉變時期」。（參見《中國政治思想史》第 1 冊，第 4–10 頁，遼寧教育出版社，1998 年。）「因襲時期政治思想潮流衝激之大勢，簡言之，乃中國學術上之長期內戰。其交戰之團體為中土固有之學派，其爭鬥之利器為先秦舊創之學說。」（《中國政治思想史》第 1 冊，第 6–7 頁。）

13　《中國政治思想史》第 2 冊，第 266 頁。

14　《中國政治思想史》第 1 冊，第 6–7 頁。

15　參見〈儒學五論題辭〉，《古學甄微》，巴蜀書社，1987 年。

言之，「戰國末期，百家之學術漸趨於匯合，綜百家之長而去其短者為雜家，《呂覽》為之始，而《淮南》繼之。惟雜家以道德為中心，故偏于玄言，不切世用。繼雜家而起者為經術，為儒家，推明仁義之說，固視道家為精，其言政術亦視雜家為備，其取雜家而代之固宜。」[16] 特別是「從戰國晚期到漢初這段時間」，儒家吸取了很多其他學派的思想，變化很大。[17]

葛兆光說，戰國末期到西漢前期的思想融合大體就是「百家爭鳴的尾聲與中國思想世界的形成」。理由在於，第一，關於宇宙、社會、人類的知識在這個時代「才真正地互相綜合成一個大體系」。第二，這個知識體系「構成了中國文化的背景」，這背景則是一種「融會了包括人文與社會思想與兵法、數術、方技等實用技術在內的巨大的知識網絡」。第三，對各種知識的「整合和解釋」廣泛出現於這個時期「各種折衷色彩極濃的思想表述中」。[18] 人們普遍認為折衷主義「似乎是戰國末期秦漢之際中國思想的一個特徵」。[19]

可見人們對秦朝漢初這個時期中國思想史的階段性特點早已有了一個習慣性指稱和模糊性概括。但它有兩個缺陷。第一，其使用的表述方式是「戰國晚期到漢初」或「戰國末期秦漢之際」這種自然時代範疇，而沒有使用一種類似於「後戰國」這種觀念時代範疇。李開元首先使用這個概念指稱秦末漢初形勢特點，認為這六十年經歷了一個王業、霸業、帝業（特別是後二者）遞進的「後戰國時代」，從而構成一個「獨立的歷史時期」。[20] 但他說的只是政治形態，而非思想範疇。其實無論是哪一方面，「後戰國時代」與「戰國時代」既非直接對應，亦非簡單重演。[21] 不過作為一個新歷史概念來說，「後戰國」還是很有意義的。第二，人們把「戰國末期秦漢之際」的思想趨勢概括為「雜」與「合」則是知其一不知其二。[22] 雖然從自然時代範疇的角度看，這種說法既有靈活性，

16　〈論經學遺稿三篇〉，《經史抉原》，巴蜀書社，1995 年。

17　〈孔子和今文學〉，《經史抉原》。

18　《中國思想史》第 1 卷，第 314–315 頁。

19　《中國思想史》第 1 卷，第 315 頁。

20　參見《漢帝國的建立與劉邦集團》，第 74–77 頁，三聯書店，2000 年。

21　因為嚴格說來，並非稱王就是王政。所謂王政是天子稱王，而且僅僅是天子稱王。「天子－王」的完全重合性與絕對唯一性意味著，戰國時代既不存在王政，也不存在帝政。至於後戰國時代項羽的分封則是王政與霸政的奇特混合。

22　也有人強調「通」。但「通」「合」之間似乎並不易區分。「與戰國後期相比，漢初的學術綜合有其特色，不僅出現了兼綜各家的著作和學者，綜合的水準超邁前人，而

又有解釋力。它卻不能形成一個實質性的觀念時代範疇來凸顯出這段時期思想史的性質變異和結構轉型的總體脈絡走向。概言之，其根本缺陷在於，它沒有能夠嚴格區分出中國思想史在戰國末期到秦朝漢初發生的前後性質變化；同時，它也沒有深刻理解造成這種性質變化的主導力量並不來自於思想本身，而是來自於思想之外的皇權主義秩序和意識形態建制；最重要的是，它對皇權意識形態以及意識形態秩序下的思想變化樣態缺乏一種思想史方法論的把握。

基於此，如果我們把「後戰國」作為觀念時代範疇，引入中國思想史領域，就有了一個消除相關研究缺陷的基本分析框架。這樣，觀念時代作為對思想史結構的一種規劃與揭示就表現出一種特殊的優越性。後戰國作為思想史的觀念時代，可以非常細緻地區分出戰國末期到秦漢之際這段思想史的複雜的形態性變化。觀念時代的思想史規劃，並不是從思想外緣來解釋思想內緣，而是把思想史理解為一種複雜的結構。這種結構往往受制於一種超思想的力量支配和定向。凸顯和強調這種超思想的力量對思想史的規範和決定，並不會削弱思想史的自足性，相反，它倒是能夠更好地呈現思想史的客觀性。

與自然時代比較起來，觀念時代的優越性在於，它既不是以一般朝代為序來敘述思想史，也不是以某種思想現象或趨勢來觀察思想史，而是著眼於思想史的性質變異和結構轉型。所以它對人們認同的連續性的思想史定見則強調其前後之斷裂性，同時，它也強調這種斷裂性之深層根源往往超出思想本身的控制和意圖。比如，標識其斷裂性的特徵有：（1）戰國之際，諸子皆致力於「霸天下」之策，故有水火不容之勢。後戰國之時，諸子皆致力於「安天下」之術，故有水乳交融之態。（2）戰國諸子重分，後戰國諸子在合。戰國諸子是各守門戶，壁壘森嚴，後戰國諸子是有門戶而無高牆。（3）後戰國時代諸子還在，但已不復為家。即諸子仍在，家不復存。（4）戰國是思想創造的時代，後戰國是思想試驗的時代。思想試驗的結果是：法家的暴戾和道家的清靜，雖都有一時之效，但均無長久之功。（5）對後戰國來說，它面臨的是一個剛剛消逝的在整個中國歷史上都是空前絕後的「有思想」的戰國時代，這使後戰國時代的「無

且綜合的範圍更為廣闊，他們大多不再滿足於相關思想的融合，而是著眼於各家思想的溝通。」其思路顯然是沿著戰國後期至漢初一路「合」下來的。所以才會接著就說，「即便是漢初流行的黃老之學，實際上也非先秦的老莊可比，它已經成為大量綜合別家思想的混合物。」（參見彭林《《周禮》主體思想與成書年代研究》，第 250–251 頁，中國社會科學出版社，1991 年。）

思想性」顯得更為醒目和突出，同樣也使許多思想問題變得更加撲朔迷離。這提示我們既需要對諸多事物的來龍去脈仔細辨析，同時又需對其判斷倍加謹慎。（6）戰國時代人們都不知道天下將來會是什麼樣子，後戰國時代人們都已知道天下現在是什麼樣子。所以諸子之間便無根本的利害衝突。思想融合漸成共識。甚至思想共識壓倒理論分歧。雖方法不同，但目的無異。所以無論焚書坑儒還是獨尊儒術，本質皆不在於學理，而在於權術。它們都不是為了打擊別家而抬高自己，而是為了打擊異學而維護朝廷。換言之，效忠當朝皇帝是後戰國諸子之共同目的，打擊異端則只是手段。

戰國諸子在後戰國被皇權主義規範成一種大一統式的思想方式。這不是說他們之間沒有任何利害衝突和觀點分歧，而是說，皇權主義秩序為他們提供了一個最大限度的政治－思想共識邊界。這種大一統式的政治－思想共識幾乎覆蓋了人們之間的一切觀念分歧，從而使之成為無關宏旨的話語碎片。就此而言，中國政治思想史上，後戰國可能是繼春秋戰國之後最重要的一個時代。因為雞蛋已經積蓄得差不多了。現在到了考慮如何把雞蛋裝進籃子裡的時候。這就是重建思想秩序的問題。皇權意識形態是對思想秩序的自覺設計和制度性安排。它首先需要考慮的是，如何將每個雞蛋放到各自適當的位置上。皇權意識形態以強力方式徹底抹平了諸子之間的原則分歧，使之歸於一體，即皇權政體是也。在皇權意識形態中，諸子皆由道退化或簡化為術，而無原則之分殊，故有鳴而無爭矣。

二、後戰國時代思想史研究現狀的基本評估

一般而言，後戰國時代的思想史價值向來令人起疑。因為秦朝被人公認為是一個「沒有思想」的時代，漢初流行的思潮又大都被歸結於黃老。與其相伴隨的則是法家的自然沉澱和儒學的緩慢復興。這其中或許還交織著某種儒道兩家在政治實踐層面和權力遊戲範疇中的明爭暗鬥。但這些似乎都不具有深刻或新穎的思想史價值。後戰國時代的一些思想家和思想作品，比如，陸賈《新語》、伏生《尚書大傳》、賈誼《新書》、韓嬰《韓詩外傳》、《黃帝四經》、大小《禮記》、《文子》、《淮南子》，在思想史上也都明顯缺乏一種理論的原創性。這種思想狀態之形成取決於兩個原因：一是就思想內緣看，自戰國後期以來，

理論創造高峰已成過去，人們的理論創造力總體下降，故而在形式上表現為趨向於所謂的思想「綜合」。但本質上理論的綜合往往意味著埋論創造力的喪失。一是就思想外緣看，皇帝制度和皇權政體的建立，要求人們必須在一種逐漸成型的意識形態體制中調整自己的思想和重構自己的思想。在人們還不能完全適應意識形態對人們思想的強力塑造這一制度環境之前，一般不可能產生一種新質的思想體系。這兩方面決定了後戰國思想史必然處於一種客觀的平庸狀態。這一思想史事實則又進一步決定了後戰國時代不可能成為人們努力尋求和挖掘新思想資源的熱點領域。

　　二十世紀後期秦漢簡帛的出土吸引了人們注意，使一些傳世思想文獻的真偽考訂獲得了某些進展。[23] 但這種急於按圖索驥式的來給思想文獻「排座次」的做法，雖然在局部細節上對後戰國時代思想史研究有所豐富，但無助於整體改觀。這說明，不是在任何時候新史料的發現都能對史學研究產生決定性的推進。它主要取決於兩個條件：（1）新史料的數量、品質以及規模化和系統化程度，（2）原有相關研究的薄弱和簡陋程度。但這兩方面無論對於後戰國思想史文獻還是研究狀況似乎都不甚吻合。

　　現有學術文獻表明，後戰國政治思想史研究是「政治」引導「思想」。其實這正是後戰國思想史本身的一個轉折，即政治作用覆蓋思想效應。這使人們討論的問題大都集中於「統治思想」或「指導思想」。它包括這樣一些方面：（1）對秦朝統治思想性質和結構的研究。[24] 秦朝有無具體的統治思想，有人肯定，有人否定。[25] 肯定者中間在秦朝的統治思想究竟是何門何派上又有分歧，有人認為是法家，有人認為是《洪範》，[26] 有人認為是多家學說共同構成了秦朝的統治思想。[27] 還有人認為秦朝統治思想實際上經歷了儒法並重與純用法術

23　必須指出的是，先秦秦漢簡帛的出土在相當程度上引發了人們一種不良的虛誇想法：一是幻想把學術史上的空白或缺環全部搞清，一是拚命將學術史上的一些基本概念或名詞或著作或學派或人物往前往早說。前者意味著可以寫出一部內容更全面更完整的學術史，後者意味著可以寫出一部歷史更悠久更古老的學術史。

24　參見劉文瑞〈德、禮、法的嬗變與滲透〉、劉華祝〈秦的忠孝觀念考察〉。（兩文為 2001 年 10 月咸陽「秦文化學術研討會」的提交論文。）

25　梁宗華〈秦朝禁儒運動及其社會後果〉認為，秦朝之所以「沒有形成系統的治國指導思想」，「最重要的障礙即來自禁儒運動。」（《管子學刊》1999 年第 2 期）

26　劉起釪認為秦朝思想淵源「完全承自《洪範》」。（《古史續辨》，第 431 頁，中國社會科學出版社，1991 年。）

27　劉修明〈秦王朝統治思想的結構和衍變〉認為，秦王朝的統治思想是儒、法、陰陽「三

前後兩個階段的演化。[28]（2）從思想方面尋找秦朝速亡的原因。有人說秦亡於法家；[29]有人說秦亡於沒有指導思想，或者說秦朝速亡同任何一家思想都沒有直接關係；[30]有人認為秦亡於齊國遺民精心設計的「五德終始說」之「大陰謀」。[31]（3）對漢初思想史的總體把握和評價。[32]（4）漢初政治思潮主流究竟是黃老還是儒學，[33]這涉及漢初政治的理論基礎。[34]（5）漢初黃老思潮的性質、特徵以及興起的原因多有討論，黃老學說對社會和政治的具體作用尤為人們關注。[35]分歧主要集中於對黃老學說政治影響力大小的估計和判斷。[36]近來人們對黃老學

　　合一」的產物。這三種思想在秦代都曾不同程度、不同形式地表現過，只是還沒有凝聚為一個整體。此外，墨家的思想也有一定影響。（《學術月刊》1988 年第 1 期）

28　「秦統一後在以法治國的同時，用儒家的倫理道德教化天下。」但這主要限於始皇三十二年以前，「此後，秦王朝『內興功作，外攘夷狄』，統治思想發生了變化，儒家思想被摒棄，片面使用法家學說，導致社會矛盾激化。」（高兵，〈秦前後期統治思想的變化及其原因〉，《北方論叢》1997 年第 4 期。）

29　這種觀點本是一種早已過時的看法，不過近來有人更具體地強調法家歷史觀對秦朝滅亡產生的決定作用。（許凌雲，〈古今之爭與焚書坑儒〉，《孔子研究》1999 年第 1 期。）

30　邵勤〈秦王朝：一個沒有理論的時代〉認為，「秦代其實並無作為政策思想的系統理論，因而其實踐往往帶有很大的隨意性和盲目性。」「很難說秦亡於什麼理論，因為嚴格說來，秦代沒有系統的理論，但也很難說秦亡於沒有理論，因為這是一個沒有條件完成理論建設的時代。」（《華東師範大學學報》1985 年第 6 期）

31　馬勇，〈黃老學與漢初社會〉，《中國史研究》1992 年第 4 期。

32　吳嘉勳〈漢初政治思想論〉認為，「漢初思想界約可分為動盪、復甦、繁榮三時期。」楚漢相爭是動盪期，從漢朝建立到呂后時是復甦期，文景時期是繁榮期。漢初百家爭鳴，主要表現為儒道鬥爭。法家主要體現於法律制度。縱橫家偶有一二，然已無戰國聲勢。墨家已趨衰微。「相容並蓄，百家爭鳴，雜家林立，是漢初思想界的三大特色。」無論時間、規模還是內容，漢初百家爭鳴都不能和先秦相提並論。影響最大者非道非儒，而是雜家。第一代為陸賈，第二代為賈誼。（《浙江學刊》1984 年第 3 期）孫景壇〈百家爭鳴新論〉認為，「在漢初思想界又重新出現了百家爭鳴的局面。」「雖未有新思想的提出，但亦屬百家爭鳴性質。」因此，「將百家爭鳴的終點定在秦統一恐怕說不過去。」（《安徽師大學報》1996 年第 2 期）

33　李之喆，〈漢初政治非「黃老刑名之治」論〉，《人文雜誌》1998 年第 6 期。

34　夏子賢〈論漢初政治的理論基礎〉認為，「漢初政治的理論基礎不是黃老之術，而是儒家思想。」具體言之，「指導漢初施政方針的理論，不是曹參鼓吹的『無為』之術，而是陸賈《新語》中的『無為』思想。」「漢初政治是積極有為的政治，是奮發求強的政治。它與曹參鼓吹的黃老『無為』政治，沒有任何共同之處。而跟陸賈積極『無為』的政治主張，是完全一致的。」（《歷史教學問題》1987 年第 4 期）

35　張維華，〈西漢初年黃老政治思想〉，《中國社會科學》1981 年第 5 期；吳光，〈試論黃老之學的理論特點與歷史作用〉，《浙江學刊》1984 年第 3 期。

36　有人從官僚政治的角度肯定了黃老思想的中心性。「漢初實際存在著三種不同風格的官僚，一類為文吏，係秦代法家傳統的繼承者；一類為儒生，係以儒家思想為指導；一類為受黃老思想影響的官僚。他們彼此都存在著矛盾和衝突，但核心是黃老派官僚

說實際作用的評價更趨謹慎。[37]（6）漢初儒學的復興過程及原因，[38] 漢初儒學的一般特徵，[39] 人們已有所論述。同時，漢初儒學內部的地域特性及學派風格（比如「魯學」與「齊學」）之分殊也開始受到關注。[40]（7）漢初黃老和儒家的思想糾葛以及漢初儒學內部的思想分化和變異，也是一個值得注意的問題。[41]（8）政治人物方面，主要集中在秦始皇、劉邦、文帝等人的政治思想。[42]（9）近年來，人們對相關問題的研究漸漸轉向更為寬廣的領域。一些以前未被注意或未被足夠重視的問題開始進入人們的視野。[43]

與儒生文吏的衝突。」（卜憲群，〈漢代的文吏與儒生〉，《秦漢史論叢》，第 7 輯，中國社會科學出版社，1998 年。）

37　比如，馬勇〈黃老學與漢初社會〉突出強調了黃老學說在漢初社會作用的有限性。「漢初位至將相而又尊奉黃老的僅有曹參、陳平二人。」至於休息無為政策的的良好效果，不過是歪打正著，並不是制定政策的出發點和內在依據。黃老學在漢初社會不僅為時短暫，而且影響面也甚小。它只限於在曹參就任相國之後。「曹參之後的西漢政治，不是什麼黃老不黃老的問題，而是劉氏集團與呂氏集團的利益之爭。」（《中國史研究》1992 年第 4 期）另外，陳玉屏〈漢初「清靜無為」理論出臺的再認識〉認為，「並不是統治者在黃老之學的指導下制定出了西漢初年的政策，而是為既定政策搜尋了一個可供借用的理論。因此，對漢初的黃老之學登臺的意義不必作過高的估價。」（《中華文化論壇》1995 年第 1 期）

38　馬亮寬，〈試論漢初儒學發展的歷史地位〉，《孔子研究》1998 年第 2 期；洪煜，〈漢初儒學的歷史命運〉，《史學月刊》1998 年第 6 期。

39　梁宗華〈西漢初期儒學的發展演變〉概括說，漢初儒學的總體特徵是，「濃重的現實感，清醒的理性認識，立足儒學，敢於並善於通變，不拘於一家。無論在實踐還是理論方面皆如此。」（《哲學研究》1994 年第 7 期）

40　安作璋、劉德增，〈漢武帝獨尊儒術與齊學〉，《秦漢史論叢》第 7 輯。

41　梁宗華〈論陸賈的儒學觀〉認為，「陸賈是漢代第一位力倡儒學的思想家，其思想主要融匯黃老道家及法家思想而最後歸本於儒家的仁義觀。」（《東岳論叢》1994 年第 6 期）梁宗華〈論賈誼的儒學觀——兼論儒學取代黃老的內在契機〉認為在儒家思想的運用上，賈誼與陸賈有很大區別。「陸賈尚把道家的『無為而治』納入其仁義觀中，以『仁義』消化『無為』；而賈誼則把『無為』之說視為大敵。」他認為漢代社會矛盾和種種時弊蓋由無為而治、因循苟且而引發。「賈誼儒學觀在精神本質上承繼了陸賈仁義為本的思想，在具體運用上則選擇了禮治原則，比較多地融入了法家的學理。」（《理論學刊》1997 年第 2 期）

42　張文立，〈漢代人的始皇觀〉，《秦漢史論叢》第 6 輯，江西教育出版社，1994 年；張強，〈漢高祖劉邦與西漢世風〉，《陝西師範大學學報》1997 年第 3 期；高敏，〈論漢文帝〉；《史學月刊》2001 年第 1 期；汪高鑫，〈秦始皇歷史意識散論〉，《人文雜誌》2001 年第 5 期；張仲立，〈關於秦始皇權力威勢的思考〉，《秦文化論叢》第 8 輯，陝西人民出版社，2001 年。

43　一些較有代表性的論文大致可以分為這麼幾類，第一類屬於後戰國時期的學術：比如，張文立，〈秦之道家〉（《秦漢史論叢》第 8 輯，雲南大學出版社，2001 年。）、陳開先，〈漢初帝國文化建構及思想專制景觀下的河間學術〉（《孔子研究》1998 年第 1 期）、丁原明，〈漢初儒家對原始儒家的綜合與拓展〉（《孔子研究》1999 年第 2 期）。

　　從宏觀角度看，以上論著在原有基礎上雖然使後戰國時代的政治思想史逐漸變得豐厚細緻起來，但總體而言，新意不多。由於後戰國諸子思想普遍缺乏理論原創性，故而思想本身不足以引起人們的興趣。人們關注更多的是思想與政治的關係，爭議也大多陷於瑣碎細節。對於關涉後戰國整體思想格局的皇權主義之生成或皇權意識形態之建構，皆無所觸及。這使得在後戰國時代思想史論域，人們至今尚未能夠提出一個具有結構性價值的核心問題。

　　如果對後戰國思想史研究狀況作一個基本評估，是否可以說：明道而諳於術，知用而昧於體，重君而輕於臣，見內而疏於外，察同而蔽於異。展開講，重君主觀念而輕官僚意識之研究，重帝王思想而輕帝國理念之闡釋，重理論學說而輕觀念實踐之分析，重常規文獻而輕模糊史料之解讀，重具體觀點而輕整體性質之把握。[44] 其中，有道而無術、有用而無體二者為方法之缺陷，至於有君而無臣、有內而無外、有同而無異三者皆為內容之疏陋。

三、皇權主義：舊問題與新視野

　　據說，中國史學界對「皇權主義」概念的最初使用源自斯大林 1931 年 12 月 13 日與德國作家路德維希的一次談話。即指稱拉辛和普加喬夫都是「皇權主義者」。並由此引發學界對「皇權主義」內涵的爭論。[45] 作為一個學術問題，它與「農民戰爭」或「農民起義」直接聯繫在一起。[46] 所以對皇權主義的研究，主要著眼於兩點：一是階級性，一是思想性。

　　謝天佑把「皇權主義」的討論概括為三種意見，體現了這兩點。「第一種

第二類屬於文化學術制度：比如，黃開國，〈漢代經學博士考辨〉（《中國史研究》1993 年第 2 期）、王克奇，〈齊魯文化與秦漢的博士制度〉（《東岳論叢》1997 年第 1 期）、曉紅，〈試論西漢前期治國方略的兩次轉變〉（《山西大學學報》2001 年第 4 期）。第三類屬於「雜類」：比如，王保京，〈游士文化傳統及其終結——西漢武帝以前士人階層的演變〉（《江海學刊》2001 年第 1 期）、呂宗力，〈感生神話與漢代皇權正當性的論證〉（《秦漢史論叢》第 8 輯）。

44　我所謂的整體性質之把握，指的是，人們普遍沒有將秦漢皇權同春秋戰國之君權以及三代之王權在政治形態上嚴格區分開來，並以此為基軸來深入判析思想內涵之變異，也就是一種新型政治形態對思想性質之規範。

45　參見黃秋迪〈中俄農民戰爭「皇權主義」比較研究〉，《西伯利亞研究》1998 年第 6 期。

46　王學典對此有全面概括和細緻梳理。參見《二十世紀後半期中國史學主潮》，第 312–317 頁，山東大學出版社，2000 年第 2 版。

認為皇權主義是農民階級的思想；第二種認為有兩種不同性質的皇權主義，一是農民階級的，一是地主階級的；第三種認為皇權主義不是農民的思想。三種意見，大相徑庭，焦點卻是一個：即皇權主義是哪一個階級的思想？」同時謝氏認為探討「皇權主義與封建專制主義的關係」，從而「科學地認識農民階級」，這是「研究農民戰爭史的關鍵所在」。[47] 羅秉英認為，皇權主義的核心不是「好皇帝」，而是「皇帝好」。皇權主義的實質在於皇權體制，而非皇帝個人。[48] 李貴海認為，農民革命中皇權主義主要有三種表現形式，一是「只反貪官，不反皇帝的皇權主義」；二是「假託皇室後裔，擁立或偽造一個『正統』皇帝，以與當權的皇帝相對抗的皇權主義」；三是「農民革命領袖自己稱王稱帝的皇權主義」。[49]

這些觀點的局限乃至缺陷顯而易見。從現在視角看，「皇權主義」有不同的用法和含義。可以指一種社會模式和政治制度，也可以指一種歷史時代和思想觀念，還可以兼指這些方方面面。我用「皇權主義」主要是指一種世俗信仰、普世價值和意識形態。此其一。

其二，人們對皇權主義的研究大都是一種「全盤主義」和「宏觀主義」，上下兩千年，一竿子插到底，在長時段的歷史進程中呈現出一以貫之的雄辯氣勢和宏大邏輯。我希望把問題規範在一個相對有限的中時段論域，以此觀察和描述皇權主義的具體狀態和細緻脈絡。從歷史長程走向看，後戰國皇權主義應該算是一個思想史的橫切面。或者說，它應該算是中國皇權政治有機體上的一個真實的切片。

其三，雖然我對皇權主義作「思想」的解讀，但我試圖將「皇權主義」落實在皇帝制度和皇權政體的根基上，以此作為闡發「皇權主義」生成的本源依據，從而使「皇權主義」的思想觀念與「皇權主義」的政治實踐成為同步展開的政治－思想史過程。這樣，制度的理念脈絡和實踐的共識基礎成為「皇權主義」思想史的獨特視角。這意味著，制度與思想的互動，實踐與觀念的呼應，是我必須考慮的核心問題。

47　〈皇權主義是哪個階級的思想？〉，《文匯報》1979 年 1 月 12 日。
48　〈「反對壞皇帝，擁護好皇帝」質疑〉，《思想戰線》1978 年第 6 期。
49　〈論農民的皇權主義思想〉，《中國史研究》1979 年第 1 期。

其四，對任何歷史問題來說，事物的起源與發生都是根本。但迄今未見人們對皇權主義之源起做過深入分析。皇權主義由政治形態而意識形態，其生成過程及意義之重要性自不待言。而其與前在之王權主義政治形態與觀念形態之分殊與梳理，更是棘手與複雜。所以細緻闡釋和展示皇權主義在生成階段的豐富內涵，透顯其塑造和規範社會意識的方式、特徵和深層意圖，描述其思想控制的策略和效果，並在此基礎上全面構畫出皇權主義支配下的官僚意識、國家觀念以及「世界秩序」的理念依據和實踐狀態，是我分析後戰國時代思想史的主導性思路。

四、皇權主義與王權主義的概念辨析

從思想史角度看，人們常常將「王權主義」與「皇權主義」混而用之。由此而生諸多麻煩。至少就實際研究也甚為不便。誠然在許多時候，「王權主義」都表現出不俗的解釋力。[50] 但「王權主義」並非有體系的歷史理論。其邏輯的推演和論域的拓展都有較大的限制。這使「王權主義」無力解釋一些更為複雜和細緻的歷史和思想現象。就是說，「王權主義」需要嚴格界定和充分細化。至少「王權主義」與「皇權主義」之間在概念內涵上存在諸多界限不清之處。或許「王權主義」過多關注於觀念的源起發生，沒有仔細考慮到思想與政體或制度之間的曲折互動，從而忽略了政治形態的變化對政治思想可能產生的決定性影響。這意味著，梳理並描述出皇權主義的思想生成和觀念實踐是我需要做的主要工作。

從理論角度看，王權主義與皇權主義雖無本質之分，卻有形態之別。所謂本質就是中華專制主義。[51] 所謂形態則與具體的政體架構特性相關。它包括各

50　劉澤華對「王權主義」的精深研究和嚴密論證，將「中國政治思想史」提升到一個新的層面，對諸多問題的探討都有著開創性的啟示作用。（參見《中國的王權主義》，上海人民出版社，2000 年。）

51　與「中華專制主義」相關聯的有這樣幾個概念：「王權主義」、「皇權主義」、「東方專制主義」、「東洋專制主義」（日本學者用此概念主要指稱中國）。相對而言，「王權主義」和「皇權主義」意思相近，但又有形態差異。形式上看，「王權主義」的優點是涵蓋面寬一些，「皇權主義」的優點是凸顯了秦漢以降皇權政體的體制特徵。二者的共同缺點是，作為一個普遍概念，不能明確呈現出事物的本質特徵，即缺乏一種基本概念應有的深度內涵，這限制了它在形上層面對中國歷史總體過程的涵蓋面和解釋力。相形之下，「東方專制主義」雖然直接昭示了事物的本質，但對中國歷史來說，

自的權力基礎、運作方式、控制強度以及目標設置等等。每一種政體都會具備相應的政治形態。王權主義和皇權主義都是對不同政治形態的描述和指稱。二者各自依託於不同的體制架構，從而表現出不同的政治思想特質。所以，對「王權主義」與「皇權主義」二者作出政治－思想史的區分與界定既有制度基礎，也有觀念依據。

　　沿著政體超越性的最大邊際線，[52] 中華專制主義展示為王權、君權和皇權

這個概念又顯得太大。至於「東洋專制主義」又不太合乎中國人的話語習慣和學術表述。折衷而從，我想是否可以嘗試用「中華專制主義」來對中國歷史和社會、政治和文化的方方面面加以某種描述和分析。

　　中國歷史和社會既非西方意義上的民主，亦非西方意義上的專制。同時，這不等於說中國歷史和社會有可能產生中國意義上的民主。相反，如果必須要為中國歷史和社會作一個總體估計和判斷的話，我倒相信，中國歷史和社會很可能形成一種具有中國特色的專制主義，但它又不是籠統含義的「東方專制主義」，而是一種具體而微的「中華專制主義」。因為「東方專制主義」這個概念還是顯得太大。畢竟埃及、阿拉伯國家、印度、日本、東南亞各國、中國、俄羅斯等各有自己不同風格和內容的專制主義傳統，而且它們之間的差別還相當大，根本無法用一個籠而統之的「東方專制主義」的模糊概念來加以概括。首先，東方專制主義可分兩種類型：宗教型專制主義（即政合於教的專制主義，或以教統政的專制主義），世俗型專制主義（即教合於政的專制主義，或以政統教的專制主義）。世俗型專制主義也就是中華專制主義。另外，最關鍵的一點，即我始終認為中國的專制主義是整個東方專制主義體系中最壞最惡劣當然也是最高明的一種專制主義。所以，我寧願用「中華專制主義」這樣一個概念來指稱和描述中國歷史和社會的總體存在和基本性質。

　　中華專制主義成立的兩條基本原則：第一，在沒有民主政體參照的情況下，專制主義可能是所有制度中最好的政體形式；中華專制主義可能又是所有專制制度中最好的。第二，在有民主政體參照的情況下，專制主義肯定是所有制度中最不好的政體形式；中華專制主義肯定又是所有專制制度中最不好的。所以，所有問題都取決於這一點：中華專制主義原本不是民主政治，但它又必須成為民主政治。某種意義上，中華專制主義與民主政治的關係既不是直線的，也不是平行的，而是一個螺旋形的圓。二者總是在最近處產生最遠的距離。這意味著，一種本質的把握必然是一種整體的把握，一種思想的把握必然是一種歷史的把握。

　　中華專制主義是一個完整的歷史－現實體系。它發育出了王權政治、君權政治、皇權政治、極權政治多種政治形態。在世界歷史上，唯有中華專制主義保持有這種完整性。就此而言，中華專制主義是一種「經典型專制主義」。比如，在早期民族－國家形成時產生了皇權主義意識形態，在近現代民族－國家形成時產生了極權主義意識形態。這都不是偶然的。它有其必然邏輯。這就是中華專制主義政體超越性的最大邊際線。

52　政體超越性在某種意義上是一純形式範疇，同時在某種意義上又是一純本質範疇。不妨說，它之為它恰恰在於它超越了形式與本質之類的二分法。政體超越性包含兩層意思：（1）國人一經選擇了某種政治制度，就會義無反顧地走下去；（2）政體超越性深刻地決定了國人的行為和思想，人們卻對此毫無反思和意識。具體言之，所謂的政體超越性是指超越具體的歷史階段乃至不同的社會形態（所以它不是所謂的「超穩定系統」），而保持其內在一致性的政體形式。同時，政體的超越性還包含相容性的一面。

三種不同的政治形態。所以，王權、君權和皇權在中華專制主義語境中只有形態差異，沒有實質差異。因為就其本質而言，王權、君權和皇權皆為專制主義。儘管如此，形態的區分也並非無關宏旨或無足輕重。正像我們為了更準確地描述和認識一個人的成長和生命歷程，需要對其作出一種階段性劃分，比如，童年、青年、中年、老年等。因為在不同年齡段，每個人的心理、性格、觀念、行為、生活都會發生相當大的變化。這種變化就屬於形態性差異。也許一個人的本性終其一生都不會改變，但準確區分不同年齡段的形態性差異對於深刻理解具體人性絕對是必須的。這個比喻可以部分說明我之所以強調區分王權、君權、皇權三種政治形態的思想意圖和理論依據。

概言之，王權主義是形態，不是本質。雖本質不變，而形態則變。也不能說王權主義既是本質，又是形態。因為這種說法產生的問題更多。比如，哪些史實是本質意義上的王權主義，哪些史實是形態意義上的王權主義？二者之間的界限如何確定？這樣，其混亂自不待言。如果將王權主義加以本質與形態之二分，就使問題變得明晰而透徹。其含義是：王權主義是形態，其本質則是專制主義。形態當然並非現象，它是事實，是力量，它有自己的結構和功能，但同樣確定的是，形態不是終極規定，不是終極之物。

現在人們對「王權主義」的使用往往呈現出一種自相矛盾的現象。它表現為，王權主義的理論根源於春秋戰國的君權時代，王權主義的事實依據則多援用秦漢以後的皇權時代。這樣，王權主義呈現一種無的放矢的蹈空之勢。假如在中華專制主義的脈絡中將王權主義加以界定和細化，這種失效現象便可自然消解。其實，形態與本質之二分也可以表述成「內涵性概念」和「外延性概念」之區分。王權主義是一內涵概念還是一外延概念，或二者兼之，需要釐定。現

就是說，隨著時代的發展，專制政體本身也在發生著某些微妙而深刻的變化。比如它對人們日常生活和個人思想的全面支配和強力控制，就直接得益於現代科學技術和西方極權主義政治經驗。所以從政體看，中華專制主義固然是超越的，同時又是相容的，故而它確實是「中體西用」式的。

另外，政體超越性的最大邊際線向前伸展時，始終保持有一種明顯的內傾性。這使它不論擴張到多遠、規模有多大，最終還會長成為一個有趣的「葫蘆型」。這大概跟它的「中心情結」有關。總之，政體超越性意味著它可以使某種具體政體在漫長的歷史過程中發生種種複雜的變形，它的最大邊際線具有某種近似無限的長度，從而給政體變形提供了最大的空間。但無論如何變化，政體超越性都有一個最基本的標識在具體政體變形中表露出來，它決定了不管某種政體如何千變萬化，但其本質依然。因為它永遠掩飾不住自己屁股後面那根要命的尾巴。

在人們多把它弄成一內涵概念，實際上它應該成為一個外延概念。內涵外延必須一致。但外延邊界更寬，解釋更具彈性。其優點是，在有些現象似乎不太符合專制主義時，卻仍然可以適應於王權主義。

　　當然，政治思想史的複雜性在於，雖然它受制於政治制度，但較之於客觀制度它又具有自在的概念延續性和話語重疊性。它表現為，一方面，就思想史本身而言，「秦漢以後之思想家雖因襲前人之觀念與名詞，而政治之對象既已迥異，則其所持觀念之內容，與所用名詞之含義，亦勢不能與古人悉合。」[53]徐復觀注意到，「《史記》、《漢書》中，對列侯亦常援古代諸侯以相比譬，這便容易引起混亂。」[54]其實，混亂的主要對象並非諸侯，而是皇帝。本來皇帝與以前的天子、王、君主均有相當之不同，但人們仍然沿用「天子」、「王」、「君」等舊名來指稱皇帝。這種話語習性在一定程度上遮蔽了皇權政體之建立在政治觀念中引發的轉折與裂變，使人們不能給予皇帝制度以清晰的理論界定。政治形態導致的政治思想變化既模糊，又深刻。所以蕭公權謂，「秦漢以後之政治思想不必有變古之名，而每有變古之實。」[55]另一方面，就思想史研究而言，則需注意兩點，第一，先秦諸子話語中「君」、「王」與「天子」往往是有區別的，當然並不絕對。至少諸子所言「君」、「王」與「天子」與現實中之「君」、「王」與「天子」沒有直接關係，不是一回事。後戰國諸子話語中「君」、「王」與「天子」則已無別，趨同一致。即他們所說之「君」、「王」與「天子」皆指稱現實中之皇帝是也。質言之，戰國諸子言「王」多為虛指，後戰國諸子言「王」則多為實指。第二，「皇帝」只是一種正式的制度稱謂，而不是一種日常語彙或理論詞語，所以後戰國諸子乃至後來思想家的著作中依然沿用「君」、「王」、「天子」。但這時所謂「君」、「王」、「天子」指稱的對象已非王權體制或君權體制下之「君」、「王」、「天子」，而是皇權體制下之皇帝。這種概念與指稱對象之間的錯位現象實際上是制度話語和思想話語之間具有的一種正常差異。這種差異提示我們一個思想史現象，即思想史話語的內緣性與外緣性之間的一般衝突，或者說思想史雙重脈絡的不一致性。

53　蕭公權，《中國政治思想史》第 1 冊，第 6 頁。

54　徐復觀，《兩漢思想史》第 1 卷，第 96 頁，華東師範大學出版社，2001 年。

55　蕭公權，《中國政治思想史》第 1 冊，第 6 頁。

五、制度分析之依據與技術分析之內涵

　　皇權既支配社會，又支配人身，甚至還支配人心皇權主義的問題實質所在，「就是怎樣理解專制君主皇帝對人民支配的形成。」[56] 這一問題的思想史價值在於，它為皇權主義的理念生成提供了一個必要的制度座標。[57] 皇權政體作為一種全面性支配體制，意味著皇權主義必然有一個強大的制度基礎。這要求必須依據皇權體制來理解皇權主義。正是基於這種方法論的考慮，使皇權主義的觀念－實踐凸顯出來，成為後戰國時代最具規範性質和導向價值的思想史課題。它表明，皇權體制的政治實踐較之於思想家的理論話語更具決定性。

　　這涉及到一個制度與觀念的關係問題。我始終覺得，制度與觀念之間的深刻關聯尚未被人們真正認識。二者關係雖然相當複雜，但我仍然堅持制度對於觀念具有一種優先性。誠如蕭公權所言，「政治思想與政治制度相推移。以故政治思想史亦可按制度演變之大勢而分期。」[58] 所謂「思想與制度，相持而共變」，[59] 意味著適度強調思想史上的制度決定論不見得是一件壞事。某種意義上，制度與觀念之間如同生理與心理之關係。只有當一種政治秩序形成之後，一種與這種政治秩序相適應的思想觀念才能逐漸有機地生長出來。皇帝制度塑造出來的皇帝信仰和皇權觀念，以及這種皇權觀念對王權觀念和君權觀念的強大綜合和高度發展，都是在後戰國時代逐漸開始的。這意味著我們必須從這種皇帝制度本身以及這種皇權體制下的政治實踐中去揭示皇帝信仰的具體發生過程。總之，充分揭示一種新的政治形態包含的全部思想史意義是一種非常有價值的工作。

56　西嶋定生，《二十等爵制》，第 32 頁，國際文化出版公司，1992 年。

57　《國際社會科學百科全書》把「制度」（institute）解釋為三點：「第一，由制度控制的行為模式，這裡的制度是指制度化地處理任何社會的一些長期反復出現的基本問題的行為模式。第二，根據一些明確、連續和有組織的模式，社會中個體行為的規則。第三，這些模式涉及一明確標準的管理和規則，也就是說按照正常標準和經過被這些正常標準使之認可而合法支援的規則。這些制度的要素，以多樣化的方式，被大部分現存的定義所強調了。因此制度或制度化模式在這裡可以定義為：解決任何社會中一些長期反復出現的基本問題的或者使社會有秩序生活的（行為）制約機制。」（轉引干春松《制度化儒家及其解體》，第 4 頁，中國人民大學出版社，2003 年。）概言之，制度是指一種由諸多甚至無數規則、程序、建制、機構、模式、機制、法律等組成的複雜功能體系。

58　《中國政治思想史》第 1 冊，第 10 頁。

59　《中國政治思想史》第 3 冊，第 825 頁。

　　為此，一種有效的制度分析和技術分析是必需的。我嘗試著用它來觀察和描述皇權主義生成的結構性過程和實踐性狀態。所以制度分析和技術分析在我著作中具有一種方法論的性質。所謂制度分析，是從制度與思想的互動建構中來展示政治思想的複雜脈絡。觀念的制度基礎，制度的觀念內涵，為我所共同關注。如果允許的話，我想是否可以將這種由制度分析揭示出來的思想史稱作「制度思想史」。[60] 基本含義是：思想如何建構制度？制度如何塑造思想？擴展言之，體制、儀式與造型構成制度思想史的不同層面。這使思想史成為一種「思想－史」。某種意義上，制度使「思想」概念產生內在分殊。在制度之外，思想可以無前提地「想」；在制度之內，思想則必須有根據地「思」。即具體化和現實化的制度最終決定了某些思想是可能的，某些思想可能成為真實和有意義的思想，某些思想則永遠不可能被有效思想，並轉化為實際文本，逐漸進入思想史世界。

　　所謂技術分析，是從權力遊戲和官場規則中描繪出某種普遍性的政治－思想共識。這些思想共識屬於那種樸素的平常的實際的思想。它近乎底層。就思想史實態言，它既非所謂精英思想，亦非所謂民間思想，甚至也不是所謂「平均化」的思想。因為從單純的思想層面看，皇帝和官僚們顯然既非精英，也非民間。但皇帝和官僚們的思想確實平庸和一般。這些思想本質上是從皇權政體下官僚權術生活中自然生長出來的「觀念有機物」，是皇帝和官僚們在既定的體制架構中為了應對和解決種種現實問題（政治的、社會的、道德的、學術的、文化的、民族的等等）而創造和發展出來的有效的生存技巧和政治智慧。它們構成了中華專制主義最深刻的內涵和價值。

60　依據不同的標準，我們可以對目前的「思想史」寫法和模式作出不同的界定和分類。如果依據所寫內容，我們可以區分出兩種思想史。一種是凌空飛行的思想史，俗稱「精英思想史」。一種是匍匐而行的思想史，俗稱「民間思想史」（或「底層思想史」）。實際上還應該有第三種思想史，這種思想史與制度、事件、權術、陰謀直接聯繫在一起。它從專制政治、帝王崇拜、權力遊戲、官場規則中茂密地生長出來。充滿著種種不可理喻難以言傳但又自然而然的邪惡理智和瘋狂情感。
　　如果依據所用方法，我們可以區分出四種思想史。一是新儒家的從思想到思想的寫法，一是唯物史觀的從經濟－階級到思想的寫法，一是長時段的從民間－知識到思想的寫法，一是社會史的從社會到思想的寫法。新儒家強調思想史的內在理路，唯物史觀強調思想史的經濟因素，長時段強調思想史的知識論基礎，社會史強調思想史的社會與思想的互動過程。其實，還應該有第五種寫法，即凸顯思想史的制度背景，展示思想在具體制度架構中的曲折生長過程。對政治思想史尤其如此。

技術分析有廣狹兩義。廣義看，思想文本之外的所有政治現象和政治事物中所蘊含和體現出來的政治觀念均屬於技術分析領域；狹義看，技術分析主要側重於對政治實踐和政治儀式作思想史話語闡釋。二者的區別是，廣義含制度分析，狹義不含制度分析。同時廣狹兩義亦有相當之重疊。所以技術分析與制度分析相分而相合，分則並行不悖，合則相輔相成。概言之，技術分析既關乎研究論域和研究對象之界定，同時又關涉學術視角和學術理念之設定。如果可能，我希望把技術分析發展為一種用於有效處理政治實踐與政治觀念之間無限展開的廣闊介面中所產生的思想史問題的基本方法。

技術分析意味著中國思想史上客觀存在著一個結構性的技術介面。這一思想技術介面涵攝諸多「包括在情境之中而又落在思想之流以外的制度、技術－邏輯事實、政治條件等等問題」。[61] 思想史的技術介面使得政治遊戲、官場規則、權術陰謀等與政治思想有了直接關係。總體看，中國政治思想確有一種濃厚的權術性和陰謀性。基於這個視角，原來那些不受重視甚至是被排斥在外的典籍文獻有了新的意義和價值。比如，《晏子春秋》、《戰國策》、《韓詩外傳》以及《說苑》、《新序》等記載的官場上的遺聞軼事就包含有豐富的思想內容。至於史書中描述的諸多政治儀式和官僚行為以及這些內容蘊含和體現出來的政治共識更是政治思想史不容忽視的核心分析對象。這樣思想史的技術分析自然引出一個思想文獻學的新原則：正史和諸子具有相同的思想史價值。簡言之，正史即諸子。或，正史亦諸子。從「四部分類」的眼光看，「史－子」打通足可為「思想－歷史」研究提供一個「歷史－思想」的全新維度和廣闊介面。

這一介面使子書根植於史書，道紮根於術。因為，中國政治思想除了少部分屬於「道」之外，絕大部分都屬於「術」的範疇。這些「術」的政治思想，則完全生成於政治遊戲、官場規則、權術陰謀之中。它構成了思想家、儒生、政治家、官僚關於政治思想的一般現實基礎和論說平臺。一個社會的思想有所謂精英和底層兩個層面，那些思想家的思想似乎也有「高明」和「中庸」兩個層面（當然這裡的「高明」和「中庸」已和經典中的含義不大一樣）。如何把生成於政治遊戲、官場規則、權術陰謀之中的「中庸性」政治思想描述出來，並進行一番全新詮釋，使之呈現出某種「高明性」，是一個極富挑戰性的工作。

61　史華茲，《中國思想史：初步的反思》。轉引陳少明《等待刺蝟》，第 91 頁，上海三聯書店，2004 年。

所謂「高明性」不在其高深，而在其通達和明慧。有價值的思想史似乎不應該專寫那些高深的思想，而應該致力於將實際政治事務中運用和體現出來的那些平常思想寫得深刻和有趣。

六、觀念－實踐：思想史的共識基礎

制度分析和技術分析是一種觀念－實踐分析。所謂觀念－實踐分析，其義有二：即觀念的實踐本質和實踐的觀念意義，或觀念的實踐表現和實踐的觀念邏輯。它意味著，在觀念與實踐之間存在著一個廣闊的思想史關聯域。這一關聯域使我們得以可能從皇權政治的實際運作過程來觀察和梳理皇權主義的特質和內涵。它要求我們對皇權主義意識形態的實踐性予以特殊關注和考察。或許，通過觀念－實踐分析，皇權主義生成的思想史脈絡會在人們的視野中變得更為清晰和豐富。

這是因為觀念－實踐展示出來的是一種普遍的思想共識層面。它使思想史研究得以可能區分出「思想的歷史」和「歷史中的思想」。[62] 前者是思想「怎麼想」和「想什麼」的過程，後者是思想「怎麼做」和「做什麼」的過程。這是相當不同的兩種事情。儘管相互關聯。寫思想的歷史，多用理論敘述。寫歷史中的思想，則須用技術分析，同時也可用理論敘述。所以「思想的歷史」與「歷史中的思想」需要兩種不同的寫法。一般說，人們有時為了論述或闡釋某種文本化的「思想的歷史」，也會使用某些「歷史中的思想」材料。所以這種寫法通常是把「歷史中的思想」作為對「思想的歷史」的某種有限的補充，其目的是為了印證文本話語。這種「歷史中的思想」本身並不具有獨立的思想史價值。我的做法則是將「歷史中的思想」賦予思想史的基礎意義。這意味著我們的思想史視野將有一個新的介面，即思想共識。[63]

62　所謂「歷史中的思想」既不是歷史表層的思想，也不是歷史底層的思想，而是歷史縫際中的思想。在常人眼中，多不以思想視之。故而對它的研究往往成為在「無思想處」的思想。這使人們必須對其提出更高的「思想性」要求。它表現為兩個矛盾性命題：（1）思想史首先是思想的；（2）思想史最後才是思想的。許多思想史研究最大的缺陷是過於「思想化」了。但思想史不應該是超歷史的。

63　在我著作中，「思想共識」、「政治共識」、「政治－思想共識」，這三個概念基本是一個意思。簡單說，它是指政治實踐和政治事務中所遵循、恪守、依託、體現、包含的種種自覺不自覺的觀念意識和價值準則。這裡需要作出進一步界定的是「共識」。

　　如此,思想史研究將會有兩種範式,一種是從理論原創的角度所進行的觀察,一種是從思想共識的角度所作的審視。二者有很大差異。從時間線性角度看,思想共識是一種以連續性普遍性的方式承傳傳統的過程;從表現形態看,思想共識是一種通過政治制度、政治實踐與政治思維、政治意識交疊互動的方式而呈現的過程。所以思想共識本質上就是政治－思想共識。[64] 思想共識常常表現為一種沒有邊界的蔓延、擴展、滲透和變異狀態。在思想共識中,一般知識、經典理論、超驗信仰重合交織,並無明顯區分。但它又非某種觀念的「平均值」。因為其觀念內核始終存在。更重要的是,思想共識是歷史縫隙中流淌出來的思想脈絡。這需要我們細緻勘查。實際上它是最貼近歷史流程的一種觀念狀態。就是說,我們需要把思想共識作為一個獨立的思想史論域來予以關注和審視。思想共識不僅是思想史的一個獨立論域,同時還是思想史的基座和底盤。它一般通過政治事務的日常實踐呈現出來。對思想共識的描述就是思想史的技術分析。[65] 技術分析則能夠給思想史的客觀性提供強有力的支援。[66] 我希望能通過思

　　林安梧有個說明,「隨著政治社會共同體的建立,人的交往,互通聲息到一地步,自也就有了所謂的共識(common sense),或者說是共信。共識與共信,一方面指的是理性的確認,另方面則是共同權威的建立,由此共同權威可以發出一為大家所信守之權力來。」(《儒學與中國傳統社會之哲學省察》,第80頁,學林出版社,1998年。)這種說法比較正規,但也較為拘泥。薩托利從政治學角度對共識的分析,我覺得可以適用於政治思想史研究。他認為共識有別於同意。「共識是一個包括了同意這一類屬在內的更大範疇,或者說共識－同意構成了一個連續體,從最強的含義一直到最弱的含義。」所以一般說,「共識不是實際的同意,」「不是指每個人對某件事的主動同意,」也不是坐而論道的一致表態,而是人們默認或默會的並普遍遵守的政治實踐中的通則和政治事務中的常識。薩托利進一步把「共識」區分為三個層面。(1) 終極價值,它屬於信仰系統;(2) 遊戲規則或程序;(3) 特定的政府及政府的政策。它還可以表述為:(1) 共同體層面的共識,或基本共識;(2) 政體層面的共識,或程序共識;(3) 政策層面的共識,或政策共識。(參見《民主新論》,第139頁注釋6、101–103頁,東方出版社,1998年第2版。)我對政治－思想共識的分析與此三個層面的區分有相當程度之吻合。比如皇權觀念大體屬於基本共識,官僚意識大體屬於程序共識,民族－國家意識和帝國秩序觀念則貫穿三個層面,但往往落實在政策共識上。

64　這正像中國思想史本質上只能是政治－思想史。中國歷史的長程走向顯示出,中國思想史的轉型與演化既與階級無關,也與社會無關,而主要與政治相關。這裡說的政治主要是政體。進言之,依據中華專制主義的政體超越性,無論社會形態,還是政治形態,都不能使中國思想史發生實質性的變化。

65　技術分析可以解決思想史研究的一個問題,即如何寫「沒有思想的時代」的思想史。寫有思想的時代的思想史易,寫沒有思想的時代的思想史難。這並非說沒有思想的時代真的沒有任何有價值的思想,而只是說它沒有人們所習慣談論的那種一流的大思想家和獨創性的理論體系。在「沒有思想的時代」,思想史的主體不是理論話語,而是實踐話語。

66　比如它可以有效消除人們單憑思想家文本或思想史文獻的隻言片語而率意發揮出來的

想共識的技術分析來呈現出政治觀念演進的複雜脈絡。

作為思想共識，「歷史中的思想」能夠對「思想的歷史」起到一種結構性的制約作用。它規範了某些思想的具體含義，它限定了某些思想是不能隨意解釋的。應該說，歷史中的思想對思想的歷史具有某種「思想律」的功能。在許多時候，如果我們把「思想的歷史」呈現出來的各種觀點，還原於「歷史中的思想」脈絡裡面，會發現它內部存在著一種客觀的結構。這種客觀結構使諸多思想史論爭變得毫無意義。因為「歷史中的思想」不是單純的思想文本和理論話語，而是制度建構和實踐過程。[67]制度建構和實踐過程與政治－思想共識之間的複雜互動，便構成「歷史中的思想」。它對思想史具有一種客觀性的規範和約束。

某種意義上，「歷史中的思想」可以說是「思想的歷史」的基礎。這樣思想史的客觀度使我們對「思想的歷史」必須有一種現象學式的還原，即把「思想的歷史」徹底還原為「歷史中的思想」。這種「思想史的現象學」[68]還原呈現出歷史對思想的超越和定向。它使歷史成為優先於思想的存在。

黑格爾謂，「哲學史本身就應當是哲學的。」[69]可思想史則必須既是思想的，又是歷史的。但這並非為了求得「辯證」或「全面」之效。就其本質而言，本來如此。以此原則觀察，後戰國思想史研究則表現為雙雙闕失。既無真正之思想，又無真實之歷史。所謂無思想，有兩義，一是研究內容，一是研究主體。所謂研究內容，是指人們沒有充分考慮到思想史的豐富性和複雜性，沒有將相當部分的模糊文獻納入到相應視野和邊界加以重新解釋。所謂研究主體，是指人們普遍缺乏思想的嚴肅性和批判的自覺性，多以「同情之理解」來表達對古人之鍾情與厚愛，以「極高明而道中庸」之方式來顯示其態度之公允與平實。所謂無歷史，是指基本無視歷史中的思想，或思想史的技術含量、技術因素和技術形態。簡言之，即思想史的技術性和技術介面。[70]比如在政治實踐、權力

「民主高論」。

67　這要求思想史研究必須更多地關注那些「非思想」的材料，比如正史。我的看法是，歷史是思想的源泉，史書是思想史的元典，正史和諸子書同樣都是思想史的基本文獻。

68　劉小楓用這一術語指稱對帝制國家向民族國家轉變的觀念基礎之研究，與我的設定不同。

69　《哲學史講演錄》，〈導言〉，商務印書館，1959年新1版。

70　我說的「思想史的技術性」並非指民眾在風水陰陽數術方技中運用的生活技術和實用

遊戲和官場規則中顯現出來的思想共識，以及思想共識對政治事務的深刻影響。
分析思想史的技術面，必須使用技術分析方法。

七、天高皇帝近：皇權主義秩序之生成

　　後戰國時代是皇帝制度建立之後經受考驗的第一個特殊歷史時期。正是在
這個時期，影響和支配中國歷史兩千年的皇帝觀念和皇權主義開始有序形成。
所謂「有序形成」有二義：第一，它不是一種單純的自然過程，而是一種自覺
的人為設計；第二，它不是完全形成，而是基本形成。我希望能夠弄清：皇帝
制度是如何將皇帝觀念和皇權主義塑造成一種普世價值和全民信仰？為什麼絕
大多數人終其一生在與皇帝從未謀面的情況下會自然而然地相信皇帝的聖明和
仁慈？這種精神聯繫是如何建構起來的？這種心理和信念是如何形成的？這種
心理和信念是否具有某種宗教性或終極性？[71]

　　就其本質，皇帝制度和皇權政體是一種規模空前的完全世俗化的統治方式
和權力體系，它構成了中華專制主義的經典形態，它發展出一套高度有效的皇
權主義秩序。這種皇權主義秩序把「天高皇帝遠」的制度現實變為「天高皇帝
近」的觀念現實。[72] 這句話需作多層分解。首先，它標示出皇權體制與王權體
制不同之處。因為王權體制下，無論制度還是觀念，也無論事實還是想像，確
乎都是「天高皇帝（天子）遠」。就此言，「天高皇帝遠」與「天高皇帝近」

　　　技術，而是指支配和籠罩民眾日常生活秩序的「政治技術」和「權力技術」。

71　就純粹個體心理而言，無論古人還是今人，如果他與自身利益毫無關係，即便素不相
　　識也不影響人們對其作出某種兩可判斷，即或信或疑。這均屬正常。但皇帝不同。在
　　理論上，他的存在與行為直接涉及每個人的切身利益。所以問題不僅在於人們必須對
　　其作出非此即彼的絕對性選擇，而且還在於這種選擇只能是信而不疑。更關鍵的問題
　　是，皇帝制度本身正是把皇帝作為所有人必須信仰的唯一對象而刻意製造出來的。這
　　樣，個人與皇帝之間，從實際到觀念到心理，其包含的複雜機制和整體結構，都成為
　　一個必須深思的思想史問題。

72　需要強調的是，「天高皇帝近」絕不僅僅是一觀念構制，它同時也必然有其制度依託。
　　這種制度不光是指意識形態體制，而首先是指皇權政體。比如，皇帝對「個別人身」
　　的直接控制就是一種絕對的制度實存。（詳細分析參見第四章第一節第一個專題〈專
　　制皇權〉）所以對「天高皇帝遠」的制度形式絕不能做過於死板的理解。一種觀念學
　　的理性直觀可以幫助我們對「天高皇帝遠」的制度形式所包含的「天高皇帝近」的制
　　度本質有一個綜合把握，並使我們有可能在思想史的界域中對「天高皇帝近」的觀念
　　建構作更多的審視和凸顯。

絕對是標識中華專制主義長程走向的兩個階段性特徵。[73] 其次,「天高皇帝近」意味著在皇權體制下,皇帝與思想的關係在制度上變得直接而具體。皇帝的一道詔令,一次廷議,乃至皇帝或最高統治者的個人偏好,都會對中國思想史進程產生既深且遠的複雜影響。[74] 這種支配思想的龐大權力體系在王權和君權時代都不曾有過。就是說,真正制度意義上的思想專制只是始於後戰國時期。因而在思想家眼裡和思想史眼光中,「天高皇帝近」絕對是一客觀現實。其含義是,依託於皇權政體而建構起一種全面控制思想的專制主義意識形態秩序,[75] 個人思想與國家權力由此變得須臾不離,於是思想逐漸成為一種體制內和秩序中的規範操作。最後,「天高皇帝近」意味著皇帝與民眾的關係在觀念上變得直接而密切。所謂「天高皇帝近」並非琵琶反彈,似乎是針對「天高皇帝遠」[76] 所作的人為顛倒。因為「天高皇帝遠」是一種經驗常識,「天高皇帝近」則是一個思想命題。它不是指「天」與「皇帝」之間蘊含的「天人」關係,[77] 而是

73　借用西學術語,不妨說,「天高皇帝遠」類於「理神論」,「天高皇帝近」似於「泛神論」。

74　某種意義上,自後戰國時代始,中國思想史上思想家的個性因素漸漸讓位於皇帝或獨裁者的個性因素。或者說,中國思想史的走向和變數越來越多地取決於皇帝或獨裁者的個性,而非思想家的個性。專制主義下的思想史只有專制者的個性,而不復有思想家的個性。當然這並不意味著專制主義下的思想史完全就是專制者個人的思想史。但是專制者個人對專制主義下的思想史的影響無論如何都是第一位的,無論如何都不能低估。

75　皇權政體是一套制度,同時它本身還包含有一套控制思想的制度,這使思想承受的專制壓力空前增大。任何細微思想的正常表達皆受制於官方的監控、皇權的威壓以及意識形態的總體規劃。思想也就因之變成一種直接涉及人們切身利益的事情。

76　清人孫承澤《春明夢餘錄》卷34,記載元朝末年,浙東一帶農民揭竿樹旗,上面寫著,「天高皇帝遠,民少相公多。一日三遍打,不反待如何。」在這句俗語中,「天」有兩義,一是實指,即指稱自然之天。在這種指稱中,天與皇帝的關係可作三種解釋:(1)天與皇帝是並列關係,天高,皇帝也遠;(2)天與皇帝是連帶關係,天高扯出皇帝遠;(3)天與皇帝是因果關係,天高使得皇帝遠。無論哪種解釋,天都必須落實到皇帝,天的高低都是為了說明皇帝的遠近。一是虛指,即喻示皇帝。在這種喻示中,天與皇帝是一回事,天就是皇帝。天高在這裡僅僅起到一種強化皇帝遠的修辭效果。

77　一個「天」字濃縮了全部中國思想史。從中國思想史的一般語境看,「天」既是一個最古老最費解的「哲學」概念,又是一個最具涵蓋性和變異性的思想範疇,最後還是一個最為通俗化和大眾化的日常詞語。韋政通從哲學概念角度對「天」作了梳理。「日本人渡邊秀方曾分為三種:一是『形質的天』(或稱『形體的天』),一是『理性的天』,一是『運命的天』。據馮友蘭的歸納,中國文字中的天,共有五義:即『物質的天』,『主宰的天』,『運命的天』,『自然的天』,『義理的天』。馮說比渡邊秀方增添了二種,確已能概括中國哲學中的天的諸種涵義。」(《中國哲學思想批判》,第5頁,臺北市,水牛出版社,民國81年)張灝從思想命題角度對「天人合一」與「天人相應」作了詳細區分。「天人感應的思想,只能以人世秩序的基本制度的神聖不可變性為前

指制度與觀念二者所構成的意識形態張力。其含義是，皇權政體的制度設計在於盡可能地拉開皇帝與民眾之間的距離，使民眾永遠無法瞭解和習知皇權體制運作的黑箱祕密；同時，皇權政體的觀念導向則在於盡可能地拉近皇帝與民眾之間的距離，使雙方自覺認同皇權主義「政治共同體」的統治秩序。如此，制度設計與觀念導向便自然融構成一種「天高皇帝近」的意識形態合力。這種意識形態合力塑造出一種集體制運作之神祕與體制化身之直觀於一體的普世皇權主義。概言之，「天」作為皇權體制的象徵，一方面，這套體制使得皇帝本人實際上高高在上遠離民眾，即所謂「天高」；另一方面，這套體制所製造出來的皇權主義卻又使得人們能夠產生一種皇帝與民眾直接對應的觀念意識，[78] 即

提而發揮有限度的批判意識；天人合一的思想則以內化超越為前提，蘊含了權威二元化的激烈批判意識。」（〈超越意識與幽暗意識〉，《張灝自選集》，上海教育出版社，2002 年。）其實，無論前提還是結論，天人合一都與權威二元無關。更要緊的是，張氏完全不明「超越」之本義。「超越」本是一個地道的西學概念，其本義是用於哲學本體論和宗教上帝，與人無涉。它確認的是，作為本體或上帝本身具有一種絕對的超越性。即所謂「嚴格的超越是『上帝模式』」。（安樂哲，《和而不同：比較哲學與中西會通》，第 113 頁注釋 3，北京大學出版社，2002 年。）但「天人合一」與「天人相應」此類命題對中國精神維度的深刻定向使國人實在不好意思將「天」賦予「超越性」或徑直視為「超越世界」。於是國人只有一條路可走，就是把「超越性」轉贈予「人」自己，進而再把西學中的「超越」說成是「外在超越」，同時又將中國這種致力於道德心性開發的「內聖」之學與「修齊」之術標榜成較之西方更為高超的「內在超越」乃至「內向超越」。（參見余英時〈軸心突破和禮樂傳統〉，《現代儒學的回顧與展望》，三聯書店，2004 年。）這根本就是胡說。因為人自身本不具有超越性。在超越性問題上的主觀誇張和任意妄為，只能說明國人所謂的「超越性」既不具有本體論的內涵，也不具有神聖性的價值，而僅僅具有心理學的自慰功能和道德觀的自負形式。我把國人說的這種「超越」界定為「倒置性超越」。它類似於「性倒錯」的含義。即國人基本上弄錯了自己文化的「性別」和屬性。

質言之，在中國天人觀念中（不管天人合一還是天人感應），天本身並不具有超越性。但人們為了論證君主的超越性，也往往賦予天以某種超越性。所以天君關係必須顛倒過來理解。形式上，天給君主提供了根據；實質上，卻是君主給天賦予了意義。正因如此，天對君主的制約就非常有限。表面上，上天為民立君，從而天可以對君構成某種約束。即借助天命來警戒君主，使其不得為所欲為。如此一來，就把天之功用直接附屬於世俗權力。其含義是，如果天不為民立君，天就無所作為，天之作用就無處體現。換言之，天只能通過君主來證實自己之存在。這似乎說天是通過君主來實現自己的價值。事實如此，邏輯亦然。以此事實加邏輯，天之於君的約束性實在是天方夜譚。所以，天立君主其本質在於：天在性質上的世俗化和在功能上的權力化。以此世俗權力之架構，天無論如何也不可能具有超越性。以此天命之背景，儒學要想成為真正之宗教，恐怕是難於上青天了。至於道家所言道，因天道－人道之互動也喪失了自我展開之動力。

78 其實，皇帝與民眾的直接對應和聯通正是雙方共同持有的基本信念。

所謂「皇帝近」。應該說,這是一種相當成功的意識形態策略和效應。[79]而其具體實施則包含諸多環節、技術、規則、儀式和造型的精心設計和複雜考慮。它展示出來的就是我所說的觀念－實踐互動而成的思想共識。

這使我們必須將思想史從單純的觀念文本引入到政治規則和權力遊戲。它關注的是,皇權意識形態如何塑造一種普泛性的政治共識。作為從權力遊戲和官場規則這些複雜的政治實踐中產生出來的思想共識,它介於精英思想與民間思想之間,同時又足以整合這二者的共同思想資源。[80]它作為思想史的基座,本身又呈現出思想史的中層結構。從描述形態看,它既比一般說的「社會意識」具體,又比通常說的「統治思想」普遍。這種政治共識,在後戰國時代,則主要體現為確立皇帝觀念。即如何使皇帝觀念成為全社會成員的共同信仰,是意識形態秩序的關鍵。換言之,如何使皇帝觀念為社會的全體成員所認同和信仰,是後戰國時代皇權主義秩序的主要目的。由於皇帝觀念的確立,政治思想中的其他觀念也就隨之改觀。在政治核心觀念的驅動下,政治共識將會以一種強有力的方式對社會成員的思想和信仰起到規範和約束的作用。

皇權主義秩序的意圖有二:第一,把皇帝觀念塑造為一種全民信仰和普世價值;第二,在皇帝與民眾之間建立起一種直接性的對應關係,使皇帝成為民眾利益的唯一合法代言人和保護者。合而觀之,皇帝觀念的唯一實存性與皇帝－民眾關係的二元對應性,構成皇權主義秩序的複合邏輯。當皇帝與民眾的結合被皇權主義意識形態建構為一種客觀思想秩序時,[81]所有的政治資源和價值資源都成為皇帝的統治財富。通過一種富有成效的教化形式來實現皇帝與民眾之

79　當然不能忽視「編戶齊民」這一帝國體制對政治思想的強大塑造和型構作用。事實上,正是編戶齊民使每個人都獲得了一個相同身分,並被統一編織進國家體制序列中。這使每個人都與國家之間保有一種直接關係,並進而使高居國家體制頂端的皇帝同民眾之間建構起垂直對應性。這種垂直對應性關係決定了天高而皇帝並不遠的政治格局。天高皇帝近緣此而來。

80　因為中國社會並不存在一個獨立於政治之外的現實空間,所以政治共識往往就是社會意識。但如果著眼於思想史的技術分析,我寧可把政治共識的論域看得稍小一些。

81　意識形態作為將皇帝與民眾二者結合起來的一種複雜政治－思想體系,至少在觀念形式上實現了皇帝與民眾之間的正當結合。這種結合在意識形態內容上誠然是真假參半的,但並非是嚴格的真假各半。比如,皇帝對民眾的全權支配就是絕對真實的,而皇帝對民眾的仁政與恩惠則無疑是虛假的。但無論如何,這種結合的正當性使「天高皇帝近」成為人人必需的價值信仰和心理事實。這意味著,只有在皇權意識形態秩序中,「天高皇帝近」才真正成為可能。

間的觀念性結合，是皇權意識形態獨特的實踐性功能。[82] 它本身構成一種真實的虛擬空間。在這個真實的虛擬空間，「天高皇帝遠」的皇帝本身又擁有著「天高皇帝近」的另一副更為「真實」的面孔和形象。「遠在天邊」的皇帝同時又「近在眼前」。被「編戶齊民」分割成一個個孤立無援的「黔首」，似乎對皇權主義有著更為強烈的心理依賴，也似乎只有皇權主義能夠支撐著人們的精神信仰。一方面，每個人都幻想自己能和皇帝發生直接聯繫，所謂「上達天庭」是也；另一方面，每個人都虔誠地相信只有皇帝能夠給自己孤助無依的生活提供安全和保障，所謂「祈福萬民」是也。皇權主義秩序在把皇帝肉身高高捧起的同時，又把皇帝觀念深深地植入每個人的心中，[83] 使皇帝成為世俗社會唯一能夠使民眾之間發生聯繫的具有普泛性的神聖之物。

　　所以，皇權政體所創構出來的皇權主義秩序便具有一種「辯證性功能」：一方面，皇帝制度決定了皇帝觀念的絕對性和神聖性，這使「天高皇帝遠」成為一種必然的政治現實；另一方面，皇權主義意識形態所自覺建構起來的皇帝－民眾這種二元關係的直接性和對應性，則又使「天高皇帝近」成為一種同樣必然的觀念實存。更要命的是，「天高皇帝近」這種觀念實存直接抑制了人們「面對」皇帝而進行的任何理性批判和道義譴責，因為「天高皇帝近」的心理威壓使人們更為徹底地喪失了自己的獨立思想空間。至於「天高皇帝遠」的政治現實，由於獨立思想資源的缺乏，更是遠不可及，無力改變。從中華專制主義的歷史長時段演進看，「天高皇帝近」作為皇權主義秩序的理性建構，基本上貫穿並支配了秦漢以降中國歷史的整個進程。

82　何茲全認為皇帝權力是由氏族長權力演化而來，「在他身上還有氏族長性格的遺存。這一屬性，使皇帝有時看來是和人民站在一邊的」。（《中國古代社會》，第282頁，北京師範大學出版社，2001年。）這同時弄混了兩個問題。第一，皇帝權力源自中華專制主義脈絡中王權體制之必然邏輯，它主要包含兩點，即官僚制之發達與武力征服之格局，與氏族長權力無關；第二，皇帝對民眾的恩德與保護，純屬皇權意識形態之理性建構使然，與氏族長性格遺存無關。

83　這近似於康德為純粹理性與實踐理性設計的二元格局，「頭頂燦爛的星空，心中神聖的道德律令。」皇權體制高懸於人們頭頂，皇權信仰則根植於人們內心。化解皇權體制的冷酷與強硬，減少民眾對皇權體制的恐懼和對立，進而確保皇權體制與皇權信仰之間的平衡與穩定，是皇權主義秩序的核心意圖。

第一章　時代格局與思想特性

第一節　後戰國時代格局

從歷史走向大勢看，從秦朝到漢初，[1] 大約八十年左右，構成了一個相對完整的歷史階段。我把它稱為「後戰國時代」。後戰國時代似乎就像一個瓶頸。它在劇烈收縮中，同時又緩慢張開。不妨說是後戰國時代就是一個獨具風格的「瓶頸時代」。它表現為：在政治層面，重建中央權威的短暫成功及其受挫，進而謹慎推進。這一過程展示為皇權政體的建立與成長。在觀念層面，重建思想秩序的極端選擇及其失敗，繼而消極放任。這一過程展示為意識形態的建構與形成。它主要體現為四個特點：第一，皇權體制的偏執選擇與自我調控；第二，分封觀念在社會上的普遍存在；第三，諸侯集團作為政治體制的現實存在以及對漢初政局的強大影響；第四，思想學術在官方制度架構中的多元共存。

當然，某種意義上，我們的確可以把後戰國時代看成一種歷史的「過渡形態」。但「過渡形態」本身正因其「過渡」而必然凸顯其固有的特性和內涵。它應該成為我們對後戰國時代進行界定和闡釋的理論依據。

1　漢初是一個頗為模糊的概念，不過大體上可以看作是由高祖、惠帝（加上呂后）、文帝、景帝這四位皇帝統治時期所構成的一個歷史時段。

一、皇權體制

從秦穆公稱霸到秦昭襄王嘗試稱帝，再到秦始皇一統六合，號稱「始皇帝」，[2] 經過秦國二十餘代君主幾百年的不懈努力，[3] 統治中國歷史兩千年的皇帝制度終於在秦始皇手中成為現實。它彷彿是有史以來幾乎所有中國人的夢想。它的深遠意義在於，伴隨著皇帝制度的正式建立，皇權體制也就順理成章地粉墨登場。所謂皇權體制，實際上是皇帝和官僚二者的資源配置，而非權力制衡。它表現為皇帝向全國各地直接派出自己的「辦事機構」，[4] 通過官僚的一般職能而行使皇帝的「自由意志」。[5] 在此之前，經過數百年的歷史磨合，從中樞到郡縣的職業官僚梯隊已大體成型。[6] 它們為高高在上垂直控制的皇帝制度提供了強有力的政治技術支援。它構成了皇帝制度的龐大基座。所以就皇權體制來看，它的發生過程倒是自下而上。先有職業官僚，後有世襲皇帝。這彷彿是說，臣的歷史可能比君的歷史更長。

無論如何，事實的確是，當秦朝建立時，作為一個史無前例的偉大帝國，一種潛在而又深刻的分裂正在急劇發生，這就是官僚們所具有的豐富經驗和皇帝的冒失衝動構成一種體制化的緊張。王亞南指出，秦帝「太不善於應付新起的官僚」。[7] 較之於官僚們的老練穩健，[8] 皇帝顯得實在是太年輕了。官吏的確

2　「秦起襄公，章于文、繆、獻、孝之後，稍以蠶食六國。百有餘載，至始皇乃能並冠帶之倫。」（《史記・秦楚之際月表》）

3　「自繆公以來，至於秦王，二十餘君，常為諸侯雄。」（賈誼，《新書》卷1，〈過秦下〉）

4　參見徐連達、朱子彥《中國皇帝制度》，第 207 頁，廣東教育出版社，1996 年。

5　就某種程度言，無論分封還是郡縣，均取決於皇帝「自由意志」的一念之間。

6　雖然有人認為，「官僚體制至少是西周以來，始終一貫存在著的。」（足立啟二，〈歷史發展的諸種類型與中國專制國家〉，《中國前近代史理論國際學術研討會論文集》，湖北人民出版社，1997 年）甚至有人說，或許在商代晚期就已存在著的一種「原－官僚制機構」。（參見史華茲《古代中國的思想世界》，第 46 頁。）但我不喜歡把中國的事情動輒就拉扯那麼長。所以對於顧立雅反對「在任何接近於完全西方的意義上使用『官僚制』一詞」，（同上書，第 45 頁。）我覺得至少在殷周具有絕大的合理性。我相信，嚴格意義上的官僚制只能在春秋列國體制下逐漸發展出來。儘管「縣」的設置的確可以追溯到西周早期。增淵龍夫則對春秋官僚化的程度估計較低。他在〈先秦時代的封建與郡縣〉一文中認為，春秋時代的縣仍然屬於大夫的世襲領地，和秦漢的郡縣官不是一回事。名為縣，實與邑無二。所以春秋即便出現「縣」的名稱，也不一定必然導致秦漢郡縣制。（參見西嶋定生《二十等爵制》，第 25–26 頁。）楊寬對此也持類似意見。（參見《戰國史》，第 209 頁，上海人民出版社，1980 年。）

7　《中國官僚政治研究》，第 92 頁，中國社會科學出版社，1981 年。

8　秦國是最早一個「全面實行縣制」的國家。（參見管東貴〈秦漢封建與郡縣由消長到統合過程中的血緣情結〉，《燕京學報》新 5 期，1998 年。）這自然使秦國擁有最為

職業，皇帝卻不那麼專業。[9]官僚們對自己所幹事情的後果大都一清二楚，皇帝對自己所做事情的後果卻往往一無所知。也許因為如此，他幾乎不知道什麼是害怕。這使他在許多關係帝國命運的重大問題上表現出一種忘乎所以的輕率和放肆。不過，皇權體制的特點是，即使再聰明的官員也絕對不能顯得比皇帝更聰明。所以它要求，當皇帝愚蠢時，官員必須表現得比皇帝更蠢。這樣，它保證了在任何情況下，即便所有人都變傻了，皇帝仍然是最聰明的。當然，這裡面有一個變化過程，或許變好，或許變糟，當事情糟得不可收拾時，皇帝、官員連同整個國家就會一起玩完。但唯一能夠控制這個變化過程的，只有皇帝一人。如何引導這個進程朝有利於自己同時也有利於國家的方向發展，取決於皇帝個人的稟賦、性格和能力。不言而喻，只有為數不多的皇帝有幸具備這個政治智慧和掌握這種政治技巧。分析秦朝的完整歷史，我們很難說，秦始皇屬於這為數不多的皇帝之列。儘管他的雄才大略確實令人印象深刻，並成為後世為數不少的帝王明裡暗裡效法的對象。如果概括言之，可以說，秦是亡於君，而非亡於臣。這正像唐人所謂，「失在於政，不在於制。」[10]

　　所謂「制」，即是皇帝能夠最為有效操縱和收發自如的行政體制。秦始皇和李斯的考慮是，號令天下令行禁止的皇帝制度必須建立在廣泛紮根於全社會的郡縣官僚體制的基礎之上。[11]二者是相互匹配的。只有牢固的郡縣官僚體制才能支撐起強大的皇帝制度。[12]而分封制只能支撐軟弱的天子制度。所謂「諸侯

悠久的吏治傳統和最為成熟的官僚隊伍。

9　「說秦始皇缺乏統治經驗，其言不為過。」（王家範，《中國歷史通論》，第 300 頁，華東師範大學出版社，2000 年。）

10　柳宗元比較周秦，認為「失在於制，不在於政，周事然也」。（《柳宗元集》卷 3，〈封建論〉，中華書局，1979 年。）似可推知，秦制勝於周，而政劣於周。以我們現今眼光看，秦帝國之崩潰已經證明了皇權體制的巨大弊端，漢承秦制的歷史進程卻又使我們相信，古人的政治思維並非沿著制度層面展開。這在某種程度上，確實又是合理的。如果完全否定這一點，不合理的只能是我們。因為在漢人看來，既不可能取消皇帝制，也不可能廢除官僚制，正當的選擇只能是改變秦政的某些做法。這種改變或許包含某種制度性內容，比如郡國雙軌體制。但就本質而言，漢人並無可能真正深入到政體層面進行批判性思考。就是說，制度架構層面的政治思維，是國人從未嘗試過的「另類思維」。

11　我這裡主要著眼於郡縣體制對皇帝制度的支撐功能，至於說，「郡縣制的確立宣告了宗法分封制度的瓦解，是框架型結構政體正式取代土坯型結構政體的具體標誌。」（孫筱，《兩漢經學與社會》，第 39 頁，中國社會科學出版社，2002 年。）似乎並不妥當。

12　這裡需要分解。（1）伴隨著周天子的衰微，在眾多諸侯的地盤上先後出現了縣和郡。有了縣和郡，就有了官僚。無論是用來防範外患（既有來自天子的騷擾，也有來自大

或朝或否，天子不能制」。這顯然是秦始皇所不願接受的選擇。在一個疆域空前的帝國，它的規模之大遠遠超過了「地方千里」的三皇五帝時代，因而，一個權力近乎無限的皇帝制度是絕對必須的。而遍布全國每個角落的發達官僚體制則又使擁有無限權力的皇帝制度成為絕對可能的。

儘管始皇帝採納了李斯的建議，但這不意味著分封問題在觀念上已經徹底解決。僅隔七年，一批儒生又重新提出分封問題。[13] 儒生同前丞相王綰的憂慮和依據如出一轍。這也說明儒生的確是站在國家立場來看問題的。其實，儒學的體制傾向和「國家情結」始終是儒學立足於社會並得以不斷發展擴張的一個內在動力。

從制度分析的角度看，儒學和官僚對問題的爭議顯然屬於一種價值傾向性選擇。[14] 對皇帝制度二者均無異議，唯獨對郡縣體制意見不同。思想史在此關注的是，為什麼會出現這種現象？它難道是無足輕重的嗎？[15] 在我看來，原因在

國的侵犯），還是為了對付內憂（既有大夫的挑釁，也有國人的騷亂），縣郡官僚都發揮了關鍵性作用。所以在君主－官僚制成長過程中，二者榮辱與共。官僚的權力越大，君主的權力相應越大。反之亦然。（2）當官僚制覆蓋全社會時，隨之產生一種新的政治形態，即皇權體制。這樣，皇權－官僚制取代了君主－官僚制。在皇權－官僚制中，二者的關係變得更為複雜曲折。許多時候，皇帝的權力越大，官僚的權力反而越小。

13　沿著分封這條線索，我們可以看到儒家的一個有趣變化。在秦朝，主張分封的多是儒生。在楚漢之際，要求分封的卻是貴族、功臣。而到了漢初，主張限制分封的反倒又是儒生。比如賈子。其實儒家這種前後變化，貫穿著一個不變的思路，即「國家主義」立場。

14　黃仁宇對制度的人為設計性以及最初設計對後來事態演化所具有的決定性有過一些很深刻的判斷。（參見《萬曆十五年》、《中國大歷史》、《赫遜河畔談中國歷史》相關部分）

15　至少從現在角度看，分封或郡縣只是一種「治體」之別，而「政體」則更為本質。所以現代人更為關心這樣一個問題，當時的儒生和官僚是否沒有明確意識到帝國體制下的「皇帝」與王國體制下的「天子」和列國體制下的「君主」之間存在著某種深刻的差異？換言之，當時人們觀念中是否認為皇帝與天子和君主之間確有什麼不同？或者在他們看來，這種差異根本不值得認真考慮？可隨之而來的另一個問題是，現代人對皇帝制度和皇帝觀念的深究同古人對分封郡縣兩種體制分殊的熱衷，難道僅僅是古今兩個時代的視角差異嗎？這裡面是否還可能隱含有某些更為基本和內在的思想動因？對此，我願意嘗試性地提出這樣一個理論預設：在中國政治思想史上，始終存在著一種對「元問題」自覺迴避的思想意識。或者乾脆說，中國政治思想中向來缺乏一種「元問題」意識。對政治觀念的「元問題」不能徹底思考，是中國政治思想的一個天然缺陷和弱點。

於：第一，天下屬於一人，天下系於一人，即「私天下」之格局已成客觀之現實。[16]
這一現實是任何人都絕對無力改變的。相反，在這一現實基礎上，人們可以對
具體行政體制進行變通和規劃。第二，郡縣體制只涉及官僚，而不涉及皇帝。
即從制度層面講，它只是一個關係臣而非君的體制安排，也就是一種皇帝如何
更為有效地操控臣子的制度設計。所以，儒學和官僚對皇帝制度的一致性肯定
和對郡縣體制的分歧，正深刻地隱含著一種潛在的寓意，官僚體制盡可以改變，
皇帝制度絕不能更改。在改來改去的官僚體制中，千古一系的則是皇帝制度。
這意味著在皇權政體中，真正本質的是皇帝制度，而非官僚體制。後世所謂的
「只反貪官不反皇帝」這種觀念實質上源自於在皇帝制度的前提下，對官僚體
制的行政運作方式自然產生正常分歧的權力遊戲和官場規則。

　　制度同人創造的其他許多事物一樣，都具有一種共同的性質，即它一旦被
人創造出來，立刻具有了自己的生命和獨立的意志。它會形成一種強大的慣性
和傳統，並在相應的時間段和空間域有力地支配和影響著歷史的曲折進程和社
會的發展方向。事實上，我們不難發現，在郡縣制已存在數百年，[17]同時分封
制業已崩潰數百年的情況下，再來全盤恢復分封制無疑不切實際，迂腐難行。
不過從常理推測，面對官僚制發展得相當成熟，並且與社會基層架構緊緊地鉚
在一起，以致於縫隙無間這種的制度現實，儒生們主張的分封只能是「治體」
意義上的，而非「政體」意義上的。

　　問題是，儒生們把自己的想法向皇帝和官僚說清楚了嗎？我們不妨假設
一下，如果儒生們把自己的想法說清楚了，中國歷史還會是這個樣子嗎？還會
有後來的一系列歷史變數嗎？應該意識到，在制度創設過程中，思路的扭曲，
觀念的誤解，話語的含糊，都是致命的，都可能造成嚴重的後果。但我又不想

16　皇帝制度建構出一種廣義的君臣關係，「即藉由賦役制度，為國家服公事，全體人民
　　因之皆臣屬於皇帝。」「自秦始皇始，皇帝制度即強調『一家天下』、『普天王臣』。
　　其意義至少有二。一，先秦時期諸『國家』並立，經歷秦始皇之征服戰爭，『天下』
　　之內的諸『國家』只剩下秦國之『一家』。二，『天下』內之人民皆隸屬於此『一家』，
　　且繼承自戰國時代以來的體制，人民皆是『國家』的臣妾，故西漢有所謂『生民之屬
　　皆為臣妾』之說。」（甘懷真，〈「舊君」的經典詮釋──漢唐間的喪服禮與政治秩序〉，
　　《新史學》13 卷 2 期，2002 年 6 月。）其實還應有第三義，即此「一家」也只有「一
　　人」而已。一人之國家，一人之天下，一人之萬民。這一切只有在皇帝制度下才能真
　　正實現。

17　當然這裡說的郡縣制並非整齊劃一全國規模的統一制度，而是在春秋戰國各國經歷了
　　複雜演變的地方行政制度。

把歷史簡單地視為一種輕率地誤解。歷史實際可能要複雜得多。它肯定超出了人們的想像。所以我們需要考慮的是，如果儒生和官僚雙方都能準確理解分封只限於「治體」，他們之間還會產生如此的對立和緊張嗎？是什麼原因使雙方變得如此極端，而毫無妥協餘地？出於什麼理由，使雙方都不能容納對方？在這裡，思想史浮現出來，成為理解政治史和制度史的一個深層介面。為什麼儒學和官僚雙方都沒有稍稍轉換一下各自的思路，退一步想想這個問題，即郡縣制和分封制二者難道真的是水火不容，無法並存嗎？體制性的相容是否絕對不能？雖然歷史不可假設，但必要的假設又的確有助於我們對問題的多向度思考。所以我們不妨設想，倘若秦帝國實行了郡國雙軌的行政體制，它還會這麼快就土崩瓦解嗎？難道分封制不能居中緩解郡縣制承受的皇權高度施壓所產生的巨大壓力嗎？難道分封不能局部釋放郡縣制這種全國規模的垂直式行政體制所隱含的種種危機嗎？[18]

歷史事實是，從戰國時代進入後戰國時代，雖然一統已成定局，但定局之下的基礎尚不穩定。單一型的郡縣體制能否短時間內在全國範圍形成足夠的社會控制能力，從後戰國的整個歷史走向看，應該說這種體制性的急劇轉型不但冒險，而且確實危險。作為「政治大躍進」，除了失敗，不可能再有別的結果。漢初郡國並行，就是這一結果的直接產物。

二、分封觀念

如果說戰國時代人們關心的是如何統一天下，那麼後戰國時代人們考慮的則是如何再分割天下。這是因為「秦滅六國，父兄有天下，而子弟為匹夫，在當時之人視之，實為變局而非常理」。[19]這說明「大一統」的制度內涵和觀念特性尚未確定。其實，統一與分封本就是同一事物的兩個方面。這個漫長的歷史過程可以簡單地表述為：分封滋生出分裂，分裂演化為統一；而統一之後則又必須重新分封，以便確保其統一秩序。所以分封作為一種制度設計和政治理念，在後戰國時代依然對社會具有強大的支配和影響力。不管人們對此的態度和立場有多麼大的分歧，最重要的是，人們都清楚地意識到，分封問題絕對是

18　近人對分封制的某些肯定或許就是出於如此考慮。

19　呂思勉，《論學集林》，第 709 頁，上海教育出版社，1987 年。

關係國家體制命脈的大問題。[20] 而這種政治理念和價值判斷則構成了後戰國時代最鮮明的歷史特徵。人們相信，對分封的態度和處理策略之分殊很可能就是導致秦亡漢興的根本原因之所在。[21]

秦政時期，從朝廷政要到士人儒生，乃至皇室子弟，皆以各種方式對分封表示了認同和支持。首先，以丞相王綰為首的眾多大臣在秦朝建立伊始，就明確主張，「諸侯初破，燕、齊、荊地遠，不為置王，毋以填之。」[22] 在當時的技術條件下，從行政官員的立場確實可以理解。不過這也說明，大多數朝臣對郡縣官僚制度能否適應和管理這樣一個規模空前的龐大帝國缺乏信心。特別是他們回顧西周分封的成功經驗，[23] 以及由此引發出來的傳統依賴和歷史信仰，更強化了帝國官僚們的這種疑慮和擔憂。在戰爭剛剛結束，對距離數千里之遙的陌生領土進行有效控制，究竟是血緣分封的親情更值得信賴，還是職業官僚的忠誠更值得信任，是一個必須當即決斷的問題。但韓非早已說過，親情不足信。對韓非子推崇有加甚至有相見恨晚之感的始皇帝想必對此感觸更深。[24]

其次，始皇三十四年，一批固執的儒生又舊事重提，在秦始皇舉辦的宮廷宴會上與頌揚始皇功德的朝臣正面發生衝突。針對僕射周青臣所說，「以諸侯為郡縣，人人自安樂，無戰爭之患，傳之萬世。」博士齊人淳于越當即予以反駁，「臣聞殷、周之王千餘歲，封子弟功臣自為枝輔。今陛下有海內，而子弟為匹夫，卒有田常、六卿之臣，無輔拂，何以相救哉？事不師古而能長久者，非所聞也。」[25] 這似乎暗示封建與否還是一個未成定論的問題。這說明在關乎帝國立國體制的重大問題上，兩種截然對立的觀點一直處於明爭暗鬥的狀態中。[26] 八

20　這多少說明人們的政治觀念已不局限於個人，而具有了明顯的制度意識。比如，人們在評論夏商滅亡時均著眼於桀紂這類昏君暴主的個人行為，而人們在評論周朝滅亡時，則主要考慮的是封建體制的缺陷和弊端。

21　參見吳剛、劉小洪〈秦亡漢興之因再探〉，《學術月刊》1996 年第 8 期。

22　《史記·秦始皇本紀》。

23　參見史華茲《古代中國的思想世界》，第 44 頁。

24　參見《史記·韓非列傳》。

25　《史記·秦始皇本紀》。另參顧炎武《日知錄》卷 22，〈郡縣〉，嶽麓書社，1994 年。

26　倘若仔細分析，則會發現封建郡縣二說雖然明爭，卻也暗合。因為二者的援引對象和歷史依據均是周朝。區別是，主封建者說的是西周，主郡縣者說的是東周。主封建者張揚西周的政治經驗，主郡縣者強調東周的政治教訓。前者展示出天下的有序，後者展現出天下的崩潰。前者手裡拿的是歷史的輝煌之盾，後者手裡握的是歷史的災難之矛。這是一個典型的二難困境。周王朝興也封建，亡也封建。恰如秦帝國成也郡縣，

年前的第一次爭論發生於朝臣之間，這次則發生於儒生與朝臣之間。在這種場合下，已經成為丞相的李斯更加強硬地指責，「私學而相與非法教，人聞令下，則各以其學議之。」[27] 從李斯的話中，我們彷彿可以想像出自從帝國建立之日起，頑固不化的儒生就一天也沒有停止過對帝國體制和朝廷政務的批評和攻擊。所謂「入則心非，出則巷議」，可見這些批評和攻擊幾乎是不分時間和場合。

從各種跡象看，希望分封一直是朝中隱隱潛在的一股巨大勢力，它牽涉到各個階層和集團。比如，始皇帝剛死，宦官趙高就把這個問題含蓄地提了出來。「上崩，無詔封王諸子而獨賜長子書。長子至，即立為皇帝，而子無尺寸之地，為之奈何？」胡亥則無奈地說，「固也。吾聞之，明君知臣，明父知子，父捐命，不封諸子，何可言者！」[28] 推敲文獻，渴望分封之情隱約可見。又如，趙高指責李斯有野心的理由是他妄想封王。[29] 秦朝本來不是沒有分封，但只是封侯，而非封王。封侯者只是衣食租稅，而非臨土治民。[30] 它既不破壞郡縣體制的完整性，也與儒生要求的分封制不同。但分封觀念常常有意無意地模糊二者界限，從而使事情變得複雜而微妙。現在趙高指控李斯「望裂地而王」，顯然有意激化問題。因為，封王意味著「裂地」，「裂地」則意味著郡縣制的解體。這樣，它就與儒生主張的分封制合流。平心而論，李斯未必真作此想。但趙高既然把它說出，說明這個說法是能夠為人接受並相信的。這也說明，在秦廷，分封並不是一個人們全然排斥諱忌莫深的話題。稍有時機它就會浮出水面。這還說明，由於缺少正常的討論空間，兩種不同的分封內容常常交織莫辨，從而使分封觀念成為某種極具衝擊力和爆炸性的問題。

相對於帝國官僚在分封問題上所表現出來的種種曖昧心態，普通百姓的感受和要求似乎就要明朗和直白得多。它往往不加掩飾地表示出對分封的高度認同和強烈渴望。比如，始皇三十六年，「熒惑守心，有墜星下東郡，至地為石，黔首或刻其石曰：『始皇帝死而地分。』」[31] 從政治－思想的角度看，這種社

敗也郡縣。但對始皇帝而言，或許切近的歷史教訓較之遙遠的歷史經驗更值得重視。如果撇開其他因素，我想這很可能是始皇帝作出決斷的一個重要理由。

27　《史記・秦始皇本紀》。

28　《史記・李斯列傳》。

29　「今陛下已立為帝，而丞相貴不益，此其意亦望裂地而王矣。」（《史記・李斯列傳》）

30　參見楊寬〈論秦漢的分封制〉，《楊寬古史論文選集》，上海人民出版社，2003 年。

31　《史記・秦始皇本紀》。

會層面的民間意識具有深刻的暗示性。它預示著，不但「興太平」不可能，連表面上已成定局的郡縣制也變得十分脆弱。「死而地分」雖然沒有在始皇帝死後立刻發生，但也就是一二年的事情。

秦二世在陰謀中即位，又在陰謀中死亡。二世一死，一手葬送了帝國的宦官趙高匆匆決定恢復「王」號。「秦故王國，始皇君天下，故稱帝。今六國復自立，秦地益小，乃以空名為帝，不可。宜為王如故便。」[32] 給人感覺是，這是以秦帝國的名義正式宣布的對皇權政體的拋棄和對分封體制的回歸。二世死後的七八年裡，中國歷史再次陷入一種分崩離析的混亂局面。對局勢的控制已超出了人的能力。它彷彿喜劇性地再現了春秋戰國的瘋狂過程。它彷彿是戰國爭霸的迴光返照。「道術為天下裂。」天下為諸侯分。中國歷史似乎總喜歡在學術與政治之間進行無休止的循環遊戲。於是，在短暫統一的皇權體系崩潰之後，一輪新的大分封過程開始了。劉邦幸運地先行一步進入關中。這雖然沒有使他在諸侯中取得「關中王」的地位，卻贏得了人心。

楚漢之際的五年，既是權力資源的重新組合，又是政治地圖的重新劃分。無論項羽還是劉邦都在以不同的方式分封天下。[33] 二者的區別在於，項羽的分封是一種純粹戰國式的復辟，[34] 他是將分封當成打天下的目的。打天下即為分天下。[35] 分了就完了。劉邦的分封則是在秦朝體制基礎上的變通，[36] 他是將分封當成得天下的手段。所謂「割大弱強，以立諸侯」。[37] 所以分只是第一步，接著還有第二、第三步，乃至第四步。當然，這中間的曲折變化相當複雜。比如，楚漢雙方「鴻溝劃界」時，劉邦一開始還接受了項羽的建議，願意彼此「中分天下」。[38] 至少在那時，二人都還認為天下並非必須一統才像天下。在這一過

32　《史記‧秦始皇本紀》。

33　管東貴從血緣角度注意到項劉二人的分封手法不同。「項羽分封的十八王沒有一個同姓。」而劉邦後來的「封建思想中血緣意識的『排他性』比周人初行封建時的還重。」（〈秦漢封建與郡縣由消長到統合過程中的血緣情結〉）

34　《史記‧項羽本紀》云：項羽「分天下，立諸將為侯王。」

35　悖論的是，分封諸侯的項羽卻過分看重封功行賞，「至於行功爵邑，重之，士亦以此不附。」而劉邦卻「能饒人以爵邑」。（《史記‧陳丞相世家》）

36　這種變通作為既定「國策」則一直持續到漢初。

37　《史記‧淮陰侯列傳》。這雖然是齊人蒯通言動韓信之策，但它也透露出劉邦的分封心思。

38　《漢書‧高帝紀上》。

程中，張良、陳平給劉邦提供了一種新的政治理念和一種靈活的政治權術。[39]

有兩件事可以看出這點。一是，漢三年，「項羽急圍漢王滎陽，漢王恐憂。」這時謀士酈食其獻上一計，即「復立六國後」，這樣六國「君臣百姓必皆戴陛下之德，莫不鄉風慕義，願為臣妾。德義已行，陛下南鄉稱霸，楚必斂衽而朝。」漢王深以為是。此事卻遭到張良的堅決阻撓。張良一口氣提出八條反對理由。「天下游士離其親戚，棄墳墓，去故舊，從陛下游者，徒欲日夜望咫尺之地。今復六國，立韓、魏、燕、趙、齊、楚之後，天下游士各歸事其主，從其親戚，反其故舊墳墓，陛下與誰取天下乎？」而且關鍵是「楚唯無強，六國立者復橈而從之，陛下焉得而臣之？」劉邦一聽，這才回過味來，明白利害。[40] 這番戲劇性的過程說明，在一開始，劉邦心裡對分邦建國這種政治謀略並無多少主見。

二是，漢四年，韓信平齊，派人對劉邦說，「齊偽詐多變，反復之國也，南邊楚，不為假王以鎮之，其勢不定。願為假王便。」這使劉邦大怒。因為這時「楚方急圍漢王于滎陽」。張良陳平對他說，「漢方不利，寧能禁信之王乎？不如因而立，善遇之，使自為守。不然，變生。」劉邦於是順水推舟，以「真王」相許。「遣張良往立信為齊王，征其兵擊楚。」[41] 可能是韓信的野心還不夠太大的緣故，故而當謀士向他建議與楚漢三分天下時，他卻猶豫了。[42] 韓信猶豫的理由是，「不忍背漢，又自以為功多，漢終不奪我齊」。蒯通對韓信的評價是，「迫於細苛者，不可與圖大事，拘於臣虜者，固無君王之意。」[43] 可見性格上的弱點和政治上的幼稚在這種歷史大關節中的作用絕非無足輕重。雖然這一猶豫以後給韓信帶來了滅頂之災，卻使這時還顯得有些脆弱的皇帝戰車少了幾分顛簸。所以個人之不幸與歷史之幸運很難一致，此亦可為一例。

但從我們的角度看，直言不諱地要求分封作為諸侯之間實力強弱的一個討價還價的籌碼，則正鮮明地體現出後戰國時代的深刻特點。這是一個陰謀、權術、野心、才能、夢想、人性不受約束地肆意膨脹的時代。雖然有了皇帝制度，但依然是遍地王侯。即便異姓易為同姓，但劉邦期待的那種「天下一家」的同

39　這當然有賴於張陳二人所具備的儒、道、兵、陰陽、縱橫等諸家素質。

40　《史記・留侯世家》。

41　《史記・淮陰侯列傳》。

42　《史記・淮陰侯列傳》云：齊人蒯通說韓信，「當今兩主之命懸於足下。足下為漢則漢勝，與楚則楚勝，⋯⋯莫若兩利而俱存之，三分天下鼎足而居，其勢莫敢先動。」

43　《史記・淮陰侯列傳》。

姓意識並未出現，反倒更加刺激了諸侯王「力圖謀求本國利益」的欲望。[44] 皇權體制還遠未到達充分穩定的程度。它還需要在血雨腥風中經受殘酷的考驗。更重要的是，與皇權政體相匹配的帝制社會還處於緩慢形成過程當中。皇權政體的人為架構與帝制社會的自然秩序還需要長時間的相互磨合。凌空高架的皇權體制由於還沒有深深繫根於帝制社會的土壤之中，稍有變故立刻變得岌岌可危。

三、諸侯集團

劉邦由一個不足掛齒的微末小吏一步登天做了皇帝，[45] 從此徹底結束了中國歷史上的貴族時代，成為中國歷史上的第一位「匹夫天子」。[46] 嚴格說，中國歷史上的貴族並非消亡於戰國時代，而是消滅於後戰國時代。從楚漢戰爭中舊有六國貴族的活躍可以看出其勢力仍然不可低估。比如，「楚、漢之際，六國各立後，尚有楚懷王心，趙王歇，魏王咎，魏王豹，韓王成，韓王信，齊王田儋、田榮、田廣、田安、田市等。」[47] 雖然秦帝對其多有防範，並嚴厲打擊，[48] 但遠未根除。相對而言，劉邦隊伍中的貴族人數較之項羽可能少得多。貴族是封建制的基礎。有貴族必然要求封建。項羽大分封實在是不得不然。漢初諸侯王勢力之龐大雖與此並無直接關係，但足以動搖新型皇權政體的根基。

不過好在匹夫天子並不孤立。因為此時不僅有了「平民王政」，[49] 劉邦還能依託著大批布衣將相。[50]「漢祖以匹夫起事，角群雄而定一尊。其君既起自

44　參見大庭脩《秦漢法制史研究》，第 18 頁，上海人民出版社，1991 年。

45　似乎可以說，亡天下者，秦帝也；得天下者，秦吏也。秦漢興替也即是帝吏易位。

46　參見第二章第二節「皇帝出身的觀念轉換」。

47　趙翼，《二十二史劄記校證》卷 2，〈漢初布衣將相之局〉，中華書局，1984 年。

48　參見孟祥才《中國政治制度通史》第 3 卷，第 20 頁，人民出版社，1996 年。

49　「平民王政」首創者為陳涉。「復活之五國中，楚、趙、燕三國政權為陳涉及其部將新建之王政，其政權為中國歷史上新出現的一種類型。」（李開元，《漢帝國的建立與劉邦集團》，第 79 頁。）

50　趙翼評論說，「自古皆封建諸侯，各君其國，卿大夫亦世其官，成例相沿，視為固然。其後積弊日甚，暴君荒主，既虐用其民，無有底止，強臣大族又篡弒相仍，禍亂不已。再併而為七國，益務戰爭，肝腦塗地，氣勢不得不變。而數千年世侯、世卿之局，一時亦難遽變，於是先從在下者起。遊說則范睢、蔡澤、蘇秦、張儀等，徒步而為相。征戰則孫臏、白起、樂毅、廉頗、王翦等，白身而為將。此已開後世布衣將相之例。」（《二十二史劄記校證》卷 2，〈漢初布衣將相之局〉）這種看法雖有明顯的目的論色彩，但也能夠印證我們的觀察，即從皇權政體的發生過程看，正是當職業官僚體制從下面成長到相當成熟的地步後，能夠直接駕馭整個國家機器的皇帝制度便水到渠

布衣，其臣亦自多亡命無賴之徒，立功以取將相。」二者結合，「天之變局，至是始定。」[51] 布衣將相作為一批從戰爭中拼殺出來的軍功新貴，具有兩個顯著特點：一是出身低賤，一是數量巨大。關於前者，趙翼有簡明概括。

> 漢初諸臣，惟張良出身最貴，韓相之子也。其次則張蒼，秦御史；叔孫通，秦待詔博士。次則蕭何，沛主吏掾；曹參，獄掾；任敖，獄吏；周苛，泗水卒史；傅寬，魏騎將；申屠嘉，材官。其餘陳平、王陵、陸賈、酈商、酈食其、夏侯嬰等，皆白徒。樊噲則屠狗者，周勃則織薄曲吹簫給喪事者，灌嬰則販繒者，婁敬則挽車者，一時人才皆出其中，致身將相，前此所未有也。[52]

關於後者，司馬遷說得極為扼要，「漢興，功臣受封者百有餘人。」[53] 這是一批典型的布衣將相。人數雖多，[54] 但大體還算安分守己。所以嚴格說，他們不能看作是一種具有諸侯王性質的政治勢力，而是一批依屬於中央政權的職業官僚。他們是漢帝國中央政權的穩定因素。無論剷除呂氏勢力，還是平定七國叛亂，他們所起的作用都是關鍵性的。

　　這是一個既沒有貴族，又非平民的時代。本能、投機、欲望、義氣是推動這一時代演化的主要動力。許多人都在這個時代成功地實現了自己的價值。隨著價值的實現，他們又會追逐更大的權力。這樣，他們不可避免地遭遇到了無法逾越的絕對皇權。他們要求分封天下，要求分享皇權。但皇權這時還沒有足夠的實力來證明自己的絕對性。更何況，在這樣一個後戰國時代，在一個尚未完全成形的帝制社會，也還有著不小的活動空間供他們施展自己的雄心和抱負。他們憑藉著自己的戰功、資歷以及出身，在漢帝國中占據了顯赫地位，並逐漸

成地脫胎而出。

51　趙翼，《二十二史劄記校證》卷 2，〈漢初布衣將相之局〉。
52　《二十二史劄記校證》卷 2，〈漢初布衣將相之局〉。該書又有「漢初妃后多出微賤」條。統而觀之，從匹夫天子、布衣將相到微賤后妃，作為從社會下層生長出來的多種能量不等的政治因素，在風雲際會之時共同彙集成了一股對體制和社會足以產生強大塑造作用的「歷史合力」。
53　《史記・高祖功臣侯者年表》。
54　據《索隱》注：「高祖功臣百三十七人，」另「兼外戚及王子，凡一百四十三人受封。」不過也有部分外戚同樣是出身低微並立有戰功。所以這部分人基本上全都屬於「打天下，坐天下」的布衣將相。

形成了有可能同中央政權分庭抗禮的另一個權力中心。《史記‧律書》云：「高祖有天下，三邊外畔；大國之王雖稱蕃輔，臣節未盡。」這使皇權－官僚體制時刻面臨著來自於分封諸侯們的蠢蠢欲動的挑戰甚至顛覆的威脅。事實上，這種威脅差不多貫穿了漢初四帝的全部歷史。

所以，漢初的最大政治危機乃是一個對諸多不同利益的政治力量進行複雜協調和綜合平衡的體制問題。即皇權政體如何整合政治異己。它突出表現為中央政權與諸侯集團之間如何彼此充滿疑慮和敵意進而導致武力衝突。[55] 司馬遷用了三個「年表」來說明這種政局形勢。它可以分解為兩方面。首先是異姓王。「昔高祖定天下，功臣非同姓疆土而王者八國。」[56] 至惠帝時，「唯獨長沙全，禪五世，以無嗣絕。」因而還得到了司馬遷難得的稱讚，「竟無過，為藩守職，信矣。」原因在於，除長沙王外，其他諸王皆由於種種原因而被劉邦或滅或廢。對劉邦來說，做皇帝之後，製造理由尋找機會除掉自己親手封的王並不比滅掉封自己的王更容易。[57] 因為「漢高之剷除異姓諸王，非以君替其臣，乃敵國之相滅耳」。[58] 這似乎不像是「國內」戰爭，更像是「國際」戰爭。這實際上是另外一場打天下的統一戰爭。它較之楚漢之爭有過之而無不及。[59] 幸運的是，劉邦畢竟在自己的有生之年把這件事給做完了。在劉邦看來，這起碼保證了異姓勢力不再有力量對劉氏政權發起有效挑戰。[60] 故而，劉邦晚年特別宣布，「非劉氏而王者，若無功上所不置而侯者，天下共誅之。」[61]

---

55 至於趙人徐樂所言，「天下之患在於土崩，不在於瓦解，古今一也。何謂土崩？秦之末世是也。……何謂瓦解？吳、楚、齊、趙之兵是也。」（《史記‧平津侯列傳》）只是出於特定視角的個人觀感。無論如何，低估諸侯集團對漢初政局的左右和威懾都是不妥的。

56 《史記‧惠景間侯者年表》。《史記‧韓信盧綰列傳》又云：「高祖已定天下，諸侯非劉氏而王者七人。」

57 漢初分封制客觀上具有某種分而治之的政治效果。倘若諸侯王集團聯合起來，漢廷絕對不是對手。但就一對一來看，任何一個諸侯王都很難成為漢廷的對手。其中韓信勢力最大，也最會用兵，最為漢廷忌諱。所以劉邦只能智取，不能硬拼。

58 呂思勉，《論學集林》，第 709 頁。

59 呂思勉評論說：「高祖之大略，不在於其能滅項羽，而在於項羽滅後，六、七年間，能盡滅同時並起之異姓諸王。……天下之克定於其一，其功信不成于滅楚之日，而成於其後之七年中也。」（《論學集林》，第 708–710 頁）

60 太史公卻認為遲「至孝景，不復憂異姓」。（《史記‧孝景本紀》）似見這個問題的長期性和反復性。

61 《史記‧漢興以來諸侯王年表》。

其次，剪除異姓王之後出現的大面積的權力真空自然由同姓王填補。[62]

> 自雁門、太原以東至遼陽，為燕、代國；常山以南，大行左轉，度河、
> 濟、阿、甄以東薄海，為齊、趙國；自陳以西，南至九疑，東帶江、
> 淮、谷、泗，薄會稽，為梁、楚、吳、淮南、長沙國。皆外接于胡、
> 越。而內地北距山以東盡諸侯地，大者或五六郡，連城數十，置百
> 官宮觀，僭于天子。[63]

相形之下，「漢獨有三河、東郡，潁川、南陽，自江陵以西至蜀，北自雲中至
隴西，與內史凡十五郡，而公主列侯頗食邑其中。」[64]據此看，帝國版圖差不
多已被諸侯王分割殆盡。無論土地人口，[65]還是經濟實力和兵力儲備，諸侯王
集團較之漢廷中央政權均保持有相當之優勢。[66]對此上小下大明顯傾斜的政治
格局，司馬遷的解釋是，「天下初定，骨肉同姓少，故廣強庶孽，以鎮撫四海，
用承衛天子也。」[67]目的如此，結果卻可能截然相反。所謂「王者疆土建國，
封立子弟，所以褒親親，序骨肉，尊先祖，貴支體，廣同姓於天下也。是以形
勢強而王室安」[68]只是制度者的一廂情願。歷史的悖論卻是，當一種力量被過
分依賴時，它本身同樣成為一種新的甚至是更可怕的威脅。[69]

　　事實上，漢初幾次三番對漢廷安全造成巨大震動的恰恰是同姓王。遍布全
國的諸侯王集團已經控制了漢王朝的絕大部分地區。[70]「一國兩制」使得「諸

62　比如，滅彭越後，「立子恢為梁王，子友為淮陽王。罷東郡，頗益梁；罷潁川郡，頗
　　益淮陽。」（《漢書・高帝紀下》）
63　《史記・漢興以來諸侯王年表》。
64　《史記・漢興以來諸侯王年表》。
65　「漢初王國的人口約為戶一百八十萬，口八百五十萬。漢初中央直屬郡地區的人口約
　　為戶九十七萬，口四百五十萬。這樣，王國地區和中央直屬地區的人口之比約為10:5・
　　29。」（柳春藩，《秦漢封國食邑賜爵制》，第42頁，遼寧人民出版社，1984年。）
66　參見楊鴻年《漢魏制度叢考》，第330–331頁，武漢大學出版社，1985年。
67　《史記・漢興以來諸侯王年表》。
68　《史記・三王世家》。
69　賈誼提醒文帝，「諸侯王雖名為人臣，實皆有布衣昆弟之心，慮無不宰制而天子自為
　　者。擅爵人，赦死罪，甚者或戴黃屋。漢法非立，漢令非行也。雖離道如淮南王者，
　　令之安肯聽？召之焉可致？幸而至，法安可得尚？動一親戚，天下環視而起，天下安
　　可得制也？陛下之臣，雖有悍如馮敬者，乃啟其口，匕首已陷於胸矣。陛下雖賢，誰
　　與領此？故疏必危，親必亂。」（《新書》卷3，〈親疏危亂〉）
70　因為中央政權所轄範圍加上京師地區才有區區「十五郡」。不過到「七國之亂」時，

侯郡守雜建，諸侯甚大」。[71] 在這種形勢下，中央政權的作為實在是有限。漢廷此時能夠維持一種相對穩定之局面亦委實不易。[72] 黃老由某種政治權術在此時演化為一種治國方略和價值導向，頗堪玩味。所謂「清靜無為」其實是無法作為。[73]

之所以無法作為，則是因為諸侯王「大率置官法度之類，與天子等」。[74] 賈誼認為，正是天子諸侯之間「尊無異等」的禮制法度決定了這種無法作為的政治必然性。這種政治必然性本身又是依據諸侯王集團與中央政權之間達成的一種奇特的對等關係而得以成為可能。

> 諸侯王所在之宮，衛織履蹲夷，以皇帝在所宮法論之。郎中謁者受謁取告，以官皇帝之法予之。事諸侯王或不廉潔平端，以事皇帝之法罪之。曰一用漢法事諸侯王，乃事皇帝也。是則諸侯王乃埒至尊也。[75]

從天子之相到諸侯之相，從天子列卿到諸侯列卿，從天子衛御到諸侯之御，祿秩全部等同；從天子親到諸侯親，從天子妃到諸侯妃，名號全然無別；從天子宮門到諸侯宮門，「闌入之罪」完全相同；從天子之言到諸侯之言，從天子卑

漢廷與諸侯集團之間的實力對比已發生了明顯的對比。所謂「諸侯之地不足為漢郡什二」，（《史記・吳王濞列傳》）足以說明這點。

71　《朱子語類》卷 135，中華書局，1994 年。

72　參見許倬雲〈西漢政權與社會勢力的交互作用〉，《許倬雲自選集》，上海教育出版社，2002 年。

73　其「不作為」的程度有時相當令人吃驚。比如，有司提請文帝立太子時，文帝竟說「楚王，季父也，春秋高，閱天下之義理多矣，明於國家之體。吳王于朕，兄也；淮南王，弟也。皆秉德以陪朕，豈為不豫哉！諸侯王宗室昆弟有功臣，多賢及有德義者，若舉有德以陪朕之不能終，是社稷之靈、天下之福也。今不選舉焉，而曰必子，人其以朕為忘賢有德者而專於子，非所以憂天下也。」直到有司把劉邦抬出來，「高帝始平天下，建諸侯，為帝者太祖。諸侯王列侯始受國者，亦皆為其國祖。子孫繼嗣，世世不絕，天下之大義也。故高帝設之以撫海內。今釋宜建而更選于諸侯宗室，非高帝之志也。更議不宜。」（《漢書・文帝紀》）文帝才算同意。這裡除了文帝個人性格及品德因素外，也除了某些難以完全排除的言不由衷的「政治作秀」的因素外，更重要是，面對龐大的諸侯王集團，在作出任何重大決策時，他都必須謹慎從事。聯繫到後來景帝時竇太后曾示意立梁孝王為太子一事，可知在漢初諸侯王入主漢廷為太子確實為一種頗具影響力的政治思路。

74　《朱子語類》卷 135。

75　《新書》卷 1，〈等齊〉。

號到諸侯卑號，從天子車到諸侯車，禮制毫無區別。賈子憤然指責，「人主登臣而尊，今臣既同，則法惡得不齊？」「御既已齊，則車飾具惡得不齊？」「妻既已同，則夫何以異？」[76]

這種對等關係雖有可能產生深刻的政治危機，它同時卻有著深厚的制度基礎。制度就是力量。當制度欠缺時，軟弱成為必然。所以，就其本質，「無為」乃是中央政權與諸侯王集團在誰也無力改變現實存在的條件下達成的一種暫時的政治平衡。因為你不能指望中央政權在雙方力量對比自己沒有明顯優勢的情況下作出什麼大的挑釁性動作。[77]陸賈向劉邦提示的「守天下」應該不僅是指希望漢帝國能避免像秦帝國那樣急速覆滅的命運，而且也應該是指希望中央政權能守住自己的地盤，與諸侯王集團相安無事。[78]所以「無為」包含兩方面的含義，一是對百姓，去苛政；[79]一是對諸侯，少酷法。[80]

在此局勢下，「清靜」迅速成為一種微妙的政治時尚和社會風氣。在此風氣之下，任何標新立異都被合理視為「多事」、「鬧事」甚至「壞事」。「絳、灌、東陽侯、馮敬之屬」之所以對賈誼極度不滿，是因為像「諸律令所更定，及列侯悉就國」這種敏感話題「皆自賈生發之」，這極有可能破壞帝國體制精心維持的政治平衡局面，所以他們指責賈子是「洛陽之人年少初學，專欲擅權，紛亂諸事。」[81]這又在很大程度上影響了文帝對賈子的態度，致使天子放棄了原本讓他「任公卿之位」的打算，「不用其議。」[82]這說明，漢初君臣都希望

76　《新書》卷1，〈等齊〉。

77　《史記·律書》云：「會高祖厭苦軍事，亦有蕭、張之謀，故偃武一休息，羈縻不備。」晁錯「數上書孝文，時言削諸侯事，及法令可更定者。書數十上，孝文不聽。」（《史記·晁錯列傳》）當也是出於這個考慮。

78　所以，我推測在這點上，陸賈與賈誼可能思想上存在某種分歧。陸子傾向維持現狀，賈子則主張對諸侯王集團採取某種政治性的「外科手術」。比如，對諸侯王集團作部分的「切除」或「肢解」，以打破已隱然成形的「縱橫之約」。

79　這是接受了秦政的教訓。

80　稍加引申不難看出，後來的袁盎與晁錯政見之殊異實源於政治理念之對立，而此理念之對立又與後戰國時代的儒法分爭相關。後戰國時代有兩對基本矛盾，觀念層面凸顯為儒法之爭，制度層面凸顯為中央管制與諸侯集團之爭。二者又彼此交織纏繞，更使諸多問題變得撲朔迷離。

81　《史記·賈生列傳》。

82　班固認為雖然賈誼所論「改定制度，以漢為土德，色上黃，數用五，及欲試屬國，施五餌三表以繫單于」等，因「其術固以疏」而沒有被文帝採用，但「追觀孝文玄默躬行以移風俗，誼之所陳略施行矣。」（《漢書·賈誼傳》）可知賈子思想並非全無結果。

用一種冷處理的方式來保持帝國體制的脆弱平衡。[83]

正因如此，當「明於世務刑名」[84]的晁錯「請諸侯之罪過，削其地，收其枝郡」時，「諸侯皆喧嘩疾晁錯。」[85]就在吳楚七國反後，景帝竟然還問，「聞晁錯死，吳楚罷不？」有人告訴他，「吳王為反數十年矣，發怒削地，以誅錯為名，其意非在錯也。」並表示「臣恐天下之士噤口，不敢復言也！」其實，在漢初的制度架構中，對諸侯集團的任何議論和行動都不能不讓人有投鼠忌器之慮。所謂「晁錯患諸侯強大不可制，故請削地以尊京師，萬世之利也。計畫始行卒受大戮，內杜忠臣之口，外為諸侯報仇。」[86]或許如此。但對此處關節，景帝未必一點也看不透。可他顯然更傾向於低調處理。[87]故而，「默然良久」之餘，輕描淡寫地將此打發了之。「公言善，吾亦恨之。」

我想，太史公對景帝的苦衷和心思也許更能「同情地理解」。不然他為什麼批評「晁錯刻削諸侯，遂使七國俱起，合從而西鄉。以諸侯大盛，而錯為之不以漸也」。並強調說，「及主父偃言之，而諸侯以弱，卒以安。安危之機，豈不以哉？」[88]其實，就漢初的制度格局和政治形勢而言，晁錯做的和司馬遷說的都有道理。[89]

---

83 比如，「文帝復封淮南屬王子四人皆為列侯。賈生諫，以為患之興自此起矣。賈生數上疏，言諸侯或連數郡，非古之制，可稍削之。文帝不聽。」（《史記‧賈生列傳》）

84 《史記‧禮書》。

85 《史記‧晁錯列傳》。晁錯尖銳指出「今大國專治異政，不稟京師，恐不可傳後」（《史記‧禮書》）所潛藏的政治危機。結果卻是促使危機提前爆發。

86 《史記‧晁錯列傳》。

87 雖然同文帝比較起來，景帝可能更欣賞晁錯。「書數十上，孝文不聽，然奇其材。……當是時，太子善錯計策。」（《史記‧晁錯列傳》）景帝即位，晁錯為御史大夫。甚至七國叛亂後，景帝尚「與錯議出軍事」。（《漢書‧晁錯傳》）但當權力鬥爭需要拋出必須有的犧牲品時，景帝也會毫不猶豫地這麼做。「顧誠何如，吾不愛一人謝天下。」（《漢書‧晁錯傳》）以便維持政治遊戲的繼續。《史記》本傳所謂「上令晁錯衣朝衣斬東市」，亦當從此處理解。《史記‧吳王濞列傳》對本傳此處關節卻另有說法，「上使中尉召錯，紿載行東市。錯衣朝衣斬東市。」《漢書》本傳沿襲這個說法。並加上「錯殊不知」四字，使之接下來的敘述顯得更合情理。「乃使中尉召錯，紿載行市。錯衣朝衣斬東市。」顏師古注，「紿云乘車案行市中也。」這一切雖更有戲劇性，但與法度有礙，情理難通。因為既然丞相、中尉、廷尉諸重臣「請論如法」，皇帝又「可」。即便為了防止意外，另生枝節，也不必搞得如此詭祕下作。更何況，這是在爰盎提議「斬錯」「後十餘日」，以晁錯御史大夫之身分，在此危急敏感之時刻，以其對官場權術之嫻熟，似不可能對此關係自己身家性命之消息懵懂不曉一無所知。

88 《史記‧孝景本紀》。

89 歷史的複雜性在於，它必須同時相容當事者的政治家眼光和旁觀者的史學家眼光。但

　　但歷史進程畢竟在這裡悄悄發生了某種可以預料的轉變。「時諸侯得自除御史大夫群卿以下眾官，如漢朝，漢獨為置丞相。自吳楚誅後，稍奪諸侯權。」[90] 具體言之，即「抑損諸侯，減黜其官」。[91] 顏師古對此有更具體的說明。「改丞相曰相，省御史大夫、廷尉、少府、宗正、博士，損大夫、謁者諸官長丞員等。」毫無疑問，這種制度性變化是深刻的。不管是不動聲色，還是大動干戈，它都將不可逆轉地為後戰國時代劃上一個緩慢而有力的句號。[92] 皇權體制對帝國局勢的控制力度越來越不容挑戰和質疑。[93] 或許，這就是所謂的歷史進步？

四、多元思想

　　從後戰國時代的角度看，文帝之太宗地位並不亞於太祖劉邦。這也符合漢人對文帝的評價。「世功莫大于高皇帝，德莫盛于孝文皇帝。高皇廟宜為帝者太祖之廟，孝文皇帝廟宜為帝者太宗之廟。」[94] 其依據則是「祖有功而宗有德」這種頗為古老的政治價值體系。[95] 我們的主要理由是，文帝時期，漢初思想史的地圖上正式標識出儒道法三家鼎足的分立局面。比如，以儒而言，文帝時在中國歷史上第一次設立了《詩經》博士，並有了《韓詩外傳》這種儒教詩學著作；

　　此處關節尚需更深一層理解。太史公將晁錯與酷吏並列，當不無寓意。「孝景時，晁錯以刻深頗用術輔其資，而七國之亂，發怒於錯，錯卒以被戮。其後有郅都、寧成之屬。」（《史記·酷吏列傳》）

90　《漢書·高五王傳》。

91　《漢書·諸侯王表》。

92　大庭脩特別指出，「如把齊的四王看作一個齊國，七國就是吳、楚、趙和齊四國；如把漢王朝看作是在戰國時代以來秦的故地上建立的，那麼，從地域上看，這次叛亂是戰國時代秦與六國對立的再現，在中國古代史上可算是一次典型的東西之爭。」（《秦漢法制史研究》，第18頁。）其實，這種以西方一國對東方六國的政治格局，後戰國後便徹底銷聲匿跡。

93　徐復觀注意到漢朝分封實際上是沿著尊崇皇權的線索進行演化的。不論分封方式如何，其核心意圖都是為了確保絕對尊君。這個分析大體吻合漢史走向。「高祖同姓諸侯王之封，是為了填補異姓諸侯王被剪滅後的政治虛脫；這對異姓諸侯王之封而言，是第一次的演變。文景諸子之封，是為了排擠削弱前帝之所封，以鞏固自己的地位；這可以說是第二次演變。這兩次演變，都可以說是由於客觀的形勢所逼成，所乙太史公在〈漢興以來諸侯王年表敘〉中，特以『形勢』二字貫穿全文。但至武帝，再沒有客觀的形勢，要求他封子為王；而他仍須封子為王，乃出於為了維護皇帝絕對崇高的身分地位。這是第三次的大演變。此一大演變，遂構成爾後專制政治的節目中永不可缺的一部分。」（《兩漢思想史》第1卷，第102頁。）

94　《史記·孝文本紀》。

95　參見第三章第二節第四個專題〈功德標準與政治評價體系〉。

陸賈、賈誼等人也多以儒學論政。以法而言，文帝本人即好「刑名」，[96] 賈誼、晁錯等人思想也具有明顯的法術特徵；另外《黃帝四經》中的法家傾向也非常突出。[97] 至於黃老，它作為漢初朝野普遍盛行的主流思潮，竟然同時形成了兩個頗具實力的道家學術中心，一個是以竇太后為首的漢廷道家學術中心，一個是以淮南王為首的江淮道家學術中心。這樣，某種意義上，處於政治邊緣地區的江淮同政治中心的長安之間形成了一種相呼應的學術態勢。也許這種呼應未必自覺，但它確實客觀存在。二者雖有差異，[98] 但並不衝突。[99]

　　竇太后對黃老情有獨鍾。[100] 她利用手中的權力強悍地左右著漢初幾十年的學術思潮。[101]「竇太后好黃帝、老子言，帝及太子、諸竇不得不讀《黃帝》、《老子》，尊其術。」[102] 某種意義上甚至可以說，竇太后是中國歷史上第一個以太后身分並使用暴力手段直接干預和影響中國政治和思想的人。「倘說竇太后以母后干政比呂后有高明之處，那就是她替宮廷陰謀包上了特定學說的外衣。」[103] 政治權術和宮廷陰謀與某種思想學說的直接對應和耦合恰恰是後戰國的官場遊戲規則。吊詭的是，道家忌陰謀，尊道家的竇太后卻最喜用陰謀來對付政敵。[104]

96　《史記·儒林列傳》。

97　如果將黃老思想徑直視為法家思想，（參見金春峰《漢代思想史》，第49–50頁，中國社會科學出版社，1997年修訂版。）則絕對不妥。

98　錢穆將漢廷學術與諸侯學術之差異概括為兩點。第一，「中朝自高帝至文景，長守恭儉質樸之本色。而王國則先變而為奢侈也。」第二，漢廷主體為王官學，諸侯則為諸子學。（參見《黃帝·秦漢史》，第148–151頁，廣西師範大學出版社，2005年。）

99　所謂「《淮南子》在某種意義上象徵了西漢前期邊緣的區域思潮與中心的國家思潮的衝突」，（葛兆光，《中國思想史》第1卷，第365頁，復旦大學出版社，1998年。）實不知從何說起。因為「好黃老」的竇太后與重老莊的淮南王之間在精神信仰方面，其相互認同性與親和性可能要更多一些。所謂「衝突」云云恐怕還是沿襲了舊有那種視劉安為諸侯割據勢力的代表而同中央政權相對抗的觀點。只不過這裡是把原來那種虛擬的分裂對統一的政治矛盾轉換成現在誤讀的區域與中心的思潮衝突。

100　竇太后的特殊地位使她成為諸侯王勢力的強有力的保護傘。「魏其、武安俱好儒術，推轂趙綰為御史大夫，王臧為郎中令。迎魯申公，欲設明堂，令列侯就國，除關，以禮為服制，以興太平。舉適諸竇宗室毋節行者，除其屬籍。時諸外家為列侯，列侯多尚公主，皆不欲就國，以故毀日至竇太后。」（《史記·魏其侯列傳》）聯想竇太后對梁孝王的縱容和偏愛，其依託的當是後戰國時代特定的政治格局。

101　《漢書·外戚傳上》云：「凡立五十一年。」據顏師古考證：「當言凡立四十五年。」

102　《史記·外戚世家》。

103　朱維錚，《中國經學史十講》，第77頁，復旦大學出版社，2002年。

104　當然這絕非偶然。比如，擅長離間計的陳平就說：「我多陰謀，是道家之所禁。吾世即廢，亦已矣，終不能復起，以吾多陰禍也。」（《史記·陳丞相世家》）

她通過刺探那些「隆推儒術，貶道家言」的諸大臣的政治情報，易如反掌地將對手置於死地。[105]更令人髮指的是，竇太后竟然要將批評《老子》為「家人言」[106]的轅固送進野豬嘴裡。[107]也許竇太后並不真正懂得《老子》。但這並不重要。重要的是，她手中至上的權力足以使人臣服於「她的」《老子》。[108]對權貴來說，權力大一分，自信多一分。無限的權力可以使他陷入狂熱的自我迷信。那些自以為是的權貴們相信他們有權力按照自己的口味去為他人為帝國為社會選擇和指定某種標準或「正確」的思想。他們的權力之大有時也確實足以使思想史的河流一度改道。所以竇太后不死，明堂之事只能半途而廢，喧囂一時的儒學也只能遮遮掩掩地處於半地下狀態。[109]這種現象恰恰只能用後戰國時代的政治架構予以解釋。諸子思想雖皆有其合法性，但相互之間確也同時存在著強弱之分。

105　參見《史記·魏其侯列傳》、《漢書·儒林傳》。

106　錢穆謂「家人言」即百家言，即諸子書。（參見〈兩漢博士家法考〉，《兩漢經學今古文平議》，商務印書館，2001年。）但它何以會使竇太后不滿？可見「家人言」實即「一家之言」或「一家言」而與「聖人言」相對，故而它暗示著《老子》僅可用於修身齊家，而不可用來治國平天下。

107　《史記·儒林列傳》云，竇太后因為轅固對《老子》的評價不高，大怒，「『安得司空城旦書乎？』乃使固入圈刺豕。」這裡的問題有二：（1）「司空城旦」究竟是一種什麼性質的「書」？（2）為何它竟然會成為竇太后指控轅固的罪名？
　　　「司空城旦」一詞雖不乏有人解說，（比如錢穆〈兩漢博士家法考〉謂其意為「禁書」）但終覺不甚達意。近檢索相關文獻，大致有這樣幾個意思。一是解釋為朝廷文書。（王應麟，《通鑑答問》卷3；陸游，《劍南詩稿》卷18，〈燈下閱吏牘有感〉）一是解釋為《周禮》的一部分。（黃道周，《榕壇問業》卷13）一是解釋為法典律令。（王應麟，《困學紀聞》卷6；丘濬，《重編瓊台槁》卷11）一是解釋為與養生之道相對的世俗文章。（程端禮，《畏齋集》卷2，〈寄純齋真人〉）一是解釋為與經世之道相對的官樣文章，或者是與《六經》相對的八股文章。（查慎行，《敬業堂詩集》卷27，〈西厓自編修改授刑垣三首〉；王世貞，《弇州續稿》卷140）統觀而言之，基本意思都是說「司空城旦書」是一種很俗且檔次很低的書籍，但均與朝廷政務吏治有關。
　　　最值得注意的是，宋人孫復《春秋尊王發微》云：「《春秋》有貶有褒，是司空城旦書。」（轉引孫景壇，《董仲舒非儒家論》，見 http://www.confucius2000.com/confucian/dzsfrjl.htm）則給「司空城旦書」一種新的解釋。所謂「司空城旦」即是褒貶之義。揣摩「安得司空城旦書」本義，竇太后的意思恐怕不是說，「你怎麼能把《老子》說成是像《春秋》那樣的褒貶之書呢？」應該是說，「你怎麼敢隨便褒貶《老子》呢？」或，「你竟敢隨便褒貶《老子》！」更準確一點說，「你竟敢如此貶低《老子》！」至於為什麼「司空城旦」意指褒貶，不可確知。據常理看，可能是當時人們的一種流行話語或習慣說法。

108　《老子》重「陰柔」，竇太后身為「女流」，恰屬「陰柔」範疇。當然這只是一種巧合。並無任何思想史意義。

109　《漢書·儒林傳》云：「及竇太后崩，武安君田蚡為丞相，黜黃老、刑名百家之言，延文學儒者以百數，而公孫弘以治《春秋》為丞相封侯，天下學士靡然鄉風矣。」

強勢思想會憑藉其權力而對弱勢思想加以壓制和排斥。這種現象既與戰國時代的「百家爭鳴」不同，也與後來的「獨尊儒術」有別。

通過對兩個老學中心的比較，至少可以證明一點，雖然權力在一點點地削弱和損害著多元思想的合法存在，但多元思想畢竟還是有著相對較大的制度空間。所以，相對於中央政權這種怪胎式的「強權學術中心」，淮南王在江淮之地操持起來的寫作班子簡直就應算是一個「自由學術聯合體」。[110] 在這個意義上，「自由」的確戰勝了「專制」。因為「自由」的結果是誕生了一部不朽的老學著作。「專制」的結果則除了惡性膨脹的專制本身之外，卻沒有留下一字半句的《老子》「家言」。當然，《淮南子》這一「自由學術聯合體」的成功組合，在組織協調方面對他人的經驗應該是有所借鑑。因為當時除了淮南王這個老學中心外，還有一個河間獻王的古學中心。[111]

> （河間獻王劉德）修學好古，實事求是。從民得善書，必為好寫與之，留其真，金帛賜以招之。繇是四方道術之人不遠千里，或有先祖舊書，多奉以奏獻王者，故得書多，與漢朝等。……獻王所得書皆古文先秦舊書，《周官》、《尚書》、《禮》、《禮記》、《孟子》、《老子》之屬，皆經傳說記，七十子之徒所論。其學舉六藝，立《毛氏詩》、《左氏春秋》博士。[112]

其產生的連帶效應是，「修禮樂，被服儒術，造次必於儒者。山東諸儒多從而遊。」[113] 明顯帶有一種借整理古籍來振興儒學乃至張大儒術的政治意圖。[114] 其組織經驗和工作方式對劉安無疑有所啟示和影響。雖然史書對此頗有不屑之意，

110　「從今日可以看到的《淮南子》一書加以考察，淮南王安的賓客中，雖以道家及方士為主，但也包含有一個出色的儒家集團在裡面。」（徐復觀，《徐復觀論經學史二種》，第 170 頁，上海書店出版社，2002 年。）

111　漢初三個學術中心，老學有其二。但這同文帝以後逐漸形成的儒道法三足鼎立的思想局面並不衝突。三個中心與三足鼎立只是相互交叉而已。即「霸」（法）「王」（儒）「道」（老）「雜之」的狀態。

112　《漢書‧景十三王傳》。

113　《漢書‧景十三王傳》。

114　到後來，這種傾向更加明顯。「武帝時，獻王來朝，獻雅樂，對三雍宮及詔策所問三十餘事。其對推道術而言得事之中，文約指明。」（《漢書‧景十三王傳》）據說河間獻王的政治思想更多承襲於孟子。（鍾肇鵬，〈河間獻王的儒學思想和古文經學〉，《傳統文化與現代化》1999 年第 2 期。）

「是時，淮南王安亦好書，所招致率多浮辯。」[115] 據研究卻並非如此。[116]

　　另一方面，也是最重要的，《淮南子》「自由學術聯合體」的順利組建和工作的有效展開，同漢初這種後戰國時代的整體制度架構和社會局勢密切相關。「漢興，諸侯王皆自治民聘賢。」[117] 這使諸侯王有條件「傾心養士，致意于文術」。其中，「楚、吳、梁、淮南、河間五王，其尤著者也。」[118] 或許已形成一種「特殊的王國文化」。[119] 這種政治格局創造出一種文化氛圍。士人多向選擇的自主空間和著書立說的理想環境均有賴於此。比如，「吳王濞招致四方遊士，」於是「（鄒）陽與吳嚴忌、枚乘等俱仕吳，皆以文辯著名。」[120] 又如，「是時，景帝少弟梁孝王貴盛，亦待士。於是鄒陽、枚乘、嚴忌知吳不可說，皆去之梁，從孝王遊。」[121] 不僅文學之士廣遊諸侯，法術之士同樣不甘寂寞。韓安國「嘗受《韓子》、雜說鄒田生所。事梁孝王，為中大夫。」[122] 在這一過程中，士人間的學術交流和思想交鋒也開闊了他們自身的眼界，這或許有助於士人形成一種自覺寬容的心態。比如，鄒陽表示，「鄒魯守經學，齊楚多辯知，韓魏時有奇節，吾將歷問之。」[123] 顯而易見，後戰國時代這種相對寬鬆的制度架構和政治態勢，為淮南王提供了絕無僅有的便利條件。否則劉安「招致賓客方術之士數千人」著書立說，是絕不可能的事情。

115　《漢書・景十三王傳》。

116　近人概括，「《淮南子》最重視《老子》，採擷它的思想最多。清人校定《老子》文句，多與《淮南子》的引文對勘。……《道應訓》一篇共引《老子》五十二處，等於用歷史為《老子》部分文句作注釋。」「全書引《詩》約三十次，引《易》十餘次，並數稱《書》、《樂》、《春秋》等儒家經典。」（任繼愈主編，《中國哲學發展史》秦漢卷，第 249–250 頁，人民出版社，1985 年。）可見「浮辯」云云並無根據。

117　《漢書・鄒陽傳》。

118　魯迅還進一步區分，河間獻王「所好蓋與楚元王交相類。惟吳、梁、淮南三國之客，較富文詞，梁客之上者，多來自吳，甚有縱橫家餘韻；聚淮南者，則大抵浮辯方術之士也。」（《漢文學史綱要》第八篇，〈藩國之文術〉）

119　參見葛劍雄〈秦漢時期的人口遷移和文化傳播〉，《秦漢史論叢》第 5 輯，法律出版社，1992 年。

120　《漢書・鄒陽傳》。

121　《漢書・鄒陽傳》。

122　《漢書・韓安國傳》。司馬遷在此明確指出「雜家說」。（《史記・韓長孺傳》）

123　《漢書・鄒陽傳》。

第二節　後戰國時代的思想史性質與價值

在後戰國時代的種種劇烈而又微妙的統合分離中，生長出一種成型的皇權主義譜系。它意味著從皇權主義角度來理解後戰國時代的思想史，是一個必然的選擇，也是一個理想的視角。我想，有一個事實是我們始終無法迴避的，即中國有著兩千年的皇權教化主義傳統。這個傳統在決定性的程度上已經深刻塑造了中國人的思想品質。我們現在試圖理解的就是這種傳統。它把思想弄成一種規範式的東西，要求人們只能進行一種規範主義的思考。它把統一思想作為思想本身的目的。[124] 圍繞這個目的，它建構和制定出一整套體制和標準，從而使人們的正常思想成為專制制度可以強力控制的東西，即使思想成為一種可控的過程。[125]

從這個角度看，是否可以說：皇權主義使思想史具有了一種強烈的目的性，甚至成為一種目的論的東西。[126] 在春秋戰國，諸子百家僅僅是一種思想、學說或理論，它的目的是游說君主，駁斥對手。到了後戰國，諸家學說的性質和功能則已悄然發生變化。主要表現為其目的開始變得更為複雜。雖然仍是在力圖說服皇帝，但駁斥對手的色彩已明顯淡化，與此同時，它卻自覺成為控制整個社會思想的宣教性工具。從試圖支配君主的思想到進一步擴展為不僅要支配皇帝的思想，[127] 而且也要支配社會成員的思想。

---

124 於是，思想史上的目的論正式形成。其隱含的深刻悖論是，這一思想目的論是把取消思想作為自己的目的。

125 一旦國家有能力進入人們思想，並控制思想過程，無異於在思想中植入木馬程序，病毒會迅速感染每一個文件。要想徹底殺毒，只能全盤清空，將思想格式化。這已超出了思想自身的能力。思想不可能完全否定自己本身。所以，國人只能繼續攜帶有毒的思想在當下作無謂思考。

126 戰國到後戰國的思想史轉折其實是自然性的思想史向目的性的思想史的轉變。這種思想史轉向賦予了戰國與後戰國迥然有別的含義：思想時代的結束和意識形態時代的開始。從此，思想史的進程受制於意識形態的強力規劃並被賦予一種總體的目的性。換言之，嚴格意義上的中國思想史的目的性是從後戰國時代產生的。它包含兩層意思：（1）思想史本身成為意識形態目的論的產物；（2）思想史上的個人直接認同一種總體目的論的宏大目標。這意味著，兩千年前國人開始了一種與今天差別不大的精神生活，即用統一的思想方式思考某一種觀點，進而圍繞官方設定或主流預定的宏大歷史目標展開論述。總之，與國家意志和政治意圖相一致的思想方式使思想史漸漸具有了一種總體性質的目的論意義。

127 這句話不能理解為所謂「以道抗君」或「以道制君」。它是指人們在依附於皇權的前提下而對皇權觀念所作的規範與論述。

在中國皇權意識形態的歷史上，只有在後戰國時期，儒法道諸家的學理區分還算是有些意義。自此而後，這種區分就毫無意義了。[128] 比如司馬談〈六家要旨〉應該從這個角度來理解。因為它概括的並非戰國諸子，而是後戰國諸家。[129] 其內涵在於，圍繞著皇權帝國的政治需要來重新估定不同思想學說的實際意義和實用價值。這正是皇權主義意識形態的工作。皇權主義意識形態體制作為一整套控制社會成員思想的制度和機制，它必然要對各種思想理論在現行政治體制中的地位和功能作出不同的安排和規定。故而，皇權主義意識形態的基本特點之一就是使原本平等的思想變得不平等了。即思想本身之間出現了等級。這種等級是由權力的介入，並因權力的取向而定位的。不同的思想體系在權力的安排之下，被賦予了不同的價值，並因而具有了不同的身分。[130]

這意味著，一旦皇權意識形態體制建立起來，諸家思想的差異不僅僅是思想自身的事情，而必須與整個政治秩序的安排相吻合。這裡面一個很深刻的區別是：在缺乏皇權意識形態總體框架時，諸家學說的針鋒相對使得君主無從調和，只能居間選擇其一，從而明確排斥其他諸子。這實際上表明，諸子本意雖然都在君主面前爭風吃醋，邀功請賞，但君主本人尚無力對其予以全權控制。故而，諸子對君主的某些刻薄和放肆之語，雖著實令君主內心不快，君主卻也無可奈何，徒生興歎之感或無賴之憾。如果皇權主義意識形態框架確立起來之後，情況則變得大為不同。諸家學說皆為皇權的囊中之物，隨時便可招之即來，揮之即去。這樣一種令人窒息的制度架構，同時產生兩個直接結果：一是，諸家學說之間的矛盾變得緩和和平淡，一般不再有以前那種劍拔弩張的火藥味和水火不容的緊張感。[131] 某種意義上而趨於正常。二是，皇帝得以從容而自由地

128　「所謂儒家實際上只是讀書人的代名辭（只能稱為儒或儒者，以別於春秋、戰國時代的儒家）。」（瞿同祖，《中國法律與中國社會》，第329頁，中華書局，2003年新1版。）所謂道家已成宗教，至於法家乾脆是名實皆亡。

129　與《莊子・天下篇》和《荀子・非十二子》比較起來，〈六家要旨〉無論內容考辨還是意圖設定，都迥然相異。這是需要確認的一個關鍵點。

130　可以一喻：意識形態如同一座房子，諸家思想如同各種傢俱。沒有搬進房子裡之前，各種傢俱怎麼擺放都行。一旦搬進房子，各種傢俱的擺放就不能過於隨意了，而具有了某種相對固定的位置。比如，你不能把床擺放在客廳，你也不能將餐具擱在衛生間，你也不能將書架擺在廚房。與此同時，在臥室裡，你倒是可以按照自己的意願來擺放睡覺的床，你也可以根據自己的愛好和趣味來設計書房的風格。

131　即便焚書也不是由於儒法具體學理之分殊，而是基於皇權思想控制之考量。（參見第四章第四、五節）

居間選擇一家最能令自己稱心如意的學說，作為統合整個社會思想的基本工具；同時，也可以憑藉自己的私人愛好和政治需要而隨時調整和改變對各種思想的態度，見機行事或便宜從事。比如，提倡原來弱勢的學說，使之變成一種新的強勢思潮；或者反過來，有意壓制一下某種處於強勢狀態的學說，使之處於一種屈尊的位置。這些都是皇帝所能做到的事情，也都是皇帝所曾做過的事情。中國思想史由此成為一種皇權意識形態收發自如的操縱過程。總之，這兩個結果只說明一點，皇帝已經具備充足的能力來支配和控制各種不同的思想學說。[132]

後戰國時期給我們提供了觀察皇權主義秩序下的思想狀態的第一個歷史平臺。皇權意識形態對於思想史景觀而言，肯定是一種陰影，而不是一種陽光。但對於後戰國時代，特別是漢初來說，則可能別具意味。從整個皇權意識形態的歷史看，這段時期具有明顯的特殊性。[133] 相對而言，思想界擁有的「自由度」似乎遠遠大於其他時代，來自於權力的壓制較之後世要小許多。所謂「無為而治」，只是在思想領域初步實現了。嚴格說，無為而治不是一個政治命題，只是一個思想命題。在漢初，無為而治作為一種思想試驗，是皇權主義初期一個意外的嘗試，卻很難說是一個僥倖的成功。一定意義上，這似乎是皇權體制下最為合理和可取的一種思想史格局。但其前提是後戰國時代的郡國並行制度架構。

不論象徵意義上，還是實際意義上，漢初的思想界都彷彿呈現出一種春天

132　不妨一喻：意識形態就像河流上修築的水庫和堤壩。有了水庫和堤壩，河流的性質和狀態其實已經發生某種程度的變化。表面上，河還是那條河，河仍然在原來的那條河道裡流淌和奔騰，實際上，河流原有的自然性質已被改變。河水已不是完全按照自己的本性在自然流淌，而是受到人工的有力控制，它變得必須服從人為的需要。這樣河水就在自己的河道裡被改造成一種符合人的意願的有序形態。由此還可能引發水質、河中生物、流域生態環境的某些變化或變異。以此比喻可以直觀地理解意識形態之於思想史演進的深刻定向功能。後戰國時代的意識形態建構如同在思想史的漫長河道上建造起一座頗為壯觀的水庫和堤壩。我們如果試圖理解中國思想史，就必須深入解析和透視這種意識形態體系的內在結構和基本功能，以便觀察在意識形態的宏觀背景下，政治思想發生的各種細微變化，以及這種種變化呈現出來的價值內涵。

133　這使人們不敢輕易相信意識形態在漢初確已存在。但如果考慮到陸、賈諸子們的政治判斷和價值取向，我們不難感覺到其中廣泛瀰漫著一種普遍的思想共識，這種思想共識直接與朝廷安危和政局走向密切相關。它包含一種明確的目的論導向。宏大的目的論結構恰恰是意識形態的基本特徵之一。此外，放鬆思想管制不等於思想管制的徹底放棄。因為意識形態體制一旦成型，同任何制度一樣，它都有了自己的生命和意志。其表現形態或許有變，但其強權邏輯依然如故。

般的氣息。各種思想都同時獲得了一種生長的機會。不過，在皇權意識形態實踐體系中，這種機會可能會使不同的思想逐漸趨於一統，卻不可能從中產生出一種新質態的理論。所以考察這段思想史，目的不是為了試圖發現或證明其中可能存在或保持某種莫須有的思想「異端」或「民主」觀念，[134] 而是為了闡明皇權意識形態實踐功能對理論思辨發生的實質性影響。這種影響在於，人們必須圍繞著皇帝制度思考，學會並習慣於在皇帝制度下進行思考。所以從思想史角度看，皇權主義首先意味著一種新型的思維模式。

　　絕對地說，任何時代都有自己獨特的價值，任何思想都有自己獨立的意義。既然如此，能否對後戰國諸子作出一個總體評價？這種評價又依據什麼給出？我總覺得戰國諸子差不多說完了後來兩千年人們想說的話。[135] 所以我們不能對後來的思想話語期望過高。[136] 如果說春秋戰國是一個聖人百出的時代，後世充其量只出產些思想賢人。摻雜於其中的則是大量的思想庸人，或乾脆是無思想的廢人。這些庸人和廢人卻被大多數人視為「思想家」。這自然引出一個問題：沒有思想家的時代是否一定是沒有思想的時代？如果我們相信，思想不僅僅屬於思想家所有，我們是否應該嘗試著在思想家之外去尋找思想史的新線索、新脈絡？最重要的是，思想史的這種新線索和新脈絡與皇權主義的觀念－實踐有何關係？

　　春秋戰國之前，不能說沒有思想。成體系的、理論化的、個人化的思想卻是春秋戰國才出現的東西。這意味著，在後戰國時代的皇權主義體制下，有四種事物成為必然：（1）帝國必然要選擇某一家或幾家思想作為自己的統治思想；（2）這種選擇必然要把這一家或幾家思想塑造成意識形態；（3）對每一家思想來說，無論受朝廷青睞還是遭官府冷落，均具有必然性；（4）在意識形態的

134　與某些人穿鑿過深的說法相比，我的想法簡單得多。首先，我把中國歷史－文化（廣義）和政治－思想（狹義）視為中華專制主義；其次，我在相對於廣義歷史－文化而較為具體的狹義政治－思想領域，準備做的事就是：第一，我不打算確認中國政治－思想中有無「民主」；第二，我不打算在此政治－思想中辨識哪些是「民主」；第三，我不打算論證此政治－思想為何不能開出「民主」；第四，我不打算討論在此政治－思想中如何開出「民主」；第五，我只打算讓政治－思想說出它本身可能說出的話，而不是讓它說出一些它根本說不出來的話。

135　以至于後人言說話語總像是在舔諸子的口水。儘管如此，依然喋喋不休，津津有味。

136　以漢代為例，「漢儒在哲學上的價值，不如先秦諸子；但漢儒對思想史的整理和研究，貢獻卻遠勝先秦。」（陳啟雲，《中國古代思想文化的歷史論析》，第161頁。）應該說，事實大體如此。

覆蓋下，思想的個人化遭到最大限度地抑制和削弱。

　　這只是一方面。從另一方面看，後戰國時代則近乎是一個試驗的時代。試驗的核心是：政治與思想的結合問題。它的深層含義是：政治如何做到既利用思想，同時又控制思想？細言之，皇權政體需要什麼樣的意識形態？皇權體制如何塑造符合自己需要的意識形態？具體到每一家不同的思想學說，如何做到既適應於皇權體制，又適應於意識形態？

　　相對戰國的百家爭鳴，後戰國諸子則趨於平靜和沉寂。大一統的皇權體制使諸子雖然還有鳴的要求，卻不再有爭的願望。因為他們都知道自己現在生活在一個朝廷之中，共同侍奉著一個主子。爭鳴的必要性已大為降低。爭鳴的興致和衝動讓位於秩序和穩定。孟子鼓吹「定於一」，現在已經「定於一」，就不能再有「二」，更不能讓自己犯「二」。某種意義上，戰國諸子是各為其主，後戰國諸子是共奉一主。後戰國諸子除了淮南子外，皆具有一個共同身分，即帝國官僚。雖然戰國「諸子出於王官」難以辨識和確認，[137] 但後戰國「諸子皆王官」則確鑿無疑。[138] 它至少表徵出雙重決定意義。首先，後戰國重新整合了王官諸子間的分化關係，使諸子必王官成為一個確定不移的結構性事實，換言之，諸子王官間的模糊游離關係第一次得到澄清和確認；其次，諸子即王官作為一種有機建構的皇權主義制度性本質由此規定著中國思想史的基本格局和一般走向。

　　作為一個起源性的思想命題，「諸子出於王官」不可過分當真；作為一個終結性的思想命題，「諸子皆王官」卻不可隨意輕忽。[139] 因為王官對諸子的規

137　現代已很少有人完全相信「諸子出於王官」，但對諸子王官之間的複雜糾葛與曲折離合，近人仍眾說紛紜，莫衷一是。（參見胡適〈諸子不出於王官論〉，《古史辨》第4冊，上海古籍出版社，1982年。）不過也偶有新說。比如，有人以「學」「術」兩分諸子，認定法、名、陰陽非學而術，學不出王官，而術「跟王官有對應關係」。（李零，〈重歸古典〉，《讀書》2008年第3期。）此言過於放浪。法家對人性、權力、歷史之認識遠過儒家，名家對語言、邏輯之認知遠過墨家，陰陽家對自然之理解遠過道家，何以此三家無學？再者，此三家均始於戰國，戰國乃王官解體之際，何有「對應」可言？當然，「對應」一詞頗為游離，既沒咬死「出於」王官，也沒咬定與王官毫無關係，不失為一種聰明的說法。

138　後戰國思想史產生三個新的命題：天高皇帝近，諸子皆王官，道術為天子合。當然，天高皇帝近是最具決定性的終極命題。因為天高皇帝近，才有諸子皆王官，才能道術為天子合。

139　所謂終結性，並非說，諸子皆王官終結了中國思想，而是說，作為一種政治－思想制

範只有進展到皇權體制才算有了一個實質性的制度基礎。這樣，權力之於思想
具有了雙重含義，豢養與監管。皇權將大小諸子一律納入體制，使其思想面目
空前性地整齊劃一。這彷彿於思想工國的各路諸侯最終歸於皇權一統。於是，
從裡到外，諸子王官化成為一種思想史的必然和本質。[140] 諸子王官化意味著，
諸子有了一個新的統一性身分。這種身分的齊一性對於思想絕非無足輕重的因
素。它使思想家個人變成了官僚群體的一員，把原本獨立的思想變成了有待皇
帝恩准和裁決的政見。[141] 由此它引發出兩方面的意義：一方面，官僚體制內部
的不同分工，使承擔不同職責的官僚對同一件事情往往可能產生相當不同的反
應和感受。從這個角度看，秦政時期中的郡縣分封之爭，實質上是因官僚職能
不同而形成的職業偏好和思維習性。這裡面雖然可能也存在所依賴的理論資源
不同的問題，但主要還是取決於不同官僚職能的思維習慣。[142] 所以這些不同思
想派別之間的觀念之爭，思想含量是非常低的。說到底，在以吏為師的意識形
態建制中，儒道法之爭只是政策，而非學理；只是治術，而非治道。[143] 更重要
的是，爭論各方均為朝廷官員。這意味著儒道法之爭只是官員之間的政見之爭，
或權力鬥爭。另一方面，為官於同一個朝廷，不但意味著官僚們面臨著相同的

度架構，它使中國思想具有了不可救藥的保守性、辯護性和垂死性。

140　諸子王官化同時可以表述為諸子皇家化或諸子官家化。

141　史華茲評論說：「禮儀專家、官僚及法律官吏、咒語和占星術的專家——所有這些人
　　都處理他們各自擅長的『細節』，但當出現于皇帝面前時，他們的身分便不再是具有
　　他們私人判斷的、具有獨立主見的、『全面的思想家』了。」（《古代中國的思想世界》，
　　第 259 頁。）

142　後來的「鹽鐵會議」亦是如此。賢良文學與御史文史之間的爭論，雖然在理論資源和
　　態度傾向上確實表現出援引儒法的不同面相，但其實並非嚴格意義上的思想之爭，
　　而是不同職能的官僚群體在制定政策時產生的衝突和分歧。這些恰恰構成意識形態建
　　構中的一般思想史態勢。至於再後來的「石渠閣會議」和「白虎觀會議」，雖然形式
　　上多了些學術色彩，但本質依然。即是不同經學出身、不同家學背景、不同門戶派系
　　的學術官僚集團爭奪意識形態話語權的問題。所以權力爭奪和利益分贓是這些「經學
　　會議」的一貫主題。看不到這點，要麼曲解意識形態思想史的性質，要麼誇大意識形
　　態思想史的價值。

143　近人有謂，「王道霸道之說，在漢人觀念中主要指用法的寬嚴，施政的緩急，賦斂的
　　輕重而言，而不是先秦學說中的嚴格意義的王道和霸道。」（田餘慶，〈論輪台詔〉，
　　《歷史研究》1985 年第 1 期。）這說明，在意識形態架構下，無論王道還是霸道，「道」
　　的含義已逐漸退隱，「術」的意味則醒目凸顯。比如宣帝其實是識得王霸的。他對王
　　霸的說法正是在漢人語境中的正當表述。朱熹雖然注意到了宣帝說的王霸之道的確不
　　是「道」的含義，而只有「術」的含義，卻不懂意識形態秩序的一般趨勢正是把「道」
　　抹平為「術」，直至以「術」代「道」，反而誤認為「宣帝也不識王伯，只是把寬慈
　　底便喚做王，嚴酷底便喚做伯」。（《朱子語類》卷 135）

問題和困局,而且也意味著他們考慮問題的視角和立場以及打開困局的思路和策略有著越來越大的共同性。於是,「道術為天子合」不但可能,而且必然。就是說,在皇權政體下,一種普泛性的政治–思想共識對人們的基本觀念和思路漸漸發生著越來越大的影響和規範效力。換言之,在政治共識的隱形支配下,人們的思想越來越趨於相同和一致。這意味著,在皇權主義政治–思想共識的基礎上,諸子百家皆為雜家。這說明兩點:第一,諸子皆在相容它家;第二,諸子中任何一家都不可能完全相容它家。[144] 所以它必須有一個超越諸子之上的意識形態架構。這樣,作為「專制天下環境中自然之結果」,[145] 諸子學說漸漸混雜融合成為意識形態秩序中一個必不可少的中層結構。[146] 在這種制度建構中,思想上的爭鳴完全變得多餘。而且從某個角度看,人們似乎也沒有那麼大的勁頭和別人較真。

所以,相對於春秋戰國的百家爭鳴,後戰國時代的思想態勢可以稱之為:先是爭而不鳴,繼而則是鳴而不爭。秦政時期,法家為爭名位統號,借助政治權力對其他諸家極力打壓和排擠,根本無鳴可言。漢初,諸家皆自說自話,自鳴而已,似乎皆無心理會其他諸家的思想話語。從中國思想史的演進態勢看,漢初思想界的狀態是最為正常的。無論是較之先前的「焚書坑儒」,還是較之後來的「獨尊儒術」,漢初思想界的狀態都要顯得正常得多。甚至較之春秋戰國的百家爭鳴,漢初思想界的狀態也顯得更為正常一些。因為這是在一個統一的國家內部,在確立了相對穩定的政治秩序之後所可能產生的最為合理和健康的思想態勢。時間雖短,它包含的思想啟示卻極為深遠。至少它證明了一點,

---

144 認為法家不行,而雜家可以,恐是誇張。(參見劉起釪《古史續辨》,第 435 頁,中國社會科學出版社,1991 年。)

145 蕭公權,《中國政治思想史》第 2 冊,第 263 頁。

146 在後戰國思想史的論域中,諸子及著作構成意識形態體系中理念–理論–共識這一序列的中層結構。它大體包括這樣一些內容:(1)《尚書大傳》經典詮釋的政治思想;(2)《戰國策》君臣博弈的政治思想;(3)《黃帝四經》道法雜糅的政治思想;(4)賈誼儒法兼宗的政治思想;(5)晁錯崇君主術的政治思想;(6)《周禮》全能主義的政治思想;(7)《韓詩外傳》禮樂主義的政治思想;(8)大小《禮記》禮教主義的政治思想;(9)《易傳》《文子》尊君主義的政治思想;(10)《淮南子》無為主義的政治思想。諸子話語表明,圍繞著「尊君–崇聖–衛道」的「三位一體性」主題,人們已規劃出了各種可能性的政治思想方案和路徑,但這些思路均與現代所謂「民主」了不相干。它是非常成熟而又自足的一套獨立政治–思想話語系統。這套話語系統獨屬中國。

即便在高度專制的皇權體制下，在「焚書坑儒」和「獨尊儒術」兩個極端之間，[147] 仍然可能拓展出一片相對寬鬆的思想空間。它意味著，多家思想學說與一姓朝廷之間並無必然矛盾。換言之，政治統一並不必然導致思想一統。在某種理想的意義上，它可以視為一種成功的政治試驗和思想試驗。這或許是後戰國時代的思想史價值之所在。

不過，漢初思想界的雖不自由但卻散漫的正常狀態，並非一種制度設計的有機結果，而是一種半自然半人為的演化生成。所以它與皇權意識形態建構並不矛盾。它只是提示我們：思想在專制狀態下應該如何生存？專制政治能為思想提供多大的理論空間？

更重要的是，從政治思想史的角度看，從後戰國時代開始，人們似乎不知不覺地形成了一種從思想看問題的習慣和意識。[148] 無論是歷史中人，比如李斯、陸賈、賈誼，還是後世人們，都在試圖用思想來解釋歷史。客觀意義上，可能恰恰因為這是一個曼海姆說的「受觀念衝擊的時代」，[149] 故而才會造成這種從思想看問題的習慣和意識。它的具體程序是：（1）首先尋找和確認統治階級的指導思想是什麼；（2）進而將統治階級的指導思想作為主要依據和標準來判斷和評估一個王朝的政治得失；（3）最後將統治階級的指導思想視為導致或決定一個帝國興亡的根本原因。[150]

---

147 「焚書坑儒」和「獨尊儒術」實質上是控制思想的硬軟兩套方案。二者之間雖有禁私學而尊官學之共性，（參見錢穆〈兩漢博士家法考〉）但只是目標一致，至於手段則大相徑庭。

148 漢魏之際思想界廣為彌漫的對政治悲觀消極之情緒實際上就與這種從思想看問題的習慣和意識有關。（參見蕭公權《中國政治思想史》第 2 冊，第 302–304 頁。）

149 參見薩托利《民主新論》，第 563 頁。

150 基於這種思維的「習慣法」，人們很自然地得出這樣一些結論，比如，秦朝政權的急劇滅亡是由於統治階級採用了酷虐暴烈的法家思想，漢初社會的迅速復興則是由於統治階級採用了「清靜無為」的黃老思想。同樣基於這個思路，人們可能還會提出一些相反的問題，比如，秦朝的覆滅並不是法家思想的過錯（而是沒有用好法家思想的錯，或是偏離法家原有思想的錯），漢初的復興也不是黃老思想的功勞；或者，無論秦朝還是漢初，其實可能都沒有一套系統的所謂統治思想。這些相互迴異的結論、問題，以及分析視角，就各自而言，可能都有些道理。閻步克一方面對尋求「指導思想」的習慣性思路表示疑惑，認為問題「未必這麼簡單」，另一方面則說當一種政治行為的合理性有待研討，或一個政權的合法性有待論證時，「指導思想」就變得必要了。（參見〈秦漢之際法、道、儒之嬗替片論〉，《閻步克自選集》，廣西師範大學出版社，1997 年。）顯然其著眼點在下之提供，而我的著眼點在上之施加。

　　不過我關心的是，為什麼只是到了後戰國時代，人們才會對指導思想如此敏感？人們才會產生這種分析歷史問題的思想和意識？這是否意味著，只有在中國歷史進入後戰國時代，思想也就是統治階級的主導思想才對整個社會產生一種明確而有力的強制性和控制力？換言之，是否只有到了後戰國時代，人們才得以可能比較清晰和具體地確定和發現統治階級的意識形態對全社會成員的觀念和行為所產生的深刻規範和巨大影響？

　　因為在春秋之前，對三代歷史的思考，人們大多沿襲著對人不對事的習慣做法。即往往將三代衰亡直接歸結於末代君主個人的品行惡劣和行為荒唐。第一個從統治思想和政治制度來評價朝代衰亡的大概是當時的西人由余。他斷言「中國以詩書禮樂法度為政」，故「中國所以亂」。[151] 這種新的政治思維眼光，到後戰國時代，則進一步發展為將國家衰亡更具體地歸罪於某種思想學說。[152] 這樣，依據統治思想來評價政治得失自然成為一種思考政治問題的思維「習慣法」。在我看來，這些做法蘊含的觀念脈絡之呈現可能是更為重要的問題。因為，觀察國人這種依據政治思想來評價政治事務的思維方式的形成過程，尤其是這種思維方式在皇權主義觀念－實踐中的有序展開，正是研究後戰國時代思想史的特有價值所在。

---

151 「由余，其先晉人也，亡入戎，能晉言。」可見由余實在是兼具當時的「中」「西」文化背景的，而其所說又明顯屬於道家話語。「自上聖黃帝作為禮樂法度，身以先之，僅以小治。及其後世，日以驕淫。阻法度之威，以責督於下，下罷極則以仁義怨望於上，上下交爭怨而相篡弒，至於滅宗，皆以此類也。夫戎夷不然。上含淳德以遇其下，下懷忠信以事其上，一國之政猶一身之治，不知所以治，此真聖人之治也。」（《史記・秦本紀》）

152 思想史研究者認為，應該將作為理論學說的法家和作為政治實踐的秦政區別開來。將始皇歸始皇，將韓非歸韓非。折衷的看法則相信，思想與政治的互動與關聯，使得明確區分二者並不容易，也無意義。

第二章　皇權主義核心價值的初步型構：
以皇帝觀念為中心

第一節　皇帝誕生的思想意義

一、「皇帝」概念的思想史定位

「皇帝」名稱之源起及含義，說法不一。康有為言，「皇帝之名，孔子所立。」[1] 夏曾佑謂，「皇帝之稱，唐堯已有之。今疑古人天子對異族則稱皇帝，對本族則稱帝，稍有尊卑親疏之別。」[2] 但這二者均屬「非常異義可怪之論」。儘管二人都承認「皇帝」名稱實至始皇而整齊「用之」。呂思勉說得明確，「皇帝二名，雖出先秦之世，究為後起之說。」[3] 甚至斷定，「皇帝連稱，古之所無。」《尚書‧呂刑》中的「皇帝」蓋「漢人之所為」。[4]

據史料，「皇帝」一詞出現雖早，[5] 使用卻少。肇其大略，「皇帝」在先秦

1　《春秋董氏學》，第 182 頁，中華書局，1990 年。
2　《中國古代史》，第 252 頁，河北教育出版社，2000 年。
3　〈三皇五帝考〉，《古史辨》第 7 冊（中），上海古籍出版社，1982 年。
4　《秦漢史》，第 6 頁，上海古籍出版社，1983 年。
5　金文已有之。至於《尚書‧呂刑》「皇帝清問下民」，王應麟和段玉裁「均考證『皇』字為後世古文家之衍文」。（陳瑋芬，〈「道」、「王道」、「皇道」概念在近代日本的詮釋〉，高明士編，《東亞文化圈的形成與發展：儒家思想篇》，華東師範大學出版社，2008 年。）

主要有兩義：一是「上帝」即「皇天上帝」，一是「黃帝」。近人研究，「古『皇帝』本指上帝。……東西民族之上帝本有專名，及春秋戰國之世，既皆一變而為人世之古帝，上帝無專名以稱之，於是泛稱為皇帝，後乃字變而作『黃帝』，亦轉演而為人間之古帝矣。」[6] 這種解釋從文獻考據學角度自然可以成立，但政治思想史的問題卻因此而生。

第一，儘管先有「皇帝」而後有「黃帝」，「皇帝」最初是指天帝，即「皇天上帝」之簡稱，[7] 但這種說法對秦始皇可能沒有發生任何影響。因為秦始皇自稱「皇帝」時，絲毫沒有考慮到這種說法的存在。更重要的是，秦始皇本人很可能根本就不知道原來曾有過「皇帝」一詞。儘管他肯定知道「黃帝」一說。

第二，雖然「『黃帝』實出『皇帝』之變字」，「『黃』、『皇』古本通用。」[8] 但「黃」、「皇」二字同音相假轉用這一語言習慣並不能改變思想觀念的既成事實。因為黃帝傳說一旦在社會上廣泛流行，被視為人間古帝，人們不會再隨意將已成專名的「黃帝」說成是共名的上天之「皇帝」。不管「黃帝」本身是否仍然蘊含「皇帝」原有之神性。簡言之，儘管「黃帝」源於「皇帝」，作為專名的「黃帝」顯然已不可能再直接還原為「皇帝」。否則，戰國後期盛行於世的「黃老」學說，就可以被人任意替換為「皇老」學說了。但從現今發現的有關黃老學說的各種文獻資料看，「黃老」適始終是一固定的專門術語，並無任何「皇老」字樣。

第三，所謂「皇帝」轉為人間古帝，不意味著「皇帝」概念在始皇帝之前確曾有過一個指稱前代帝王的時期。[9] 儘管《尚書・呂刑》中的「皇帝」，「一本作君帝。實指帝堯。」[10] 但「君帝」既非「皇帝」，所指即使為「帝堯」，亦與「皇帝」無關。

基於此，我們得出五點結論：（1）秦始皇發明「皇帝」，與原來的「皇帝」沒有任何關係；（2）我們分析皇帝觀念，只需從秦始皇說起；（3）作為政治

6　楊寬，〈中國上古史導論〉，《古史辨》第 7 冊（上）。

7　《詩經》中多有「有皇上帝」、「皇矣上帝」之說。

8　楊寬，〈中國上古史導論〉。

9　白鋼認為「皇帝」最初指稱上古帝王，或顓頊或堯舜，至始皇而作為當代君主名號。（參見《中國皇帝》，第 1 頁，天津人民出版社，1993 年。）

10　徐連達、朱子彥，《中國皇帝制度》，第 6 頁注釋。

思想史概念和問題的「皇帝」是秦始皇的發明和創造；（4）這個發明和創造使「皇帝誕生」成為一個思想史的經典命題；（5）這一命題在某種意義上引導著我們對中國政治思想史的總體理解。

二、「皇帝」名號的思想史發生

秦始皇對名號非常重視，「今名號不更，無以稱成功，傳後世。」[11]所謂「成功」，既是功德，也是歷史；所謂「後世」，就是未來。在秦始皇看來，名號是貫通過去與未來的一種標誌，也只有名號能把過去的輝煌帶向永恆的未來。所以他要求大臣們「議帝號」。值得注意的是，秦始皇一開始即對議立名號作了定性限制，他要求「議帝號」，而非「議王號」，更非泛泛議論一番。雷海宗已注意到這點，解釋卻不甚確切。[12]在我看來，這實際上規定可與秦始皇比較的對象只能是五帝，而非三王。同時這種比較並非隨意為之，它涉及到了統治疆域、統治方式和統治效果。「昔者五帝地方千里，其外侯服、夷服，諸侯或朝或否，天子不能制。」而今「海內為郡縣，法令由一統」，確實是「自上古以來未嘗有，五帝所不及」。[13]在時人眼中，五帝絕對高於三王，既然五帝都不如始皇帝，三王更不在話下。五帝三王則是世俗價值的最高等級。[14]這意味著，秦始皇的功德已遠遠超出了一般的世俗範圍，而不能用現成的人間名號稱呼秦始皇。就當時所能運用的政治思想資源而言，三皇、五帝、三王均已齊全。由於五帝三王首先被排除，只能在似乎更高一級階位和序列的三皇身上做文章了。

當時的問題是，「三皇五帝」之說人們可能皆已耳熟，具體人物卻無人能詳。比如「三皇五帝」連稱雖多見於《莊子》和《呂氏春秋》，但並未明確指稱是哪些人物。不知五帝，遑論三皇。不過「三皇五帝」的模糊性和不確定性卻使始皇君臣具有了更大的選擇空間和自由度。它預示著，隨著「皇帝」名號的出現，「三皇五帝」也將被賦予新的含義。由此可見，「三皇五帝之說忽神忽人」[15]的觀念傳統雖然使「議帝號」過程煞費心思，充滿變數，但總體思路

11　《史記·秦始皇本紀》。

12　《中國文化與中國的兵》，第 87 頁，商務印書館，2001 年。

13　《史記·秦始皇本紀》。

14　故而以此價位來抬高當今皇帝，是一般知識人的慣用手法。比如，東方朔就恭維漢武帝功德「陳五帝之上，在三王之右」。以周孔之聖也僅得丞相、御史大夫之位。（《漢書·東方朔傳》）

15　童書業，《春秋左傳研究》，第 2 頁，上海人民出版社，1980 年。

還是相當清晰的。即在人間所能想像的最高價位上定位始皇，充分調動和運用全部政治思想資源來創造一種全新的政治權威。於是按照大臣和博士的一致意見，「古有天皇，有地皇，有泰皇，泰皇最貴。」所以只能「昧死上尊號，王為『泰皇』」。

以思想史眼光看，從過程到結論都連帶出一系列問題。所謂「古有天皇，有地皇，有泰皇，泰皇最貴」，從「臣等謹與博士議」這句話看，應該是博士們的意見。這似乎暗示出，在秦始皇名號的設置上，儒生可能起了主導性作用。因為，「三皇五帝之名，舊有之矣。托諸天地人，蓋儒家之義也。」[16] 另外，依據「三皇」來設置秦始皇名號，很可能包含有更多的寓意。「三皇之總名，初見於《呂氏春秋》，三皇之分名，則見之李斯等之奏議。」[17] 三皇的關鍵是「泰皇」。「泰皇」本義不曉，古今歧說頗多。比如，「泰氏」、「太帝」、「泰帝」、「黃帝」、「上帝」、「太皇」、「大皇」、「上皇」、「太一」、「東皇太一」。[18] 這些說法皆以「泰皇」為天帝。此外，漢人有謂「泰皇」即「人皇」。所謂「泰皇最貴」，究竟是指其神性，即宇宙間最高的天神，還是指稱其人文，即人世間最高貴的帝王，抑或二者兼有之，殊不可曉。

宋人羅蘋在《路史・注》中解釋，「貴者非貴於二皇也，以其阜民物，備君臣政治之足貴也。」楊寬則認為其解「殊迂」。翁獨健在《三皇考跋》中提出兩個解釋，「天地人三者連繫思想戰國時已流行」；「古籍說人貴的很不少。」楊寬只肯定了第一個理由。因為《孝經》、《列子》雖言人貴，但二書「皆出秦後，且二書但言人於萬物中為貴，非謂貴於天地。」他的結論是，「秦人從太一說以天皇地皇泰皇連稱，而漢人慣聞天地人連繫之說，遂改『泰皇』為『人皇』。」[19] 至於為何「泰皇」即「人皇」、「最貴」，仍沒有確切說明。

我總覺得所謂「泰皇最貴」之「貴」，在表述語氣上似乎類似於孟子說的「民為貴」之「貴」，即都是指「重要」，而非「高貴」。所謂「古有天皇，有地皇，有泰皇，泰皇最貴」，是說「泰皇」比天地二皇更重要，更根本，更關鍵，更具決定性。而這種「人重於天」的思想其實正是荀子倡言的「人定勝

16　呂思勉，〈三皇五帝考〉。

17　楊寬，〈中國上古史導論〉。

18　以上多種說法見楊寬〈中國上古史導論〉。

19　〈中國上古史導論〉。

天」思想的直接反映。這裡有一個非常重要的細節,當秦始皇要求大臣議論帝號時,在場的有丞相王綰、御史大夫王劫,二人地位都比李斯高,可代表大臣發言的卻是李斯。李斯作為荀子門生,依據荀學來「議帝號」,自在情理之中。[20]這裡有三點可以推知:一是,從常理看,李斯熟悉荀子學說,那些博士官對荀學應該也不陌生;二是,李斯出自呂不韋門下,秦廷博士很可能有相當一部分也出於呂氏門下;三是,這些原來身為呂氏門客的秦廷博士也可能參與過《呂氏春秋》的編纂,他們和李斯一樣對諸子百家肯定非常熟悉。基於此,我們也許可以合理解釋為何偏由李斯說出「臣等謹與博士議」這句實質性的話。弄清楚這點,對我們準確理解「泰皇最貴」有著關鍵性作用。質言之,所謂「泰皇最貴」,不光因為「天地人三者連繫思想戰國時已流行」,[21]更重要的是,它直接反映了荀子「人定勝天」的思想。所以荀子思想在秦政中的影響實際比人們以前想像的要大,可能僅次於韓非。[22]

不過當李斯們依據「天地人」這種「三皇」觀念來命名帝王稱號時,它顯

20　郭沫若甚至有一個更大膽的推測,呂不韋與荀子的關係非同尋常。「呂氏之所以特別要大量地引用儒者入秦,並大量地引用儒術著書,」與李斯的建議有關,「而且這意見也就是荀卿的意見。」因為「不韋入秦也應該與荀子是約略同時」,「即使不韋不曾見過或師事過荀子,而荀子的意見由李斯間接傳到,那可是毫無疑問的。」甚至《呂氏春秋》也是以「荀子思想為其中心思想」。(參見〈呂不韋與秦王政的批判〉、〈荀子的批判〉,《郭沫若全集》歷史編,第2卷,人民出版社,1982年。)如果此說可信,秦廷博士與荀子之關係就有了某種直接性,至少是一種內在關聯性。這也使荀學在秦廷政治中的影響變得更為豐富起來。就此而言,判斷始皇帝號與荀子學說相關,當屬合理。還有一個細節頗堪注意,李斯「從荀卿學帝王之術」,辭別時,他對荀子表示,「今秦王欲吞天下,稱帝而治,此布衣馳騖之時而遊說者之秋也。」入秦後,又言說秦王「滅諸侯,成帝業,為天下一統」。(《史記・李斯列傳》)可見,在荀子和李斯話語中,「帝」是一個關鍵字和常見字。不過費解的是,「議帝號」時,李斯卻奏以「泰皇」,頗為不倫。其間關節實難揣度。給人感覺是,李斯似乎在有意迴避「帝號」。當然,這既非李斯對始皇功德有所異議,亦非李斯對「議帝號」試圖規諫。毫無疑問,李斯絕對忠誠始皇,也絕對崇拜始皇。或許,李斯只是沒有在這個節點上搔到始皇癢處。

21　韋政通對此有更具體的說明。「細考春秋以前的典籍和金文,都還沒有天地相連的觀念。天地觀念大概始於《荀子・禮論》,和乾(天)坤(地)並尊的《易傳》,尤其是《象傳》,天地連言的例子才多起來。」(《中國文化概論》,第72頁,嶽麓書社,2003年。)

22　某種意義上,荀韓「雙打」倒是儒法結合的最佳搭檔。而此種思想資源配置模式則最初構制於秦廷。所以儒法雙修霸王兼備應該不是漢廷的創意和特色,而是秦廷的發明和傳統。亦有人謂,荀子「士君子－官人百吏」之設計為中國古代士大夫政治奠定了理論基礎。(參見閻步克,〈荀子論「士君子」與「官人百吏」之別及其意義〉,《閻步克自選集》)如此說來,秦廷的霸王之道亦非無本,自有其理論淵源。

然具有了某種宇宙論的含義。這一含義有兩層：一是，天地之間人為貴；二是，人類之中王為尊。基於這種邏輯，人間帝王最適當的名號就是「泰皇」。[23]

秦始皇並不完全認同這種思路。他似乎認為，既然「議帝號」，缺少「帝」字，不能說是最恰當的名號。所以秦始皇決定，「去『泰』著『皇』，采上古『帝』位號，號曰『皇帝』。」秦始皇這個決斷，顯示出兩個考慮：（1）所謂「去『泰』著『皇』」，即是淡化「三皇」觀念中的宇宙論色彩；[24]（2）所謂「采上古『帝』位號」，即是凸顯帝號中的歷史縱深感。[25] 前者強調的是對宇宙秩序之超越，後者強調的是對歷史統緒之承繼。[26] 這兩個考慮恰恰使「皇帝」有別於「天子」。

「天子」名號作為周人的發明，體現著周人對人世至上權位的理解和定位。「天子」是周人創造的政治理念，也是周人寄寓的政治理想。始皇帝創造的「皇帝」，則包含更多的政治寓意。「皇帝」名號不但意味著秦始皇對自身所擁有的人世至上權位的絕對自負，同時也暗示著他對自己絕世功德的無比自信。「皇帝」不但意味著至上權力，同時也意味著至高德行。「皇帝」名號包含有一種深刻的「德」的內涵。「皇帝」之「德」即在於它是天地秩序落實為人間秩序的一種自我創造。對「天子」和「皇帝」稍加比較，不難看出「皇帝」這一名號所獨具的思想價值。「『皇帝』觀中有神性，但突出的是理性、創造性和社會的至上性；『天子』稱號中無疑更多的是神性。」[27] 由此可見，「皇帝」名號不僅是秦始皇的自我命名，而且也是秦始皇對自身本質的理解和規定。顯然，始皇帝對「議帝號」這一問題的把握和處理確實要比李斯們更具歷史深度。[28]

---

23 有人把「泰皇」解釋為李斯和博士希望始皇行「虛君」式的清靜無為之治。（參見張華松〈秦代的博士與方士〉，《孔子研究》1999 年第 1 期。）實在過於離譜。儘管「皇」、「帝」在政治理念和價值層面肯定有所分殊。但「虛君」這種現代憲政意義上的禮儀元首同中國古代那種垂拱而治的專制君主風馬牛不相干。通俗講，前者毫無實權，純屬象徵；後者大權獨攬，只是不做事而已。

24 淡化不是否定和拋棄，而是收斂和克制。其目的在於尋求觀念的綜合與平衡。而這種思想努力則將使中國政治思想史發生一個深刻的轉折。相關分析參見本節第三個專題〈「皇帝」觀念的思想史釋義〉。

25 否則的話，和五帝比較就顯得沒有任何意義了。

26 呂思勉把這兩點講的比較清楚。「一以帝為戰國以來最尊之號，眾所共喻，著之以適時俗。一亦以皇之與王，文雖殊而義則一，稱皇，自不知文字者聞之，一若名號未更者。故必著帝以異於先古之王，又必著王以異於戰國以來之所謂帝也。」（〈三皇五帝考〉）

27 劉澤華，《中國的王權主義》，第 135 頁。《說文》可以佐證這點。「古之神聖人，母感天而生子，故稱天子。」

28 秦始皇與朝臣和儒生在皇帝名號上的分殊表現在秦始皇對皇帝概念的理解顯然更具有

　　「皇帝」概念產生的前提是：滅六國，統六合。此等功業確為史無前例之創舉。所以它必須有一個與之相適應的名號來予以表徵。儒生僅僅以「天皇」、「地皇」、「泰皇」這三皇相標舉，顯然不符合秦始皇對自己非凡功業的歷史性認同和對自己偉大帝國命運的堅定信念。更重要的是，儒生並不真正理解秦始皇的武功和霸業完全是君權政治的成功。這種君權政治所要求的不僅僅是儒生所標榜的「三皇」的神聖性，同時還必須具備世俗的絕對權威性。相形之下，「帝」因兼備神聖與權威兩義而顯得更為適當一些。尤為不可忽視的是，自戰國以來，人們在世俗層面，已經越來越習慣於將帝置於王之上的做法，使得秦始皇確信，自己創設的名號裡面如果缺少一「帝」字，肯定是極不完美的。儘管「始皇自以為功過五帝，地廣三王，而羞與之侔」。[29]

　　基於秦始皇的這兩個考慮，我們很容易看出近人對「皇帝」名號的解釋是何等偏狹和膚淺。據徐中舒考證，「皇象王著冠冕形。」[30] 這從文字學上證明了「皇」之特異。不過我們應該謹慎，「皇帝」名號作為一個皇權政治思想的核心概念，簡單使用訓詁學的技術方法似乎並不能得以正確索解。相反這種貌似本源的文字考證和字義分析往往會將歷史真相和思想本義丟失殆盡。比如，就「皇帝」之「帝」而言，不管其本義究竟有多少種可能性解釋，或為「花蒂」，或為「女陰」，或為「束薪」，或為燎祭，[31] 或為「祖先」，[32] 可以肯定的是，絕對都與「皇帝」之「帝」無關。至於說「帝者諦也，取其審諦以治天下，猶上帝之居高而臨下土耳」，[33] 反倒有可能道出部分思想真相。

　　三代，「帝」原有示「天」或通「天」之義，故「帝」又具「神性」或「神意」，所謂青帝、白帝、黑帝等。艾蘭對此有一個較為全面的概括。周代文獻中，「帝」

歷史感。所謂「天皇、地皇、泰皇」，似乎更像一種神話名號的排列，明顯缺乏一種深刻的歷史厚重感。

29　《史記·秦始皇本紀》。

30　「甲骨文無皇字，但在銅器中則極常見。」「士王皇三字均象人端拱而坐之形，其不同者：王字所象之人，較之士字，其首特巨，而皇字則更於首上著冠形。」（〈士王皇三字之探原〉，《歷史語言研究所集刊》第四本，第四分。）

31　參見晁福林《先秦社會形態研究》，第 182–183 頁，北京師範大學出版社，2003 年。

32　參見冷德熙《超越神話──緯書政治神話研究》，第 28–29 頁，東方出版社，1996 年；史華茲《古代中國的思想世界》，第 29 頁。

33　呂思勉，〈三皇五帝考〉。胡三省亦有類似說法。「帝者，天之一名，所以名帝。帝者，諦也，言天蕩然無心，忘於物我，公平通遠，舉事審諦，故謂之帝也。」（周良霄，《皇帝與皇權》，第 4–5 頁，上海古籍出版社，1999 年。）

有四種用法，（1）「作為從遠古到禹的帝王的稱呼」；（2）稱呼商代王室祖先，但周人從不這樣稱呼自己祖先；（3）「有時候作為（大宗）神靈的複數詞使用」；（4）「代表上帝」。[34] 可見，在思想史的複雜流變中，「帝」之真諦乃在於逐漸透顯其神聖性和權威性，而不在於昭示其血緣性。所謂神聖性即為形上之觀念，即體現神性或天命；所謂權威性即為形下之權力，即最高世俗權力之標誌。

　　至少從戰國中後期以來，人們已普遍認同帝高於王。如果進一步分析，問題也許並不那麼簡單。比如，西元前228年，秦昭襄王自稱「西帝」，又遣使要齊王作「東帝」。又如，《戰國策・燕一・齊伐宋宋急章》云，「秦為西帝，趙為中帝，燕為北帝，立為三帝而以令諸侯。」[35] 這樣看來，東西中北四帝已占戰國七雄大半。這說明，第一，多數國家君主都有稱帝之念；第二，人們雖然認同帝高於王，但如果沒有客觀約束力，人人皆可稱帝，帝也就與王無別了，就此而言，這時的帝可能還不如西周的王；[36] 第三，由二帝擴大到四帝，至少從數字上表明帝的神聖性由於範圍的擴大而有所消解；第四，從《韓非子・五蠹》「超五帝，侔三王」來看，「帝」、「王」之間確實難分高下，至少「帝」不高於「王」，相反給人感覺是「帝」不如「王」；第五，所謂「五帝」、「三王」，均是歷時性的，而非共時性的，在同一時空，不管是帝是王，無一例外皆具有絕對性和唯一性，戰國四帝與傳說五帝之間的區別即在這裡；第六，這引發出戰國之「帝」與始皇之「皇帝」的本質區別，前者一開始就不是唯一的，後者則永遠都是唯一的，至少理念上必須如此認定；第七，始皇稱帝並非戰國「帝制思潮」的自然延續，而是自覺的超越和徹底的突破。

　　這樣看來，在皇帝誕生的思想史脈絡中，「帝」的含義演化實在是一個相

34　《早期中國歷史、思想與文化》，第34頁，遼寧教育出版社，1999年。

35　《戰國縱橫家書・謂燕王章》的文字次序稍異，「秦為西帝，燕為北帝，趙為中帝，立三帝以令於天下。」（文物出版社，1976年。）其實，《莊子・應帝王》早已對諸帝做了安排。「南海之帝為儵，北海之帝為忽，中央之帝為渾沌。儵與忽時相與遇於渾沌之地，渾沌待之甚善。儵與忽謀報渾沌之德，曰：『人皆有七竅以視聽食息，此獨無有，嘗試鑿之。』日鑿一竅，七日而渾沌死。」人們通常把這裡的南帝、北帝、中帝視作神祇，恐怕不對。因為南北二帝明明說「人皆有七竅以視聽食息，此獨無有」，顯然以人自居。正是依據人的標準，渾沌還不夠開竅，故而需要「鑿之」，否則沒必要「嘗試」。《莊子》固多寓言，但將帝號冠之人王，並分配不同地域方位，雖為象徵，亦有歷史深意在焉。

36　因為西周的王至少名分上是天下共主，而戰國的帝卻僅僅是一國之主。儘管其地盤已頗為可觀。

當關鍵的環節。一方面，人們普遍認同帝優於王，從而紛紛稱帝；另一方面，正因如此，競相稱帝的局面又必然使帝混同於王。儘管如此，就思想邏輯看，帝優於王始終是一個前提和共識，否則不會出現多帝並立，帝王不分的現象。這一政治－思想共識根本上又是與諸子特別是儒家哄抬聖王大話三皇五帝的造古觀念互動而成。由於這一過程，帝之於王獲得了更多的政治青睞。這樣「帝」成為始皇帝首選的一個標記神聖權威的實存符號。這一實存符號包含兩義：一是作為聖王道統之本始的五帝存在；一是發端於君主政治絕對權力的客觀現實。同時，這一客觀現實本身又進一步蘊含兩義：（1）在法統上實實在在地擁有天下；（2）在政統上直接統治天下。基於第一個理由，趙高主動取消了子嬰的帝號。基於第二個理由，皇帝之父只能稱為「太上皇」，[37]而不能稱作「太上帝」。簡言之，「皇帝」概念即是巧妙相容王權理念與君權實踐的一個極富創造性的皇權政治符號。

三、「皇帝」觀念的思想史釋義

應該說，皇帝的誕生是一個真正的思想史事件。皇帝誕生的思想史意義在於，它把理想意義上的三代王權的絕對性通過皇權體制而得以充分展示，並使皇帝透過體制而直接彰顯出自身的觀念實存。呈現在人們面前的不光是一套制度，還是制度的人格化和名號化。它內在地受制於一種深層觀念的推動。這種觀念使皇帝誕生成為思想史的必然。由於皇帝的誕生，所有前皇帝的思想史都被塑造成以皇帝為軸心的觀念整體。概言之，皇帝的誕生使人們能夠從觀念上把三皇五帝直至三王四帝貫穿為一個絕對整體。這個絕對整體則是「皇帝」的純粹本質。

就此而言，對「皇帝」的定義倒變得不甚重要，甚至無關緊要。更何況自從有了皇帝之後，我們還沒有看見人們給它下過一個明確而完備的一致性定義。當人們繁複解說何謂「皇」、何謂「帝」時，並不能真正說明「皇帝」之為「皇帝」的本質。所以，我的考慮是：人們為什麼要發明「皇帝」這個詞語？人們在製造「皇帝」這個概念時，遵從的是什麼思想邏輯？「皇帝」名號具有一種什麼實際政治效應？「皇帝」名號如何進入人們觀念，並對人們的一般政治觀

37　「秦始皇雖尊其父，卻只稱皇，而不給以皇帝之全號，實際上隱含其並未真正作過皇帝的意思。」（汪受寬，《諡法研究》，第 62–63 頁，上海古籍出版社，1995 年。）

念發生強制性效力？

　　對這個目的，顯然不能滿足於一般慣用的從文字和訓詁的辭源學角度來對「皇帝」觀念所作的說明。這種做法誠然是有用的，同時又是欠缺的。這種做法一般是將「皇帝」分成兩個字，來分別加以解釋。其特點是將「皇」視為對「帝」的修飾。即「皇」與「帝」一為形容詞，一為名詞。[38] 需要細緻分析的是，「皇」「帝」二字之不同在於，「帝」始終都是一個名詞，「皇」則經歷了一個詞性變化。顧頡剛在〈三皇考〉中專門考證了「皇」的詞性演變過程，開始是形容詞和副詞，偶爾也用作動詞和人名，卻沒有用作名詞的。[39] 只是在《楚辭》裡，「皇」才開始成為一個名詞，用來指稱上帝。依據顧氏解釋，「帝」作為名詞，先後有過由神而人的變化。「皇」則因詞性之演變，在成為名詞後也有過由神而人的變化，先是指稱上帝，繼而指稱人王。而且「皇」的指稱對象之演化，無論時間上還是觀念上顯然要晚於「帝」的指稱對象之變化。這一切變化又都發生在戰國這樣一個「思想的時代」。[40] 不過需要提醒的是，有時這種拘泥於文獻訓詁學的解釋可能會有某種過度附會之嫌。[41] 所以我試圖用「觀念學」的方法來對「皇帝」的政治思想內涵做些闡釋。所謂觀念學方法，是對一個詞語、一個概念的根本性解釋。它關心的是思想的實質，而非思想的形式。它首先需要分析的是一種觀念所能產生的現實力量和制度創意。

　　據此分析，「皇帝」之「皇」雖有形容詞義，但組合成「皇帝」時，顯然取的是名詞義。[42] 到了戰國末期，以「皇」稱人肯定已經相當普遍，否則，秦始皇又怎麼會發明「太上皇」一詞指稱乃父？不過我想強調一點，所謂「皇帝」之「皇」雖出自「三皇」，卻不是如蔡邕說的「三皇五帝」之「三皇」，而是「天

38　比如，「皇」字有多重含義。「『皇』被用來形容一切大、美、光、天含義之事。」「從秦開始建立的皇帝制，『皇』為『帝』的形容詞。」（參見王育民《秦漢政治制度》，第 2 頁。）

39　即「絕無用作一種階位之名稱者」。（童書業，《春秋左傳研究》，第 1 頁。）

40　參見〈三皇考〉第二、三、四節。

41　比如，有人謂，「『帝』作為認祖追宗的形式，反映的是古人從時間上的自知，反映的是古人對祖先神祇的崇拜，反映的是古人對血親關係的肯定。而『皇』一字加於『帝』上，則反映的是古人從空間上的自知，反映的是古人對祖先神祇崇拜的超越，反映的是古人對新的地域關係的認同。」（孫筱，《兩漢經學與社會》，第 345 頁。）

42　「『皇』與『帝』合為一個名詞，好像項羽的『西楚霸王』，以『王』與『霸』合為一個名詞。戰國時的四種階位，都給他們兩人占據了！」（顧頡剛、楊向奎，〈三皇考〉，《古史辨》第 7 冊〔中〕。）

地人」之「三皇」。「三皇」有兩個系統：一是「天地人」的宇宙論空間模式，[43]一是「三皇五帝」的歷史論時間模式。[44] 將「天地人」的宇宙論空間模式與「三皇五帝」的歷史論時間模式加以觀念性綜合是秦始皇創造「皇帝」名號的基本思路。

　　因為秦始皇的思想具有鮮明的綜合性特性。同時這也非常符合他對自己功業的評價。史無前例的大一統帝國似乎把中國歷史推到了一個前所未有的輝煌高度。許許多多的東西一下子驟然納入到一個空前龐大的體系之中。它要求必須創造出一種相應的綜合性觀念來體現和表徵這種至高的皇權尊嚴和無上的權力威勢。正因如此，一方面，李斯們單純的「宇宙論名號」不符合秦始皇的要求；另一方面，僅僅是「三皇五帝」這種單一的「歷史論名號」同樣也不符合秦始皇的要求。秦始皇的本質是綜合。這種綜合依託著一個深遠的思想傳統和觀念背景。它由兩條主線構成，一條是上千年的殷周「天」「帝」信仰，一條是數百年的春秋戰國的「天」「人」信念。[45] 某種意義上，這兩條線索同前面的「宇宙論名號」和「歷史論名號」發生部分重合，從而賦予秦始皇的觀念綜合以一種絕對的神聖性。它足以表徵出，「皇帝是高出於人間之王，乃是天人合一、神人合一、代天治民、獨一無二、擁有無上權威的人世間的主宰。」[46]

　　皇帝之為皇帝，其空前絕後之處在於，中華專制主義的政治權威資源在「皇帝」觀念中達到了極致。秦始皇對「皇帝」的創造，使政治權力對思想意識的控制具有了直接性。這就是皇權主義意識形態體制的實踐和建構。正是通過這種實踐和建構，秦始皇身上那種深刻的觀念綜合能力和強烈的自我神聖性欲望，

43　參見顧頡剛、楊向奎〈三皇考〉。

44　顧頡剛注意到一個問題，「為什麼古代帝王系統的排列法老是『三，五；三，五？』為什麼一樣的有天下之君，最早的稱『皇』，後來的稱『帝』，更後的又改稱『王』？」他引證《呂氏春秋》的說法，似乎「必須『旗古今，服海外』的才可為『皇』，否則只可成『帝，』再差一點只可稱『王』了。」（〈三皇考〉）但帝王系統的「三五」數字之謎仍然未能索解。

45　二者間的重合交迭肯定會有，於雅於俗均不乏見。雅者有《墨子》，或許還有《莊子》。尤其是《墨子》對天帝鬼神的熱衷和鋪張，令人印象深刻。俗者所謂「尋常筆舌，漢以前固通而不拘，賅而無辨」。（參見錢鍾書《管錐編》第 1 冊，第 184 頁，中華書局，1986 年第 2 版。）但其殊異也至為明顯。其間的邏輯可能是，「天」「帝」分殊決定了後來的「天」「人」相合。它表現為，國人思想中一方面是「天」「人」之間的親和，另一方面則是「天」「人」二者對「帝」「神」二者的疏離。

46　徐連達、朱子彥，《中國皇帝制度》，第 9 頁。

才得以完滿實現和充分釋放。從此以後，至少兩千年內再沒有人能夠創造出另一個新的政治權威符號取代「皇帝」。這是因為，「皇帝稱謂集合了各種君權觀念，成為各種權威的集合體，充分體現了君主權威的壟斷性。……皇帝集天地君親師的權威於一身，其至上性、獨占性、神聖性、絕對性，即使是神明也會自愧不如。」[47] 應該說，「皇帝」名號蘊含了國人的全部政治想像力和制度理念。它立足於三皇五帝以來的長時段的歷史合理性觀念，將悠久的世俗神聖性理想落實為一種新型的專制政體架構。[48]

　　本質上，這種長時段的歷史合理性觀念構成了秦始皇創設皇帝制度時依據的基本價值理念，即對三皇五帝的綜合和超越。有史以來，似乎只有秦始皇第一個做到了。這就是統治合法性。簡言之，秦始皇自認為比三皇五帝更偉大，這種更加偉大的東西自然構成了他的統治合法性（它意味著，只有超過前人才有資格稱帝）。其內涵有二：功與德。把三皇五帝的千里江山開拓為萬里疆域，這是功；使百姓人人自安樂，無復戰爭之苦，這是德。這兩點構成秦帝國和秦始皇本人的政治合法性之客觀依據。它不涉及天命，[49] 不拉扯鬼神，完全立足於人間功業和個人政績，可謂是名正而言順。

　　如何建構皇帝的絕對權威性觀念是皇帝觀念的核心。既不敬天，也不法古，是秦始皇政治思想的兩大鮮明特點，從而最大限度地凸顯了皇帝權威的自我獨尊性。秦始皇思想的反傳統性很大程度上是由於其絕對皇權造成的專斷意志和狂妄意識。它是直接派生於權力的虛妄觀念，而不是從思想到思想的直觀演繹。它證明，絕對權力可以使合理觀念變得絕對荒謬。此可視為權力腐蝕思想之一例。比如，在他泰山封禪之行中，對儒生玩弄的那套傳統把戲就非常輕蔑，乾脆撇開而自行其是。又如，他對舜的兩位妃子的充滿敵意的羞辱，即可看出他對人們頂禮膜拜的上古聖王的極端蔑視。再如，在他幾乎遍布全國的刻石上面，從未出現過對三皇五帝的頌揚之詞，甚至沒有出現過三皇五帝的字樣。

　　在王權時代，王的實際權限不出千里。千里之外，人們既可尊之為王，也

47　劉澤華，《中國的王權主義》，第 239–240 頁。

48　這並非說，王權體制和君權體制不是專制政體，而是強調皇權體制在中華專制主義脈絡上的創造性和劃時代性。

49　某種意義上，這正是皇帝觀念與天子觀念之別所在。所謂「皇帝的地位，主要反映在皇帝與天命的關係上面」，（王育民，《秦漢政治制度》，第 3 頁）不確。

可不視之為王。至於君權則不出一國。只有到了皇權時代，在當時人們的視野之內，才第一次做到了普天之下唯有一個皇帝。[50] 秦始皇對此點尤為講究。[51] 從這個角度看，漢初對尉佗的稱帝，就必須堅決遏制。陸賈出使的目的就是為了宣明普天之下只能有一個皇帝。有趣的是尉佗對這個問題的解釋，「更號為帝，自帝其國，非敢有害於天下也。」[52] 這個解釋包含兩點：（1）皇帝有帝天下和帝一國之分；（2）二者可並立不悖。正因如此，尉佗一方面表示謙卑，「吾聞兩雄不俱立，兩賢不並世。漢皇帝賢天子。自今以來，去帝制黃屋左纛。」另一方面則陽奉陰違，「其居國，竊如故號；其使天子，稱王朝命如諸侯。」這是一種內外有別的政治策略。但這似乎造成了一種「兩級皇帝制」。當然，按照帝天下之正統觀念，帝一國與王無異。皇帝之為皇帝，其合法性在於普世性。因為在皇權時代，皇帝首先與天下聯繫在一起，其次才與國家聯繫在一起。正是這點表明了皇帝的普世性。所以，無論秦帝還是漢帝，首先都是普天之下的皇帝，然後才是秦帝國和漢帝國的皇帝。區別在於，作為普天之下的皇帝，它更多地是一種象徵和身分；作為秦漢帝國的皇帝，它則是一種實存和體制。在這點上，秦漢皇帝並無任何不同之處。[53] 同時，普世性也就是唯一性。皇帝信仰之所以具有某種令人疑惑的宗教力量，原因在於此。所以，皇帝的唯一性是皇帝觀念的絕對本質。

第二節　皇帝出身的觀念轉換

一、思想論證——「匹夫天子」觀念的源起與流變

秦始皇是中國歷史上的第一個皇帝。劉邦是中國歷史上第一位「平民」皇帝。這是劉邦同三代諸王及秦帝最大的區別。不過仔細考究起來，當秦始皇宣布自己為「始皇帝」，而使「子弟為匹夫」時，已經從制度上確立了從「匹夫」

50　某種意義上，天子的象徵性和君主的實體性確然在皇帝身上得到了完美的結合，故而，王道和霸道生成出「皇道」。徐復觀認為秦漢以後王道和霸道界限不清，使用混亂，實在是不明「皇道」對王霸二道的體制性之綜合。

51　不但強調唯一性，而且凸顯源始性。「始皇帝」稱謂就暗示出這種觀念意向。

52　《漢書・西南夷傳》。

53　至於說秦帝是支配式和權力式的專制，漢帝是符號式和身分式的專制，並進而斷言漢帝的支配式和權力式專制是在符號式和身分式專制的前提下派生出來的，（參見林安梧《儒學與中國傳統社會之哲學省察》，第37–38頁。）這種看法則絕對糊塗。

到「天子」的合法程序。儘管如此，但此「匹夫」終究不同於彼「匹夫」。因為他們畢竟有一個尊貴的皇族血統。所以，真正意義上的皇帝出身問題確實不屬於這類人。事實上，在此之前，稱王稱帝者的「出身」或「原始身分」尚未被認真考慮。到戰國時代，匹夫與君主之關係開始逐漸成為一種新興的對比性或關聯性政治話語，近乎「百家言匹夫」。統而觀之，匹夫要麼與諸侯相聯，[54]要麼與人主相關；[55]要麼與聖人並提，[56]要麼與天子並論；[57]要麼與明君對稱，[58]要麼與暴君對應。[59]這種話語的聯繫方式本身就意味深長。因為它意味著「匹夫」已經成為政治思想的一個視角和維度。當然對此作出實質性論證的是儒墨兩家。[60]

從思想史角度看，儒墨兩家已經解決了王權時代和君權時代向皇權時代轉化過程中天子的「出身」問題。因為在王權時代，王總有一個「貴族」身分，三代諸王無不如此。近代「古史辨派」批評國人偽造歷史，把三代諸王的祖先全都安排在同一個朝廷，成為堯的大臣。這誠然有其道理。但另一方面的事實是，現代大量的考古材料證明，三代實際上是三個不同的部族或集團。它們屬於各自不同的文化系統。它們之間彼此共存，既存在統治與被統治的關係，又存在先後取代的關係。所以，三代諸王的貴族血統顯而易見。

到了春秋戰國，王權體制崩潰，王權體制元首的貴族性身分之危機已不可逆轉。君權體制本身又不可能製造出一個合法的天子。君權體制下的君主雖然有國家有社稷，卻無天下無天命。寂寞的周天子早就喪失了感召力，而為人們拋棄。春秋霸主們的戲劇性表演固然有雙重效應，似乎久被人們遺忘的周天子又與諸侯們坐在了一起。但這並非平起平坐。其座次順序更不是由天子決定，而是由諸侯安排。這說明，權力的下移並不能自然產生相應的政治合法性。所

54　參見《左傳》僖公二十四年、《國語·晉語四》、《穀梁傳》桓公六年、《莊子·人間世》、《晏子春秋·內篇諫上第一》。

55　參見《韓非子·七征》、《韓非子·八說》、《韓非子·五蠹》、《呂氏春秋·有度》。

56　參見《荀子·賦篇》。

57　參見《國語·周語上》、《孟子·梁惠王下》、《呂氏春秋·本生·首時》、《莊子·盜蹠》、《韓非子·說林上》。

58　參見《慎子·威德》、《慎子·逸文》。

59　參見《韓非子·功名》、《韓非子·難勢》。

60　荀子或許是個例外。但其弟子韓非的態度就表現得有些曖昧。至少他並沒有明確否定匹夫天子的可能性。參見《韓非子·外儲說右上》。

以天子諸侯間的兩種狀態，「禮樂征伐自天子出」或「禮樂征伐自諸侯出」，均不能使天子、諸侯等量齊觀或並駕齊驅。正是通過齊桓晉文兩位霸主之手，才使周天子的地位發生了根本性變化。齊桓公是率領諸侯象徵性地朝拜周天子，晉文公則是實質性地召見周天子。周天子的合法性權威已名存實亡。至於周天子對「三家分晉」的認可，則給了天子合法性的自殺性的最後一擊。如此，伴隨著天子合法性的終結，新的政治秩序卻又沒有隨之建立起來，於是出現了一種「合法性真空」。

這意味著，霸權政治在取代王權政治之後尚不具有真正的合法性。至少當時人們內心並不認同從霸主到天子是一條可行的道路。[61] 既然輪番登場的霸主們不能正當占有天下，天命自然處於「懸擱」狀態。在這種情況下，天子何以可能，就成為一個問題。本來，天子應當具有什麼條件和德行並不是一個模糊不清的問題。問題是，為什麼天子的條件和德行逐漸下移（當然不是降低條件），轉向了天子的出身來源？因為思想視角的這一轉移，使得政治觀念立刻發生了深刻變化，即天子完全可以從諸侯大夫以外的平民中間產生。不具有貴族身分的平民能否成為天子，又通過什麼方式成為天子，這些關鍵性問題，很可能直接引發了政治觀念的「革命」。比如，「公天下」、「尚賢」、「禪讓」。「公天下」是匹夫天子的法理依據，「尚賢」是匹夫天子的制度保障，「禪讓」是匹夫天子的程序要求。顯然所謂「公天下」、「尚賢」、「禪讓」主張都是圍繞匹夫天子來設計的。所以問題的核心是天子的平民身分。

我們需要思考的是，為什麼人們認為天子必須要有一個平民身分？即「禪讓」為什麼必須讓給一個「平民」？因為從常識看，所謂「禪讓」是將天子之位讓於天子之子以外的其他任何人。既然如此，為何非要把天子之位讓於平民？難道讓於其他諸侯或貴族不行嗎？如果說「禪讓」必須體現出「尚賢」原則，難道能說只有平民中有賢人，貴族中沒有賢人嗎？既然貴族中肯定也有賢人，又為何特別強調讓位於平民？是否只有把天子之位讓於平民，才能真正體現出「禪讓」的「公天下」之精神？概言之，天子的平民身分究竟意味著什麼？我相信，這一點絕對是「禪讓說」的本質。

61　其實，戰國的王霸之爭本身就象徵著由王而霸始終是一個充滿爭議的問題。

　　關於「禪讓說」，近人有相當細緻的研究。[62] 依據顧頡剛的考證，「禪讓說」的思想脈絡大體依稀可辨。[63] 依其所說，墨子首先創造了堯舜的禪讓「歷史」，繼而儒家又補充了舜禹的禪讓「結局」，比如，子思相當明確地闡發過禪讓的思想，[64] 孟子說的舜禹禪讓同墨子說的堯舜禪讓的過程幾乎一模一樣。「從此以後，《墨子》裡的百里諸侯出身，征有苗而有天下的禹，也就變成了匹夫出身，為天子所薦而有天下的禹了。」[65] 楊寬進一步推測，禪讓傳說應當來源於神話。他受郭沫若〈先秦天道觀之進展〉一文啟發，認為堯舜原本是神話中的上帝，禪讓本來也應發生在天上。這一禪讓神話是「東西民族混合的結果」。[66]

　　其實，對我們的目的來說，「禪讓說」究竟起源於何時何人並不十分重要，[67] 其背後是否多少有些模糊難辨的歷史影子也不重要。[68] 因為我們關注的是其中的天子之平民身分。即便舜最初為一天帝，但在成熟的「禪讓說」中，他已經成為一介匹夫。正像禹原來也曾是一諸侯，後來卻成了平民一樣。那麼，從匹夫到天子，這中間存在何種值得重視的思想動向？這裡面潛在的觀念邏輯真的是一種簡單的「尚賢」主張？

　　雖然從道理上說，「禪讓說是直接從尚賢主義裡產生出來的；倘沒有墨家

62　其中也有不少分歧。比如，羅根澤似乎相信禪讓為孔子所倡。「孔子以前沒有尚賢說，孔子首先說出而未以全力提倡，以全力提倡的是墨子。」（〈再論老子及老子書的問題〉，《古史辨》第 6 冊。）顧頡剛則認為禪讓傳說起於墨家。童書業認為墨家以尚賢為據而宣傳禪讓倒合乎情理，「若謂此類傳說之原本即為墨家所創造，尚難憑信。」（參見《春秋左傳研究》，第 292–293 頁。）阮芝生則力辨儒墨禪讓之別，認為儒家「禪讓說」包含「三要件」，即生讓、側陋、試可；「三思想」，即公天下、傳天下、則天無為；並強調「讓國」不等於「禪讓」。據此，儒墨禪讓內涵迥然有異，故儒非襲自墨說。（參見〈評「禪讓傳說起於墨家」說〉，《燕京學報》新 3 期，1997 年。）但相異不等於無承。顧氏依據自家「層累說」即可予以反駁。所以憑藉儒墨分殊似不足以駁倒顧氏核心論點「禪讓說起於墨家」。

63　參見〈禪讓傳說起於墨家考〉，《古史辨》第 7 冊（下）。

64　「從《楚簡》看，子思早已有這樣的思想。他說：『唐虞之道，禪而不傳。』『極仁之至，利天下而弗自利也。禪也，上德授賢之謂也。上德則天下有君而世明。授賢則民興教而化乎道。不禪而能化民者，自生民未之有也。』」（王德裕，〈從《郭店楚墓竹簡》論子思〉，《重慶師院學報》2000 年第 3 期。）

65　〈禪讓傳說起於墨家考〉。

66　〈讀〈禪讓傳說起於墨家考〉〉，《古史辨》第 7 冊（下）。

67　在我們的分析中，一般是將儒墨兩家作為一個整體，以便更為靈活地考察其中體現出來的觀念共識。

68　刻意區分「禪讓說」、「禪讓傳說」、「禪讓故事」三者之間的細微差異，對我的分析工作並無意義。

的尚賢思想，就絕不會有禪讓的傳說！」[69] 但「尚賢」與「禪讓」之間並無必然聯繫。在王權時代，封建天下，所謂「尚賢」只是局限於少數貴族；在皇權時代，吏治天下，所謂「尚賢」也只是限制於官僚層面。無論前者還是後者，「尚賢」皆與天子無關。就是說，「尚賢」始終都存在，至少在人們觀念上是被接受和相信的，關鍵是它從來沒有真正涉及到天子層面。即便天子需要「尚賢」，那只是限定於天子一家一姓之中，根本沒有擴及到廣大平民階層。當然，人們可以說，如果按照「尚賢」的邏輯繼續走下去，直到頂點，就會從貴族百官擴及到天子，進而從天子一家一姓擴及到天下所有百姓。但這絕非輕而易舉之事。因為中國的許多事情都卡在這個點上。如果不涉及天子，什麼事情都好說；反之，一旦涉及到天子，什麼事情都立刻變得不好說了。所以，從百官之「尚賢」到天子之「禪讓」，中間還有許多複雜的環節。[70] 就是說，天子的平民身分對於中國政治觀念絕對是一個「革命性」的突破。這一突破使「尚賢」變得更加徹底，從而有可能在觀念上最終實現「公天下」的政治理想。

當然，也可能首先有了「天下為公」、「尚賢」、「禪讓」等觀念之後才接著產生天子出身的平民性問題。更有可能的是二者之間存在著一種複雜的思想互動和照應。總之，這是一件相當不容易說清楚的事情。不過這並不重要。在「公天下」、「尚賢」、「禪讓」這種觀念的發生鏈條中，天子出身的平民性已經成為一個至關緊要的核心環節。它昭示著，天子必須具有一個新的出身，才能完成王權體制和君權體制向未來的普遍性的新型皇權體制轉換。這樣，王權體制和君權體制下天子的貴族身分必須讓位於皇權政體下天子的平民身分。

為了完成這個艱難論證，儒墨兩家似乎在不謀而合地進行著一種富有成效的理論合作。合作的結果是通過製造出一套新型歷史話語來闡述「匹夫天子」是古已有之。[71] 它甚至構成了一種最令人豔慕的「禪讓」政治傳統譜系。在這套政治傳統譜系中，天子的出身和德行缺一不可。它將最高統治權力同最普通的平民身分直接嫁接起來，使「匹夫天子」成為最具民眾感召力的政治權威。

比如，在這套新型歷史話語中，舜作為一個普通人，由於其超常的孝與仁

69　顧頡剛，〈禪讓傳說起於墨家考〉。

70　從這點來看，說「禪讓」直接來源於「尚賢」，未免過於輕率。

71　我懷疑儒家「人人皆可為聖人」之說很可能受到墨家的某種啟發。因為它絕非無關於政統的道統高論。事實上凡人為聖與匹夫為帝本來就是一語之轉。

而聲名遠播，後來得到堯的賞識和重用，成為堯的女婿和接班人，直至作了新的天子。[72]但在堯舜「禪讓」模式中，真正的主角是舜而不是堯。比如，在《尚書》之〈堯典〉[73]和〈舜典〉以及時間稍晚但敘述更為系統和完整的《史記》之〈五帝本紀〉中，堯的面目非常模糊，遠不如舜的形象和事蹟來得生動鮮明。故而有人懷疑堯可能不是一個人，而是一個太陽的化身和隱喻。[74]這倒也不是沒有一點可能，一個明顯的證據是國人習慣於說「虞夏商周」，而從不說「唐虞夏商周」。其實，再進一步分析的話，禹的身分更是令人困惑。禹先是諸侯，後又被說成是庶民。其是否被舜禪讓為天子，也說法不一。[75]不過，匹夫而為天子的不光有「明君」，同時也有「暴君」。比如蚩尤。雖然蚩尤身分尚不確定，[76]但這些不同的說法本身就透露出諸多訊息。第一，它認為「匹夫天子」有善有惡，從而使「匹夫天子」的思想內容變得更為豐富；第二，它證明了一個確切無疑的事實，即戰國時期的「匹夫天子」作為一種極富魅力的政治觀念是客觀存在並廣為人知的。

在政治理念上，這無疑是一場深刻的革命。[77]王權體制元首的貴族血統將

72　孟子甚至相信舜是諸侯和民眾共同推舉出來的天子。《孟子·萬章章句上》云：「堯崩，三年之喪畢，舜避堯之子于南河之南。天下諸侯朝覲者，不之堯之子而之舜；訟獄者，不之堯之子而之舜；謳歌者，不謳歌堯之子而謳歌舜，故曰天也。夫然後之中國，踐天子位焉。」另，《孟子·萬章章句下》云：「舜尚見帝，帝館甥於貳室，亦饗舜，迭為賓主，是天子而友匹夫也。」提出「天子友匹夫」的政治命題，不知這是否意味著孟子對於「匹夫天子」之關聯的思考。

73　艾蘭對《尚書·堯典》的解讀非常有趣。「這裡，上帝作為天命把王位授予殷商祖先的行為，成為一種後代打破世襲原則行為的象徵。」（《早期中國歷史、思想與文化》，第 39 頁。）

74　參見艾蘭《早期中國歷史、思想與文化》，第 34–35 頁。

75　比如，崔述云：「堯以帝位授舜而舜帝，舜亦以帝位授禹而禹何以獨不帝而王也哉！」（《崔東壁遺書·唐虞考信錄卷之四》，上海古籍出版社，1983 年。）

76　應劭曰：「蚩尤亦古天子，好五兵，故祠祭之，求福祥也。」臣瓚曰：「《孔子三朝記》云蚩尤庶人之貪者，非天子也。」（《漢書·高帝紀上》）據此，這些說法在戰國時已經相當流行。

77　清儒顧炎武說「天下興亡，匹夫有責」很得世人賞識，認為是把百姓天下與一家朝廷作了區分，具有進步意義。其實，這並無新意。因為孟子早就說過，「不仁而得國者，有之矣；不仁而得天下，未之有也。」（《孟子·盡心章句下》）區別在於，孟子分解國家天下針對的是君主，顧子分解國家天下針對的是民眾。但將天下國家分解為二的思路並無二致。孟子通過分解天下國家，向君主提出了「仁」的要求；顧子通過分解天下國家，向民眾提出了「責」的要求。合而觀之，我覺得二者之間似乎存在一種內在的關聯。君主之仁與匹夫之責完全可以統一起來。依據孟子邏輯，惟仁者能得天下。匹夫為仁，自然也能得天下。依據顧子邏輯，「匹夫有責」至少意味著「天下興

被皇權政體元首的平民身分所取代。所謂「英雄不問出身」說的並不僅僅是布衣可取將相，同時也說的是匹夫可成天子。漢人枚乘堅信這點。「舜無立錐之地，以有天下；禹無十戶之聚，以王諸侯。」[78] 但不可不辨的是，舜禹以匹夫而為天子是源於和平式的「禪讓」，劉邦以匹夫而成天子是基於暴力式的「攻伐」。這意味著，「匹夫天子」的性質和內涵在此均已發生變化。它使劉邦的態度變得相當曖昧。「堯舜不以天下與子而與它人，此非為不惜天下，但子不中立耳。」[79] 據其意，他並不否認堯舜禪讓，只是認為其原因不在己而在子。換言之，禪讓並非出於堯舜德行之主動，而是出於其子無能之被迫。劉邦的看法非常樸素和平民化。「人有好牛馬尚惜，況天下耶？」顯然從常理看，禪讓天子可能而不可行。這蘊含著他對自己這種攻伐天子的自覺認同。就歷史實際言，匹夫天子的現實邏輯似乎只能生成於皇權政體下的這種「功德」模式。

　　思想史由戰國至後戰國產生的深刻變化是，思想史將更內在地受制於政治史或制度史的結構性制約，天子出身的思想論證也正式由觀念期待轉換落實為事實認定。儘管如此，觀念與現實之間的邏輯轉換絕不容輕易忽視。源於戰國的政治觀念終於落實為一種後戰國的政治實踐，這無論如何都是一件必須深思

亡」的責任必須由「匹夫」承擔。就是說，必須由「匹夫」去實現振興「天下」的使命。即應該由有能力實現振興「天下」使命的「匹夫」來作天子。所以「匹夫有責」意味著「匹夫有天下」。這樣，在深層意義上，「匹夫之責」可以合乎邏輯地導出「匹夫天子」的結論。不過，我很懷疑顧子思想深處是否真正有此自覺。就思想史脈絡看，孟顧二子命題確實可以導出「匹夫天子」的結論。這至少說明先秦至明清的政治話語中實實在在地包含一種在天下國家分別為二的前提下對統治權力和政治責任的複雜考量和權衡意向。

78　《漢書・枚乘傳》。不過直到西漢後期，對「匹夫天子」的置疑仍然存在。比如，褚少孫說，「天命難言，非聖人莫能見。舜、禹、契、後稷皆黃帝子孫也。黃帝策天命而治天下，德澤深後世，故其子孫皆復立為天子，是天之報有德也。人不知，以為泛從布衣匹夫起耳。夫布衣匹夫安能無故而起王天下乎？其有天命然。」（《史記・三代世表》）至東漢，班彪乾脆徹底否定了劉邦的「匹夫」身分。首先是漢承堯運，顯於火德。「劉氏承堯之祚，氏族之世，著乎春秋。唐據火德，而漢紹之，始起沛澤，則神母夜號，以章赤帝之符。由是言之，帝王之祚，必有明聖顯懿之德，豐功厚利積累之業，然後精誠通於神明，流澤加於生民，故能為鬼神所福饗，天下所歸往，未見運世無本，功德不紀，而得屈起在此位者也。」其次，俗人不知天命，而妄論「匹夫天子」。「俗見高祖興于布衣，不達其故，以為適遭暴亂，得奮其劍，遊說之士至比天下于逐鹿，幸捷而得之，不知神器有命，不可以智力求也。……貧窮亦有命也。況虖天子之貴，四海之富，神明之祚，可得而妄處哉？」最後，結論是，劉邦根本不是什麼「匹夫」。「蓋在高祖，其興也有五：一曰帝堯之苗裔，二曰體貌多奇異，三曰神武有征應，四曰寬明而仁恕，五曰知人善任使。」（《漢書・敘傳》）

79　《古文苑》卷10，〈漢高祖手勅太子〉。

之事。某種意義上，政治觀念上對天子身分的平民性要求和論證正是對春秋戰國世俗化運動的一種深層反映。它暗示出，真正意義上的匹夫天子與完整意義上的世俗社會將在帝制時代一起出現。

二、歷史闡釋之一──「王侯將相寧有種乎」

陳勝是中國歷史上第一個平民稱王者。[80]「王侯將相寧有種乎」堪稱一種「平民主義」的政治宣言。[81] 對此，當時幾乎沒有人提出任何異議。說明它是一種普泛的政治共識。當時的許多六國貴族和士人都打著陳勝的旗號，接受他的指令，說明人們尊重陳勝的「首事之功」，並不在乎他的出身。三代稱王者皆為貴族，春秋戰國稱王也無不如此。戰國雖有平民因政績或軍功而出將入相，封侯晉爵，但最高只是稱侯而已，並無稱王之事。至秦，始皇帝決然使「子弟為匹夫」，這使平民而王者，更無可能。在這個時代背景下，陳勝提出「王侯將相寧有種乎」，即便「其口號所云為戰國末期習俗」，[82] 但如果不是把「王侯將相」看成一種泛指，「王」作為一種有具體含義的政治符號，在這裡自然具有了一種值得分析的思想內涵。

因為「王侯將相」的實質只是一個「王」的問題。無論體制還是觀念，「王」「侯」二者均有性質之別。「王」作為一個核心的政治思想史概念與「侯將相」顯然不是一回事。它具有某種政治價值的特殊指向。陳勝雖然「王侯將相」聯稱，其真實意圖卻明顯指向著一種最高的政治目標。比如陳勝吳廣一手製造出來的帛書狐鳴「陳勝王」，即暗示出在陳勝本人心目中自己稱王乃理所當然之事。所以需要考慮的是：所謂「王侯將相寧有種乎」是否包括「帝」在內？抑或還是泛稱？陳勝稱王，是否稱帝的第一步？陳勝本人有無稱帝的模糊想法？雖然我們可以從陳勝「稱王之初，萬事草創，能從陳餘之言，迎孔子之孫鮒為

80　有人對陳勝出身提出異議，認為陳勝出身高貴，不是雇農。（曾祥文，〈陳勝新論〉，《四川師大學報》1988 年第 5 期。）似可備一說。

81　它既是春秋戰國數百年來世俗化運動的歷史回聲，又是秦制「編戶齊民」的現實反映。凡人為聖的資質認可和平民為王的資格認同，作為先後出現的政治觀念，具有邏輯上的一致性和徹底性。陳勝秉持這一觀念，暗示著平民與政治權力之間並非完全絕緣。嫁接其中的只是功德與實力。這兩點在陳勝起兵後均已不是問題。

82　內藤湖南認為「陳勝此語反映的是真實情況」，項劉二人所說「彼可取而代也」和「大丈夫當如此」均為後人附會。（參見《中國史通論》上冊，第 150–151 頁，社會科學文獻出版社，2004 年。）無據。

博士，至尊為太師，所與謀議」來判斷這些做法「皆非庸人崛起者可及」，並進而推斷他「其志豈小小者哉」。[83] 但限於文獻，這些問題似乎很難有一個明確的結論。因為無論稱王還是稱帝，「其志」都不能說是「小小者」。

不過，從事態實際觀察，一些事情顯得比較曖昧。比如，陳勝部下葛嬰立襄強為楚王。「嬰後聞陳王已立，因殺襄強，還報。至陳，陳王誅殺葛嬰。」[84] 這件事有兩種解釋：一是不能有兩個楚王；一是兩王不並立。顯然二者含義迥然有別。其關鍵點在於，前者屬於常理，沒有特別意思，後者則隱隱包含有某種稱帝的念頭。聯繫到張耳陳余勸說陳勝時，二人已把王與帝區分得相當清楚了。「願將軍毋王，急引兵而西，遣人立六國後，自為樹黨。如此，野無交兵，誅暴秦，據咸陽以令諸侯，則帝業成矣。今獨王陳，恐天下解也。」[85] 依此說，陳勝如果過早稱王，可能非常不利於稱帝。這實際上已經告訴陳勝由王而帝的步驟和策略。其中蘊涵的政治觀念有兩點：（1）陳勝完全有資格做皇帝；[86]（2）如果策略正確，陳勝必然能夠做成皇帝。陳勝剛剛起事，就得到士人的這番政治「啟蒙」，這使我們可以進一步引伸出兩點：（1）「匹夫天子」已經成為帝制社會一種對現行政權極具顛覆性的普遍政治資源；（2）人們不但在觀念上早已認同「匹夫天子」，而且在行動上積極創造條件，努力將其變成現實。這意味著，即便陳勝此前心裡並沒有很清晰的稱帝意圖，聽了張陳二人之言，他也應該初步具備稱帝的朦朧意識了。遺憾的是，「涉不聽，遂立為王。」加上隨之而來的失敗，陳勝自己不但失去了成為中國第一個真正意義上的「匹夫天子」的機會，而且我們也根本不再有可能來深入分析陳勝思想中的皇帝觀念。

歷史為我們留下的唯一值得分析的可信證據是陳勝的諡號。[87] 史稱，陳勝的諡號是在他死後由自己隊伍中的儒生給擬的。諡為「隱王」。其特異之處在於，習慣上給諡號都是上對下，[88] 這次則是下對上。這主要是因為陳勝政權過

83　洪邁，《容齋隨筆》，〈陳涉不可輕〉，上海人民出版社，1978 年。

84　《史記·陳涉世家》。

85　《漢書·張耳傳》。

86　「將軍被堅執銳，帥士卒以誅暴秦，復立楚社稷，功德宜為王。」「將軍瞋目張膽，出萬死不顧之計，為天下除殘。」（《漢書·張耳傳》）從這些話看，當時人們對陳勝的評價同人們習慣性地稱頌湯武的話語沒有什麼明顯不同。

87　諡號周行之，秦廢之，楚復之。（參見童書業《春秋左傳研究》，〈附錄：周代諡法〉。）此亦細節，但亦可看出政治思想史的多重面相。

88　參見虞萬里〈先秦名字、爵號、諡號、廟號與避諱略論〉，《國學研究》第 7 卷。

早失敗，缺乏連續性之故。不過陳勝政權在秦制之後對諡號的重新啟用已為漢朝開啟先例。[89]

我們需要細緻分析的是，「隱王」之「隱」的政治思想含義。近人認為，「這反映了他們並沒有把陳勝看成是合法正統的政權首腦。」理由是，根據歷史上最早諡「隱」的魯國第 13 世國君魯隱公之成例，魯隱公之所以被諡為「隱」，是因為他本來不該有其位，只是為自己尊貴的弟弟攝代其政而已。同時，孔甲等儒生應該是熟悉魯隱公故事的，「他們給陳勝此諡號，」明顯透露出「他們覺得雇農出身的陳勝雖然號為張楚王，不過像魯隱公一樣，是卑者攝位，早就應該讓位給尊貴的六國舊貴族了。」[90]

這種解釋明顯不妥。姑且不說孔甲等儒生根本不具備現代中國這種獨具特色的階級觀念和政治意識，就後戰國時代的一般社會意識觀察，人們對出身已經不再看得很重了。甚至根本不把出身當回事。另外，就其實際含義來看，儒生們將陳勝諡為「隱」，並不是在否定他，而是在肯定他。所謂「隱」，只是說他不成功，而非說他不合法。《諡法》所謂「不尸其位曰隱」，[91] 意思是沒有善始善終的君主稱為「隱」。「再如『隱拂不成曰隱』一解，孔晁注為『不以隱括改其性』，頗為費解。劉熙注為『若魯隱公讓志未究，而為讒所拂違，使不得成其美，故曰隱』。」[92] 其實，「不以隱括改其性」並不費解。關鍵是一「性」字。「性」在先秦，既作「生」解，也作「命」解，都指的是事物的固有品質和狀態。所以這裡的意思是，不能因為「隱括」而改變事情的性質。聯繫下面的「劉熙注」，意思就更清楚了。由於受到讒言的蒙蔽、欺騙和陷害，魯隱公沒有能夠最終實現讓位的志願，成就讓國的美名。這裡說的很明白，魯隱公實際上是一位「失敗的英雄」、「不幸的聖人」。《公羊傳》以「賢」[93] 來定位隱公，即可昭示出這點。由此反觀儒生們諡陳勝為「隱王」，應該說，實在是一個中肯而讚賞的評價。更何況《諡法》中關於「隱」還有其他意思。比如，（1）「隱拂不成曰隱。」《周公諡法釋義》注：「有才不得盡施。」（2）「見美堅長曰

89　參見第五章第四節第五個專題〈立廟〉。

90　參見汪受寬《諡法研究》，第 269 頁。

91　相似的說法是，「不顯尸國曰隱。」

92　汪受寬，《諡法研究》，第 239 頁。

93　桓公二年。

隱。」《周公諡法釋義》注：「不言而美自著，堅且久也。」（3）「隱，哀也。」[94]
這些意思並非都是不好的貶義。前後通觀，我們的結論是：（1）「隱」的幾種
含義基本為褒義，當然其中也包含某些中性含義；（2）既然陳勝被諡為「隱王」，
這裡的幾種意思皆有可能包括在內。所以，根據《諡法》中的任何一個意思都
不可能簡單得出儒生是在否定陳勝的輕率結論。當然，除非對此作出孤立而又
錯誤的解讀。

最重要的是，第一，倘若孔甲等儒生看不起「雇農」出身的陳勝，不承認
其稱王的合法政權，他們又何必懷抱《詩》《書》禮器投奔陳勝？這說明，孔
甲等儒生不但認同陳勝稱王的合法性，而且這種認同本身源於孔子「革命」之
教。[95]《史記·儒林列傳》云，「陳涉之王也，而魯諸儒持孔氏之禮器往歸陳王。
於是孔甲為陳涉博士，卒與涉俱死。」這裡透露出兩點：（1）投奔陳勝的儒生
相當多，所謂「魯諸儒」是也；（2）孔甲和陳涉「俱死」，給陳勝諡號的只能
是另外一些不知其名的儒生。[96] 對於大批儒生投奔陳勝之舉，太史公的解釋是，
「陳涉起匹夫，驅瓦合適戍，旬月以王楚，不滿半歲竟滅亡，其事至微淺，然
而縉紳先生之徒負孔子禮器往委質為臣者，何也？以秦焚其業，積怨而發憤於
陳王也。」很明顯，陳勝給儒生提供了一個反抗秦政的機會。所以他們完全是
心甘情願地對陳勝俯首稱臣。所謂「委質為臣」是也。

第二，倘若因為陳勝「首事」，六國貴族尚未稱王，故儒生們迫不得已才
投奔陳勝，也說不通。因為儒生們投奔陳勝完全出于自願。他們大可不必這麼
著急，完全可以再等一等，等到六國貴族稱王，再投奔不遲。以儒生們的飽讀
《詩》《書》而言，起碼的歷史眼光他們應該還是有的，他們肯定也能夠看出
當時的政局走向已非秦廷所能控制。秦亡只是遲早的事。既然如此，儒生們何
不耐心等待一個「聖王」出世，或去投靠一個更有高貴血統、更有成功把握的
「英主」？可即便六國貴族稱王，以當時人之看法，「楚首事，當令於天下。」[97]
這意味著，陳勝的存在對所有人的政治行為都構成一種合法性的約束。人們也

94　以上有關「隱」的諸種含義，轉引汪受寬《諡法研究》，第 408–409 頁。

95　顧實還進一步推論，「《史記》以《陳涉世家》次《孔子世家》後，馬遷猶明此義。」
　　（參見《《漢書藝文志》講疏》，第 68 頁，上海古籍出版社，1987 年。）

96　汪氏所謂「孔甲等儒生……他們給陳勝此諡號」云云，語雖含糊，但並不恰當。

97　《史記·陳涉世家》。

必須承認陳勝的合法性，否則就會喪失政治上的道義性。[98]范增雖然指責「陳勝首事，不立楚後而自立」，結果「其勢不長」，所以「陳勝敗固當」。[99]這些話或許可以解釋為「楚國民間還有濃重的血緣意識」，或「民間對封建舊主的政治歸屬感」。[100]但就當時形勢言，「六國亡久矣，起兵誅暴秦不患無名，何必立楚後？」[101]所以詳繹文義，范增只是說陳勝稱王的策略不當，並非否認其合法性。這同當時有人說「今始至陳而王之，示天下私」[102]是一個意思，都是強調稱王應該有一個時機和策略的考慮。與政權合法性毫無關係。

第三，倘若儒生們投奔陳勝只是出於政治投機，而暫觀其變，一旦六國貴族稱王，他們會立刻改換門庭。問題是，如果他們「棄暗投明」，另投新主，他們就沒有資格來給陳勝諡號了。因為背叛領袖之人來為舊君故主擬定諡號，這本身就非常滑稽，根本不具有任何合法性可言。既然如此，問題性質就變了，不是陳勝稱王不合法，而是儒生們給陳勝的諡號不合法。

如果排除這些諸多可能，我們只能認為，儒生們將陳勝諡為「隱王」，基調是在尊重其「首事之功」的前提下，遺憾其沒有最後功成名就的不幸結局。以「隱」之各種意思看，其含義也很清楚。比如，所謂「不尸其位」，是說他沒有終成善果；所謂「隱拂不成」，是說他英雄壯志難酬，即「有才不得盡施」也；所謂「隱，哀也」，是哀其功業不成；所謂「見美堅長」，是說他稱王時間雖然不長，影響卻大，故而能夠常留後世，為人所懷念。「不言而美自著，堅且久」就是這個意思。而且這個評價也為漢人所證實。「陳勝雖已死，其所置遣侯王將相竟亡秦，由涉首事也。高祖時為陳涉置守塚三十家碭，至今血食。」[103]所以，諡陳勝為「隱王」，這裡面既沒有輕視其出身卑微的身分意識，也沒有否認其政權合法性的勢利念頭。因為先秦以來已成傳統的政治觀念，比如，「匹夫天子」、「百里可王」、「天下為公」等，都是極具影響力的儒學教誨，想

98　比如，「當是時，秦嘉已立景駒為楚王，軍彭城東，欲距項梁。項梁謂軍吏曰：『陳王先首事，戰不利，未聞所在。今秦嘉倍陳王而立景駒，逆無道。』乃進兵擊秦嘉。」（《史記‧項羽本紀》）

99　《史記‧項羽本紀》。

100　管東貴，〈秦漢封建與郡縣由消長到統合過程中的血緣情結〉。

101　王鳴盛，《十七史商榷》卷2，〈項氏謬計四〉，中國書店，1987年。

102　《史記‧張耳列傳》。

103　《史記‧陳涉世家》。

必孔甲等儒生不會對此感到陌生。同時，「王跡之興，起於閭巷；合從討伐，軼於三代」的客觀現實，又造成了「憤發其所為天下雄，安在無土不王」[104] 的歷史必然。有此觀念墊底，又有此現實衝擊，儒生們怎麼會鄙視陳勝之出身，並進而否定其政權？

三、歷史闡釋之二──「彼可取而代也」

項羽是標準的貴族出身。[105] 這使他對皇帝有著近乎於天然的仇視和敵意。貴族觀念決定了項羽可以接受分封天下的王權，或是號令天下的霸權，卻難以認同一人為天子眾人皆匹夫的皇權。所以，項羽稱王稱霸，就是不稱帝。儘管當時他有機會和條件稱帝。非但自己不稱帝，對那些稱帝者也充滿厭惡。項羽殺死義帝，除了其他原因外，對皇帝的天生仇恨心理肯定也是一個不可忽視的重要因素。當然，義帝不是皇帝，至少項羽沒有把義帝看作皇帝，甚至沒有把義帝看成是類似於徒具虛名的東周天子。在項羽心目中，義帝更像是古代「地方千里」[106] 的五帝。但「地方千里」的帝王之間實在沒有什麼區別。因為千里之地足可稱王。[107] 所以義帝和秦帝完全不是一回事。

劉邦雖然稱「天下共立義帝，北面事之」，[108] 但那只是為了攻擊政治對手而製造出來的道義「噱頭」。它並不能說明事情的真實含義。歷史的真相是，「義帝」完全是一個特殊時期的空洞的政治符號，而不是一個有效的權力實體。它根本不具有皇帝的權勢和威嚴。它只具有脆弱得不堪一擊的純粹象徵意義。[109] 甚至這個義帝的地位連霸王也不如。因為在項羽看來，非但「懷王者，吾家所立」，[110] 連義帝的諸侯王地盤還要靠他項羽來賜封。[111] 儘管如此，項羽還是不

---

104 《史記‧秦楚之際月表》。

105 「項氏世世將家，有名于楚」這種傳統資源無疑使項氏的「名族」身分同時獲得了一種道義合法性。故而時人相信，「我倚名族，亡秦必矣。」（《史記‧項羽本紀》）

106 「項王出之國，使人徙義帝，曰：『古之帝者地方千里，必居上游。』乃使使徙義帝長沙郴縣。」（《史記‧項羽本紀》）

107 「江東雖小，地方千里，眾數十萬人，亦足王也。」（《史記‧項羽本紀》）

108 《漢書‧高帝紀上》。

109 「陽尊懷王為義帝，實不用其命。」（《漢書‧高帝紀上》）

110 《漢書‧高帝紀上》。

111 項羽分封懷王涉及兩個因素。一是政治原則上的判斷。「非有功伐，何以得專主約！」（《漢書‧高帝紀上》）一是政治策略上的考量。「天下初發難時，假立諸侯後以伐秦。然身被堅執銳首事，暴露於野三年，滅秦定天下者，皆將相諸君與籍之力也。義帝雖

能容忍這個毫無存在感的義帝的存在。

　　有人說，項羽也有稱帝之心，他殺死義帝就是為了給自己稱帝做準備。如果真是這樣，為什麼項羽始終沒有稱帝？以他當時之地位和權威，實在與皇帝無異。「分裂天下，而封王侯，政由羽出，號為『霸王』。」[112] 以此權力和影響，卻偏偏沒有稱帝，這確實蹊蹺。也許在項羽看來，既然能號令天下，稱不稱帝似乎並不重要，關鍵在於是否具有號令天下的實力和權威。但從政治思想史的角度看，有無皇帝名號，終究大不相同。那麼，項羽對此問題是否有自己的特殊考慮？再者，秦始皇是滅諸侯而帝天下，項羽則是「分天下王諸侯」，[113]如此「政治路線」之分歧，當不是頭腦發熱，心血來潮，一時衝動之產物。

　　追究起來，項羽見到秦始皇的儀仗時脫口而出的「彼可取而代也」可能多少透露出他的思想意識。所謂「彼可取而代也」，應該不是說我來做皇帝，而是說廢除皇帝。即我來稱王，誰也不能稱帝。其言確實「悍而戾」。[114] 它似乎是一種貴族政治的思維取向，表現出對皇帝專制的強烈排斥。呂思勉特別注意到，「項籍為西楚霸王，猶東周之桓、文也，特王侯之名異耳，其餘大者為王，小者為侯若君，亦六國時之遺法也，當時之人，視此必以為彝典，謂有一人將如秦皇，盡滅同列，獨有天下，必非意想所及。」[115] 這說明，觀念上的王有天下與實際上的帝有天下還是有相當距離。貴族政治雖然能夠接受王有天下，卻很難適應帝有天下。但中華專制主義的歷史進程已遠離王權而進入皇權時代。在帝有天下的皇權架構中，貴族政治無論理念還是實踐都已不復有任何客觀價值。

　　事實上，在楚漢之際，除項羽一人外，六國貴族確實並無多少出色之表現。項羽分封的十八個諸侯王中，雖然大多數是六國貴族後裔，[116] 同樣貴族出身的

無功，故當分其地而王之。」（《史記·項羽本紀》）前者說明懷王沒有資格主持分封，後者說明以懷王之名分也應該得到分封。

112　《史記·項羽本紀》。

113　《史記·秦始皇本紀》。

114　王鳴盛，《十七史商榷》卷2，〈劉項俱觀始皇〉。

115　《論學集林》，第709頁。

116　「項羽所封十八王中，六國後裔貴舊多達十餘名，占有絕對優勢。」（宋公文，〈論楚漢戰爭時期項羽和劉邦的分封〉，《秦漢史論叢》第1輯，陝西人民出版社，1981年。）

項羽對他們的態度卻頗為曖昧。他固然對六國貴族後裔表現出「霸王」的豪爽與慷慨，不吝土地，大肆分封，但實際上，「今盡王故王於丑地，而王群臣諸將善地。」[117] 這種「內」「外」有別的做法，誠然反映出項羽策略中的一種政治考量。這種政治考量卻未必能夠上升到一種政體原則。[118] 在我看來，其中透露出來的政治思想訊息主要有二：其一，項羽希望在六國貴族與自己部將之間尋求一種利益平衡；其二，項羽希望在分封架構和自己霸主權威之間達成一種權力平衡。[119] 不過我推測，在項羽內心，他恐怕未必看得起那些早已沒落的六國貴族後裔。再加上這些六國貴族後裔之作為實在乏善可陳，均無任何特別之處。這註定了六國貴族在政治上的迴光返照不會在政治觀念上留下什麼值得注意的東西。賈子對此的解釋可能是有道理的。「諸侯起于匹夫，以利合，非有素王之行也。其交未親，其下未附，名為亡秦，其實利之也。彼見秦阻之難犯也，必退師。安土息民，以待其敝，收弱扶罷，以令大國之君，不患不得意於海內。」[120] 其實這個道理項羽未必完全不懂。他肯定知道，早已淪為匹夫的六國貴族根本不可能成為歷史發展的主導性力量。思想史更需要追究的是，對項羽來說，「彼可取而代也」極有可能包含著以貴族身分來取代專橫皇帝的政治價值取向。

　　倘若以此種政治價值取向來解釋項羽的種種作為，當有一種煥然冰釋之感。比如，項羽滅秦是為了復國，殺子嬰、燒阿房是為了復仇，所以，滅秦之後，他毫無做「楚帝」之念。又如，他殺死義帝，大封諸王，使中國歷史上出現了一個自從進入帝制社會之後絕無僅有的沒有皇帝的短暫時期。近人評論，「項

117　《漢書‧項羽傳》。

118　李開元謂，「就項羽之封王理念而言，他是否定血緣世襲之貴族王政原則而採用了平民王政的軍功原則的。」這把話說的有點過頭了。何況在項羽先後所封的王裡面，共有 11 個貴族，6 個官僚，5 個平民，另有 3 人出身不明。（參見《漢帝國的建立與劉邦集團》，第 86、83–84 頁。）是可知，雖然「故王」「諸將」之間在封地上確有「醜」「善」之分，但根本談不上用「平民王政」來「否定」「貴族王政」。所以我覺得更有可能的是一種有關勢力平衡的策略考慮。

119　近人謂，「在分封問題上，項羽看到了諸侯王在今後必將在羽毛豐盛時分裂其地，採取了虛封手段，後又殺戮異姓王。」（朱弘，〈關於秦漢分封制的歷史反思〉，《中國史研究》1989 年第 1 期。）這種判斷在我看來，並不符合項羽的思想邏輯。因為這種看法蘊含著一種項羽有心稱帝的預謀。應該說，項羽作為一個純正的貴族，其本性使他對皇帝充滿了仇恨和蔑視。

120　《史記‧秦始皇本紀》。

羽是為建立『霸天下而臣諸侯』的政治格局而分封。」[121] 所以，他根本無意於來墊補「帝位的真空」。再如，項羽與劉邦爭奪天下，其目的也不是為了做皇帝。[122] 他顯然滿足於這種遍地諸侯一人稱霸的「戰國式」政治格局。[123] 如果劉邦等一干諸侯不再沒事找事，那他簡直要快樂死了。

四、歷史闡釋之三──「大丈夫當如此也」

（一）大丈夫皇帝

陳勝的「王侯將相寧有種乎」，項羽的「彼可取而代也」，劉邦的「大丈夫當如此也」，具有相同的政治內涵。就其本質，他們都是圍繞著最高權力而作出的基本判斷。皇帝與所有人的對立，使絕對的權力本身充滿著絕大的危險。一個人憑藉無限的權力統治著所有人，這種統治關係必然具有極大的不穩定性。一個人與所有人的對立，使雙方的相互易位具有了空前的機遇和可能。一方面，一個人固然可以統治所有人；另一方面，所有人中的任何一個似乎都有機會成為這一個人。所以陳勝相信人人都有「種」來做「王侯將相」。項羽則認定匹夫和皇帝之間根本沒有什麼區別。二者完全可以直接替換。所謂血統、功德以及身分統統都不是問題。在這裡，皇帝已經根本不再有任何神聖性。皇帝此時僅僅是一個普通的人間凡物和世俗肉身。

劉邦的話裡包含兩層意思：一是，認為大丈夫的理想和標準就是做皇帝，

121　宋公文，〈論楚漢戰爭時期項羽和劉邦的分封〉。

122　表面看，楚漢相爭對項劉意味著同樣一件事。其實不然，對項羽來說，打天下是為了稱王；對劉邦來說，打天下則是為了稱帝。所以楚漢相爭本質上是一場「帝」、「王」之戰。學者分析，楚滅秦，「卻是帝業回歸于王業。要想再造帝業，必須經過一場嚴重的鬥爭，這就是劉邦、項羽之戰，這場戰爭，在一定程度上又似當年的秦滅六國。」說的就是這個道理。不過，進一步的推測卻未必妥當。「項羽不會自安于長久地與諸侯王並立，不會眼看著業已空出的帝位而毫不動心。所以他除了在分封諸侯王中隱伏心機以外，還有其他一些動作。第一步，他把楚懷王升格為楚義帝，以楚帝代替秦帝的法統地位，並就此承認帝業的合法性。他自己則暫居西楚霸王，繼續作諸侯的盟主。第二步，他徙義帝於郴而又殺之，這樣就使楚帝名號暫時空懸起來，使自己有靜觀待變、斟酌處理的餘地。第三步，他合乎邏輯的措置是，作好各種善後以後，自己名正言順地登上楚帝的寶座。但是項羽沒有邁開這一步，形勢就急遽變化，自己立刻由主動變為被動，作楚帝的機會也永遠消失了。」（田餘慶，〈說張楚〉，《歷史研究》1989 年第 2 期。）這種分析的缺陷是把本來很簡單的事情說的很複雜。因為項羽稱帝或不稱帝都是一件很簡單的事。他要想稱帝，早就稱帝了。當時沒有任何人也沒有任何力量能夠阻止他這麼做。他不稱帝，就是因為自己不想當皇帝。

123　這種「戰國式」政治格局更多地是對戰國後期秦國實力和地位的再現和模仿。

換言之，做了皇帝才能算是真正的大丈夫；二是，皇帝應該由大丈夫來做。某種意義上，劉邦對皇帝下了一個新的定義：「大丈夫皇帝」。它對皇帝觀念的重新塑造和定位具有異乎尋常的意義。它空前凸顯了皇帝品格的世俗性，使皇帝成為廣大平民可以幻想和追求的政治目標。

自春秋戰國以來，「丈夫」或「大丈夫」已成為一個民眾中間的通俗詞語。此外還有「美丈夫」、「烈丈夫」、「小丈夫」、「賤丈夫」等說法。「丈夫」通常指「男子」，《大戴禮記·本命第八十》有云，「男者，任也；子者，孳也；男子者，言任天地之道，如長萬物之義也。故謂之『丈夫』。丈者，長也；夫者，扶也；言長萬物也。」有時，「丈夫」與「君子」同義。[124] 這樣，「丈夫」往往被賦予了一種德行與智慧的內涵。「大丈夫處其厚不處其薄，居其實不居其華。」[125] 韓非干脆說，「所謂大丈夫者，謂其智之大也。」[126] 但表述的最有氣勢的當數孟子。「居天下之廣居，立天下之正位，行天下之大道。得志與民由之，不得志獨行其道。富貴不能淫，貧賤不能移，威武不能屈。此之謂大丈夫。」[127] 這種「大丈夫觀念」已經具有了明顯的建功立業內容。這實際上漸漸成為人們在使用「大丈夫」一詞時所要表達的主要意思。比如：

> 公孫衍、張儀豈不誠大丈夫哉？一怒而諸侯懼，安居而天下熄。[128]
>
> 方子胥窘于江上，道乞食，志豈嘗須臾忘郢邪？故隱忍就功名，非烈丈夫孰能致此哉！[129]
>
> 大丈夫定諸侯，即為真王耳，何以假為！[130]
>
> 丈夫生不五鼎食，死即五鼎烹耳！吾日暮途遠，故倒行暴施之。[131]

按照這個路子走下去，「大丈夫」距離帝王之道也就不遠了。「夫以匹婦之明，

124　《左傳·哀公》十一年，「武叔呼而問戰焉。對曰：『君子有遠慮，小人何知。』懿子強問之。對曰：『小人慮材而言，量力而共者也。』武叔曰：『是謂我不成丈夫也。』」
125　《老子》三十八章。
126　《韓非子·解老》。
127　《孟子·滕文公章句下》。
128　《孟子·滕文公章句下》。
129　《史記·伍子胥列傳》。
130　《史記·淮陰侯列傳》。
131　《史記·主父列傳》。

猶能推事理之致，探禍福之機，而全宗祀於無窮，垂策書於春秋，而況大丈夫之事虖！是故窮達有命，吉凶由人，嬰母知廢，陵母知興，審此四者，帝王之分決矣。」[132] 顯然，「大丈夫」這種「男人」氣概的功名欲望同皇帝這種「霸道」氣勢的權力欲望遙相呼應，暗通款曲，使「大丈夫皇帝」成為一種極具個性特色的政治觀念。

在劉邦這種「大丈夫皇帝」政治觀念中，「大丈夫」與皇帝之間的關聯可能還要更簡單一些。做皇帝已與天命、神意、德行乃至功業無關。它表露出來的那種「津津然不勝其歆羨」[133] 之情，恰恰說明它完全是一介凡夫俗子的正當要求。儘管看上去似乎不如陳項更有氣魄，給人以等而下之感。其言雖「鄙」，其心雖俗，但均屬常人情懷。它甚至說不上是一種政治野心。從這個角度看，劉邦的「大丈夫皇帝」觀念實在是對「匹夫天子」這種政治現實的一個深刻表徵。它是從民間層面對皇帝權力的一種非常真實和人性化的理解。它透顯出皇帝制度具有的極其廣泛而又深厚的世俗觀念基礎。可以說，皇帝觀念的世俗性是皇帝制度賴以穩定存在的思想前提。

（二）「起於細微」

觀念上，匹夫成為天子只能通過禪讓。現實中，匹夫成為皇帝只有通過武力。劉邦一人之力既顛覆了前者，同時又確立了後者。故而在後戰國的政治－思想共識中，觀念與現實的差異逐漸消失。其昭示出來的共同性在於，匹夫天子勢在必然。

在項羽分封的諸王裡面，劉邦的出身可能是最為低賤。但他並不感到自卑。相反，一旦成功，低賤的出身會隨之增值，而具有另外一番含義。比如，諸侯王們在擁戴劉邦稱帝時舉出了多個理由，有「功」、「德」、「恩」等，值得注意的是特別提及了劉邦的出身。「大王起于細微，滅亂秦，威動海內」。[134] 陳勝說「王侯將相寧有種乎」還是以一種並不十分確定的口氣來為「匹夫天子」爭取合法的權利。因為陳勝雖然相信王侯將相並非必須「有種」，但「無種」為王能否最後成功，他心裡卻是一點沒數。劉邦這時「匹夫天子」已是不爭之

132　《漢書·敘傳》。

133　王鳴盛，《十七史商榷》卷2，〈劉項俱觀始皇〉。

134　《漢書·高帝紀下》。

事實。這就表現出國人政治思維的鮮明特性，即對既成事實的合法性認定。這種合法性認定之價值不在於應該相信什麼，而在於必須接受什麼。所以「起於細微」的卑賤出身非但不丟人，反而成為一種可以炫耀的政治資歷和道德資本。

這表明在後戰國時代已經出現了一種新的政治價值觀。這正是後戰國時代與戰國時代在政治觀念上的最大區別之一。戰國時代「英雄不問出身」還只局限於布衣將相層面，到了後戰國時代「英雄不問出身」則徹底坐實為匹夫天子。這種自上而下的政治觀念鏈條一旦建立起來，就會產生連鎖的社會效應，而這又將構成皇權體制和帝制社會的組成部分。

正因如此，當匹夫天子成為可能時，它同時包含兩種可能：一是社會最低階層向國家最高統治階層的直升，一是國家最高統治階層對社會最低階層的直壓。[135] 不容迴避的是，皇權政體元首出身的平民性在現實意義上，既使皇權君主對普通百姓的直接統治成為可能，也使皇權君主對普通百姓的殘酷統治成為必然。這無論如何是一個嚴重的事實。因為它意味著君權體制轉向皇權政體之後，皇帝對全社會的統治包含了更大的技術能力和更多的技術因素。這誠然首先是一種制度建構，其中蘊含的觀念取向卻更為深刻。

（三）「天下絕望」

始皇帝使「子弟為匹夫」，這從制度上嚴格保障了一個人和其他所有人的對立。這種對立可分兩方面觀察：從一個人的角度看，這個人高居於其他所有人之上，成為其他所有人絕對不可企及的神聖存在；從其他所有人的角度看，其他所有人都一律平等地成為這個人的臣民和奴才。這種皇權政體的制度設計徹底保證了「天下絕望」[136] 成為必然和現實。皇帝的存在意味著，「天下絕望」是唯一可以認可的正當事實。

人們雖然在制度上已經接受了皇帝，在觀念上也認同了「匹夫天子」，可一旦「匹夫天子」真的成為現實，如何令「天下絕望」則無疑將產生更多複雜的歷史變數。制度與觀念的各種矛盾走向就在這個過程中逐漸展開。

135　比如，作為溝通天地法器的玉琮恐怕就包含有上下之間的雙向直接性。

136　它同時還有另外一種用法。比如，《漢書·賈山傳》云：「今功業方就，名聞方昭，四方鄉風，今從豪俊之臣，方正之士，直與之日日獵射，擊兔伐狐，以傷大業，絕天下之望，臣竊悼之。」不過這種普通意義上的用法，無關乎思想史之考察。

　　「匹夫天子」的平民出身，意味著兩點：（1）他和別人一起爭奪天下；（2）他和別人一起打天下。就前者而言，原來的對手將變成後來的君臣。對皇帝來說，這種臣子的舉動和態度便顯得格外棘手，故而成為「天下絕望」的直接障礙。比如，田橫之語極能說明問題。「橫始與漢王俱南面稱孤，今漢王為天子，而橫乃為亡虜，北面事之，其愧固已甚矣。」[137] 就後者而言，在打天下的過程中，天子和他的臣子們都有一個平等的起點。因為從道理上說，人人都有打天下的權利。「匹夫天子」的正式誕生，則昭示出一個事實，即天下是天子和他的臣子們一起打下來的。所謂「與天下之豪士賢大夫共定天下，同安輯之」。[138] 這樣，「匹夫天子」想要獨占天下的念頭至少在桌面上不好意思堂堂正正地擺出來。於是分封成為必然。它的依據是：天子可以擁有天下（這屬於國家所有權），同時，天子還應該允許臣子們享有天下（這屬於國家經營權或國家管理權）。這是後戰國時代人們普遍認同的一個政治共識。

　　這種政治共識卻可能導向一個危險的結果，由於帝與王之間的近距離對峙，使「天下絕望」顯得困難重重。尤其是那些稱王者又多為異姓。劉邦問英布，「何苦而反？」英布說，「欲為帝耳。」[139] 這使「匹夫天子」心目中期待的「天下絕望」之效應更沒有多少實現的把握。這就自然隱隱潛伏著一種危機，即在打下天下之後，天子心中也難免憂心忡忡，因為他似乎無法證明，甚至無力確認「天下」是否已經徹底「絕望」。那些突如其來的意外之變，更是加劇了皇帝的疑慮和恐慌。比如，劉邦過趙，趙王張敖「體甚卑」，劉邦「甚慢之」。這使趙相貫高等人極為憤怒，「今王事皇帝甚恭，皇帝遇王無禮，請為王殺之。」趙王卻說，「先王亡國，賴皇帝得復國，德流子孫，秋豪皆帝利也。」貫高等人則認為，「吾王長者，不背德。且吾等義不辱，今帝辱我王，故欲殺之，何乃汙王為？」[140] 在這裡，「德」「義」二者似有區別。趙王感恩於皇帝為有德，貫高為維護趙王榮譽為有義。但劉邦也說過，「其有不義背天子擅起兵者，與天下共伐誅之。」[141] 這樣，忠於皇帝亦為義。如果考慮到劉邦的言說對象主要是王侯將相，其所謂的「義」顯然含括有更加廣泛的意義。仔細揣摩，其間歧

137　《漢書・田儋傳》。

138　《漢書・高帝紀下》。

139　《漢書・英布傳》。

140　《漢書・張耳傳》。

141　《漢書・高帝紀下》。

義不難辨析。尊王與尊帝皆是「義」。兩種「義」有時一致，有時不一致。相互衝突在所難免。這意味著，二者均有適當理由反對另一「義」。雖然尊帝之「義」可能更具覆蓋性和主流性。但尊王者同樣可以援引「義」理反帝。至於這種「義」理是否充足，另當別論。貫高所謂「吾等非也」是否包含一種道義層面的是非自覺，頗難勘定。關鍵是，「義」包含的這種「帝」「王」二重性和歧義性，意味著對「義」的不同理解同樣成為政治實踐中合法運用的正當價值資源。或許這正是後戰國時代政治觀念的複雜性和微妙性所在。

不過從體制架構看，這種「帝」「王」二分的「義」理脈絡肯定有其體制架構的深刻背景。就是說，貫高這種重王輕帝的君臣觀念自然與漢初那種分封格局下的直屬性的王臣關係有關。這樣，對劉邦這個「匹夫天子」來說，異姓王的存在使「天下絕望」顯得尤為困難和棘手。所以，迅速剷除異姓王變得刻不容緩。剪除異姓王之後，再從法統上宣布「非劉氏不得王」，其目的在於人為造成空前的「天下絕望」之聲勢和壓力。因為稱王是稱帝的前提，既然「非劉氏不得王」，「非劉氏」而為帝更無可能。至於「與功臣剖符作誓，丹書鐵契，金匱石室，藏之宗廟」[142]之舉則更多具有一種意識形態儀式的心理效應。它通過對諸侯們的安撫、許諾和保證，[143]來換得諸侯們的支持，以便君臣雙方能夠保持一種相安無事的政治態勢。這樣，皇帝期待的「天下絕望」之氛圍或許能漸漸形成。

當然，大多數時候，這只能是一種一廂情願的想法。實際政治肯定另有其遊戲規則。所以，劉邦不得不反復強調，「吾於天下賢士功臣，可謂亡負矣。其有不義背天子擅起兵者，與天下共伐誅之。布告天下，使明知朕意。」[144]這可能恰恰說明他對自己這種「匹夫天子」身分的合法性缺乏自信。缺乏自信使劉邦言行顯得多少有些虛張聲勢色屬內荏。劉邦死後，這種感覺在急於攬權的呂后心中似乎變得更加強烈。呂后與其黨羽陰謀，打算藉機剷除一大批開國元老。他們感覺到「諸將故與帝為編戶民，北面為臣，心常鞅鞅。今乃事少主，

142　《漢書·高帝紀下》。

143　無論「封爵誓」說的「國以永存，爰及苗裔」，還是「丹書鐵券」說的「漢有宗廟，爾無絕世」，（《全漢文》卷1）都沒有接踵而至的歷史之變更能使諸侯們確信自己的權力其實根本沒有什麼保障。

144　《漢書·高帝紀下》。

非盡族是，天下不安」。[145] 這種擔心不完全是空穴來風。因為「當天下發難，與沛公先後起者，各有得鹿之心」。[146] 所以「漢初君臣，徒以智力相勝，勝者為君，其臣之者非心說而臣事之也」。[147] 如何使原來的匹夫心悅誠服地認同現在這種新的君臣關係，不僅是個心理感受問題，也是一個觀念重塑過程。

因為「匹夫天子」已成事實，但「匹夫天子」的合法性尚未落實。[148] 這樣，事實與觀念之間的衝突勢在必然。在這個格局中，「匹夫天子」始終面臨著一種意識形態的合法性危機，即缺乏一種統治的穩定性，也實屬正常。這說明那種理想中的「匹夫天子」與這種現實中的「匹夫天子」終究不同。前者是讓出來的，後者是打出來的。前者是虛擬的聖人，後者是實在的流氓。其合法性顯然要經受更長時間的考驗。這意味著，皇權體制下的「匹夫天子」在其誕生過程中，必須要賦予自己的統治合法性以新的內涵，必須要創造出一種新的政治－思想共識。這需要考慮：如何使政治心理和政治觀念的「軟著陸」成為可能？其潛在的危險是，以前同為匹夫，現在分為君臣，其間的心理過渡極其微妙且凶險，稍有不慎就可能演變成一場血腥的權力衝突。

這種危機感和恐懼感是如此強烈，以至於呂后一死，有人提示文帝，「漢大臣皆故高帝時大將，習兵，多謀詐，此其屬意非止此也，特畏高帝、呂太后威耳。今已誅諸呂，新啑血京師，此以迎大王為名，實不可信。」中尉宋昌的解釋打消了人們的疑慮。「天下絕望，一矣」；「天下服其強，二矣」；「人人自安，難動搖，三矣」。特別是「以呂太后之嚴，立諸呂為三王，擅權專制，然而太尉以一節入北軍，一呼士皆左袒，為劉氏，叛諸呂，卒以滅之。此乃天授，

145　《漢書·高帝紀下》。

146　葉適，《習學記言》，第 176 頁，上海古籍出版社，1992 年。

147　《二程集》第 4 冊，第 1246 頁，中華書局，1981 年。

148　注意，我把「匹夫天子」的合法性與漢朝的合法性作了明確區分。但這種分解往往被人忽視，而籠統論之。（參見王健文〈歷史解釋的現實意義——以漢代人對秦政權興亡的詮釋與理解為例〉，《新史學》5 卷 4 期，1994 年 12 月。）因為我強調的不是朝代，而是「身位」。從觀念邏輯看，漢朝的合法性首先需要取決於「匹夫天子」的合法性。「匹夫天子」的合法性之所以尚未確認，是因為它完全有別於周秦，是在皇權體制下，從一種延續幾百年的世俗化運動中脫胎出來的「新型天子」，即具有新的身位特質的天子。無論此前還是此後，它都具有絕對的獨特性。此前，它不可能成為一個問題；此後，它不再是一個問題。而且從呂后的話語中，我們明顯感覺到，她的憂慮和恐慌其實並不在漢帝國的安危，而在於考慮如何使漢家天子原來的匹夫身分不再成為人們認同其合法性的障礙。

非人力也。今大臣雖欲為變，百姓弗為使，其黨寧能專一邪？」[149]

　　值得分析的是，為什麼劉氏「卒踐天子之位」會使「天下絕望」？這難道僅僅是一種心理和觀念的力量？此其一。其二，即便劉氏「卒踐天子之位」難道真的會使「天下絕望」？難道沒有另外一種危險？難道沒有一種新的更大的威脅？顯然，歷史實際絕非如此。文獻表明，劉邦生前已隱隱感覺到這點。他對吳王劉濞的「拊背」之言，尤具深意。「天下同姓為一家也，慎無反！」[150]問題是，為何「天下同姓一家」就不應該「反」？顯然，這種話只能在「同姓一家」之內說，而不能拿到其他地方說，更不能對異姓王說。其隱含的觀念邏輯是：（1）不是一家，反是正常的、必然的；（2）天下一家，用不著反；（3）「同姓一家」本身就是不反之理由。它把專制政治在「家天下」形式下，不斷地從一家轉移到另一家的思想依據含蓄地提示出來。但專制政治的極端性在於，它往往還要遵循自身的內在邏輯，隨時從「家天下」轉換為更加徹底的「私天下」。賈誼對此處關節看得非常清楚。「假令悼惠王王齊，元王王楚，中子王趙，幽王王淮陽，共王王梁，靈王王燕，厲王王淮南，六七貴人皆亡恙，當是時陛下即位，能為治虖？臣又知陛下之不能也。若此諸王，雖名為臣，實皆有布衣昆弟之心，慮亡不帝制而天子自為者。」[151]顏師古把話說得更透了。「自以為于天子為昆弟，而不論君臣之義。」、「諸侯皆欲同皇帝之制度，而為天子之事。」這意味著，在皇權問題上，同姓之親較之於異姓之疏，更有一層深刻的危險。「昆弟之心」很可能隱藏著對「君臣之義」的狂暴顛覆。[152]所以，禍起蕭牆乃是專制政治中更為常見也更難防範的危機和事變。

　　天下人「絕望」和一家人「絕望」是內涵不同的問題。理論上說，秦政式的「子弟為匹夫」是最能滿足「天下絕望」這一要求的決絕做法。但支撐這一觀念的乃是一個強暴無比專橫至極的皇帝制度。「漢承秦制」意味著，「天下絕望」背後依託的始終是一個極端強大的超級皇權政體，它具體實施過程中的

149　《史記・孝文本紀》。

150　《史記・吳王濞列傳》。

151　《漢書・賈誼傳》。

152　在這個意義上，「君父」一詞當有三層含義：（1）君權與父權合一；（2）君權主導父權；（3）君權壓制父權。這三層含義反映了宗法禮制與皇權政體之間的複雜糾葛，從而構成中國政治觀念中的一種隱祕意向。故而，「君父」成為中國政治思想文本的關鍵詞之一。

每一步都伴隨著一系列殘暴、強制、恐嚇、威脅、摧殘、滅絕等無數令人髮指的專制劣跡。正是通過這些恐怖的過程，才能真正達到使所有人都不再有任何想法的令「天下絕望」的政治效果。所以，只知「天下興亡匹夫有責」，而不知「天下絕望」匹夫無欲，[153] 絕對不可能真正理解中國歷史與政治。

使「天下絕望」，徹底絕望，是皇帝制度和皇權政體創設的根本目的。基於皇帝制度而派生出來的皇帝觀念，同西方意義上基於民主選舉和法律授權而產生的政治合法性毫無瓜葛。即人們根本不會用合法性思維來看待皇帝的成敗與是非。天下大亂時，鹿死誰手不得而知，人人均有權利搶奪天下。天下無主的混亂狀態使人們相信天下確乎天下人之天下。天下一旦被捷足先登者據為己有，其他人便都自然喪失了繼續爭奪天下的權利，而必須根絕一切念頭，保持「絕望」之心。

「天下絕望」是人們對一個政權的心理認同，同時也標誌著一個政權合法性的現實實現程度。就其本質，它是皇權意識形態刻意營造出來的一種普遍心理效應。[154] 其基本含義是，當人們完全認同一個政權的統治合法性之後，而自覺放棄和拒絕一切顛覆和推翻現實政權的不軌之舉和非分之想。對漢帝國來說，這個標誌是在景帝三年之後正式確立下來的。顯然，「天下絕望」作為專制意識形態對社會成員的強制性觀念要求，貫穿了後戰國的整個時期。

第三節　皇帝觀念的個體原型——始皇帝的觀念解析

一、尚法

「法」在秦始皇的思想中占有核心位置。因為「法」是始皇話語中出現頻率最高的關鍵字。我相信，當一個皇帝如此重法時，一定意味著他對政治和國家有一種獨特的理解。當然這種理解並不具有多大的理論價值。在法家學說史上秦始皇的確沒有什麼貢獻。他的獨特價值在於，他作為第一個號令天下的

153　宋儒提出「滅人欲」的核心宗旨是要求滅絕人們現實中的政治欲望和皇權奢望。

154　這種意識形態效應表現在方方面面。比如，使「天下絕望」在皇宮建築規模上的表現是，「無令後世有以加也。」其實秦始皇大建阿房宮也是出於這個目的。因為人們相信只有通過高大威嚴的宮殿才能充分展示出「四海為家」的皇帝的無上權威，所以「非壯麗無以重威」（《史記·高祖本紀》），便成為皇權觀念在空間中的一種直觀形象體現。

法家皇帝，在實際政治事務中體現出來的那種政治家眼光和經驗性智慧。他按法家原則創立的政體架構和帝國體制在某種意義上對法家理論構成了空前的挑戰。[155] 即單一的法家學說能否成為帝制國家普遍而有效的意識形態？或，以法家學說為主導的帝國意識形態是否可能？有時，證偽工作比證明工作還要嚴格和殘酷。也許，秦始皇的政治實踐同法家學說並不完全是一回事。可話又說回來，世界上又有哪一種政治是一點不走樣地照搬某種學說呢？秦始皇無疑是一位虔誠而堅定的法家學說的信奉者，同時他又是一位靈活而實用的皇權政治家，他對任何一種學說的選擇和取捨都會考慮到多種現實因素。即便當他需要意識形態時，他也會超出意識形態的需要，甚至他的真實目的可能根本不是意識形態本身。事實上，帝國政治實踐已經使法家學說發生了變化。它既使法家理論多了些什麼，同時又使法家理論少了些什麼。

儘管如此，法是絕對的。在秦始皇看來，一個皇帝最重要的工作就是「作制明法」，[156] 即制定法律。在一個「法制主義」國家，法律的制定者可能要比國家的統治者更偉大。古人說「上者立德，次者立功，又次者立言」。秦始皇也許會加上一句，「上上者立法。」秦始皇稱帝後第一次巡視全國，首先到泰山封禪。泰山石銘的第一句話是「皇帝臨位，作制明法，臣下修飭」。他以這種方式昭告天下，通報上蒼，自己是帝國的立法者。它的目的是給國家提供一個堅實的法律基礎，是力圖成就一種「法制主義」政治形態。這種「法制主義」政治形態根本特徵是皇帝制法，臣子守法。法使君臣既得以區分，又得以統一。但法之源，法之本，永遠是君而不是臣，更不是民。所以它不是一般意義上或現代意義上的法治主義，而是屬於中國政治範疇的「專制法制主義」。[157] 作為

155　蕭公權評論說，「專制政體得先秦法家之助而長成，乃旋即棄之不顧，使歸於微弱，縱非梟食其母，亦似得魚忘筌。」（《中國政治思想史》第 1 冊，第 11 頁。）

156　若不特別注明，本節所引史料皆出自《史記‧秦始皇本紀》。

157　我使用「專制法制主義」這個概念主要是出於兩個考慮：（1）「法治」與「法制」有別，法治固非專制，但法制亦非一定專制；（2）法家學說和法家政治誠非法制，更非法治。蕭公權把這個道理講得很清楚。「法治與專制之別，在前者以法律為最高之威權，為君臣之所共守，後者為君主最高之威權，可以變更法律。」「法治只能在兩種環境之下實現。一為貴族政治，一為立憲政治。蓋以貴族有抵抗君權之實力，法律亦限制君意之利器。貴族藉法律以自保其利益，法治每憑之以樹立也。……春秋時禮變為法，貴族尚在，似有發生法治之可能。……及階級蕩平，小民既無抗君之勢，任法思想遂轉為純粹之專制思想。故中國古代實行法治之唯一機會消逝於春秋時代。至始皇之時則早已無復適行法治之環境矣。」進而又批評梁啟超《先秦政治思想史》混淆「任法」與「法治」，時而說法家是「法治主義」，時而又說「勢治」為「專制」，「術治」為「人

專制法制主義，立法者的皇帝本人超越於法之外，不受法律約束。皇帝的意志就是法律，法律本身卻根本無法控制皇帝的自由意志。

至少在秦始皇從專制法制主義的角度描述政治的運行狀態和國家所欲達成的目標時，我們一點也看不到皇帝受制於法的跡象。相反，我們看到的是：

> 皇帝並宇，兼聽萬事，遠近畢清。運理群物，考驗事實，各載其名。貴賤並通，善否陳前，靡有隱情。

在帝制國家，對皇帝來說，不存在有什麼事情是他不應知道或不能知道的。一切對他都是公開的，而他則對所有人表現出他絕對的神祕。這樣從形式上看，「皇帝之明，臨察四方」就成為可能。即他具有一種無所不知無所不能的超人能力。這種皇帝觀念具有了某種全能主義的特徵。依據法律而使皇帝擁有了不受任何力量制約的無限權力。建築在專制法制主義基礎上的皇帝制度在某種意義上確實可以使皇帝做到這一點。「除疑定法，咸知所辟。方伯分職，諸治經易。舉錯必當，莫不如畫。」法律的嚴酷性被充分用來保護皇帝個人的專制權力，而絲毫沒有考慮到在這種法制政治秩序中賦予其他價值向度的可能。這是一種自上而下垂直威壓下來的絕對力量。「聖法初興，清理彊內，外誅暴強。」秦始皇確實相信他建立的這套制度能夠通過「普施明法」而「經緯天下，永為儀則」。雖然「秦聖臨國，始定刑名，顯陳舊章。初平法式，審別職任，以立恆常。」但另一方面，「事皆決於法，刻削毋仁恩和義，然後合五德之數。」說明秦始皇還需要尋找另一種超人間的自然力來為自己的制度論證。其實，道法之間的內在關聯的確使法家具有一種深刻的自然論基礎。所以「治道運行，諸產得宜，皆有法式」就非常合乎自然主義法制專制政治模式的要求。

秦始皇對理想政治的要求是，「大聖作治，建定法度，顯著綱紀。外教諸侯，光施文惠，明以義理。」它似乎像是法家版本的《王制》，毫不掩飾地渲泄著一種對法制專制的絕對自信。「後敬奉法，常治無極，輿舟不傾。」民既可載舟亦可覆舟，法卻有可能避免覆舟之危，而達致長治久安。在這個意義上，法成為治民的最佳工具。法用於治民而非用於保民，法成為民之刑而非民之權，便根本性地規定了這種法制主義的本質是人治主義的皇權專制。

治主義」。（參見《中國政治思想史》第 2 冊，第 250、251 頁注釋、252 頁注釋。）這倒確屬梁氏學術風格。概念內涵游移不定，學說邊界肆意擴張是其特點。

在這種專制法制主義體系中，自然與社會都被安排到適當的位置。從「端平法度，萬物之紀」的自然秩序到「以明人事，合同父子」的人間秩序，形成了一個有機的秩序鏈條。將自然季節與政治時令結合起來，「節事以時，諸產繁殖。黔首安寧，不用兵革。六親相保，終無寇賊。歡欣奉教，盡知法式。」則反應了自先秦以來政治觀念中越來越趨於普遍的時間權力化的傾向。[158] 它意味著，時間不但是一種普遍的支配性力量，更是一種特殊的客觀性權力。作為權力，時間恰恰是被權力（本身）製造出來的，同時，它又服務於這種權力。所以，時間的客觀性並不在於它是一種自然存在，而在於它是一種政治存在。這種政治存在之目的在於達成對整個社會以及（它所能想像到的）所有人的全面控制。[159] 在這種控制中，皇帝高踞於所有人之上。「應時動事，是維皇帝。」顯然這個目標非常符合秦始皇對法制專制政治秩序的定位。這種定位無疑包含一種時間政治學的精密考量。[160] 這種考量雖匯合有先秦諸子的共同要求，但可能更多地反映著法家對官僚行政的效率考究。[161]

158　涉及這個問題的基本文獻有：《逸周書》（〈周月〉、〈時訓〉）、《管子》（〈四時〉、〈度地〉和〈輕重〉諸篇等）以及《呂氏春秋》（〈十二紀〉、〈首時篇〉等）。

159　如果考慮到《逸周書》、《管子》乃至《尚書》中某些篇章的具體論述，我們有理由推測，在中國歷史上人們很早已經發展出某種頗為有效的政治控制技術。它的特點是，把社會上的所有人、所有活動、所有生活甚至所有思想統統換算成某種可加控制的時間單位來加以普遍控制。這一點的確很特殊。它真實體現了中國政治文化的特殊性。但它只不過是特殊而已。它既不反常，也不荒謬。甚至說不上奇怪。所謂「溥天之下莫非王土，率土之濱莫非王臣」，說到了空間，說到了人，但只有把「王臣」、「王土」與「王正月」聯繫起來，才能對問題有一個完整的理解。（我有一個感覺，不僅中國歷史，包括西方歷史，對人的控制似乎都經歷了一個從空間到時間的轉型。）因為不但土地是王的，人身是王的，就連時間也屬於王所有。

160　比如，陳勝造反的直接動因是源於秦政時間制度中體現出來的軍事化要求的絕對性和殘酷性。「會天大雨，道不通，度已失期。失期，法皆斬。」（《史記‧陳涉世家》）如果進一步考慮到文景時期開始施行的有嚴格時間限制的「有期徒刑」，我們更沒有理由忽視時間政治學的特殊魅力和時間權力體系的廣泛影響。事實上，這種高度密集的時間體制化規定和異常頻繁的時間儀式化設計正式始於後戰國時代。（參見第五章第四節第九個專題〈改元〉）

161　從先秦諸子看，對時間的觀念建構往往呈現出某種內在的趨同性和相容性。兵、農、陰陽、縱橫自不必說。因為它們都密切關涉到對「時機」的高度要求。即以《春秋》、《管子》和《呂氏春秋‧十二紀》三書而論，可以看出，儒、法和雜家同樣重視時間。如果說儒家對時間權力性的重視更多出於某種理想追求（它可以說是一種王道時間觀），法家對時間權力性的關注則更多出於某種實際需要（它可以說是一種霸道時間觀），雜家則更多地著眼於時間的體制化（它可以說是一種政道時間觀）。就一般事態觀察，無論觀念設計還是實際經歷，法家都表現出不俗的動手操作能力。就此而言，法家所設計的時間管制制度似乎更具可行性。但如果我們從秦帝國建立前後的政治特

二、崇儒

儘管秦帝國有過於粗暴的焚書和坑儒之舉，但並不意味著秦政對儒學就一律排斥。[162] 歷史實態可能要複雜得多。比如，「李斯受荀卿之學，佐成秦治。秦之法制實儒家一派學說之所附系。」[163] 又如，「儒家莫不重孝。秦雖滅儒，然不廢孝悌。」[164] 再如，秦人尊齊魯之學，而今文學實乃合齊魯之學而成。[165] 所以鄭樵反復申說：「秦時未嘗廢儒」、「秦時未嘗不用儒生與經學也。」[166] 梁啟超更進一步強調，始皇「未嘗與儒教全體為仇也。豈惟不仇，且自私而自尊之。」[167] 近人甚至認為，秦朝「儒家的政治地位和政治發言權比全國統一前在朝廷上有了提高。」[168] 統而觀之，儒學在秦政中的實際影響恐怕要比人們想像中的更高一些。這意味著，作為一種總體的制度－觀念背景，始皇帝不可能完全撇開儒學而獨行其事。

首先，秦始皇處理政務的原則有時就是典型的儒學經義。[169] 比如，他宣稱

性分析，不難明瞭法家的時間觀念與雜家的時間觀念之間似乎更具某種切合性。法家時間觀念的細密性與雜家時間觀念的體制性結合起來的可能性顯然要更大一些。這種結合在某種意義上，已經體現在始皇帝身上。《史記·秦始皇本紀》云：「上至以衡石量書，日夜有呈，不中呈不得休息。」據《正義》解釋，「言表箋奏請，秤取一石，日夜有程期，不滿不休息。」值得注意的是「日夜有程期」這句話。它透露出秦始皇的工作程序和作息制度極為嚴格，已達到了非常規範的程度。它把時間（日夜）和工作量（百二十斤）都加以量化。這說明秦始皇很善於對時間加以個性化的計量和控制，從而按照自己的權力需要來實現一種政治控制技術的轉化和威懾。

162　焚書坑儒表面動因簡單，深層背景卻相當複雜。不過有一點應該明確，焚書坑儒均非以儒家為唯一打擊目標，甚至不是以儒家為主要打擊對象。焚書是基於思想控制之需要，坑儒乃政治幼稚之產物。（參見第四章第四、五節）儒學作為諸子中最有影響（姑且不說是最有勢力）之一家，在此事件中衝擊最大，自在情理之中。關鍵是，焚書遵循的文化專制主義原則與儒學並不矛盾。更何況此後始皇出巡留下的刻石上仍然凸顯了人倫、風俗、家庭、婚姻、道德、禮教的主題。雖然諸子對此均有論述，但儒家最為重視則為人們共識。就此言，始皇崇儒或有反復，但其主導思路則大體一貫。

163　陳寅恪，《馮友蘭中國哲學史上冊審查報告》，《金明館叢稿二編》，上海古籍出版社，1980 年。另外，梁治平的研究也可佐證這點。參見《尋求自然秩序中的和諧》，第 271–273 頁，中國政法大學出版社，2002 年修訂版。

164　齊思和，《西周時代之政治思想》，《中國史探研》，河北教育出版社，2000 年。

165　蒙文通，〈經學抉原〉，《經史抉原》。

166　《通志·校讎略》，〈秦不絕儒學論〉，臺灣新興書局，1965 年影印版。

167　《論中國學術思想變遷之大勢》，第 54 頁，上海古籍出版社，2001 年。

168　葛承雍，《儒生·儒臣·儒君》，第 54 頁，陝西人民教育出版社，1993 年。

169　雖然始皇未必是「中國歷史上第一位尊儒皇帝」，（王雲，〈論秦始皇在「獨尊儒術」過程的歷史作用〉，《遼寧師範大學學報》1992 年第 2 期。）但始皇禮遇儒學還是不

「悉召文學方術士甚眾，欲以興太平」。某種意義上，「興太平」作為一個政治概念似乎是秦始皇的發明。但其理念淵源則肇始於儒家。「太平」一詞雖然出現較晚，先秦儒家也並無提及。[170] 但它實際上是禮樂秩序和王道政治的高度抽象化。就其概念內涵而言，「太平」確實與法家「霸道」無涉。因為法家首先關心的是富國強兵，而非天下太平。所以，從其特定的政治理念出發，法家對「太平」政治理想持明確反對態度。比如，《韓非子·忠孝》說：「天下太平之士，不可以賞勸也；天下太平之士，不可以刑禁也。然為太上士不設賞，為太下士不設刑，則治國用民之道失矣。」可見秦始皇儘管偏愛韓子，但不意味著他不能兼收儒學。至少從刻石看，儒家的「太平」理想這時已成為秦始皇的價值理念和政治追求。

> 大治濯俗，天下承風，蒙被休經。皆遵度軌，和安敦勉，莫不順令。
> 黔首修潔，人樂同則，嘉保太平。

在太平世界，「黔首安寧」，「六親相保」，「不用兵革」，「終無寇賊」。也許，在最好意義上的帝制社會可能就是這個樣子。人們的一切都被安排好了，人只要循規蹈矩就可以順順當當地做個良民。「端直敦忠，事業有常」既是良民的標準，也是良吏的標準，即所謂「職臣遵分，各知所行」。當這一切實現時，「普天之下，摶心揖志」的大一統政治局面就會出現。「日月所照，舟輿所載，皆終其命，莫不得意。」當然最得意的還是秦始皇本人。他甚至相信自己給人們帶來的福祉足以「賞及牛馬，恩肥土域」，並且它將存在永遠，「施於後嗣，化及無窮。」

其次，在秦始皇看來，一個理想的皇帝應該具有聖人品格。他不是一個只會行使暴力的君主，而是一個善於教化的聖王。聖王不光要治民，更要教民，使民「歡欣奉教，盡知法式」。所謂「皇帝躬聖，既平天下，不懈於治」非常符合秦始皇對帝王職責的設計。按照這種設計標準，皇帝必須兢兢業業，勤奮好學，「夙興夜寐，建設長利，專隆教誨。」他賦予帝國以聖人的王道理想和

難肯定的。（參見奚椿年〈秦始皇不廢儒學論〉，《江海學刊》1992 年第 2 期；〈秦代的儒生及其動向考說──再論秦始皇不廢儒學〉，《江海學刊》1996 年第 1 期。）

170　相反，其他諸子倒是略有涉及。比如，《莊子·天道》云：「以此事上，以此畜下，以此治物，以此修身，知謀不用，必歸其天，此之謂太平，治之至也。」《呂氏春秋·大樂》云：「天下太平，萬物安寧，皆化其上，樂乃可成。」

美俗秩序，「黔首改化，遠邇同度，臨古絕尤。」他有責任把聖人的道德和理念灌輸給百姓，「訓經宣達」，使之「遠近畢理，咸承聖志」，「庶心咸服」。所以皇帝雖然是凡人，卻具有超凡的智慧，不僅「原道」而且「至明」。他集「聖智仁義」於一身，內聖而外王。就內聖而言，他「顯白道理」；就外王而言，他「存定四極」。所謂聖王必須功德圓滿，不能有缺。所謂功，即是「六合之中，被澤無疆」；所謂德，即是「昭明宗廟，體道行德」。

另一方面，內聖外王皆是聖，即所謂「大聖作治」、「長承聖治」、「秦聖臨國」、「聖法初興」、「承順聖意」。同時，功德兩面皆是德，即所謂「存定四極」是「皇帝之德」，「經理宇內，視聽不怠」是「皇帝明德」，「六合之中，被澤無疆」是「聖德廣密」，「昭明宗廟」是「體道行德」。三代以來人們附加在王身上的無數美德，這時被全盤接受用在秦始皇身上，成為他塑造理想皇帝的思想依據。不過我們明顯感到，秦始皇對「聖」「德」有很大的傾向性。似乎他更看重「聖」與「德」。因為王只是一種權力，這種權力要想使人心悅誠服，必須要有一些其他方面的因素。哪怕是功業再大的君主，他也不滿足於事功一面，而總想往德性一面提升。但這絕不意味著他試圖在道德上完善自己。這只是表明他相信政治本身必須有一種道德基礎。這種道德基礎對不同的人有不同的含義。就秦始皇而言，他並不認為道德足以對皇權構成一種有效制衡，他也不認為道德能夠對皇帝形成一種有力約束。但他需要他的政權有一種道義上的說服力，以便人們從內心對其產生強烈的認同。

正是在這個意義上，秦始皇對德發生了異乎尋常的熱情。他用德形容他的功業，第一步，「六國回辟，貪戾無厭，虐殺不已。皇帝哀眾，遂發討師，奮揚武德。」第二步，「皇帝奮威，德並諸侯，初一泰平。」第三步，「六合之內，皇帝之土。……人跡所至，無不臣者。功蓋五帝，澤及牛馬。莫不受德，各安其宇。」以德代功或重德輕功，暗示出政治觀念的一種微妙變化。但這種變化又並非無足輕重。它意味著，在法家主導的政治秩序中，儒家學說也相當活躍。它們的一些基本概念和價值都已被整合進一個更為龐大和複雜的政治思想體系中。思想是人為的，思想史卻往往是自然的。在其演化過程中，它會根據自己的需要而不斷吸納一些表面上看似乎是完全異質的東西。秦始皇對德的強調也許與其固有形象不符，卻可能更合乎歷史和思想的真實。至少我們不能否認秦

始皇本人絕對相信自己是真正的有德之君。[171]

　　另外，秦始皇依據儒家學說來對禮制習俗作出了廣泛的規定。一是等級，「尊卑貴賤，不逾次行，」即「貴賤分明」；一是男女，「防隔內外，禁止淫泆，男女潔誠，」即「男女禮順」；一是婚姻，「夫為寄豭，殺之無罪，男秉義程；」一是家庭，「飾省宣義，有子而嫁，倍死不貞。……妻為逃嫁，子不得母，咸化廉清。」這無疑是秦始皇出於對社會整合的現實考慮。關鍵是在這種考量中，儒家學說成為一種不言而喻的價值前提。就是說，秦始皇是依照儒學理想來建造社會秩序的。即所謂「始皇之治，兼用法儒」。[172] 所以顧炎武能夠肯定地說：「秦之任刑雖過，而其坊民正俗之意，固未始異于三王也。」[173] 可見始皇行政既「法後王」，也「法先王」。[174] 換言之，先王理念和後王實踐均構成始皇政治思想體系的核心要件。這意味著，中國皇帝的霸王雜糅之道和儒法並用之術最初正是源自於始皇帝的統治模式和思想原型。[175]

第四節　皇帝身體的政治想像

一、秦始皇的身體

　　皇帝的肉身向來是人們最樂意想像的對象。[176] 人們在皇帝的身體上寄予了太多太多的情感和感慨。皇帝制度把皇帝肉身變成了世界上最迷人最神聖的身體。在政治手淫的刺激下，人們把皇帝身上的每一個部位，每一處器官，每一根髮絲都變得與眾不同，異乎常人，並無所不用其極地賦予了其神祕的象徵意義。

171　所以秦始皇非常痛恨方士們誹謗自己「不德」。

172　蕭公權，《中國政治思想史》第 2 冊，第 265 頁。

173　《日知錄》卷 13，〈秦紀會稽山刻石〉。

174　錢大昕云：「孟言先王，與荀所言後王，皆謂周王，與孔子『從周』之義不異也。」（《十駕齋養新錄》「法後王」條，江蘇古籍出版社，2000 年。）先王後王齊一，這正是對意識形態整合下儒法合流、學理無殊的習慣性感覺。

175　只是漢帝自己沒有意識到，或根本不願承認，他們的行政風格和治國理念最初正是奠定於始皇之手。

176　這是中國政治文化極富特色的一部分。其源頭就在「黃帝四面」。儘管古今人們對其極盡穿鑿附會之能事，但其本源寓意則是關於帝王身體的想像表徵。這一想像表徵同時混雜著早期民俗化的政治評論知識。比如古人相法和骨相學中多有此類內容。（參見《荀子・非相篇》、《論衡・骨相篇》、《潛夫論・相列篇》等。）

在後戰國時代，皇帝的身體開始進入人們的想像之中，隨之成為政治思想史上一個最不朽的政治神話和最具創造力的意識形態符號。不過，作為「始皇帝」，秦始皇的肉身在被人們想像的過程中，卻呈現出一種由美變醜的「異化」狀態。這當然與漢人有關。因為後人所能想像到的秦始皇的身體形象都經過了漢人的過濾，並通過漢人的感知和評價而格式化下來。在這個意義上，應該說，漢人支配了國人的政治想像，並控制了國人對皇帝身體的「審美」向度。

最初在緯書中，[177] 秦始皇的形象還是非常神奇英武的。〈河圖稽命征〉云，「秦距之帝名政，虎口日角，大目降鼻，長八尺六寸，大七圍，手握執矢。」[178] 但到了漢人的正式歷史文獻中，始皇帝的身體形象開始發生怪異的變化，並與漢朝皇帝的身體形成一種鮮明的想像性對比。比如，通過尉繚的敘述，人們對秦始皇的身體想像就被完全導向一個單一的模式，即被定格化為一種標準的暴君形象。從此，人們只能按照尉繚的觀察和評價來想像、接受和認同秦始皇的身體形象。

尉繚雖為法家，但對依法治國甚至還要依法平天下的秦始皇並不欣賞。問題是，如果他原本就不欣賞，為何從魏來秦？這說明他對秦始皇的描述與其本身的政學理念無關。如果他是見到秦始皇之後才有此種感覺，那恰恰說明秦始皇的身體給他的印象和刺激實在太過於強烈，以至於他竟然會改變自己原來對秦始皇的想像和感覺，而作出一番冒險的描述。而且這種描述與尉繚個人待遇地位無關。因為秦始皇對其禮遇有加，所謂「見尉繚亢禮」，不但「衣服食飲與繚同」，而且對其言聽計從，「卒用其計策」。[179] 某種意義上，秦始皇對尉繚之禮遇與燕太子丹對荊軻之禮遇可有一比。就此而言，尉繚實在沒有理由來如此描述秦始皇。所以他對秦始皇「少恩而虎狼心」的評價，似乎只能說是一

<hr>

177　據劉澤華判斷，「緯書晚出，但所記述的帝王神話在戰國、秦漢之際已很風行，這同當時方術士走運無疑有直接的關聯。」（《中國的王權主義》，第 136 頁）我想補充兩點。從常理看，人們大都是在政治人物權勢如日中天之時，才會對他們的普通肉身產生樂此不疲的想像需要。誰會對一個早已過氣或沒落已久的前朝皇帝的身體感興趣呢？又有誰會近乎變態地熱衷於去想像一個差不多被遺忘或根本不再有任何實際影響力的「前皇帝」的身體呢？此其一。其二，一般講，對皇帝身體的想像作為「民間政治意識」和「民間政治觀念」的基本形式，大都要在社會上流傳很長一段時間，才會逐漸趨於定型化和模式化。基於此，緯書中有關始皇帝身體的想像大體可以看作秦朝的產物，或至少發源於秦朝。

178　安居香山、中村璋八輯，《緯書集成》下冊，第 1180 頁，河北人民出版社，1994 年。

179　《史記·秦始皇本紀》。

種直覺。這種直覺只能是來源於他對秦始皇身體的個性化觀感。

在尉繚眼裡，秦始皇的面貌雖然說不上醜陋，卻是極其兇惡。「秦王為人，蜂准，長目，摯鳥膺，豺聲。」[180]尉繚描述了秦始皇古怪的鼻子、[181]暴凸的眼睛、[182]令人厭惡的胸脯，還特別提及了秦始皇異乎尋常的聲音。[183]這一切搭配起來，禽獸般的長相加上豺狼般的聲音，無疑給人一種極為可怕的感覺。這種感覺構成一種無意識的力量。它支配著人們去自覺地對秦始皇的身體進行這種想像和描述。通過這種想像和描述，對秦始皇的恐懼和憎恨被合理地呈現出來，成為可信的和人們願意信以為真的東西。因話語而成為直觀，於是秦始皇的暴君形象呼之欲出。

這是一個對秦始皇的身體進行想像性建構的過程。通過這個過程，秦始皇的肉身自然轉化為一種人們期待的政治形象和人們需要的價值符號。在這個過程中，客觀存在著一種我們現在稱之為「潛意識」的力量。在這種潛意識的引導下，人們很自然地將不太「美好」和「優雅」的形象附加給了秦始皇，從而暗示出秦始皇性格和德行中的恐怖特徵。所謂「少恩而虎狼心，居約易出人下，得志亦輕食人」這個說法很自然地從那種怪誕的「動物形象」中脫胎而來。不僅如此，人們還要進一步發揮，「誠使秦王得志於天下，天下皆為虜矣。」[184]顯然這是一種由想像邏輯構制出來的完整圖譜。它由秦始皇的身體向人們昭示出秦始皇個人的命運和天下人的命運。[185]在這種由表及裡的政治話語中，秦始

180　《史記‧秦始皇本紀》。在《史記‧趙世家》裡，對趙襄子後人的身體也曾有過相似而又相異的描述。「襄子齊三日，親自剖竹，有朱書曰：『趙毋恤，余霍泰山山陽侯天使也。三月丙戌，余將使女反滅知氏。女亦立我百邑，余將賜女林胡之地。至於後世，且有伉王，赤黑，龍面而鳥噣，鬢麋髭䫇，大膺大胸，修下而馮，左衽界乘，奄有河宗，至於休溷諸貉，南伐晉別，北滅黑姑。』襄子再拜，受三神之令。」它把帝王身體和帝王功業完全重合在一起，從而使想像成為一種天啟和神諭。

181　錢鍾書云：「竊疑『蜂准』喻鼻之尖削，如蜂能刺；乃銳准，非隆准也。」（《管錐編》第 1 冊，第 199 頁。）

182　郭沫若對此專門有個注釋，「『長目』疑當作『馬目』，如此方與上下文的『蜂』、『摯鳥』、『豺』、『虎狼』等動物名匯為類。『馬目』形容其眼球突出。」（〈呂不韋與秦王政的批判〉）

183　春秋時人們已經使用「蜂目而豺聲，忍人也」這類說法，通過形容人的相貌來評論人的性格。（參見《左傳》文西元年）

184　《史記‧秦始皇本紀》。

185　國人習慣於將天下、政治與人身相類比。探究這種「治國如治身」的政治思維同人們對帝王身體的政治想像之間的複雜互動，應該是一種饒有趣味的思想史工作。

皇的身體和面孔成為顯示和暴露他內心邪惡和暴戾的直觀表徵。這種身體表徵對所有人都是一種致命的危險、危害和威脅。

所有這些並不妨礙秦始皇本人對自己身體的自我想像。秦始皇想像自己完全可能擁有一個不死的身體。這種自我想像又與來自東方齊國的神祕觀念直接聯繫在一起。它使秦始皇相信，他可以像神仙一樣享受生命的永恆和身體的不朽。這是一種不死的「真人」形象。「真人者，入水不濡，入火不熱，陵雲氣，與天地久長。」[186] 秦始皇對真人之身的自我想像極為狂熱和癡迷。他表示「吾慕真人」，甚至不惜拋棄那本來標誌著皇帝權勢的絕對符號「朕」。可見在激發秦始皇對身體的自我想像中，方術之士使之達到了一個神乎其神的境界。在這種境界中，秦始皇的身體成為一個不死之軀。或許正是出於對自己身體的不死性的追求和信仰，秦始皇竟然「惡言死」，內心對死亡充滿了厭惡和憎恨，以至於「群臣莫敢言死事」。[187] 就其本質，這是皇帝憑藉其強大的專制權力強迫官僚來被動地想像一種永生的肉身。顯然，帝國宮廷關於始皇帝的身體想像同民間對他的身體想像迥然相異。在鄙視他的那些士人眼裡，秦始皇的身體似乎比那位穿著「新衣」的裸體皇帝還要醜陋。那完全是另外一個無比惡俗的身體。

無疑，人們在對秦始皇身體和面孔的描述中，蘊含著一種樸素的道德意識。它沒有任何非凡的神聖性，完全是一個世俗的肉身。對這個肉身的想像，根本受制於人們對秦始皇功業的認同程度和褒貶傾向。這提示出一個如何想像皇帝身體的基本原則，即本質上，它既不是審美，也不是審醜，而是在政治評價和道德判斷的規範下，對皇帝身體進行一種價值評判。它把政治「血統論」和歷史「命定論」攪拌在一起，使之成為對皇帝身體的話語表述和心理透射。司馬遷特意提到，「吾聞之周生曰『舜目蓋重瞳子』，又聞項羽亦重瞳子。羽豈其苗裔邪？何興之暴也！」[188] 對於舜和項羽這兩個不是皇帝但又類似皇帝的人，相同的身體特徵卻有著截然不同的德行和命運，這在司馬遷看來，舜和項羽作為都有「重瞳子」者，恰恰意味著這兩位一帝一王之間肯定存在著某種神祕的聯繫。二人身上的相同「重瞳子」就是一個最鮮明的象徵符號。它足以誘發人

186　《史記·秦始皇本紀》。

187　《史記·秦始皇本紀》。

188　《史記·項羽本紀》。

們無窮乃至無聊的想像。

在這裡，天子的身體成為人們解析天命的密碼，成為人們獲知天機的暗語，成為人們參悟天意的法相。於是，皇帝的身體特徵作為人們的想像符號，常常被恣意誇張成一種神意的徵兆或天命的啟示。它有時是一種粗俗的「人身攻擊」，有時是一種虔誠的「塑造金身」。總之它都力圖將皇帝的肉身弄成一種非常特別的東西。這種特別之處以及人們試圖對其賦予的種種寓意都更為深刻地暗示出存在著一個由皇權政體和皇帝制度所給人們提供的巨大無比的狹小政治想像空間。[189] 它誘惑人們將所有的思想能量都漸漸集中於一個小小的身體上面。身體想像力支配著純粹思辨力。緣此之故，國人頭腦裡永遠不會發生「一個針尖上究竟能站多少天使」這類經院哲學問題。

二、漢高祖的身體

在劉邦這位匹夫天子身上，漢人的政治想像力達到了極致，並創造出諸多美妙的身體「奇蹟」。而且這種身體「奇蹟」已經「家族化」。關於劉邦的出生經過，漢人的想像極為生動。[190]「其先劉媼嘗息大澤之陂，夢與神遇。是時雷電晦冥，太公往視，則見蛟龍於其上。已而有身，遂產高祖。」[191]據司馬貞說，當時也有人更明確地認定是「赤龍感女媼」。這倒是非常吻合於後來劉邦在斬蛇時所擁有的「赤帝子」身分。尤其需要指出的是，所有這些描述不光是一種關於劉邦出身的世俗血統，也是一種關於皇帝身體的神意想象。於是，劉邦作為「龍種」，[192]又將產生「龍種」。這整個就是一個俗套的故事。劉邦臨

189　所謂巨大，是因為專制權力太大；所謂狹小，是因為人們這種想像僅僅圍繞著專制權力而進行。合而言之，一種絕對權力本身構成了一種足以使整個政治空間發生嚴重彎曲和變形的「超級政治引力」。它使全社會的思想和觀念都因它而改變。

190　比如，《索隱》云：「據《春秋握成圖》以為執嘉妻含始，游洛池，生劉季。《詩含神霧》亦云。」《正義》引證的材料則更為豐富和有趣。「《帝王世紀》云：『漢昭靈後含始游洛池，有寶雞銜赤珠出炫日，後吞之，生高祖。』《詩含神霧》亦云。含始即昭靈後也。《陳留風俗傳》云：『沛公起兵野戰，喪皇妣於黃鄉，天下平定，使使者以梓宮招幽魂，於是丹蛇在水自灑，躍入梓宮，其浴處有遺髮，諡曰昭靈夫人。』」對此諸種說法顏師古頗不以為然。「皇甫謐等妄引讖記，好奇騁博，強為高祖父母名字，皆非正史所說，蓋無取焉。寧有劉媼本姓實存，史遷肯不詳載？即理而言，斷可知矣。」不過在我看來，顏師古的態度恰恰暗示出這些有關劉邦身體的想像確實大部分都源自於漢初的民間政治意識。

191　《史記·高祖本紀》。

192　商人祖先源於玄鳥，周人祖先源於巨人。始皇倒是生於凡人，而且至為曖昧下賤。因

幸薄姬時，薄姬告訴他，「昨暮夢龍據妾胸。」劉邦說：「是貴征也，吾為汝成之。」「遂幸，有身。歲中生文帝。」[193]值得注意的是，在劉邦的眾多兒子裡，唯有文帝獲此身體想像之「殊榮」。其他那些沒有當成皇帝的兒子且不必說，連做成天子的惠帝，也沒有在他那位以毒辣著稱的母親身上獲得被劉邦「龍幸」的標誌。此點可以透露出文帝在漢人製作出來的皇帝譜系中的特殊地位。漢人稱劉邦「太祖」，稱文帝「太宗」，自是不會無緣無故。

在對皇帝身體的想像中，皇帝的功業和德行都可以被置換成一種特定的身體符號和特徵來加以印證和審視。比如，「高祖為人，隆准而龍顏，美須髯，左股有七十二黑子。」[194]《索隱》引文穎的話說：「高祖感龍而生，故其顏貌似龍，長頸而高鼻。」《正義》則說的更為詳細。

> 《河圖》云：「帝劉季口角戴勝，鬥胸，龜背，龍股，長七尺八寸。」
> 《合誠圖》云：「赤帝體為朱鳥，其表龍顏，多黑子。」按：左，
> 陽也。七十二黑子者，赤帝七十二日之數也。木火土金水各居一方，
> 一歲三百六十日，四方分之，各得九十日，土居中央，並索四季，
> 各十八日，俱成七十二日，故高祖七十二黑子者，應火德七十二日
> 之征也。

這番描述足以使劉邦的「仁而愛人，喜施，意豁如」的德行變得順理成章，毋庸置疑。因為劉邦的德行作為天命早已在他的身體相貌上顯示出來了。可以看出，它的話語結構同人們形容秦始皇的話語模式完全相同，都是由身體想像而推及德行褒貶。

在劉邦一生中，體態面貌常常成為他成功和奇遇的標誌。司馬遷在《高祖本紀》中記載了三個例子來說明這點。從販夫走卒到豪強士紳，再到世外高人，皆從不同側面發現了劉邦身稟異相所蘊含的高貴天命。這種世俗眼光的身體想

為有不明不白的私生子之嫌。劉邦出身則最為高貴，是真正的「龍種」。雖然《周易》和《山海經》中已有了「以龍喻王」的說法，（參見劉澤華《中國的王權主義》，第136頁。）但中國帝王出身與龍發生直接聯繫者，當始於劉邦。始皇雖被稱作「祖龍」，但「『祖龍』，人之先也」。（《史記·秦始皇本紀》）而且作為人之祖先，「祖龍」也無關乎皇帝肉身的想像和描述。

193　《漢書·外戚傳》。《史記·外戚世家》云，「昨暮夜妾夢蒼龍據吾腹。」此處凸顯「蒼龍」似乎值得注意。

194　《史記·高祖本紀》。

像，凸顯了皇帝與眾人在肉身上的先天區別。與人們對皇帝的身分崇拜相異趣的是，人們對皇帝的身體迷信更為樸素和真誠。它激發出來的對皇帝身體的迷戀和幻覺，成為人們用來解釋皇帝種種功德的主要原因。

當劉邦造反時，人們把他的「身體」想像為一個具有強大法力和異常魔力的化身和載體。比如，劉邦斬蛇後，

> 後人來至蛇所，有一老嫗夜哭。人問何哭，嫗曰：「人殺吾子，故哭之。」人曰：「嫗子何為見殺？」嫗曰：「吾，白帝子也，化為蛇，當道，今為赤帝子斬之，故哭。」人乃以嫗為不誠，欲告之，嫗因忽不見。後人至，高祖覺。後人告高祖，高祖乃心獨喜，自負。諸從者日益畏之。[195]

這樣，一件普通的斬蛇行為，變成了一種有關真命天子身體的想像機緣。而且通過這種身體想像，皇帝獲得了政治合法性。因為在想像中，劉邦的肉身同赤帝子重合，由此其神性便得到肯定。如果說，在人們對秦始皇的身體想像中，是把他和某些低賤野蠻的獸類相聯繫和比附，通過描述他相貌中「惡性」的異相面來昭示其統治的「無道」，使之成為令人厭惡的暴君，那麼，在人們對劉邦的身體想像中，則是把他的身體和神聖而高貴的龍附會起來，通過敘述他相貌中「善性」的異相面來昭示其統治的「有道」，從而使之成為令人愛戴的明君。如此，皇帝的統治合法性便合理地寄託於這種身體的想像之中。

源於身體的想像在實際政治中的表現，似乎說明身體對權力的影響可能要超出人們對政治事務的一般理解。不過，身秉天命的體態相貌有時也會為當事人帶來某種難以預料的殺身之禍。比如，范增以此為理由勸說項羽殺掉劉邦。「吾使人望其氣，皆為龍，成五色，此天子氣。急擊之，勿失。」[196] 因為人人都想擁有一個成為皇帝的肉身，同時人們又對某個有可能成為皇帝的肉身充滿敵意和恐慌。秦始皇的恐懼在於他似乎確信，可能存在另外一個身體來取代他的統治。這個身體的存在直接威脅到他的存在，威脅到他的身體、他的百年皇

195　《史記・高祖本紀》。

196　至於「沛公居山東時，貪財好色，今聞其入關，珍物無所取，婦女無所幸，此其志不小。」（《漢書・高帝紀上》）說的只是劉邦的個人品性之變化值得小心和提防。至為緊要的是從劉邦身體上所顯示出來的天命則尤為危險。

位和他的萬世帝國。所以他必須除掉這個可惡的身體。「秦始皇帝常曰『東南有天子氣』，於是因東遊以厭之。」這一行為卻意外地啟發了劉邦對自己身體的敬畏與想像。「高祖即自疑，亡匿，隱於芒、碭山澤岩石之間。」[197] 它暗示著一個身體將取代另一個身體。因為，「呂后與人俱求，常得之。高祖怪問之。呂后曰：『季所居上常有雲氣，故從往常得季。』」[198]

「知夫莫若妻」。呂后的這個說法實打實地暗合了劉邦對身體的自我想像。所謂「高祖心喜」，透露出劉邦將會有意識地以自己的身體作為一種政治象徵和權力符號來塑造和引導人們對自己的政治想像。這樣，在巧妙的心理暗示作用下，一種被期待的政治結果出現了。「沛中子弟或聞之，多欲附者矣。」[199]

當皇帝的身體成為人們相信或畏懼的對象時，人們已經不再需要尋找其他依據了。於是，對皇帝身體的想像成為人們必須要有一個皇帝的正當理由。這是因為皇帝的身體本身已經昭示著他的權力具有天然的絕對性。所以，對皇帝身體的想像往往成為皇帝觀念和皇帝神話中最具趣味的一部分。

第五節　皇帝作為的類型分析

對君主的類型分析，戰國諸子已經作過。[200] 後戰國的政治實踐使得我們有必要對這段時期的皇帝進行更為細緻的分類。除了楚漢之際的數年間沒有皇帝外，這個時期共出現了六位正式皇帝。[201] 我們可以把這六位皇帝分為這樣幾種類型：（1）秦始皇：雄君（兼括明君和暴君的某些行為）；（2）二世：昏君（兼括暴君的某些做法）；（3）劉邦：能君（兼括明君的某些做法）；（4）惠帝：弱君；（5）文帝：仁君；（6）景帝：中君。某種意義上，中國皇帝大體不出這個範圍。[202]

197　《史記·高祖本紀》。

198　《史記·高祖本紀》。

199　《史記·高祖本紀》。

200　比如《荀子·富國篇》有「明主」、「貪主」、「闇主」之分。

201　至於呂后，雖然她在劉邦死後實際行使了一段時間的皇帝權力，時人也尊重她這種「專制」，並將其視為一種合法意義上的皇權，太史公甚至把呂后列為「本紀」。但她畢竟沒有登基稱帝，沒有法定的帝號。如果按照皇帝類型劃分，呂后也許可以算作「能君」。

202　當然也可以有其他的分類。比如，「開創型皇帝」或「創業型皇帝」、「守成型皇帝」、

　　這種分類的優點是可以使人們對皇帝形成一種比較明晰的觀念性把握。當然，對皇帝的這種分類只是我們現在人的看法，漢人卻未必如此看待。漢人的態度是將秦漢皇帝看成兩類，即秦帝與漢帝。在對秦帝與漢帝的對比褒貶中，形成了後戰國時代人們對皇帝觀念的一般性認識。這種認識具有兩極性。[203] 即對秦帝的徹底否定和對漢帝的完全肯定。合而觀之，似乎可以使人們對皇帝形成一個較為系統的概念。這種概念或許可以秦帝自己的話語來說明，即「體道行德」。當然，在漢人看來，秦帝無論如何也不能說是有道之君或有德之主。

　　從現有文獻看，人們對秦帝的評價要遠遠低於漢帝。這不難理解。因為這些評價都是漢人作出的。對後人而言，這幾成定評。它深遠地影響了後世的皇帝觀念。[204] 揚漢抑秦成為中國政治思想史上皇帝觀念的主流取向。雖然「兩漢之衰，但有庸主，而無暴君」，[205] 但始皇之暴烈終究有別於二世之暴虐。事實上，秦帝之評價有問題的只是始皇帝一人。至於二世則並無分歧。秦始皇的評價「之所以成為問題，在於漢代以來對他評價的方式」。雖然漢承秦制，「但為了樹立本身統治的正當性，就必須指出前朝的不正當性。這就是對秦始皇作否定評價得以成立的根源。對於秦始皇的酷評，賈誼《過秦論》可以作為代表，在那裡秦始皇被理解為廢王道，棄仁義，殘暴百姓，絕其生計的無道君主。」[206] 這提示出一個事實，漢人繼承了秦人的皇帝制度，卻改造了秦人的皇帝觀念。

　　一般說，皇帝觀念有二義，即皇帝權力歸屬和皇帝德行評價。漢人塑造的皇帝觀念主要側重於皇帝德行評價。至於對皇帝權力的絕對信仰，以漢承秦制的總體格局也著實不容漢人對此有絲毫懷疑。儘管如此，政治－思想的道德維度卻就此引入。這樣，在皇帝制度的基座上，皇帝觀念悄然易位。於是，以後人眼光看，秦漢有了某種分殊：皇帝制度是秦代的，皇帝觀念卻是漢代的。換言之，皇帝制度從秦，皇帝觀念從漢。

　　「鼎革型皇帝」、「亡國型皇帝」或「誤國型皇帝」、「腐朽型皇帝」或「荒淫型皇帝」、「兒皇帝與太上皇帝」或「傀儡型皇帝與太上皇帝」。（參見徐連達、朱子彥《中國皇帝制度》，第 165–202 頁；白鋼，《中國皇帝》，第 48–161 頁。）

203　據劉澤華說，「堯舜－桀紂」的兩極模式在先秦早已出現。

204　張文立認為漢人對秦始皇的評價雖然基本符合歷史，但情緒發洩多於理性思考。（參見〈漢代人的始皇觀〉，《秦漢史論叢》第 6 輯。）

205　趙翼，《二十二史劄記校證》卷 2，〈漢詔多懼詞〉。

206　西嶋定生，《中國古代帝國形成史論》，《日本學者研究中國史論著選譯》第 2 卷，中華書局，1993 年。

　　對秦漢皇帝行為的比較，使人們相信，好皇帝應該是像漢帝這樣，而不是像秦帝那樣。在漢人眼中，秦帝最突出的特徵是傲慢自大，狂妄無知，毫無人性，表現出對聖王的無端蔑視、對暴力的極端推崇以及對民力的瘋狂掠奪。比如，「始皇自以為功過五帝，地廣三王，而羞與之侔。」[207]、「尊號稱帝，矜武任力。」[208] 又如，二世「暴虐以重禍」，[209] 一方面「繁刑嚴誅，吏治刻深，賞罰不當，賦斂無度」，另一方面「百姓困窮，而主不收恤」。[210]

　　相形之下，在漢人眼裡，本朝皇帝完全是另外一種形象。漢帝不但「協於火德，自然之應」，得其「天統」，而且「漢承堯運，德祚已盛」，[211] 得其「道統」。漢帝「革命創制」，「應天順民」，[212]「天下歸心」，[213]「移風易俗」，[214]「民用寧康」。[215] 和秦帝那種貧民重法的做法相比，漢帝則是富民輕法。「海內殷富，興於禮義，斷獄數百，幾致刑措」[216]；「掃除煩苛，與民休息。」[217] 漢人將其稱作一種理想的政治狀態，即「漢道」。所謂「國富刑清，登我漢道」。[218]「漢道」即「王道」，所謂「三王之道若循環，終而復始」。[219] 這些表明，漢帝是合乎「王道」的有德之主，秦帝是背棄「王道」的無德之君。

　　漢帝的德行主要表現在他們的「仁」。比如，惠帝的「內修親親，外禮宰相」；[220] 文帝的「躬除肉刑」，「廣恩博施」，[221]「化民以躬，帥下以德。農不供貢，罪不收孥，宮不新館，陵不崇墓」；[222] 景帝的「匪怠匪荒，務在農桑，

207　《史記・秦始皇本紀》。
208　《史記・太史公自序》。
209　《新書》卷1，〈過秦下〉。
210　《新書》卷1，〈過秦中〉。
211　《漢書・高帝紀下》。
212　《漢書・敘傳下》。
213　《史記・太史公自序》。
214　《漢書・景帝紀》。
215　《漢書・敘傳下》。
216　《漢書・文帝紀》。
217　《漢書・景帝紀》。
218　《漢書・敘傳下》。
219　《史記・高祖本紀》。
220　《漢書・惠帝紀》。
221　《史記・太史公自序》。
222　《漢書・敘傳下》。

著於甲令，民用寧康」。[223] 漢帝似乎在其執政方略中真正貫徹了某種「親民」政策。「有不便，輒弛以利民。……專務以德化民。」[224] 這種做法被人們視為「文景之治」。「漢言文景」[225] 在政治觀念上具有特殊意義。因為漢人對「文景」的相提並論使之逐漸變成了一個標識某種特定政治價值的概念符號。根據謚法，「文與景都是上好稱呼。」[226] 漢人把「仁哉」、[227]「美矣」[228] 這類上好的感歎性詞語用於文景二帝身上，所表達的意向不外乎是相信經典中的聖君和三代盛世確實可以降臨於現實。[229]

所謂「文景之治」，內涵有二：生活的簡樸和政策的仁厚。不過在某種意義上，「文景之治」的政治美學價值要遠遠大於政治實際價值。進言之，這種政治美學價值並不在於其是否符合客觀歷史實際，而在於昭示出一種政治觀念和政治評價模式，即合格的皇帝應該具備什麼條件。依據漢人標準，漢帝都是合格的皇帝，秦帝則都是不合格的皇帝。[230] 就是說，真正合格的皇帝不在於赫

223　《漢書‧敘傳下》。

224　《漢書‧文帝紀》。

225　對漢人這種將文景不加區分的做法，宋人很不以為然。蘇轍說，「漢之賢君，皆曰『文景』。文帝寬仁大度，有高帝之風。景帝忌刻少恩，無人君之量，其實非文帝比也。」（《歷代論‧漢景帝》，《唐宋文醇》下冊，春風文藝出版社，1995 年。）朱熹也說，「文帝曉事，景帝不曉事。」具體言之，「文帝學申韓刑名，黃老清靜，亦甚雜。但是天資素高，故所為多近厚。至景帝以刻薄之資，又輔以慘刻之學，故所為不如文帝。班固謂漢言文景帝者，亦只是養民一節略同。」（《朱子語類》卷 135）

226　黃仁宇，《赫遜河畔談中國歷史》，第 20 頁，三聯書店，1992 年。

227　《漢書‧文帝紀》。

228　《漢書‧景帝紀》。

229　漢人明確將文帝比於成王，正是這種政治心理之自然投射。比如，成帝問：「後世皆言文帝治天下幾至太平，其德比周成王，此語何從生？」劉向回答：「生於言事。文帝禮言事者，不傷其意，群臣無小大，至即便從容言，上止輦聽之，其言可者稱善，不可者喜笑而已。言事多褒之，後人見遺文，則以為然。世之毀譽，莫能得實，審形者少，隨聲者多，或至以無為有。故曰：『堯、舜不勝其善，桀、紂不勝其惡。』桀、紂非殺父與君也，而世有殺君父者，人皆言無道如桀、紂，此不勝其惡。故若文帝之仁賢，不勝其善，世俗褒揚，言其德比成王，治幾太平也。」（應劭，《風俗通義‧正失》）對於文帝德比成王的漢人習慣看法，劉向雖然表示出了某種謹慎的否定，但不容置疑的是，這種「不勝其善」的普遍評價和認知，恰恰說明漢人對周漢兩代以及文帝與成王之間可能發生的必然關聯而進行的合理想像。透過這種想像，漢帝被納入三代譜系，其地位與美德便具備了不言自明的政治合法性。

230　這除了為本朝諱的通常做法和正常心理外，人們一般還是樂意認同漢人這種說法的。當然也不乏異見。特別是宋人此類話語尤多，認為文景均「甚有可議」之處。（參見洪邁《容齋隨筆》，〈「漢文失材」、〈漢景帝忍殺〉、〈漢景帝〉。）

赫武功，而在於其昭昭德行。

　　後戰國時代還有兩位政治人物，他們沒有皇帝的名號，但在一定程度上行使著皇帝的某種權威。這就是項羽和呂后。人們對此二人的評價同樣遵循著揚漢抑秦的通則。項羽是「自矜功伐，奮其私智而不師古，謂霸王之業，欲以力征經營天下」。[231] 呂后是「女主稱制，政不出房戶，天下晏然。刑罰罕用，罪人是希。民務稼穡，衣食滋殖」。[232]

　　顯而易見，人們對項羽的評價較之呂后要低。某種意義上，漢人看待項羽和看待秦始皇差不多是同一種眼光。即二人都是嗜好武力的殘忍之徒和輕視傳統的無知之人。或許二人身上還都有一種帝王般的「雄氣」。[233] 項羽的「自矜功伐」同秦始皇的「矜武任力」，簡直是如出一轍，毫無二致。這在當時已被人視為「亡秦之續」。[234] 所以，項羽即便稱帝也絕不會是一個合格的皇帝。相反，呂后的行政方略則一如其他漢帝所為。一是「刑罰罕用」，一是「衣食滋殖」。這樣，儘管是「女主稱制」，儘管「女主稱制」對漢人來說是前所未有之事，人們還是對她表示了相當之認同。[235] 原因在於，呂后的行為符合漢人心目中的皇帝標準。這種標準的實質不在於皇帝或「準皇帝」個人的武功大小，而在於他或她的具體行政作為對社會和民眾的實際生活產生了多大的有益的影響。

　　毫無疑問，把民眾的生活狀態作為評價皇帝是否合格的基本標準，放在古代的歷史背景下，應該被視為一種值得肯定的政治觀念。對這種觀念，既可以說是「民本」，也可以說是「君本」。說「民本」是因為它從民眾開始說起，

231　《史記・項羽本紀》。

232　《史記・呂太后本紀》。

233　朱熹稱「項羽雄」，（《朱子語類》卷135）頗具眼光。這與我對秦始皇的評價相一致。

234　《史記・項羽本紀》。

235　西方學者從災異角度對呂后表示出了一種自相矛盾的看法。「從西元前一九五年到一八五年之間是一個高峰。這期間的徵兆所批判的對象不是惠帝而是呂后與呂氏一族，特別是他們排斥劉姓諸侯，大封呂氏的行動。」「從我們對這一時代徵兆的分析中，最早期的著作（史記，即d項），並沒有藉徵兆來批判呂后，似乎對她的統治毫無異議。漢書本紀（a項）與天文志（c項），也沒有批判之辭。只有五行志（b項）中顯出某些關切，但主要之點不是針對呂后而是恐於封建制度之再起。」（Wolfram Eberhard，〈漢代天文學與天文學家的政治功能〉，《中國思想與制度論集》，聯經出版事業公司，民國68年）其實這種判斷與漢人自己的觀念並不矛盾。漢代史家一方面把呂后列入標誌帝王地位或功德的「本紀」，另一方面又對其大封呂氏的行為予以抨擊。這種政治觀念同樣體現在人們對天象災異的觀測和描述中。

說「君本」是因為它最終落實到君主身上。它不是以民眾的基本政治權利為後盾，要求君主必須這麼做，而是以民眾的一般生活保障為砝碼，要求君主應該這麼做。它強調的是君主的法定職責，而不是民眾的合法權利。它不具有任何強制性的約束力。它只是　種道義訴說和話語演繹。它往「民本」和「君本」之間的自由出入，證明二者本來沒有什麼嚴格的界限。這正好符合皇權意識形態的普遍邏輯。即盡可能拉近皇帝與民眾之間的距離，使民眾時刻感受到皇帝對民眾生活狀態的「關心」和「愛護」。當皇帝與民眾之間的距離在意識形態儀式中被多多少少地拉近時，在心理上，民眾地位的提高似乎獲得了一個客觀的證明。於是，它成為一種感動人們並使人們感慨萬千的「民本」思想。不過，如果我們明白一個常識，所謂「民本」只是皇帝觀念中的一部分亦即僅存在於皇帝觀念中，[236] 還會天真地相信「民本」思想的真誠和價值嗎？

第六節　皇帝權力的思想認同

　　皇帝制度的正式確立，使一系列政治觀念成為不證自明的基本公理。第一，皇帝等於國家；第二，皇帝和皇權幾無可分；[237] 第三，儘管皇帝不等於天下，但天下屬於皇帝；[238] 第四，皇帝絕對擁有一切可能擁有的權力；第五，皇帝手中的權力從不存在過大和過多的問題，即皇帝權力從制度、法律和理論上皆不存在有任何限度的問題。任何人皆不可能從制度、法律和理論上找到限制皇帝權力的合法依據。[239] 這樣一來，許多政治觀念都被有形無形地禁忌，而不再有

236　充其量，「民本」在皇帝思想中占據一個游移不定的一席之地，但與具體行政和客觀制度還有著天大的距離。

237　這樣，皇權表徵的政治秩序與皇帝的肉身存在便渾然一體。思想史的一個死結也始終難以解開。即皇權本身是否一種專制權力與皇帝個人行為是否獨裁是兩個截然不同的問題。古人政治思維的特徵是，第一，無法明確區分這兩個問題的不同介面和限度；第二，只關注皇帝個人行為是否獨裁；第三，儒法分殊大都集中於此；第四，儒家依據天命、德性、禮制、祖宗成法約束皇帝獨裁，法家依據法術勢鼓勵皇帝獨裁；第五，法家發展出的權力理論只能局限於皇帝獨裁的能力和條件諸問題上；第六，儒法合謀創造出一種經典的中華專制主義政治理念和價值體系。

238　比如，秦始皇說的「六合之內，皇帝之土」；劉邦說的「漢家天下」、「天下一家」，都是這個意思。

239　朱熹曾談到權力過大的危害。「權重處便有弊：宗室權重，則宗室作亂，漢初及晉是也；外戚權重，則外戚作亂，兩漢是也。」（《朱子語類》卷 134）但其著眼點恰恰在於警惕皇權旁落的危害，以及謀劃如何做到皇權獨攬乾綱獨斷。顯然這種思路均無關於

合理拓展的適當思想空間。比如，人們不會在合法性觀念上作進一步的深入考察，以便判斷皇帝權力的終極依據是否正當；同時，人們也不會根據合理性觀念來有效思考皇帝權力的合理限度。

　　說秦始皇功過三皇，德超五帝，便蘊含著皇帝的權力也就有三皇五帝那麼大。其實，皇帝不論有多大權力，在人們眼裡都是天經地義的。雖然方術之士不滿地批評秦始皇「貪於權勢」，但這種指責只是側重於秦始皇個人的性格和心理。人們對皇帝權力的理解主要是一種心理學的看法，即皇帝自己是否貪權。它對皇帝的權力本身並無異議。它百分之百地認同皇帝的權力。既然皇帝的權力不受限制，邏輯上，無論皇帝濫用權力的行為，還是皇帝「貪於權勢」的心理，都不是問題。這樣，儘管漢初人士不斷抨擊暴政，卻不知道暴政是濫用權力的結果。所以人們只是譴責暴政，而不進一步反思皇帝權力。

　　值得注意的是，漢初君臣似乎只談到了楚漢之爭的得失問題，甚少論及秦帝國的政治優劣，更沒有切入到皇帝制度的複雜結構。這是為什麼？是無意忽略？還是有意迴避？這個原因我想應該從漢初君臣的出身和性格兩方面來看。漢初君臣大部分出身卑微，文化層次很低，很難在理論上對前朝的制度架構進行深度思考。稍有見識者，不過如蕭何、張良、陳平、陸賈、張蒼、叔孫通等區區數人。但就是這幾個人，由於種種緣由也都無法對秦政體製作出有價值的分析。劉邦一稱帝，就對蕭何開始了防範和壓制。雖然劉邦在表面上給予蕭何最高的禮遇，隨之而來的則是對其各種變相的打擊和羞辱。這使蕭何根本無力在理論上對秦政利弊作出認真反思。本來以蕭何之心思細密和經驗老到，他是最適合做這件事的。至於張良，其內心的道家情懷則使他似乎對實際政治沒有多少興趣。而且其韓國貴族後裔的身分，使他對秦政充滿了刻骨仇恨，這自然限制了他有可能作出的理性分析。至於陳平，其性格的過度謹慎和明顯懦弱，決定了他不可能發表任何獨立的思想見解。至於陸賈，是漢廷開國君臣裡面最有理論頭腦的人，但由於其權小言輕，雖然給劉邦講過《詩》、《書》，寫過《新語》，上過帶有濃厚鑒戒意味的《楚漢春秋》，總結過秦朝滅亡的教訓，我們依據現有的傳世文獻卻很難看出他對秦帝國這套皇權制度的是非優劣有什麼比較深入的思考。張蒼懂天文律令，也有自己的見識和主張，比如對漢代水德的

皇權制約問題。

堅持，但總的來講，是一個典型的職業官僚。雖非飽食終日，卻也用心不多。叔孫通制禮對秦政可能有所糾偏，他的經歷，他對禮學的素養以及他在秦廷中的見聞，使他本來應該能對秦漢的政治架構進行一番理論性思考，但其先天的投機性格決定他根本不會做這件事。

　　總之，諸多緣由使漢初人士在做政治反思時卻把皇帝制度和皇帝權力這種最為緊要的東西給有意識地迴避過去了。秦帝國毫無阻礙地動員和組織數百萬人力，搜刮不計其數的財力和物力，來滿足皇帝一人的物欲和私欲，結果在全社會造成一種普遍化的恐怖和災難。這使漢初人士感觸極深。但他們關注的是法術政治的殘暴，而不是專制權力的巨大。所以他們致思的目標主要是試圖改變法術政治的成分，或給法術政治加入某些調和或中和成分，而不是限制皇帝權力的擴張。人們只是在改變政治形態，而不是在改變權力結構。這樣，從某種角度看，政治似乎不那麼殘暴了，但皇帝權力同以前一樣巨大且可怕，甚至在不知不覺中變得更加巨大和可怕。自從有了皇帝，皇帝歷史的總體趨勢是權力膨脹，而不是權力萎縮。在這一過程中，理性思考變得越來越不可能。這反倒達成一種思想共識，即認同皇權，而不是思考皇權。「從制度史的觀點說，兩千年來君權問題是理性所不許施，議論所不敢到的領域。秦始皇統一之後可以讓群臣在廷議中對『封建』與『郡縣』的抉擇公開作理智的討論，但對於君主的問題，則議論僅限於名號，而絕不涉及權限職責。」[240] 更何況分封與郡縣之「辯論的核心是皇帝的地位與獨尊問題」。[241] 它說明，中國古代政治和理論的諸多問題本質上都是圍繞著皇帝權力而兜圈子的。它的前提是：天下是皇帝的，天下百姓也是皇帝的，如何進行統治也是皇帝自己的事情，怎樣使用這種統治權力更是皇帝自己的事情。[242] 所以，誰也不能給皇帝權力劃出一條界限，告訴皇帝有哪些權力，沒有哪些權力，皇帝權力不能超出哪些界限。如此等等。

　　這實際上是對皇帝權力的普遍認同。它構成了中華專制主義的政治－思想

240　余英時，《中國思想傳統的現代詮釋》，第 89 頁，江蘇人民出版社，2003 年。

241　劉澤華，《中國的王權主義》，第 14 頁。

242　所以皇權時代，一切「國有」具備了更大的體制操作性。於是，古人徒剩「民享」聊以自慰。蕭公權評論說，「孟子以後之人，多半僅傳民享之觀念。不知民有，何況民治。人民雖為政治之目的，而君主永為政治之主體。民本者未實現之理論，而專制為不可否認之事實。」（《中國政治思想史》第 3 冊，第 865 頁。）

共識。它意味著，通常情況下，皇帝想做什麼事就有做什麼事的權力。[243] 所以皇帝權力的大小取決於他想做事情的多少。即便皇帝不再做某件事情，那既不是因為皇帝喪失了權力，也不是因為皇帝放棄了權力，而只是因為皇帝改變了自己的想法。比如，劉邦對待雍齒的態度很能說明問題。「雍齒與我有故怨，數窘辱我，我欲殺之，為功多，不忍。」[244] 殺與不殺都是劉邦的權力。這點無人否認。如果劉邦真要殺雍齒，可能會有人反對，並加以勸諫。理由不外乎是，殺戮功臣會被人罵為寡恩不仁，而且可能會影響朝廷穩定，等等。劉邦如果堅持要殺，沒有任何力量能夠阻止他這麼做。又如，文帝要求把驚嚇他御馬的人重罰，廷尉張釋之則認為，「法者天子所與天子公共也。今法如是，更重之，是法不信於民也。」他同時又說，「且方其時，上使使誅之則已。」[245] 這說明他非常認同皇帝的權力。儘管張釋之強調，「廷尉，天下之平也，壹傾，天下用法皆為之輕重，民安所錯其手足？」但他絕不會認為所謂的「法」足以構成對皇帝權力的有效約束。[246]

推廣言之，事實上，無論皇帝是否堅持做某件事情，他的權力都不會因此受到任何限制。只要皇帝願意，無論他如何使用自己的權力，都是絕對合法的。任何人都沒有相應的政治資源來否認其合法性。與此同時，「天高皇帝近」的垂直架構更使任何人都無力拒絕和抗衡其威權施壓。這就是所謂的「專制」。[247]

243　「王權的無限並不是說它包攬一切，而是說，王權恢恢，疏而不漏，它要管什麼，就可以管什麼；就某些人事而言，可以同它拉開一定距離，所謂『不事王事』，但不能逃脫它。」（劉澤華，《中國的王權主義》，第 3 頁。）

244　《漢書・張良傳》。

245　《漢書・張釋之傳》。

246　《淮南子・主術訓》云，「古之置有司也，所以禁民，使不得自恣也。其立君也，所以制有司，使無專行也。法籍禮義者，所以禁君，使無擅斷也。」有人把這段話解釋為，「這是立法以限制君權思想的最早萌芽。」（金春峰，《漢代思想史》，第 245 頁。）實在過於隨便。不過值得注意的是，「法籍禮義者，所以禁君，使無擅斷也」這句話在《文子・上義》中卻是「法度道術，所以禁君使無得橫斷也」。前者言禮法，後者言法道，似不為無意。

247　在中國政治－思想史研究中，人們一般從兩個方面反駁「皇權專制論」。一是依據「民本」、「德治」、「仁政」這些理念和價值觀，一是依據龐大而理性的官僚系統這種制度建構。展開看，人們常說的幾種證明皇權非專制的理由是：（1）以丞相為首的官僚集團對皇帝進行制衡；（2）依據道義對皇帝進行批評；（3）憑藉天命對皇帝進行警告；（4）根據禮制對皇帝進行約束；（5）皇帝中也有好皇帝。這種論證包含一個悖論：一方面，制度的專制性本身成為大可懷疑的事情；另一方面，專制制度的合理性卻成為不容置疑的事情。

「雖然專制的權力也會在一定程度上受到某些因素的制約，但專制權力本身卻仍然表現出使個人性質的權力高出於其他政治力量之上的本質。」[248] 所謂「個人性質的權力」，就是權力具有個人性質，就是個人獨占權力。這種個人權力之所以成為決定性本質，在於它符合專制政體的最高原則。這種絕對本質之所以有力量，在於它為專制制度所賦予和授權。恰恰正是思想的制度意識使我們注意到這樣一個基本事實，古人對「專制」的理解並不具有制度性含義，而只是作為權力者個人行為的一種評價。用於皇帝身上，基本是一種褒義；用於權臣身上，則毀譽參半，褒貶不一。

從西學角度看，專制作為一種政體，有其明確界定。它主要是指就制度和法律層面而言，皇帝權力不受任何外力限制。但它並不排除在實際的政治事務中，皇帝對臣子的批評和建議也會有所接受和採納，故而半推半就地放棄了某種決策方案和要求。所謂皇帝納諫或拒諫，常常被人們視為皇帝專制與否的標準。[249] 從實際的政治事務運作看，皇帝之所以納諫不外乎五種情況：一是，皇帝本人的政治素養較高，能夠清楚地權衡事情利害；二是，皇帝性格較為懦弱，缺乏政治主見，故而易於受到臣下的擺佈；三是，出於對某人的特殊信任，而接受其批評；四是，由於某些臣子的勸諫技巧高明，君主被其赤誠感化；五是，特定情況下，為了某種需要，故意表示出一種開明的政治姿態。當然，這五種情況之間肯定也有某種程度的重合。不過，完全因為相信儒學說的聖人教誨，仿效三代聖王的做法而虛心納諫，則是絕無僅有之事。從這幾種類型看，皇帝納諫與否，關鍵取決於皇帝本人的道德素養和政治水準。與制度毫無關係。[250]所以它根本不能用來判定皇權是否一種非專制制度的理由和依據。而且，更重要的是，許多人晉諫的目的本身就是為了維護皇帝專制。其依據的法統理念就是皇帝權力的絕對性。比如，文帝除鑄錢令，賈山上書諫，「錢者，亡用器也，

248　謝維揚，《中國早期國家》，第 217 頁，浙江人民出版社，1995 年。

249　這實際上是把專制制度與獨裁個人兩種相關而又相異的現象混為一談。比如錢穆即持此論調。

250　魏特夫特別指出，「農業官僚機構國家的君主可能會完全受到他的朝臣或者行政人員的影響，但是這種影響同牽制力量從制度上進行的約束有著本質差別。歸根到底，一個受到控制的政府的首腦必須要順應社會上有實力的非政府力量，而一個專制政權的領袖卻並不受相似的限制。」「儘管在官場中有顯著的力量企圖使專制君主受他幕僚的控制，統治者只要有決心統治的話，總是能夠進行統治的。」（《東方專制主義》，第 104 頁，中國社會科學出版社，1989 年。）

而可以易富貴。富貴者，人主之操柄也，令民為之，是與人主共操柄，不可長也。」[251]

說到底，皇帝是什麼？皇帝就是專制權力。[252]認同皇帝，就是認可皇帝擁有無限的權力。所謂「秦既稱帝，……用壹威權」，[253]所謂「漢家承秦之制，並立郡縣，主有專己之威，臣無百年之柄」。[254]這些說法作為自明的常識，反映出人們對皇帝制度的設計具有極高的理性化水準。作為這種理性化的結果，皇帝的權力得到客觀化的確認。

皇帝的權力是不受限制的，但皇帝的想法可能受到反對。就是說，人們唯一能夠影響的只是皇帝腦子裡的某些念頭，而非皇帝手中的實際權力。人們卻往往將勸說皇帝放棄某些想法即所謂「收回成命」當作是在制約皇帝的權力。這顯然是誤解了制約權力的真正含義。

儒學能夠限制權力嗎？換言之，儒家學說是否能夠真正限制專制權力？這種思路的核心在於，用思想限制權力，或，用觀念制約權力。但這本身就違背了權力的一個基本原則，只能以權力制約權力。所以這就註定了儒學在政治上

251　《漢書·賈山傳》。

252　牟宗三區分「政道」與「治道」之別不為無見。人們強調「吏治」或「吏道」之功能，對全面和平衡地理解皇權政治的複雜性，也確實有益。或在概念上以「獨制」相分於「專制」，「以示中國政體有西方所不及的自在特點，」亦非完全無據。有人「不滿意以『專制』一詞說死中國帝制，因為這種來自西方的成見，每每看不清中國二千年帝制實依賴於發達的行政官僚制度。其中丞相一職，乃為百司之首揆，理論上應代表整個文官集團的意旨，舉足輕重。」（王家範，《中國歷史通論》，第279、320–321注釋、301頁。）但這些均不足以有效否證通過皇帝和皇帝制度而直接見證的中國政治之專制主義本質。因為只要明瞭中國官僚制本質上是一種「帝制官僚制」，而非「法制官僚制」，就不會平生如許之多困惑。即以宰相為例，對相權的理想期待使人們往往自覺拔高相權對皇權的制衡效應。但歷史實際和制度實踐並非如此。祝總斌謂，「宰相雖對百官有監督執行權，但並沒有直接指揮權和任免權。如九卿、郡國守相，平時政務全由他們依據律令、詔書獨立處理，宰相發現他們有違法行為或不稱職，並不能命令他們改變作法，而只能或立即向皇帝奏劾，提出處理建議，或等年終檢查考課，奏請賞罰。無論哪種情況，如果皇帝不批准，便不起絲毫作用。」「西漢三公制度（也可以說是整個封建社會宰相制度）的另一特點，這就是無論政策、措施或用人，三公只有建議權，而無決定權。決定權在皇帝。而皇帝則由皇位繼承制度決定，賢與不賢，選擇性甚小。」（《兩漢魏晉南北朝宰相制度研究》，第40、42頁，中國社會科學出版社，1990年。）這就把事情說得很清楚了。在皇權面前，相權真的算不上什麼。如果硬要找出一點話頭來說，只能說宰相總是皇帝跟前最倒楣的角色。

253　《漢書·異姓諸侯王表》。

254　《漢書·敘傳》。

的絕大部分努力必然都是一種徹底失敗的嘗試。儒學引入政治，即便沒有擴大皇權，至少也沒有限制皇權。[255] 因為當皇權達到客觀的絕對程度時，無論儒術還是法術，都不會改變什麼，其結果也都不會有太大的不同。

更重要的是，儒家主要關心的是皇帝的責任，而非權力。[256] 在中國古代政治思想史上，唯有法家提出了一種像模像樣的權力理論。[257] 其局限也至為明顯。先秦法家要求的君主對權力的獨攬，並沒有認真考慮到伴隨著領土面積的擴大和體制架構的變化，君主個人是否有能力真正做到獨攬一切大權。所以法家的話語背景是在一種國家規模相對較小的君主政治形態中展開的。在國家規模相當龐大的政治形態中，君主對權力的獨攬將遇到哪些原來意想不到的新問題，誰也不知道。因為國家變大之後，會引發出一系列問題，它絕不僅僅是一個版圖或空間的擴張，也不僅僅是一個人口數量的增加。更重要的是，在這些諸多因素的同時性重疊交匯中，制度的結構會發生變化，事物的性質也在發生變化。即權力限度將因空間而變化。這種在空間擴展中變化的權力體系就是我所謂的中華專制主義自身內部的形態性差異和變異。

---

255 林安梧將儒學區分為三個面向。「就血緣性的自然連結、鄉土血統一面，所展開的是一『生活化的儒學』；就人格性的道德連結、文化道統一面，所展開的是一『批判性的儒學』；就宰制性的政治連結、專制政統一面，所展開的是一『帝制式的儒學』。」並認為，「就中國自秦漢帝皇專制以來的傳統言，無疑的，帝制式的儒學居於核心地位，它支配一切、統理一切，它壓抑了批判性儒學的發展，它異化了生活化儒學的原貌；它使得生活化的儒學成了控制百姓的工具，它使得批判性儒學委屈而不得申張。」儘管帝制式儒學的絕對獨大，吞沒了其他兩個面向，但這二者才是儒學的本源，「他們雖然在被壓抑及異化下，但仍散發出力量來，他們多少牽制了那帝皇專制的暴虐性。」甚至二者有能力恢復自身存在之本源，從而開發出一種現代性和體制性的批判之維。（參見《儒學與中國傳統社會之哲學省察》，第 160–161、162–163 頁。）依我之見，這種「原教旨」式的理解未免把原儒說得過於清白無辜了。所謂生活儒學以父道為中心，要求行孝；所謂批判儒學以王道為中心，要求守禮；所謂帝制儒學以君道為中心，要求尊君。可見三者並非勢若水火，而是如同魚水。生活儒學和批判儒學對帝制儒學的深厚支撐，以及帝制儒學對生活儒學和批判儒學的強力整合，這本身構成一種「大儒學」的本體論境域。「大儒學」的歷史脈絡和存在實態，根本不允許我們做這種一分為三揚此抑彼的儒學遊戲。

256 當然責任也和權力有關。但儒學的著眼點在於強調皇帝應該合理使用權力或要求皇帝更好地使用權力，而不是希望客觀限制皇帝的權力。如果做文字遊戲，不妨認為，要求合理使用權力本身就包含某種限制權力的意思。但無論如何，理論邏輯和制度架構的實質內涵都足以確證，合理使用權力和客觀限制權力絕對不是一個意思，甚至根本不是一個思路。所以儒學對皇帝責任的闡述只是在不計權力成本的前提下的一種道德高調和政治美容。

257 簡單說，儒家是關於君主責任的理論，法家是關於君主權力的理論。

　　李斯等所謂「昔者五帝地方千里，其外侯服夷服諸侯或朝或否，天子不能制」。其實說的是王權依據禮制所具有的權力限度。即空間上不過千里。一旦超出千里疆界，天子不再能夠行使其支配權。相形之下，「今陛下興義兵，誅殘賊，平定天下，海內為郡縣，法令由一統，自上古以來未嘗有，五帝所不及。」[258] 這個範圍已遠遠超過千里，而直達萬里之遙。在這種萬里疆域之內，天子憑藉法度卻能夠擁有絕對的權威。顯而易見，法度的力量絕非禮制所能相提並論。「古之五帝三王，知教不同，法度不明，假威鬼神，以欺遠方，實不稱名，故不久長。」[259] 這句話包含兩層意思，均與法度有關。從手段看，由於「法度不明」，「五帝三王」只能「假威鬼神」；從結果看，由於「法度不明」，「五帝三王」的統治必然是「不久長」。二者的聯繫在於，合理的手段和滿意的結果皆需依賴法度的確立。總之，國家規模急劇擴大之後，法度統治效力絕對優越於禮制統治效力。

　　這意味著，從千里王國到萬里帝國，中間的跨度必須有一個合理的政治形態的轉換。即禮制的弱控制必須讓位於法度的強控制。在這裡，權力與空間發生了關係。從直觀表像層面看，權力在空間中的一般意向就是高、大。權力在空間中的高度和廣大與權力在社會中的崇高和龐大完全一致。秦始皇充分運用了這個「空間政治學」原理。他在咸陽大興土木，集六國宮殿於一城，體現著煌煌皇權一統六合而在空間上展示出來的無限擴張的極權欲望。至於阿房宮更是中國有史以來最為豪華奢侈和富麗堂皇的政治建築。[260] 出身秦吏的蕭何不但知道戶籍地圖的行政重要性，而且也懂得宮殿建築的皇權象徵性。蕭何對皇權體制下宮殿的權力性本質體悟極深。所謂「非壯麗無以重威」，把皇宮建築蘊含的象徵性寓意說的明明白白。[261] 所以在皇權意識形態分析的視野中，皇權形象的空間造型必然構成一種政治象徵和政治比喻的思想史分析對象和類型。[262]

258　《史記‧秦始皇本紀》。

259　《史記‧秦始皇本紀》。

260　不妨作一引申，正像阿房宮象徵著巍然皇權一樣，項羽火燒阿房則象徵著他對皇帝的決然摒棄。

261　作為一種政治－思想共識，它同樣是思想家經常關注的話題。比如賈子說，「天子如堂，群臣如陛，眾庶如地。此其辟也。故陛九級，上廉遠地，則堂高。陛無級，廉近地，則堂卑。高者難攀，卑者易陵，理勢然也。」（《新書》卷2，〈階級〉）

262　詳細分析參見第五章第五節「皇權主義的空間造型」。

毫無疑問，權力與空間的關係極其複雜，但秦帝國皇權政體的建立則提供了這樣一個模式，當權力在巨大空間中不受限制地肆意擴張時，空間又是多麼強有力地改變著權力的性質和形態。與此同時，一種服務於這種新型政治形態的意識形態也在相應地建構起來，從而有效地實施著對全體社會成員的思想控制。顯然，從制度和思想層面看，權力與空間的對應和組合，意味著一種新的統治方式的形成。其基本原理是：權力只能在一定的空間內存在和行使，如果超出原有的空間限度，必須創造出一種新的權力體系。[263]

從歷史上看，這種新的權力體系無異是一種更加龐大和複雜的權力體系。它最大的特點是擁有強大的技術支援。這種技術支援實際上是一套發達的官僚體制。它能夠在最短的時間內，用最快的速度將全國訊息送達皇帝手中。所謂「天下之事無小大皆決於上」的專制皇權依賴於這種官僚體制的技術支援。它要求秦始皇一天必須看完一百二十斤重的竹簡。所謂「日夜有呈，不中呈不得休息」，我更傾向於把這看成是對官僚體制所必須的技術能力的一般要求。反觀魏昭王「讀法十餘簡而睡臥」，[264] 齊王「聽計，計不勝聽，……俄而王已睡」，[265] 秦始皇稱得上是一位勤勉之君。儘管它被一些方術之士譏諷為是貪得無厭的表現，同時又被一些學者視為勤於政務的體現。但實際上，這是一個空前龐大的新型帝國權力高度集中的必然。權力的集中同時意味著工作量的增加。君主必須在享受專制的快感和樂趣的同時，也能夠承受專制的疲倦和苦役。因為這是一把專制的雙刃劍。法家對此提出的對策是「明主治吏不治民」，[266] 因為君主「不躬親其勢柄，而欲為人臣所宜為者也，睡不亦宜乎」。[267] 然而秦始皇這種工作狂般的勤政，證明了一個有為之君在一架龐大的國家機器面前，既有選擇的機會，也有駕馭的能力。在這種絕對皇權的體制架構中，秦始皇當然也完全可以不看這麼多公文奏章，但這樣一來，集中權力就毫無意義了。

所以專制皇權對皇帝個人的素質和能力提出了更高的要求。任何事情都有

263　三代如此，後世亦然。西周分封除了其他原因，一個關鍵因素是周朝疆域空前擴張，王國版圖較之商朝大許多。漢承秦制的重要原因之一是秦漢之際的領土格局大體相近。元朝建行省同樣與其帝國規模驚人擴張直接相關。

264　《韓非子‧外儲說左上》。

265　《韓非子‧外儲說右下》。

266　《韓非子‧外儲說右下》。

267　《韓非子‧外儲說左上》。

兩面。當所有權力集中於皇帝一人時，皇帝個人的「自由意志」完全可能使他為所欲為。這樣，皇帝反而很可能會無心或乾脆不願處理繁劇的政務，而耽於聲色。比如秦二世是一個極端典型的例子。這樣的話，原來屬於皇帝的權力會被其他人竊取。「二世拜趙高為中丞相，事無大小輒決於高。」[268] 但就其本質，被竊取的皇權仍然是皇權。所以「事無大小輒決於高」同「天下之事無小大皆決於上」沒有什麼兩樣。它都是一種專制權力的表現。它同樣為人們所認可和接受。從這個角度說，宦官專政，外戚擅權，女主稱制，權臣獨裁，皆是皇權政治的常態。[269] 因為在這種情況下，專制權力本身並沒有受到損害，專制權力本身仍然是完整的，只不過它沒有名正言順地掌握在皇帝手裡而已。就是說，一個沒有戴皇冠的人在行使著皇帝的權力，其合法性同樣不容置疑。比如，呂后欲立諸呂為王，陳平、周勃一致表示，「高帝定天下，王子弟；今太后稱制，欲王昆弟諸呂，無所不可。」[270] 這種現象既不是皇權的變態，也不是皇權的擴張，而是皇權的一部分。一個人如果能有機會接近皇帝，並進一步控制皇帝，或直接行使皇帝的權力，他就是一個實際上的「皇帝」。對於這種「皇帝」的權力，沒有人可以提出異議。

　　另外一種可能是，皇帝的權力既然無限，進行權力轉移的最好辦法是愚弄和欺騙。

> （趙）高自知權重，乃獻鹿，謂之馬。二世問左右：「此乃鹿也？」左右皆曰「馬也」。二世驚，自以為惑，乃召太卜，令卦之，太卜曰：「陛下春秋郊祀，奉宗廟鬼神，齋戒不明，故至於此。可依盛德而明齋戒。」於是乃入上林齋戒。日遊弋獵，有行人入上林中，二世自射殺之。趙高教其女婿咸陽令閻樂劾不知何人賊殺人移上林。高乃諫二世曰：「天子無故賊殺不辜人，此上帝之禁也，鬼神不享，天且降殃，當遠避宮以禳之。」二世乃出居望夷之宮。[271]

這說明，皇帝權力並不始終掌握在皇帝手裡。以皇帝為中心的一小群人都有可

268　《史記·李斯列傳》。

269　基於這個考慮，我不太同意人們把那些沒有皇帝身分的人行使皇權視為皇權旁落或皇權異態。

270　《漢書·陳平傳》。

271　《史記·李斯列傳》。

能陰差陽錯和時間長短不等地分享皇權。在這個意義上，皇權成為皇帝和他身邊的人之間來回傳遞和轉移的一種動態的權勢和力量。在這個過程中，皇帝的專制權力不會受到絲毫削弱。正像趙高專權和呂后稱制時，他們的權力一點不比任何一個皇帝小一樣。

　　這是問題關鍵所在。人們對皇帝權力的思想認同，本質上是一種超越皇帝肉身的價值觀念。它無條件地承認皇帝的絕對權力。在此前提下，它使皇帝權力的表現形態獲得了某種觀念上的多樣性。所謂「方今天下之權命懸於胡亥，高能得志焉」，[272] 這反映出趙高對皇帝權力的深刻認知。可謂是誰控制了皇帝，誰就是「皇帝」；誰能行使皇帝的權力，誰就是「皇帝」。事實上，當最高權力集中於一人之手時，這個人可以是任何一個人，這個人的原來出身和身分都不再重要。重要的是，他能擁有這個最高權力，並能自然得到人們的認同。因為世俗社會的一個基本標誌是，從最高權力者皇帝到一般官僚，都不僅僅局限於某個特定階層或集團。就是說，任何一種出身，都不足以成為某人攫取最高權力的障礙。只要條件允許。所以趙高和呂后行使皇帝權力，這本身就是皇權的應有之義。

第七節　皇帝職責的自我省思

　　不言而喻，皇帝從來不是一種職業。沒有人想把皇帝當成一門職業來做。這並不妨礙人們應該也必須對皇帝提出一種職責要求，同時也不意味著皇帝不能對自身的「專業」素質和能力作出認真反思。它引發出來的一些問題是：皇帝夠格嗎？皇帝稱職嗎？皇帝專業嗎？在中華專制主義語境中，如果撇開那些本來就為數不多的制度層面的政體設計思路，剩下的差不多全都是對皇帝專業水準的職責要求。其中，皇帝職責的自我省思是政治思想史尤為值得關注的一個方面。

　　皇帝對自身職責的要求和認識，始於始皇帝。可以說，秦始皇是一個非常注意觀念教化的皇帝。他知道怎樣通過一種意識形態的儀式來最大限度地普及自己的皇帝觀念。始皇帝對皇帝職責的理解充滿了絕對的自信。他似乎相信，

272　《史記・李斯列傳》。

皇帝的能力和權力一樣毋庸置疑。他認為皇帝應該兢兢業業，勤於政務，所謂「既平天下，不懈於治。夙興夜寐，建設長利」；他認為皇帝應該明智和德行高尚，所謂「勤勞本事」，「專隆教誨」；他認為皇帝應該盡力瞭解各種情況，做到兼聽則明，辦事公正，所謂「臨察四方」，「視聽不怠」，「兼聽萬事，遠近畢清」；他認為皇帝應該保障百姓生活安定、富裕，具有安全感，所謂「上農除末，黔首是富。普天之下，摶心揖志」，「誅亂除害，興利致福」；他認為皇帝應該確保社會秩序穩定，使百姓明法守法，所謂「六親相保，終無寇賊。歡欣奉教，盡知法式」，「尊卑貴賤，不逾次行」；他認為皇帝應該徹底消除社會上的一切罪惡現象，保持國家的和平與正義，所謂「作立大義，昭設備器，咸有章旗」；他認為應該使百姓一律平等，充分享受皇帝的保護和恩惠，所謂「貴賤並通，善否陳前，靡有隱情。」[273]

　　客觀說，秦始皇對皇帝職責的這種規定對漢帝產生了相當深刻的影響。漢帝的諸多說法其實都沒有超出秦始皇說的這些。比如，呂后廢立皇帝時，依據的理由是皇帝能否盡職盡責。「凡有天下治萬民者，蓋之如天，容之如地。上有歡心以使百姓，百姓欣然以事其上，歡欣交通而天下治。今皇帝疾久不已，乃失惑昏亂，不能繼嗣奉宗廟，守祭祀，不可屬天下。」[274]

　　相較而言，漢帝有別於秦帝之處在於其自我反省意識的空前覺醒。其特點是，一方面強調皇帝的職責，另一方面強調皇帝自己常常不能盡職盡責。它以皇帝政治權力絕對性為前提，來對皇帝行政能力有限性進行反思。比如，文帝作為中國歷史上最著名的「謙謙君主」，雖然並不諱言自己「誤居正位，常戰戰慄慄，恐事之不終」，甚至表示「朕豈自謂能？」但這種姿態和意向絲毫不涉及皇帝權力。他只是在行政措施層面表現出一種相當強烈的「自我批評」意識和風格。或許正是這種「朕常為動心傷痛，無日忘之」[275]的君主式的仁慈和虔誠，成為文帝頻繁進行「自我批評」的信心和動力，這種信心和動力則進一步使文帝得以可能把這種「自我批評」意識和風格貫穿和擴展到帝國行政的各個方面。（1）統治秩序和治理效果方面的自責。「人主不德，布政不均，則天示之災以戒不治。……朕下不能治育群生，上以累三光之明，其不德大矣。」

273　以上均引自《史記‧秦始皇本紀》。

274　《漢書‧高后紀》。

275　《史記‧律書》。

（2）農事和災異方面的自譴。「間者數年比不登，又有水旱疾疫之災，朕甚憂之。愚而不明，未達其咎。意者朕之政有所失而行有過與？」（3）外交與國防方面的自罪。「朕既不明，不能遠德，使方外之國或不寧息。……間者累年，匈奴並暴邊境，多殺吏民，邊臣兵吏又不能諭其內志，以重吾不德。」（4）禮儀方面的自怨。「朕既不德，無以佐百姓；今崩，又使重服久臨，以罹寒暑之數，哀人父子，傷長老之志，損其飲食，絕鬼神之祭祀，以重吾不德，謂天下何！」[276]

始皇帝的話語中沒有任何自我否定的詞語，充斥著的都是「皇帝躬聖」、「皇帝之功」、「皇帝之明」、「皇帝之德」、「皇帝明德」這類自我標榜性的字眼。相反，文帝的話語裡卻始終滲透著一種深深的自我懷疑和憂患。「不德」、「不均」、「不治」、「不能」、「不逮」、「不及」、「不明」、「不終」、「不敏」、「不安」、「德薄」、「自媿」、「媿之」，反復表白的這些否定性詞語把皇帝內心的慌恐和憂慮異常真實地顯露出來。它多次強調皇帝是會犯錯誤的，皇帝的能力和知識都是非常有限的，皇帝需要人來不斷提醒和指出自己的過失。劉邦甚至坦稱「我不過為桀紂主」，[277] 雖說話中有其戲謔成分，不必太過當真，但它昭示出來的思想訊息是：它並不刻意迴避和掩飾皇帝身上的「陰暗面」，甚至樂於展示皇帝的種種劣跡、荒唐和暴虐。

漢帝的此類說法顯然是以儒學為其思想資源。儒學的功能即在於為帝王提供責任倫理。[278] 它要求皇帝必須有勇氣承擔其責任。依據這種責任倫理，皇帝既無需對臣民負責，也無需對法律負責。「從理想上說，他對一個能使人民生活於太平盛世之中的仁愛的和自然的秩序負責。」[279] 這種抽象的責任感或許能使皇帝對自身行為偶爾作出一些道德反省。但僅此而已。所以責任倫理的作用是，可以使皇帝行為變得謹慎，卻不能使皇帝權力受到限制。責任倫理不包含權力制約因素。天人感應的政治學意義只能從責任倫理來理解，而不是相反。所以對中國皇帝來說，是否對一件事情承擔責任，與他本身的絕對權力沒有絲

276　以上均引自《漢書‧文帝紀》。

277　《漢書‧蕭何傳》。

278　這種責任倫理隱含一種曖昧的政治合法性。其含義是，專制之合法在於君民雙方共同持有的要求皇帝施恩民眾的責任意識，而不在於人民自身施加於皇帝的權利意願。錢穆曾說，中國政治理想重職責而不重主權。（參見《中國歷代政治得失》，第141–143頁，三聯書店，2001年。）這本是一個普通的思想史事實，但如果由此導出中國政治的某種永久合理性乃至特殊優越性的結論，就顯得幼稚了。

279　艾森斯塔得，《帝國的政治體系》，第232頁，貴州人民出版社，1992年。

毫關係。一些西方學者卻得出了相反的結論。

> 一般認為皇帝個人應對自然的災害負責，但有時顯出他之要負責只是
> 「形式上的」。朝中任何一個大臣都可以藉天災或徵兆來評議皇帝，
> 促使他改變態度。他們這樣做是行使一個制度上的權利。至於這個
> 批評君主的權利能否有效是另一個問題。因此，漢朝的君主，⋯⋯
> 從制度上說，不是一個專制君主。⋯⋯不但皇帝本人，就是朝中大
> 臣也可能要對某個天災或徵兆負責。因此，結論地說，是朝廷（以
> 皇帝為首），要負責任。[280]

這弄錯了三個問題。第一，它不適當地誇大了天人感應理論對政治事務的實際
影響；[281] 第二，天人感應只是一種觀念，而非制度，所以依據這種理論來批評
朝政只能說是一種特定環境下被允許的習慣性行為，而非法定的制度性權力；
第三，皇帝在天人感應中的話語表白只是一種道德姿態，而非權力約束。[282] 至
於以朝中大臣也需要對災異承擔責任為理由來判斷皇帝不是專制君主，更沒有
多少道理。[283] 這種邏輯是：責任意味著權力。承擔的責任越大，其擁有的權力
就越大。既然並非是皇帝一人，而是皇帝和大臣一起為災異負責，這證明皇帝
必須和大臣一道分享權力。結論是，皇帝不是專制君主。應該說，這是一種典
型的西式思維。這種思維將責任與權力直接聯繫起來，認為沒有權力就沒有責
任。中國思維並非如此，而是將權力與責任斷為兩節。

　　從政治思想史主流來看，儒學只關心君主之職責，法家只關心君主之權
力。[284] 儒學對君主的要求是應該盡職盡責，法家對君主的要求是必須確保權力。

280　Wolfram Eberhard，《漢代天文學與天文學家的政治功能》。

281　參見劉小楓〈臆說緯書與左派儒教士〉，《個體信仰與文化理論》，四川人民出版社，
　　　1997 年。

282　參見林存光《儒教中國的形成——早期儒學與中國政治文化的演進》，第 216–218 頁，
　　　齊魯書社，2003 年。

283　錢鍾書對此有過分析。「蓋凡臣下所以律君上者，君上莫不可以其道加諸臣下，反戈
　　　倒擊，接箭還射，諉過有詞，移禍多術。《封禪書》及《孝文本紀》皆記漢文帝除『祕
　　　祝』；然『祝祠』之官雖除，『移過』之風不變，如翟方進事非歟？且省去祕祝等張致，
　　　逕使大臣當災，直捷了當矣。」（《管錐編》第 1 冊，第 396 頁。）

284　人們對法家的激烈抨擊和過火指責，究竟因為法家觸及到了「無道德」的權力問題，
　　　還是因為法家這種談論權力的「非道德」方式？抑或二者兼有之？但這至少說明，國
　　　人對權力問題既陌生，又恐懼。本質上，這是政治思維不成熟、不正常的表現。

儒學隱含的前提是，君主的權力毋庸置疑；法家隱含的前提是，君主的責任無需考慮。基於這種國粹式的政治邏輯，其設計出來的制度必然不可能是權力－責任的一元化規定，只能是權力與責任相分的二元化規則。這種二元化規則無論在政治實踐中還是政治觀念中均具有令人極端恐懼的特徵。這種規則使皇帝能夠做到近乎「全能式地」行使權力，同時卻又無須承擔任何實質性責任。[285] 這使中國皇帝往往能夠做到不計後果地為所欲為。因為有整個官僚集團來為皇帝承擔責任，自願成為皇帝的合法「替罪羊」。皇帝要求官僚不光是能為自己辦事，同時還必須願為自己擔罪。所以即便整個朝廷來為災異負責，同樣不能否證皇帝不是專制君主。相反這倒可能更準確地反映出中國政治的現實和本質。即皇帝與朝臣在權力與責任上的「職能分工」。這種「職能分工」既是傳統，又是理念；既是習慣，又是體制；既是共識，又是默契。這種「職能分工」的含義是：皇帝濫施權力而無須考慮責任，官僚承擔責任而沒有權力。[286]

　　但這不意味著在實際政治事務中皇帝真的毫無責任可言。對某些聰明的皇帝來說，願意主動承擔責任反而是一種象徵性美德。其冠冕堂皇的合理性姿態往往能夠起到一種異乎尋常的合法性效應。比如，文帝專門下詔，「祕祝之官移過於下，朕甚弗取，其除之。」[287] 作為一個皇帝，文帝能夠懂得不應該善則歸己，惡則歸人，委實不易。「今吾聞祠官祝釐，皆歸福於朕躬，不為百姓，朕甚愧之。夫以朕之不德，而專鄉獨美其福，百姓不與焉，是重吾不德也。其今祠官致敬，無有所祈。」[288] 它與劉邦欣賞的那種秦帝式的責任倫理迥然不同。「吾聞李斯相秦皇帝，有善歸主，有惡自予。」[289] 這種「有善歸主，有惡自予」既是一種宰相責任倫理要求，也是一種皇帝責任倫理要求。二者相輔相成。但它首先是一種皇帝權力倫理的規定。即皇帝有權力要求別人為他的過錯承擔全部責任。不過這並非因為它是從法家化的皇帝權力倫理派生出來的東西，而是本真地源自於一種更為深厚的中華專制主義的政治－思想共識。墨子云，「若

285　所以我常戲言，在中國做皇帝比在西方做上帝還要舒服得多。

286　官僚無權只是相對於皇帝大權獨攬，而不是說官員無權行政，或無力治民。正因此，皇權政體給官僚分派的只是一個擦屁股的角色，或充其量只是允許其施展一種滅火隊的作用。

287　《漢書‧郊祀志上》。

288　《漢書‧文帝紀》。

289　《漢書‧蕭何傳》。

有美善則歸之上，是以美善在上而所怨謗在下，寧樂在君，憂戚在臣。故古者聖王之為政若此。」[290] 谷梁子亦云，「君不尸小事，臣不專大名。善則稱君，過則稱己，則民作讓矣！」[291] 由此構成一種理想的政治秩序和標準的政治倫理原則。[292] 事實上，這種毫無約束力的政治倫理使皇帝根本無需承擔任何責任，從而在政治事務中變得沒有絲毫責任感。

　　漢帝的明智在於，他知道，如果皇帝願意承擔政治責任，不是什麼壞事。這本身就具有很強的意識形態效應。因為它把皇帝放置在一個「民之父母」的位置上。這個位置恰恰要求皇帝必須為百姓的不幸承擔責任。

> 《詩》曰：「愷弟君子，民之父母。」今人有過，教未施而刑已加焉，或欲改行為善，而道亡繇至，朕甚憐之。夫刑至斷支體，刻肌膚，終身不息，何其刑之痛而不德也！豈為民父母之意哉？[293]

在文帝看來，如果不願為百姓的疾苦承擔責任，就自然喪失了「民之父母」的資格。這樣，皇帝自身的統治合法性隨之不復存在。所以，皇帝的責任同時就是皇帝的權力。[294]

　　必須注意，在皇權意識形態體制中，它對皇帝權力和職責的安排是不對等的，皇帝可能有很大的權力，同時卻可能只有很小的責任。換言之，皇帝權力與職責是分裂的，而不是統一的。人們可以根據皇帝權力要求他盡職盡責。如果皇帝不負責任，人們同樣無法否定其權力。這意味著，當人們無法限制其權力時，只能勉為其難地在職責上苛求皇帝，即不厭其煩地要求他像明君或聖王一樣盡到統治民眾的仁政職責。依據思想史脈絡，儒家向帝王提供的是一種責任－道德訓誡，法家給帝王製造的是一種權力－制度保障。就理論而言，責任－道德與權力－制度二者應該分開。分開有助於對問題的分析。

290　《墨子・尚賢中》。

291　《穀梁傳》襄公十九年。

292　董仲舒則將這種政治倫理提升為一種政治哲學。「《春秋》君不名惡，臣不名善，善皆歸於君，惡皆歸於臣。」（《春秋繁露・陽尊陰卑》）如此，尊君卑臣的制度規定直接成為一種善君惡臣以及美君醜臣的實踐要求。

293　《漢書・刑法志》。

294　這與君臣間的「權責二分」並不矛盾，亦不表明皇帝必須為自己的恣意妄為承擔後果。無論如何，思想闡釋不能無視歷史實存。

　　從中國思想史實態看，儒法兩家在這個問題上的分殊在於，儒家在關注君主的責任－道德時，並沒有自覺的權力－制度意識；法家在關注君主的權力－制度時，則是很明確地將責任－道德徹底撇開。所以就理論思維的深度而言，法家顯然比儒家更具理性內涵，也更符合思想史的演進理路。但在中華專制主義意識形態語境中，談責任－道德易，談權力－制度難。這應該視為政治史與思想史上法不敵儒的一個適當理由。不妨一喻，儒法兩家好比是建造房子和裝修房子的關係。法家把房子蓋好了，儒家來做室內裝修。由此可能產生兩個結果：（1）人們無力改變房屋結構，卻可以選擇裝修風格；（2）室內裝修花費的精力、時間和錢財甚至比建造房子還要多得多。最終，這使人們更多地關注於室內裝修而不是建造房子本身。在某種習慣意義上，室內裝修的風格和水準往往決定了人們對房子本身的直接觀感和評價。人們首先感覺到的是自己在儒學的室內氛圍中生活，卻意識不到自己更前在地是置身於法家的房子結構之中。當然這個比喻說的並不是儒法兩家思想起源之早晚，而是儒法兩家思想功能之分殊。

　　在民主政體中，責任－道德與權力－制度可以得到平衡性考慮和安置。二者並行不悖而又相互制約。但在專制政體下，責任－道德與權力－制度二者無論重合還是分置，均有著難以克服的致命弊端。如果重合，專制政體自然獲得一種道義上的合法性支持，而變得更加專橫強暴。面對強權，人們除了加以軟弱的道德譴責或激烈的情緒發洩，並無助於事態的真正改變。因為人們根本無法且無力觸及到專制權力的制度實質。如果分置，需要從兩面看，即一方面是由責任－道德引發出來的價值層面的仁政訴求，另一方面則是由則權力－制度引發出來的事實層面的暴政趨勢。二者的區別是：第一，仁政訴求只是一種話語鋪張，暴政趨勢則是一種現實延續；第二，仁政訴求即便偶有呈現，也不具有普遍和持久效應。

　　或許正因如此，人們對仁政訴求反而有著越來越高的心理期待。正像在房子結構不可改變的前提下，人們只能在室內裝修上下功夫，不斷變換花樣地對房間裝潢反復折騰。同樣，既然改變不了皇權政體的權力－制度本質，人們只有高揚責任－道德旗幟，試圖通過製造出一種喋喋不休的禮教氛圍，以此來對君主造成一種內在的道德自責和統治壓力，從而達到一種改善朝政，緩和危機，安撫民心的政治效應。在皇權政體的權力－制度既定的前提下，人們可以高調

抨擊暴政,也可以最低限度地抑制暴政,但絕對不可能真正實現仁政。這一點
既給了人們繼續抨擊暴政的理由,也使人們有理由相信,凸顯責任－道德肯定
能夠有助於君主的自我約束和仁性提升。可見,人們批判法家在政治實踐中表
現出來的酷烈慘毒,稱讚儒家對君主行政施加的道德自省意識,都是在中華專
制主義語境中並行不悖的二元邏輯。這種二元邏輯使責任－道德與權力－制度
二者永遠得不到妥善安置。所以結果只能有一個,而這正是事情的實質。當人
們由於種種原因而熱誠強調皇帝的職責時,其凸顯的始終是皇帝的絕對權力。
我傾向於相信,這一點構成了中國政治觀念的絕對本質。

第八節　皇帝專制的理性邏輯

一、專制與理性

　　某種意義上,專制與理性的關係是政治思想史中最耐人尋味的問題。專制
與理性之關係可分解為兩個層面:人們創設專制制度時所運用的理性,人們在
專制制度架構中所能運用的理性。就前者言,它是一種理性化的制度;就後者
言,它是一種制度化的理性。人們一方面運用理性來創設皇帝制度,另一方面
則憑藉皇帝制度禁止人們運用理性去分析皇帝制度。從根本上說,用制度化的
理性抑制理性,這本身就是高度理性化的結果。所以,在皇帝權力問題上,人
們不是用權力制約權力,而是用理性限制理性。但這並不因此而必然導致一種
「非理性」,或所謂的「反智主義」。就其本質,專制制度本身是一種成熟理
性化的人為建構。專制制度的殘酷性不在於其非理性,恰在於其理性。[295]

　　因為唯有理性才能保證專制制度的創設、運作和維繫。創設制度時所需要
的思想資源以及制度運作所能發揮的最大權力效應,都需要理性的複雜論證和
縝密考慮。故而,制度本身包含的理性成分與制度對理性批評所能允許的客觀
限度,成為相互糾纏難以剝離的東西。前者是實踐理性(制度理性),後者是
理論理性(批判理性)。所謂實踐理性,是指政治事務中的實際權衡和制度運
作中的複雜考量;所謂理論理性,是指對整套制度規則以及前提理念乃至現行

295　許多時候,暴君的胡作非為和暴政的肆意妄為,並非「無理性」或「非理性」之舉,
　　而是「過度理性」或「極端理性」所致。專制皇權的無法無天完全符合「天道無常」
　　的自然理性法則。

統治方式的獨立思考和全面評估。二者是兩個相關但又不同的問題。總體而言，中國歷史上，制度理性明顯大於批判理性。這裡有一個價值向度和目的論的考慮。所以，皇帝制度和官僚體制越是高度的理性化，其中存有的理性思考空間越小，人們越是難以對這套制度進行正常的理性反思。

以秦為例，我們可以很清晰地看出，制度理性與批判理性之間的衝突絕對不可避免。起初，人們在討論採用何種制度時都很有理性。比如，

> 丞相（王）綰等言：「諸侯初破，燕、齊、荊地遠，不為置王，毋以填之。請立諸子，唯上幸許。」始皇下其議於群臣，群臣皆以為便。廷尉李斯議曰：「周文武所封子弟同姓甚眾，然後屬疏遠，相攻擊如仇讎，諸侯更相誅伐，周天子弗能禁止。今海內賴陛下神靈一統，皆為郡縣，諸子功臣以公賦稅重賞賜之，甚足易制。天下無異意，則安寧之術也。置諸侯不便。」始皇曰：「天下共苦戰鬥不休，以有侯王。賴宗廟，天下初定，又復立國，是樹兵也，而求其寧息，豈不難哉！廷尉議是。」[296]

一旦制度建立起來，人們能夠運用的理性權利就受到嚴格限制，而變得非常有限了。這種限制理性的理由本身恰恰是以理性的方式進行論證的。比如李斯說：

> 古者天下散亂，莫之能一，是以諸侯並作，語皆道古以害今，飾虛言以亂實，人善其所私學，以非上之所建立。今皇帝並有天下，別黑白而定一尊。私學而相與非法教，人聞令下，則各以其學議之，入則心非，出則巷議，誇主以為名，異取以為高，率群下以造謗。如此弗禁，則主勢降乎上黨與成乎下。[297]

專制主義與理性的關係微妙而又奇特。一方面，專制主義本身是理性的產物。「別黑白而定一尊」說明專制主義承認世界上確實存在著黑白之分，只是這黑白之分的標準必須由「一尊」制定。而且只有「一尊」才能保證黑白之分的結果最終實現。顯然，這種理解本身是一種非常理性的過程。另一方面，問題的悖論在於，理性對理性的取消，保留的則僅僅是理性化的制度。這種理性化的

296　《史記‧秦始皇本紀》。
297　《史記‧秦始皇本紀》。

制度則將所有那些有可能與專制制度相抵觸的批判理性堅決抑制在最低限度，使之難以產生任何積極影響。

專制與理性的關係彷彿於：有時，理性建造好了專制這所房子，理性自己卻被關在房子外面，所以理性根本弄不清房子裡面的發生的事情；有時，理性建造好了專制這所房子，理性自己卻被關在房子裡面，理性自己無論如何也走不出這所房子。二者的共同結果是，都無法正常運用理性的力量去揭示專制的本質。

二、皇帝理性與官僚理性之比較

從專制與理性的關係看，有一個問題尤為值得探究。這就是，皇帝與官僚究竟誰更有理性？抑或二者究竟誰能更好地使用理性？理論上，權力與理性並非完全對立，並非權力越大，理性越少。它取決於這種權力是否受到有效制約。這意味著，只有受到有效制約的權力才合乎理性，才能被理性地使用。專制權力是絕對不受制約的，特別是專制權力的最高體現皇帝權力更是如此。是可知，專制權力是非理性的權力，皇帝權力是最無法無天的權力。

某種意義上，事情似乎確實如此。故而，人們常說，皇帝是無理性的，官僚們則往往有理性。甚至可以依靠官僚制來制約皇權的專制、獨斷、無理和蠻橫。因為「官僚制度可以包含若干理性的成分，而君權傳統中卻容不得理性的充分施展」。[298] 倘若仔細辨析，這裡涉及諸多問題需要進一步認真考慮。第一，皇帝制度不允許人們理性地思考皇帝權力的性質和界限，同皇帝制度下皇帝自己能夠使用理性來決策政務是不同的兩件事；第二，就歷史實際而言，皇帝顯然是能夠理性決策的，當然這不意味著皇帝決策事事處處都很理性；第三，古代官僚制不是現代意義上的法制官僚制，而是皇權官僚制；第四，作為皇權官僚制，它使官僚集團依附於皇權，而沒有一種獨立的政治價值觀念，它根本無法觸及皇帝權力的性質和界限，所以它的理性功能非常有限；第五，作為皇權官僚制，它雖然可以在一些具體的行政管理事務上表現出某種程度的理性，但絕對不能觸犯皇權政體。概言之，皇權官僚制實質上是一種絕對無視乃至根本不允許官僚施展理性的專制制度架構。因為理性需要相應的制度保證，官僚體制卻不能有效保障這點。

---

298   余英時，《中國思想傳統的現代詮釋》，第89頁。

或許，有時候，官僚理性可能對皇帝理性起到某種規勸和提醒的作用。比如，季布對文帝講的一番話就是如此。「陛下無故召臣，此人必有以臣欺陛下者；今臣至，無所受事，罷去，此人必有以毀臣者。夫陛下以一人之譽而召臣，一人之毀而去臣，臣恐天下有識聞之有以窺陛下也。」[299] 季布希望文帝能夠運用自己的理性，對人事是非加以客觀判斷，不要輕易為閒言碎語所左右。因為一旦皇帝喪失理性，很容易為人控制。在這種場合，很明顯，官僚理性的功能雖然可以彌合皇帝理性和啟動皇帝理性，卻絕對不能支配皇帝理性和駕馭皇帝理性。

我們可以明確的是，官僚體系不是皇權體制這個身體上的另外一個頭，而只是它的四肢。換言之，官僚體系和皇權體制之間既不是兩個身體的關係，也不是身體和頭腦的關係，而是身體內部的關係，即四肢和頭腦的關係。[300] 有時，人會四肢不靈，這時，大腦無法正常指揮四肢。但這只是神經中樞系統的某一部分出了毛病，感覺不到大腦發出的指令和信號，而非四肢具有了獨立意識，在行使其自主意志。這個比喻說明，在政治實踐中，皇帝對龐大官僚體制的指令可能時常無法得到貫徹執行，即官僚機器的自行運轉，往往使皇帝產生某種失控的危機感。但這只能證明皇帝個人理性能力的有限，而不能證明官僚具有理性。只要承認四肢不具備理性，我們在理解古人觀念時，就必須尊重古人的說法。古人常用一些生動形象的比喻來刻意凸顯君臣關係的性質之迥異。最習見的有，「君為元首，臣為股肱、爪牙」；「君為心，臣為九竅」；「君為馭者，臣為車馬」。[301] 這說明，「以『心』指國君，以其他器官指群臣百官，這幾乎是古代政治思想家的共識。」[302] 基於這個思想史共識，我們沒有理由否認，只有作為「頭腦」或「元首」的君主具備理性，作為「肢體」或「股肱」的官僚是根本不具備理性的。[303]

299　《史記‧季布列傳》。

300　這意味著，皇權體制具有雙重含義，既是身體，又是頭腦。官僚體制則只有一種含義，即四肢。

301　劉澤華對此寓意多有精到分析。參見《中國的王權主義》，第 249–250 頁。

302　黃俊傑，〈中國古代思想史中的「身體政治學」：特質與涵義〉，《國際漢學》第 4 輯，大象出版社，1999 年。

303　肢體的本性決定了它不可能具備理性，這種本性並不取決於肢體數量的多少。兩隻胳膊沒有理性，四肢六臂照樣不會有理性。在腦袋數量固定不變的情況下，手腳越多，並非必然意味著功能越強大，相反倒是可能意味著效率越低下。在皇帝有理性而官僚

基於此，我們引出兩點結論：（1）不能低估皇帝制度賦予皇帝可能有的理性；（2）不能高估官僚制度賦予官僚可能有的理性。就是說，更多地在實際的政治實踐中來考察皇帝的理性和官僚的理性二者之殊異，而不是僅僅局限於思想文本的理論話語。

這樣，我們的論點與習慣認知截然不同。所謂理性從字面看，意味著獨立意志和自由意志。基於這個判斷，顯然，只有皇帝有理性，官僚是沒有理性的。從具體歷史事態看，所謂官僚理性不外乎有兩種表現：一是，以丞相為首的朝臣對皇帝的意圖作出某種規勸、批評，試圖使皇帝能夠接受自己的意見，改變原來的想法；二是，由於官僚機器演化的日益龐大和複雜，皇帝個人根本控制不了官僚機器每一環節的具體實施情況，這樣，皇帝指令在官僚們的實際執行過程中發生程度不等的扭曲和變形在所難免。但這二者均與理性無關。就後者而言，它屬於官僚機器在運作過程中必然出現的正常現象。就前者而言，它雖然表現出某種程度的理性，但這種理性既有限，又脆弱，它根本不足以同皇帝的強硬要求相抗衡；另外，它雖然表現出某種程度的自我意志，但這種意志既不獨立，也不自由。[304] 它以皇帝的意志為意志，即便批評皇帝，也是出於維護皇帝利益的鄭重考慮。

我們不妨再作一假設。倘若官僚集團真有足以抵制皇帝專制之理性，合乎邏輯的推論應該是：伴隨著官僚隊伍人數的不斷膨脹，官僚集團應該具有越來

沒有理性的狀態下，由於皇帝的強力控制，皇帝的清明往往可以造成官僚的廉潔；反之，由於皇帝的示範效應，皇帝的腐化則必定直接導致官僚的腐敗。一旦官僚集團呈體制性腐敗，這時皇帝再來亡羊補牢般地反覆下詔，改革吏治，要求官僚自律，加強修養，提高覺悟，只能是於事無補。在這種情況下，人們產生出一種「歪嘴和尚念好經」之感慨。這種感慨隱含的價值預設是：明君與貪官的二元對立。當皇帝的表面姿態和官樣文章無法有效約束官僚的實際行為時，人們認為官僚們是有自己的理性的。但在我看來，即便官僚的腐敗欲望是一種理性，它也是一種徹頭徹尾的惡之理性。這種理性非但不能限制皇帝的蠻橫與專制，反而自然融入皇帝的蠻橫與專制之中，使其對社會秩序和民眾生活的破壞達到空前的恐怖水準。

304 人們慣常將官僚行政同道義擔當附會起來，似乎士人憑藉「學統」或士大夫依憑「道統」足以同君主相抗衡，做到所謂「從道不從君」。這在絕大多數情況下都是很可笑的「精神自慰」和「烏托邦」。進而言之，將士人看成中國古代社會獨特的一類，認為士人參政構成所謂「士大夫政治」，其依據主要是將士人與道聯繫在一起，認為士人秉道而立，依道而行，是道義的承擔者。這其實是現代版的「道統論」。古人所說道統只局限於極少數聖人明君身上，今人所說道統則擴及所有儒生士人。姑且不說道之廉價以至於斯，使得道義和道統已變得毫無意義。就其事實而言亦非如此。因為無論「道術為天子裂」，還是「道術為天子合」，士人又何以可能承擔道義和延續道統呢？

越多的理性意識，因而，官僚集團就具有越來越大的抵制皇帝專制的理性能力。這意味著，伴隨著官僚集團人員的增加，官僚集團能夠憑藉某種群體意志和階級意識更有效地制約皇帝個人的專制行為，從而使政治狀態變得更為合理化和有序化。依據這個推論，結果應該有二，即在官僚集團數量擴大的情況下：（1）皇帝專制的可能性變得越來越小，皇帝專制造成的後果被控制在越來越小的範圍內；（2）政治環境變得越來越開明、清明和理性。

歷史實際恰恰相反，伴隨著官僚集團的急劇擴增，整個官僚集團的素質卻大為降低，官僚集團的腐敗在變得體制化和合法化，政治環境的黑暗化和劣質化呈不可逆轉之趨勢，直至滅亡。這是從歷代皇朝中後期開始直到朝代崩潰的整個過程。這個過程恰與官僚集團的數量擴增相吻合。二者之間的因果關係不難勘定。由此反證，以官僚集團理性意識之脆弱以及理性能力之有限，絕無可能構成足以有效制衡皇帝專制之肆意氾濫的可靠堤壩和堅強防線。

總之，從長時段歷史進程觀察，對皇帝個人的自由意志來說，官僚集團並不能構成一種統一的集體意志。就是說，從實際政治狀態看，從未有過官僚集團以一種統一的集體意志的方式來同皇帝發生直接對抗。如同民眾在絕大時候都是沉默的分散的缺乏堅實力量的原始群體一樣，官僚往往也是一個無聲的自私的矛盾重重的簡單群體。他們不可能和皇帝的強大意志持久抗衡。他們更多的時候是知趣地選擇妥協和退讓。因為他們心裡十分清楚，這樣做，對自己最為有利。只有在這點上，官僚集團的有限理性才可能發生作用。

三、皇帝理性之實踐

天子之名與君主之實結合起來，使皇帝成為可能。普遍王權和絕對君權之結合，使皇權既普遍，又絕對。這樣，理論上，皇帝擁有的理性成為一種普遍理性和絕對理性。這是官僚理性之所以不能同皇帝理性相抗衡，更不能壓倒皇帝理性的原因所在。所以任何一個正常的皇帝，起碼的理性是應該具備的。[305]雖然在秦帝國，除了扶蘇向始皇帝當面提出一次批評外，再沒有第二人公開批

305　現在有種不好的時髦傾向，人們在過多強調官僚制的理性因素時，又導向了另外一個極端，即過度渲染皇帝行政的非理性因素，甚至把一些制度創設也視為非理性的產物。可謂「智可及而愚不可及」。比如有人說，「秦漢之際的制度創設其實多是出自秦皇漢武這類政治家的蠻幹胡來（他們都很迷信）。」（李零，《中國方術續考》，第185頁，東方出版社，2000年。）

評皇帝。就連扶蘇也為此遭貶受罰外放監軍。可見秦政的確是拒絕一切批評聲音的。但這只能說明秦政已把官僚理性壓制到了最低限度，並不能說明皇帝本人沒有理性。

實際上，以秦始皇之暴戾，其所作所為無不是理性思考的結果。甚至「焚書坑儒」也同樣如此。「焚書」源自李斯的提議和論證，其中所含理性自不必說，「坑儒」則尤見始皇帝之理性。一是，「悉召文學方術士甚眾，欲以興太平，方士欲練以求奇藥。」二是，「今聞韓眾去不報，徐市等費以巨萬計，終不得藥，徒奸利相告日聞。」三是，「盧生等，吾尊賜之甚厚，今乃誹謗我，以重吾不德也。」[306] 在秦始皇看來，這三點都是非常強有力的證據。第一點說明「求奇藥」是「興太平」的一部分，它可以引申為秦始皇「求奇藥」不是單純為了滿足個人的一己私欲，而是出於秦始皇對理想政治的一種宏大考慮和特殊追求。第二點說明「方術士」是一幫貪得無厭的卑鄙小人和無恥騙子。第三點說明「方術士」的「誹謗」行為對秦始皇的統治和德行已經造成了嚴重損害。合而觀之，構成一條非常清晰的證據鏈。這條證據鏈環環相扣，足以把「方術士」置於死地。它體現出秦始皇特有的政治理性思維能力和細密而靈活的理性技巧。

其實就連二世這樣的豬頭昏君，也知道在做事情前先用腦子想一想。雖然這種「想」並不能夠使他變得多少明智一點。毋庸置疑的是，他的「想法」畢竟合乎理性。這點至關緊要。比如，二世說，「酈山事大畢，今釋阿房宮弗就，則是章先帝舉事過也。」[307] 又如，二世對趙高說，「夫人生居世間也，譬猶騁六驥過決隙也。吾既已臨天下矣，欲悉耳目之所好，窮心志之所樂，以安宗廟而樂萬姓，長有天下，終吾年壽，其道可乎？」[308] 二世想給自己的窮奢極欲尋找一個適當的理由，說明他的思維是理性的。他找到的理由也的確非常合乎理性。這使他能夠心安理得地享受自己的縱欲極樂。

> 凡所為貴有天下者，得肆意極欲，主重明法，下不敢為非，以制御海內矣。夫虞、夏之主貴為天子，親處窮苦之實以徇百姓，尚何於法？朕尊萬乘，毋其實，吾欲造千乘之駕，萬乘之屬，充吾號名。且先帝起諸侯，兼天下，天下已定，外攘四夷以安邊境，作宮室以

306　《史記・秦始皇本紀》。
307　《史記・秦始皇本紀》。
308　《史記・李斯列傳》。

章得意。[309]

至於他發起昏來，就與理性無關了。關鍵是，一旦皇帝喪失理性，官僚儒生也不可能再有什麼理性。[310] 是可知，官僚理性來源於皇帝理性，官僚自己則無權擅自使用自身之理性。當皇帝不可理喻時，官僚們的正常理性就會降低為零。在這種情況下，明哲保身的利益考慮成為唯一可取的理由。於是，欺騙、愚弄和說謊成為宮廷政治和帝制國家另一種合理的言說方式。

這說明，在「皇權官僚制」架構中，正像皇帝的德行對官僚具有強大的示範效應一樣，皇帝的理性闕失對官僚更是具有強烈的導向性。我們如此定位皇帝和官僚之間的理性起伏消長狀態，並不意味著事情絕對沒有任何例外。劉邦廢立太子的前後態度變化就是一個充滿戲劇性的有趣例子。在這一事件中，劉邦與官僚發生了衝突。最終是劉邦作出讓步，放棄了自己原來的想法，不再廢立太子。但這一結果既不說明劉邦無權這麼做，也不說明劉邦這麼做不合情理，更不說明官僚意願已能支配皇帝意志，[311] 只是說明在「漢承秦制」的總體框架下所發生的某種程度的政治形態之變異，[312] 再加上劉邦個人的行政風格之殊異和統治策略之考慮，[313] 還有一個不可忽視的原因是，劉邦本人對廢立太子一事從一開始就不是非常堅決，而一直出於搖擺不定的猶豫狀態。這幾種因素的合力使官僚有幸獲得了某些難得的理性施展機遇，故而便出現這種結局，官僚理性最終壓倒了皇帝權威，使事情向著官僚意願的方向發展。

遺憾的是，這種情況在中國歷史上並不多見。更不容忽視的是，即便官僚理性偶爾掌控局面，也不意味著一定對國家或百姓有利。當然，這同樣不意味著皇帝理性必定有利於國家或百姓。這是另外一個問題。其實，我們的分析基於兩個考慮：（1）皇帝制度或皇權政體對誰最有利，最能保障誰的利益？（2）皇帝制度能讓誰最大限度地施展理性？這種考慮並不確認理性的運用一定有利

309　《史記·秦始皇本紀》。

310　《史記·叔孫通列傳》。

311　司馬光評論說，高祖「若決意欲廢太子立如意，不顧義理，以留侯之久故親信，猶云非口舌所能爭，豈山林四叟片言遽能梜其事哉？借使四叟實能梜其事，不過汙高祖數寸之刃耳。」（《資治通鑑·考異》卷1）

312　比如，體制上的分封架構以及具體做法上的不再孤立強調法術。

313　溫公云：「高祖剛猛伉厲，非畏搢紳議議者也。但以大臣皆不肯從，恐身後趙王不能獨立，故不為耳。」（《資治通鑑·考異》卷1）

於國家或百姓。相反，它認為無論皇帝還是官僚，其理性的施展均無關於國家或百姓，而是首先關乎他（們）自己。在這點上，皇帝與官僚完全一致，即其運用理性首先都是為自己利益考慮。但由於皇權政體為皇帝理性提供的制度空間最為廣大，這在客觀上造成一種錯覺或誤解，似乎官僚運用理性更多是出於對國家或百姓利益的考慮。這使人們往往輕信，官僚理性對國家和百姓有好處。顯然，這是不明專制之本質，不察專制對理性之腐蝕。

第三章　皇權主義普遍規範的逐漸確立：以官僚意識、士人共識、國家理念為中心

第一節　官僚意識的思想史分析

一、為吏之道

（一）法‧道‧術

　　官僚制多為人們所注意，但官僚意識則往往被人忽視。在官僚意識的觀念演化中，秦帝國是一個關鍵時期，但以往由於文獻資料所限，人們不可能對這一問題有更清晰和深入的認識。而《睡虎地秦墓竹簡》[1]的出土，則在相當大的程度上彌補了這一缺陷。但就目前的研究現狀看，情況似乎不太樂觀。大體說來，人們已經注意到《為吏之道》與諸子思想之關聯。[2]同時，對於《為吏之道》與官僚倫理教化之關係，也開始引起人們的重視。[3]這兩方面雖然多少涉及到了

1　文物出版社，1978 年。

2　比如，高敏《睡虎地秦簡初探》（河南人民出版社，1981 年）一書中，有專文論述〈秦簡《為吏之道》中所反映的儒法融合傾向——兼論儒法諸家思想融合的歷史演變〉。臺灣學者余宗發《雲夢秦簡中思想與制度勾摭》（文津出版社，1992 年）一書，辟有專章「《雲夢秦簡》與諸子關係鈎摭」。吳福助《睡虎地秦簡論考》（文津出版社，1994 年）一書，收有〈《為吏之道》法儒道家思想交融現象剖析〉一文。

3　比如，吳福助〈《為吏之道》官學識字教材論考〉（《睡虎地秦簡論考》）、張敏〈秦代的官德——讀《為吏之道》〉（《秦文化論叢》第 9 輯，西北大學出版社，2002 年）、

帝國官僚意識的思想狀態，但它們顯然並不是以官僚意識之一般構成與內在特質為中心來進行系統考察和分析的。換言之，它們都不是政治思想史的視角。所以依據《睡虎地秦墓竹簡》來分析官僚意識的觀念生成，不失為一個有價值的嘗試。

《睡虎地秦墓竹簡》中的內容屬於秦帝國建立前夕和初期。其中的法律文書和政治文件反映了秦國長期以來發達而又成熟的吏治傳統。尤其是它對秦國在戰國爭霸實踐中所積累起來的新的吏治經驗和所達到的新的吏治管理水準進行了明確的表述和細緻的說明。從歷史連續性和長時段的角度看，《睡虎地秦墓竹簡》所概括和闡發的「為吏之道」無疑就是秦帝國「吏治天下」的普遍通則。不僅如此，甚至它還勾畫出了漢帝國「以吏治國」的基本範式。

從政治思想史的角度看，《睡虎地秦墓竹簡》中的《語書》和《為吏之道》兩篇文獻具有特殊價值。[4] 通過對其內容的深入解讀，我們可以較為清晰地看出官僚意識在秦帝國的演化進程。比如，邢義田判斷《為吏之道》思想上的複雜性正反映了秦始皇三十四年焚書以前「白黑未別，一尊未定的情況」。[5] 余英時則認為，「秦代存在著兩種不同的『吏道』觀，分別地代表著『政』與『教』兩個方面。」其中，「《語書》所代表的是秦代官方對於『吏道』的觀點。」而《為吏之道》則反映出一種「大傳統」的教化式的「吏道觀」。二者形成尖銳對立。[6] 但這只是一方面。從思想共識角度看，「政」、「教」兩面的吏道性融合當更為重要。因為這是皇權政體下「意識共同體」建構之必然。

伴隨著大一統帝國建立的歷史轉折進程，大批有著專業技能的職業官僚成為統治社會的主體力量。在這種情況下，維持和強化作為一個「政治共同體」的官僚階級的自我意識就成為必須。官僚集團作為國家的統治階級，是一批有著固定思維和觀念的人。他們的思維和觀念一方面決定著他們自己的行動，另一方面又對整個社會成員的生活和思想發生著強有力的規範、引導、定向、塑造和示範作用。所以在客觀意義上，官僚意識是社會政治意識中最醒目的一部

王健〈從《為吏之道》和秦刻石銘文看秦政中的倫理因素〉（2001 年 10 月咸陽「秦文化學術研討會」的提交論文）三文均是著眼於此。

4　學者普遍認為《為吏之道》具有某種「官方教材」性質。這使得它所闡發的官僚意識更具思想共識的普泛性和典型性。

5　〈雲夢秦簡簡介〉，《秦漢史論稿》，東大圖書公司，民國 76 年。

6　參見〈漢代循吏與文化傳播〉，《士與中國文化》，上海人民出版社，2003 年。

分。它可以成為我們分析、比較和觀察一般社會政治意識的有效途徑。更重要的是，在帝制社會，由皇權官僚制塑造而成的官僚意識本身作為皇權意識形態的有機構成，迄今尚未得到深入剖析和嚴格審視。在這點上，《語書》和《為吏之道》為我們提供了一份帝國早期的官僚意識形成譜系。

給人印象深刻的是，《語書》和《為吏之道》所展示出來的對法典律令的高度重視和強調。《語書》認為法律具有移風易俗，改造人心的作用。

> 古者，民各有鄉俗，其所利及好惡不同，或不便於民，害於邦。是以聖王作為法度，以矯端民心，去其邪避（僻），除其惡俗。法律未足，民多詐巧，故後有間令下者。凡法律令者，以教道（導）民，去其淫避（僻），除其惡俗，而使之之於為善殹（也）。

它因而指責「今法律令已具矣，而吏民莫用，鄉俗淫失（泆）之民不止，是即法（廢）主之明法殹（也），而長邪避（僻）淫失（泆）之民，甚害於邦，不便於民。」而對官吏來說，其職責首先就是「修法律令」，「令吏明布，令吏民皆明智（知）之，毋巨（距）於罪。」它規定，對法律的執行情況以及實施效果，應該作為評價官吏工作的重要標準。

> 今法律令已布，聞吏民犯法為間私者不止，私好、鄉俗之心不變，自從令、丞以下智（知）而弗舉論，是即明避主之明法殹（也），而養匿邪避（僻）之民。如此，則為人臣亦不忠矣。若弗智（知），是即不勝任、不智殹（也）；智（知）而弗敢論，是即不廉殹（也）。此皆大罪殹（也）。

《語書》認為如果官吏不能很好地使用法律來管理社會和民眾，那肯定就是「不忠」、「不智」、「不廉」、「不勝任」，而這些「皆大罪殹（也）」。

所以《語書》進一步要求必須根據法律來衡量官僚是否稱職和合格。「凡良吏明法律令，事無不能殹（也）；有（又）廉絜（潔）敦愨而好佐上；以一曹事不足獨治殹（也），故有公心；有（又）能自端殹（也），而惡與人辨治，是以不爭書。」相反，「惡吏不明法律令，不智（知）事，不廉絜（潔），毋（無）以佐上，繪（偷）隨（惰）疾事，易口舌，不羞辱，輕惡言而易病人，毋（無）

公端之心，而有冒柢（抵）之治，是以善斥（訴）事，喜爭書。」有趣的是，它把「爭書」行為描述得非常生動。「爭書，因恙（佯）瞋目扼掔（腕）以視（示）力，訐詢疾言以視（示）治，詖訛丑言麚砟以視（示）險，坑闉強肮（亢）以視（示）強，而上猶智之毆（也）。」最後它特意強調「如此者不可不為罰」。其吏治思路顯然並非以道德禮樂為本。很自然的是，在這種「吏治天下」和「以法治國」的專制體制中，「以法治吏」的結果使得法律意識開始成為官僚們自覺約束自身行為的自我意識的必備內容。

此外，《為吏之道》還從「道」與「術」兩個層面對官僚行為作了區分。「凡為吏之道，必精絜（潔）正直，慎謹堅固，審悉毋（無）私，微密韱（纖）察，安靜毋苛，審當賞罰。嚴剛毋暴，廉而毋刖。」此之謂「道」。至於「術」則區分得極為細密，所謂「吏有五善」、「吏有五失」。而這種分類非常相似於《語書》從法律角度所作的「良吏」、「惡吏」之區分。只不過它更多地側重於廣義的官僚職責。

> 一曰中（忠）信敬上，二曰精（清）廉毋謗，三曰舉事審當，四曰喜為善行，五曰龔（恭）敬多讓。

是謂「五善」。

> 一曰誇以迣，二曰貴以大（泰），三曰擅裚割，四曰犯上弗智（知）害，五曰賤士而貴貨貝。一曰見民倨敖（傲），二曰不安其電（朝），三曰居官善取，四曰受命不僂，五曰安家室忘官府。一曰不察所親，不察所親則怨數至；二曰不智（知）所使，不智（知）所使則以權衡求利；三曰興事不當，興事不當則民傷指；四曰善言隋（惰）行，則士毋所比；五曰非上，身及於死。

是謂「五失」。但實際上所「失」遠不止「五」。從其所列舉的內容來看，涉及到的方面十分寬泛。從官僚的個人品行到對待上司和百姓的態度，從官僚的辦事能力到實際效果，都是官僚最容易出錯的地方。這至少說明對於官僚而言，過失要比善行之機率大得多。而這種判斷之客觀性恰恰證明它是非常理性的思考。

　　由此可見，《為吏之道》對於官僚本身的認識相當現實和深刻。官僚由於是行使權力者，故而為惡的可能性遠大於行善的可能性。此乃歷史不爭之事實。《為吏之道》顯然懂得這個道理。從理論上說，意識到這點，自然也就增加了約束它的可能。儘管在專制政體之下，對官僚作惡的制約很難真正落實到制度層面和法律層面，而更多的是一種繁富無休的道德教化。但毋庸置疑的是，這本身就是一種值得稱道的思維成就。它表明它有能力將自身肯定為一種成熟的官僚意識。它是官僚意識對官僚自身存在狀態的反省。它對於官僚集團素質的改善以及官僚所承擔的社會管理職能的有效行使無疑都是有益的。

　　總之，透過《為吏之道》所描述的「正反」兩個方面，我們可以看出官僚集團已經完全具備了適應皇權體制的自我意識和自我責任感。

（二）忠君・愛民・修身

　　一般官僚意識大都包含有忠君、愛民、修身這些內容。《為吏之道》的特點是，它在凸顯官僚職業特性即吏治的同時，充分擴張了這些似乎更多屬於官僚個人道德修養方面的規定和要求。這至少說明在皇權官僚制成長過程中，帝國對於官僚集團的素質要求並非一味偏執於行法的刻深與酷暴。

　　《為吏之道》對忠君談的不多。只是略有涉及。比如，「君鬼臣忠，父茲（慈）子孝，政之本殹（也）；志徹官治，上明下聖，治之紀殹（也）。」

　　相形之下，《為吏之道》對愛民和修身則異乎尋常地重視。《為吏之道》對於愛民提出的要求是，「審智（知）民能，善度民力，勞以衛（率）之，正以橋（矯）之。」、「除害興利，茲（慈）愛萬姓。毋罪毋（無）罪，【毋（無）罪】可赦。」這固然表明一種理想，「然而它跟秦始皇幾次東巡刻石文字中表現的憂恤黔首的精神頗相一致，所以它至少應是當時秦國上下一體努力想做到的目標。」[7]

　　從長時段看，官僚政治必然引發出對官僚的道德要求和素質規定。而最能體現其國家「公僕」特色的則是官僚對民的態度。《為吏之道》有一段話集中地展示出這種意向。

　　　施而喜之，敬而起之，惠以聚之，寬以治之，有嚴不治。與民有期，

7　管東貴，〈秦漢封建與郡縣由消長到統合過程中的血緣情結〉。

安驥而步，毋使民懼。疾而毋謂，簡而毋鄙。當務而治，不有可苴。
勞有成既，事有幾時。治則敬自賴之，施而息之，貫而牧之；聽其有
矢，從而賊（則）之；因而征之，將而興之，雖有高山，鼓而乘之。
民之既教，上亦毋驕，孰道毋治，發正亂昭。安而行之，使民望之。
道傷（易）車利，精而勿致，興之必疾，夜以桵（接）日。觀民之詐，
罔服必固。地修城固，民心乃寧。百事既成，民心既寧，既毋後憂，
從政之經。不時怒，民將姚去。

不難發現，其中一以貫之著一種彷彿可以稱之為「仁政」的觀念傾向。比如，
不濫用民力，「與民有期」，「勞有成既，事有幾時」。又如，對百姓不能肆
意施加暴力，而應該「施而喜之」，「寬以治之」，「毋使民懼」。因為它相
信「有嚴不治」。再如，它主張對百姓要進行教化。「民之既教，上亦毋驕，
孰道毋治，發正亂昭。安而行之，使民望之。」聯繫《漢書・高帝紀》，「吏
以文法教訓辨告，勿笞辱。」師古解釋說，「辨告者，分別義理以曉喻之。」
王念孫則認為「此望文生訓，而非其本旨」。他考辨說，「辨讀為班，班告，
布告也。謂以文法教訓，布告眾民也。」[8] 但不論「曉喻義理」，還是「布告教
訓」，都合乎秦政《為吏之道》提出的吏治要求。它顯然已不是簡單的文吏政治，
而是融入了更多屬於政治－思想共識的內容。這些共識性內容將秦政的吏治規
範放置於一個更加廣泛的基礎之上，從而使其獲得更大的社會認同。

　　所有這些無疑表明了一種不那麼苛嚴峻急的吏治作風。而這種吏治作風較
之於過度的嚴刑峻法在管理民眾時可能更為有效。這就意味著教化民眾同樣是
官吏的一項主要職能。《為吏之道》指出，官吏應該以身作則，示民表率，只
有這樣才能贏得民心。「凡戾人，表以身，民將望表以戾真。表若不正，民心
將移乃難親。」《為吏之道》明確意識到民心的重要性。所以反復強調必須安
定民心，所謂「地修城固，民心乃寧。百事既成，民心既寧」，認為這是「從
政之經」。否則將會喪失民心，進而導致國家的分崩離析，一敗塗地。

　　《為吏之道》認為，重視民心並不等於允許百姓隨心所欲。相反，統治者
這裡需要注意兩點：一是必須使百姓無欲，即不能放縱百姓的欲望。「掇民之
欲政乃立。」而抑制民眾欲望的關鍵在於官吏自己能夠率先垂範，「上毋間陕，

8　《讀書雜誌》「辨告」條，北京市中國書店，1985 年。

下雖善欲獨可（何）急？」一是必須使百姓無惑。「今數環，百姓搖（搖）貳乃難請。」這些牧民之術既有濃厚的《老子》氣息，又有明顯的儒家色彩。

對於修身，《為吏之道》提出，

> 反赦其身，止欲去顗（願）。中不方，名不章；外不員（圓）。尊賢養擘，原埜（野）如廷。斷割不刖。怒能喜，樂能哀，智能愚，壯能衰，愚（勇）能屈，剛能柔，仁能忍，強良不得。審耳目口，十耳當一目。安樂必戒，毋行可悔。以忠為榦，慎前慮後。君子不病毆（也），以其病病毆（也）。同能而異。毋窮窮，毋岑岑，毋衰衰。臨材（財）見利，不取句（苟）富；臨難見死，不取句（苟）免。欲富大（太）甚，貧不可得；欲貴大（太）甚，賤不可得。毋喜富，毋惡貧，正行修身，過（禍）去福存。

這是一段具有《老子》意味和風格的說詞。也有人認為它和《大戴禮記》、《禮記》中的詞句類同或相似。[9] 其實，在這裡勉為區分，也未必合適。如果我們將它視為一種普泛性的政治共識，倒可能更為準確。所謂政治共識就是一種在最低限度和最廣泛意義上所能達成一致意見的某種政治觀念。它是在相當漫長的歷史時期內自然形成的政治態度和政治偏好。所以它裡面混合有各種各樣的思想和理論，並不奇怪。它超越了各門各派的政治歧見，而發展出一種極具操作性和規範性的政治常識。在某種程度上，它彷彿是一種最具包容性和均衡性的政治認同感。它不獨特，不深刻，不異端，不偏激，不鋒芒畢露，不咄咄逼人，不一針見血，不振聾發聵。它平常，溫和，中庸，淺顯，一般，圓滑，不倫不類，左右逢源。但實質上這是一種經過長時間歷史沉澱和思想消化的結果。它化高深為平易，化艱澀為通俗，化凌厲為平和，化激烈為舒緩。人們在其中可以看到種種在社會和耳目流傳中所早已知曉和熟悉的說教和觀念。而這些恰恰屬於官僚意識的正常演化狀態。我們在這裡所感受到的正是這種官僚意識所呈現出來的最普遍最一般的近乎某種「平常化」的觀念。

我們有理由推測，《為吏之道》這般推重官吏的人品修養，似乎顯示出某種「人性化」的一面，而不僅僅是過度的官僚化和職業化。其他諸如，「長不行，死毋（無）名；富不施，貧毋（無）告也。貴不敬，失之毋□，君子敬如始。」

9　見《睡虎地秦墓竹簡》整理者對《為吏之道》的「說明」。

同樣充滿著人情世故般的諄諄教誨。

另有一些內容則把官僚修身與吏治二者混合起來談。比如，

> 寬俗（容）忠信，和平毋怨，悔過勿重。茲（慈）下勿陵，敬上勿犯，
> 聽間（諫）勿塞。

> 凡治事，敢為固，謁私圖，畫局陳卑以為耤。肖人轟心，不敢徒語恐
> 見惡。

> 操邦柄，慎度量，來者有稽莫敢忘。賢鄙溉齗，祿立（位）有續執
> 敫上？[10]

有時，《為吏之道》也從修身之德與吏治之能二者混合起來的角度來對官僚不良行為提出警告。它所顯示出來的傾向就是要求官僚不僅有能，而且必須有德。

> 臨事不敬，倨驕毋（無）人，苛難留民，變民習浴（俗），須身籧（遂）
> 過，興事不時，緩令急征，夬（決）獄不正，不精於材（財），法（廢）
> 置以私。

官僚意識的發展與成熟應該就是從諸如此類的話語與規範中而得以顯現的。在皇權政體與帝制社會的進化中，官僚意識把自己展示為一種普泛性的政治共識，並從而逐漸融化於一種新興的中華專制主義意識形態體制。在我看來，這正是官僚意識最具政治啟示和誘人之處。

（三）帝・吏・師

後戰國時代，「以吏為師」作為具有法律性質的官方要求先後提出過兩次。第一次在秦帝國。「若有欲學者，以吏為師。」[11] 第二次在漢帝國。《漢書・景帝紀》云：

> 夫吏者，民之師也，車駕衣服宜稱。吏六百石以上皆長吏也，亡度
> 者或不吏服，出入閭里，與民亡異。令長吏二千石車朱兩轓，千石

10　均見自《為吏之道》。

11　《史記・李斯列傳》。關於它與《史記・秦始皇本紀》中「若欲有學法令，以吏為師」
　　文字之異同以及「以吏為師」的實際含義之辨析，參見第四章第五節第三個專題〈吏
　　師天下〉。

> 至六百石朱左轓。車騎從者不稱其官衣服，下吏出入閭巷亡吏體者，二千石上其官屬，三輔舉不如法令者，皆上丞相御史請之。

其區別有二：（1）秦帝國的「以吏為師」強調的是文化、知識、學術，漢帝國的「以吏為師」則強調的是禮制、服飾、風俗；（2）秦帝國的「以吏為師」針對的是廣大民眾，漢帝國的「以吏為師」則針對的是官僚自身。[12] 其共同之處亦有二：（1）秦漢「以吏為師」都不主張「以吏排師」，而是堅持吏主導師，吏就是師。透析「以吏為師」這一皇權意識形態命題，不難發現，吏居師位，吏享師尊，實在是中華專制主義中最難割捨的一部分。皇權伊始給官僚打造的「育人」與「修身」的雙重面相迄今深入人心，甚至動人心魄。（2）秦漢「以吏為師」均屬帝國意識形態範疇。如果說「以吏為師」在秦帝國使官僚扮演了一個知識權威的形象，「以吏為師」在漢帝國則使官僚充當了一個道德表率的角色。[13] 合而觀之，則可看出皇權體制刻意塑造出來的具有雙重意識形態功能的官僚身分。[14]

在秦帝國，「以吏為師」作為皇權構築專制意識形態的正式法令，其含義有二：（1）標誌著官方對學術的壟斷；（2）標誌著官僚對學者的支配。在漢帝國，「以吏為師」則標誌著皇權憑藉意識形態體制對社會生活的深度控制，其含義亦有二：（1）官吏作為代表朝廷的官員行使著統治社會的合法權力，即「與民

12　至漢武時，又有「諭三老孝弟，以為民師」。（《漢書・武帝紀》）可見已將「以吏為師」進一步擴展到三老這一帝國官制的最低層次。其實「以吏為師」本來就是皇權對全體官僚的體制性要求。顯然這種諭告本身更多帶有某種意識形態象徵性，而非意識形態建制性。

13　有人把「吏者民之師」這種說法視為「秦政遺風」，（王健，〈漢代君主研習儒學傳統的形成及其歷史效應〉，《中國史研究》第 1996 年第 3 期。）大謬。因為這種看法僅僅著眼於秦漢兩代對「以吏為師」的共同強調，而沒有深入分析二者的內涵殊異。這種內涵之殊異則恰恰暗示出皇權政體對「以吏為師」採取的兩種不同策略以及這兩種策略在具體歷史背景下的複雜轉型。它說明皇權政體完全可以將同一種觀念形式操作為兩種不同的政治手法。

14　這點足可區分中國皇權官僚制與西方現代官僚制之別。近人依據西式官僚來分析皇權官僚問題多多。原因在於對韋伯的官僚制理論理解有誤。其主要表現為不能平衡地處理形式要件和核心要件之關係。比如，倘若明顯忽視價值中立和工具理性這一核心要件，而偏執於俸祿制和檔案管理這兩個形式要件，就會得出失之毫釐謬以千里的結論，至少以「文吏」與「士大夫」標舉秦漢政治形態之殊，並非完全妥當。因為二者只是成熟程度不同，而非性質形態有別。易言之，秦漢政治形態之殊只是成熟不成熟的問題，而非一樣不一樣的問題。

有別」；（2）官吏作為依附皇帝的家臣向人們示範著對皇帝的效忠姿態，即「為民表率」。就是說，「官吏」具有兩重性。即官與吏。官吏的表面身分是朝廷官員，但實際身分是皇帝小吏，即家臣。「吏治天下」有二：（1）所有官員皆為皇帝之家臣；（2）官員治民代表皇帝之親臨。但代表皇帝並不就是皇帝。這樣，它自然形成一種「政治分錯機制」。其含義是說，它要求皇帝的代表者能夠志願替皇帝承擔錯誤，甚至無條件地犧牲自己的道德和人格，以便維護皇帝的面子和形象。秦帝要求丞相李斯的「有善歸主，有惡自與」，[15] 實際上是皇帝對所有皇家官員的統一要求。這種要求傳達的基本政治意向是：（1）皇帝永遠不會犯錯；（2）即便皇帝有錯，也必須由官員承擔責任。於是乎，官員成為皇帝授權的「合法犯錯者」或「御用替罪羊」。皇帝制度必須提出這種要求，皇權官僚制也必然能夠滿足這種要求。

同樣具有意識形態儀式功能的是，漢帝國還明確提出「孝治天下」。[16] 這樣，「孝治天下」與「吏治天下」自然發生重合。重合則意味著，它將引發兩個結果：就私的一面看，孝將君與父勾連起來，使「遠在天邊」的皇帝變得「近在眼前」。這具有一種血緣心理效應。從公的一面看，「百官皆吏」使皇帝無所不在。這具有一種政治現實效應。二者合觀，則使「天高」而「皇帝近」。

正像「百官皆吏」與「吏治天下」的實質不是官僚體制，而是皇帝制度一樣。[17] 官吏的雙重身分也不是等量齊觀和平均分配，而是「官」附於「吏」，

15　《史記·蕭相國世家》。

16　近人指出，「劉邦時的『孝治』與漢家一般意義上的『孝治』還是有所不同：劉邦時，『孝治』針對的對象主要是宗室諸王，而疏於對老百姓的教化。這種『孝治』，只是對周政的簡單回歸。」「真正漢家意義上的『孝治』始於惠帝。惠帝開始注重用『孝梯』教化人民，給『孝梯』者以好處。」並推測惠帝實行「孝治」，很可能「與叔孫通及四皓有關」。「漢初的『孝治』體現在兩方面：其一，以『孝梯』教化民眾，導民向孝；其二，樹立起『為民父母』的形象。」（李乃禮，〈論漢初的「孝治」〉，《學術月刊》2000 年第 9 期。）

17　因為官僚制度本質上是一種行政制度，皇帝制度則是一種真正的政治制度。顧立雅在區分「封建制」與「官僚制」時，已經指出前者是一種政體，後者只是一種行政制度。（〈中國官僚制度的開始：縣的起源〉，《中國史研究動態》1979 年第 1 期。）在這個意義上，皇帝制度和封建制具有相同的性質。即二者均屬於政體範疇。王權與皇權，貴族制與官僚制，這是「政體」與「治體」兩個不同層面的兩對範疇。依據「政體」與「治體」之區分，可以看出周秦漢三代之分封實質上經歷了一個從「政體」到「治體」的下降過程。這個過程的直接結果是皇帝對諸王有任意生殺予奪之權。「尸皇帝之名，遂可任意樹置翦滅侯王，亦豈當時之人意想所及？此項羽亡後，韓信等所由不惜以皇帝之名畀漢王與？幾曾見周之武、成，能任意翦滅齊、楚哉？」（呂思勉《論

也就是朝官附庸於私吏。[18] 進言之，即是官僚附屬於皇帝。在這個權力秩序和觀念序列中，「以吏為師」之終極必然是「以帝為師」。「人主者，民之師也；上者，下之儀也。」[19] 王為天下師，君為萬民法，這本是從王權主義到皇權主義一以貫之的政道邏輯。《荀子‧解蔽篇》一語破題。

> 故學也者，固學止之也。惡乎止之？曰：止諸至足。曷謂至足？曰：聖王。聖也者，盡倫者也；王也者，盡制者也；兩盡者，足以為天下極矣。故學者以聖王為師，案以聖王之制為法，法其法以求其統類，以務像效其人。

顯然，「學者以聖王為師」與民眾「以吏為師」具有邏輯上的同一性和理念上

學集林》第 709 頁）顯然，秦漢「帝」、「王」之別迥異於西周「王」、「侯」之分。皇權政體使得皇帝對待諸王如同官吏，予舍之際全憑一己之念，不循禮制，不受制約。皇權政體賦予皇帝的實際權力遠遠超出了王權體制下的天子權限。這使分封往往徒具形式，而無實質意義。徐復觀把這個關節點交待的比較清楚。「二十爵中最後一級的列侯，在以一固定的稅收供給被封者的特殊生活——即所食的國、邑這一點上，及在以此為表示其固定的身分地位。而此身分地位，乃表示進到以皇室為中心的統治集團，與皇室有密切的關係的這一點上，可以說它具備有充分的封建性格。但若就周代封建最重要的意義，乃在於分封建國的分權統治，則列侯對中央政府的朝廷而言，完全沒有分權統治的意義。所以秦代並不是沒有少數因功被封的列侯，但對它的廢封建為郡縣，沒有一點影響。一般史家說漢初是實行半封建半郡縣的制度。所謂半封建，乃指的是被封為王的『諸侯王』而言，不是指這種列侯而言。『諸侯王』之不同於列侯，不僅在於它的身分較之列侯要高一等；而係被封為王的，乃真正是分封為『諸侯王』。」事實上，《史記》中的〈高祖功臣侯者年表〉和〈漢興以來諸侯王年表〉，就已把兩者區分清楚了。（《兩漢思想史》第 1 卷，第 96 頁。）據此，我們可作進一步發揮和引申。第一，分封制的實質性含義在於封王，而不在於封侯；因為封王具有體制性功能，而封侯則不具有體制性功能。第二，分封制包含三個層面：（1）作為王權政體架構中的單一型體制的分封制度，比如，西周大分封；（2）作為皇權政體架構中的二元型體制的分封制度，比如，漢初分封；（3）作為君權政體架構中的二元型體制的分封制度，比如，春秋戰國和秦朝漢初的封侯。三個層面中，封侯具有的分封性質最弱。如果沒有官職只有爵位，只有社會地位而無政治權力。事實上，封侯已基本同化於官僚體制。封侯與官僚差不多是二位一體。正因如此，在皇權分封體制下，封侯反而常常站在皇帝和朝廷一邊反對諸侯王。

18　所謂私吏就是皇帝的私臣、家臣和近臣。他們對朝臣官僚的強力支配構成了中國政治史的一般規律。它經典性地展示為相權的盛衰演變的整個過程。從寡頭丞相到集體丞相，直至徹底廢除丞相，這裡面貫穿著兩個相關性特徵：（1）丞相人數越來越多，（2）相權越來越小。從丞相的最初起源到後來相權的每一次大幅度轉折，無不是由皇帝之私吏而向外翻轉為朝廷之宰臣。（參見李孔懷，〈漢唐宰輔權力體制述論〉，《中國史研究》1993 年第 4 期。）所以相權演化機制最足以證明「官附於吏」這一皇權本質。

19　《文子》卷 5，〈道德〉。

的同構性。徐復觀說，「古代的由君師合一，到孔子以平民立教，而戰國百家各尊其師，呂氏的門客更要求人君能尊師，把師的地位安放在君臣關係之外，以達到君師分立，這是一個了不起的大進步。」[20] 這話說的有些過頭了。認為師權足以平分君權，這恐怕只是近人的一廂情願。[21] 思想史的事實是，聖王明君不但同樣是「師」，而且是最高意義上的「師」。這意味著，真正的師權並不掌握在學者、儒生、士人手裡，而是操控在帝王手中。所以王權即是師權，政道即是學理。中華專制主義的本質決定了，雖然權力在功能上會有些分工或分化，從而可能形成一種獨特的「知識權力」。問題是，這種知識權力獨特卻並不獨立。所以即便「君師分立」，師權也相當有限。

或許出於這個原因，人們才煞費苦心地將孔子由先師升格為素王。[22] 於是，

20　《兩漢思想史》第2卷，第32頁。

21　因為中國社會是有分化而無分權。雖然職業分途和社會分工是一切文明社會發展的普遍路徑，但分化而不分權則是中國古代的獨特形態。在高度發達的帝制社會和皇權體制之下，雖然分化在隨時隨地的產生，但其實質卻是皇權的延伸和擴張，而絕非皇權之抑制和削弱。至於說區區師權竟能分割君權，實不知從何說起。

22　後戰國時期，思想史上的一個新的政治概念漸漸浮出水面，進入人們的視野。這就是「素王」。不過據趙翼說：「蓋古來原有此語，謂聖人之窮而在下者耳。」（《陔餘叢考》卷21，〈素王〉，河北人民出版社，1990年。）廖平判斷，「素王之說，義本《商頌》。」「受命、天命，此素王根本也。」概言之，「素王以《詩》說為本根，實即道統之說。」（《知聖篇》卷上，《廖平學術論著選集》卷1，巴蜀書社，1989年。）可見素王－天命－道統實乃三位一體之理念。蒙文通對此的看法頗為複雜，他既認為，「儒家之從殷而取素王之名，即本于法家之自托于商而法伊尹無惑矣。」（〈儒家法夏法殷義〉，《古學甄微》。）同時又表示，「素王」說「本於革命」，（〈儒家政治思想之發展〉，《古學甄微》）「當導源于墨家」，（〈孔子和今文學〉）進而依據公孟子有「孔子為天子」之說，並斷定「《墨書》之公孟子即公羊子」，故「素王」之說「出於《公羊》」。（〈儒家政治思想之發展〉）

　　但就文獻看，「素王」一詞大概最早見自於《莊子‧天道》。「夫虛靜恬淡寂漠無為者，萬物之本也。明此以南鄉，堯之為君也；明此以北面，舜之為臣也。以此處上，帝王天子之德也；以此處下，玄聖素王之道也。」近人謂，素王者最初「乃身懷道家素德之王」。（葛志毅，〈玄聖素王考〉，《譚史齋論稿》，黑龍江人民出版社，2001年。）章太炎則將其引進儒學脈絡加以解說。「荀子所謂後王者，則素王是；所謂法後王者，則法《春秋》是。」（《章太炎學術史論集》，第214頁，中國社會科學出版社，1997年。）但這顯然只是一種推測。賈誼《新書‧過秦下》云：「諸侯起于匹夫，以利會，非有素王之行也。」同樣看不出一定是指稱孔子。《淮南子‧主術訓》倒是說的很明確，「孔子之通，智過於萇弘，勇服于孟賁，足躓郊菟，力招城關，能亦多矣。然而勇力不聞，伎巧不知，專行教道，以成素王，事亦鮮矣。」這裡的話語脈絡雖然顯示出一條指向孔子的漸進線索，但我們也可以看出「素王」尚不具有特殊的神聖性意味。

　　不過，時間稍後一些的文獻卻使事情有了一個轉折性變化。《漢書‧董仲舒傳》

師權似乎具有了某種王權的性質。但這樣一來，師權究竟在分割王權，還是在

的〈天人三策〉中說，「孔子作《春秋》，先正王而繫萬事，見素王之文焉。」董子貢獻在於，他將孔子為素王與孔子作《春秋》這件事直接聯繫起來。從而使得後世的「素王」觀念基本成型。其語焉不詳之處在於，他所謂的「先正王而繫萬事」很可能說的只是一個「正朔」問題，即「王正月」蘊含的令人歧義紛出聚訟不絕的微言大義。真正將「素王」觀念予以規範化的是壺遂的一句話。「孔子之時，上無明君，下不得任用，故作《春秋》，垂空文以斷禮義，當一王之法。」（《史記·太史公自序》）雖然沒有明確提及「素王」，其思想含義卻有了一個實質性的突破。即孔子作《春秋》的性質是在立法，而且孔子所立之法具有令後世帝王必須遵循的王者的權威性和神聖性。這正是後世人們評價「素王」觀念的基本含義。到了西漢中後期，經過董仲舒的闡發，劉向把這點講的更清楚了。（參見《說苑》卷5）

聯繫孟子所說孔子作《春秋》「亂臣賊子懼」，我們可以推知，「亂臣賊子懼」的並不是孔子作《春秋》這件事，而是這件事所體現出來的王的神聖性和權威性。但孔子何以可能以一布衣而行天子之權力？這或許就是「素王」的含義？但「素」何以可能為「王」？更嚴重的問題是，「亂臣賊子」們是否真的相信孔子僅憑一布衣而行天子之權力？所以亞聖之語恐怕不可較真。不過，人們還需留心，「素王」並非「泛王」。即並非任何一布衣都可稱「王」，也並非任何一布衣都能做「王」。孔子雖未做王，但的確稱了王。這不能不說是個「異數」。

三代以來雖然聖人多多，但不出兩類。一類是做王的聖人，一類是做臣的聖人。就是說，聖人之間也分君臣。在做臣的聖人中間，唯獨孔子被儒士尊奉為「素王」。這標誌著儒士對政治神聖性的觀念建構達到了極致。其內在寓意是，孔子垂法治天下，儒士讀經治天下，皇帝尊儒治天下。這樣，孔子（素王）−經典−儒士三位一體的政治神聖性鏈條被合理建構起來。這一觀念鏈條的建構，在思想史上的意義在於，它使聖人在政治神聖性的維度上被賦予某種絕對的價值超越性。這種價值超越性與實體性的皇權神聖性構成的複合結構和雙重介面常常被人們誤解為一種道統對政統的制約，師權對皇權的牽制，士人對君主的抗衡。就歷史實際而言，這種看法顯然過於離譜。因為即便王儒同道，我還是一點看不出，聖人或聖人的崇拜者們如何能夠看管住皇帝的手腳，不使其胡作非為。

其實，更可取的思路是，應該把素王和匹夫天子二者聯繫起來考慮。素王之「素」其實是匹夫之意。所謂「素王」，即是匹夫而行天子之事。這應該是匹夫天子的「理想型」。它與匹夫天子的現實模式相對應。這種觀念確實平等。而且不是一般之平等，而是絕對之平等。不過據蒙文通判斷，「凡儒家之平等思想，皆出於法、墨：法家之平等，為擯棄世族、擴張君權而壹刑法；墨家之平等，為廢抑君權而建民治。」故而，「『素王革命』之說，為民治，為平等。」（〈儒家政治思想之發展〉）此語略嫌誇張。但也可以看出在思想史的脈絡中，人們對身分確乎看得越來越輕。哪怕是匹夫，只要是聖人，一樣可以革命，可以為素王，可以做天子。所以蒙文通說，「素王」、「禪讓」、「革命」本來是「三位一體的不可分割的學說」。（參見〈孔子和今文學〉、〈儒家政治思想之發展〉）但如過分強調「革命」、「素王」「如車之兩輪，相依為用，缺一不可」，是否說聖人革命就是僅僅為了做「素王」而不是為了做真王？不過，從邏輯上看，儒家是先有匹夫天子之設想（以舜為原型），繼而又提出了素王之說（以孔子為指稱）。這樣，儒家的政治理念由三代之前自然過渡到三代之後。換言之，匹夫天子在現實如何成為可能，是儒家需要進一步論證的思想課題。如果孔子未能成王，匹夫天子觀念是否還有政治意義？這種意義如何落實在現實層面上？它又會以何種現實方式表現出來？或許正是出於此種考慮，儒家才提出了素王一說。

擴張王權？師權究竟在平分王權，還是在加強王權？通過發明「素王」這一名號而將師權提升為王權，姑且不論其實際效應如何，即就思想層面看，它不外乎強化了這樣一個傳統觀念：為師者可以為王，為王者應該為師。當然，為了拔高師權而虛構出來的素王之權，也並非沒有任何新的積極意義。雖然表面上它只是在一種純屬虛擬的意義上統一了王權與師權，實際上卻暗示出一個深刻的政治現實，即在一種新型皇權政體下，稱帝於天下者必然為師於天下這一價值目標，將獲得一種強大的意識形態資源的保障。

因為皇權政體的高度整合能力，使許多事情發生了不可逆轉的變化。社會關係似乎變得更「職業化」或更「專業化」了。一方面，皇帝是「君父」，官僚是「父母官」，皇帝和官僚對百姓皆具有「父」的性質和權威；另一方面，「以帝為師」和「以吏為師」二者的高度統合，使皇帝和官僚對百姓同樣都具有「師」的意義和權力。吏者，師也；帝者，師也。二者在皇權官僚制中具有充分的相容性和互洽性。這樣，我們很自然地發現，帝、吏、師三者之間呈現出某種內在的結構性聯繫。所謂結構性聯繫即是體制性建構。就是說，帝 – 吏 – 師之間的關聯本質上是由一種強大的制度建構起來的普遍社會存在，而不僅僅是某種理論設計或觀念構想表徵出來的魅力型政治意念。它首先是一個基本事實和現實存在，其次才是一個理念體系和價值取向。

同時，我們必須強調的是，正是在這種皇權官僚制中，一系列的政治觀念才能被順理成章堂而皇之地接納進來和強化起來。比如，在王權時代和君權時代，國人在看待君主時，最喜歡用兩種東西來比附君主，一是天，一是父。從現在角度看，天屬於自然，父屬於人倫。古人卻未必會區分的如此清楚。即便區分開來，古人同樣把二者看成天經地義。因為在古人眼裡，天與父是任何一個人都必須永遠面對而不可隨意忽視的絕對之物。所以應該說，「天不變，父不變」，故而「君亦不變」。到了皇權時代，這種「天王」觀念和「君父」觀念得到更加強烈的認同和空前的提升。[23] 於是，借助皇權官僚制，天 – 父 – 帝 – 吏 – 師構成一種幾乎無所不包無所不能的超級制度 – 觀念網絡。

所以「以吏為師」同時包含著「以吏為天」、「以吏為君」和「以吏為父」。這樣我們看到，「天地君親師」的復合關係正是在「以吏為師」的政治規定中

23　參見林安梧《儒學與中國傳統社會之哲學省察》，第 129–130 頁。

才體現的如此井然有序，「天地君親師」的現實結構也恰是在「以吏為師」的皇權官僚制架構中才得以正式形成。就其本質，「天地君親師」應該是戰國「天－地－人」一體思維與後戰國「帝－吏－師」一體架構之雙重印證和複雜疊合。在「天王」、「君父」的深遠歷史背景的重重滲透下，它構建成一種彼此循環往復不已的觀念鏈條。在這個觀念鏈條中，「天地君親師」一體呈現。而如此呈現對於民眾來說，則具有一種「天蓋」或「天網」式意義。它是一種總體的社會政治文化結構。「天地君親師」之間構成一種相互指稱、相互涵蓋、相互喻示的複雜網絡。這個網絡的中心點是皇帝制度。[24] 其基本程序是皇權官僚制嚴格設置的「以吏為師」。「以吏為師」把皇帝的絕對權威通過一種合法的制度方式和途徑輻射到整個帝國。「吏治天下」憑藉制度的巨大力量，將皇帝的足跡和影子最大限度地擴張到全社會的每一個角落。

　　這樣我們可以看出皇帝制度與官僚制度二者之內在關聯，如同王權體制與貴族體制二者之關聯一樣。皇帝制度通過精心設計，把官僚制度整個變成皇帝個人隨意操縱的「政治家庭作坊」。它試圖將世界上所有事情都納入到這個龐大陰暗的「政治家庭作坊」裡加以處理和裁決。皇帝制度和官僚制度通過人為操作而使雙方達到了權力資源的最優配置以及統治效益的最大化。這樣，皇帝與官僚、皇帝與民眾、民眾與官僚，這三對關係經過重新組合，就形成了一種新的政治秩序和意識形態秩序。民眾對官僚的人身依附，官僚對皇帝的人身依附，在同一個過程和序列中得到空前強化。

　　從皇權官僚制的制度架構看，應該說，它既使官僚階級獲得了自覺的自我意識，同時又使官僚階級喪失了獨立的自我意識。這就是官僚意識的二重性。其根源在於，皇權官僚制之本質只是在無限膨脹皇帝的神聖德性和皇帝的絕對權威。這樣，官僚階級的自我意識中就不可能包含有更多的足以有效制約皇帝

24　「天地君親師」雖然是「里巷常談」，源自民間，但其中心肯定依然是「君」。《禮記・禮運》有云：「天生時而地生財，人其父生而師教之，四者君以正用之。故君者立於無過之地也。」可見「天地君親師」五者雖相提並論，但卻並非等量齊觀。余英時所謂「重點也未必一定放在『君』上面」，（〈談「天地君親師」的起源〉，《余英時文集》第 2 卷，廣西師範大學出版社，2004 年。）這種判斷顯然並不準確。板野長八對《孝經》的分析也可以佐證這點。《孝經》之孝道不同於孔孟之孝道。這提示我們，「天地君親師」之「親」本質上不是「父親」之「親」，而是「君親」之「親」。「在皇權統治制度下，尊重家的存在，從而是叫皇帝統治權力更容易深入到個人身上。」（參見西嶋定生，《二十等爵制》，第 188–189 頁。）

專制的制度理性。

二、「待罪」的觀念意義

（一）百官皆罪

　　如果說戰國時代是官僚制度初具規模階段，後戰國時代則是官僚意識初步形成的時期。官僚制由戰國而秦漢，卓然成熟，蔚為大觀。這為官僚意識之成長提供了制度基礎。因為官僚意識與官僚制度聯繫在一起。官僚制有專制政治的官僚制和民主政治的官僚制。在中國古代，官僚制本身不是一種獨立的政治制度，它是皇權體制的一部分。這決定了在後戰國時期逐步成長起來的官僚意識本身不是一種自覺的獨立意識，甚至算不上是一種有機的工具意識，而是一種緊密依附於皇權的奴性意識。

　　這樣，制度與思想的互動與建構就使得官僚意識成為皇權意識形態的重要組成部分。從政治思想史看，皇權官僚制與皇權意識形態這兩個概念決定了官僚意識具有兩個基本特性，即身分上的「百官皆吏」[25]和觀念上的「百官皆奴」。[26]這兩個特性對官僚意識是一個雙重定位，它有力地塑造出官僚意識的基本內涵。當身分上的「吏」與觀念上的「奴」合而為一時，「自罪」意識便呼之欲出，順理成章了。它在官僚心理上所形成的思維定勢就是「百官皆罪」。[27]所謂官僚意識也就是「罪臣意識」。它是皇權體制下官僚意識發展到成熟階段的一個醒目標誌。

　　作為「罪臣意識」的標誌，秦漢時期出現了一個專門用於官僚身上的詞語

25　「漢代視官為『吏』，自佐史至三公皆可稱『吏』。」「秦漢官僚帝國的專制君主，是以『吏』的形象為百官定位的。百官皆按月食俸，也就意味著百官皆『吏』。」（閻步克，《樂師與史官》，第129、169頁。）官僚以秩祿為生，也就是仰朝廷而活。其中的人身依附之含義可謂深刻至極。同樣可以看出，皇權對人身控制與支配之程度亦可謂深刻至極。

26　「最能體現臣民卑賤觀念的莫過於以奴僕的稱謂作高官顯貴的頭銜。」「『僚』、『宦』的本義則是奴僕。甲骨文中的『宦』字是房屋下的臣隸的象形。宦即家奴。」「官僚」一詞「準確地揭示著官僚群體的實際地位和人格特徵」。其內涵是，「亦君亦臣、亦上亦下、亦主亦奴。」（劉澤華，《中國的王權主義》，第246、366頁。）

27　「百官皆罪」意味著罪是皇權政體下官僚必須承當的合理命運。唐人元結深有體會。「到官未五十餘日，承諸使徵求符牒二百餘封，皆曰失其限者，罪至貶削。嗚呼！若悉應其命，則州縣破亂，刺史欲焉逃罪；若不應命，又即獲罪戾，必不免也。吾將守官，靜以安人，待罪而已。」（《舂陵行·有序》）一言蔽之，動輒得罪，故曰「待罪」。

——「待罪」。[28] 它在官場遊戲中不脛而走，完全成為一個新的政治詞彙和官僚術語。先秦文獻雖多有「得罪」、「獲罪」、「有罪」、「請罪」等詞語，但一般用於君主自稱，或對前朝的指控，或泛指臣民，都沒有專門用於官僚身上。從字面看，「得罪」、「獲罪」、「有罪」、「請罪」與「待罪」幾無二致，它都表示一種「罪當朕躬，弗敢自赦，惟簡在上帝之心」[29] 式的自責和惶恐。只是所用對象及身分變了。「罪」義由君而臣，其暗示出來的思想史動向頗值深思。這並非說「罪君」已全然消失，已絕不可能，已毫無必要。而是說，作為一種新的政治共識，「罪臣」較之「罪君」蘊含有更為豐富的思想史意向。它折射出皇權政體對官僚意識的更為專橫和強悍的意識形態要求。

當然，「罪臣」作為身分認定與「臣罪」作為心理認同，二者或許有所不同。但在「待罪」話語中，卻並無本質分殊。它意味著，所有官僚在皇帝面前都必須以罪人身分和臣服心態來接受皇帝的生殺予奪。所以皇權官僚制的特點就是官僚在身分上對皇權絕對依附和在觀念上對皇權絕對皈依。於是，一種皇帝專制需要的全面依附性關係得以建立。在皇權帝制社會，一方面「編戶齊民」造成了民眾對國家的依附，另一方面「待罪之臣」造成了官僚對朝廷的依附。這事實上成為同一個人身奴役化過程。

當人們頻繁或習慣性地使用「待罪」一詞來自稱其官職時，是否暗示出，官僚作為皇帝的「罪人」，已經成為當時人們的一般政治意識？這是否還反映出官僚集團對皇帝個人的絕對臣服和對皇權體制的徹底依附？

有一點可以肯定，當「待罪」作為一個官場術語流行時，它所包含的政治文化寓意無疑是極為豐富的。從三公九卿到下層官吏，都在習慣性地使用「待罪」這個詞。這就提示我們，「待罪」在當時的權力遊戲和官場規則中，實際上已經構成了一個富有「意味」的政治文化符號。值得探究的是，這個政治文化符號在本質上成為瀰漫於整個官僚集團間的普泛共識時所暗示和傳遞出來的

28　《漢語大詞典》卷三解釋「待罪」含義有二：（1）「古代官吏任職的謙稱，意謂不勝其職而將獲罪。」（2）「等待處分；等待處置。」據此，我推測，「待罪」與「待詔」之間可能甚有關聯，即以「戴罪」之身等待皇帝召見、任用或裁決。

29　《尚書‧湯誥》。《論語‧堯曰》亦云：「有罪不敢赦。帝臣不蔽，簡在帝心。朕躬有罪，無以萬方；萬方有罪，罪在朕躬。」

種種隱祕寓意。[30] 比如，陳平對文帝說，「陛下不知其駑下，使待罪宰相。」[31]
師古專門解釋說，「駑，凡馬之稱，非駿者也，故以自喻。」陳平以「駑馬」
自喻，意思是說，自己本來沒有資格和能力來做宰相，但既然皇帝開恩讓自己
做了宰相，這就給自己心理上造成一種恐慌和壓力，而這種恐慌和壓力就彷彿
滋生出一種「罪過」的感覺和意識，而這種「罪過」的感覺和意識則要求臣子
們必須盡力做到「戴罪」而「立功」。唯其如此，才能不負皇帝的「聖望」和
恩德。

又如，季布對文帝說，「臣無功竊寵，待罪河東。」[32]《索隱》還特別解
釋說，「季布言己無功能，竊承恩寵，得待罪河東。」這種說法的真實含義並
非是說官僚們真的自認為自己全都是無功而受祿，而是說它要求官僚們必須在
思想上具備這種無功受祿的感恩觀念，這種感恩觀念使官僚們對自己吃皇糧的
官宦生涯能深懷一種天恩難測朝不保夕的命運無常之感，故而就會時刻提醒自
己必須在心理上牢固保持這種承受恩寵的自我卑賤意識。所以「待罪」意識要
求官僚們在皇帝面前表示的就是這種既誠惶誠恐，又感恩戴德的奴性心態和謙
卑姿態。

再如，衛綰對景帝說，「臣代戲車士，幸得功次遷，待罪中郎將。」[33] 張
敞「公車上書曰：『臣前幸得備位列卿，待罪京兆。』」[34] 而衛青則把這個意
思表達更為清楚。「青幸得以肺腑待罪行間，不患無威，而霸說我以明威，甚
失臣意。且使臣職雖當斬將，以臣之尊寵而不敢自擅專誅於境外，而具歸天子，
天子自裁之，於是以見為人臣不敢專權，不亦可乎？」[35] 甚至在官僚們鉤心鬥
角地相互傾軋時，他們也需要通過巧妙使用「待罪」話語，來向皇帝撒嬌邀寵。[36]

30　有時，「待罪」還被用於非官場的場合。但這恰恰印證了它作為政治共識的普泛性。
　　比如，如淳說：「《列女傳》周宣姜後脫簪珥，待罪永巷，後改為掖庭。」（《漢書‧
　　高后紀》）
31　《漢書‧陳平傳》。
32　《史記‧季布列傳》。
33　《漢書‧衛綰傳》。
34　《漢書‧張敞傳》。在分析「待罪」意識時，有些內容屬於西漢中後期，但為了思路
　　的連續性和論述的完整性，我這裡便沒有對此作出過細區分。官僚意識在秦漢時期雖
　　然存在著某種前後演變的痕跡，但就「待罪」意識而言，特徵似乎並不明顯。所以我
　　更側重於將「待罪」意識視為一個整體。
35　《史記‧衛將軍列傳》。
36　比如，當武安侯和魏其侯爾虞我詐打的不可開交時，有人向武安侯建議，「魏其毀君，

可見作為皇權體制下的權力遊戲規則，「待罪」話語之於官僚政治生涯實在具有某種不容忽視的特殊意義。透過這些不同場合的類似表述，我們可以很清楚地發現，「待罪」意識的核心就是皇帝至上獨尊的皇權主義。它認為臣子永遠是「有罪」的；是永遠不配享有皇帝所賜予的各種恩惠；臣子在皇帝面前只能永遠呈現出一副「罪人」面孔，而無條件地等待皇帝的處置與裁決；臣子自己是沒有任何權力來炫耀自身的權威的，因為臣子身上的所有權威都來自於皇帝的恩德和授予。所以恃寵而驕完全有違於「待罪」意識所蘊涵的尊君要求。總之「待罪」意識作為一般性的官僚意識，本質上恰恰是對皇權主義的直接呈現。[37]

有時，「待罪」意識還表現為一種官僚們在道德上的自醒意識和自責意識。[38] 這是一些負責任的官僚對於自身職責在道義上的自覺。它要求官僚對於百姓過錯應該承擔必要的道義責任。如果說前面那種以皇帝為意向對象的「待罪」意識所要表達的是一種官僚的自卑自賤的感恩意識，那麼這裡以百姓為意向對象的「待罪」意識所要表達的則是一種官僚的自艾自怨的「懺悔」意識，它針對官僚自身所負有的某種具體教化職責而試圖訴諸一種「自我批評」，以便喚醒人們的道德自覺。它的真實含義並不是以百姓為觀照對象而「懺悔」官僚自己有罪，而是說，對於百姓的過錯，官僚們沒有能夠盡到應有的教誨和領導責任。在這裡，必須明確的是，在中國的官僚意識中，面對百姓，官僚們只有過錯，而沒有罪過。即官僚們是不會有罪的，是不會犯法的。儘管官僚們可能會不負

君當免冠解印綬歸，曰『臣以肺腑幸得待罪，固非其任，魏其言皆是』。如此，上必多君有讓，不廢君。魏其必內愧，杜門齰舌自殺。」（《史記・武安侯列傳》）

37 值得注意的是，在諸侯王與其臣屬之間也偶有「待罪」之表述。比如，劉濞起兵時，「吳王王專並將其兵，未度淮，諸賓客皆得為將、校尉、候、司馬，獨周丘不得用。周丘者，下邳人，亡命吳，酤酒無行，吳王濞薄之，弗任。周丘上謁，說王曰：『臣以無能，不得待罪行間。臣非敢求有所將，原得王一漢節，必有以報王。』王乃予之。」（《史記・吳王濞列傳》）但這卻無礙於我們的結論。理由是吳王濞此時自為「東帝」，他與臣屬之間的關係已經具有了客觀的皇權性質。有兩個歷史細節可以印證這點。一是他發布的檄文裡所指責晁錯的詞語同當年劉邦指控黥布縮的詞語完全相同（像「詿亂天下」之類）；二是，他許諾成功之後所給予的封賞，諸如土地、人口、黃金等幾乎與劉邦當年分封諸侯功臣時的力度一樣大。吳王濞顯然是以皇帝自居來號令天下。故而周丘自稱「待罪」也實屬情理。

38 比如，韓延壽「行縣至高陵，民有昆弟相與訟田自言，延壽大傷之，曰：『幸得備位，為郡表率，不能宣明教化，至令民有骨肉爭訟，既傷風化，重使賢長吏、嗇夫、三老、孝弟受其恥，咎在馮翊，當先退。』是日移病不聽事，因入臥傳舍，閉閣思過。一縣莫知所為，令丞、嗇夫、三老亦皆自系待罪。」（《漢書・韓延壽傳》）

責任地胡來，可能會愚蠢地製造各種錯誤。所以官僚在百姓面前的「待罪」意
識，其本意只是在「懺悔」自己沒有能夠盡職盡責地讓皇帝滿意，讓皇帝放心，
即辜負了皇帝對自己的信任和期望。因而，官僚在皇帝面前始終是有罪的。

（二）「待罪宰相」

陸賈有云，「天下安，注意相；天下危，注意將。將相和，則士豫附；士
豫附，天下雖有變，則權不分。」[39] 這裡強調的是宰相與社會穩定之間的關係，
而非宰相與皇帝之關係。所以，陸賈所說是一種宰相的作用和功能。而由宰相
與皇帝之關係所引發出來的「待罪宰相」觀念則屬於宰相的身分和地位。可能
正是基於這種「待罪宰相」的制度觀念，使得人們在將皇帝與宰相放到一起來
說時，宰相幾無任何優勢可言，而完全變成被貶斥的角色。比如，爰盎對丞相
申屠嘉說的一番話，傾向性就非常明顯。「陛下從代來，每朝，郎官者上書疏，
未嘗不止輦受。其言不可用，置之；言可採，未嘗不稱善。何也？欲以致天下
賢英士大夫，日聞所不聞，以益聖。而君自閉箝天下之口，而日益愚。夫以聖
主責愚相，君受禍不久矣。」[40] 愚而為相，且不自知，非罪而何？宰相是仰賴
皇帝而為之，無論他是否愚且鄙，他都必須自罪其身。「待罪宰相」就是「戴罪」
為相。他必須虔誠等待皇帝所賜予的「罪名」。從另一角度看，被皇帝賜「罪」，
這本身就是一種莫大之榮幸。因為它意味著皇帝的信任和恩寵。

就其類型而言，陸賈所說與陳平所說是兩種內涵有別的宰相觀念。前者是
功能論的宰相觀，後者是身分論的宰相觀。當然，還有一種職權論的宰相觀，
這就是所謂的「理陰陽」、「司百官」。而爰盎所說便大體屬於這種職權論的
宰相觀。但從思想內涵分析，職權論的宰相觀仍然隸屬於身分論的宰相觀。就
我們的論域來說，功能論的宰相觀顯然並無特殊的思想史價值，相形之下，由
「待罪宰相」而引發出來的宰相身分意識和情感認知卻倒是更值得探究和深思
的問題。

劉澤華從宰相觀念角度對官僚「待罪」意識有所提示。「輔佐君王，宰制
天下的宰執者們，位高、勢尊、權重，號稱『一人之下，萬人之上』。這批高
官最初被稱為宰、太宰、塚宰等，原本都是家奴總管的稱謂。……宰執者們頭

39　《漢書·陸賈傳》。
40　《漢書·爰盎傳》。

頂華冠卻匍匐在帝王的腳下，口稱『待罪宰相』，甘為臣妾奴僕。」[41] 在這裡，作為官僚之首的宰相由奴而罪的觀念脈絡依稀可見。

不過依我之見，「待罪宰相」一方面反映出一般性的官僚意識，另一方面又體現出皇帝對宰相的特定要求。[42] 它要求宰相能夠為皇帝全力承擔過錯，哪怕這種過錯完全是由皇帝一人所犯下的。而這就意味著，宰相在客觀上可能是「有罪」的。顯然，在這種皇權主義的宰相觀念中，所謂「待罪宰相」一說並不僅僅是一種宰相的自我警醒意識和自我保護本能，它已不是一種心理，而是一種實際。即，「待罪宰相」所暗示出來的觀念就是指稱宰相是「有罪」的。從邏輯上說，宰相之「罪」恰恰在於這就是他的職責，即宰相的職責就在於他必須使自己成為一個「有罪」之人，從而使得皇帝永遠「正確」，永遠保持「正面」形象，而為人們所尊崇。

所以丞相是首先為皇帝過錯承擔責任的人，即丞相是皇帝在遇到麻煩時所需要的首選替罪羊。這種宰相觀念在秦帝國就已經成為皇帝統治策略的一部分。比如，二世指責右丞相去疾、左丞相斯、將軍馮劫，「今朕即位二年之間，群盜並起，君不能禁，又欲罷先帝之所為，是上毋以報先帝，次不為朕盡忠力，何以在位？」於是，「下去疾、斯、劫吏，案責他罪。」[43] 皇權政治要求宰相必須隨時能為皇帝分憂解難，否則宰相就是不稱職的，就是有罪的。而這也就意味著，宰相必須準備好事事處處為皇帝承擔各種莫須有的罪名。所以「待罪宰相」作為一種制度規定，要求宰相必須時時刻刻無怨無悔地等待著被各種罪名加諸其身。

劉邦雖是無賴皇帝，對此種觀念卻心領神會，別具隻眼。首先由於他疑心過重，迫使相國蕭何為了自保而不得不採取「多買田地，賤貰貸以自汙」的策略。進而，由於蕭何為民請地，劉邦便「下相國廷尉，械繫之」。當有人問他，

41　《中國的王權主義》，第 246 頁。

42　當然這種特定要求並不排除皇帝對宰相的其他要求，比如，性格、人品、能力等。《漢書‧陳平傳》云：「始呂后問宰相，高祖曰：『陳平智有餘，王陵少戇，可以佐之。』」《史記‧魏其侯列傳》亦云：「桃侯免相，竇太后數言魏其侯。孝景帝曰：『太后豈以為臣有愛，不相魏其？魏其者，沾沾自喜耳，多易。難以為相，持重。』」這些作為皇帝對宰相的職業要求和我們這裡所分析的宰相觀念並不矛盾。毋寧說，二者不是一個論域的問題。

43　《史記‧秦始皇本紀》。

「相國何大罪，陛下繫之暴也？」劉邦的理由是，「吾聞李斯相秦皇帝，有善歸主，有惡自與。今相國多受賈豎金而為民請吾苑，以自媚於民，故繫治之。」[44] 意思是，宰相的職責就是為皇帝擔待罪名，倘若宰相不這麼做，那恰恰說明宰相確實是有罪的。在劉邦看來，討好民眾，向百姓獻媚，這本身就非宰相職責所為。因為他不是在為皇帝分憂，而是在同皇帝爭功。有人告訴劉邦，「夫職事苟有便於民而請之，真宰相事。」更何況，「秦以不聞其過亡天下，李斯之分過，又何足法哉。」[45] 這兩點已將劉邦的觀點駁倒。首先，「媚民」就是宰相的本職工作；其次，儘管有李斯為秦帝「分過」，但秦朝仍然在瞬息之間土崩瓦解了。所以李斯這種自己做「惡人」，而使秦帝做「好人」的做法實在是不值得稱道。換言之，秦帝所塑造的這種宰相觀念其實並不利於帝國的平穩運行，同時從長遠看，宰相為皇帝「分過」的做法也根本不能真正保證帝國的長治久安。

這種看法，顯然不合劉邦胃口。「高帝不懌。」但出於權術需要，他還是表示，「我不過為桀紂主，而相國為賢相。吾故繫相國，欲令百姓聞吾過也。」[46] 在這裡，原來的宰相之「罪」，現在變成了皇帝之「過」。但這絕不意味著宰相觀念發生了某種變化。[47] 事實上，「待罪宰相」從心理到體制都是一以貫之的。即皇帝會隨時隨地地將種種可能的罪名加諸於宰相頭上。

值得注意的是，陳平首先在承認「待罪宰相」的前提下，又進一步標榜說，「宰相者，上佐天子理陰陽，順四時，下遂萬物之宜，外填撫四夷諸侯，內親附百姓，使卿大夫各得任其職也。」[48] 他將宰相職能歸結為兩點：一是「協理陰陽」。[49] 從制度思想的角度看，天人之際主要體現於皇帝和宰相二人身上。

44　《史記·蕭相國世家》。

45　《史記·蕭相國世家》。

46　《史記·蕭相國世家》。

47　這裡並不完全排除其他一些史實。比如，呂后向劉邦徵詢宰相人選。劉邦特別強調說，「安劉氏者必勃也。」（《漢書·張良傳》）這點似乎可以看出宰相在漢初政治事務中的特殊作用。又如，「孝惠內修親親，外禮宰相。」（《漢書·惠帝紀》）這點是否暗示出某種相權觀念呢？作為內外對應的一面，也許可以說明皇帝對相權的尊重和依賴。不過，以惠帝性格之懦弱和政治之短命，他對蕭何、曹參等開國元老們的禮遇，並不能反證或證偽「待罪宰相」的觀念與現實之通則。

48　《漢書·陳平傳》。

49　二程對此有個評價，「陳平雖不知道，亦知學。如對文帝以宰相之職，非知學，安能如此？」（《二程集》第 1 冊，第 177 頁）

皇帝是「奉天承運」，宰相是「協理陰陽」。這就意味著，一旦天象出現了災異，皇帝和宰相都要承擔相應責任。不僅如此，宰相還要替皇帝承擔責任。所謂陰陽主要是指一種既定的自然秩序。宰相的職責是協調和維持這種自然秩序。如果自然出現災變或異象，那麼就意味著宰相有了過錯。這種宰相觀念直接源自《尚書·周官》。所謂「茲惟三公，論道經邦，燮理陰陽」，這差不多說出了宰相觀念的全部內容。而《周禮》體制的理想化設計恐怕與此亦有相當之關係。「天官塚宰」、「地官司徒」等這些官稱的命名本身就直接體現出天地的自然存在。這似乎是一種「自然主義的政治觀念」。

　　一是「主司群臣」。[50] 此處亦有兩點可說。（1）它把「主臣」進一步解釋為「使卿大夫各得任其職也」。[51] 饒有趣味的是，對「主臣」，注釋諸家多有說辭。文穎曰：「惶恐之辭也，猶今言死罪也。」晉灼曰：「主，擊也。臣，服也。言其擊服惶恐之辭。」[52] 二人均強調了陳平這個說法所包含的「待罪」之義。（2）它又引申出「坐而論道」的觀念。「坐而論道」是相權觀念的一個基本含義。[53] 其特點有二：坐與道。坐與動相對，道與術相對。這說明兩點：（1）相權並不真正有道，因為丞相只是在論道，在這點上，丞相與皇帝就有了區別；（2）丞相自己並不直接動手，所謂「大臣不親細務」，[54] 這點就與一般官吏有了區別。[55]

50　直到宋代，朱熹還曾和弟子們討論過這個問題。「問：『文帝問陳平錢谷刑獄之數，而平不對，乃述所謂宰相之職。或以為錢谷刑獄一得其理，則陰陽和，萬物遂，而斯民得其所矣。宰相之職，莫大於是，惜乎平之不知此也。』曰：『平之所言，乃宰相之體。此之所論。亦是一說。但欲執此以廢彼，則非也。要之，相得人，則百官各得其職。擇一戶部尚書，則錢谷何患不治？而刑部得人，則獄事亦清平矣。』」（《朱子語類》卷135）

51　李斯曾有過「臣為丞相治民，三十餘年」（《史記·李斯列傳》）的說法。似可見秦相與漢相此點之異趣。深究之，陳平此論恐受染於當時「清靜無為」之風，故主張宰相儘量少事。其中道理不難明白。既然百官皆需「無為」，身為百官之首的宰相就更要以身作則地「超脫」。

52　《漢書·陳平傳》。

53　作為同一時期文獻，《周禮·冬官考工記》亦云：「國有六職，百工與居一焉。或坐而論道；或作而行之；或審曲面勢，以飭五材，以辨民器；或通四方之珍異以資之；或飭力以長地財；或治絲麻以成之。坐而論道，謂之王公。作而行之，謂之士大夫。」可見王公大夫之分正在於「坐者」與「作者」之別。

54　在錢大昕看來，這正是「去古未遠，尚識大體」的表現。（《十駕齋養新錄》，「臣道」條）

55　這種區別甚至包括了丞相對丞相府官吏職能以及行政風格的觀念認定和規範要求。比如，《漢書·酷吏傳》云：趙禹「用廉為令史，事太尉周亞夫。亞夫為丞相，禹為丞相史，府中皆稱其廉平。然亞夫弗任，曰：『極知禹無害，然文深，不可以居大府。』」

它暗示出，丞相並非具體辦事之人，而是「抽象」論道之人。道與術在這裡的區別是：一方面，道指稱「陰陽」；另一方面，道指稱「國是」。這二者顯非一般意義上的官僚政務和繁瑣吏事。而官僚政務和繁瑣吏事恰恰正是「術」。自然之道與人倫之道都是宰相言說的論域。因而，二者的任何變故都意味著宰相之「罪」。

合而觀之，不論「協理陰陽」，還是「坐而論道」，其承擔的責任均具有一種「待罪」的深刻意味。問題在於，這二者的極度寬泛性使得它隨時隨地都會陷宰相於罪。所以宰相觀念一旦具體落實到政治實踐中，就極容易使宰相完全變成一種實實在在的「罪相」。比如，袁盎通過區分「功臣」與「社稷臣」，對丞相周勃提出了嚴厲指控。認為在呂后專制時他沒有盡到太尉之責，「主兵柄，弗能正。」現在身為丞相卻反而「有驕主色」。再加上文帝「謙讓」，就造成「臣主失禮」的不當局面。所以袁盎特意提醒文帝「竊為陛下不取」。這實際上是提示君臣雙方不能忘記「待罪宰相」的身分。效果當然是立竿見影。「後朝，上益莊，丞相益畏。」[56] 此「畏」就「畏」在周勃自身被喚醒過來的「待罪」意識，以及因此「待罪」意識而對自身宰相身分的重新定位。

毫無疑問，這種令宰相「益畏」之心理正是皇權政治所精心製造出來的權力效應。它既透視出對皇權的敬畏，同時也暗示出對相權的打壓。依據制度邏輯，當皇權政治刻意塑造出「待罪宰相」這種觀念時，它同樣意味著宰相在權力遊戲和官場規則中的真實「有罪」。至少它能夠很輕易地將「待罪宰相」自然轉化為「有罪宰相」。武帝時有三個例子。（1）「元鼎五年秋，丞相有罪，罷。」[57]（2）元封四年，石慶上書，「慶倖得待罪丞相，罷駑無以輔治，城郭倉庫空虛，民多流亡，罪當伏斧質。上不忍致法，願歸丞相侯印，乞骸骨歸，避賢者路。」武帝毫不客氣地說：「倉廩既空，民貧流亡，而君欲請徙之，搖

石元康謂，「這點表示周亞夫瞭解到軍隊與政府是兩種不同的秩序。」前者是命令式秩序，後者是自發式秩序。「如果把用在合乎前者的規則應用到後者時，所造成的一定是壞的後果。」（〈自發的秩序與無為而治〉，《當代西方自由主義理論》，上海三聯書店，2000 年。）不過我總覺得這種解讀隔膜甚多。因為，事情的實質是周亞夫這種做法源自一種「陰陽」之道的專制主義官僚行政理論，它與西方自由主義政治理念中的自發秩序風馬牛不相及。

56　《史記·袁盎列傳》。

57　《史記·萬石列傳》。

盪不安，動危之，而辭位，君欲安歸難乎？」[58]（3）「淮南、衡山謀反，治黨與方急。弘病甚，自以為無功而封，位至丞相，宜佐明主填撫國家，使人由臣子之道。今諸侯有畔逆之計，此皆宰相奉職不稱，恐竊病死，無以塞責。」[59]對「恐竊病死」一語，《索隱》解釋說：「人臣委質於君，死生由君。今若一朝病死，是竊死也。」[60] 儘管這些已是後戰國時代之後的事情，但「待罪宰相」在制度與觀念的雙重建構中所呈現出來的內涵樣態卻並無二致。[61]

三、法律與罪名──官僚意識中的恐怖幽靈

（一）「待罪」秦廷

　　秦朝「法治天下」固然可以理解為「吏治天下」。但更重要的是，「法治天下」同時也意味著「依法治吏」。不過這樣一來，官僚們因法獲罪的可能性就空前增大了。由此推知，法與罪必定在官僚意識中占有異乎尋常的位置。甚至，法與罪會主導著官僚意識的形成和建構。這就是官僚「待罪」意識所產生的制度背景。

　　我對官僚意識的定位是：在觀念層面，官僚意識附屬於皇權意識形態；在制度層面，官僚意識受制於皇權官僚制。就前者言，官僚意識不具有一種獨立的價值判斷，故而其理性程度非常之低；就後者言，官僚意識根本就是官僚制度的產物，故而它不具備對制度本身的自我反思能力。進一步推知，「待罪」

58　《史記‧萬石列傳》。

59　《史記‧平津侯列傳》。

60　王念孫說，「小司馬說甚迂。『恐竊』當為『竊恐』，寫者誤倒耳。」（《讀書雜誌》，「恐竊病死」條）不過我倒覺得王氏「甚迂」。此種苟苟於字詞辨析之術對理解思想史問題可能有害無益。即便「誤倒」也必有其故。思想史實相往往由此而得以透顯。所謂政治潛意識分析正可從這裡入手。這種政治潛意識則包含三個層面：一是當事人公孫弘之政治潛意識，一是史家太史公之政治潛意識，一是後世書寫者之政治潛意識。這種政治潛意識之基核是尊君而罪己。故言辭間自然多有此類表述或表述之「誤倒」。但表述之「誤倒」同樣也是「誤倒」之表述。它是表述之一種。小司馬說正是循此種邏輯而展開的。王氏隔膜此理，其說不得甚解。

61　徐復觀謂，「文、景、武三世，正漢室盛時，獨對丞相及副丞相的御史大夫，中間除張蒼明律曆外，皆特選無能之輩。蓋專制君主的內心，欲以無能者對特別恩遇的感激，換取居此種職位者的忠誠；並以無能來抵消、抑制此一重大職位所能發生的作用，藉此減輕內心的疑忌。」（《兩漢思想史》第1卷，第131頁。）某種意義上，這可以看成是對「待罪宰相」所作的一種有趣的心理學分析。就實際言，丞相由能臣而庸吏，正是由皇權的制度擴張與「罪相」的觀念滲透互動而成。

意識作為一般官僚意識，深刻昭示出專制政治的殘酷現實。換言之，透過官僚「待罪」意識，我們可以真切地感受到法律與罪名施加予官僚身上的巨大而又恐怖的壓力。

在這種專制法制主義統治下，每個人都可能是個「罪人」，每個官僚都可能是個「罪臣」。確認這點，是君臣雙方的共同需要，但首先是皇帝的需要。因為當皇帝反復宣稱「立法」、「明法」、「制法」時，那麼所有人都在事實上處於「待罪」狀態。一旦有機會攫取最高權力，那麼他就能夠以各種莫須有的罪名將任何人隨時隨地置於死地。比如，李斯、趙高、二世合謀偽造詔書，一夜之間就使合法的皇位繼承人和開國元勳變成了罪人。[62] 罪名是「不孝」和「不忠」。這是兩個幾乎適用於所有人的罪名。其模糊性和不確定性如同一個無邊無際的大網足以把所有人都籠罩進去。公子將閭被指責「不臣」，公子高則主動「自首」，承認自己「不孝」、「不忠」。聲稱「不忠者無名以立於世，臣請從死。」[63] 右丞相去疾、左丞相李斯、將軍馮劫也同樣以這兩個罪名受到指控。所謂「上冊以報先帝」就是「不孝」、「不臣」，「次不為朕盡忠力」[64]就是「不忠」。而孝與忠之對象皆為皇帝。[65]

就是說，官僚倫理中一切可能性的罪名都以皇帝為基準而得以成立。[66] 它

62　其株連態勢幾乎是順理成章。「二世又遣使者之陽周，令蒙恬曰：『君之過多矣，而卿弟毅有大罪，法及內史。』」（《史記·蒙恬列傳》）

63　《史記·李斯列傳》。

64　《史記·秦始皇本紀》。

65　戰國後期，君權提升，廣泛意義上的「忠」由「忠道」、「忠君」之分殊逐漸合流於「忠君」，只用於調節和確保君臣關係。（參見孟祥才、王瑞起，〈「忠」的在我國的歷史演變〉，《歷史教學》1984年第2期；鄭曉江，〈「忠」之精神探源〉，《江西師範大學學報》1991年第4期。）至於說，在秦帝國「忠」已初步具備了「超於朝代更迭、王權興替之上的相對獨立的政治內涵」，（王子今，〈秦代專制政體的奠基和「忠」的政治規範的定型〉，《政治學研究》1995年第1期。）則未必。就其實質言，恐怕還是先秦「忠道」觀念之微弱延續。因為皇權體制已經最大限度地抑制了那種道君分立之傳統，從而使原有思想資源在政治實踐中始終保持和恪守著一種服務於皇帝的單一目標和標準。

66　從邏輯上說，帝制社會的一切罪名都無法指向皇帝。故而皇帝存在本身就「絕緣於」一切罪惡。至少人們無法依據專制法律來指認皇帝有罪。事實上人們也確實找不到一條能夠指控皇帝犯法的法律。專制法制主義意味著，立法者不可能犯法，定罪者不可能有罪。這樣皇帝肉身就成為德性、正義、合法之化身。與其對應，匍匐於皇帝腳下的卑微臣子倒時時處於莫名的「待罪」之中。王健文以「不道」罪名為中心，揭示了原來加在人君頭上的「無道」惡名，何以後來落在人臣身上。這正昭示出皇權主義法制理念的必然軌跡。「過去所謂『無道』指的是人君不能有效調理人間秩序，現在呂、

既籠統又苛細。籠統而苛細的罪名無所不包，嚴密控制著全社會成員和百官臣僚的生活和命運，使人們始終置身於一種戰戰兢兢如履薄冰的恐怖境遇。這正是專制法制主義的特性。而且，從統治策略上講，規定官僚們時刻處於「待罪」狀態，非常便利於皇帝對權術的詭祕運作。比如，二世即位後，隨即「申法令」。因為他面臨的棘手問題是，「大臣不服，官吏尚強，及諸公子必與我爭，為之奈何？」趙高的建議是，最好借此時機「案郡縣守尉有罪者誅之，上以振威天下，下以除去上生平所不可者。」[67]「嚴法而刻刑，令有罪者相坐誅，至收族，滅大臣而遠骨肉；貧者富之，賤者貴之。盡除去先帝之故臣。」於是「更為法律」。[68]暴行獲得了一種合法性。合法性的殘暴比無法無天更令人痛恨。「殺大臣蒙毅等，公子十二人僇死咸陽市，十公主矺死于杜，財物入于縣官，相連坐者不可勝數。」[69]一種「大清洗」般的暴虐浪潮在皇宮內外朝廷上下肆無忌憚橫衝直撞地蔓延開來，無孔不入，席捲一切。「以罪過連逮少近官三郎，無得立者。」[70]

在這裡，法律與罪名完全是作為皇權專制的一種統治權術，皆不具有任何獨立之意義。所謂法律就是根據專制的需要，隨心所欲指鹿為馬地網羅罪名，置人死地。

　　公子將閭昆弟三人囚于內宮，議其罪獨後。二世使使令將閭曰：「公子不臣，罪當死，吏致法焉。」將閭曰：「闕廷之禮，吾未嘗敢不

嫪二人則因對人君的侵犯而蒙『不道』之名，這項轉變事實上反映的是整個時代的變遷。」「以皇帝為核心的國家權力不再容許有異於國家的另一套價值觀，甚至是另一種權威的存在。」對人臣行為「加以『不道』的罪名，將對國家體制的顛覆賦予道德評價，把權力場上的問題化為道德問題，換言之，這其實也正是藉著對國家正當性解釋權的掌握，進而合理化了國家權力的制裁。」「在國家正當性的某種詮釋下，皇帝又成了國家的代表，甚至是國家的同義詞。諸呂謀為大逆，『欲以危劉氏宗廟』；七國『起兵以危宗廟』；淮南王安『背畔宗廟妄作妖言』。『危劉氏宗廟』成了『亂天下』的同義詞，對皇室的侵犯也就是對國家體制的侵犯。」進而言之，「對皇帝的侵犯，就成了對天的侵犯，也就是『不道』。總結地說，漢代的『不道』罪，以道入法，又以法持道，從而網羅人間的勢與理，成為中國歷史上一個牢不可破的結。」（〈西漢律令與國家正當性——以漢律令中的「不道」為中心〉，《新史學》3 卷 3 期，1992年 9 月。）

67　《史記·秦始皇本紀》。
68　《史記·李斯列傳》。
69　《史記·李斯列傳》。
70　《史記·秦始皇本紀》。

從賓贊也。廊廟之位，吾未嘗敢失節也。受命應對，吾未嘗敢失辭也。何謂不臣？願聞罪而死。」使者曰：「臣不得與謀，奉書從事。」將閭乃仰天大呼天者三，曰：「天乎！吾無罪！」昆弟三人皆流涕拔劍自殺。[71]

這不能不使「宗室振恐」。始皇只是使「子弟為匹夫」，二世則是使「兄弟為屍骨」。隨之而來的是，「群臣諫者以為誹謗，大吏持祿取容，黔首振恐。」[72]更令人毛骨悚然的是，專制政治不但有陷人於罪汙人致死的所謂「過法」，而且無過有功也是罪。「有功亦誅，無功亦誅。」因為「功多，秦不能盡封，因以法誅之」。[73]

這是一個令人絕望得以致於窒息的國家。專制橫行，毫無任何道理可講。它唯一的結果就是把人的理性和尊嚴摧殘到無以復加的地步。比如，在陳勝造反後，二世「盡問諸生，諸生或言反，或言盜。於是二世令御史按諸生言反者下吏，非所宜言。諸言盜者皆罷之。」[74]這使得叔孫通對帝國宮廷頓生一種置身「虎穴」之感。所謂「我幾不脫於虎口」之後怕正形象地昭示出官僚「待罪」意識之情態。一種人人自危的恐怖主義成為帝國官僚機構中的普遍性精神狀態。「法令誅罰日益刻深，群臣人人自危。」[75]這樣，官僚「待罪」意識便在決定性的意義上形成了。就其本質，官僚「待罪」意識首先是一種不可抗拒的政治現實，其次才是一種人為塑造的思想觀念。概言之，「待罪」意識作為官僚意識無論其制度基礎，還是其心理結構，它都直接形成於秦朝。

（二）「待罪」漢廷

有「待罪」之制度，而後有「待罪」之意識。先看史書上的幾段描述。

漢定百年之間，親屬益疏，諸侯或驕奢，忕邪臣計謀為淫亂。大者叛逆，小者不軌於法，以危其命，殞身亡國。[76]

71　《史記・秦始皇本紀》。
72　《史記・秦始皇本紀》。
73　《史記・項羽本紀》。
74　《史記・叔孫通列傳》。
75　《史記・李斯列傳》。
76　《史記・漢興以來諸侯王年表》。

> 漢興，功臣受封者百有餘人。……至太初百年之間，見侯五，餘皆坐法隕命亡國，耗矣。網亦少密焉，然皆身無兢兢於當世之禁云。[77]

> 昔高祖定天下，功臣非同姓疆土而王者八國。至孝惠時，唯獨長沙全，禪五世，以無嗣絕。竟無過。[78]

> 九年，趙相貫高等事發覺，夷三族。[79]

> 文帝三年秋，……濟北王興居反，使大將軍討之，皆伏誅。[80]

> 丞相條侯周亞夫以不合旨稱疾免，後二年下獄死。[81]

以史家之「《春秋》筆法」，我們也能感受到諸侯王與諸侯們這批帝國最有權勢和地位的人在皇權體制下必然具有的心理恐懼。權貴政要的急劇衰落，折射出專制政治的高壓和強暴。

《漢書・刑法志》云，[82]「漢興之初，雖有約法三章，網漏吞舟之魚，然其大辟，尚有夷三族之令。令曰：『當三族者，皆先黥，劓，斬左右止，笞殺之，梟其首，菹其骨肉於市。其誹謗詈詛者，又先斷舌。』故謂之具五刑。彭越、韓信之屬皆受此誅。」雖然高後元年曾「除三族罪、妖言令」，但隨之「新垣平謀為逆，復行三族之誅。」可見權力傾軋和政治陰謀中催生出來的法律之殘暴酷毒。

這種體制自然造就出一批以殘酷毒辣著稱的職業「酷吏」。他們的本職工作並非完全是執法行法。但其對苛法酷刑的偏執性熱衷，在皇帝的縱容下，在皇權的庇護下，幾乎是為所欲為地「刻轢宗室，侵辱功臣」，使得官場氣氛更加緊張。比如，「郅都遷為中尉。丞相條侯至貴倨也，而都揖丞相。是時民朴，畏罪自重，而都獨先嚴酷，致行法不避貴戚，列侯宗室見都側目而視，號曰『蒼

77　《史記・高祖功臣侯者年表》。

78　《史記・惠景間侯者年表》。

79　《史記・高祖本紀》。

80　《漢書・五行志中之上》。

81　《漢書・五行志上》。

82　《漢書・刑法志》還說，「當孝惠、高後時，……刑罰用稀。」「及孝文即位，……選張釋之為廷尉，罪疑者予民，是以刑罰大省，至於斷獄四百，有刑錯之風。」不過這些大體都是指的民間情況。當然我們無意認為漢律寬百姓而嚴官僚。只是基於特定的分析視角，我們更關注後者而已。

鷹』。」他們是一批絕對奉行皇權至上並恪盡職守的專業「屠夫」。郅都「公廉，不發私書，問遺無所受，請寄無所聽。常自稱曰：『已倍親而仕，身固當奉職死節官下，終不顧妻子矣。』」[83] 具有諷刺意味的是，以「忠臣」自詡的郅都最終命喪皇權。

> 臨江王征詣中尉府對簿，臨江王欲得刀筆為書謝上，而都禁吏弗與。魏其侯使人間予臨江王。臨江王既得，為書謝上，因自殺。竇太后聞之，怒，以危法中都，……景帝曰：「都忠臣。」欲釋之。竇太后曰：「臨江王獨非忠臣乎？」於是斬都也。[84]

在皇帝與諸侯王的權力衝突中，官僚們身處夾縫之間，最容易成為可悲的替罪羊。比如，淮南王長死後，為了安撫諸侯王集團，有人建議文帝，「『獨斬丞相、御史以謝天下乃可。』上即令丞相、御史逮諸縣傳淮南王不發封饋侍者，皆棄市。」[85] 這意味著，在皇權體制中，官僚忠與不忠皆有可能成為致死的理由。比如，

> 高祖以丁公徇軍中，曰：「丁公為項王臣不忠，使項王失天下者，乃丁公也。」遂斬丁公，曰：「使後世為人臣者無效丁公！」[86]

丁公固然有負於項羽，卻有恩於劉邦。對此劉邦心知肚明。道義藉口巧妙地掩飾著權術計謀。[87] 他殺死丁公的理由是借著項羽之口來要求一種絕對不二的「忠誠」。但專制政治又常常愚弄忠臣。皇帝需要官僚們都忠誠於他一人，同時皇帝又會為了種種理由而無情地出賣他們。最令人歎息的是另一個為「安劉氏」而不惜「危晁氏」的真正忠臣晁錯的悲劇命運。「孝景用其計，而六國畔逆，以錯首名，天子誅錯以解難。」這些人對皇權之忠誠毋庸置疑，但仍然免不了成為皇權政治的犧牲品。「是後官者養交安祿而已，莫敢覆議。」[88] 無端死於

83　《史記‧酷吏列傳》。
84　《漢書‧酷吏傳》。
85　《漢書‧淮南厲王長傳》。
86　《史記‧季布列傳》。
87　「高祖斬丁公，赦季布，非誠心欲伸大義，特私意耳。季布所以生，蓋欲示天下功臣。是時功臣多，故不敢殺季布。」（《朱子語類》卷 135）
88　《史記‧禮書》。

非命的暴政現實使得官僚們只能在庸碌無為中苟且偷生安身立命。

專制政治需要不斷為官僚製造各種罪名，所以「待罪」並非完全是一種心理和姿態，它同時也是一種現實和制度。制度製造邪惡。官僚們的「待罪」意識就是在這些一椿一椿的具體的陰謀和邪惡中逐漸滋生出來和成長起來的。這些無數的陰謀和邪惡構成了廣義的酷吏政治。可以說，官僚「待罪」意識與這種臭名昭著的酷吏政治密切相關。它首先由秦廷開啟端倪。比如，

> 二世乃使高案丞相獄，治罪，責斯與子由謀反狀，皆收捕宗族賓客。趙高治斯，榜掠千餘，不勝痛，自誣服。……趙高使其客十餘輩詐為御史、謁者、侍中，更往覆訊斯。斯更以其實對，輒使人復榜之。後二世使人驗斯，斯以為如前，終不敢更言，辭服。[89]

至漢，勢頭不減。劉邦的皇帝椅子還沒有坐穩，就找茬把蕭何下了大獄。以致於有人感到惶惑不解，「相國何大罪，陛下繫之暴也？」從「繫之暴」寥寥數字便可看出獄吏之酷。這同李斯的遭遇其實沒有什麼兩樣。而周勃的感慨則尤為令人回味和深思。

> 歲餘，每河東守尉行縣至絳，絳侯勃自畏恐誅，常被甲，令家人持兵以見之。其後人有上書告勃欲反，下廷尉。廷尉下其事長安，逮捕勃治之。勃恐，不知置辭。吏稍侵辱之。勃以千金與獄吏，獄吏乃書牘背示之，曰「以公主為證。」……絳侯既出，曰：「吾嘗將百萬軍，然安知獄吏之貴乎！」[90]

周勃的恐懼心理和屈辱經歷都足以折射出這種官僚「待罪」體制之冷酷。實際上，這種「待罪」體制已經扯平了一切官僚之間的地位等差。所謂「獄吏之貴」，恰折射出「公卿之賤」。官之賤，吏之貴，在皇權官僚制中永遠是一種不確定的關係。其實質在於，百官皆吏意味著官吏無別，官吏皆賤。皇權體制的奧祕在於，它同時製造出兩種平等性：萬民的平等性與百官的平等性。[91]

89　《史記・李斯列傳》。

90　《史記・絳侯周勃世家》。

91　這兩種平等性也只是分別對應於皇權而有效。所以它既不意味著官民平等，也不意味著君臣平等，更不意味著君民平等。

　　周勃與獄吏的對話，正暗示出丞相與官吏之間地位的「平等性」。這種「平等性」正是「百官待罪」的體制性。而韓安國同獄吏的對話，則使官僚之「待罪」意識更具絕望感。「安國坐法抵罪，蒙獄吏田甲辱安國。安國曰：『死灰獨不復然乎？』甲曰：『然即溺之。』」[92]這種脫口而出之辭恰恰透示出「待罪」體制的致命祕密和必然趨勢。如此，「復然」不「復然」都沒有多大意思。因為「復然」即可「復溺」。所以針對有人說：「漢初待群臣不專執其權，略堂陛之嚴，不恁地操切。」朱熹甚不以為然。「這也自是事勢到這裡，見得秦時君臣之勢如此間隔，故漢初待宰相如此。然而蕭何是多少功勞！幾年宰相，一旦繫獄，這喚做操切不操切？又如周勃終身有功，後來也下獄對問。」[93]可見朱熹看問題還是比較到位的。

　　賈誼從另一個「受刑」的角度談到了這個問題。認為這種官僚「待罪」體制對於官僚過於酷烈。其弊端有三：（1）不利於尊君。「黥劓之罪不及大夫，以其離主上不遠也。……君之寵臣雖或有過，刑戮之罪不加其身者，尊君之故也。」因為「打狗還要看主人」。臣子治罪，君主面子也不好看。（2）不利於教化天下。「若夫束縛之，繫緤之，輸之司寇，編之徒官，司寇小吏詈罵而榜笞之，殆非所以令眾庶見也。夫卑賤者習知尊貴者之一旦吾亦乃可以加此也，非所以習天下也，非尊尊貴貴之化也。」（3）不利於培養官僚群體的責任感和榮譽感。「主上遇其大臣如遇犬馬，彼將犬馬自為也；如遇官徒，彼將官徒自為也。」[94]言外之意，皇帝視官僚為罪臣，官僚也就會毫無廉恥地以罪臣自居。總之，這種官僚「待罪」體制對官僚的人身傷害和心理摧殘都是極為嚴重的。雖然史書上說：「上深納其言，養臣下有節。是後大臣有罪，皆自殺，不受刑。」[95]但這種官僚「待罪」體制本身並沒有真正改變。這是關鍵。置身於這種體制之中，官僚們必須時刻記住自己「有罪」。

　　在「待罪」體制中，官僚們「待罪」意識的表現也是複雜多樣的。有時往往有出乎意料之舉。比如，

　　　上在雒陽南宮，從復道望見諸將往往相與坐沙中語。上曰：「此何

92　《漢書・韓安國傳》。
93　《朱子語類》卷 123。
94　《漢書・賈誼傳》。
95　《漢書・賈誼傳》。

語？」留侯曰：「陛下不知乎？此謀反耳。」上曰：「天下屬安定，何故反乎？」留侯曰：「陛下起布衣，以此屬取天下，今陛下為天子，而所封皆蕭、曹故人所親愛，而所誅者皆生平所仇怨。今軍吏計功，以天下不足遍封，此屬畏陛下不能盡封，恐又見疑平生過失及誅，故即相聚謀反耳。」[96]

要麼被封，要麼被殺，這是兩個極端。這兩個極端使得官僚們的心理既敏感又脆弱。岌岌可危惶恐不安的政治環境自然成為官僚「待罪」意識滋生和蔓延的天然土壤。馮唐曾直率地對文帝說，「陛下法太明，賞太輕，罰太重。且云中守尚坐上功首虜差六級，陛下下之吏，削其爵，罰作之。繇此言之，陛下雖得李牧，不能用也。臣誠愚，觸忌諱，死罪！」[97]即便良將「待罪」為臣，亦終不可復為良將矣。此話確實尖銳。正因為尖銳，便有「死罪」之虞。這些話從內容到語氣，再到心態，無不充斥著一種透入骨髓的「待罪」意識。

　　一旦「待罪」意識既內化又泛化為整個官僚意識，那麼隨之而來的變態便被順理成章地視為常態。一方面，是懦弱、怕事、怕承擔責任、畏懼上司等種種唯恐避禍不及的「待罪」意識；另一方面，則是獻媚、邀寵、要官、求職等種種廉價的「感恩」意識。更多時候，則是二者的奇特而又怪誕的混合。當它逐漸沉澱為官僚意識的基本內核時，中國政治思想與文化的性質與形態就被大體規定下來了。

第二節　權力遊戲與官場規則中的政治共識

一、作為遊戲規則的君主觀念

　　權力遊戲作為思想史的分析視角，其功能在於，它可以使我們盡可能深入觀察到歷史過程和政治實踐中君臣觀念的細微變化。這種變化往往通過歷史人物的具體行為而表現出來。它是歷史人物行動的一部分。它既是歷史人物支配自己行動的理念，同時又是歷史人物付諸實踐的思想。這種近乎無始無終的連續過程，構成了政治共識無比豐富的客觀源泉。

96　《史記・留侯世家》。

97　《漢書・馮唐傳》。

　　我選擇以縱橫家作為分析視角的切入點。因為在某種意義上，縱橫家似乎都是權力遊戲中的「駭客」。他們憑藉其人生才能和政治智慧，在翻雲覆雨的官場中呼風喚雨進退自如，盡其可能地享受著那種在權力遊戲中自由操縱權力的人生境界和生命快感。蒯通曾在楚漢鏖戰之際用縱橫之術勸說韓信背叛劉邦，卻意外遇到了挫折。韓信表示，「漢遇我厚，吾豈可見利而背恩乎！」蒯通則認為，朋友的友誼、君主的恩寵都不可靠。因為「患生於多欲而人心難測」。更何況，「今足下挾不賞之功，戴震主之威，歸楚，楚人不信；歸漢，漢人震恐。足下欲持是安歸乎？夫勢在人臣之位，而有高天下之名，切為足下危之。」[98]這是因為君主政治的原則是要求君主「全盤通吃」。即君主不但要有最大的權力和財富，而且要有最好的名聲和德行。最低限度言，君主的名聲和德行也不應小於臣子。它應該成為君臣關係中一種心照不宣的行為準則。臣子應在自己的政治實踐中處處自覺體現出這一點。[99]而這點也往往成為判斷臣子是否「明大義」、「識大體」的標準。

　　這意味著，在君主政治的權力遊戲和官場規則中，時時刻刻事事處處都會存在種種有形無形的禁忌和戒律。它裡面遍布和充滿著無數危險和致命的警示、信號、暗示和隱喻。其中的每一個隨時都有可能成為人臣送命的理由。對蒯通來說，這既是一種官場經驗，又是一種政治共識。遺憾的是，韓信似乎不太懂得這些。等到他懂得這些時，所有這些官場經驗和政治共識都已經失去了任何意義。當這場權力遊戲結束時，蒯通告訴劉邦了另外一個不太深奧的政治常識：「狗各吠非其主。當彼時，臣獨知齊王韓信，非知陛下也。且秦失其鹿，天下共逐之，高材者先得。天下匈匈，爭欲為陛下所為，顧力不能，可殫誅邪！」[100]這是一種單純追求實際利益的政治觀念。它毫無道義可言，有的只是利益取捨。[101]它雖不中聽但絕對中用。其實，這個道理劉邦並非不懂，只是他難以接

98　《漢書·蒯通傳》。

99　「魯相初到，民自言相，訟王取其財物百餘人。田叔取其渠率二十人，各笞五十，餘各搏二十，怒之曰：『王非若主邪？何自敢言若主！』魯王聞之大慚，發中府錢，使相償之。相曰：『王自奪之，使相償之，是王為惡而相為善也。相毋與償之。』於是王乃盡償之。」（《史記·田叔列傳》）司馬遷對此評論說，「明主之美以救過。」可見「以美救過」、「反話正說」正是君臣之義所要求的一種特殊的「有意味的」話語形式。

100　《漢書·蒯通傳》。

101　有人謂，「各為其主所反映的堅事一君的思想意識，是與戰國縱橫策士大異其趣的。從這個意義上說來，人們從道義層面上對縱橫家的批評，可適用於戰國策士，而不能

受。他心裡非常清楚，人各有其主，但他同時又希望人人都能忠誠於他。這種心理就好像男人看待女人的心理一樣。男人雖然知道女人各有所愛，但他潛意識裡卻總是幻想天下所有漂亮的女人都能愛他。所以蒯通這段話道出了權力遊戲中最基本的兩點：一是各為其主，一是先者為上。而這本身則意味著隨機性和變易性。江山社稷財富情感沒有永恆不變的。天下並不天然屬於某一個人。天下始終在召喚所有天下人來為了成為它的新主人而投入永無休止的權力遊戲。

　　這場遊戲伴隨著皇帝制度的建立而達到空前的緊張和危險。皇帝制度的建立使得皇帝成為真正意義上的孤家寡人。君臣關係的緊張成為伴隨皇帝制度始終的普遍現象。對匹夫天子劉邦來說，一方面要應付分封在外的異姓諸侯王的頻頻叛亂，另一方面要監視朝中元老重臣的言行動向。一種承繼前朝制度固有的思想慣性，使得當局者還不可能有一個新的思路。行為背後的深層觀念仍在方方面面發揮著作用。對臣子的猜忌與防範，仍然是君主馭臣之術的首要內容。漢帝國剛剛建立，被劉邦稱為漢家第一功臣的丞相蕭何便已經深切感受到了這種莫名的恐懼和壓力。有兩件事把這種恐懼和壓力突顯出來，並一度達到空前激化的邊緣。第一件事是，漢十一年，「陳豨反，高祖自將，至邯鄲。未罷，淮陰侯謀反關中，呂后用蕭何計，誅淮陰侯。」劉邦為此「拜丞相何為相國，益封五千戶，令卒五百人一都尉為相國衛」。但有人卻提醒他「禍自此始矣。」因為「上暴露於外而君守於中，非被矢石之事而益君封置衛者，以今者淮陰侯新反於中，疑君心矣。」所以「置衛衛君，非以寵君也。願君讓封勿受，悉以家私財佐軍，則上心說。」蕭何「從其計，高帝乃大喜」。[102] 第二件事就更加危險。十二年秋，「黥布反，上自將擊之，數使使問相國何為。相國為上在軍，乃拊循勉力百姓，悉以所有佐軍，如陳豨時。」其門客認為他這樣做只會有一個結果，「君滅族不久矣！」因為「君位為相國，功第一，可復加哉？然君初入關中，得百姓心十餘年矣，皆附君，常復孳孳得民和。上所為數問君者，畏

　　適用於西漢縱橫家。」（孫家洲、楊賢軍，〈西漢縱橫家探論〉，《中國史研究》第1993 年第 2 期。）這似乎把西漢縱橫家的政治觀念過於理想化了。因為蒯通的這種說法恰恰是戰國時代的流行思潮。而劉邦的不滿則是依託於皇權政體所自然引發的正常心理反應。

102　《史記·蕭相國世家》。

君傾動關中。」所以建議他「多買田地，賤貰貸以自汙。」[103] 結果仍是蕭何「從其計，上乃大說。」

這裡透顯出來觀念是，皇帝雖然並不直接治民，但他卻絕不會允許直接治民的朝官百官壟斷和褫奪皇帝與百姓之間的聯繫管道，他必須讓百姓時刻感受到皇帝的恩德，並始終保持對百姓的政治所有權。皇帝制度要求臣子既不能分割皇帝的權力，也不能分享百姓的民心。這裡蘊含有兩點：（1）百姓屬於皇帝而不屬於臣子；（2）民心即天下，爭奪民心即是爭奪天下。所以皇帝制度必須保證皇帝始終以完全的「正面形象」出現在民眾面前，與此相對照，臣子則不能「搶鏡頭」、出風頭。相反臣子自己給自己臉上抹黑，自己糟蹋自己，是皇帝所需要和鼓勵的。因為這是皇帝制度所刻意塑造的政治形象的一部分。基於此，蕭何「自汙」，劉邦「大說」。其目的是要達到這樣一種政治效果，於功於德，皇帝必須絕對高於臣子。

這構成皇權體制政治觀念中的一個悖論：皇帝既希望他的臣子們個個都是賢臣良士，但又不願意他們好得過火，蓋過皇帝的勢頭；皇帝既不希望他的臣子們個個都是貪官污吏，但又願意他們時不時做些小手腳，以此襯托皇帝的聖明。正因如此，當劉邦看到「民道遮行上書，言相國賤強買民田宅數千萬」時，就顯得非常高興，「相國乃利民！」可是當蕭何又提出，「長安地狹，上林中多空地，棄。願令民得入田，毋收槁為禽獸食。」劉邦便勃然大怒，「相國多受賈人財物，乃為請吾苑！」甚至將其下獄。劉邦的直接依據就是秦朝的君臣觀念。它允許臣子為君主分憂擔過，但不允許臣子「彰君之惡」，[104] 當然更不允許臣子同君主爭功搶權。天下一統，盡歸皇家。編戶齊民其實就是把民眾按人頭一個一個登記造冊在了皇帝的財產薄上。這種制度格局使得臣子的任何親民之舉都不免有某種「媚民」之嫌。在法家政治理念中，臣子如果體恤民情，那不是愛民，而是「媚民」；那不是關心民眾，而是討好民眾。這非但不是什麼好事，反而是一種危險的跡象。因為它暗示出臣子有某種政治野心。而這恰恰是皇帝之大忌。

103　《史記‧蕭相國世家》。據說這個「自汙」之策最初源自《戰國策‧趙策一》中的腹擊之術。（參見錢鍾書，《管錐編》第 1 冊，第 301 頁。）

104　忠良之輩總是自覺避免陷君於惡。這種君臣觀念其實淵源有自。比如，箕子諫紂王被拒，也不去般。理由是，「為人臣諫不聽而去，是彰君之惡而自說於民。」（《史記‧宋微子世家》）其隱含的邏輯是，民屬君而不屬臣，故臣絕不能同君爭奪民心。

　　這時有人向劉邦指出，宰相本職正在於為民請便。懷疑「相國受賈人錢」純屬無稽之慮。證據是，「陛下距楚數歲，陳豨、黥布反，陛下自將而往，當是時，相國守關中，搖足則關以西非陛下有也。相國不以此時為利，今乃利賈人之金乎？」至於宰相是否與皇帝分過，關鍵在於這種做法是否有利於天下大局。所以，對明智之君來說，使自己聞過要比讓宰相分過更為可取和有益。可見劉邦對蕭何的不滿正是「疑宰相之淺」的表現。[105]

　　從政治觀念角度看，這裡包含兩點：一是，為民請命正是宰相的職責所在；二是，秦朝滅亡的一個重要原因就是皇帝根本聽不到（恐怕也是不願意聽到）來自社會和民間的真實意見和聲音，同時皇帝也根本不想知道政府運作中的各種不當決策和不利消息。儘管李斯替他承擔過錯，甚至將亡國之責攬到自己身上，那也於事無補。這就糾正了劉邦的錯誤認識。第一，臣子之職責至少包含兩點：既為君主分憂，也為百姓請命。第二，君臣之關係不能簡單地用對過來劃分。它應該超越君主個人的榮辱得失，而以國家的長治久安為目的。在這個意義上，即便臣子不為君主分過，也無可指責。它包含的價值意向是：希望劉邦不要效法和模仿秦政。對此批評，劉邦表示，「相國為民請苑，吾不許，我不過為桀紂主，而相國為賢相。吾故繫相國，欲令百姓聞吾過也。」[106] 不管劉邦心裡怎麼想，他這種說法透露出其觀念已從法家轉向儒家。因為他承認：第一，皇帝是會有過錯的；第二，皇帝不應該讓臣子來為自己的過錯承擔莫須有的責任；第三，皇帝應該讓百姓知道自己的過錯；第四，就每個具體的皇帝而言，都不是永遠不會犯錯的聖人。這幾點是儒家政治學說的基本預設。否則，儒家以君主為主要對象的教化主張和勸諫理由也都成為無的放矢，毫無意義了。我想，不論從何種角度看，漢代「罪己詔」的盛行同劉邦這種政治觀念的積極轉變應該有某種潛在關係。

　　從直接效應看，有了劉邦這種轉變，文帝的說法顯得自然多了。「蓋聞天道：禍自怨起，而福繇德興。百官之非，宜由朕躬。今祕祝之官移過於下，以彰吾之不德，朕甚不取。」[107] 它表明皇帝必須對天下承擔某種責任。這種責任不可推卸，因為它是絕對權力的神聖體現。但就此點關節恰恰透露出儒法之分

105　《史記・蕭相國世家》。

106　《史記・蕭相國世家》。

107　《史記・孝文本紀》。

殊。因為在相當長歷史時期內，權力本身所必然包含的責任意識並沒有被視為一個根本問題進入政治思想的主流脈絡。在秦政法術的極力排斥之後，現在漢朝天子終於有可能在新的制度架構和政治形勢下來認真審視和接受這個基本政治理念了。一旦賦予權力以責任意識，那麼皇帝對權力的行使就不可避免地要變得謹慎和克制。

　　不容忽視的是，政治觀念的這種轉變同實際政治進程聯繫在一起。它主要表現為，建國伊始高度緊張的君臣關係，由於丞相陳平、太尉周勃等諸大臣誅殺呂氏，迎立文帝而變得一度緩和下來。但也正是這個過程使問題的另一面呈現出某種尖銳性。比如，迎立文帝時，文帝左右就認為，「漢大臣皆故高帝時大將，習兵，多謀詐，此其屬意非止此也，特畏高帝、呂太后威耳。今已誅諸呂，新喋血京師，此以迎大王為名，實不可信。」[108] 這裡就透露出對權臣勢力的警覺與畏懼。正因如此，後來爰盎同文帝討論「社稷臣」與「功臣」之別就有了非常現實的意義。一開始，文帝認為周勃為「社稷臣」。爰盎不同意。「絳侯所謂功臣，非社稷臣。」因為「社稷臣主在與在，主亡與亡。方呂后時，諸呂用事，擅相王，劉氏不絕如帶。是時絳侯為太尉，本兵柄，弗能正。呂后崩，大臣相與共誅諸呂，太尉主兵，適會其成功，所謂功臣，非社稷臣。」[109] 可見「社稷臣」是盡職盡責，「功臣」是機緣巧合。二者的價值和作用絕不可相提並論。其意向是「社稷臣」更難得，也最需要。恪盡職守而不是投機取巧，這不僅僅是對職業政治的道德要求，而且也反映了人們對官僚的某種人格訴求。同時這也表明了皇帝對自身獨尊地位與政權安危的維護和關注。所以爰盎對文帝稍加提示，「丞相如有驕主色，陛下謙讓，臣主失禮，竊為陛下弗取也」，就自然立刻引起文帝的警惕。「後朝，上益莊，丞相益畏。」[110] 益莊益畏正好達成理想的君臣關係。

　　這個例子說明，一方面，實際政治中的君臣關係往往要受制於某種更內在的政治觀念的深刻制約，它本質上屬於權力遊戲和官場規則的一部分；另一方面，政治觀念也往往會在實際政治事務中多樣化地具體而微地表現出來。比如，「益明習國家事」的文帝，

108　《史記·孝文本紀》。

109　《漢書·爰盎傳》。

110　《漢書·爰盎傳》。

> 朝而問右丞相勃曰：「天下一歲決獄幾何？」勃謝不知。問：「天下錢谷一歲出入幾何？」勃又謝不知，汗出洽背，愧不能對。上亦問左丞相平。平曰：「有主者。」上曰：「主者為誰乎？」平曰：「陛下即問決獄，責廷尉；問錢谷，責治粟內史。」上曰：「苟各有主者，而君所主何事也？」平謝曰：「主臣！」[111]

陳平依據的顯然是禮樂政治原則。[112] 在禮樂政治話語中，君臣關係尤其君權與相權二者被設置於一種和諧的自然秩序中。它並不符合事物存在的實際狀態，它反映的只是人們對事物存在的一種理想期待。但它會或多或少地影響到政治事務的具體運作，並在制度架構的安排中體現出來。

就皇帝制度而言，在權力遊戲中自然展現出來的某些政治觀念和思想共識可能是更為根本的。這裡有三個例子。例一，闡述君主獲得認同的根據。宋昌在證明丞相陳平、太尉周勃等人不會謀反時，曾提出三條理由。

> 秦失其政，諸侯豪傑並起，人人自以為得之者以萬數，然卒踐天子之位者劉氏也，天下絕望，一矣。高帝封王子弟，地犬牙相制，此所謂磐石之宗也。天下服其強，二矣。漢興，除秦苛政，約法令，施德惠，人人自安，難動搖，三矣。[113]

這三條實際上說的是兩個方面，即打天下與守天下。第一條屬於事實合法性。其含義是說，只要打下天下，斷絕人們想法，人們自然就會對其政權發生認同。二、三條屬於行政合理性。[114] 其含義是說，只要打下天下後採取適度而不過激的政治和經濟措施，人們就會真心擁護現政權的統治。

---

111 《漢書‧陳平傳》。

112 禮樂政治話語在《韓詩外傳》中有一些非常典型的論述。比如，卷8就有類似說法。「三公者何？曰：司空、司馬、司徒也。司馬主天，司空主土，司徒主人。故陰陽不和，四時不節，星辰失度，災變異常，則責之司馬。山陵崩竭，川谷不流，五穀不植，草木不茂，則責之司空。君臣不正，人道不和，國多盜賊，下怨其上，則責之司徒。故三公典其職，憂其分，舉其辯，明其隱，此三公之任也。」

113 《史記‧孝文本紀》。

114 《史記‧孝文本紀》中還進一步說，「今大臣雖欲為變，百姓弗為使，其黨寧能專一邪？方今內有朱虛、東牟之親，外畏吳、楚、淮南、琅邪、齊、代之強。」概言之，政治上有諸侯王集團的威懾，經濟上有百姓的支持。

例二，闡述君主個人的功德。因淮南王劉長病死於流放的路上，[115] 文帝深感內疚。爰盎勸諫時認為有三條理由足可以使文帝不必自責。第一條說文帝孝過曾參：「陛下居代時，太后嘗病，三年，陛下不交睫解衣，湯藥非陛下口所嘗弗進。夫曾參以布衣猶難之，今陛下親以王者修之，過曾參遠矣。」第二條說文帝勇過賁育：「諸呂用事，大臣顓制，然陛下從代乘六乘傳，馳不測淵，雖賁育之勇不及陛下。」第三條說文帝賢過許由：「陛下至代邸，西鄉讓天子者三，南鄉讓天子者再。夫許由一讓，陛下五以天下讓，過許由四矣。」[116] 在禮樂政治話語中，這三人皆為楷模。按照經學政治的要求來衡量，文帝無論如何應該算是一個標準的明君。

例三，闡述君主受命之可能。人們經常提及轅固與黃生之間的一場爭論。

黃生曰：「湯武非受命，乃殺也。」固曰：「不然。夫桀紂荒亂，天下之心皆歸湯武，湯武因天下之心而誅桀紂，桀紂之民弗為使而歸湯武，湯武不得已而立，非受命（而）〔為〕何？」黃生曰：「『冠雖敝必加於首，履雖新必貫於足。』何者？上下之分也。今桀紂雖失道，然君上也；湯武雖聖，臣下也。夫主有失行，臣不正言匡過以尊天子，反因過而誅之，代立南面，非殺而何？」固曰：「必若云，是高皇帝代秦即天子之位，非邪？」[117]

二人所談雖是一個問題，但依據的理念並不相同。轅固使用的是事實合法性（或

---

115 劉長實際上是絕食而死。《史記》對此有兩種不同說法。《袁盎列傳》云「淮南王至雍，病死。」《淮南列傳》云淮南王「不食死。至雍，雍令發封，以死聞。」二者不但死因不同，而且死亡地點也有出入。不過，從袁盎對文帝講的一番話裡面我們可以推測出一些更深入的內情。在《袁盎列傳》中他說，「淮南王為人剛，如有遇霧露行道死，陛下竟為以天下之大弗能容，有殺弟之名，奈何？」在《淮南列傳》中他說，「淮南王為人剛，今暴摧折之，臣恐卒逢霧露病死，陛下為有殺弟之名，奈何！」這兩段話大同小異，但中心意圖都不在於擔憂淮南王的身體，而在於憂慮他的性格。因為淮南王這時只有二十多歲，血氣方剛，力氣過人，頗有楚霸王之風。所以淮南王自殺的可能性極大。另外袁盎對文帝反覆提及「霧露道死」，如果不是出於單純的言語避諱的考慮，那麼我們就會發現袁盎似乎在暗示著什麼，而且這種暗示本身又暗示出他似乎已經預見到了某種可能的結果。當然我們沒有任何證據可供作出進一步的推測，似乎袁盎出於某種目的而在其中作了某種手腳，或文帝授意他作了某種手腳。

116 《漢書·爰盎傳》。

117 《漢書·儒林傳》。

結果合法性），黃生使用的是前提合法性。[118] 結果合法性強調的是民心道義，即對無道之君應該誅；前提合法性強調的是君臣大義，即對無道之君應該諫。結果合法性以成敗論英雄，前提合法性以名分判罪人。[119] 結果合法性是實用主義和投機主義，前提合法性是絕對主義和理念主義。肯定前提合法性則漢朝現在不合法，肯定結果合法性則漢朝將來不合法。二者皆包含自我否定的因素。合而觀之，結果將變得非常可怕，即雖然漢朝現在合法，但它隨時可能喪失其合法性。顯而易見，禮樂政治觀念中的這種內在悖論使得任何一位皇帝都會深感沮喪。「於是景帝曰：『食肉不食馬肝，不為不知味。言學者無言湯武受命，不為愚。』遂罷。」[120] 當轅固後來警告公孫弘「務正學以言，無曲學以阿世」[121] 時，他肯定不會意識到，在黃生眼裡，他的觀點恰恰就屬於「阿世」之「曲學」。當然依章太炎之見，黃生此論同樣屬於「曲學」。「黃生以湯、武弒君，此不明莊子意者。七國齊晉之主，多由強臣盜位，故莊生言之則為抗；漢世天位已定，君能恣行，故黃生言之則為諂。」[122] 蒙文通進一步肯定了這點。「黃生不免世俗之言，而轅生為能守孟、荀之統。」[123] 所謂孟荀之統即革命論之正統。但即便正統的孟荀革命論，也只是為聖人篡權製造的正當性依據，而非為民眾造反提供的合法性保障。所以聖人革命論只是聖王專制論的另外一種說法。

不過換個角度看，黃生和轅固之爭實際上是合法性和合理性的問題。[124] 不

118　他可能是司馬談的老師。《史記・太史公自序》謂，「習道論于黃子。」

119　蘇子就認同這種前提合法性。「武王非聖人也。」孔子罪責湯武，至孟子「始亂之」。他質問，「天下無王，有聖者出而天下歸之，聖人所以不得辭也。而以兵取之，而放之，而殺之，可乎？」（《東坡志林》卷5，〈武王非聖人〉，三秦出版社，2003年。）洪邁稱讚其「可謂至論」。（《容齋隨筆》，〈湯武之事〉。）

120　《史記・儒林列傳》。

121　《漢書・儒林傳》。

122　《章太炎學術史論集》，第232頁。章氏知其一不知其二。雖然「七國齊晉之主，多由強臣盜位」，但莊生所言也談不上「為抗」，因為列國格局使得齊晉之主對他根本就是鞭長莫及。相反，「漢世天位已定，君能恣行」，此時黃生所說倒真有抗上之意，而無諂媚之態。

123　〈儒家政治思想之發展〉。

124　簡言之，合法性是同意的政治，合理性是滿意的政治。二者區別在於，前者需事先徵求被統治者的同意，後者應事後讓被統治者感到滿意。韋伯對合理性有兩種類型的劃分，一種是目的合理性與價值合理性，一種是形式合理性與實質合理性。（參見邁克爾・H・萊斯諾夫，《二十世紀的政治哲學家》，第13頁，商務印書館，2001年。）我不打算接受這種分法。我覺得對於中國政治思想史而言，把合理性範疇區分為行政合理性、歷史合理性、自然合理性三個介面可能更為妥當一些。行政合理性的核心在

妨喻之為「鞋帽論」。[125] 合法性是帽子，合理性是鞋子。二者分歧在於，合理性能否取代合法性？依黃生之見，合理性無權改變合法性；依轅固之見，合理性有權改變合法性。僅從邏輯看，轅固似乎更有道理一些，否則，第一，最初的合法性從何而來？這涉及合法性的終極依據。第二，現行政權的合法性何以確認？這關涉合法性的現實存在。不過，雖然轅固能解釋這兩個問題，但它隨之又會引發一個新問題，即依據轅固的邏輯，人們同樣有權利使用合理性來否定現行統治的合法性。但由於皇帝的干預，「是後學者莫敢明受命放殺者。」這意味著合理性思維徹底取代合法性思維。[126]

於「君臣一體」（它同時包括君民和官民兩個層面），歷史合理性的核心在於「古今齊一」，自然合理性的核心在於「天人合一」。換言之，行政合理性講究的是禮樂，歷史合理性講究的是道統，自然合理性講究的是天時。這三個介面實際上正是「天時人」三個維度的具體展開。這三個介面之間肯定會有某些重迭和交合之處。但邊界的游離和漂移並不等於大體界限的不實和不在。比如，歷史合理性和行政合理性二者之殊異在於，時間層面，一古一今；內容層面，前者側重觀念延續，後者側重政策制定。又如，自然合理性所呈現出來的具體內容雖然屬於行政合理性，但其理念依據卻在於它認為權力可以從自然和天時中開發出一種有效的統治技術。所以一旦深入下去，思想史分析仍然能夠呈現出某種相對清晰的思想畫面。

125　「鞋帽論」在漢初有兩種用法。一種是關乎易代之際的君臣關係，一種是關乎同朝之中的臣僚關係。前者涉及合法性和合理性之轉換，後者則純屬朝制禮儀問題。賈誼以鞋帽為喻來言臣僚關係即屬後者。但錢鍾書卻將二者混為一談，殊為不類。「兩生取譬一也，黃欲臣『屬節于君』，賈則欲君『禮貌于臣』，疑若相背然；實乃喻之柄同而邊亦同者。賈生以履指『小吏』，黃生以履指『臣下』，吏卑而陵『貴寵』，猶臣卑而犯『君上』，均如『履』不『關于足』而『加于枕』爾。」（《管錐編》第1冊，第371–372頁。）黃生以鞋帽喻君臣，賈生以鞋帽喻官吏。較之君帽臣鞋，賈生所言小吏為鞋、大臣為帽顯然尺寸要小一號。若以宋人所喻，「大處有大君臣，小處有小君臣。」（《朱子語類》卷134）倒也說得過去。倘說黃賈二生有共同之處，也只是在於尊上卑下而已。但尊上卑下並不完全等於尊君卑臣。二者貌同而神異，詞近而義疏。因為上下為相對之詞，而君臣則為絕對之語。即便漢魏臣僚間仍存有某種形式的「君臣之誼」，但那也只是一種廣義的「主僕之義」，與嚴格的「君臣之誼」迥然有別。君為臣綱顯然不包括這種臣僚間的「君臣之誼」。所以黃生尊君卑臣與賈生尊臣卑吏喻同而旨不同。

126　如果說合法性命題是「存在即合法」，合理性命題則是「存在不等於合理」。在此意義上，合理性思想命題較之合法性思想命題似乎更具有某種有限的現實「批判性」。就政治思想史的實際而言，大多數情況下，國人的思想重心明顯致力於對政治事務的合理性思考。不過這裡還應作出一些更為細緻的區分。一方面，國人把合理性視為較之於合法性而更高一個層面，即合法性必須要由合理性來予以確認。比如，漢代政治生活中常見的「經術緣飾吏事」。對民來說，吏事無不合法。既然如此，何需緣飾？這說明，經術緣飾在這裡提供的已經不是一種合法性論證，而是一種合理性證明。這也說明，在國人政治–思想中，合法性並不絕對自足，它需要合理性的確證。如此，合理性證明就自然具有了一種較之合法性論證而更為重要的實體性功能。另一方面，更為普遍的是，國人政治思維走的不是「合法性」路線，而是「合理性」路徑。換言之，

　　一般說，複雜的政治實踐往往能使龐雜的政治共識發生某些微妙的變化，從而使政治共識變得更加豐富，富有彈性。同時，君主觀作為是政治觀念中最敏感的部分，在權力遊戲中它又是最多變、最容易引發爭議的政治共識。因為在其爭議中，某種新的契機可能就會隨時產生。經過無數次的重複和磨合，一些原來分散零碎的想法會漸漸彙集在一起，形成一種更具涵蓋面和覆蓋力的政治觀念，從而對實際政治運作發生潛移默化的持久影響。於是，在政治共識的緩慢滲透下，權力遊戲的具體規則也許就會發生某種深刻的變化。政治共識就如同一個巨大的蓄水池，它彙集了各個來源不同的大小支流，這些支流雖各有其相異相悖的思想特點，但一進入蓄水池，就成了整個水池的一部分，而無所謂是原來的某家思想了。主流支流同時交織為一體，就像在奔騰喧囂的河流中時時會翻湧起許許多多的泡沫一樣。在它平緩下來之後，泡沫退去，思想之流

　　從政治思想史的角度看，國人一般傾向於「合理性」思維，而非「合法性」思維。比如，作為中國古代政治思想史正統體系的儒家政治理論基本上就是一種合理性理論，而非一種合法性理論。「仁」與「德」雖然看起來像是合法性概念，但「仁政」與「德治」卻絕對屬於合理性範疇。甚至可以說，中國古代所有有較大影響力的政治理論幾乎全都是一種合理性理論，而非一種合法性理論。比如，道家所謂的「順道」、「應道」、「合道」其基本政治含義就是一個要求遵守規則的合理行政問題，至於法家所謂的「法」、「術」、「勢」其思想核心在於對權力資源中不同成分的合理配置，即如何使君主對自己手中掌控的權力資源的配置達到最優化。「法」與「勢」雖然字面上好像有些合法性的規定，但作為一個有機的思想整體，法家關心的並不是使君主如何獲得更多的權力，而是在於使君主如何更好地使用權力。因為，法家所面對的言說對象是早已大權在握的合法君主。所以權力合法性根本不是法家所需要特別考慮的問題。

　　某種意義上，由於儒法道諸家（戰國諸子中的莊子或許多少有所不同，但後戰國諸家則絕無不同）所面對或心目中所設定的的言說對象無一例外地都是合法君主，這樣合法性觀念就顯然存在於他們的思想語境之外，而這種自然排除合法性的思想語境就具有了一個難得的優點，即它為諸家學說提供了某種思想便利，節約了論證成本。它使諸家可以無需詳密論證合法性問題，就可以直接進入對合理性的闡釋。至少，我們現在還沒有看到，有哪一家政治理論面對的言說對象不是合法君主，而是非法君主，或干脆不是君主。諸家學說的功利性和投機性就鮮明地表現在，它們絕對不會把自己的理論資本盲目地投資到那些毫無希望的無權無勢的人身上。儘管其中有些人的確才華卓絕，學識非凡，德行超群。但諸家學說的根本宗旨不是試圖將那些不是君主的聖賢之士推舉為君主，而是力圖將那些君主中那些不怎麼有出息的甚至是幾乎扶不起的昏庸之輩改造成令人稱道的明君聖主。思想意圖設定了言說對象，言說對象規定了基本語境，基本語境又限定了論辯邏輯。在這種思維程序中，有些問題可能永遠被排斥在外而不予考慮，有些問題可能永遠無法產生。所以，對國人來說，合法性根本不是一個需要論證的問題，「勝者王侯敗者寇」一句俗語就足以說明全部問題。相反，合理性才需要證明。合理性主要是一種關於政治手段和行政措施的理論。某個政權本身是否合法，儒法道諸家理論一般無法有效解釋。它們關注最多的是該政權得天下的手段以及得天下之後採取的各種政治措施。

會自然形成一種極具滲透性和擴張力的普遍共識。政治共識使思想邊界不斷漂移，而思想邊界的漂移則又是使得政治共識趨於穩定。在政治共識與思想邊界之間居中平衡的則是恆定的君主觀念。

二、封建理想與天下秩序

　　封建理想一直是中國政治思想中最具「公性」的觀念之一。因為在國人心目中，自從「家天下」時代來臨，「天下為私」成為歷史必然之後，分封可能就是建構天下秩序的最理想的一種方案。[127] 不過與此同時，還另外並行著一條隱隱約約的思想線索。這就是「禪讓」。它最初源於戰國。[128] 在戰國，它既有觀念，又有實踐（比如燕國）。根據一條虛實難辨的記載，秦朝初年也曾有過一次關於「公天下」與「家天下」優劣是非的正式討論。始皇表示，「古者五帝禪賢，三王世繼，孰是？將為之。」似乎有讓帝位於天下的打算。「吾德出於五帝，吾將官天下，誰可使代我後者。」[129] 結果遭到博士鮑白令之的質疑而被迫放棄。[130] 所謂「行桀紂之道，欲為五帝之禪」，非「所能行」。於是，「遂罷謀，無禪意。」[131]

　　從觀念而不是史實角度看，這條記載可以採信。[132] 因為它作為一種觀念延續肯定存在於許多政治場合。雖然秦始皇未必真有這種禪讓天下的想法，更不可能僅僅因為鮑白令之的反駁而取消。但至少它說明一點，儘管家天下作為一種存在上千年的制度具有不容否認的歷史合理性，可在當時的一般政治觀念中，讓賢與分封二者之選擇仍然是被人們關注和思考的問題。尤其是在新帝國建立伊始，在設計制度時，人們有可能對政體架構重新進行權衡和考量。我想這就是這段令人不敢過於輕信的文獻記載的思想史價值所在。它向我們呈現出了政

127　朱子甚至誇張為「三皇五帝三王以來，皆以封建治天下」。（《朱子語類》卷 134）

128　關於「禪讓」觀念起源，參見第二章第二節第一個專題〈思想論證——『匹夫天子』觀念的源起與流變〉。

129　值得注意的是，這裡用的是「官天下」，而不是「公天下」，至少暗示出在人們心目中「官」就是「公」。官家即公家，官德即公德。所以，「古『官』、『公』二字時可通用，並非偶然。」（閻步克，〈士大夫與官僚制〉，《閻步克自選集》。）

130　據說，鮑白令之即是荀子弟子。同時他也是漢初傳《詩》的浮丘伯。（參見蒙文通〈浮丘伯傳〉，《古學甄微》。）

131　《說苑》卷 14。

132　近人傾向於相信其真實性，認為其可能性極大。（參見奚椿年〈秦始皇史事辯疑〉，《江海學刊》1999 年第 1 期。）

治觀念演進脈絡的另一面。或許它是人們出於對秦政那種「私天下」的強烈心理逆反而虛構出來的逸聞軼事。

不過漢文帝倒是確實有過「禪天下」的念頭。「今縱不能博求天下賢聖有德之人而禪天下焉，而曰豫建太子，是重吾不德也。謂天下何？」[133] 從其話語邏輯看，天下乃有德者居之，而自己卻不具有足夠的德行。依據是，「上帝神明未歆享，天下人民未有嗛志。」這裡值得注意的是，「上帝神明」和「天下人民」二者並非用來解釋文帝自己得天下的原因，而是用於說明自己「禪天下」的理由。這種思路中固然包含有「公天下」的理念，但卻並不徹底。而恰恰是這種折衷性和曖昧性則使得「家天下」擁有更大的思想空間和觀念市場。這也就透顯出文帝表示「禪天下」的深層考慮。即他並沒有明確劃定範圍，究竟是「禪天下」於天下人，還是「禪天下」於「一家人」。換言之，究竟是在天下人中間選擇有德者，還是在自己一家人裡面選擇有德者？顯然二者是有區別的。而這種區別恰恰將「家天下」凸顯出來。所以從歷史實際看，在「公天下」的禪讓和「私天下」的獨占之間，「家天下」的分封無疑仍然是最為可取也最具可行性的制度選擇。

這樣一來，依據是否分封來判斷一種制度的得失，或是來判斷一個國家的成敗，便成為人們的普遍思維定勢。至少是從戰國以降的主流觀念中，在分封制的架構下憑藉功業而出將入相便成為人們世俗成功的最高境界。而後戰國時代士人的政治觀念則是雙重性的：既希望出將入相，更渴望封王封侯。其實，在分封的意義上，「王」包含有兩義。一是封王，一是王天下。對於王天下者來說，封王是唯一合理的制度選擇。這不光是因為示天下以「公」，同時也是因為這種體制架構與「大一統」的政治理念並不衝突。所以，如何在「大一統」與分封之間尋找一種結合點，是人們始終考慮的一個問題。在後戰國時期，這個問題出於對秦政的強烈反彈，自然而然地向著分封一面積極傾斜。[134] 這種價

133　《史記・孝文本紀》。

134　其中曲折多有。近人分析，「在人們的觀念意識中，分封早已失去西周時人們所熟知的規範和心目中的那種神聖性，只剩下作為軀殼的形式而已。因此，漢初的分封，授受雙方都不具有恪守分封制各種規範的自覺意識，君主則更是如此。諸侯王的立與廢都有較大的隨意性。既然秦王朝已製造了君主享有絕對權力的先例，後世的君主誰會樂意在此成例上後退一步，能象周初君主那樣相安於權力分享的格局？」（陳玉屏，〈劉邦與異姓諸侯王〉，《西南民族學院學報》1995 年第 3 期。）這自然是皇權政體下的一般演化大勢，但這只能說明觀念與制度之關係的複雜性質。即當一種制度成為

值傾向引導人們構制出種種「宰天下」[135]的新秩序設想和藍圖。它隱含著一個人人都渴望獲知的問題：如何重新規劃天下？

　　對陳勝來說，這是一個是否馬上稱王的問題。當然這裡還有一種策略上的考慮。即「監臨天下諸將，不為王不可」。反對意見則認為，「今始至陳而王之，示天下私。」[136] 這裡透露出稱王背後的觀念取向。他們認為，秦政帝天下就是私天下。[137] 它比家天下更壞。它以一人之私排斥了一家之私。分封雖說不上是公天下，畢竟是一種人們可以接受的相對合理的家天下方案。其實，公天下與家天下在邏輯上是一致的。《禮記・禮運》有云，「大道之行也，天下為公。」孫希旦《集解》云，「天下為公者，天子之位傳賢而不傳子也。」陳亮就說：「取舜禹於無所聞知之人而歷試以事，以與天下共之，然後舉而加諸天下之上。」但陳亮也知道這很難行，所以隨之補充一句，「彼其心固以天下為公，而其道終不可常也。」[138] 可知公天下的主要根據是禪讓。[139] 似乎把天下「讓給」他人

　　　一種不可逆轉的必然趨勢時，受制於體制架構的約束，傳統觀念總是要發生一些變異。但這種變異並不妨礙人們仍然能夠利用這種觀念來表達一些非常現實的政治內容。

135　《史記・陳丞相世家》云：「里中社，平為宰，分肉食甚均。父老曰：『善，陳孺子之為宰！』平曰：『嗟乎，使平得宰天下，亦如是肉矣！』」從政治觀念角度看，「宰天下」包含三義：天下是可以分割的；分割天下必須公平；平民也可以分割天下。在某種意義上，它較之於「王侯將相寧有種乎」更進一步。二者脈絡一致，但其對天下的理解與「大丈夫天子」具有異曲同工之妙。

136　《史記・張耳列傳》。

137　柳子對此別有新解，三代分封純屬無奈，並非本意。「蓋以諸侯歸殷者三千焉，資以黜夏，湯不得而廢；歸周者八百焉，資以勝殷，武王不得而易。徇之以為安，仍之以為俗，湯、武之所不得已也。夫不得已，非公之大者也，私其力於己也，私其衛於子孫也。秦之所以革之者，其為制，公之大者也；其情，私也，私其一己之威也，私其盡臣蓄於我也。然而公天下之端自秦始。」（《柳宗元集》卷3，〈封建論〉。）王夫之亦稱，「郡縣者，非天子之利也，國祚所以不長也；而為天下計，（利）〔則〕害不如封建之滋也多矣。嗚呼！秦以私天下之心而罷侯置守，而天假其私以行其大公，存乎神者之不測，有如是夫！」「若夫國祚之不長，為一姓言也，非公義也。秦之所以獲罪于萬世者，私己而已矣。斥秦之私，而欲私其子孫以長存，又豈天下之大公哉！」（《讀通鑑論》卷1，〈秦始皇〉，中華書局，1975年。）

138　《陳亮集》卷3，〈問答上〉，中華書局，1974年。

139　「公天下」作為一種政治理念，內容既簡單又複雜。說簡單即是禪讓，說複雜則需辨析。概言之，公天下只關乎統治者，即它屬於職責論、目的論，但不關乎被統治者，即它不屬於權利論、正義論。換言之，公天下是民享，是民有，但不是民治。公天下的根本前提是：天下天下人之天下。它屬於「民有」。它在權力上的表現為：（1）統治權力的非世襲性（即禪讓）；（2）行政權力的平民化（即選官）。二者合觀，即「尚賢」。它在統治對象和統治目的上的要求是：重民和仁政。這屬於「民享」。但哪一方面都不屬於「民治」。平民做官不是民治，天子讓位也不是民治。這幾個層次的內容，古

就是大公無私了。

問題恰恰出在這裡。禪讓的核心是「讓」。一個「讓」字就足以說明天下在「讓」出之前就已經被天子占為私有了，就早已非公所有了。即，天子先把天下據為私有，然後再發揚「天下為公」的風格去把天下轉讓給他喜歡的人。在讓與的整個過程中，選擇權和決定權均掌握在天子自己手裡。他人無緣置喙。這裡的邏輯是：先私後公。先占天下，再讓天下。生前占有天下，死時轉讓天下。於是，這一「讓」天下的私有性似乎就被巧妙地掩蓋住了，以致於被人們完全誤解和扭曲了。所有的問題都出在人們根本沒有認真考慮到「禪讓」的前提。即，禪讓者在禪讓之前是否已經私吞了天下？如果他不首先私有天下，他又何以可能禪讓天下？他又憑什麼把本不屬於他自己的天下出讓給別人？他有什麼權力把天下讓來讓去？[140] 顯然，「禪讓」是一個悖論。如果「禪讓」是公天下，那麼它的前提就是私天下；如果「禪讓」的前提是公天下，那麼它本身就是私天下。換言之，如果是公天下，那麼禪讓者就沒有權力讓；如果是私天下，那麼禪讓者的行為也就談不上是公。[141]

這樣看來，「禪讓悖論」其核心是竊公為私，私相授受；其特徵是公私天下相互糾纏，難析難辨。它既表現為一種概念的自洽，又表現為一種界限的不分。總之，基於公天下與家天下邏輯上的一致性，可以大體判知二者之殊異在於，公天下的潛在含義是說「天下一家」，[142] 即普天之下皆為一家人也，不分

人有的全部承認，有的部分承認。即便有的皇帝也說公天下，但往往是說的選官和重民，而對核心性的最高權力的非世襲予以否定。其實問題的真正實質在於，即便最高權力確是非世襲的，它也未必就是民主。有國王未必是專制，沒有皇帝也未必不是專制。因為關鍵在於權力是否受到制度性約束。如果一種權力雖然非世襲，但卻不受制約，那它就是專制。禪讓的本質是個人獨裁加「接班人制」。與民主無干。明乎此，中國政治思想的邏輯便自然呈現：（1）大前提：中國政治理想的最高境界是公天下；（2）小前提：公天下的最高目標是禪讓；（3）論證：作為公天下最高理想的禪讓也是專制；（4）直接結論：公天下合理成為專制的最終依據和最後辯護；（5）終極結論：中國政治思想絕對是專制主義。

140　堯舜均多次做過此類「禪讓秀」。

141　因為其核心仍然是把禪讓者自己的一己之偏、一己之見、一己之愛、一己之好直接當成眾人的公共意見和選擇，即把個人私意視為民眾公意，並強迫百姓接受和認可。表面上，禪讓超出了家族範圍和血緣範疇，而具有了某種公性，但實質上，它仍然是一種以個人判斷為標準和取捨的專制行為。

142　《禮記·禮運》云：「聖人耐以天下為一家，以中國為一人者，非意之也。」而《宋史·王禹偁傳》所說：「自五季亂離，各據城壘，豆分瓜剖，七十餘年。太祖、太宗，削平僭偽，天下一家。」其意實為「一家天下」。在這裡，公天下與家天下的一字之

彼此，無別貴賤；家天下的潛在含義則是「一家天下」，即普天之下僅為一家所有。前者意味著天下為「大家」所有，後者意味著天下為「小家」所有。公天下與家天下的區別僅僅在於前者「家」大一些，後者「家」小一些。再加上家天下自三代以來早已成為神聖的歷史道統。所以人們在考慮這個問題時，首先就是明確排除秦政的私天下，而恢復戰國的家天下。他們希望陳勝暫時「毋王，急引兵而西，遣人立六國後，自為樹黨，為秦益敵也。敵多則力分，與眾則兵強。如此野無交兵，縣無守城，誅暴秦，據咸陽以令諸侯。諸侯亡而得立，以德服之，如此則帝業成矣。」[143]這裡雖有軍事戰術上的考慮，更有政治戰略上的考慮。這就是後戰國時代的戰國價值取向。所以分封便成為人們的首選方案。

　　這絕非某個人獨有的復古想法，而是這個時代的普遍思潮。陳餘寫給章邯的勸降信中就直言不諱地說：「將軍何不還兵與諸侯為從，約共攻秦，分王其地，南面稱孤；此孰與身伏鈇質，妻子為僇乎？」[144]陳勝部將武臣也鼓動眾豪桀，置身大楚已張之局，「於此時而不成封侯之業者，非人豪也。諸君試相與計之！夫天下同心而苦秦久矣。因天下之力而攻無道之君，報父兄之怨而成割地有土之業，此士之一時也。」[145]天下非無道之君所能獨占，也非無道之君一人的私有財產。「攻無道之君」便可成就割地封侯之功業。「豪桀皆然其言。」在他們看來用王天下的一家之私或多家之私取代帝天下的一人之私，是「人豪」之舉。需要分析的是，這種觀念既是著眼於道德，也是著眼於功業，更是著眼於利益，但唯獨不是著眼於制度。即人們鼓吹分封並不是出自於分權或權力制衡的考慮。中國人壓根沒有這種想法。中國人看出人有道德性，有社會性，有自

轉演化為「天下一家」與「一家天下」順序之變，絕非文字遊戲，而是思想邏輯和觀念秩序。應該說，從殷周王權到秦漢皇權所一以貫之的「天下一家」之理念，至少有兩大功能，一是構造了「大一統」的深層邏輯，二是打通了「內聖外王」的邏輯間隔。所以，儘管「自秦以來，封建久湮，宗法蕩盡，國與家渺不相涉」，（《譚嗣同全集》，第 368 頁，中華書局，1981 年。）但「天下一家」的公性理念仍然對國人政治話語具有強勢主導作用。同時，也正是基於「天下一家」的公性理念，我們才能深刻理解自天子至庶民皆可以「君子」定位這種「大一統」式的政治－思想史現象。（參見陳立，《白虎通疏證》，中華書局，1994 年。）因為它是在世俗化基礎上所形成的社會意識體系的必然邏輯。

143　《史記・張耳列傳》。
144　《史記・項羽本紀》。
145　《史記・張耳列傳》。

然性，但就是沒有看出人有政治性。因為政治性包含有政治權利概念。中國人不會產生「人是政治動物」這種思想。這就意味著在對人性與政治相互關聯的理論思考中，中國人始終缺乏一個終極維度。人性概念中不必然包含有政治權利的規定，政治概念中不必然包含有人性自由的規定，二者的雙雙闕失，使得它們不能在歷史的複雜運動中有機地形成一種思想的合力，從而自覺地致力於在傳統體制和現行政體之外尋求新制度的建構和突破。

這樣，人們主張分封並不意味著人們已經意識到分封可以在制度上保證使自己避免再次遭受那種無法無天的暴政。秦廷中主張分封的博士儒生沒有這個念頭，揭竿而起的造反者也不作如此之想。至於在風雲際會中重現於世的縱橫之士，其對局勢之觀察和政治之設計，雖不乏機智和卓見，但過強的投機色彩和權術風格則限制了其在歷史性的縱深感層面上對時代脈絡作進一步的構畫和致思，在效果上只能落實為大國間的實力性平衡，即重演戰國格局。[146] 種種跡象表明，反暴政雖然具有道義支持，但並不因此產生制度革命。最直接最便捷的路徑就是回歸傳統重新分封。人們肯定也知道分封會帶來戰爭，但人們似乎又相信戰爭比暴政更易忍受。固然，一方面，人們認為分封可以給自己帶來種種實際的好處，比如榮華富貴、錦衣玉食、封妻蔭子，同時還有心理上的滿足感、事業上的成就感、道德上的完善感等等。另一方面，人們又相信分封合乎道統。三代以下，家天下已成不可逆轉的歷史大勢，既然公天下絕無實現之可能，那就只能兩害相權取其輕地杜絕天下淪入一人之私囊。

或許因為此，當帝天下再次不可避免時，人們仍要堅持必須賦予皇帝一種絕對的道德價值。他們相信這是唯一能對皇帝作出的約束和制衡。但其依賴的道德資源仍是傳統的「聖賢觀」。這種觀念在實際的歷史進程中又更多地為儒家所強調和堅守。觀念力量在很大程度上是一種潛移默化的力量。觀念對人行為的塑造和規範往往並非出於人們的自覺。一旦某種觀念對實際生活產生有利於自己的作用，人們就會無意識地對該觀念產生信賴甚至迷信，這種觀念便成為一種信念或信條，在無所反思的情況下去支配人們對許多事情的判斷和選擇。

諸侯王們在稱頌劉邦時說：「功臣皆受地食邑，非私之也。」[147] 這顯然針

146　蒯通給韓信勾畫出來的天下大勢和時局走向最為典型。見《史記‧淮陰侯列傳》。
147　《漢書‧高帝紀下》。

對秦帝帝天下即私天下的政治背景。不過秦政時期，人們批評不分封主要是從不師古便不能保持長治久安這個統治策略和政治觀念的角度來審視和觀照的。這個時候，人們把分封與否看成一個道德問題。一旦基於這種政治觀念，劉邦只能作出一副帝天下而又不私天下的政治姿態，選擇分封策略。[148] 劉邦心理十分清楚，他這是同諸侯王們做了一筆「以天下市天下而己乃為天子」的政治交易。[149] 私與不私，賢與不賢，全在於你分與不分，封與不封。分則雙贏，不封則兩敗。把利益訴求裝飾為一種道德要求是一種最常見的政治遊戲，或者說是政治遊戲中最普通的一種謀略規則。之所以稱帝就在於己經封王。封王是稱帝的前提。表面上看「大王德施四海，諸侯王不足以道之，居帝位甚實宜」，[150] 稱帝是為了比王顯得更尊貴，可潛臺詞是，有王才有帝，帝是在王基礎上的更高，而不是無王的獨高。帝因有別於王而顯尊，倘若無王，帝就因失去了可比對象而無尊可言。這樣一來，封建制度便成為皇帝制度的前提和基礎。所謂「諸侯亡而得立，以德服之，如此則帝業成」一類說法，可作多重解讀：它既表明一種歷時性的因果聯繫，即先王而後帝；也表明了一種同時性的制度架構，即帝王並存。對王來說，先王而後帝是一種由手段而達至目的的過程；對帝來說，皇帝制度之下進行分封，則是一種合理的制度安排。由王而帝，帝王並存，是後戰國時代人們在制度設計中所理想的一種政體模式。至少在觀念上人們相信，皇權政體完全可以相容分封體制。似可斷言，這一政治觀念大體支配了漢初人們對制度構想的一般思路。

三、暴政與政治道義

中西語境中的「暴政」差異不可不辨。大體說來，西學所說的「暴政」主要是指對臣民自由、權利（比如「無納稅人同意不得徵稅」）以及法律的損害和侵犯，[151] 而中學所說的「暴政」則主要是指對臣民生命的摧殘。至於對臣民

148　有人概括劉邦的分封思想，認為可以分為四個階段。它「包括『非劉氏而王者，天下共擊之』的對象論，『後嗣承序，以廣親親』的目的論和『自為置吏，斂賦稅』、『宮室百官同制京師』的實封特點。」（唐德榮，〈略論劉邦的分封思想〉，《求索》2000 年第 5 期。）

149　王夫之云：「承六王之敝，人思為君，而亟予之土地人民以恣其所欲為，……以天下市天下而己乃為天子，君臣相貿，而期保己速，固不足以一朝居矣。」（《讀通鑑論》卷 2，〈漢高帝〉。）

150　《漢書·高帝紀下》。

151　參見托克維爾，《舊制度與大革命》，第 136 頁，商務印書館，1992 年。

財產的掠奪則一般被人視為「惡政」或「苛政」而非「暴政」。以此觀之，國人對「暴政」的定義既不嚴格，亦不寬泛，而其底線至低，恰足以顯示出中國政治架構對專制者約束之無心以及對民眾人身保障之無力，更足以表徵出中國政治理念對專制權力施暴作惡之必然性缺乏深度反思。

基於「人治」思路，國人相信，有「暴君」而後有「暴政」。[152] 文獻表明，作為整體性概念，「暴政」明顯晚於作為個體性概念的「暴君」。[153]「暴君」一詞最早出自於《左傳》昭公二十年。晏子說：「所以夭昏孤疾者，為暴君使也。其言僭嫚於鬼神。」[154] 孟、荀、韓三子皆使用過「暴君」一詞。但指斥最為沉痛者當屬《呂氏春秋‧功名》。「民無走，則王者廢矣，暴君幸矣，民絕望矣。」「暴政」概念最早見於《禮記‧儒行》。「儒有忠信以為甲冑，禮義以為干櫓。戴仁而行，抱義而處。雖有暴政，不更其所。其自立有如此者。」但從思想史脈絡看，對暴政的關注和意識早已有之。人們注意到，「早期中國政治思想傳統的核心問題是暴君與暴政的問題，它所體現的是統治者（君王）與被統治者（民眾）間緊張關係這一永久性的政治學原理。」[155]《尚書》把這點顯示得相當充分。比如，〈仲虺之誥〉云：「有夏昏德，民墜塗炭。」〈湯誥〉云：「夏王滅德作威，以敷虐于爾萬方百姓。爾萬方百姓，罹其凶害，弗忍荼毒。」〈泰誓上〉云：「今商王受，弗敬上天，降災下民，沉湎冒色，敢行暴虐，罪人以族，官人以世，惟宮室台榭陂池侈服，以殘害于爾萬姓，焚炙忠良，刳剔孕婦。」〈泰誓下〉云：「今商王受，狎侮五常，荒怠弗敬。自絕于天，結怨於民。斲朝涉

152　如果不考慮其他因素，這種先人而後政的思維，從認識論的角度看，似乎屬「具體」而非「抽象」。但這恰恰證明國人政治思維在某些關鍵問題上尚未達到進行抽象思考的普遍理論層面。

153　關於暴君、君主、暴政、專制政治四者之間的複雜關係，我另有專文論之。概言之，「暴君」是古人已有之概念，「專制君主」是現代國人之概念。現代某些人可能不承認中國古代政體性質屬於專制制度，但卻無人否認中國歷史上確有暴君。這裡的問題是，如果暴君與專制制度之間存在有必然聯繫，那麼專制制度的客觀性質就不難得到證明。古今人士在這個問題上的區別是：古人都是撇開專制制度來單論暴君如何，所以缺乏制度分析的基本意識是古人的習慣做法。今人則往往依據專制制度來分析暴君。其優點是：援用制度分析，在客觀效果和學理邏輯上可能要讓制度來為「暴君」的行為承擔部分責任，從而可能使「暴君」變得多少「清白」和「無辜」一些。儘管這點並非其本真之目的。它彷彿盧梭自由命題的荒誕顛倒。「不自由就強迫你自由。」專制命題給予暴君和暴政的辯護則是，「不殘暴就強迫你殘暴。」

154　《晏子春秋》卷7，〈景公有疾梁丘據裔款請誅祝史晏子諫〉有完全相同的一段話。

155　陳來，《古代宗教與倫理》，第297頁。

之脛，剖賢人之心。作威殺戮，毒痡四海。崇信奸回，放黜師保。屏棄典刑，囚奴正士。」〈牧誓〉云：「今商王受，……俾暴虐于百姓，以奸宄于商邑。」

　　毫無疑問，桀紂為中國歷史提供了兩個標準的暴君形象。但他們畢竟是以純粹個體的形式表現出暴政的特質的。而與此同時，其所在的朝代卻被公認為是中國歷史上最好的太平盛世。[156] 這就意味著，真正的暴政應該是超越了個別暴君的主觀任性和個體行為，而具有一種壓倒一切的國家總體性和社會普遍性。它不但滋生暴君，而且繁殖酷吏。三代有暴君而無酷吏。[157] 就此而言，嚴格意義上的暴政始於秦朝。秦政成為暴政的同義詞。換言之，暴政成為秦政的別名。在中國歷史上還沒有其他任何一個朝代像秦朝一樣整個朝代都被冠之以殘暴之名。其他朝代充其量有些個暴君，但其基本施政原則卻很難被稱之為暴虐。其實，以近乎無任何限制的暴力方式作為政治原則並不始於秦朝，而是源於秦國。

　　戰國時，秦就被稱為「虎狼之國」。始皇帝本人更是被人們形容為豺狼。[158] 在戰國士人眼裡，始皇帝從相貌到性格，無不給人以可怖的兇惡之感。拋開其人身攻擊的某些偏執成分，我們如果著眼於其中蘊含的某種政治觀念之變化，也許能夠感知到某種深刻的東西。在我看來，它甚至具有某種象徵性。因為在我印象裡，以這種赤裸裸的野獸形象來指稱和描述君主，三代並無此先例。一方面，對於那些明君聖主體位相貌所具有的某種奇異性和怪誕性，[159] 人們完全賦予它們以神聖和美好的含義。另一方面，即如桀紂一類昏君暴主，人們也仍是將其置於「人」之範疇來予以評判。這是否暗示出，伴隨著社會進化，君主權力的無限擴大已成為一個令人不寒而慄的政治現實。其後果是，君主已突破人性之界限而抵達獸性之邊緣。至少在君主身上人性與獸性已無明確界限。即君主可隨時不受約束和懲罰地表現出自身獸性的一面，而絲毫不必考慮任何政

156　最好的朝代與最壞的君主所構成的矛盾，作為國人政治觀念所構制出來的歷史現象，理應受到政治理論的深入思考。遺憾的是，這方面的工作很不理想。人們給出的解決方案往往是限定於如何改變暴君個人的道德品質。其思路依然是「德治主義」和「人治主義」。

157　酷吏必以官僚制發達為前提。酷吏之產生，則意味著專制主義的國家暴力已能毫無障礙地直接施虐於廣大民眾。比如，一個任職十年的范陽令竟然「殺人之父，孤人之子，斷人之足，黥人之首，不可勝數」。（《史記·張耳列傳》）其酷毒辣程度可見一斑。

158　《史記·秦始皇本紀》。

159　比如，「堯眉八彩，舜目重瞳，文王四乳，蒼頡四目，禹耳三漏，是謂大通，興利除害，決江疏河。」（張岱，《夜航船》，第306頁，巴蜀書社，1998年。）

治的道義性和行政的合理性。這似乎已成為皇權政治的一個必然權力特徵。

這使我們引申出另外一個問題，即仁政作為一種主觀的理想政治形態，其人性根據和道德基礎早已被人們談論得繁不勝繁，但暴政作為一種客觀的現實政治形態，其人性依據和道德根基卻從未得到過認真分析和系統清理。這絕對是中國政治觀念的一個巨大缺陷。雖然真正意義上全國規模的暴政是皇權政體的產物，但政治理論對此問題的漠視和麻木則是更要命的事情。因為這絕不僅僅是「攻守之勢則異」[160]一句話就可以輕輕打發了之的。暴政現實的殘酷程度與政治思維的薄弱程度恰成尖銳對比。這一鮮明特點正體現出「中華專制主義」的獨特內涵。理論對現實的迴避和粉飾，使人們根本無法從理論中獲知政治的本質。從客觀後果看，它直接縱容了專制。這是理論與專制之間固有的兩難困境。當理論不能或不願批判專制時，它實際上是在縱容專制。這種縱容則使專制獲得一種道義上的合法性支持。秦政的無限度的暴虐與政治理論這種無原則的道義支持絕對有關。這一點可以解釋，為什麼在秦帝國能夠毫無阻礙地形成一種空前的暴力主義政治。所以思想史的困惑是，當這種普遍化的暴力主義政治出現時，為什麼竟然沒有一種合法的政治理論資源能對它提出正當抗議？

於是，思想史呈現出這樣一個事實：在諸子的共識合謀中，一種合法的暴政不期而至。諸子能做的只是對作為個人的暴君行為的譴責，而不是對作為政權性質的暴政的批判。君主個人的殘暴只是一個品質問題，一個政權的暴虐則是另外一個性質的問題。它涉及到如何理解權力本身和國家這些更為複雜的政

160　陸賈、賈誼對此多有論述。二子均認為不明「攻守之勢則異」的「逆順」關係是導致秦亡的主要原因。「逆順」概念最初源於何時何家難以確知。諸子多有使用。比如，《周易‧比‧象》說「捨逆取順」，顯然是對人們行為的一般要求。《戰國縱橫家書》二十四，〈公仲倗謂韓王章〉云：「計聽知順逆，唯（雖）王可。」把遵守「逆順」作為君主的要求。但它也只是指的一種計謀策略的輕重得失，而沒有更深的含義。陰陽家對「逆順」尤為講究。但陰陽政令本是互通。從戰國末到後戰國，陰陽學思潮下的政治思維路徑和向度，始終是一個不可忽視的思想介面。最值得注意的是，《商君書‧開塞》說：「武王逆取而貴順，……其取之以力，持之以義。」提出了朝代易手應需採用的基本國策。這就具備了「逆取順守」觀念的總體輪廓。陸賈在此基礎上把「逆順」原則進一步發展成為一種具有理論價值的經邦治國的指導思想。更明確地強調，「湯武逆取而以順守之，文武並用，長久之術也。」（《史記‧陸賈列傳》）這樣，逆順之策、文武之道、長久之局就構成一個完整的思路和連貫的邏輯。《漢書‧賈誼傳》云：「秦王之欲尊宗廟而安子孫，與湯武同，然而湯武廣大其德行，六七百歲而弗失，秦王治天下，十餘歲則大敗。此亡它故矣，湯武之定取捨審而秦王之定取捨不審矣。」賈子所謂「取捨審」與「不審」實際上是「順」與「不順」。

治思想問題。這些問題已遠遠超出了中國政治思維的一般視野。所以，即便暴政已經成為現實，人們也只是將它歸結為某個暴君的個人品德所致，而不將其視為專制政治的固有本質使然。肯定制度而否定暴君，是意識形態建制給人們規定好的正常思路，這決定了國人對此重大問題根本無力作出理論上的深刻思考。漢初思想界的言論已證明了這點。至於秦朝，則連這種思考的機會也沒有。即便有，結論也絕不會兩樣。

在秦帝國，暴力主義作為一種基本治國方略幾乎無人反對和懷疑。其結果是，暴力出現了無限制的擴大化趨勢，成為一種公開化的政治原則和絕對化的政治形態。它是一種徹底化的暴力政治。暴力政治在法家思想主導下，依託於諸子共識，而成為人們在思想上無力反抗的合法現實。問題是，當暴政成為一種公開的政治原則時，如何認識和揭示作為它的指導思想的法家在權力遊戲、政治生活以及官場規則中具體表現出來的複雜內容與深刻含義。法家思想體系本身並不等於法律條文刑法律令，它是制定法律的根本理念和依據。可是當它落實到實際的皇權體制中，它就完全成為一種權力、權術和陰謀。趙高為二世設計的政治方案就鮮明地體現出這點。它要求二世抓緊時機「案郡縣守尉有罪者誅之，上以振威天下，下以除去上生平所不可者」。[161]「嚴法而刻刑，令有罪者相坐誅，至收族，滅大臣而遠骨肉；貧者富之，賤者貴之。盡除去先帝之故臣，更置陛下之所親信者近之。」這使得二世任意「更為法律」。[162] 這裡，法與權術、陰謀聯繫在一起。如果說始皇帝與秦二世有什麼區別，那也只不過是秦二世把它極端化而已，或更多地將其運用於官場內部，用來對付自己眼前的敵人或潛在的敵人，所謂「害除而奸謀塞」。但從這裡反覆提及的「明主收舉餘民，賤者貴之，貧者富之，遠者近之」來看，它顯然是一項主導原則，用來調節國家和社會的基本矛盾。

專制主義政治的一個顯著特點是，它總是在矛盾最大化中尋找一種權力平衡。所以它從不擔心矛盾激化。陳涉起兵後，范陽人蒯通游說范陽令時特意提示，「慈父孝子莫敢倳刃公之腹中者，畏秦法耳。」[163] 官僚塗炭百姓固然有恃無恐，但這不能保證「秦法」不要自己的命。陳餘在給章邯的勸降信中說，白

161　《史記·秦始皇本紀》。
162　《史記·李斯列傳》。
163　《史記·張耳列傳》。

起「賜死」，蒙恬「斬陽周」。「何者？功多，秦不能盡封，因以法誅之。」有功之臣要殺，有過之臣更要殺。「今將軍為秦將三歲矣，所亡失以十萬數，而諸侯並起滋益多。彼趙高素諛日久，今事急，亦恐二世誅之，故欲以法誅將軍以塞責，使人更代將軍以脫其禍。夫將軍居外久，多內卻，有功亦誅，無功亦誅。」[164] 前後觀之，可以看出這種「專制法制主義」的一貫邏輯。它作為一種國家恐怖主義，從國家輻射向全社會。「秦始亂之時，吏之所先侵者，貧人賤民也；至其中節，所侵者富人吏家也；及其末塗，所侵者宗室大臣也。」[165] 結果是，朝廷內外舉國上下普遍存在著一種深刻的不安全感和難以名狀的恐慌感。「法令誅罰日益刻深，群臣人人自危，欲畔者眾。」[166] 這是一個有法無天的時代。有法之酷甚於無法之苦。有法之毒深於無法之害。[167] 再加上「五德終始說」這種中國式的「自然法」[168] 提供的神祕理論支援，更使「急法，久者不

164　《史記‧項羽本紀》。

165　《漢書‧晁錯傳》。

166　《史記‧李斯列傳》。

167　商鞅臨死一歎可為此作注。「商君亡至關下，欲舍客舍。客人不知其是商君也，曰：『商君之法，舍人無驗者坐之。』商君喟然歎曰：『嗟乎，為法之敝一至此哉！』」（《史記‧商君列傳》）

168　所謂中國式的「自然法」只是一種比喻。因為中國並無嚴格的「自然法」理論，甚至沒有類似的觀念。所以我們很難在中國思想史上找到一個與西方「自然法」相對應的概念或範疇。

　　「自然法」概念和理論的複雜性，在西學中具有某種核心性。最初希臘人稱之為「從自然出發的法」，在拉丁語中獲得了「自然法」這個名稱，在近代自然科學興起之前也叫「自然法則」，直到近代，同時也叫「神聖法」和「永恆法」，啟蒙運動以後也叫「理性法」。此外還有衍生出諸多的搭配詞，比如「宇宙論的自然法」、「人類學的自然法」、「合理性的自然法」等。參見奧特弗利德‧赫費，《政治的正義性──法和國家的批判哲學之基礎》，第 70–82、88–89 頁，上海譯文出版社，1998 年；另見《阿奎那政治著作選》，第 106–107 頁，商務印書館，1963 年；薩拜因，《政治學說史》，第 196–197、204–207、211、300–303 頁，商務印書館，1986 年；羅斯科‧龐德，《法律史解釋》，第 33 頁注釋 2、46 頁，以及鄧正來，〈序言〉，第 41–42 頁，中國法制出版社，2002 年；余英時，《中國思想傳統的現代詮釋》，第 6 頁；《顧准筆記》，第 139 頁，中國青年出版社，2002 年。

　　順便說明的是，中西學者對「自然法」在中國文化中的存在與表現均有不同意見。比如，胡適〈中國古代自然法〉認為西方一些學者把「禮」和西方自然法等同視之是不對的，因為是「經」而不是「禮」在中國充當著自然法概念的角色。美國漢學家金勇義認為，「在中國傳統思想中自然法的概念是用諸如『天』、『道』、『性』等這樣一些概念來表述的。在中國傳統思想中，可與西方自然法觀念相提並論的是『天命』之類的觀念。」他進一步區分為三個論題，「（1）作為一般規範（仁義）的自然法；（2）作為社會規範（禮）的自然法；（3）作為價值體系規範（思考）的自然法。」他的結論是，「『天命』、『天志』或是『天道』的概念實際上更多地是作為主權或權力的

赦」[169]成為噩夢般的絕望現實。最終導致秦帝國「奸邪並生，赭衣塞路，囹圄成市，天下愁怨，潰而叛之。」[170]

後人很難想像出秦政這種普遍殘酷性的規模和程度。這種普遍殘酷性涉及到全社會的每一個人。「自群卿以下，至於眾庶，人懷自危之心，親處窮苦之實，咸不安其位。」[171]除皇帝一人外，其他所有人都是這種普遍殘酷性的犧牲品。它以法的形式表現出來。這種法把一人置於所有人的對立面。「暴」與「法」聯繫在一起。暴政與酷法相互詮釋。這使得酷法成為暴政的直接定義。對政治的一種新的認識方式和評價標準在此出現。從歷史看，「秦為無道，破人國家，滅人社稷，絕人後世，罷百姓之力，盡百姓之財。」從現實看，「秦為亂政虐刑以殘賊天下，數十年矣。北有長城之役，南有五嶺之戍，外內騷動，百姓罷敝，頭會箕斂，以供軍費，財匱力盡，民不聊生。重之以苛法峻刑，使天下父子不相安。」[172]這裡提到「無道」，提到「亂政虐刑」，提到「苛法峻刑」。其間的聯繫幾乎一目了然。無論對道作出何種解釋，其基本政治含義應該是合理化

自然法理論。而儒家傳統中的『性命』概念更多地是一種倫理原則，而不是法哲學中的自然法。」他特別指出，「西方的自然法不僅是統治者的武器，而且更是被統治者手中的武器。但是在中國，自然法概念卻成了使獨裁主義合法化，為獨裁主義辯護的手段。」即「中國傳統中的自然法概念為專制主義提供了依據。」（參見《中國與西方的法律觀念》，第 65、32、63、75–76 頁，遼寧人民出版社，1989 年。）我想，真正的問題可能還不在於此，而在於更深。即問題既不在於中國自然法概念究竟是什麼，也不在於為什麼西方自然法概念的功用是雙重的，中國自然法概念的功用卻是單一的，而在於中國究竟有無自然法概念。

事實上，西方學者（比如李約瑟）大都不認為中國文化中存在有「自然法」這種觀念。對於「自然法」概念在中學背景下所產生的一些歧義和誤讀，梁治平有過深入分析，（參見〈「法自然」與「自然法」〉，《中國社會科學》1989 年第 2 期。）劉小楓的論述亦可參。（參見《現代性社會理論緒論》，第 125–127 頁，上海三聯書店，1998 年。）近些年來，關於這個問題，有兩種傾向值得注意。一種是鄧小軍力主天道與自然法的一致性，（參見《儒家思想與民主思想的邏輯結合》，四川人民出版社，1995 年。）一種是蔣慶力辨自然法與中國文化的相異性，認為天道、心性、道德絕非自然法。我同意蔣氏說法，也同意他說的「民主思想只能是西方的」。但若因此推導出，中國政治未來只能是在中國文化本位的基礎上，「創造性地建構高於民主的中國式的政治制度。」而這種制度就是「儒家式的政治制度」。概言之，即是王道、禮治、無為、大一統。（參見《政治儒學——當代儒學的轉向、特質與發展》，第 250–268、284、368–374、384–393 頁，三聯書店，2003 年。）蔣氏走火入魔式的想法目的不在於辨析政治，而在於分辨中西。其判教思維使得他的結論幾乎沒有任何可論證性。

169　《史記·秦始皇本紀》。
170　《漢書·刑法志》。
171　《新書》卷1，〈過秦中〉。
172　《史記·張耳列傳》。

秩序。但暴力化的秩序合法而不合理。一個使人可以忍受的正常社會必須是既合法又合理。合法合理就是有道。作為最高政治理念，道必然高於法。但這不意味著道是非法的，只是意味著道是非暴力的。[173]

　　暴力是一種極端的力量。它的目的是達成一種秩序。但隨之而來的往往是對秩序的更猛烈的破壞。如果不加絲毫約束，其極致則是暴力者的自我毀滅。作為政治上的短期效應，暴力是有用的，但這種作用又是有限的。只知其有用而不知其有限便使得秦政在速成中走向速朽。成於暴而亡於暴。暴力成為秦政的宿命。以暴易暴成為亡秦的旗幟。這使得「誅暴秦」成為最具代表性和包含力的口號。任何人都可以在這個口號中裝填進自己的內容，任何人都可以在這個口號下實現自己的利益。「誅暴秦」作為那個時代最激動人心的命題，既自足又自明。它的基本含義是「因民之欲，西向為百姓請命」。[174]當暴秦不合理時，誅暴秦就自然成為合法。本來政治自有其殘暴的一面，秦政則把政治本身以及中國政治獨有的殘忍暴戾一面又加以突出發展。這使秦政再無翻身之餘地。秦政把自己置於死地。

　　尤為值得深思的是，秦政的苛暴影響之深遠，甚至使它的敵人也難以完全擺脫。比如，陳勝僅僅因為有人議論「客愚無知，專妄言，輕威」，就輕率地殺掉了自己早年的夥伴。同時他還沿用秦政的酷法，「以朱防為中正，胡武為司過，主司群臣。諸將徇地，至，令之不是者，繫而罪之。以苛察為忠。其所不善者，不下吏，輒自治。」[175]至於項羽之殘暴，更是毋庸多說。這說明，即便在「誅暴」的正當行為中，暴行本身仍在繼續。暴行的瘟疫性和傳染性並不能通過新的暴力得到及時消除或制止。[176]在中國，改朝換代就是暴力的循環和暴行的重複。當然，這並不否定人們誅暴的正當性，也不否定人們反抗暴政的正義性，更不否認人們有權利使用暴力手段來推翻前朝或本朝專制。

173　換言之，道不非法，而只是非非法。蒙毅死前對二世派來的御史說，「順成全者，道之所貴也；刑殺者，道之所卒也。……故曰『用道治者不殺無罪而罰不加於無辜』，唯大夫留心！」（《史記·蒙恬列傳》）無異於對牛彈琴。

174　《史記·淮陰侯列傳》。

175　《漢書·陳勝傳》。

176　新舊暴力究竟是兩種性質不同的暴力，還是兩種形式有別的暴力，抑或是兩種程度不等的暴力，這些問題較之「以暴易暴」的說法顯然要複雜得多。至少中國傳統政治理論資源無法使人終止這種判斷或改易這種思路。

　　實際上，以誅暴為名推翻前朝（本朝），三代已有之。夏桀、殷紂就成為這個罪名討伐的對象。三代作為一個政治道統譜系，其基本特點之一是，開國之君既聖且明，亡國之君非暴則昏。前者合道合德有仁有義，後者無道無德不仁不義。「道」、「德」、「仁」、「義」作為源遠流長的政治價值理念早已深入人心。它既非儒家所發明，亦非儒家所獨有。在絕大部分時代，對絕大部分人來說，它都是一種不言而喻的政治共識。[177] 反暴政的普及恰恰說明暴政的普遍。在這裡，暴政的政治現實已經為反暴政的政治共識提供了一種道義支援。[178]

四、功德標準與政治評價體系

　　三老、豪傑勸陳勝稱王時一致認為，「將軍身被堅執銳，伐無道，誅暴秦，復立楚國之社稷」[179]，「存亡繼絕，功德宜為王。」[180] 這裡面包含兩個標準。一是功，「伐無道誅暴秦」；一是德，「復立楚國社稷」。前者是現實標準，後者是歷史標準。它意味著，人們判斷一件功業，既看它是否改變現實，又看它是否恢復傳統。更重要的是，這兩條標準皆以儒家學說為依據，它反映了最基本的儒學理念。這說明兩點：一是儒家學說在社會基層的廣泛存在，二是儒學價值在實際政治事務的實踐性判斷對政治行為發生著一種不可忽視的導向作用。這種作用在政權崩潰，社會處於無序狀態時，表現得尤為明顯。正是這種作用使一些政治人物漸漸改變了對儒學的看法，並很快學會和掌握了將儒學觀念改造成多方面滿足政治需要的靈活技巧。在這方面，劉邦堪稱典型。

　　劉邦是一個無賴，本來也沒什麼信仰，對儒家更是嗤之以鼻。但殘酷的政治實踐教會了他怎麼利用儒家學說去達到自己的政治目的。第一件事是，劉邦攻占洛陽，三老董公建議他為義帝發喪，以此來爭取人心。「項羽為無道，放

177　反暴政並不等於「非暴力主義」。所以有必要區分「非暴力」與「非暴力主義」。前者為中國政治傳統，後者為西方政治傳統。

178　朱熹對此有極生動的說明。「秦視六國之君，如坑嬰兒。今年捉一人，明年捉兩人，絕滅都盡，所以犯天下眾怒。當時但聞『秦』字，不問智愚男女，盡要起而亡之！」（《朱子語類》卷 134）

179　《史記・陳涉世家》。

180　《史記・張耳列傳》。秦始皇泰山刻石就已經使用「功德」一詞。「本原事業，祗誦功德。」（《史記・秦始皇本紀》）據張光直分析，西周時代的「德」，實際包含了「德」與「功」兩層意思。（參見《中國青銅時代》，第 417 頁注釋，三聯書店，1999 年。）足見西周政治觀念中「功」尚不具有獨立之意義。

殺其主，天下之賊也。夫仁不以勇，義不以力，三軍之眾為之素服，以告之諸侯，為此東伐，四海之內，莫不仰德。此三王之舉也。」[181] 這裡提到了「德」，所謂「順德者昌，逆德者亡」；提到了「名」，所謂「兵出無名，事故不成」（這與儒家所說「名不正則言不順，言不順則事不成」可謂異曲同工）；還提到了「仁」，提到了「義」，並包含了「忠」（所謂「放殺其主」就是「不忠」）。這一點對謙稱「非夫子無所聞」的劉邦啟發很大。

　　第二件事是，當劉邦項羽呈膠著狀態時，「羽欲與漢王獨身挑戰，」試圖用自己擅長的軍事手段來解決問題。劉邦則發揮自己的長處，採取政治攻勢，宣布項羽有十大罪狀。[182]罪一是「不信」，罪二罪九是「不忠」，罪三是「不智」，罪四罪五是「不仁」，罪六是「不義」，罪七罪八是「不公」。最後劉邦以裁判官的身分對項羽「蓋棺論定」，「為人臣而殺其主，殺其已降，為政不平，主約不信，天下所不容，大逆無道，罪十也。」一句話，判處死刑。當劉邦把這堆罪名款款道來時，他相信項羽在政治上道義上已經被開除出局，再沒有資格同他玩下去了。而他則在這一回合穩穩占了上風。政治上的優勢和道德上的優越感已使他不再懷疑天下將來是否真會姓劉。但支撐這種政治和道義優勢的只是一些最普遍最根本的政治共識和道德共識。即儒家所謂「仁義禮智信」是也。

　　第三件事是，諸侯將相擁立劉邦稱帝，遵循的標準也是兩條，一功一德。[183]「先得秦王，定關中，」功最多；「存亡定危，救敗繼絕，以安萬民，」德最厚。再加上「加惠于諸侯王有功者，使得立社稷」，[184] 有恩於諸王，如再不用帝號則無以顯示高於眾人之功德。這裡特別提到分封，既然分封，就必須用帝號區別王號。無上的功德必須有一個偉大的名號。因「名號不更，無以稱成功，傳後世」。[185] 顯然皇帝制度仍是最好的選擇。但劉邦又表示，「寡人聞帝者賢

181　《漢書‧高帝紀上》。

182　《漢書‧高帝紀上》。

183　這裡如果不是照搬的話，也是相似。因為秦始皇當年創設皇帝制度時同樣也是依據這兩條標準。「興義兵，誅殘賊，平定天下，海內為郡縣，法令由一統，自上古以來未嘗有，五帝所不及。」這是功。「以諸侯為郡縣，人人自安樂，無戰爭之患，傳之萬世。」（《史記‧秦始皇本紀》）這是德。從秦漢歷史的演化過程看，我相信在很大程度上，歷史是沿著一條政體超越性的最大邊際線在逐漸演進的。

184　《漢書‧高帝紀下》。

185　《史記‧秦始皇本紀》。

者有也，虛言亡實之名，非所取也。今諸侯王皆推高寡人，將何以處之哉？」[186]
他提到的「賢」似乎表明他更看重德而不是功。帝者必須為有德者居之。這種
帝王觀乃典型的儒學聖王觀。所謂「名實」之間劉邦已經將「實」給予了德，
而將無德之帝視為徒具虛名之號。

　　政治實踐與政治觀念就是這樣在曲折微妙的互動中相互影響。從秦帝到
陳勝，再到劉邦，一種「功德論」的二元政治價值觀念和政治評價體系似乎沒
費什麼事就建立起來了。它雖然有傳統聖王思想的深遠背景，但更多的還是在
實際的政治活動中發展並完善起來的。所以它具有很強的操作性。它把許多複
雜的政治現象和政治價值歸結為相對簡單的兩點，即功與德。功德概念在實際
政治中的廣泛運用也恰恰與它同中國社會古老習俗中那種尊祖敬宗的禮制觀念
有關。所謂「禮祖有功，宗有德，始取天下為功，始治天下為德。」[187]祖宗即
有功有德者。當一個人有家有國有天下時，這個人的功德就不再完全屬於自己
一家，而為整個國家和天下人所有。這樣他的祖宗身分就成為國家、朝代和天
下的神聖標記。天下人共同將其視為自己的列祖列宗而歌其功頌其德。[188]「祖
宗」、「功德」、「天下」的相互牽引和勾連，[189]意味著一種更符合政治實踐
需要的政治觀念開始大規模進入人們的思想意識之中並成為一種普泛性的政治
共識。

　　就「功德論」思想脈絡而言，這裡已經剔除項羽，將其打入另冊。比如，
高祖十二年，下詔派人為「秦皇帝、楚隱王、魏安釐王」等人「守塚」，[190]卻
沒有提及霸王項羽，很可能就是因此緣故，即「功德」二字羽皆不足稱。當「高
祖置酒雒陽南宮」與列侯諸將討論「吾所以有天下者何？項氏之所以失天下者
何」時，[191]要求眾臣「毋敢隱朕，皆言其情」，也就是讓人說出自己眼中的劉
邦和項羽究竟有何不同。眾人皆曰：

186　《史記‧高祖本紀》此處說的更明確，「吾不敢當帝位。」

187　賈誼《新書》卷1，〈數寧〉。

188　《史記‧孝文本紀》云：「世功莫大于高皇帝，德莫盛于孝文皇帝。高皇廟宜為帝者
　　太祖之廟，孝文皇帝廟宜為帝者太宗之廟。天子宜世世獻祖宗之廟。郡國諸侯宜各為
　　孝文皇帝立太宗之廟。諸侯王列侯使者侍祠天子，歲獻祖宗之廟。」

189　幾成三位一體，「祖宗－功德－天下」。

190　《漢書‧高帝紀下》。

191　一個不可忽視的變化是，當事人已由原來勸進時的異姓諸侯王而換成了位居中樞的高
　　級官僚。

> 陛下嫚而侮人，項羽仁而敬人。然陛下使人攻城掠地，所降下者因
> 以與之，與天下同利也。項羽妒賢嫉能，有功者害之，賢者疑之，
> 戰勝而不與人功，得地而不與人利，此其所以失天下也。[192]

這裡雖仍沿用功德論模式，但又有明顯變化，突出表現為向德一面傾斜。其間
含義尚需仔細分析。第一，「嫚而侮人」、「仁而敬人」自然是德。就此德而言，
項羽絕對高於劉邦。第二，「使人攻城掠地，所降下者因以與之，與天下同利」
以及「妒賢嫉能，有功者害之，賢者疑之，戰勝而不與人功，得地而不與人利」
似乎像是功，但更像是德。因為所謂「與天下同利」就是不「私天下」。在此
德上，劉邦大為得分。第三，既然同屬德之範疇，為何所產生的事功效果迥然
不同？第四，若要解釋，則不妨說，前者為「小德」，後者為「大德」；前者
為「私德」，後者為「公德」；前者為「自然之德」，後者為「人為之德」；
前者為「品性之德」，後者為「政治之德」。第五，在政治事務中，二者均屬
有用，但「公德」價值絕對高於「私德」價值。顯然，秦帝之「私天下」就屬
於「公德」不純，而劉邦相容分封而「帝天下」則被視為「公德」甚高。第六，
功德論政治評價體系所說之德即為「公德」。可以看出，在功德論形成過程中，
人們有意排除了一些原本屬於「品性之德」的內容，同時自覺賦予了一些「政
治之德」的內容，而使之成為一種規範的政治共識。第七，以德而論，儒法各
有運思方向和致思路徑。儒家最初似傾向於「品性之德」，後來則逐漸提出了
「仁政」、「德治」、「王道」等概念，通過「修身齊家治國平天下」而完成
了「內聖外王」的思想譜系，從而使「品性之德」與「政治之德」融為一體。
而法家則完全主張排除一切德性內容，私德公德皆須杜絕。惟其如此，才能成
就法家規定和設計的利天下福萬民的絕大之德。[193]

　　不過以歷史實態而論，在有機會或有權力推舉新主的情況下，人們更多的
還是首先考慮「品性之德」。因為這時「政治之德」還無從證明。基於人情事理，
有仁心必能行仁政。至少要比無仁心者行仁政的可能性大得多。在這種條件下，
孟子仁政學說的邏輯推演就獲得了一種極具魅力的常識效應，即在常識層面上
極易為人們接受。所以政治事務中的制度安置和技術操作常常受背後一些更為

192　《漢書·高帝紀下》。

193　小倉芳彥曾有「德」乃霸者理念「第一要素」之說，（參見李開元《漢帝國的建立與
　　劉邦集團》，第 145 頁注釋。）或許亦可佐證這點。

深遠的政治觀念和政治共識支配。儘管在許多時候這可能是不自覺的或無意識的。比如，在推舉文帝即位時，有人提出「立嫡」或「立少」。更多的人則認為，「代王方今高帝見子，最長，仁孝寬厚。太后家薄氏謹良。且立長故順，以仁孝聞於天下，便。」[194] 其實在這幾個理由中最關鍵的是「仁孝寬厚」這一罕見的「品性之德」。他們相信「以善人則大臣安」。[195] 特別是剛剛經歷過呂后的狠辣酷毒之後，心有餘悸的人們對「品性之德」在政治事務中的特殊作用體會尤深。這說明即便在唯利是圖的政治事務中，制度者個人的「品性之德」也絕非毫無意義。在某些時候它完全可能是決定性的。而且這也不單單局限於「守天下」時期。

還有一種情況，即由於種種原因而力圖維持舊局時，人們也往往拿「品性之德」來說事，而且其作用不可低估。比如，在太子危機中所引出的「四皓」上場一事，其極富戲劇性的過程和細節，雖然往往使人懷疑其可信程度，但卻將劉邦的政治形象刻畫得極為生動和逼真。在這裡劉邦那種「輕士善罵」的流氓政治風格再次遭到譴責，並成為太子仁德的反襯。如果我們不是懷疑過度的話，僅從文獻字面上看，此四人力保太子的理由是「為人仁孝，恭敬愛士。」[196] 也許歷史實際並非如此，但人們之所以將它作為能拿得上檯面的話來堅持和標榜，至少說明它在人們世俗道德中的分量以及在政治價值觀念中所具有的特殊優越性。正是這種過於普通和常識的說法才在險惡的政治生活中顯得尤為難得。也正因難得，才尤具說服力，使人難以反駁和拒絕。

我們不妨再聯繫陳平所論的內容，合而觀之，對問題當會有更深一層理解。劉邦問陳平，「天下紛紛，何時定乎？」陳平告訴他，「項王為人，恭敬愛人，士之廉節好禮者多歸之。至於行功賞爵邑，重之，士亦以此不附。今大王嫚而少禮，士之廉節者不來；然大王能饒人以爵邑，士之頑頓耆利無恥者亦多歸漢。」這裡說的實際上還是兩種德性之分殊。問法不同，問題相同。一是「何時定」，一是「為何定」。項羽因私德好而得禮義之士，劉邦因公德好而得功利之士。「誠各去兩短，集兩長，天下指麾即定矣。」[197] 在實際政治中，二德兼備幾無可能。

194　《史記‧呂太后本紀》。

195　《史記‧齊悼惠王世家》。

196　《史記‧留侯世家》。

197　《漢書‧陳平傳》。

如果二者必居其一，則寧公德而棄私德。因為每種德性都有與其相匹配的適用領域。在政治事務中，「政治之德」能使效果達到自己所需要的利益最大化。而單純性的「品性之德」則完全可能使事情趨向於利益最小化。不管出於本能還是出於自覺，反正劉邦懂得這個道理而項羽卻不懂得這個道理。雖然雙方都得到了自己想要的人，結局卻大相徑庭。得功利之士得天下，得禮義之士失天下。這裡雖然說的是如何得人，實際上卻是說的如何得天下。因為人才同德性一樣，皆有自己適用的領域。得能得天下的人，自然能得天下。顯然在核心宗旨的支配下，許多不同的問題最終都會引出殊途同歸的結論。

其實非但「德」可分為公私兩面，「功」也同樣可以區分為君臣兩層。即「功」有天子之「功」和臣子之「功」。天子之「功」在於「定天下」，臣子之「功」在於「打天下」。這是兩個不同的序列：定天下→武功→天子，打天下→軍功→功臣。「功臣」之「功」是「軍功」，「功主」之「功」是「武功」。「軍功」與「武功」雖然都與武力有關，但其含義間的微妙差異確乎存在。所謂文治武功只能是天子的事。所以只能說天子有功於天下，臣子有功於天子，而絕不能說臣子有功於天下。一定意義上，二者的這種區別多少類似於劉邦說的「功人」、「功狗」之喻。二者性質迥然有別，不是同一個評價體系。用「軍功」解釋「功德論」之「功」有似是而非之嫌。[198] 因為「軍功」一詞根本不能區分和標明天子之「功」與臣子之「功」之間的實質差異。諸侯王稱頌劉邦的「功」時說：「於天下功最多。」劉邦自己也說：「提三尺劍取天下。」這都是以「抽象」意義上的整個天下為對象。與此相應，劉邦評價臣子的「功」時，要求的是「運籌帷幄」、「決勝千里」，要求的是「撫百姓，給餉饋」，要求的是「戰必勝，攻必取」。這顯然說的是一件一件的事。它是一種非常具體的「功」。[199] 它只是「功勞」，而非「功德」。《史記·高祖功臣侯者年表》云：「古者人臣功有五品，以德立宗廟定社稷曰勳，以言曰勞，用力曰功，明其等曰伐，積日曰閱。」又說：「帝王者各殊禮而異務，要以成功為統紀，豈可緄乎？」詳繹其義，太史公似乎已經把天子之「功」和臣子之「功」做了區別。所謂「功最高」，並不是說和其他臣子比較起來劉邦有「最高的軍功」，而是有著和秦始皇一樣的平定天下的驚世「武功」。當然這種「武功」也包含「加惠于諸侯王有功者」

198　參見李開元《漢帝國的建立與劉邦集團》，第 80、136 頁。

199　從天子角度看，臣子之功如果不具體，便無以論功行賞。

之義，即「加惠于」那些「有功之臣」。這本身就是一種「德」。就是說，對天子而言，「功德」合一。但對臣子而言，僅僅是「功勞」而已。所以臣子說劉邦的「功」，完全不同於劉邦說臣子的「功」。二者同名而異義。[200]

基於這個判斷，我們對雒陽南宮論天下一事細緻解讀時，不能無視「功」具有的君臣兩面性，而把它誤解為是對天子之「功」的單面評價。據史書描述，作為討論發起人和主持人的劉邦對眾人所說並不十分滿意，批評他們「知其一，未知其二」。理由是：

> 運籌帷幄之中，決勝千里之外，吾不如子房；填國家，撫百姓，給飼饋，不絕糧道，吾不如蕭何；連百萬之眾，戰必勝，攻必取，吾不如韓信。三者皆人傑，吾能用之，此吾所以取天下者也。項羽有一范增而不能用，此所以為我禽也。[201]

這段話包含雙重意圖。一是肯定張良、蕭何、韓信三位「人傑」之「功」；二是點明這些「人傑」之所以能夠建功立業的原因，即「吾能用之」。這兩層含義交織在一起，使劉邦的意思變得有些複雜和歧義。比如，劉邦思路似不在德上（不論「私德」還是「公德」），即問題不僅在於如何得人，還在於如何用人。以與人分利或與人共利天下的方式去得人，只是其一。得人之後如何使用即使其最大限度地發揮作用才是更重要的。用今天的話說就是用人機制或制度環境的問題。以劉邦之見，這既不屬於功，也不屬於德，而屬於「能」。「能」同樣有君臣兩義。即「君能」與「臣能」。劉邦表達的這雙重意圖本身可以理解為「能」的君臣兩義。其潛臺詞是：一方面，君臣各有其能；另一方面，君能決定臣能。在君臣兩能的含蓄詮釋中，劉邦從一個新的介面把君臣之別空前地凸顯出來。不過，劉邦在功德論之外又加一能，也確屬獨見，也符合歷史實際（就史料所記載而言）。[202] 只是劉邦所言之「能」也並不純粹。比如，「漢五年，

200　當事者心知肚明的政治博弈和權術機鋒，無意中卻造成了旁觀者迷。此可見，創造歷史不易，理解歷史更不易。

201　《漢書·高帝紀下》。

202　西漢時期功能並稱似乎成為一種體制性慣例。比如，《漢書·外戚恩澤侯表》云：「爵以功為先後，官用能為次序。」到了西漢中後期，這個特點表現得更加明顯。《漢書·杜周傳》云：「觀本行於鄉黨，考功能於官職。」《漢書·杜鄴傳》云：「有罪惡者不坐辜罰，無功能者畢受官爵。」《漢書·蕭望之傳》云：「明陳其職，以考功能。」

既殺項羽，定天下，論功行封。群臣爭功，歲餘功不決。高祖以蕭何功最盛，封為酇侯，所食邑多。」這使眾臣大為不滿，「臣等身被堅執銳，多者百餘戰，少者數十合，攻城掠地大小各有差。今蕭何未嘗有汗馬之勞，徒持文墨議論，不戰，顧反居臣等上。」雖然劉邦以打獵為喻，把眾臣比作「追殺獸兔」之犬，把蕭何比作「發蹤指示獸處」之人，也儘管劉邦這裡用「功人」、「功狗」之喻來區分政治事務中決策者與執行者所起作用有根本性質之不同，確有新意，群臣的反應卻是「皆莫敢言」，也就是並不認同。但我們所關心的是劉邦講出的最後一個理由，「諸君獨以身隨我，多者兩三人。今蕭何舉宗數十人皆隨我，功不可忘也。」[203] 這恐怕才是劉邦心裡真正想說的話。它所透露出來的訊息是，劉邦前面所說用人之「能」同時包含有一種「恩」的意味。即蕭何等人有恩於自己。這即是功。正像天子有德於天下，即為功一樣。這樣我們分析的線索就呈現為，在功德之外，還有能，能則蘊含有恩。

需要指出的是，這番分析不意味著功德能恩四者處於某種平行關係。事實上我們關注的重心仍然是功德。但功德論的思想含義似不局限於政治評價體系，在某些時候它可能還會滲透到制度者的實際施政領域。比如，劉邦稱：

> 今吾以天之靈，賢士大夫定有天下，以為一家。欲其長久，世世奉宗廟亡絕也。賢人已與我共平之矣，而不與吾共安利之，可乎？賢士大夫有肯從我遊者，吾能尊顯之。[204]
>
> 吾立為天子，帝有天下，十二年於今矣。與天下之豪士賢大夫共定天下，同安輯之。其有功者上致之王，次為列侯，下乃食邑。而重臣之親，或為列侯，皆令自致吏，得賦斂，女子，公主為列侯食邑者，皆佩之印，賜大第室。吏二千石，徙之長安，受小第室。入蜀漢定三秦者，皆世世復。吾于天下賢士功臣，可謂亡負矣。其有不義背天子擅起兵者，與天下共伐誅之。[205]

這是典型的功德論政治思維。所謂功是有利於天下，所謂德是共利於天下。換言之，共定天下為功，共利天下為德。劉邦自認為很對得起同自己一道打天下

203　《史記‧蕭相國世家》。
204　《漢書‧高帝紀下》。
205　《漢書‧高帝紀下》。

的功臣將相。所以他希望他們也能不負自己。所謂「從我遊者」、「尊顯之」，所謂「擅起兵者」、「伐誅之」已經把「帝有天下」和「共定天下」的實質區別說的很清楚了。所謂「帝有天下」就是君主一人之天下，所謂「共定天下」就是君臣共治天下。[206] 這實際上是劉邦作為「一家之主」在向天下招募管家。[207] 可見在這裡，「有」與「治」絕對分屬不同權力。前者為所有權，後者為治理權。所以根本不能將君臣「共治天下」想當然地解釋成君臣「共有天下」。把「共定天下」說成是一起打天下，一起坐天下的「共天下」理念，[208] 只能是現代人出於觀念偏差而導致的文本誤讀。

　　應該說，詔書原文意思還是很清楚的。因為第一句話已經暗示出其核心意圖。「吾立為天子，帝有天下，十二年於今矣。」詔書的第一句話無疑具有綱領性意義。其觀念邏輯清晰地顯示出，「有天下」的皇帝與那些被分封的王侯之間絕對不是一個可比較的相同序列。所謂「有功者上致之王，次為列侯，下乃食邑」，明確規範了君臣名分的實質差異。功最高者為王，根本無涉皇帝。說明它這裡說的只是臣子之「功勞」，而非天子之「功德」。不過它也昭顯出另外一層意思，即論功行賞這本身就是皇帝平定天下，安撫萬民的一部分。所以它本身就體現出皇帝的「功德」。因為臣子之「功」本身並不具有實質意義。關鍵在於皇帝是否認可這種「功勞」，以及如何評價這種「功勞」。所以當皇帝論功行賞時，並無意於把自己的「功德」建立在臣子「功勞」之上，或是認為自己的「功德」直接是從臣子「功勞」基礎上派生出來或提升起來的。相反，皇帝總是認為，自己的「功德」才是確保臣子建功立業的前提。論功行賞只不過是由這一前提而產生的一個必然結果。但其觀念本質在於，皇帝「功德」絕對優先於臣子「功勞」。如果我們依據皇帝對臣子論功行賞這個行為，推斷出皇帝之「功」與臣子之「功」屬於相同的序列，只是皇帝占有這個序列的最高

206　漢初「共定天下」一詞的頻頻使用，含義自然不可輕忽，有時語義還較為曲折。比如，「高帝與呂后共定天下，劉氏所立九王，呂氏所立三王，皆大臣之議。事（以）〔已〕布告諸侯王，諸侯王以為宜。」（《漢書·高后紀》）這裡最直觀的意思是，人們普遍認為，劉氏天下中，呂氏也應有一席之地。但這種格局本是權宜之計。所以，無論分封諸呂，還是誅滅呂氏，對人們來說都是自然之舉。至少，「共定天下」用於呂后，同用於「賢士大夫」或「豪士賢士大夫」並無本質不同，仍然屬於「帝有天下」的一種君臣共治體系。

207　邢義田，〈中國皇帝制度的建立與發展〉，《秦漢史論稿》。

208　李開元，《漢帝國的建立與劉邦集團》，第 140 頁。

等級，就有些不知所云的味道了。所以詔書雖然指出王侯之「功」，但更強調了皇帝對有功之臣的特殊恩遇。故而其實質內涵在於昭示皇帝之「德」。這樣由臣子之「功」而引發出來的皇帝之「德」本身就構成皇帝之「功」。因為皇帝之「功」之「德」皆在於天下。在普天之下的意義上，所有王侯將相皆為天下之一員。他們同其他社會成員一樣，無一例外地都是「帝有天下」的天子一人任意賜恩的對象。趙王張敖的一番肺腑之言最能說明這點。「先王亡國，賴皇帝得復國，德流子孫，秋豪皆帝利也。」[209]總之，從這篇詔書裡我們絲毫看不出有所謂劉邦君臣之間「公平分配」天下利益的「共天下」之理念。相反，我們倒是從中看到劉邦以皇帝身分對天下獨占之觀念，以及以此觀念為前提而對那些功臣的安撫和恩賜。即便是劉邦的「封爵之誓」，也不應「解釋為雙方的義務關係，而應解釋為單方面的君主誓約」。[210]這就意味著，所謂的「封爵之誓」對於皇帝本人並不具有任何約束力。他完全可以根據自己的實際需要而隨時廢棄它。所以，無論是詔書還是誓約，都不包含有劉邦試圖要和功臣們「平分天下」的主觀意願。

　　從文獻看，人們所謂的「共天下」根據最初來自於《史記・項羽本紀》。漢五年，劉邦試圖聯合諸侯攻楚。

　　　（劉邦）謂張子房曰：「諸侯不從約，為之柰何？」對曰：「楚兵且破，信、越未有分地，其不至固宜。君王能與共分天下，今可立致也。即不能，事未可知也。」

《漢書・高帝紀下》有著幾乎相同的敘述。「君王能與共天下，可立致也。」由此簡化為「共天下」。顏師古對「共天下」專門作出解釋，「共有天下之地，割而封之。」言外之意，所謂「共天下」就是分天下。不過仔細推敲，這裡有兩個問題。第一，這是張良之語，而非劉邦所言。儘管劉邦從張良身上獲益不少，但這並不意味著張良的意思就直接等於劉邦的思想，也不意味著劉邦對於張良的看法都能認同和接受。第二，這是在楚漢之際最為關鍵時刻的權宜之計。因為「即不能，事未可知也」。但同樣明顯的是，無論是張良還是劉邦都沒有把這件事當成一勞永逸的長久之策。漢四年，韓信稱王於齊時，張劉二人就曾

209　《漢書・張耳傳》。
210　西嶋定生，《二十等爵制》，第43頁。

用過這招。據此分析，這裡的「共天下」說法實在當不得真。[211] 它根本不能成為一種正當的政治理念。倘若因此認為，「由這種理念和歷史所規定的劉邦之皇權，並非是如秦始皇所擁有的那種絕對的專制皇權，而是一種新型的相對性有限皇權。」[212] 那就完全是想當然了。因為從劉邦稱帝后「該出手就出手」，想滅誰就滅誰，一路殺下來，異姓諸侯王無不灰飛煙滅這種歷史實態觀察，很難相信這是一種「有限皇權」。更何況「王者有分土無分民」[213] 以及官僚有分職無分權的皇權政體架構也實難相容「共天下」而分天下這種制度邏輯。[214] 就其本質，皇權專制之絕對性和無限性並不會因為它在治體上的「分治」功能而有所改變。相反，合理、高效、靈活的「分治」功能卻能使皇權政體的日常運轉變得更為穩定和有效。所以在確保皇權政體的絕對前提下，如何在治體層面設計和建構一種理性的「分治」機制，是中國制度史和思想史的一個核心問題。

在治的問題上，國人的觀念是：首先，民不能自治，故立君以治之，[215] 即

211　所謂「共天下，即共同所有，共同分割天下之義」。「共天下一語，非常明確地表達了劉邦集團中的政權共同所有觀念。」（李開元，《漢帝國的建立與劉邦集團》，第141頁。）只能說是言過其實。因為分割是政體，分治是治體。漢初政局本質上是皇權政體下的郡國分治格局，根本無涉於政體架構。更何況這種分治格局在很大程度上是一種皇權體制因為實力不足而不得已為之的便宜措施。這裡需要區分的是，既不能把實力與法統混為一談，也不能把形勢與理念扯到一起。（參見第一章第一節第三個專題〈諸侯集團〉）顏注李疏對「共天下」的詮釋實際上是兩種相似而又相異的誤解。顏注所言是對西周分封制的附會，近人所云則是緣此而來的對現代分權體制的比附。

212　李開元，《漢帝國的建立與劉邦集團》，第143頁。

213　《後漢書‧竇融傳》。

214　東晉所謂「王與馬，共天下」似稍顯特殊，但絕不另類。因其並未改變皇權政體的一般邏輯。

215　薩拜因指出，「有一點是每一個希臘政治思想家都一致同意的，即專制是一切政體中最壞的一種政體。因為專制意味著運用非法的強迫手段：即使專制就其目的和效果來說可能是好的，但它仍然是一種很壞的政體，因為它總是破壞自治。」（《政治學說史》上冊，第39頁。）如果首先否認民有自治能力，或根本沒有自治意識，那麼事情就只能反過來評價，由於不能自治，故專制是最好的政體。這正是國人論述專制合理性的主要理由。我覺得，西學資源的最大優勢在於能從政體層面把政治思想的諸多問題予以準確定位。因為從政體上嚴格區分君主、專制、暴政這三者始終是西學的運思路徑。但同樣毋庸置疑的是，西學思路很難直接套用於中國政治－思想。比如，亞里斯多德認為君主政體與暴政（僭主政體）的區別在於，前者依照公共利益進行統治，而後者依照統治者的利益進行統治。這一思路為阿奎那所延承。他認為，君主政治是最好的政體，暴君政治是最壞的政體。因為君主政治能為公眾利益提供最好的保護，而不是為了僅僅滿足個人私欲。其中暴政又分個人暴政和多人暴政。而多人暴政更壞於個人暴政。一方面，暴政是君主政治的腐化變質；另一方面，君主制度又是防止暴政的上策。在各種無道政治中，「民主政治是最可容忍的，暴君政治是最壞的。」（參見《阿

所謂「天生眾民，不能相治，為之立君以統理之」；[216] 其次，君不能獨治，故與臣共治之，即所謂「民生樹君，使司牧之，必須良佐，以固王業」。[217] 合言之，即是君臣「共理天下」，[218] 亦即所謂「天下之大，人君不能獨治，必設百官有司分理之」。[219] 但君臣共治天下並不等於君臣共有天下，更不等於君臣平分天下。不過就史實而言，即便君臣共治天下也不能貫徹到底。清帝說得最是明白，「惟以一人治天下，豈為天下奉一人。」[220] 前者意味著專制（即君治），後者意味著不自私（即非君享）。不自私即是有德。合而觀之，專制與德性即是明君，而非暴君。可知所謂明君即是合乎職責要求的稱職的君主和對民眾生活負責任的君主。[221] 所以按照嚴格的觀念邏輯，明君必須專制。不專制就不能恪盡職守。這意味著，中國政治思想史豔稱的明君理想，恰以專制為前提。同時，明君必須有德。無德就會暴虐。可知國人將暴君定位於無德，而非不專制。就是說，無德必然導致暴虐，專制則不然。專制使皇帝得以可能盡職盡責，成為一個合格的好皇帝。[222] 皇權主義否認無德，但不排斥專制。因為專制和德性能夠將皇

奎那政治著作選》，第 50–61 頁。）即便馬基雅維里對君主制的論證，其思路與國人也迥然有異。斯賓諾莎的論證也屬此類。（參見《政治論》，第 44–45、48–50 頁，商務印書館，1999 年。）諸如這些，均不合乎中華專制主義語境。

216　《漢書·成帝紀》。

217　《後漢書·陳蕃傳》。

218　李固對順帝說：「今與陛下共理天下者，外則公卿尚書，內則常侍黃門，譬猶一門之內，一家之事，安則共其福慶，危則通其禍敗。」（《後漢書·李固傳》）

219　《太祖實錄》卷 24，《明實錄》，上海古籍出版社，1983 年。

220　雖然古人早有此語，但雍正的一個「惟」字堪稱畫龍點睛之筆。

221　西嶋定生認為，「專制的君主統治應該有體制上的控制，就是說，君主不能恣意的行動。……暴君不是專制君主。」「暴君之所以成為暴君，在於君主擺脫體制的支配秩序而採取行動，因而使人民的窮困情況明顯化。易言之，專制君主雖說基於單方面的志向，但無論如何是保護人民生存的；而暴君則完全是人民生活的破壞者。因此，暴君不是專制君主，最為有德的君主才是專制的君主。」（《中國古代帝國形成史論》。另，類似表述參見《二十等爵制》，第 328–329 頁。）這些說法如果僅限於非制度層面的純個人因素，自然是可以的，但也沒有什麼特別意思。因為這完全屬於常識。誰都知道，即便在專制制度下，也並非每個皇帝都是十惡不赦的暴君。如果它試圖從制度層面分析，它就是失敗的。

222　專制君主之所以為專制君主，基本含義有二：（1）他應該按照制度行事；（2）他能夠超越於制度之上。從理論上講，無論專制君主做什麼，專制制度都不可能反對他；無論專制君主做什麼，專制制度都會支援他；無論專制君主做什麼，專制制度都能給他提供充足的體制性保障。這就意味著，由於專制制度給了專制君主最大的權力和自由，專制君主與暴君在制度層面就變得無法區分。專制制度固然對暴君不甚感冒，但它也無意於在制度上下功夫，對暴君作出體制防範。因為這樣一來，專制君主連同專制制度本身都將徹底失去其合法性。進言之，專制制度之所以為專制制度，基本含義

帝與民眾直接結合起來，從而使得皇帝可能對民眾遍施恩惠。這才是皇權主義
意識形態的絕對本質和一貫邏輯。基於此，皇權主義意識形態本身不可能產生
出真正的分權觀念或分治思維。

在許多人看來，皇帝不能直接治民，只能依靠官僚治民。還有人相信，官
僚也不能直接治民，而要依靠家族（或宗族）治民。這樣，皇帝和官僚構成了
國家系統，家族和百姓構成了民間系統。同時，皇帝→官僚→家族→百姓又構
成了一個自上而下的等級序列。特別是官僚和家族這兩個中間階層，更是具有
了自己獨立的政治和社會功能，並對皇帝和國家的現實權力運作構成了一種非
常有效的制衡作用。就上而言，官僚治民意味著分權；就下而言，家族治民意
味著自治。[223] 依照新儒家所說，在皇帝－官僚這一治統（或政統）之外同時又
生長出一個主要由儒生和士人構成的所謂學統（或道統）。治統趨惡，學統趨

有二：（1）這個制度創設的唯一理由，就是為君主而存在；（2）這個制度所具有的
所有權力全部為君主一人絕對擁有。這就意味著，專制君主憑藉權力來謀取自己的個
人利益是完全正當且合法的。即人們沒有任何合法理由能夠指責專制君主驅使全國人
力、揮霍社會財富來滿足自我的私人樂趣。所以，合法性不能成為人們否定專制君主
行為乃至剝奪專制君主權力的理念根據。

223　無端虛誇地方組織和勢力的所謂「自治性」是近來國學界的一種時尚。似乎皇權的最
遠邊界截止於縣，皇權到縣便戛然而止，再也無力延伸或深入下去。（參見尹伊君，
《社會變遷的法律解釋》，第 255–256 頁，商務印書館，2003 年。）給人的感覺是，
皇權只是從縣以上的板塊中矗立起來的，而不是從鄉村土壤中生長出來的。顯然這種
看法混淆了一些最基本的東西。關鍵點在於，它把民間的自然狀態誤認為是一種家族
自治狀態，把地方組織曲解為自治組織。但據嚴耕望研究，縣以下機構絕無地方自治
之性質與功能。「主管鄉亭之有秩、嗇夫、游徼、亭長，直郡縣屬吏之出部者耳，毫
無地方自治之意義。」三老、孝弟、力田等鄉官，「猶可勉強稱為准自治。」但此類
鄉官「亦由政府擢任」。「時人慣以秦漢鄉亭制度與近代地方自治相比擬，甚有謂此
即地方自治者。其實不然。」（參見《中國地方行政制度史——秦漢地方行政制度史》，
第 237、245 頁，上海古籍出版社，2007 年。）黎明釗謂「鄉三老以及秩嗇夫、游徼
實際是政府刻意培植的地方領袖，目的是使政府政令，得到地方德高望重者的支持」，
（〈西漢中期之三老與豪強〉，《新史學》8 卷 2 期，1997 年 6 月。）反而恰恰證明，
地方領袖必須得到政府的培植和支持，才能獲得足夠的權威和實力。倘若地方領袖與
地方政府形成競爭，那他們就徹底沒戲唱了。（參見詹姆斯‧R‧湯森、布蘭特利‧
沃馬克《中國政治》，第 30 頁，江蘇人民出版社，2004 年。）這是因為，「在豪族
集團及游俠集團中，它們自身內部並不包含有形成國家權力的邏輯因素。」反過來說，
作為國家權力的「公權絕不單是由民間存在的私權的積累、量的擴大而可實現的」。
「公權的性質，在於使皇帝成為從根本上是人民的唯一統治者這一點，而這又顯現於
皇帝對人民統治的具體諸關係中，顯現於認為這種統治根本是正確的觀念之中。」（西
嶋定生，《二十等爵制》，第 334、28–29 頁。）

善。學統對治統構成制衡。[224] 凡屬此類說法均忽視了一個實際的權力歸屬問題。因為權力同任何社會事物一樣，都存在有一個所有權的問題。從權力所有權的角度看，無論官僚還是家族，其行使權力的合法依據都不是來源於自身，而是來自於皇帝和皇權。就是說，官僚是代君治民，家族是替君理民。官僚、家族、百姓，所有這一切都屬於皇帝。所以，官僚治民和家族理民的權力自然就合法地屬於皇帝。這意味著，在絕對意義上，基於皇權體制的本質，它只能允許官僚和家族有限地分享皇權（即共治天下），而絕不可能允許允許官僚和家族無限地分割皇權（即帝有天下）。[225] 至於學統它根本就沒有獨立的政治功能，自始至終它就屬於治統的一部分。

回到本專題問題起點，我們發現，在功德旁邊雖時隱時顯的存在著能與恩，但其存在本身恰恰凸顯著功德論的政治共識。這種概念的分析表明在實際的政治事務中，諸多具體觀念都自然呈現出一種沒有邊界的蔓延狀態，彼此交迭、重合、覆蓋、穿插、勾連、滲透等等。這是一個近乎無限而盲目的生長過程。它有可能結晶為某種有價值、有意義、有深度、有獨創性的政治思想，但更多的則是停留在一種直觀的實用層面上，作為一種權力遊戲和官場規則中的政治共識而自生自滅。

224　但事實上，儒生和士人根本「無法發展出任何超越於那個政治共同體的政治取向。與之相反，他們為政治統治提供了基本合法性，建立了政治取向和意識形態的基本框架。在與統治者的關係方面，他們經常構成為一個較為保守和限制性的政治因素。」（艾森斯塔得，《帝國的政治體系》，第 196 頁。）我覺得西人這個判斷可能更合乎歷史實際。

225　特別是家族（或宗族），其所擁有的權力雖然具有傳統或血緣的合法性，但對此絕對不能誇大。因為皇權對家族（或宗族）的這種權力只是默許，而不是公開承認。同時這種默許又是有限度的。即在家族－宗族與皇權－國家利益不發生衝突的前提下，可以適當允許它發揮一些局部作用來配合皇權－國家對民間和民眾的實際統治。但如果家族－宗族與皇權－國家利益之間發生衝突，那它的權力就隨即喪失了原有的合法性。伴隨而來的則常常是皇權－國家對家族－宗族勢力的打擊和鎮壓。在皇權－國家體制下，家族－宗族作為從民間自然生長出來的社會力量，所能擁有的合法權力資源畢竟是有限的。所以它必須依附於朝廷和官府。這就決定了在官府與家族之間，二者更多的是相互利用，但這種相互利用是以絕對不能損害皇權－國家利益為前提的。一旦官府與家族之間發生矛盾，官府立刻就會憑藉「公」對「私」的超強優勢來毫不留情地制裁和掃蕩家族勢力。

第三節　早熟型民族 – 國家的意識生成

一、帝國背景下的中國意識——《公羊傳》：一種經典文本的表述

《公羊傳》[226] 寫作時代的中國和《公羊傳》所指稱的中國確乎不同。但這種不同只是中國意識演化的背景差異。這種差異並沒有限制《公羊傳》對中國意識的自我表述。相反，所謂「為中國諱」[227] 的話語原則反倒可能使《公羊傳》成為中國國家觀念形成過程中對中國意識最為自覺和成熟的表達方式。所謂「不與夷狄之執中國」，[228]「不與夷狄之獲中國」，[229]「不與夷狄之主中國」，[230]

226　《公羊傳》在戰國末期開始以「口說流行」，《漢書・藝文志》所謂「末世」當是戰國末期。《新論・正經》亦云：「《左氏傳》遭戰國寢廢。後百餘年，魯人穀梁赤為《春秋》，殘略多有遺失；又有齊人公羊高，緣經文作傳，彌離其本事矣。」可見公羊學確是面世於真正大一統的帝國前夕。至漢景帝時，公羊壽撰寫成書，並在弟子胡母子都幫助下「著於竹帛」（見《四庫總目・春秋公羊傳注疏》）。胡母子都因「治《公羊春秋》」而為博士。（「同業」的董仲舒曾「著書稱其德」。但蹊蹺的是，公羊壽卻未能成為博士。其中緣由值得推敲。）若謂公羊學「事實上至此而始成立」，是可以的；若謂公羊學萌芽於先秦「大有疑問」，也是可以的。（參見小島祐馬，〈公羊三科九旨說考〉）但若否認公羊學在秦朝之存在，則實為不妥。（參見雷戈，〈漢續秦學〉，《浙江社會科學》2004 年第 2 期。）

　　不過，這裡還有些問題。一方面，有人刻意辯解「傳」、「作」之不同，而否認壽之「著作權」，毫無道理。（參見蔣慶，《公羊學引論》，第 64–65 頁，遼寧教育出版社，1995 年。）另一方面，有人為了否認先秦口說流傳之可信性，而斷言先秦時《公羊傳》就已經「著於竹帛」，而且也非公羊一氏單傳，更是穿鑿過度，與史無征。（參見徐復觀，《徐復觀論經學史二種》，第 141–143 頁；嚴正，《五經哲學及其文化學的闡釋》，第 318 頁，齊魯書社，2001 年。）在這個問題上，我的建議是，如果沒有確鑿文獻證據否證舊說，我們仍當以古人看法為是。（參見沈文倬，〈從漢初今文經的形成說到兩漢今文《禮》的傳授〉，《宗周禮樂文明考論》，杭州大學出版社，1999 年。）至於公羊學傳授系統之複雜及過程之曲折，後人推測畢竟有限。（參見趙伯雄，《春秋學史》，第 36–37 頁，山東教育出版社，2004 年。）

　　另，徐復觀認為，「《史記》以董仲舒列公羊傳授之首，而《漢書》則以胡母生居首。在文字的口氣上，胡母生在傳承中所占地位，較《史記》所述的口氣重要，並且因文字的刪節不甚妥當，致使傳承的關係近於混淆，引起後人一貫的誤解。」並由此斷定「兩漢公羊之學乃出於董仲舒而非出於胡母生」。（《徐復觀論經學史二種》第 141 頁）顯然過於武斷。徐氏如果考慮到太史公與董仲舒之間的師生關係，當不難明瞭「《史記》以董仲舒列公羊傳授之首」這種學術譜系的書寫方式很可能有著一些相當個人化的布局和意圖。而百年之後身處東漢的班固在這點上則自然少些個人因素的複雜考量。

227　《春秋公羊傳》襄公二年。

228　《春秋公羊傳》隱公七年。

229　《春秋公羊傳》莊公十年。

230　《春秋公羊傳》昭公二十三年。

都表現出一種強烈的中國與夷狄相對峙的緊張感和危機感。「夷，狄也，而亟病中國。南夷與北狄交，中國不絕若線。」[231] 這種態勢使《公羊傳》亟需尋找一種力量來拯救中國。出於這個考慮，《公羊傳》對桓公有極高的評價。充分肯定「桓公救中國，而攘夷狄」是一種「王者之事」，[232] 並認為「桓公有憂中國之心」[233] 事實上確立了一種新的政治理念，即「憂中國之心」構成了中國意識的核心。它是對中國憂患的最早價值表述。中國之為中國的那種政教秩序之源泉皆來自於這種對中國的憂患意識。據說，這種憂患意識最早源自於周公。但周公所憂所患只在於周朝的政權統治，而並無「憂中國之心」。所謂「憂中國之心」，其本質在於確認中國的政教中心地位。它表現為對王道秩序的信奉和追求。這種信奉和追求本身是一種真正的王者行為。所以何休評論說：「桓公先治其國以及諸夏，治諸夏以及夷狄，如王者為之。」[234]

　　從中國角度看，夷狄與中國的關係實際上是夷狄與禮義的關係。儘管《公羊傳》通過詮釋「《春秋》敵者言戰，桓公之與戎狄驅之爾」表達一種何休所謂「戎亦天地之所生，而乃迫殺之甚痛，故去戰貶見其事，惡不仁」的道義要求，從而確認「桓公力但可驅逐之而已」[235] 的政治合理性。但這只是一種政治道義上的高姿態，而非政治地位上的平等態。因為中國與夷狄之別在《公羊傳》的話語中首先不在於確認夷狄的有生命性，而在於確定夷狄的無禮義性。「楚夷國也，強而無義。」[236] 其特點是，「楚有王者則後服，無王者則先叛。」[237] 禮義作為中國政教體制，夷狄有無禮義也就是決定了夷狄能否與中國政教體系接軌。「離于夷狄，而未能合於中國。」[238] 何休云：「未能與中國合同禮義。」《公羊傳》認為中國作為王者之國，其正當的政治態度是，應該鼓勵那些有心歸化的夷狄國家。「介葛盧者何？夷狄之君也。何以不言朝？不能乎朝也。」[239] 何休解釋說：「進稱名者，能慕中國，朝賢君，明當扶勉以禮義。」

231　《春秋公羊傳》僖公四年。
232　《春秋公羊傳》僖公四年。
233　《春秋公羊傳》僖公九年。
234　《春秋公羊傳》僖公四年。
235　《春秋公羊傳》莊公三十年。
236　《春秋公羊傳》僖公二十一年。
237　《春秋公羊傳》僖公四年。
238　《春秋公羊傳》宣公十五年。
239　《春秋公羊傳》僖公二十九年。

中國固然是禮儀之國，但這不意味著中國永遠保有禮義。比如鄭人認為「以中國為義，則伐我喪」，從而喪失了其原有的政治感召力，所以表示「中國不足歸」。[240] 這種政治境遇使中國必然夷狄化。所謂「中國亦新夷狄」。[241] 何休解釋說：「中國所以異乎夷狄者，以其能尊尊也。王室亂莫肯救，君臣上下壞敗，亦新有夷狄之行。」相反，夷狄一旦接受禮義，同樣就會成為「新中國」。《公羊傳》似乎承認「夷狄進至於爵」[242] 而為「新中國」的可能性。比如，「吳何以稱子？夷狄也，而憂中國。」[243] 夷狄而「憂中國」，如同中國而「新夷狄」，表明了中國與夷狄同禮義之間可能產生的複雜關係和相互轉換。但就《公羊傳》的政治理念來說，堅持「內其國而外諸夏，內諸夏而外夷狄」[244] 應該是最理想的華夷秩序。在這種秩序中，麒麟這種「有王者則至，無王者則不至」的「仁獸」[245] 也會頻頻出現，從而成為中華帝國的一種合法性暗示。

二、皇權主義的天下觀

人們公認，中國民族在秦漢時期形成。所謂「漢族之稱，起于劉邦有天下之後」。[246] 同時人們還注意到，「每個民族國家在開始時都採取專制主義的政治形態。」[247] 換言之，真正的專制主義必然會激發和促使民族國家的誕生。[248] 這樣，我們需要考慮一種可能，伴隨著皇帝制度、官僚體制、意識形態的出現，國家觀念和民族意識也同時產生。甚至在某種意義上，這是一種民族－國家的觀念。葛兆光將此概括為三個標誌。「秦始皇統一中國是個標誌，《史記》對中國歷史的記載和對疆域的確認也是一個標誌，在銅鏡中出現的『國家』、『四

240　《春秋公羊傳》襄公七年。

241　《春秋公羊傳》昭公二十三年。

242　何休，《春秋公羊傳何氏解詁》卷 1，臺北，中華書局，1970 年。（轉引劉小楓，〈洛維特論近代歷史哲學的起源〉，《個體信仰與文化理論》。）

243　《春秋公羊傳》定公四年。

244　《春秋公羊傳》成公十五年。

245　《春秋公羊傳》哀公十四年。對於「非中國之獸也」這句話，阮校「《春秋左氏傳‧序》正義引孔舒元《公羊傳》本作『今麟，非常之獸。』」（《春秋公羊傳注疏》〔標點本〕，北京大學出版社，1999 年。）這說明，在《公羊傳》文本中，「非中國」與「非常」具有相同義，這也就暗示著「中國」是「常道」與「常名」，即「中國」的天經地義性質。

246　《呂思勉遺文集》（下），第 536 頁，華東師範大學出版社，1997 年。

247　王亞南，《中國官僚政治研究》，第 22 頁。

248　這一判斷可以使我們進一步引申出：專制主義越強大，民族意識就越強烈。就近現代而言，專制主義往往利用民族意識而獲得政治合法性。

夷』、『胡虜』字樣更是一個標誌，它們標誌著中國人已經確認了中國、中國的近鄰、中國的敵對力量。」[249] 但這種民族－國家顯然不是一種近現代意義上的民族－國家。因為它缺乏一種必須的主權觀念。具備主權觀念的民族－國家，它的民族意識既是一種自我認同，又是一種自我限定。所以它是一種有限的「小民族主義」。中國只有皇權。所以它是一個皇權民族－國家。[250] 皇權民族－國家的最大特點是唯一性。即皇帝是天下共主，中國是天朝大國，民族是「大漢族主義」。換言之，皇帝、國家、民族皆是獨一無二的。顯然，這就是中國獨特的「天下觀」。[251] 天下觀包含兩個基本預設：天下共主與天朝上國。在這個前提下，自然演繹出「大民族主義」。[252] 皇權國家的大民族主義與主權國家的小民族主義這個區分，是我對中國秦漢時期民族意識的基本定位。

　　天下、中國、國家、民族，這幾個概念攪和在一起，使問題變得錯綜複雜，撲朔迷離。其中的關鍵則是「天下」[253] 與「中國」[254] 之間的重疊共喻。「天下」、

249　《中國思想史》第 1 卷，第 338 頁。另，葛志毅謂堯舜時代在文化上已「萌生中國與四夷之分」，（〈試論堯舜時代與國家〉，《譚史齋論稿》。）似嫌玄遠。

250　也有人稱它「王朝國家」或「帝國式國家」。（姚大力，〈中國歷史上的民族關係與國家認同〉，《中國學術》2002 年第 4 期，商務印書館。）

251　從政治思想史的角度看，天下觀的最大特徵是只有王權或皇權概念，而沒有作為國家存在的主權概念，也沒有作為人民政治權利的民權概念，更沒有普遍意義上的人權概念。

252　馮友蘭則認為「中國人缺乏民族主義」，而這又是因為「他們慣於從天下即世界的範圍看問題」。（參見《中國哲學簡史》，第 220–223 頁「注」，北京大學出版社，1985 年。）重天下而輕國家，重文化而輕民族，是近人對中國政治－思想的一般評價。但這種兩分法究竟能在多大程度上吻合中國政治－思想史實際，似乎不容樂觀。

253　實際上，「天下」在中國政治思想史上的用法可分兩面觀。一面是側重於性質或價值好壞，即「公天下」、「私天下」、「家天下」之類的理念判斷；一面是側重於空間或版圖大小，即「中國」、「神州」、「大九州」之類的區域設定。前者指的是治理天下的方式，具有制度性含義；後者指的是治理天下的範圍，具有秩序性含義。換言之，前者可稱為「內天下」，即天下觀的內緣性；後者可稱為「外天下」，即天下觀的外緣性。我這裡分析的著眼點顯然在於後者。

254　王爾敏的統計顯示，先秦典籍有「中國」者共 25 種，使用 178 次，可分為五類。（1）京師，9 次；（2）國中，17 次；（3）諸夏，145 次；（4）中等之國，6 次；（5）中央之國，1 次。從而表明，秦漢前「中國」的含義已十分明確。「『中國』稱謂之形成，實際顯示出當時中華族類全體之民族與文化統一觀念。」（參見〈「中國」名稱溯源及其近代詮釋〉，《中國近代思想史論》，社會科學文獻出版社，2003 年。）杜正勝的結論是，「用『中國』統稱中國古代主要的文明國家，大概不會早於戰國時代，但『中國』之實體則最晚可以上溯到西周，其中含有族群意識，有文化認同，但也指涉一個大致的地理界域。」「中國古代社會發展到戰國晚期，在〈禹貢〉『中國』的地理基礎上，與四裔相對的『中國』乃形成，中國人等同於『漢族』，中國文化也即是『漢

「中國」兩詞最早源於周初，但並不常見。[255] 其含義至春秋戰國而一變。據童書業說，春秋時「『天下』之觀念甚小，與戰國以後絕不相同。春秋時所謂『中國』，似較西周之勢力範圍稍狹，惟各地區較西周時益開發耳。」[256] 日本史家安部健夫的研究也證明了這一點。戰國時代是天下觀的轉捩點。之前基本是商周的「京師－四方／四國」觀念，他稱之為「原天下觀」時期。[257] 秦漢，天下觀包含三義：最狹義指「赤縣神州」，也即是「中國」；稍廣義的是「指作為國家的中國與它四周被稱為『蠻夷』的種種部落所構成的世界」；最廣義的是說，中國為「小九州」，中國之外為「大九州」。[258]

應該說，後戰國時期是天下觀這三義的最初發軔期。這三義的共同點是，中國與天下的高度重合。它遵循著兩個價值準則：首先確認中國皇帝為天下共主，同時確認中國為天朝大國。這意味著，國人建構天下觀的基本出發點，一是為了突出中國皇帝在世界上的天下共主身分，一是為了凸顯中國在天下的天朝大國地位。這兩點恰恰表明天下觀在前後戰國時代之變化，正與「大一統」觀念演化互動而成。春秋戰國時的「大一統」觀念以分封制為政治背景，側重於文化禮樂義；而後戰國時代的「大一統」觀念以郡縣制為背景，側重於政治制度義。[259] 這兩義正好對應著兩種天下觀，即眾星捧月式的「月亮型」天下觀和一日獨照式的「太陽型」天下觀。周人理想的「溥天之下莫非王土，率土之濱莫非王臣」的天下觀，至秦帝國，因郡縣一統而迥然一變。

大一統與天下觀之關係，複雜且微妙。邏輯上，二者相互包容。就外延看，

文化』。此『中國』與以前具有華夏意味的『中國』不同，它進一步塑造漢族始出一源的神話，漢文化遂變成一元性的文化。這是呼應統一帝國的新觀念。」（〈中國古代社會多元性與一統化的激盪——特從政治與文化的交涉論〉，《新史學》11 卷 2 期，2000 年 6 月。）

255　參見邢義田〈天下一家——傳統中國天下觀的形成〉，《秦漢史論稿》。

256　《春秋左傳研究》，第 220–221 頁。

257　邢義田特別強調，「商人中央與四方之方位觀形成了以後中國人天下觀的一個基本要素。」另外，商周「服制所包含內外層次的觀念配合『中央』、『四方』的方位觀形成了此後中國人觀念中『天下』最基本的結構。」（〈天下一家——傳統中國天下觀的形成〉）

258　參見姚大力〈中國歷史上的民族關係與國家認同〉。

259　參見葛志毅〈大一統與嚴夷夏之防〉，《先秦兩漢的制度與文化》，黑龍江教育出版社，1998 年。

天下觀大於大一統；[260] 就內涵看，大一統強於天下觀。[261] 大一統以天下觀為前提，天下觀以大一統為基礎。大一統要求建立一個天朝大國，這個天朝大國有一個天下共主。這個天朝大國是天下唯一的國家，這個國家的皇帝是唯一的天下共主。這個國家的皇帝和百姓對於其他蠻夷都保持著絕對的優越感。天子對內直接對應百姓，對外直接對應夷狄。所以在天下觀中，天子居於「裡應」、「外合」之中心。

繼而，引發出來的觀念是：人們在任何時候都必須有一位獨尊無二的天子來統治自己。至於這個天子究竟來自何方，並不重要。重要的是，他是在中國統治天下的。即他仍然是以中國為唯一中心來行使對天下的統治權。所以對中國人來說，夷狄天子的個人身分並不能改變中國始終居於天下之中的地理位置。中國人之所以能夠很自然地接受夷狄天子的野蠻統治，是因為他們政治觀念中的特有的價值預設，即蠻夷天子作為天下共主，依然是在中國被正式確立下來的。所以夷狄入主中國，並沒有改變原有的觀念體系。所謂「夷狄進於中國則中國之」。相反，它還同時保持了天下觀的兩個基點，天下共主和天朝大國。這樣，天下共主還在中國，就使得國人有最為充足的理由來接受任何一位夷狄皇帝。這種分析，使我們得以觀察出一個基本事實，國家意識、民族意識在其發育成長過程中，都與皇帝觀念緊密聯繫在一起，甚至，我們看到，國家觀念和民族觀念正是以皇帝觀念為依歸而滋生出來的。蕭公權在談到這種現象時，認為中國這種以「天下」為設計對象的政治理念，其固有的「專制－一統主義」之價值傾向，使「國際觀念」和「民族思想」皆不能正常發生和成長。[262] 作為專制皇權的人格化身和思想體現，皇帝觀念對國家意識和民族意識的嚴重抑制

260　因為大一統只是實施於中國。

261　因為大一統是一政治制度，天下觀只是一觀念秩序。

262　封建與專制兩時期思想共同特點是，「均以『天下』為對象。」其分殊在於，前者為合法分割，後者為絕對一統。「天下觀念之含義略近歐洲中世初期之世界帝國。……故嚴格言之，『天下』時期之一切政治關係皆為內政，而無國際間之外交。……周秦以後，四夷時與中國為敵，甚至侵占中原，僭竊神器，事實上否定天下之觀念。然而自漢以來，論治夷政策者，仍多襲四海一家，安內柔遠一類之傳統思想。……此皆明白表現國人根本缺乏國際觀念之事實，而推原此政治唯我論之由來，天下本位之思想殆應負一部分之責任。復次，專制天下之思想，頗有大同主義之傾向。忽略族類之區分，重視文化之同異。其結果遂致二千年間，中國勢盛，則高唱『用夏變夷』之理論，外族入主，則遷就政治屈服之事實。只須征服者行中國『先王之道』，同化於我，則北面稱臣，承認異類之政權，亦毫不愧恨。民族思想發育不良，此為專制天下思想之又一結果。」（《中國政治思想史》第 1 冊，第 12–13 頁。）

正是這一制度架構的必然邏輯。在皇權意識形態體制中，由於皇帝觀念的瘋長而掠奪了過多的陽光，從而使國家意識和民族意識不得不匍匐在皇帝觀念的陰影之下。從皇權意識形態的角度看，國家意識、民族意識、官僚意識這三者具有奇妙的共生性，[263] 它們都是皇帝觀念這個頭共同發育出來的三個連體身子。它們圍繞著皇帝觀念而呈現出不同的介面。

天下不光和中國重疊，更和天子重合。[264] 即整個天下都屬於天子，為皇帝一人所有。如此，天下觀之基核乃天子觀。它構成天子－天下觀之模式。道成肉身易位於德成肉身。其含義是：天下有道取決於天子有德。天下有道即道在天下，[265] 天子有德即德備天子。德天子是道天下之前提。進而，道之天下觀易位於器之天下觀。天下觀不再具有形上道之價值，而只有形下器之功用。以器論天下而非以道觀天下成為國人之故技。「天下，器也。今人之置器，置諸安處則安，置諸危處則危；而天下之情，與器無以異，在天子所置爾。」[266] 這樣，由天下而中國，而國家，而民族，其中一以貫之的正是皇帝的存在和天子的權力。中國天下觀的政治含義在於，它將世界上所有人分成三類或三個層面：天子直接統治的臣屬者，與中國有著某種來往和聯繫的周邊歸順者或暫時依附者，和中國作對的蠻夷叛逆者。原則上，這三類人都應該尊奉皇帝。問題是，本來夷狄不是漢人，為何要尊奉漢朝天子？那些動輒入侵的蠻夷憑什麼也必須尊奉中國皇帝？賈誼的論據是：天子並非單單是一國之君，同時還是天下共主。所以蠻夷入侵便是犯上。為此賈子特別指出，「陛下何忍以帝皇之號為戎人諸侯，勢既卑辱，而禍不息，長此安窮！進謀者率以為是，固不可解也，亡具甚矣。」[267] 似乎皇帝名號只能獨屬中國一家。一旦容忍夷狄擁有皇帝名號，對中國就是一種恥辱和威脅。蠻夷入侵不但侵犯了國家利益，更重要的是冒犯了皇帝權威。國人在看待蠻夷入侵這個問題上，大多持有一種以皇帝主宰臣民的思維來評判民族之間或國家之間衝突的習慣。「蠻夷征令，是主上之操也；天子共貢，是

263　官僚制確乎早於皇帝制度，但真正而又成熟的官僚意識肯定是在皇權體制下生長出來的。所以我強調國家意識、民族意識、官僚意識三者的共生性以及它們與皇權體制和皇帝觀念的連體性，與事實與邏輯都是恰當的。

264　這是我反覆強調的一點。

265　王夫之語。（《宋論》卷 8，「徽宗」，中華書局，1964 年。）

266　《大戴禮記‧禮察》。

267　《漢書‧賈誼傳》。

臣下之禮也。足反居上，首顧居下，是倒植之勢也。」[268] 民族矛盾變成了君臣關係。國家衝突變成了禮儀之爭。蠻夷入侵之所以可惡，就因為它失禮。所謂失禮則在於它沒有能夠給予皇帝以最大的尊敬。這樣，以皇帝為中心，所有人都被區分開來，同時又被聯繫起來。正是通過這種區分和聯繫，漢民族的自我中心意識被很自然地確立起來。漢民族與皇帝的特殊關係，被合理視為漢民族優越於其他民族的有力證據。所謂中國人優越於蠻夷，不僅僅在於文化的先進或禮樂的高明，而首先在於中國有皇帝或天子在中國。可見在漢民族自我意識形成過程中，皇帝觀念實在發揮著一種深刻的定向作用。

換言之，皇權國家的民族觀念中，核心是皇帝觀念。這點從賈子話語中可以辨析出來。他是後戰國諸子中為數不多的系統論述過夷狄問題的人。其話語邏輯是將夷狄與天子對應，而不是將夷狄與朝廷或中國對稱。其要義在於強調，夷狄也必須尊奉中國天子。「天子者，天下之首也，何也？上也。蠻夷者，天下之足也，何也？下也。」[269] 賈子將中國皇帝與夷狄對應而言，目的在於將二者視為一種另類的君臣關係。這彷彿周天子分封體制下的天子與諸侯之關係。這實際上將「天下」與「中國」重合起來的「天下－中國觀」。它把天下看成一個有限無界的圓。天子居中，夷狄居邊。「天下－中國觀」也可以看作「天下一國觀」。「天下一國」實際上也就是人們常說的「天下一家」或「天下一宗」。基於這種「天下一國觀」，天子或皇帝才能最大限度的名正言順，號令天下。而賈誼也正是通過對天子觀念的闡發來透顯出他對天下觀的基本構想。「古之正義，東西南北，苟舟車之所達，人跡之所至，莫不率服，而後云天子。德厚焉，澤湛焉，而後稱帝。又加美焉，而後稱皇。」[270] 這樣，中國皇帝作為天下共主就被凸顯出來。這樣我們可以理解一個普遍事實，當國人在面對夷狄時，首先不是考慮他如何看待中國，而是他如何對待皇帝。即人們一般都根據夷狄對待中國皇帝的態度來給予其相應的禮儀和待遇。反之，人們也是依據夷狄在中國皇帝面前所享有的禮遇來評價其地位和認同其作為。在這種觀念邏輯中，中國皇帝作為天下共主是被首先考慮的前提，只有在這個前提下，中國的天朝大國地位才能被合理推出。

268　《新書》卷 3，〈威不信〉。
269　《新書》卷 3，〈威不信〉。
270　《新書》卷 3，〈威不信〉。

三、始皇高祖時期漢匈關係對漢民族意識的引發

　　據漢代史家講，南越和東越都與秦漢帝國有著很深的淵源，從秦帝國開始，南越和東越兩地就已經成為帝國版圖的一部分，而由朝廷直接派遣官員治理。朝鮮與中國的關係同樣非常密切。據說自商周以來，朝鮮就對中國保持著一種臣屬的關係。所以在秦漢，朝鮮作為帝國「外臣」是名正言順的事情。至於西南夷，雖然與中國關係鬆散，但由於地域遙遠而偏僻，國力虛弱而無力，對中國根本構不成任何威脅。它也無法激發出中國的民族自我意識。從古人「東夷南蠻西戎北狄」之說，到漢初士人所謂「北走胡，南走越」，「忌壯士以資敵國」，[271] 雖然在語言層面上還沿襲著華夏中心，南北對稱的天下觀格局，但實際政治態勢遠非話語習慣所能局限。最值得注意的是，漢人專門用「胡」來特指匈奴[272] 這一話語現象具有的思想史意義。因為真正誘發出中國民族主義的僅僅是「胡人」匈奴。[273] 這一點對理解中國民族觀念至關緊要。[274] 但即便是匈奴，中國史家仍然認為他們和中國人同宗同祖。「匈奴，其先祖夏後氏之苗裔也，曰淳維。」[275] 從後來的中國歷史看，任何一個入主中原的蠻夷都認為自己是黃帝的後裔。它符合「天下一家」或「天下一宗」的觀念。這樣，任何一個蠻夷朝廷反而都能首先從血統上找到統治中國的合法性根據。中國人對蠻夷政權的

271　《漢書・季布傳》。

272　王國維〈西胡考上〉說，西漢所謂胡，「乃指西域城郭諸國，非謂游牧之匈奴。後漢以降，匈奴浸微，西域諸國，遂專是號。」（《觀堂集林》上冊）呂思勉〈胡考〉則說，「胡之名，初本專指匈奴。……後轉移於西域者，正以匈奴形貌與中國同，西域則殊異故。乃轉以西域形貌之異，而疑匈奴形貌本不與中國同，則慎矣。」（《呂思勉說史》，上海古籍出版社，2000 年。）這裡的關鍵不在於匈奴形貌與中國之同異，而在於中國如何定位匈奴與自己的關係。從這個角度看，「胡為匈奴本名」有了特殊意義。至於邢義田觀察到的「胡」這個「新名字」表徵的與「過去亦農亦牧，徒步作戰的戎狄」之間不容忽視的區別，（〈天下一家──傳統中國天下觀的形成〉）也應該從這個角度理解。不過要是說，「漢人分別胡、漢，基本上是承繼春秋戰國以來，以文化區別夷夏的大傳統，」（邢義田，〈「秦胡」小議〉，《秦漢史論稿》。）就不甚妥當。從後戰國視角看，胡漢並不簡單等同於夷夏，二者有性質之別。

273　此點關節，宋人已有所感覺。「匈奴在九州之外，與周獫狁不同。自中國為一，而匈奴亦一大敵為對。」（葉適，《習學記言》，第 185 頁。）

274　比如，中國民族主義和民族意識應該考慮到兩個因素：黃河流域的中原（中國、華夏）地域風貌，以及源自北方的異族軍事威脅。前者在五行中據土，後者在五行中據水。一種頗具想像力的思路是，中國的民族意識實際上起源於一種「水」「土」之爭。中國民族主義內涵應該從「水」「土」兩種德性中尋求和體認。而且我不認為這種看法完全是牽強附會的無稽之談。

275　《史記・匈奴列傳》。

接受和認同，除了文化禮儀因素外，更具決定性的原因應該是這種淵源有自的「天下一家」或「天下一宗」的「一家人」觀念。[276]

　　問題是，「天下一家」的觀念如何可能產生出自覺的民族自我意識？依據什麼標準將漢民族與其他民族區分開來？因為事實上，在秦漢時期，漢民族的自我意識確已形成。在我們劃定的後戰國時代，人們已經能夠依據漢民族的自我意識來判斷問題。這恰恰是在匈奴與秦漢帝國的反復較量中逐漸產生的。同時還必須考慮到當時一般的政治觀念。從李斯等人所說：「昔者五帝地方千里，其外侯服夷服諸侯或朝或否，天子不能制。」現在「平定天下，海內為郡縣」，[277] 似可證明千里之外即「天下」或「海內」的諸侯蠻夷已被征服。進一步，既然「天下」與「海內」同義，那麼「海外」是否意味著「天外」？即是說，「海外」或「天外」的蠻夷是否還需要繼續征服？「烹滅強暴，振救黔首，周定四極。普施明法，經緯天下，永為儀則。……宇縣之中，承順聖意。」、「聖法初興，清理疆內，外誅暴強。……皇帝明德，經理宇內，視聽不怠。」始皇刻石提及了「四極」、「天下」、「宇縣」、「宇內」、「疆內」，顯然都是一個意思。在這裡，蠻夷已被明確排除在天下之外。秦始皇雖然相信自己能夠做到「惠論功勞，賞及牛馬，恩肥土域」，但卻並不認為夷狄也應該成為自己賜恩的對象。在這個意義上，夷狄似乎還不如那些被皇恩「澤及」的「牛馬」。因為「牛馬」仍然屬於天下。

　　據此，秦始皇的統治策略是以天下為界，夷狄居於天下之外，不屬於自己的統治對象。所謂「平定海內，放逐蠻夷」就把這個問題講清楚了。聯繫「日月所照，莫不賓服」，可見「日月」很可能照射不到夷狄身上。所謂「莫不賓服」只是指那些被帝國征服與改造過的地區，比如東越、南越之類。我們的推論是，將夷狄與海內嚴格區分，並將其逐出海內，即「外攘四夷以安邊竟」，這作為帝國的基本國策，同時昭示出一種深遠的政治觀念。這意味著天下觀本身同樣可以蘊含著一種「大民族主義」式的普泛觀念。值得玩味的是，秦帝國政治生活中一件奇特的事情是帝國的命運被人同夷狄直接聯繫起來。而在此之

276　天下一家人組成「大家庭」。如此，有了「大一統」。大一統既把天下看成天下人的，又把天下看成一個「大家」。中國是大家的正統。至於誰是中國正統，則是中國「內政」。這個邏輯，互古至今一脈相承。它是中國歷史上的道統，也是中國現實中的法統。

277　《史記·秦始皇本紀》。

前，儘管西周也曾亡於夷狄之手，但還沒有出現過這種「亡秦者胡也」的恐怖暗示。雖然《集解》引用鄭玄的解釋說：「胡，胡亥，秦二世名也。秦見圖書，不知此為人名，反備北胡。」[278] 但我們很難相信這種解釋是有道理的。作為圖讖之言，其固有的神祕和附會往往使得真實含義難以準確索解。不過我更傾向於認為這是帝國面臨夷狄壓力所產生出來的一種複雜糾葛的象徵。因為無論如何，我們不能將「始皇乃使將軍蒙恬發兵三十萬人北擊胡，略取河南地」這樣重大的直接關乎帝國興亡的政治軍事行動簡單地視為一種陰差陽錯的對讖言誤讀的結果。但在漢人眼中，秦亡的確與匈奴有關。所謂「秦以事胡，陳勝等起」[279] 便直截了當地表明瞭這種看法。不僅看法如此，描述匈奴的詞語也同時發生了新變化，比如第一次出現了「胡寇」。「胡寇」與蠻夷或夷狄相比，似乎更具有現代意義上的「民族性」含義。而且「胡寇」這一詞語將匈奴「南與中國為敵國」[280] 這一事實非常鮮明地凸顯出來了。

據《史記·匈奴列傳》，戰國時，匈奴基本沒有捲入七國爭霸。秦朝建立，「始皇帝使蒙恬將十萬之眾北擊胡，悉收河南地。」秦末，「諸侯畔秦，中國擾亂，諸秦所徙適戍邊者皆復去，於是匈奴得寬，復稍度河南與中國界於故塞。」入漢，這種壓力空前增大。[281] 據漢初人說：「匈奴河南白羊、樓煩王，去長安近者七百里，輕騎一日一夕可以至。」[282] 這種逼仄的空間態勢的確使人感到壓抑非常。這種壓抑誘發出一系列災難性事變。[283] 一個標誌性事件是，自「平城之圍」開始，漢朝天子便處於匈奴勢力的陰影覆蓋之下。先是劉邦的生命受到直接威脅，繼而又是呂后的人身受到羞辱。[284] 由「平城之圍」導致的政治後遺症直到惠帝時期還使人記憶猶新，成為決策匈奴事務的主要依據。比如，

278　《史記·秦始皇本紀》。

279　《漢書·季布傳》。

280　《史記·匈奴列傳》。

281　雖然漢匈雙方均呈上升勢頭，但二者速度顯然快慢不一。所以，「及漢興，冒頓始強，破東胡，禽月氏，並其土地，地廣兵強，為中國害。」（《漢書·韋賢傳》）。

282　《漢書·劉敬傳》。

283　比如，韓王信和燕王盧綰先後亡入匈奴，與漢為敵。

284　漢廷君臣一方面認為「夷狄譬如禽獸，得其善言不足喜，惡言不足怒也」，另一方面又屈詞卑禮，「單于不忘弊邑，賜之以書，弊邑恐懼。退日自圖，年老氣衰，發齒墮落，行步失度，單于過聽，不足以自汙。弊邑無罪，宜在見赦。竊有御車二乘，馬二駟，以奉常駕。」在此背景下，我們很難相信冒頓會說出「未嘗聞中國禮義，陛下幸而赦之」這類話。（《漢書·匈奴傳》）

匈奴冒頓「為書遺高後，妄言。高後欲擊之，諸將曰：『以高帝賢武，然尚困于平城。』於是高後乃止，復與匈奴和親。」[285] 這種現實形勢構成了漢民族自我意識形成的一般歷史背景。這個背景的本質特點在於漢帝國所處的軍事弱勢地位。[286] 這個事實暗示出漢民族的自我意識是在一種「弱者」的境遇中形成的。這點絕非無足輕重。它實質性地決定了為什麼恰恰在這個特殊時期產生了最早的中國民族意識。其內涵並非什麼強者的自信，而是弱者的自卑。所以中國民族意識的內核具有深刻的自卑情結。[287] 理論上，弱者的地位最能使人激發和萌生出深刻的自我意識。所以漢帝國初期的軍事弱勢地位是直接促生漢民族自我意識的動因和力量。

弱勢地位使漢帝國幾乎沒有多少有利的選擇餘地。婁敬向劉邦指出，「天下初定，士卒罷於兵革，未可以武服也。冒頓殺父代立，妻群母，以力為威，未可以仁義說也。」[288] 武力是自己所短，仁義是自己所長。但長不抵短。最終是所短無功，所處無用。在匈奴這樣的對手面前，武力拿不出手，仁義使不上勁。這樣一來，婁敬認為只有「和親」一個方案具有可行性。「獨可以計久遠子孫為臣耳，然陛下恐不能為。」[289] 從這個角度看，我們才能對「和親」政策有更透徹的理解。簡言之，「和親」不是現在意義上的國內民族政策，而是古代意義上的「國際」外交策略。

> 陛下誠能以適長公主妻單于，厚奉遺之，彼知漢女送厚，蠻夷必慕，以為閼氏，生子必為太子，代單于。何者？貪漢重幣。陛下以歲時漢所餘彼所鮮數問遺，使辯士風諭以禮節。冒頓在，固為子婿；死，

285　《史記・匈奴列傳》。《漢書・季布傳》對此的描述更為生動一些。「單于嘗為書嫚呂太后，太后怒，召諸將議之。上將軍樊噲曰：『臣願得十萬眾，橫行匈奴中。』諸將皆阿呂太后，以噲言為然。布曰：『樊噲可斬也。夫以高帝兵三十餘萬，困於平城，噲時亦在其中。今噲奈何以十萬眾橫行匈奴中，面謾！……』是時殿上皆恐，太后罷朝，遂不覆議擊匈奴事。」

286　《史記・匈奴列傳》。《漢書・季布傳》對此的描述更為生動一些。「單于嘗為書嫚呂太后，太后怒，召諸將議之。上將軍樊噲曰：『臣願得十萬眾，橫行匈奴中。』諸將皆阿呂太后，以噲言為然。布曰：『樊噲可斬也。夫以高帝兵三十餘萬，困於平城，噲時亦在其中。今噲奈何以十萬眾橫行匈奴中，面謾！……』是時殿上皆恐，太后罷朝，遂不覆議擊匈奴事。」

287　這點常常為人忽視。甚至多被人視為在「大漢時代」根本不可能之事。

288　《漢書・劉敬傳》。

289　《漢書・劉敬傳》。

外孫為單于。豈曾聞（外）孫敢與大父亢禮哉？可毋戰以漸臣也。[290]

婁敬提議在和親的同時，要約之以禮儀，最終使匈奴臣服於漢廷。但其前提恰恰蘊含著漢匈各自獨立這一事實。儘管其說法以家族血緣式的思維定勢來構想漢匈未來政治前景，毋庸置疑的是，此時漢匈的確並非「天下一家」。「一家」之外即「天下」之外。這樣，在「天下一家」的框架中形成的漢民族意識無疑是以漢匈對立為根本前提的。

四、文帝時期漢匈關係對漢民族 – 國家意識的塑造

在漢匈二者關係的問題上，我們需要關注兩個基本態勢：第一，漢匈為二；第二，漢弱匈強。這兩點強有力地塑造了漢人的政治觀念和思維。它包含這樣一些重要概念：「兄弟」或「昆弟」、[291]「二主」、「鄰國」、「兩國」、「方外之國」、「中外之國」。這些概念既有天下觀所能包容的「天下一家」內容，同時也有「天下一家」所不能包容的「國際關係」內容。所以，在漢匈關係問題上，中國傳統的天下觀第一次表現出某種難以克服的現實局限性，這種局限性則恰恰是漢民族自我意識生成的必要條件。因為只有充分意識到了自己的局限性，民族才能誕生自我意識。換言之，一個民族只有首先意識到自身局限性，這個民族才能獲得成為這個民族本身的那種自我觀念和意識。對漢民族來說，自我意識的形成不是天生的，而是被匈奴族咄咄逼人的軍事攻勢所激發出來的。「在整個先秦時期，中原王朝從未承認過在其統治範圍之外還可能有與之對等的政治實體。」[292] 在這個意義上，漢帝國之於匈奴的相對暫時弱勢，未必不是一種難得的歷史進步。因為它畢竟使漢帝國獲得了一種重新認識自我的機遇，從而使漢民族自我意識的真正生成成為可能。[293]

290　《漢書·劉敬傳》。

291　《戰國策·趙二·張儀為秦連橫說趙王》云：「今楚與秦為昆弟之國。」漢匈之間的類似稱謂，正彷彿秦楚間的大國關係。足見其表徵的確乎是一種對等的「國際關係」準則。

292　謝維揚，《中國早期國家》，第 499 頁。

293　任何一個民族自我意識的產生都必須以一個獨立而強大的「他者」存在為前提和背景。近代民族主義如此，古代民族主義同樣如此。「在一定的歷史發展階段上，民族以一些外部刺激為契機，通過對以前所依存的環境或多或少自覺的轉換，把自己提高為政治上的民族。通常促使這種轉換的外部刺激，就是外國勢力，也就是所謂外患。」（丸山真男，《日本政治思想史研究》，第 270 頁，三聯書店，2000 年。）

　　我們以單于和文帝的外交文書為文本來分析漢匈對立態勢對漢民族自我意識產生的作用。單于在文書裡首先以「大單于敬問皇帝」這種對等的格式和辭令向漢帝國宣示出一種自我確認的大國地位，迫使漢朝不得不承認這種兩極的「國際」政治格局。而且它特別強調了「天所立」，其透顯出來的神聖性絕不亞於漢廷慣用的自我標榜。甚至更甚。[294] 然後，單于文書回顧了漢匈雙方的關係，兩國之間存在的問題，「絕二主之約，離兄弟之親。」繼而向漢廷展示了匈奴的實力，「定樓蘭、烏孫、呼揭及其旁二十六國，皆以為匈奴。」宣稱要將「諸引弓之民，並為一家」。最終的政治目標是「使少者得成其長，老者安其處，世世平樂」。[295] 相形之下，文帝文書反倒顯得過於一般化。唯一的特點是表現出對單于姿態的充分肯定。它直接引用了單于的話，認為「此古聖主之意」，並藉以指責「倍約離兄弟之親者，常在匈奴」。[296]

　　姑且不說匈奴這裡表述的政治理念是否受到漢帝國乃至漢家儒學的影響，抑或在多大程度上受到漢帝國乃至漢家儒學的影響，問題的關鍵是，它以這種方式向漢帝國表明一種姿態，即漢帝國必須在禮儀上對其存在予以充分尊重。這種尊重，既是政治上的，又是文化上的。漢民族的文化優越感在這裡，並沒有真正起到抹殺或否認匈奴的作用，相反，它只是起到了一種促使漢民族意識初步覺醒的作用。就是說，在遇到或面臨著軍事實力更為強大的匈奴族的時候，漢民族的文化優越感表現出一種明顯的內向性或內傾性。這種內向性或內傾性將漢民族引向一種精神的覺悟和意識的反省。這種精神的覺悟和意識的反省使得漢民族觀念的產生成為可能。

　　另外，在漢民族自我意識生成過程中，有三個例子從不同方面起到了某種相反相成的作用。這三個例子的共同點是，南越國、滇國和夜郎國、匈奴國這四個國家都圍繞著漢帝國來作自我比較。而且，它們在比較時，都自覺凸顯出了自己與漢廷的平等，甚至優越。[297] 不同之處在於，南越王是以個人身分同漢

294　比如，「漢遺單于書，牘以尺一寸，辭曰『皇帝敬問匈奴大單于無恙』。」而「單于遺漢書以尺二寸牘，及印封皆令廣大長，倨傲其辭曰『天地所生日月所置匈奴大單于敬問漢皇帝無恙』。」（《史記・匈奴列傳》）

295　聯繫匈奴對馬匹、女子的輕視和對土地的重視（「地者，國之本也。」），以及史書對匈奴官職的粗略描述，我們有理由相信匈奴的政治文明程度要比人們原來想像的高許多。（相關史實參見《史記・匈奴列傳》。）

296　《史記・匈奴列傳》。

297　至少在這一時期，漢人尚未能夠做到把自己制定的蠻夷標準強加於周邊小國，並使之

廷君臣相比較，中心是德行與功業，所謂「我孰與蕭何、曹參、韓信賢？」、「我孰與皇帝賢？」、「使我居中國，何渠不若漢？」[298] 滇國和夜郎國同漢廷相比較的是土地大小，所謂「漢孰與我大？」[299] 匈奴國與漢廷相比較的是習俗和政制。所謂「匈奴明以戰攻為事，其老弱不能鬥，故以其肥美飲食壯健者，蓋以自為守衛，如此父子各得久相保。」[300] 可見匈奴風俗政教非但合理，反而優於漢人。

> 匈奴之俗，人食畜肉，飲其汁，衣其皮；畜食草飲水，隨時轉移。故其急則人習騎射，寬則人樂無事，其約束輕，易行也。君臣簡易，一國之政猶一身也。父子兄弟死，取其妻妻之，惡種姓之失也。故匈奴雖亂，必立宗種。今中國雖詳不取其父兄之妻，親屬益疏則相殺，至乃易姓，皆從此類。且禮義之敝，上下交怨望，而室屋之極，生力必屈。夫力耕桑以求衣食，築城郭以自備，故其民急則不習戰功，緩則罷於作業。[301]

這些比較，除了在後世留下「夜郎自大」一個成語外，[302] 至少南越王和匈奴國的看法並非毫無道理。中行說所言包含的政治思想史價值當尤為不容忽視。[303]

自我認同。可見漢人對蠻夷的「殖民化」是一個相當曲折而漫長的過程。

298　《史記・陸賈列傳》。

299　《史記・西南夷列傳》。

300　《史記・匈奴列傳》。

301　《史記・匈奴列傳》。

302　如果夜郎認可了漢人對自己作出的「自大」評語，那就證明這是一個漢人「殖民化」的結果。這個結果顯然更糟。如果「夜郎自大」僅僅是漢人的評價，而非同時也是夜郎的自我認同，那它只有漢語的意義，而不具有「它者」的價值。儘管在「第三者」眼裡，「夜郎自大」確屬「客觀」。但這「客觀」也僅僅限於某些「外在」。比如，疆土、人口、國力、財富等。問題是，這些「外在」何以能夠確證某種「內在」？即，憑藉疆土之大、人口之眾、國力之強、財富之多就有資格嘲笑夜郎自大嗎？就能剝奪夜郎自大的權利嗎？就有權要求或強迫夜郎必須放棄自己的傳統、信仰、價值嗎？顯然，承認「外在」並不必然否認「內在」。所以，夜郎自大的正當性不容剝奪。不過話又說回來，「夜郎自大」同樣包含某種「內在」的價值評判。即漢人同時以禮儀之邦來傲視蠻夷之地。當然「蠻夷」未必會接受漢人這套說法。於是，產生兩難。「蠻夷」要麼漢化，即以漢人眼光看待自己；要麼繼續野蠻化。當然，這種兩難本身就是漢人的意識和漢語的虛構。

303　中行說那種被迫性的「出漢入匈」經歷雖然印證了他最初對漢廷發出的誓言，「必我行也，為漢患者。」故而其言行均難以排除對漢廷的怨毒報復成分。但我的理解是，中行說這種雙重身分顯然更有助於他對漢匈兩國禮儀和習俗的分辨和考量。比如，

所謂「君臣簡易，一國之政猶一身」。針對漢使者所說匈奴「無冠帶之飾，闕庭之禮」，中行說辯解說：「匈奴雖亂，必立宗種。」而漢人「禮義之敝，上下交怨望」並不值得羨慕。

　　值得分析的是，這種比較其價值不在於有無道理，而在於漢帝國在周邊國家中的政治形象，以及人們在以各種方式的自我比較中呈現出來的漢帝國地位。應該說，漢民族的自我意識是在漢帝國與其他國家的不斷比較中逐漸形成的。而且這種種比較也不都是首先由其他國家挑起來的。至少就匈奴國而言，漢帝國試圖通過比較來證明自己優越性的意圖表現得非常明顯。比如，「自是之後，漢使欲辯論者，中行說輒曰：『漢使無多言，顧漢所輸匈奴繒絮米糵，令其量中，必善美而己矣，何以為言乎？』」[304] 這點多少透露出，漢匈兩國關係中，軍事弱勢使漢帝國總有一種隱隱約約的屈尊感，故而總想從其他地方找回自己的優越感。這說明，相對的弱者反而可能更早獲得自我意識。

　　不過這種帝國自我意識在天性敏感的賈誼身上卻以思想反彈的激烈形式表現出來。賈子在一篇情緒激動的文章中，宣稱漢帝國本來「德可遠施，威可遠加」，而如今卻是「直數百里外威令不信，可為流涕者此也」，並指責說「匈奴之眾不過漢一大縣，以天下之大困於一縣之眾，甚為執事者羞之」。賈子自告奮勇地向文帝請纓，「陛下何不試以臣為屬國之官以主匈奴？」他信心十足地表示必定能夠做到「繫單于之頸而制其命，伏中行說而笞其背，舉匈奴之眾唯上之令。」[305] 賈子的理想主義在此得以充分表現。他似乎沒有意識到現實政治格局的變化，只是憑藉著慣有的傳統天下觀來判斷實際政治態勢。[306] 據此我

　　「初，匈奴好漢繒絮食物，中行說曰：『匈奴人眾不能當漢之一郡，然所以強者，以衣食異，無仰於漢也。今單于變俗好漢物，漢物不過什二，則匈奴盡歸於漢矣。其得漢繒絮，以馳草棘中，衣袴皆裂敝，以示不如旃裘之完善也。得漢食物皆去之，以示不如湩酪之便美也。』於是說教單于左右疏記，以計課其人眾畜物。」（《史記‧匈奴列傳》）中行說之動機肯定是為匈奴著想，而且其所說從長遠看未必真的對匈奴有利。但我這裡關心的是另外一個問題，中行說的話語中明顯包含這樣一種觀念，漢匈風俗各異，匈奴習俗不能以漢人習俗標準來衡量。

304　《史記‧匈奴列傳》。

305　《漢書‧賈誼傳》。

306　與賈子齊名的晁錯則從純軍事角度分析了漢匈兩國的優劣。「今匈奴地形技藝與中國異」，「匈奴之長技三，中國之長技五。」並對局勢作出了樂觀的預測。「陛下又興數十萬之眾，以誅數萬之匈奴，眾寡之計，以一擊十之術也。」（《漢書‧晁錯傳》）其看法可能沒有什麼特殊的軍事價值，但它包含這樣一種觀念邏輯，即人們已把匈奴當成一個必須重視的對手來予以考慮。它顯然構成了漢民族自我意識的一部分。

們得出兩點結論：第一，思想家與政治家對時局的認識總是有區別的，這種區別暗示著對政治觀念最具塑造力的是政治家，而不是思想家；第二，原有的天下觀已經不能適應形勢的變化，漢民族的自我意識在軍事強國匈奴的壓力之下不得不對自身價值觀念作出相應調整。

在與匈奴的交往中，漢帝國初步確立了自己的邊界和國家性質，即以長城為界，劃分兩國疆域，[307] 並確認「引弓之國」與「冠帶之室」的雙方國家特質。先是「婁敬為高車使者持節至匈奴，與其分土界，作丹書鐵券」，[308] 表示「自海以南，冠蓋之士處焉。自海以北，彊強之士處焉。」[309] 隨之在後元二年，文帝在給匈奴的一封「國書」中明確認定，「先帝制：長城以北，引弓之國，受命單于；長城以內，冠帶之室，朕亦制之。」這樣看來，所謂「先帝制」應該是劉邦派遣婁敬出使並劃定「國界」那次。[310] 如果推斷合理，我們就能確認「自海以南」、「自海以北」與「長城以內」、「長城以北」實際是對應的，是一個意思。這意味著，漢初皇帝對漢匈兩國邊界走向和劃定的認識基本一致。而且從文獻看，這種劃定邊界都是出自漢帝的主動要求。

在漢民族–國家意識的生成過程中，文帝的「國書」具有特殊的重要性。它至少可以解讀出這樣幾層意思：（1）從高祖到文帝，都在試圖用一種客觀的契約方式或法律文件來標明漢匈兩國的實際統治區域。這種意向和努力在漢匈間的頻繁戰爭中雖顯得脆弱而模糊，但其透顯出來的民族–國家意識則異常清晰，不容忽視。（2）兩國疆域劃分之後，漢匈兩國相互承認並尊重對方的權力和地位。「匈奴大單于遺朕書，言和親已定，亡人不足以益眾廣地，匈奴無入塞，漢無出塞，犯約者殺之，可以久親，後無咎，俱便。朕已許之。其布告天下，

307　這個時期似乎很難說已有了明確的國家疆界概念。《戰國策・燕三・燕王喜使栗腹章》云：「國之有封疆，猶家之有垣牆，所以合好掩惡也。」崔豹《古今注・都邑》亦云：「封疆畫界者，封土為台以表識疆境。畫界者于二封之間，又為壏，以畫分界域也。」不過封疆概念與疆界概念顯然不太一樣。前者是分封制下的諸侯國之間或王國之間的一種領土劃分方式，後者是帝國時代國家之間的版圖劃分方式。前者用於國家內部，後者用於國家外部。

308　《全漢文》卷 14。

309　《北堂書鈔》卷 104 引〈三輔故事〉，見《全漢文》卷 14。

310　但不知和婁敬往匈奴結和親之約是否同一次。據《史記》本傳，不見有「分土界」、立盟約之事。以婁敬從匈奴返漢途中的見聞觀感來看，所謂「匈奴河南白羊、樓煩王，去長安近者七百里，輕騎一日一夜可以至秦中」云云，似可斷定此次出使確與劃分兩國疆界無關。

使明知之。」（3）同時漢帝還表達了漢匈兩國共同的政治價值和治國理念。「聖人者日新，改作更始，使老者得息，幼者得長，各保其首領而終其天年。朕與單于俱由此道，順天恤民，世世相傳，施之無窮，天下莫不咸便。」（4）甚至認為漢匈兩國可以平分天下，共治天下。「今天下大安，萬民熙熙，朕與單于為之父母。朕追念前事，薄物細故，謀臣計失，皆不足以離兄弟之驩。朕聞天不頗覆，地不偏載。朕與單于皆捐往細故，俱蹈大道，墮壞前惡，以圖長久，使兩國之民若一家子。」[311] 這裡，作為民之父母已不是漢廷皇帝一人，而變成「朕與單于」共為天下萬民父母。

與此同時，即後元二年，文帝在一份詔書中同樣傳遞了此種思想訊息。

> 朕既不明，不能遠德，使方外之國或不寧息。夫四荒之外不安其生，封圻之內勤勞不處，二者之咎，皆自於朕之德薄而不能達遠也。……夫久結難連兵，中外之國將何以自寧？……今單于反古之道，計社稷之安，便萬民之利，新與朕俱棄細過，偕之大道，結兄弟之義，以全天下元元之民。[312]

這裡既使用了「四荒之外」和「封圻之內」這樣的頗能體現華夏中心主義的詞語，同時又使用了「方外之國」和「中外之國」這種頗為新穎的政治詞語。而最值得注意的是，文帝希望漢匈兩國能「結兄弟之義」，[313] 以便來共治「天下元元之民」。

這樣，中國傳統的天下觀不能不發生變化。這種變化主要表現為兩點：第一，天下與中國之間似乎可以劃出一條明確的界限（比如長城）；第二，天下應該由兩個國家來統治，其實，這兩個國家也是兩類國家。同時，中國天下觀至少在兩個方面仍然保持著原有的基核。第一，這兩類國家的區別在於文明程度；第二，這兩類國家應該具有共同的政治理想和價值標準。

311　《史記·匈奴列傳》。

312　《漢書·文帝紀》。

313　當然，「與蠻夷之邦合為一家，與他們的君長稱兄道弟，事實上並不是中國真正所希望的。」（邢義田，〈天下一家——傳統中國天下觀的形成〉）不過在漢初這確實可能是中國人的真實想法。

五、「三表」與「五餌」──賈誼的帝國戰略

在後戰國時代的「國際關係」中，賈子的「三表」、「五餌」可能是最具想像力的政治創意。不過對此構想，人們大都評價不高。比如，班固說：「施五餌三表以繫單于，其術固以疏矣。」[314] 王夫之說：「任智任法，思以制匈奴、削諸侯，其三表五餌之術，（是）嬰稚之巧也。」[315] 從可操作性的政治措施角度說，或許如此。但二程別有感悟。「賈誼有五餌之說，當時笑其迂疏，今日朝廷正使著，故得許多時寧息。」[316] 對此，朱熹頗有同感。[317] 所以「三表」、「五餌」未必真的全然無用。不過我想強調的是，「三表」、「五餌」背後的政治觀念可能更值得做一番思想史的細緻分析。

所謂「三表」是，「聞君一言，雖有微遠，其志不疑，仇讎之人，其心不殆，若此則信諭矣，所圖莫不行矣。」此為一表。「以事勢諭陛下之愛，令匈奴之自視也，苟胡面而戎狀者，其自以為見愛于天子也，猶弱子之臚慈母也，若此則愛諭矣。」此為二表。「諭陛下之好，令胡人之自視也，苟其技之所長與其所工，一可以當天子之意，若此則好諭矣。」[318] 此為三表。

所謂「五餌」是，「令匈奴降者，時時得此而賜之耳。一國聞之者見之者，希心而相告，人人冀幸，以為吾至亦可以得此，將以壞其目。」此為一餌。「今來者時時得此而饗之耳，一國聞之者見之者，垂涎而相告，人悇憛其所自，以吾至亦將得此，將以此壞其口。」此為二餌。「少閑擊鼓，舞其偶人昔時乃為戎樂攜手胥強上客之，後婦人先後扶侍之者固十餘人，使降者時或得此而樂之耳。一國聞之者見之者，希盰相告，人人伋伋，唯恐其後來至也，將以此壞其耳。」此為三餌。「令此其居處樂虞困京之畜，皆過其故。王慮出其單于，或時時賜此而為家耳。匈奴一國傾心而冀，人人伋伋，唯恐其後來至也，將以此壞其腹。」此為四餌。「胡貴人既得奉酒，出則服衣佩綬，貴人而立于前，令數人得此而居耳。一國聞者見者，希盰而欲，人人伋伋，惟恐其後來至也。將以此壞其心。」[319] 此為五餌。

314　《漢書·賈誼傳》。

315　《讀通鑑論》卷 2，〈文帝〉。

316　《二程集》第 1 冊，第 44 頁。

317　參見《朱子語類》卷 135。

318　《新書》卷 4，〈匈奴〉。

319　《新書》卷 4，〈匈奴〉。

「三表」之特徵在於仁愛信義。概言之，即「愛人之狀，好人之技，人道，信為大操，帝義也。愛好有實，已諾可期，十死一生，彼必將至，此謂三表。」[320]「五餌」之特徵在於物欲利益。概言之，「牽其耳，牽其目，牽其口，牽其腹，四者已牽，又引其心，安得不來下胡抑扰也。此謂五餌。」[321] 如果說「三表」源自儒家理想，「五餌」則源於法家理念。以義導之，以利誘之，儒法結合，義利並用是賈子在匈奴問題上的基本思路。尤其後者更可玩味。因為它至少透露出一個信息，賈子相信，漢朝先進的物質文明相對尚處於游牧階段的匈奴來說，本身就是一個巨大的政治優勢。它甚至比單純的軍事實力更能發揮作用。[322]通過向匈奴展示漢朝的物質文明，也許能不戰而屈人之兵，以和平的方式把匈奴演變過來，使之歸化於漢廷。「此謂德勝。」[323]

這大概是中國政治思想史上最早提出的解決周邊蠻族危機的「和平演變」策略。它與後來的「羈縻」政策形同而實異，小同而大異。[324] 它可能沒有實際價值，但卻有思想意義。因為它把先進的物質文明看成是處理政治事務的一種重要力量。當然，賈子在設計這個方案時，完全立足於官方管道，即以朝廷控制的方式去向匈奴推銷和顯示漢朝物質文明的巨大優越性。他不希望這種展示方式在官方權限之外的民間管道進行，以免可能破壞和衝擊皇權體制的既定秩序。相反，他希望通過向匈奴展示漢廷的先進物質文明，能夠更加強化皇權體

320　《新書》卷4，〈匈奴〉。

321　《新書》卷4，〈匈奴〉。

322　「竊料匈奴控弦大率六萬騎，五口而出介卒一人，五六三十，此即戶口三十萬耳，未及漢千石大縣也。」（《新書》卷4，〈匈奴〉）

323　賈子對「德勝」作了進一步的解釋。「夫關市者固匈奴所犯滑而深求也，願上遣使厚與之和，以不得已，許之大市。使者反，因於要險之所多為鑿開，眾而延之，關吏卒使足以自守。大每一關，屠沽者、賣飯食者、美臛炙膹者，每物各一二百人，則胡人著于長城下矣。是王將強北之必攻其王矣。以匈奴之饑，飯羹啖膹炙，（口軍）多飲酒，此則亡竭可立待也。賜大而愈饑，多財而愈困，漢者所希心而慕也，則匈奴貴人以其千人至者，顯其二三，以其萬人至者，顯其十餘人。夫顯榮者，招民之機也。故遠期五歲，近期三年之內，匈奴亡矣。」（《新書》卷4，〈匈奴〉）

324　因為「羈縻」的實質是兩國禮儀上的對等，而非權利上的平等。「羈縻」本質上是把「國內」的君臣關係模式套用到「國際」事務中。它表明一種「中華帝國主義」的「世界觀」。即以中華帝國主義為軸心來主導世界秩序。與西方帝國主義理念表現出來的強硬政治風格和「霸道」價值行為不同的是，中華帝國主義更多地偏愛一種禮樂教化式的柔性政治風格和「王道」價值行為。另一個重要區別是，西方帝國主義往往依託於國內的民主政體（比如古希臘的「雅典帝國」、近代的「大英帝國」乃至當代的「美利堅帝國」），而中華帝國主義則完全依賴於自身的專制政體。所以中華帝國主義的實質是中華專制主義。

制的等級秩序。這樣我們就可看出賈子的致思路徑，通過「輸出」漢廷物質文明的方式，達到建立皇權政體的天下秩序。

沿著這個思路，我們發現賈子在關注風俗問題時，雖然依舊著眼於皇權政體秩序，但對物質生活卻有了另外一種態度。比如，「今雖刑餘鬻妾下賤，衣服得過諸侯，擬天子，是使天下公得冒主，而夫人務侈也。冒主務侈，則天下寒而衣服不足矣。故以文繡衣民，而民愈寒，以褕民，民必暖，而有餘布帛之饒矣。」[325] 又如，「白縠之表，薄紈之里，緁以偏諸，美者黼繡，是古者天子之服也，今富人大賈召客者得以被牆。古者以天下奉一帝一後而節適，今富人大賈屋壁得為帝服，賈婦優倡下賤產子得為後飾，然而天下不屈者，殆未有也。」[326] 這給人的印象是，賈子在「國內」政治問題上似乎認為物質生活有害於帝制社會的穩定。為什麼同樣一件事情在「國內」、「國外」會有截然不同的效果呢？

蠻族接受物質文明可以有助於大一統皇權秩序的形成，百姓享受物質文明卻會損害大一統皇權秩序的基礎。這是一件很奇怪的事。它的前提是沒有把漢人和「夷人」放在平等的地位上。在它設定的「物種序列」裡，「夷人」介於人獸之間，即高於獸而低於人。因而「夷人」不知義而只知利。所以讓「夷人」受用物質文明並不是對他們的尊重，而是對他們的蔑視。相反，漢民要高貴一些，他知道禮義為何物。如果不用禮義提升他的道德，只用物質滿足他的欲望，就會損害他的心靈和腐化他的德性。這種觀念的前提是，禮義道德在價值上高於物質生活。同時，高於「夷人」的漢民更有資格和條件達到禮義境界。而禮義是大一統皇權秩序的基礎，這在政治觀念上引發一種必然要求，即用兩種不同的策略去分別處理大一統皇權秩序中不同領域和層面的問題。嚴格說來，這不是現代意義上的國內政治與國際政治之分殊，而是皇權時代大一統政治秩序的中心與邊緣之差異。

第四節　帝國秩序的觀念實踐

秦漢是一種「帝國」嗎？所謂「秦帝國」或「漢帝國」，是一種隨意的說法，

325　《新書》卷3，〈瑰瑋〉。
326　《新書》卷3，〈孽產子〉。

還是有其特定的內涵？一般而言，帝國是在國家間[327]事務中有強大支配力和影響力的國家。[328]這種國家必須是絕對獨立的。在它之上不能有任何更高的權力主體，哪怕是純粹象徵性質的「主權」也不行。正因如此，春秋戰國的國家不是帝國，而是諸侯國。[329]儘管戰國的一些國家對周邊多個國家具有相當大的支配力和影響力。但它們仍然不是帝國。同時，帝國雖未必與帝制有關，[330]但對中國來說，帝國確實與帝制聯繫在一起。這意味著，秦漢之前，中國的國家性質不是帝國，而是王國；秦漢以後，中國的國家性質才成為帝國。[331]帝國而非主義，[332]這是中國政治－思想之特質，也是中華帝國之特性。

依現在眼光看，三代王國時代，所謂夷狄皆是中國的一部分，所謂華夷之辨均是中國內部的事情。秦漢帝國時代，那些夷狄小國相當部分都已不再是中國的一部分。這樣，中國就面臨著一個必須重新安排和規劃自己周邊國家地位秩序的問題。至少對秦始皇來說，他可能從來沒有想過要把匈奴納入到自己的

327　我在這裡避免使用「國際」概念，因為它太過於「現代」了。

328　從行為意圖和實踐效應看，所謂帝國就是以自我為中心而謀求建立對周邊國家和民族的支配性政治秩序，而所謂帝國主義就是具有一種連續不斷的對外擴張的強大政治傳統。以此標準，秦漢均是帝國而非帝國主義。或，秦漢兩朝皆為非帝國主義之帝國。

329　何茲全謂，「春秋戰國之際，是城邦國家向領土國家過渡時期，戰國七雄已逐漸是領土國家了。」（《中國古代社會》第 93 頁）未免誇張。

330　這個問題相當複雜。最初的雅典帝國就非帝制。（參見《顧准文集》，第 204–206 頁，貴州人民出版社，1994 年。）而 17 至 19 世紀，帝國也有了專制的含義。（參見雷蒙‧威廉斯，《關鍵字：文化與社會的詞彙》，第 226 頁，三聯書店，2005 年。）

331　錢穆堅持說：「由秦漢到明代，中國向不成為一帝國。帝國必然有他的征服地，征服地不蒙本國政府平等的統治。」「把全國家分成了兩部分，一部是本國，一部是征服地。這才始得叫帝國。清代有所謂本部十八省，外邊又有藩屬，故說它像西方的帝國，但細辨又不同。因清人待蒙古，比待中國本部的人還好，蒙古人得封親王，中國人是沒有的。英國人斷不能待香港人比待他本國的人好，可見就算清代也是帝國，還是東西巧妙不同的。」（《中國歷代政治得失》第 160–161 頁）此說甚可笑。因為錢氏只注意地域，而忽視種族。所謂中國本部既有漢人，又有滿人。清代雖然對待蒙古人比漢人好，但絕不會對待蒙古人比滿人好。這種做法不過是隔代承襲蒙元統治中國的「四等人制」。它是滿人依照自己的征服進程和節奏制定的政治方略。更何況，所謂「中國本部」也是滿人的征服地。在被征服土地上建立國家，同時維持一種強悍的種族歧視的統治政策，不是帝國是什麼？往上推，秦漢對版圖之擴張，以及極力維持對周邊小國之禮教－政制控制，不是帝國行為又是什麼？總之，中西帝國雖有形態之殊，卻無性質之異。

332　與此相對應，中國政治－思想則是「專制而又主義」。就是說，中國只有專制主義，而無帝國主義。一方面，中西專制政體之分殊表現為專制而又主義；另一方面，中西帝國秩序之殊異則表現為帝國而非主義。

帝國版圖。對於漢初皇帝來說，南越、西南夷、朝鮮等，它們與中國的關係都需要來重新調整和安排。在中國皇帝心目中，這些周邊國家雖然不是自己直接統治的臣民，但自己仍然對他們負有某種道義的領導責任。這種領導責任建立在絕對優勢的大國與相對弱勢的小國之間的那種傳統的不對等的依附關係的基礎上。一些約定俗成的做法和觀念都是在這個基礎上逐漸形成的。[333]

某種意義上，這種華夏中心的帝國秩序類似於變相的封建制，或「另類封建制」。即它是將原來王國體制中的內部分封擴展和運用於帝國體制下的外部世界，使周邊小國成為皇帝的「外臣」。皇帝並不直接統治「外臣」治下的臣民，而是通過對「外臣」的冊封和承認來達到對該國及臣民的一種禮儀性的控制和象徵性的統治。顯然，皇帝與外臣的關係正是帝國秩序努力構制的一種廣延性君臣關係。[334] 雖然有些國家，有些國家的有些時候，它們本身的領土和權力並非來自於帝國體制的冊封，但它們往往都需要得到帝國的認可，或是從皇帝那裡獲得一個禮儀上的名號。就小國本身而言，這或許是它們在自己國內維繫統治合法性的一個必要形式。

正因此，正常情況下，小國多以「藩臣」身分自覺依附於帝國體系，求得其合法性保護。武帝初，[335] 南粵王使人上書說：「兩粵俱為藩臣，毋擅興兵相攻擊。今東粵擅興兵侵臣，臣不敢興兵，唯天子詔之。」這裡面體現出一種遵守秩序規則的要求。所謂「天子多南粵義，守職約」，強調的是「守藩臣之職，而不踰約制」。[336] 所謂「職約」，更多地為帝國所制定。它涉及多方面的政治利益。帝國利益和夷狄國家利益常常混在一起。一般說，小國之間的衝突往往需要借助大國來加以調節和控制。否則，大國自身的利益也會受到損害。比如，建元三年，「閩越發兵圍東甌。」東甌告急漢廷。太尉田蚡認為，「越人相攻擊，固其常，又數反覆，不足以煩中國往救也。自秦時棄弗屬。」中大夫莊助反駁說：「特患力弗能救，德弗能覆；誠能，何故棄之？且秦舉咸陽而棄之，何乃越也！

333　這使我們有必要區分「帝國觀念」與「華夷之辨」之異同。所謂同，二者皆致力於證明中國夷狄是兩種高低有別的文化人種，中國對夷狄具有絕對的禮教優越性。所謂異，帝國觀念要求主動地建立秩序，華夷之辨傾向於被動地適應秩序。

334　參見高明士，〈從天下秩序看古代中韓關係〉，轉引甘懷真《「舊君」的經典詮釋——漢唐間的喪服禮與政治秩序》。

335　這裡的事件稍微有些超出我限定的後戰國時代。但考慮到歷史與思想的連續性，這裡的「越界」之舉也就有其學術的合理性。

336　《漢書·西南夷兩粵朝鮮傳》。

今小國以窮困來告急天子，天子弗振，彼當安所告愬？又何以子萬國乎？」[337]
這實際上反映出兩種有差異的帝國觀念。一種是消極主義的帝國觀念，即儘量
不惹事，多一事不如少一事。所謂「不足以煩中國」，即出於這種考慮。一種
是積極主義的帝國觀念，即盡力而為，必須承擔一種道義責任。所謂「特患力
弗能救，德弗能覆；誠能，何故棄之？」即是出於這個立場。

　　值得注意的是，一個很重要的理由在於，「今小國以窮困來告急天子，天
子弗振，彼當安所告愬？」就是說，大國天子對於小國天然負有一種保護的義
務。這種保護小國的義務是一個大國天子的本分和職責所在。容不得藉故推託。
一旦天子不能盡到合法保護小國的責任，那麼就會產生兩個壞的結果：一是小
國會失去政治依靠，而變得絕望；二是天子本身也會喪失統治其他小國的政治
資格，即「子萬國」的合法性和道義性。這顯然是更為嚴重的事情。事實上我
們看到，中華帝國在建構自己理想的帝國秩序時，往往面臨著這兩種觀念和策
略的考慮和決斷。

　　有時，中華大國與夷狄小國之間的關係也常處於變化之中。由於種種原因，
中華大國實力暫時衰落時，一些勢利小國便趁虛而入，自立名號。比如，南越
王尉佗在漢初「自立為南越武王」。《史記‧南越列傳》云：「高帝已定天下，
為中國勞苦，故釋佗弗誅。」這一方面多是虛誇，可以不置。另一方面則是，
漢帝對其統治能力的肯定。評價尉佗統治「甚有文理，中縣人以故不耗減，粵
人相攻擊之俗益止，俱賴其力」。[338] 它表徵的觀念意向是，漢帝認為尉佗統治
符合中國的政治原則和國家利益。或許出於這個判斷，接著漢帝才給予了尉佗
更大的權限。「漢十一年，遣陸賈因立佗為南越王，與剖符通使，和集百越，
毋為南邊患害，與長沙接境。」[339] 這些記載曲折地透露出中國皇帝對現狀的承
認，以及建立支配－依附關係的過程。即漢帝試圖通過對小國的承認來換得它
們對自己天子地位的承認，從而使之接受自己對雙方之間關係的定位和安排。
事實上，這樣一種外交策略有助於帝國秩序的建立和恢復。

　　雖然中國皇帝不允許周邊夷狄小國妄稱天子或僭稱帝號，但一旦蠻夷小國
這麼做了，中國皇帝也絕不會大動干戈地發兵征討。而是採取其他種種克制的

337　《史記‧東越列傳》。

338　《漢書‧高帝紀下》。

339　《史記‧南越列傳》。

方式，要麼勸告，要麼恫嚇，總之軟硬兼施。但也都是「外交」辭令，而絕少使用武力來解決這些問題。比如「佗乃自尊號為南越武帝。」並「乘黃屋左纛，稱制，與中國侔。」文帝后來派陸賈「往使」其國。「因讓佗自立為帝，曾無一介之使報者。」結果「原長為藩臣，奉貢職。」[340] 對此，「孝文帝大說。」這也正是漢帝追求的政治效果。所謂帝國秩序並非武力征服，而是文化馴服。在漢帝理想的帝國秩序中，中國憑藉先進的禮樂文明必然有資格來規範夷狄小國的行為和名號。儘管實際上那些夷狄小國未必真的把漢帝當回事。所謂「吾聞兩雄不俱立，兩賢不並世。皇帝，賢天子也。自今以後，去帝制黃屋左纛。」這種說法貌似謙卑，實則自負。透其語義，正是把自己視作「兩雄」和「兩賢」之一。所以雖然「至孝景時」，尉佗在形式上「稱臣，使人朝請。然南越其居國竊如故號名，其使天子，稱王朝命如諸侯。」[341] 這屬於小國的慣常做法。一方面，在其國自居皇帝；另一方面，在帝國又自稱諸侯。對內稱帝，對外稱王。既是內外有別，又是帝王相分。這種內帝外王的小國處境顯然適應於大國皇帝君臨萬邦的皇權秩序。[342] 在這種格局下，漢帝所要求的也只是一種面子。即只在自己面前表現出來的一種表面性的尊崇和卑躬。究其然，這說明中國文化在塑造帝國秩序時，更多地考慮到一種道德感召力和禮樂象徵性。即周邊夷狄小國對中國天子的認同和對中華禮制的遵守。比如，南粵大臣諫其主時說：「先王言事天子期毋失禮。」可見夷狄國家也是以中華禮製作為依附帝國體制的一個原則。同時它們也必然有自己國家的實際考慮。所謂「要之不可以怵好語入見。入見則不得復歸，亡國之勢也。」[343] 對夷狄來說，認同帝國秩序只是一個政治手段，而非目的。任何一個國家的首要原則都是必須確保自己的安全。在這一前提下，夷狄國家對中華帝國秩序給予了有保留的認同。所以中華禮製作為調節和維繫帝國秩序內部的一個制度基準和觀念共識，既說明了中華帝國秩序的有效性，也說明了帝國體制的有限性。

　　在中國，帝國體制與皇權政體有其內在相關性。皇權政體要求對民眾賜恩，

340　《史記‧南越列傳》。

341　《史記‧南越列傳》。

342　人們只知道內聖外王的儒學自負，卻不知道內帝外王的小國尷尬。說到底，這是一種想稱帝又不敢，不稱帝又不甘的糾結心態。保險起見只得關起門來在自己家裡過一把皇帝癮。

343　《漢書‧西南夷兩粵朝鮮傳》。

「上有驩心以使百姓，百姓欣然以事其上，驩欣交通而天下治。」[344] 帝國體制
要求對夷狄賜恩，「施惠天下，諸侯四夷遠近驩洽。」[345] 所以「仁政」、「德治」
既能用於「安內」，又能用於「攘外」。基於此，「諸侯四夷遠近驩洽」成為
帝國秩序的理想狀態。它意味著，帝國秩序的最高境界仍然是以「恩德」為基
軸的禮教文明。[346] 所以皇權主義在處理帝國時代的「國際關係」時，大多遵循
「恩惠主義」的思維邏輯。這種邏輯的基核是「施恩－感恩」模式。所謂「懷
柔」，所謂「羈縻」，實質都是一種施恩的自大表徵。在「中華文明圈」中，
自大的絕非僅僅是夜郎，而首先是中國。夜郎之所以被恥笑，只是因為它不夠
自大的資格，竟也膽敢自大。中國自然是被公認為擁有自大的資格，所以中國
的自大向來不被視為一個需要質疑的問題。[347] 如果我們從「恩惠主義」的角度
思考，可以發現皇權主義意識形態的複雜面相。皇帝不但有權施恩於中國民眾，
也有權施恩於外國蠻夷。夏夷之間的君臣關係正是通過中國皇帝對夷人的施恩
而得以確立並維繫。比如，文帝「召貴佗兄弟，以德懷之，佗遂稱臣。」[348] 所
以「恩德」同樣是中華帝國秩序理念之本質。文帝元年，「初鎮撫天下，使告
諸侯四夷從代來即位意，諭盛德焉。」[349] 顏師古說：「言不以威武加于遠方也。」
中國天子即位而向蠻夷小國通報，這正是符合帝國體制的正常程序。這種程序
體現出來的政治理念是皇帝應經常對夷狄表示出一種安撫姿態，即有目的地頻
頻示恩於夷狄，以確保其忠誠和歸化。同樣，夷狄小國也以「德惠」作為維繫
與帝國之間相互信任紐帶的關鍵。比如，南粵王趙胡說：「天子乃興兵誅閩粵，

344　《漢書·高后紀》。

345　《漢書·文帝紀》。

346　宋代理學家們更是把中國、夷狄之差異規定為絕對之「天理」。這意味著，帝國秩序
　　　有其天理之根據。（參見趙丙祥〈衛城門外的船隊：14世紀以來的地方史進程與殖民
　　　遭遇〉，劉小楓選編，《施米特：政治的剩餘價值》，上海人民出版社，2002年。）
　　　從政治－思想史角度看，由於理學家的努力，中華帝國秩序之理念得以推進到本體論
　　　之層面。

347　本質上，中國是一個超級夜郎國。中國文化是一種自大文化，中國政治是一種自大政
　　　治。自大必然自蔽和自欺。關鍵是，有自大，便有事大。自大與事大構成華夷之辨的
　　　互動邏輯。夜郎中國化和中國夜郎化是一個同時進行的歷史過程。夜郎成為中國一部
　　　分的同時，中國也成為大夜郎國。事情的荒誕在於，當中國自大到了極致，反而不受
　　　質疑，視為天經地義，並有無數人找出無數理由自覺為其辯護。這早已成為國人歷史
　　　信仰的一部分。

348　《漢書·文帝紀》。

349　《漢書·西南夷兩粵朝鮮傳》。

死亡以報德！」[350] 天子賜德，夷狄報德。以「德」為核心，帝國秩序得以合理建構起來。[351]

　　中華帝國秩序在建構過程中似乎遵循著一個標準，即臣分內外。這個標準在觀念上的明確表述，是在《尚書》中的「五服」。它以天子京畿為中心，向外層層擴展，構製成一個相互支撐和環衛的政治秩序統一體。在《尚書》文本中，這種「五服」體制有兩個特點：（1）它只是一種理想；（2）它是天子的自我設置。在漢朝，帝國秩序建立另有其規則。這就是：第一，帝國與小國之間存有一個「約定」；第二，作為「約定」，它需要考慮雙方的共同意願，而不是單方面的任意裁決和分割。比如「會孝惠、高後時天下初定，遼東太守即約滿為外臣，保塞外蠻夷，無使盜邊；諸蠻夷君長欲入見天子，勿得禁止。以聞，上許之。」[352] 據此，漢朝通過與朝鮮的「約定」，規範了對方的權力和義務。所謂權力，即從漢朝獲得了一種政治授權，基於這種授權，朝鮮有權控制和管理其他蠻夷事務，即「保塞外蠻夷，無使盜邊」。所謂義務，即朝鮮必須保障其他蠻夷部落和帝國之間的正常通道，而不得隨意阻撓，即「諸蠻夷君長欲入見天子，勿得禁止。」當然，帝國與小國之間的「約定」往往非常鬆散，並沒有多少強制力和執行力度。它更多地取決於雙方實力的升降起伏。所以帝國秩序時刻面臨著一種失控的風險，以及由此導致的無法控制的政治局面。周邊小國往往會膨脹其權力，而不遵守其義務。「以故滿得兵威財物侵降其旁小邑。」[353] 這是必然的。中華帝國秩序的政治邏輯必然如此。

350　《漢書·西南夷兩粵朝鮮傳》。

351　班固批評說，楚、粵、西南夷「三方之開，皆自好事之臣。故西南夷發于唐蒙、司馬相如，兩粵起嚴助、朱買臣，朝鮮由涉何。遭世富盛，〔動〕能成功，然已勤矣。追觀太宗填撫尉佗，豈古所謂『招攜以禮，懷遠以德』者哉！」（《漢書·西南夷兩粵朝鮮傳》）這種立場應該說是帝國觀念中的主流。因為他強調的正是帝國秩序中最難以被認真對待的價值理念問題。即對待夷狄是否需要堅持「禮」與「德」？

352　《史記·朝鮮列傳》。

353　《史記·朝鮮列傳》。

第四章　皇權主義基本模式的複雜塑造：
以意識形態為中心

第一節　意識形態在後戰國時代確立之條件

一、專制皇權

　　秦帝國的建立標誌著中華專制主義發展到一個新的階段。皇權政體意味著，皇帝擁有了遠遠超過三代王權和春秋戰國君權的更大權力。這種權力近乎無限而成為絕對。從政體角度看，春秋戰國的君權政治與三代王權政治在性質上有著明顯的不同。[1] 不凸顯這一點，就無法深刻理解秦漢皇權政治對三代以來政體演進所進行的創造性整合的巨大歷史複雜性。[2] 表面上看，君主政治好像只是在王權政治的傳統中打下了一個楔子，但這個楔子卻徹底改變了中國政治的性質、結構和方向。君主政治特有的強大行政效率和對社會各個階層的近乎無

1　許倬雲從國家形態角度對此作過類似的概括。「綜合春秋時代的演變來說，國家形態一方面漸由西周瓦解後列國不完整的國家功能及結構，轉變為完整的主權國家，另一方面由擺脫古代血緣組織的殘遺，轉變為領土國家。」到戰國時代，國家形態更進一步「轉變為充分具體的國家。……相對應的則是法家循名責實，尊君守法的理論，奠定了中國文官制度的基礎。」（〈東周到秦漢：國家形態的發展〉，《中國史研究》1986 年第 4 期。）

2　呂思勉所謂「帝政成功，而君政廢墜」，（《呂思勉遺文集》（下），第 42 頁。）就把問題過分簡單化了。另外他所說的「君政」其實是「王政」。

孔不入的全面控制，構成了繼之而來的的皇權政治的基本架構和底座。在王權政治的漫長演進中，君主政治從其機體內部自然地生長出來，並適當地沿用和吸收了王權政治中的一些極富融合力和包容性的道統理念，比如「王天下」、「制禮樂」、「興太平」等，而最終成長為兼具二者之長的新型政治形態，即皇權政體。這基本上是一個從禮制性的「天下共主」到統治性的「天下共主」的長時段演進過程。概言之，三代王權在全國範圍內的有限性（即形式意義上的「天下共主」），春秋戰國君權在局域範圍內的無限性（即實質意義上的「一國之主」），到後戰國時代皇權基本達致而成和整合起來的全國範圍內的無限性（即實質意義上的「天下共主」），便構成中華專制主義演進的內在脈絡。形象地說，這一脈絡構成一個標準的「之」字形。[3]

我們可以把皇權體制理解為一種遊戲規則。這樣我們便得出兩點結論：（1）這種遊戲規則不是皇帝一人設計出來的，卻是為皇帝個人而設計出來的；（2）皇帝個人無法改變整個遊戲規則，卻有權改變整個遊戲規則。從思想史角度看，這一點是實質性的。因為這種有權而不能的事實狀態直接產生了兩個後果：第一，它決定了整個遊戲規則的性質。遊戲規則的性質則根本性地決定著遊戲規則的具體運作。第二，遊戲規則的具體運作使權力越來越集中於皇帝手中，使皇帝個人在整個權力遊戲中處於越來越有利和關鍵的地位，從而得以可能對整個政治體系和權力格局的走向和變遷施加更大的影響。而這一切都會自然促使統治技術的完善和發展。統治技術的完善和發展又會進一步加強皇帝個人對整個社會以及全體社會成員「個別人身」的綜合控制能力。[4]

西嶋定生非常強調這種「個別人身」的權力支配體系。因為殷周王者的權力併非直接到達全國每一個人」。而皇帝則不然。「全國人民由皇帝直接統治。」

3　王權是一橫（「一」），標誌著可通天的象徵性天下共主；君權是一撇（「丿」），標誌著不可通天的一國之主；皇權是一捺（「乀」），標誌著可通天的實體性天下共主。而最上這一點（「丶」），則構成了畫龍點睛之筆，即它標誌著中華專制主義。有了這一筆，「之」便具有了完整的文字意義，而不再限於一種抽象的符號意義。

4　不妨一喻。社會好似水池，皇權好似抽水機，官僚好似抽水管，民眾好似魚蝦。抽水機越來越大，抽水管也越來越長，越來越多，已有足夠能力在最短時間內將水全部抽乾。表面看，魚兒似乎游動於水池裡面，實際上是游動於抽水機下面，更確切說，是游動於那些大大小小不計其數隨時都會吞噬自己的抽水管旁邊。其生存自然難以保障，其思想更是處處碰壁。西諺云：人一思考，上帝就發笑。中國是：人一思考，皇帝就咆哮。故而，人身奴役和思想窒息便成為皇權政體下個體人的一般人生境遇。

其含義「是指只有皇帝一個人是為所有國家權力的母體。只有這個權力才能統治全國人民，在這個權力以外不存在任何統治人民的權力。」這就引出兩個結論。第一，「接受皇帝命令的官僚負責統治人民，但他們不過是皇帝權力的代行者而已；沒有了皇帝，就沒有什麼權力可使他們存在。」第二，「皇帝統治的對象，不是像殷、周時代的氏族，而是一個人一個人的。」所有人「並非作為氏族集團被支配，而是個別的被支配，一個人一個人被皇帝權力所掌握。成為徭役、人頭稅的對象。」正是在這個意義上，「個別人身的支配」的統治方式才成為可能。可見「皇帝的直接統治」與「個別人身的支配」實際是一個意思。它以秦朝為標誌。「始皇帝建立統一帝國，是建立了由唯一最高的君主對全國人民進行個別人身支配的體系。」[5]概言之，王權對人的統治尚處於一種「集體性的奴役」階段，皇權對人的統治則已經分化到了更嚴密的「個體性的奴役」層次。[6]

顯然，皇權體制的建立，使專制政體本身也發生了某種深刻變化。這不光是說它越來越專制，而且是說它在規模和範圍上越來越具有籠罩一切和控制一切的能力。它主要表現為兩點：（1）皇帝制度對官僚制度的強力支配，[7]即所謂「丞相諸大臣皆受成事，倚辦於上」；（2）皇帝制度通過官僚制度而對整個社會的全權支配，即所謂「天下之事無小大皆決於上」。[8]第一點表明了專制主義下的君臣關係，[9]第二點表明了專制主義下的君民關係。這是一種雙重性的權力支配體制。第一點更具決定性，可謂皇權體制的「第一定律」。它使皇帝對國家事務的支配達到一種空前的絕對化程度。這種支配的絕對性在始皇帝創建皇帝制度伊始就一勞永逸地規定下來了。劉澤華認為，「秦始皇的把『皇帝』絕對化，主要解決了兩個問題。其一，把皇帝的絕對性與官僚任職的相對性和

5　《中國古代帝國形成史論》。

6　將權力與人身的關係作為思考的焦點，以人身是否具有被權力支配的「個別性」或「個體性」，作為政體演化的明確標誌，是極為確鑿的判斷。這實際上已經將王權和皇權作了形態學的區分。所謂形態學就是關於統治方式的系統思考。它認為，理解歷史重要的不是生產方式的眼光，而是統治方式的眼光。

7　相較於英國政治學家拉斯基的說法，「官僚政治是貴族政治的副產物。」我更贊成王亞南的看法，「官僚政治是專制政治的副產物和補充物。」（《中國官僚政治研究》第23頁）

8　《史記·秦始皇本紀》。

9　專制主義「並不是君主恣意行動之意」，而是「國家結構中的權力只集中于君主一人之手的支配體制」。（西嶋定生，《中國古代帝國形成史論》）

臨時性結合為一體。」、「其二，皇帝獨斷，官僚承辦，全部官僚機構都是皇帝直接的或間接的辦事機構。」[10] 這是一個很有力的判斷。[11] 但依據皇權體制的「第二定律」，我覺得還應該補充一句，「社區只是國家的一個從屬行政單元。」[12] 這樣對事情的理解就更為完整了。如果說官僚體制作為皇帝的具體辦事機構是一種自上而下的制度設計，那麼村社聚落作為國家的行政單元則是一種自下而上的制度設計。二者作為皇權政體的不同層面，共同支撐著專制主義制度的正常運作。這一過程只會產生一個結果，這就是皇帝對國家事務的絕對支配和皇權效應的無限放大。顯然，這一制度架構同時排除了兩種最有可能產生理性批評的來源，即朝廷官僚和民間士人對政治事務的正當發言權。一方面，民間士人對「天下之事無小大」皆無緣置喙；另一方面，「丞相諸大臣」對朝廷事務皆無權過問。可見皇權專制所要達到的現實目標就是「主有專己之威，臣無百年之柄」[13] 的政治效應。

二、理論啟蒙

　　諸子百家作為理論是沒有問題的。但它們本身還不能算是意識形態。諸子百家的價值在於為意識形態提供了必不可少的理論資源，從而在皇權意識形態架構中組織成為一個有機的闡釋話語系統。從皇權意識形態形成的角度看，百家爭鳴實為專制啟蒙。[14]「百家爭鳴的結果極大地促進了君主專制主義理論的

10　《中國的王權主義》，第 14 頁。

11　大庭脩反復強調，由於皇權政體的單純的獨裁性質，「以皇帝親政為原則，很多機構具有為皇帝個人服務的性質。」特別是秦漢九卿明顯保留有「很強的皇帝家政機構的性質」。（《秦漢法制史研究》第 43、26 頁）無論是皇帝的家政機構，還是辦事機構，它本身都無能力對皇權作出任何限制。唯有分封形成的諸侯集團有可能在某種程度上限制皇權。一定意義上，東晉的門閥世族似乎像是分封集團的另外一種變種形式。但這種相似性相當有限。因為門閥政治下士族對皇權之制約只是實力和形勢之制約，而非法統和制度之制約。所以，它本質上仍不具有分封制那種分權性質。

12　王家範，《中國歷史通論》，第 127 頁。

13　《漢書・敘傳》。

14　這並非說，此前中國沒有專制主義。而是說，那種專制主義是一種缺乏理論論證的專制主義。因而它只能算是中華專制主義的早期階段。與世界同時期古文明相比，希臘、埃及、印度等均不同程度上存在有蠻族入侵的威脅，而中國沒有。這使得國人能在一種相當「優裕」的狀態下充分發展一種獨具特色的中華專制主義理論。「軸心期理論」的一個致命弱點在於它沒有進一步區分出不同文明國的政治－思想特點。其他幾種軸心文明都沒有使得本國歷史產生出完整形態的專制主義體系，充其量只是產生了某種王權主義或神權主義。

發展與完備。實際的政治發展與思想的這種趨勢相一致，各諸侯國君主專制制度不斷強化，最終匯合為秦朝高度的君主專制主義。」[15] 從思想史角度看，諸子在專制主義問題上的「同」與諸子在其他問題上的「異」，可謂是大同而小異。大同是根本，小異是枝節。這即是「大同邏輯」。所以論者謂，「先秦諸子在眾多問題上常呈現多方向、多線條的思維，一個問題常有數種不同見解。唯獨在君主專制這個問題上，有百流歸海之勢。」[16]

百家爭鳴既是王權主義的理論化，[17] 又是皇權主義的啟蒙化。王權主義和皇權主義既是二而一，又是一而二。所謂二而一，是說在中國（相異於西方），二者是一回事，沒有任何實質區別（但有形態差異）。所謂一而二，是說王權主義是只有觀念而沒有理論，[18] 這意味著王權主義沒有意識形態，[19] 皇權主義則完全是在理論指導下建立起來的。鮮明而強烈的理論指導性是皇權主義的基本特點之一。春秋戰國四百年的專制主義啟蒙上承千年王權傳統，下啟千年皇權新聲。而它本身足於構成一種龐大的中華專制主義思想資源。總之，皇權主義

15　劉澤華主編，《中國政治思想史》先秦卷，第 637 頁，浙江人民出版社，1996 年。

16　劉澤華主編，《中國政治思想史》先秦卷，第 655 頁。

17　從某個角度看，又必須說，王權不是一種主義。因為王權沒有理論。只有理論證明的東西才能成為主義。專制理論是在君權時代產生的，而其最終又落實在皇權政體，所以嚴格說，只有皇權才能夠稱之為主義。即只有皇權主義而沒有王權主義。但這並不否定人們依然可以在寬泛意義上使用「王權主義」。只是對此概念需要有所辨析。因為我們應該注意到這樣一個現象，即當人們用王權主義來指稱一種權力支配體制時，一方面其理論依據來源於戰國諸子，另一方面其所徵引史實則大部分出自於秦漢以後。這說明人們使用「王權主義」主要概括的仍然是建基於皇權政體之上的「皇權主義」。對於這種概念模糊的思想史現象，我的建議是，在討論專制主義的起源形態或初始形態時，自然可以使用「王權主義」；在討論專制主義的成熟形態或發達形態時，則最好使用「皇權主義」；如果試圖在更大的尺度上來討論中國歷史，或者希望對中國歷史進行總體性或本質性的界定，則不妨使用「中華專制主義」。

18　在這個問題上，向來有兩個疑點：一是，人們總是把王權主義與皇權主義混為一談；二是，人們一般都把觀念與理論看成是一回事。這樣在分析中國思想史時，我們就很難對專制主義的理論化程度和階段性特點有一個清晰的界定和把握。隨之而來的則是對中國專制主義的理論化水準產生忽高忽低的不確定性判斷。一種看法是把專制主義理論化的時間過分提前，似乎從西周就有了專制主義理論；一種看法是把專制主義理論化的時間過分置後，乃至拖到漢代似乎才有了專制主義理論。比如，劉家和〈論中國古代王權發展中的神化問題〉一文即持這種觀點。（施治生、劉欣如主編，《古代王權與專制主義》，中國社會科學出版社，1993 年。）這兩種看法有一個共同缺陷，都無法有效解釋專制主義意識形態何以只能在皇權體制下產生，或皇權體制為何必然產生一種意識形態。

19　因為真正意義上的意識形態只能是理論高度發展的產物。

意識形態之形成必須要有一種豐富的理論儲備。

　　某種意義上，王權主義是一種自發秩序，皇權主義則是一種自覺建構。由三代的大型王權主義向春秋戰國的小型君權主義的演變則明顯表現為自發秩序和自覺建構二者的有機結合。[20]這意味著，諸子出場前，專制主義仍是一種自發狀態；諸子出場後，專制主義則逐漸成為一種自覺過程。[21]諸子的貢獻在於，它賦予歷史進程中的專制主義以某種價值和意義。這主要表現為兩方面的內容：一是它論證了專制主義的歷史必然性，一是它論證了專制主義的道德神聖性。前者意味著專制主義是人們所必需的，後者意味著專制主義是對人們有好處的。這是一種中華專制主義語境中的絕對化論證。這就是說，即便沒有諸子，專制主義仍然是可能的，但它卻很難獲得意識形態的理論證明。所以諸子的貢獻在於，它給專制主義意識形態提供了一種論證方式，同時又使這種話語系統成為一種全民共識。

　　諸子的全部努力證明了一點，專制主義之可能性與必然性從來不是問題。專制主義從制度上講與諸子無關，[22]它主要是沿著政體超越性的最大邊際線而自發形成的「政治秩序」。歷史長程走向的合理性顯示出，百家爭鳴經過四百年的積累已經為新一輪專制主義高潮準備好了極為充足的思想材料，它的歷史使命已經完成。作為專制啟蒙，它已經為皇權政體的出現提供了思想證明。一旦皇權政體正式成為現實，專制啟蒙就已經完成了歷史任務。所以它是自然消亡，而不是被人為消滅。[23]它自然消亡於皇權意識形態的宏大體系之中。這不是為秦政開脫，而是為諸子正名。

20　中華專制主義作為在歷史長程走向中逐漸顯示出來的複雜體系，包含有一個完整的結構。它不會局限於悠久的王權主義，也不會滿足於現實的君權主義，它追求更大更好的皇權主義。如果用王權涵蓋君權，那麼皇權主義實際上也就是「後王權主義」。所謂後戰國時代也就是「後王權時代」。

21　這主要是從思想文本意義上而言的。

22　不僅是與儒家無關。關於儒家與專制主義之間的制度性關聯，有些人強調過甚。（參見李零，《郭店楚簡校讀記》〔增訂本〕，〈前言〉，北京大學出版社，2002 年。）不當。

23　可參看錢穆《先秦諸子係年》（商務印書館，2001 年）、白奚《稷下學研究》（三聯書店，1998 年）對諸子生平事蹟的考據排比。

三、世俗社會

真正的政教分離只是西方近現代的事情。所以近現代之前，中西方都是政教合一。但這不意味著中西無別。相反，實質性的差異恰恰在這裡。它主要表現為兩點，即程度與向度。但無論程度還是向度，中西分殊皆具本質性。就程度言，中西各有不同。在西方，教皇和國王是「競爭者」的關係。「這種競爭貫穿於整個中世紀，體現在大大小小的各個領域。」[24] 概言之，西方中世紀始終存在有宗教與世俗「兩種獨立權力的學說」，圍繞「保王派」產生的大量法學文獻和神學文獻足以表明西方政教合一的程度遠弱於「以吏為師」體制下的中國。[25] 就向度言，更是南轅而北轍，同工而異曲。西人政弱教強，政合於教；[26]國人教弱政強，教合於政。如果政合於教，那就是宗教；如果教合於政，那就是意識形態。這意味著，在政教合一的相同形式下，同時存在著截然相異的兩種精神體系。

可見政教合一的向度較之程度更具決定性。正因如此，雖然「意識形態因

24　布魯斯·雪萊，《基督教會史》，第 196 頁，北京大學出版社，2004 年。

25　參見薩拜因，《政治學說史》，第 288–289、328–332 頁。

26　西方中世紀在政教問題上誠然存在著極大模糊與混亂，但教權對王權的長期優勢亦皎然可見。英諾森三世教訓歐洲君主們，「教宗制像太陽，國王則像月亮。月亮接受來自太陽的光，所以國王的權力源自教宗。」通過格列高利七世改革，「教宗成為歐洲最高權威。教宗制是地道的普世的君主制，逐漸形成完全的中央集權制。」「教宗制如此強有力的領導使一切世俗君主黯然失色。」（布魯斯·雪萊，《基督教會史》，第 204 頁。）當然，如果以近代眼光視之，中世紀西歐或許確有政教二元線索可尋，但若強調過度，而徑直視作政教分離，（參見叢日雲，《在上帝與愷撒之間——基督教二元政治觀與近代自由主義》，第 248–259、309–313 頁，三聯書店，2003 年。）恐不妥當。一個基本史實是，大部分情況下，教皇均是唯一，而帝王則是多頭。教對政之威懾效應乃至統攝力度實不容低估。比如，阿奎那《論王權》建議君主服從教皇，而 1302 年頒布的教皇《唯至聖詔書》更是明令「現世權威必須服從信仰力量」。（參見曼斯費爾德，《馴化君主》，第 109 頁，譯林出版社，2005 年。）概言之，「在中世紀的歐洲，基督教和基督教會有一套對統治者進行制度性制約的體系。」這使得「教會有責任批評違反道德規範的統治者，也擁有相應的權力和威望。在基督教和教會的支持下，行政人員也可以採取行動制約統治者。君主制和君主立憲制因此得以存在。」（沃爾弗勒姆·埃伯哈德，〈中國漢代天文學及天文學家的政治職能〉，費正清編，《中國的思想與制度》，世界知識出版社，2008 年。）當然，這並不排斥教權內部的層級性與權限劃分。比如，「聖品權力」（完滿權力）與「統治權力」（充分權力）之別、「主教會議至上論」的理論與運動。（參見錢永祥，《縱欲與虛無之上》，第 153–157 頁，三聯書店，2002 年。）因為教權內部的自我制衡與其對外部王權的強大優勢並行不悖。否則，無從解釋教會法體系、教會法代議制觀念、教會「憲政」何以可能對西方近代憲政理念與民主政體產生直接而深刻之影響。（同上書，第 152、157–158 頁。）

素可以在所有宗教和價值體系之中發現。它們的每一個，都包含著某些以基本宗教價值和象徵為依據的對社會現實的參考和評價。然而，這些參考和取向，經常地混溶於占主導地位的宗教和神祕思想之中。」即便「那些更具普遍主義性質」的宗教價值體系「傾向於發展出某些自主的意識形態取向和體系」，[27]但也沒有成功。事實上，唯有中國很早就單獨發展出了意識形態。這說明：（1）意識形態是一種與宗教相異質的東西；（2）意識形態很大程度上是「後宗教時代」的產物。[28]所以對意識形態只能進行具體化和特殊化的理解，而不能作出抽象化和普遍化的概括。因為意識形態本質上是一種極為特殊的東西。其特殊性，我們需要引入兩個條件加以界定：外緣層面的普遍世俗化和內緣層面的持續理論化。[29]

27　艾森斯塔得，《帝國的政治體系》，第 67 頁。

28　所謂「後宗教時代」需要特別說明。就西方論，意識形態的確是產生於近現代的「後宗教時代」。中國的情況要複雜得多。（1）如果我們說的是原始宗教或早期宗教或簡單宗教，比如殷周時期的「上帝」、「天」、「鬼神」、「祖先」等，那麼皇權意識形態確實也是「後宗教時代」的產物。（2）如果我們說的是新型宗教或成熟宗教或複雜宗教，比如佛道二教，那麼皇權意識形態就是「前宗教時代」的產物。（3）如果我們說的既包含早期宗教也包含成熟宗教，那麼我們就只能說，皇權意識形態一旦在「後宗教時代」產生出來，它就成為對後來一切新型宗教的強大控制和支配力量。這使得意識形態在某種程度上成為「超宗教時代」的產物。
　　質言之，意識形態具有一種非宗教性和「後宗教性」。非宗教性決定了意識形態不可能在神權政治國家和早期國家那種神意朦朧的政治氛圍中產生，「後宗教性」決定了意識形態只能在一個世俗社會或宗教政治已經消失的時代產生。基於這兩點，我們可以引出這樣兩個結論：第一，雖然意識形態的性質和功能往往被人們視為一種宗教，但意識形態本身並不是一種宗教，它的歷史比宗教短得多；第二，雖然意識形態和政治密切相關，但意識形態的產生比政治要晚得多。故而就形成了意識形態兩個基本特點：似宗教而非宗教，近於政治而又晚於政治。依據這兩點，我們不難判斷為什麼意識形態在中國產生的如此之早，而在西方卻又產生的如此之晚。同樣依據這兩點，我們在分析意識形態時就可以自覺避免無謂的泛化。比如，西方一些學者將意識形態作為國家定義的一部分，而中國學者沿襲這種理論作出的歷史誤判也比比皆是。（參見謝維揚，《中國早期國家》，第 50、378 頁。）這顯然是把意識形態徑直視為一種國家的統治思想。但二者並非完全是一回事。因為意識形態的歷史不但遠遠晚於國家的歷史，而且也遠遠晚於一般統治思想的歷史。只有當統治思想發展到高度理論化的水準，同時國家也有足夠強大的權力將這種理論化的統治思想覆蓋和壓制整個社會意識時，意識形態才能存在。不過這裡還需要指出一點，意識形態的政治性與意識形態的國家化之間的差異分殊並非不值得認真考慮。

29　需要嚴格區分的是，一方面，世俗化與理論化是意識形態的兩個條件；另一方面，世俗性與理論性則是意識形態的兩個特徵。二者有所不同。作為條件，世俗化屬於外緣，理論化屬於內緣。與之相反，作為特徵，世俗性則屬於內容，理論性則屬於形式。作為意識形態之特性，世俗性指的是，依據某種世俗的理念，並為達成某種世俗的目的，來服務於世俗皇權，即如何用世俗的方式、話語和邏輯來使世俗權力變得絕對化和神

　　基於此，對意識形態，我有一個基本判斷：中國歷史上不可能有真正的宗教，西方歷史上不可能有真正的意識形態。[30] 因為，帝國是意識形態的締造者，意識形態是帝國的接生婆。二者的這種連體關係，使得嚴格性質的意識形態體制只能在帝國時代建構出來。[31] 一個大一統的帝國必須要有一種信仰體系。[32] 這

　　　　聖化，或使世俗皇權獲得絕對化和神聖化的充分保證。理論性指的是，它必須以某種
　　　　體系的面目出現，它必須具有某種咄咄逼人乃至強詞奪理的挑戰性和論辯性。同時，
　　　　它這種理論還必然是獨斷的、排它的、強制的、誘惑的。

30　就純粹理論而言，意識形態與宗教之別在於：宗教有民族性而無國家性，意識形態則
　　　既有民族性也有國家性。這就意味著，宗教是民族創造出來的，而意識形態則是民族
　　　國家製造出來的。似乎可以說，宗教是一個民族的夢想，意識形態是一個民族國家的
　　　理想。正因如此，宗教的基本單位往往是民族，而意識形態的基本單位大都是民族國
　　　家。當民族國家之間因意識形態分歧而產生政治衝突時，意識形態便也有了某種「國
　　　際性」。但意識形態的這種「國際性」並不因此而產生一種「世界意識形態」（孔漢思，
　　　〈世界倫理宣言〉，轉引劉述先，〈世界倫理與文化差異〉，《儒家思想開拓的嘗試》，
　　　中國社會科學出版社，2001 年。）或「國際意識形態」。所以，意識形態的國際性始
　　　終是有限的。在某種意義上，宗教近似科學，意識形態近似藝術。
　　　　　我們只能以某種國家、某種制度的性質為依據來判斷是否可能產生意識形態，而
　　　不能根據某種民族、某種文化的特性來確定意識形態。宗教雖然一開始都是民族的，
　　　但真正的宗教又都是超民族的。既有民族性，又有超民族性，是一切偉大宗教的內在
　　　品格。

31　恩格斯認為，國家是「出現在我們面前」的「第一個支配人的意識形態力量」。（《路
　　　德維希・費爾巴哈和德國古典哲學的終結》）但問題是，第一，並非任何國家都能夠
　　　製造出合格的意識形態；第二，並非國家一開始就具有製造意識形態的能力。所以作
　　　為「第一個支配人的意識形態力量」的國家並非是一般意義上的國家，而只能是一種
　　　同時兼具專制國家和世俗國家這雙重特性的國家。這雙重特性就限定了（1）中國先秦
　　　不可能有意識形態；同時（2）即便不能斷然說西方沒有意識形態，也必須認為西方的
　　　意識形態歷史是非常短暫的。只是在二十世紀的部分國家出現過。基於這雙重特性，
　　　我們還可以進一步作出推論，所謂「意識形態」，既不是一個哲學概念，也不是一個
　　　經濟概念；既不是一個階級概念，也不是一個道德概念；既不是一個心理概念，也不
　　　是一個美學概念，而是一個純粹的政治概念。更具體言之，「意識形態」是一個專制
　　　主義政治概念；或者說，「意識形態」根本就是專制主義的「政治特權」。事實上，
　　　不管意識形態內容上多麼龐雜繁瑣，形式上多麼千奇百怪，但其本質上始終是單一的，
　　　即它永遠是專制主義的。換言之，專制主義意識形態是世界上唯一可能的並現實存在
　　　著的意識形態。至於商品、市場、技術、學說等因素充其量只能構成一種在某些方面
　　　具有意識形態功能和徵象的「亞意識形態」。另外這也說明，在意識形態問題上，最
　　　重要的不是其宗教性，而是其政治性。而且這種政治性不是一般意義上的政治性，而
　　　是絕對專制意義上的政治性。即意識形態具有專制政的獨特性質。意味深長的是，
　　　在宗教與政治之間，意識形態總是顯得那麼曖昧。意識形態不是宗教，卻又有某種宗
　　　教性。這似乎是一個矛盾。但無論是曖昧性還是矛盾性都不能真正掩飾它的政治性本
　　　質。

32　本質上，意識形態也是一種信仰。但它要求人們信仰的只是肉體的會死的皇帝，而不
　　　是靈體的不死的天神。因為信仰現實的皇帝，所以超驗的諸神之爭便不被國人看成是
　　　多麼嚴重和可怕的事情。

是春秋戰國與後戰國時代的最大區別。這種信仰體系在中國不是由超驗宗教完成的，而是由世俗意識形態建立的。這是中西方歷史的最大區別。[33]

　　西方學者往往對中國社會的形態特質產生「悖論式的」困惑。一方面，「中國的『傳統』社會不是一個以宗教為主要特色的社會，因為它的最高價值不是宗教性的。」另一方面，「中國社會並不是一個世俗社會；沒有哪種活動或生活領域沒有宗教的參與。」[34] 其實這種悖論之產生基於兩個原因，即人們對世俗社會與宗教二者的西學式理解。事實上，無論世俗還是宗教，皆具有「中國特色」。它表現在，所謂世俗，（1）不是無神，而是政治對民眾身分的齊一性編制；（2）雖然有神，但神的地位不高；（3）即便至上神，也必須服從於天的秩序。[35] 由此世俗特質而產生了相應的宗教基質，即，（1）宗教不是最具權威性的東西，宗教的權威性非常有限；（2）宗教往往要服從意識形態的安排；（3）宗教活動不能超越意識形態所能容忍的一般限度。[36] 基於這種觀察，我們發現，從世俗到宗教，中國社會倒是充滿驚人的和諧性，而非悖論性。雖然衝突往往而有，但無涉於形態之統一和結構之穩定。

　　追根溯源，「中國特色」的世俗化起於春秋戰國。[37] 春秋戰國的最大變化確實在於社會形態之變。但這種社會形態之變並非「奴隸」、「封建」之別，亦非「世襲」、「官僚」之分，而是經歷了一場深刻的世俗化運動。[38] 所謂「世

33　我在這裡試圖提出我的「中國歷史觀」。即意識形態是中國歷史的獨特性所在。它甚至構成一種獨特的文明形態。現代之前，世界歷史的各大文明均是「宗教文明」，唯獨中國文明是「意識形態文明」。

34　艾森斯塔得，《帝國的政治體系》，第 61 頁。

35　在國人眼裡，「天」「神」皎然有別。古語中，「神」「帝」雖有指稱「天」之一面，也有諸如「天神」、「天帝」一類詞語，但其與天終為二物，確然無疑。漢語思想不把神看作最高價值。所以國人要「天人合一」，卻不要「神人合一」或「天神合一」。就政治思想的價值而言，天命大於神意。人們可以造神，但不可能造天。二者之間存在一條絕對的界限。某種意義上，這條界限規定了中國政治和思想的本質。

36　比如，中國歷史上的宗教迫害和宗教歧視，除了政經因素外，更大的考量與其說是宗教的，不如說是意識形態的。

37　有學者認為早在商代後期就有了一種「世俗化」的趨勢。（參見史華茲《古代中國的思想世界》，第 37 頁。）

38　我想把「世俗化」比喻為：房間裡樹旗杆或被窩裡翻跟頭。正因如此，世俗社會便不可能產生真正的超越意識。所謂「內在超越」根本就是一個無法兌現的思維悖論。也就是說，超越只有「外在」，而絕無「內在」。正因為「內在」並不超越，故而世俗也就不可能真正神聖。神聖與超越實際上是一回事。以「超越」來劃分中西之異，並非不行，但問題出在不能用內外來判別，而只能用有無來斷定。即中西文化之異不在

俗化運動」，即是強力枚平人們原有的身分差別，消除人們之間的身分差異，使人們獲得一個統一的標準的平等身分過程。換言之，它是給人們重新擬定身分，編制新的全民性身分的過程。它是按照國家需要，徹底拆散人們原有的人身關係，使之全部納入國家體制中，由國家來重新編碼、命名、定位。它實際上是在重構一種新的社會關係。在這種新的社會關係中，原有私人間的依附關係全都變成一種個人對國家的隸屬關係。尤為深刻之處在於，始皇君臨天下，原有的「國」、「家」含義均已改變。[39] 多級君臣抽象為一元君臣。[40] 垂直型扁平架構取代了層次分明的等級秩序。這表明封建制下的所有等級被徹底打破。權力下移，不可逆轉。從「禮樂征伐自天子出」到「禮樂征伐自諸侯出」，再到「禮樂征伐自大夫出」，[41] 最後到「禮樂征伐自士人出」。[42] 伴隨著權自大夫，接踵而來的士人入仕如過江之鯽更呈鋪天蓋地之勢。如此，封建體制架構中的最後一個等級，也即是最低一個層面的政治能量也被完全釋放出來。社會的世俗化與政治的平民化成為幾乎同步的歷史過程。[43] 士人占據政治要津也就標誌

於內外超越之分，而在於有無超越之別。

39　非但「國」不再是春秋戰國之「國」，就連「家」也不再是春秋戰國的「大家」、「巨室」之「家」。（參見張岱《四書通》，第 442 頁，浙江古籍出版社，1985 年。）這樣，「國」、「家」都已無力抗衡皇帝宰制天下。封國與家族都已成為皇權的延伸與補充。

40　朱子說得分明，「古時君臣都易得相親，天下有天下之君臣，一國有一國之君臣，一家有一家之君臣。自秦漢以來，便都遼絕。」「三皇五帝三王以來，皆以封建治天下。秦一切掃除，不留種子。秦視六國之君，如坑嬰兒。今年捉一人，明年捉兩人，絕滅都盡。」（《朱子語類》卷 134）

41　《論語・季氏》。

42　雖然「古者天子建國，諸侯立家，自卿大夫以致于庶人各有等差，是以民服事其上，而下無覬覦」，（《漢書・游俠傳》）但世勢勢移，孔子也不能不感慨「天下有道，政不在大夫」。（《論語・季氏》）此就春秋言之。這是因為當時權力下移，政在諸侯的緣故。以此邏輯，若是西周，當是「政不在諸侯」；若是戰國，當是「政不在士人」。

43　自春秋戰國始，政治權力逐漸向下層開放，士人憑藉自身與外在種種機緣而進入政府機構，行使統治社會的權力，但他們卻並沒有因此而獲得一種政治權利及其意識。他們把全部精力、才能和思考都用於推敲、完善政府行政機構與職能，而從未有意識地發展出一種獨立於政府權力之外的政治權利思想和要求。維繫士人作為一個政治階層或政治集團的有效力量只是一種所謂的「道義」、「道統」或學說、理念以及價值判斷。這種政府權力向下開放的過程以制度化和規範化的科舉制為標誌而最終完成。它具有多重意義。它在向社會各個層面伸展權力，擴大統治基礎的同時，卻並沒有削弱大一統的皇權體制。當窮鄉僻壤的一介寒儒進入政府機構時，其直接意義在於，帝國權力已經毋庸置疑地實現了對那個地方的有效統治。就此言，那種把民間的自然生活狀態視為某種政治自治格局的說法純屬扯淡。因為自治本質有二，即政治權利與法律確認。中國古典雖有「自治」一詞，但只有「修齊」道德義，而無「治平」權利義。以「自治」來定位鄉村秩序，相距何止以道里計。總之，依「自治」標準，古代中國的鄉村秩序

著封建體制的最終崩潰。士人上升作為權力下移這一歷史邏輯的終極結果，意味著人身關係的個體私人性將轉變為總體國家性。一種完全脫離國家控制的人身關係將不復存在。其格局是，一切人皆屬國家，進而皆屬皇帝一人。

所以權力下移的過程就是人身關係解體以及重組的過程，就是身分重新命名的過程。這個過程「從春秋中晚期經過戰國、嬴秦，到西漢初葉，即西元前六世紀到一世紀，大約五百年」，它是「古典中國」向「傳統中國」[44]的歷史性轉折。這種轉折具有兩個特點：從行政體制看，是從封建到郡縣；從人身關係看，是從依附到奴役。合而觀之，即是從封邦建國到編戶齊民這一統治模式的轉換。它實際上是創造出一種新型社會制度，即「將原本由統治貴族獨占的制度，向下延伸擴大發展成為一個包括下層庶人在內的制度。」[45] 這一制度之核心就是身分屬性的改變，即「編戶齊民」成為一種基本的社會關係。這種社會關係的實質是，在國家體制內，所有人都直接面向皇帝，從而發展出一種由皇權延伸出來的統一性的垂直聯繫。本質上，「編戶齊民」是皇權主義的社會關係，是皇權主義的社會關係化過程，是皇權主義社會關係的總體建構。

「編戶齊民」把所有人都編織進皇權體制的大網中，使之構成一種不疏不漏絕對齊一的新型社會政治秩序。如此，皇權主義便幾乎是水到渠成，不顯自明。新秩序，新身分，新觀念，成為一體同構的制度塑造。「編戶齊民」意味著，全體民眾被皇權體制普遍授予了某種「平等國民」或「合法國人」的社會

和家族勢力遠不足以當之。充其量只能維繫一種自然狀態而已。所謂自然狀態，從政治學角度看，是一種無法律保障的非權利的生存狀態。一般情況下，它雖可以做到自我維持，可一旦需要或有事，官府就能隨時介入並加以掌控。這種狀態近於「無為」。似乎可以說，「無為之治」倒是比較適合於這種鄉村秩序。但這種秩序的性質卻往往被人曲解。似乎這種鄉村秩序是一種有別於乃至獨立於皇權體制支配的政治空間和政治格局。其實，就歷史實態而言，毫無政治權利意識的國人自己就從來沒有把鄉村秩序這種自然狀態視為相對於官方統治的另外一種自治秩序。因為對於官府以及它所代表的絕對皇權來說，這種鄉村秩序既沒有使國人明確要求過什麼政治權利，國人也沒有基於這種鄉村秩序而自覺追求過什麼政治權利。任何意義上，我們都不能將這種鄉村秩序同皇權體制對立起來，或割裂開來。必須認定，中國歷史上的鄉村秩序同樣屬於中國歷史上的皇權政體的一部分。

44　杜正勝，〈「編戶齊民」的出現及其歷史意義──編戶齊民的研究之一〉，《歷史語言研究所集刊》第五十四本，第三分。

45　邢義田，〈從戰國至西漢的族居、族葬、世業論中國古代宗族社會的延續〉，《新史學》6卷2期，1995年6月。

身分。[46] 可以說，「編戶齊民」既是一種制度建構，「編戶者，言列次名籍也」；[47] 又是一種人身符號，「齊，等也。無有貴賤，謂之『齊民』，若今言平民矣」。[48] 合而觀之，「編戶齊民」包含有顯隱雙重特性，一方面，在統治方式上，專制利刃已把天下切割成一個一個的家，即家成為專制權力的直接統治單位；[49] 另一方面，在意識形態上，皇權政體更是空前凸顯了一個一個的人同皇帝之間的直接對應性。[50] 這使春秋戰國以來的禮下庶人和刑上大夫的雙向歷史趨勢最終定格為一種現實制度。從此中國歷史開始了一個身無等差的「編戶齊民時代」。[51] 全體社會成員的平民化也就是皇帝制度下全民的奴隸化。但就其本質，「編戶齊民」首先意味著社會世俗化進程的徹底完成，即世俗社會的最終形成。[52] 沒有神聖的背景，沒有超驗的依據，沒有高貴的血統，所有人都被強力擠壓在一個世俗的平面上，小心翼翼地維繫著皇權秩序的緊張與平衡。這一切恰恰是意識形態的天然土壤。當意識形態試圖把皇權秩序的這種緊張與平衡表述出來時，它就合理地成為一種必然的普世價值。

46　杜正勝認為，「『編戶齊民』的出現打破封建城邦的身分制，消除國人與野人，公民與私屬的分別，一律變成平等的國民。」「但這番大變革附麗於情勢者大，靠人民之推動者小；出於上層之改制者多，因下層之主動要求者少。這是傳統兩千年中抗衡中央集權的政治角色，帝制的編戶齊民遠不及城邦時代的國人積極，遠不比國人有貢獻的主要原因。」（〈「編戶齊民」的出現及其歷史意義——編戶齊民的研究之一〉）

47　《漢書·高帝紀下》顏師古注。

48　《漢書·食貨志下》如淳注。

49　王權把天下分割為國，以國為其統治單位；君權把國分割成家，以家作為統治單位；皇權把作為統治單位的家進一步推廣到天下。所以皇權主義並不完全否定家的價值。直到現代極權國家，才把家庭徹底拆散和解體，使完全孤立的個人成為專制權力的統治單位。於是，父子決裂、夫妻反目、兄弟操戈便成為政治操控下的習以為常之舉。

50　國人所謂的個體性本質上只是皇帝個人的個體性或權力者的個體性。

51　參見晁福林《先秦社會形態研究》，第 59 頁。

52　「家族社會」或「宗族社會」或「宗法社會」強調的是血緣性，「鄉土社會」強調的是地域性（兼血緣性），「官僚社會」強調的是制度性，「專制社會」強調的是政治性，把秦漢以降說成是「封建社會」強調的是（經濟）形態性，把秦漢至明清說成「地主社會」強調的是經濟結構性（馮天瑜，《「封建」考論》，第 418 頁，武漢大學出版社，2006 年。）我所說的「世俗社會」則強調的是基礎性、本源性和總體性。

第二節　意識形態在後戰國時代確立之論證

一、「以吏為師」：意識形態的總體要求

　　總體看，秦帝國的意識形態體制還是相當完備的。這既是因為它對前代有所承繼，[53] 同時也是最重要的，秦人對制度創設似乎有一種獨特的天賦。它表現在，一方面，意識形態體制本身就是整個官僚制度的一部分；另一方面，整個官僚體制本身都在某種程度上被賦予了一種強烈的意識形態功能。

　　作為官僚集團首腦的丞相，李斯不但多次在廷議中頻頻發表有關知識教化問題的意見，而且在陪同始皇頻繁出巡的過程中，一直擔任著刻石撰稿人的角色。其中表現出來的觀念幾乎就是一個「諸子拼盤」。這也正反映出李斯本人的思想雜糅的特點。還有一件不可忽視的事情是，李斯作《蒼頡》七章，用以規範帝國文字。[54] 以丞相身分做這種事情，除了始皇帝本人的重視外，一個很重要的原因就是體制本身的要求，即身為帝國丞相，他同時肩負有統掌社會思想教化的職責。至於「蕭何草律，亦著其法」，規定「太史試學童，能諷書九千字以上，乃得為史。又以六體試之，課最者以為尚書、御史、史書令史。吏民上書，字或不正，輒舉劾。」[55] 這無疑是在實踐著「以吏為師」的原則和精神。漢相陳平對丞相則另有一番定位，「宰相者，上佐天子理陰陽，順四時，下遂萬物之宜，外填撫四夷諸侯，內親附百姓，使卿大夫各得任其職也。」[56] 所謂「理陰陽，順四時」就是一種地道的意識形態功能。因為意識形態功能就是超越具體的行政事務和職能分工而承當的一種象徵性官僚責任。顯然，李斯－蕭何、陳平是從兩個方面不自覺地展示出了丞相一職作為官僚集團首腦所隱含著的深

53　最好不要把這句話理解為以前已經有了意識形態的某些萌芽或意識形態的某種做法，比如秦國的焚書。其實我真正想說的是，意識形態作為一個整體架構，必須視為秦帝國的制度創造。創造的前提是它有著一整套君主官僚制的制度基礎。就此而言，意識形態建制的確是有所承繼的。因為君主官僚制畢竟不是秦帝國的發明。它必須利用這套現成的官僚制。在這個過程中，某些實質性的內涵已經悄然改變。即君權讓渡為皇權。秦帝國的政治創意在於，它發現，通過一種皇帝威權體制完全能夠做到充分有效地控制和改造人們的思想。

54　《漢書·藝文志》云：「是時始造隸書矣，起於官獄多事，苟趨省易，施之於徒隸也。」似並不確切。因為這必須和「書同文字」聯繫起來考慮。它絕不僅僅是為了「施之於徒隸」，而首先是為了用之於黔首。正是著眼於此，其中蘊含的意識形態意義才能充分彰顯出來。

55　《漢書·藝文志》。

56　《漢書·陳平傳》。

刻意識形態衝突。也恰恰是這種衝突，更加凸顯了整個官僚集團所必然負有的強烈意識形態使命。

　　這種意識形態使命決定了官僚體制之設置必須體現出其特有的價值向度。其外觀給人的印象是，在許多時候，官僚們的行政工作似乎都是圍繞著意識形態目標而運轉的。[57] 所以就官僚體制的設置看，由丞相而下，差不多能夠展示出一個相當完整的意識形態建制序列。所謂「吏百石以上若斗食以下，居位治民，為政布教」。[58]《漢書‧百官公卿表上》很直觀地展示出這點：

> 御史大夫，秦官，……有兩丞，秩千石。一曰中丞，在殿中蘭台，掌圖籍祕書。
>
> 奉常，秦官，掌宗廟禮儀，有丞。……屬官有太樂、太祝、太宰、太史、太卜、太醫六令丞，……又諸廟寢園食官令長丞，有廱太宰、太祝令丞，五畤各一尉。又博士及諸陵縣皆屬焉。
>
> 博士，秦官，掌通古今，秩比六百石，員多至數十人。
>
> 郎中令，秦官。……屬官有大夫、郎、謁者，皆秦官。……大夫掌論議，有太中大夫、中大夫、諫大夫，皆無員，多至數十人。
>
> 僕射，秦官，自侍中、尚書、博士、郎皆有。
>
> 典客，秦官，掌諸歸義蠻夷，有丞。
>
> 少府，秦官。……屬官有……樂府。
>
> 太子太傅、少傅，古官。屬官有太子門大夫、庶子、先馬、舍人。
>
> 典屬國，秦官，掌蠻夷降者。
>
> 給事中亦加官，所加或大夫、博士、議郎，掌顧問應對，位次中常侍。
>
> 鄉有三老、有秩、嗇夫、游徼。三老掌教化。[59]

57　當然政治實際未必如此。但形式化的力量也絕不容輕視。政治思想史研究總能提醒人們，政治－思想中的形式因素往往並不小於那些所謂的內容規定。

58　王充，《論衡‧治期篇》。

59　以上所引官職材料均有節文。

但這裡說的既不完整，也不明確。[60] 所謂不完整，是指整個官僚體制版塊所覆蓋的意識形態網絡還有不少空隙。比如，秦朝史官的職掌和秩祿都不清楚，[61] 雖然太史令胡母敬曾作《博學》七章。[62] 又如，「祝官」中除「太祝」外，還特別有「祕祝」[63] 一職。再如，呂后時「初置孝弟力田二千石者一人」。師古解釋說：「特置孝弟力田官而尊其秩，欲以勸厲天下，令各敦行務本。」[64] 與此同時，官僚體制的最底層還有「掌鄉文書」的「鄉小史」，李斯即擔任過此職。[65] 所謂不明確，是指意識形態建制的功能含義還有待於進一步確認。比如，「御史大夫內承本朝之風化，外佐丞相統理天下。」[66] 這雖然是漢家朝制，但絕非無本之木無源之水，其與秦朝之制度淵源也是可以想像的。又如，三老作為高祖所置鄉官，[67]《漢書‧文帝紀》解釋說：「三老，眾民之師也。……以戶口率置三老孝悌力田常員，令各率其意以道民焉。」[68] 再如，《白虎通義‧辟雍》更具體到裡，「古者教民者，里皆有師，里中之老有道德者為里右師，其次為左師，教里中之子弟以道藝、孝悌、仁義。」[69] 這些都足以補充《百官公卿表》所羅列出來的內容。

不過僅就《漢書‧百官公卿表》觀察，已似可斷言，從朝廷到地方基層，意識形態的體制設置已形成了一個連貫的完整序列。一旦構成一個建制性鏈條，那麼意識形態實踐功能就會超強發揮。[70] 我們在《睡虎地秦簡》中所看到的《語

60　近人之研究已在某些方面對文獻記載有所辨析和梳理，從而有助於人們具體感知官僚體制中的意識形態功能。（參見俞士玲〈西漢太樂、樂府職能考〉，《中華文史論叢》第 57 輯。）

61　相關考證及推測詳見其後「博士秩祿」部分。

62　《漢書‧藝文志》。

63　《漢書‧郊祀志》云：「祝官有祕祝，即有災祥，輒祝祠移過於下。」

64　《漢書‧高后紀》。

65　《讀書雜誌》，〈郡小吏〉條。

66　《漢書‧薛宣傳》。

67　《後漢書‧光武帝紀上》，〈注〉。

68　《漢書‧文帝紀》。

69　今本《白虎通義》雖成書於魏晉之際，但所言作漢事看，當屬可信。

70　皇權意識形態的實踐性幾乎無所不在。它對社會成員的行為和觀念的規範和影響差不多達到了一種無孔不入的程度。我們用五個例子說明這點。例一，《漢書‧高帝紀上》云：劉邦入關後，就向吏民「約法三章」，接著就「使人與秦吏行至縣鄉邑告諭之」。師古解釋說：「軍中遣人與秦吏相隨，遍至諸縣鄉邑而告諭也。」足見這種意識形態的「普法宣傳」即便在戰爭期間也沒有停止。相反它還發揮著一種很可能比平時而更為重要的特殊政治作用。其效應則使得「秦民大喜，爭持牛羊酒食獻享軍士」。第二

書》、《為吏之道》和《法律答問》等，多被人視為「宦學識字教材」或「學吏課本」，再聯繫到車府令趙高作《爰歷》六章，其「為師之吏」之身分確能說明帝國通過官僚體制來建構意識形態體制的努力是富有成效的。這從一個很具體的層面展示出意識形態建制在官僚機構中的實際作用。另外，漢初諸侯國同樣設置有宗正、博士官等。這說明即便在郡國雙軌體制中，作為帝國整體的意識形態建制仍然是絕對必須的。而且，諸侯國中的宗正、博士官在原則上也是「天子吏」。所以不論實際上是否「天子為置吏」，[71] 他們都不能否認自己的「天子吏」身分。這點非常重要。因為說到底，意識形態塑造的是皇帝觀念和皇權信仰。

從意識形態角度看，在整個官僚體制中，縣有其特殊地位。這是因為縣側

年十月，「漢王如陝，鎮撫關外父老。」二月，「令民除秦社稷，立漢社稷。」同時，「舉民年五十以上，有修行，能帥眾為善，置以為三老，鄉一人。擇鄉三老一人為縣三老，與縣令丞尉以事相教。」六月，「令祠官祀天地四方上帝山川，以時祠之。」從這一系列舉措看，劉邦這種做法絕非心血來潮或靈機一動之產物，它無疑是一種深思熟慮的政治謀劃。它把政權建設和組織完善同意識形態實踐結合起來，相伴而行，顯示出皇權意識形態建制對社會人力資源所擁有的廣泛動員和強大整合能力。所謂「遍至諸縣鄉邑」而告諭之，就清楚地說明了這點。例二，《漢書‧郊祀志》云：「郡縣遠方祠者，民各自奉祠，不領於天子之祝官。」由此反推，郡縣近者，民不得擅自「奉祠」，而須「領于天子之祝官」。例三，《漢書‧賈山傳》云：「山東吏布詔令，民雖老嬴癃疾，扶杖而往聽之，願少須臾毋死，思見德化之成也。」其意識形態的體制性功能就表現得更明確了。它使人們的日常生活與意識形態實踐聯繫起來，從而獲得一種基本的政治認同感。例四，《漢書‧文帝紀》記載朝廷再次廢除訞言罪。應劭補充說：「橋梁邊板，所以書政治之愆失也。至秦去之，今乃復施也。」即重新設立了被秦朝廢除的誹謗之木。顏師古更明確地說，「高後元年詔除妖言之令，今此又有訞言之罪，是則中間曾重復設此條也。」就誹謗之木和訞言之罪的時廢時設而言，我們明顯可以從中辨析出帝國意識形態實踐過程中的複雜性和曲折性。例五，《漢書‧循吏傳》亦云：「宣帝即位，⋯⋯時上垂意於治，數下恩澤詔書，吏不奉宣。太守霸為選擇良吏，分部宣布詔令，令民咸知上意。使郵亭鄉官皆畜雞豚，以贍鰥寡貧窮者。然後為條教，置父老師帥伍長，班行之於民間，勸以為善防奸之意。」這個例子雖然屬於西漢中後期，但從意識形態的角度看，它與後戰國時代之間明顯具有一脈相承的體制連續性。它並非完全是儒學教化的結果。本質上，它首先是皇權意識形態體制的要求。所謂「數下恩澤詔書，吏不奉宣」顯然並不符合意識形態的規定。所以「選擇良吏，分部宣布詔令，令民咸知上意」，就顯得非常必要和及時。而「然後為條教，置父老師帥伍長，班行之於民間，勸以為善防奸之意」，則將皇帝詔令所意欲的國家意識直接傳達給廣大民眾。這樣「令民咸知上意」就在措施上和內容上得以徹底落實。把這五個例子聯繫起來看，就會發現皇權意識形態體制已經達到一種相當驚人的完善性和成熟性。它已經把意識形態實踐融入了人們的生活和心理深處。從制度效率的角度評估，應該說它對社會成員思想的控制是極為有效的，也是非常成功的。

71 《漢書‧百官公卿表上》。

重於民事，[72] 這點與郡有別。[73] 恰恰是這個區別使縣能夠準確反映出皇權意識形態對地方民間思想控制的深入和嚴密程度。而且「初縣」較之舊縣，其嚴密程度更甚。「徙謫，實之初縣。禁不得祠。」[74] 一方面，初縣或「新地」構成了皇權政體的統治基礎；另一方面，初縣或「新地」還構成了皇權意識形態垂直架構的直接實施場域。它特別要求輕法而重教。所謂「刑新邦用輕典」。師古云：「新辟地立君之國，其人未習於教，故用輕法。」[75] 這點表明，意識形態的社會整合能力在文明一體化進程中有其特殊作用。特別是這種能力依託一個強大的皇權官僚系統時，其作用更加引人矚目。[76]

正因為縣具有如此性質，縣官變得功能複雜了。這是因為作為「親民官」，[77]

72　這一點可能是縣官被人們稱為「父母官」的主要理由。

73　「秦統一在各地設郡，但其職能最初是偏重軍事的，在民政方面，『縣』舉足輕重。」（閻步克，〈從《秩律》論戰國秦漢間祿秩序列的縱向伸展〉，《歷史研究》2003 年第 5 期。）

74　《史記・秦始皇本紀》。

75　《漢書・刑法志》。

76　越往後，這種作用擴展得越廣泛。比如，由皇帝核准哪些人物可以進入國家主持建造的紀念祠；官府設立專門機構來登記和管理佛道信徒；官方信仰的行政級別永遠高於民間信仰的神祇等級；官方信仰作為一種普遍的意識形態建制無條件地以皇帝為其絕對頂點；一方面，官府把民間信仰中的神納入官方系統「並加以封官」，另一方面，「民眾所崇拜的神就像具有魔法的官員，或者是具有魔法的官方神祇。」另外，對「正祠」與「淫祠」的嚴格區分同樣以意識形態「一元論的體系為基礎」，以便確保官方對社會信仰的絕對掌控權。比如，凡未能進入國家祭祀體制內的正祀或正祠，或沒有「國家正式下賜的封號及廟額」，均為「淫祠」，一律禁毀。（參見斯蒂芬・福伊希特旺〈學宮與城隍〉，施堅雅主編《中華帝國晚期的城市》；井上徹〈魏校的搗毀淫祠令──廣東民間信仰與儒教〉，王健〈祀典、私祀與淫祀：明清以來蘇州地區民間信仰考察之一〉，《國家、地方、民眾的互動與社會變遷》，商務印書館，2004 年；葛兆光《屈服史及其他：六朝隋唐道教的思想史研究》，〈內編〉，三聯書店，2003 年；金相范〈唐代祠廟政策的變化──以賜號賜額的運用為中心〉，《宋史研究論叢》第 7 輯，河北大學出版社，2006 年。）總之，意識形態建制確保了那些最符合皇權利益的思想和信仰能夠和行政權力一道直接伸展到民間社會，甚至在行政權力所不及之處成為一種更為有效的客觀權力和精神權威。

77　呂思勉說，「在實際，縣令還不是親民的。若鄉老以下諸職，通統沒有，做縣令的也就無所施其技，雖欲盡其『君者善群』的責任而不得了。」（《呂思勉遺文集》〔下〕，第 42 頁。）這種說法似是而非。因為在由朝廷直接任命和派遣的各級官吏中，也就是「朝廷命官」序列中，縣官的確是和民眾發生廣泛接觸的最基層的官員。約翰・R・瓦特特別強調說，除了縣官，「看來沒有一個其他機關具有執行這一教化任務所必要的親戚並用的特點。」（參見〈衙門與城市行政管理〉，施堅雅主編《中華帝國晚期的城市》。）

縣官同時又可指稱皇帝。[78]「縣官謂天子也。……王者官天下，故曰縣官也。」[79] 日本史家注意到，「縣官作為天子之意被使用，也作為原來的縣之長官意義來使用，在這裡存在著觀念上以天下為家的漢的國家即漢家的界限。」[80] 我覺得這種解釋很不到位。實際上天子－縣官的真實含義在於通過暗示天子隨時都會現身於民眾面前，從而確認漢家天子與民眾之間存在著一種「天高皇帝近」的客觀秩序。這種秩序傳達出一個信念，即天子和民眾都有一種共同營造天下一家的意願和理想。這是因為「天高皇帝近」的秩序本身包含著天下一家的政治理念。[81] 所以天子－縣官的這種互訓性質意味著二者之間繫接著一道意識形態鏈條。[82] 這道鏈條將皇權官僚制的兩個極端貫通起來，[83] 構成一種「常山之蛇陣」。即基層官吏與民眾的接觸被觀念性地構製成為一種「如君親臨」的意識形態效應。這自然是有原因的。而這個原因可能透視出官僚制度一個祕密。即從制度發生學角度看，在整個官僚體制中，縣官可能是君主所能支配的最早的官吏。[84] 這點無疑具有本質意義。身為最早的「天子吏」其與天子本身之間自然擁有一種非同尋常的內在聯繫。揭示這種聯繫，就能準確理解「天子－縣官」稱謂的意識形態含義。比如「天子吏」與「親民官」這雙重身分，使縣官與民眾的近距離接觸便極富意味地象徵著皇帝與民眾的直接對應性。

78　據學者研究，漢以前「縣官」的含義還是僅限於指稱縣一級的官吏。《呂氏春秋》已經把縣視為天子直轄區域。始皇刻石所謂「宇縣之中」就體現了這種含義。「漢代『縣官』一詞，可能就是由這種關於『縣』的觀念中發展出來的。」換言之，「縣既然是古代天子直接統治的地方，於是『縣官』也就被當成了中央集權的政府的代名詞了。」至於縣官稱天子，應該是引申義。（參見趙伯雄〈兩漢「縣官」釋義〉，《歷史教學》，1980 年 10 期。）我關心的恰恰是這種引申義。因為它構成了觀念的「潛臺詞」，從而成為制約觀念演進的潛在邏輯。所以，縣官的天子義較之縣官的國家義更具政治－思想價值。

79　《史記・絳侯周勃世家》，《索隱》。

80　五井直弘，《中國古代史論稿》，第 140 頁。

81　更進一步說，只有「天高皇帝近」，才有可能實現天下一家。

82　不過這也可能與縣最初的地位和規模有關。呂思勉認為縣的來源有三類。「此三者，雖其起源不同，而其實際等於古代的一個國則一。所以縣等於國，縣令等於國君。」（《呂思勉遺文集》〔下〕，第 41 頁。）

83　比如天子與縣官的同一性、天下與縣的對應性。始皇所謂「宇縣之中」，隱含著視天下為一縣的觀念。清人亦云：天下是大保甲，縣是小天下。（參見徐棟《保甲書輯要》，轉引約翰・R・瓦特〈衙門與城市行政管理〉，施堅雅主編《中華帝國晚期的城市》。）可見皇權體制下，最大與最小、最遠與最近、最高與最低之間貫穿著同一邏輯。

84　「君主率先以千石、八百石、七百石、六百石等祿秩為縣令分級定等，就等於以『吏』來為縣令確定身分。」（閻步克，〈從《秩律》論戰國秦漢間祿秩序列的縱向伸展〉。）

　　在「天高皇帝近」的意識形態秩序中，近在民眾眼前的縣官不但代表著皇帝，而且根本「就是」皇帝，他的行為直接體現著皇帝的意願。[85] 這要求「知縣應是皇帝的縮影，在每個縣裡要表現出帝制政府的典範」。特別是在縣衙審案，「知縣把仁政與嚴刑結合起來，能發揮『君』——即儒家的道德模範——的作用。」[86] 它表明，縣官身上體現出來的種種特性，都昭示出一個基本事實，皇權官僚制中的每一個官吏均天然負有宣揚王道–王法的道義使命和行政責任。這種道義使命和行政責任可以概括為：吏為師表，[87] 師範天下。[88] 一言蔽之，以吏為師。

二、「以吏為師」：意識形態的專業規定

　　如果說意識形態職能的普遍化表現為百官皆師，意識形態建制的專業化就體現為博士為師。在帝國法令中，（1）博士的特權是可以合法擁有「詩書百家語」，[89] 所謂「秦焚《詩》、《書》，博士之職不焚。是《詩》、《書》，博士之專職。」[90]（2）博士的職責之一是向士人傳授「詩書百家語」，[91] 所謂「欲學《詩》、《書》六藝者，詣博士受業則可矣。」[92] 在這個基礎上，我們還需要明確一點，這就是，秦廷博士雖非皆為儒生，但多為儒生當無大錯。[93] 不過

85　皇帝使他派遣的每一個官吏都賦有一種皇權的威嚴，同時每一個縣官在其治域內都擁有皇帝的權威。這使皇權–官僚制成為高度一體化的制度架構。就此而言，皇權主義與極權主義具有同構性。阿倫特在分析現代極權主義時說，領袖原則意味著「權力不經過任何中間層的過濾，從最上面直接到達最底層。……沒有任何中間層次，它們全都分別接受領袖的一部分權力並服從之。領袖的意志能夠在任何時間、任何地點得到體現。」（參見邁克爾・H・萊斯諾夫《二十世紀的政治哲學家》，第 105 頁。）從意識形態原理上來說，極權主義和皇權主義都是中華專制主義的不同形態。只是極權主義表現得更為徹底。

86　約翰・R・瓦特，〈衙門與城市行政管理〉，施堅雅主編，《中華帝國晚期的城市》。

87　「廉吏，民之表也。」（《漢書・文帝紀》）

88　這裡實際上是官僚師範主體與民眾效法客體二者之結合。通過這種結合，官僚師範之主體得以極端強化。

89　據蒙文通說，秦廷還有「專業性質」的《詩》、《書》博士、百家語博士、占夢博士。（參見〈經學抉原〉，《經史抉原》。）

90　康有為，《新學偽經考》，〈秦焚六經未嘗亡缺考第一〉，三聯書店，1998 年。

91　據近人概括，秦博士官的職掌有三：一是通古今，二是辨然否，三是典教職。（張良才，〈試論秦之「吏師」制度〉，《齊魯學刊》1998 年第 1 期。）

92　康有為，《新學偽經考》，〈秦焚六經未嘗亡缺考第一〉。

93　張漢東《論秦漢博士制度》說，在所能考證出的 12 名博士中，「儒家占 50%；在可知學派的八名博士中，儒家占 75%，為絕對多數。」（安作璋、熊鐵基，《秦漢官職

此時他們已為官儒，而非私儒。作為官儒，博士們已失去了施展辯才的「橫議」資格。[94] 儘管如此，其原有之職掌卻並未改變，依然是執掌《六經》以施教。所謂「博士官掌通古今」，其意不外乎是說，博士官同時還掌管有保存檔案和編寫史書的工作。就此而言，博士官的權限和地位明顯高於史官。[95] 三代以降學在史官，至秦而體制性地轉移為學在博士。[96]「博士既有守職之藏書，學者可詣吏而受業，《詩》、《書》之事尊而方長。」[97] 是可知，明令要求民間人士必須向博士官學習「詩書百家語」這些價值知識，自在情理之中，無需多怪。

所以，「以吏為師」實質上是以「以博士為師」。[98] 崔適云:「吏謂博士也。」[99] 康有為言:「吏即博士也。」[100] 梁啟超謂:「所謂吏者何？則博士是也。」[101] 馬非百把這個意思講得非常清楚。「以吏為師者，吏蓋指博士而言。博士乃政府之命官，故謂之吏。」[102] 當然這並不意味著，所謂「以博士為師」與漢武帝以後的以經學教授弟子為主要職責的「五經」博士已毫無二致。但它肯定具有

史稿》上冊，〈附錄〉，齊魯書社，1985年。）關於這點，蒙文通也有類似看法。（參見〈孔子和今文學〉）

94　余英時注意到，「秦、漢以下仍然有『議』，最著者為東漢清議，但已不是博士之議，而是太學生之議了。太學生是『初士』，只有『初士』才有『橫議』的資格。博士和稷下先生最大的分別便在這裡。」（《中國知識階層史論》，第76頁，聯經出版事業公司，民國69年。）這便是一入官籠便不得隨便說話。學者為官，戴了帽子，卻沒了腦子。

95　秦廷博士官之活躍與史官之寂寞，頗堪玩味。

96　錢穆謂，焚書之後，博士官中的六藝詩書博士「盡在罷斥之列」。（參見〈兩漢博士家法考〉）與史實不合。因為，（1）博士人數並未銳減大半；（2）二世時仍有30餘名《公羊學》博士，並且還能公開議政。事實上，焚書雖對博士官造成一定衝擊，但就總體而言，博士官的學派結構並未發生大的改變。蒙文通認為博士官職掌也並未廢止。（參見〈經學抉原〉，《經史抉原》）在某種意義上，既然要求天下官民書籍皆彙集於博士官之手，那麼博士官的權力相應有所擴大也是可以推斷知的。

97　康有為，《新學偽經考》，〈秦焚六經未嘗亡缺考第一〉。

98　呂思勉認為吏非博士。理由是，「若仍許博士傳授，則其燔之，為無謂矣。」（《論學集林》第688頁）這就把焚書看得過於偶然和簡單了。作為意識形態建構，焚書並不是完全禁學，而是要求官方壟斷教育資源和教育權力，把民眾徹底納入官方主導的意識形態體制之中。這就意味著，教育是必須的。關鍵在於由誰來控制這種知識的分配和使用。

99　《史記探源》卷3，中華書局，1986年。

100　《新學偽經考》，〈秦焚六經未嘗亡缺考第一〉。

101　《論中國學術思想變遷之大勢》，第55頁。

102　馬非百，《秦集史》下冊，第735頁，中華書局，1982年。

某種「學官」性質。[103] 可以推測，它應該具有這樣一些內容：在官府指定的場所或學校來統一學習；[104] 由博士本人或博士官指派的專業官吏來統一傳授；甚至可能還要進一步細化到由官方選擇某一種教材和指定某一家解釋。[105] 這並非完全不可能。從現在所有限發掘出來的秦律規定來看，其細密和嚴格程度均大大超出人們原來的想像。

以此推測，「以吏為師」的意識形態控制其複雜和細密程度也絕不會弱於其他法令條文。倘若推測不錯，我們可以更清晰地勾畫出漢武帝「獨尊儒術」時創設的博士制度和學校制度其實在秦帝國早已淵源有自。「漢制郡國計皆詣太常受業為弟子，蓋本於此。」[106] 漢承秦制，此為之一端。其具體內容，通過學者之描述，已逐漸顯豁。

> 秦代弟子不但有相當的保障，可能還享有徭役上的特權。秦律：「縣毋敢包卒為弟子；尉貲二甲，免；令，二甲」。縣令和縣尉不可以將兵卒包藏為弟子，以逃避兵役。如果這樣，縣令要罰二甲，縣尉除了罰二甲，還會丟官。漢武帝置博士弟子五十人，復其身。文翁於蜀置學官，有學官弟子，「為除更徭」。看來漢代弟子除復之制，或即淵源於秦。[107]

基於此，我們有理由判斷，叔孫通之所以能夠擁有百餘名弟子，[108] 主要原因有三：第一，堅實的物質基礎和法定的經濟特權。第二，「詩書百家語」對人們仍然有著莫大的吸引力。所以不難推測，叔孫通招收眾多弟子之目的，其直接功用顯然就是為了向他們傳授「詩書百家語」這些價值知識。即所謂「諸生不

103　準確說，對這時的博士而言，「學官」是一種兼職。它有別於漢武之後以「學官」為專職的博士。所以用漢武以後專職「學官」的標準來衡量秦朝博士並不適當。

104　《睡虎地秦墓竹簡》上有所謂「學室」，應該是專門學習法律的地方。據此，秦帝國肯定也有一些專門用來供博士授課和講學的場所。

105　馬非百通過對「焚書令」的細緻解讀，認為「此其辦法，計分八條。前七條皆為教材之處理，後一條則為教師資格之規定。教材內容，約有歷史、哲學（詩書百家語）及應用科學（醫藥卜筮之書）等三大類。」（《秦集史》下冊，第896頁。）所以馬氏將此概括為「教育權之收回」。

106　馬非百，《秦集史》下冊，第735頁。

107　邢義田，〈秦漢的律令學——兼論曹魏律博士的出現〉，《歷史語言研究所集刊》第五十四本，第四分。

108　關於秦朝博士弟子總數之推測，參見第四章第三節第二個專題〈博士弟子〉。

習詩書，何為復作博士弟子？」[109] 第三，也是最根本的，博士傳授《詩》、《書》乃「一朝典制」。「既從博士受業，如無『以吏為師』之令，則何等腐生，敢公犯詔書而以私學相號聚乎？」[110]

故而，博士作為掌控《詩》、《書》價值知識資源的主導力量，使他們在朝廷議政時，能夠堂而皇之地援引《春秋》。這說明在秦帝國官方系統，「詩書百家語」的知識傳授和研習並無受到限制。相形之下，民間對「詩書百家語」的傳授和研習卻被粗暴打斷。比如，魯生、穆生、申培公等被迫中止對《詩經》的學習，而紛紛離散。可以推知，由於秦帝國正式確立「以吏為師」的意識形態體制，民間層面對「詩書百家語」這些價值知識的傳授和學習的網絡系統遭到徹底破壞。直至漢初才得以逐漸恢復。

順便一提的是，當官方規定只能由博士來執教和講授「詩書百家語」時，這明確標誌著自春秋戰國以來的私學傳統的中止和結束。「於是數百年來盛行於各國之私學制度，遂一變而為官學制度。」[111] 自此，「詩書百家語」連同法令這類政治知識便都無一例外地統統收歸「國有」，成為政府獨占的專控典籍和特殊知識。[112] 如此一來，某種程度上，這似乎近於西周貴族對「禮、樂、射、御、書、數」「六藝」之壟斷。區別在於，秦帝國的意識形態建構更為嚴格和苛刻。它基本上是把「六藝」和「六經」一網打盡。[113]

思想史或許在變化，但操縱思想的意識形態本身卻並無改變。後戰國同時證明了這兩點。漢承秦制必然包括意識形態建制在內。通過對博士所表徵的官方知識權威資格和職責的解析，我們不難發現，秦帝國確立的意識形態主導原則同樣為漢所承繼。這一原則就是，在任何時候，官方都必須掌握對價值知識的絕對控制權和解釋權。唯其如此，才能同時做到「愚民而自智」。[114] 愚民是

109　馬非百，《秦集史》下冊，第 896 頁。

110　康有為，《新學偽經考》，〈秦焚六經未嘗亡缺考第一〉。

111　馬非百，《秦集史》下冊，第 735 頁。

112　這樣，當你有機會來習得這種特殊知識時，你也就擁有了一種特殊的權力。這種特殊權力是意識形態體制所人為賦予的價值優越感和政治效忠意識。

113　「六藝」至晚周含義已變，由原來「主習其事」而為「主習其文」。淺層看，「六藝」易為「六經」；深層看，「六經」實乃「周之教民三物」。（參見段玉裁，《說文解字注》卷 15〔下〕，成都古籍書店，1981 年。）透視其脈絡，它昭示出，皇權意識形態極力謀求一種對民眾言行身心加以全面控制的思想秩序。

114　康有為基於這個判斷，認定《詩》、《書》盡焚，不合情理。「是秦並自愚也，何以

官方獨占價值資源的目的預設，自智是官方統治合法性的道義憑證。合而觀之，便是我們確認皇權意識形態存在的一個基準。

三、「以吏為師」：意識形態的一般標誌

「以吏為師」絕非單單是一政治口號，或是一思想命題，而首先是一制度架構和觀念邏輯。[115] 它有著非常真實的內涵和客觀的實態。章學誠把它追溯到三代，卻是只知其一不知其二。

> 以吏為師，三代之舊法也。秦人之悖于古者，禁《詩》、《書》而僅以法律為師耳。三代盛時，天下之學，無不以吏為師。《周官》三百六十，天人之學備矣。其守官舉職，而不墜天工者，皆天下之師資也。東周以還，君師政教不合於一，於是人之學術，不盡出於官司之典守。秦人以吏為師，始復古制。而人乃狃于所習，轉以秦人為非耳。秦之悖于古者多矣，猶有合于古者，以吏為師也。[116]

章氏此論對後人的誤導是，秦人以吏為師是一個「道器合一」[117] 的正確歷史原則，只是做法欠缺。[118] 近人更從法家尋找，認為秦人只是實踐了商鞅、韓非的理論。[119] 這實際上提示出兩條線索：三代制度與法術原理。與之相反，我更看重「以吏為師」的另外兩個傳統。即「以吏為師」本身固有的遠近兩個傳統。遠的是三代王權理念，近的是秦國君權實踐。因為三代制度不明，但理念昭顯；東周君權高漲，故而法術大盛。簡言之，以吏為師是在一個具有深厚久遠的歷史－文化和政治－思想傳統中自然發展出來的意識形態建制原則。

正是這一建制，使我們有理由將以吏為師作為皇權意識形態的本質。一般說，由於對意識形態的理解不同，故而對其形成時間也會有不同看法。如果確

為國？」（《新學偽經考》，〈秦焚六經未嘗亡缺考第一〉。）但歷史的悖論在於，專制者愚民之餘也難免自愚。這恰是「專制辯證法」的必然邏輯。

115　相關分析參見第三章第一節第一個專題〈為吏之道〉。

116　〈史釋〉，《文史通義校注》，中華書局，1985 年。

117　〈原道中〉，《文史通義校注》。

118　比如，金毓黻即認為以吏為師要求獨學法令，致使學術衰亡。（參見《中國史學史》，第 28 頁，河北教育出版社，2000 年。）

119　《商君書·定分》云：「故聖人必為法令置官也、置吏也，為天下師，所以定名分也。」「為置法官，吏為之師。」

定過晚，就不能說是恰當的。[120] 形成時間的確定則主要取決於形成標誌的確認。對此我有兩個判斷，一方面，意識形態的標誌是以吏為師；另一方面，真正的以吏為師只能始於秦朝，而非源於三代。分別言之。

第一，意識形態的真正標誌是秦皇「以吏為師」，而非漢武「獨尊儒術」。因為意識形態的本質是尊君，而尊君唯吏最能行之。[121] 因吏是吃皇糧的天子吏，非尊君無以生存，非仰君鼻息則無以活之。就同君之關係而言，吏是六根清淨，一心一意，儒則是六根不淨，一心二用。所以一般說，儒多多少少有持道自尊、自抬身價之傾向。這難免使其尊君拖泥帶水打些折扣。相反，吏則絕無援道自固之嫌疑。此其一。其二，以吏為師是官僚制法制化之標誌。在官僚制的架構中，尊儒還是尊法其實都不再重要。儒法作為官僚制一員，只能別無選擇地絕對服從於並服務於一個既定尊君目標。所以，有以吏為師之建制，必有獨尊「某」術之格局。反之，無以吏為師之制度，則獨尊「某」術徒成空話。

第二，在「以吏為師」上，人們常有一個誤解，認同章學誠所說三代本已如此，秦非反於古法，而是合於古制。[122] 其實二者完全有別。[123] 章氏錯誤在於把學在官府與以吏為師混為一談。所謂學在官府，是排斥、禁止百姓以任何方式求學；所謂以吏為師，是強制、規定百姓必須到官府受學。前者意味著民眾與教育的完全絕緣，後者意味著民眾只能以某一種官定的方式與教育結緣。前者是根本不讓民眾來學，後者是只讓民眾到官府學。概言之，學在官府與以吏為師之分殊有二：（1）以吏為師須以發達官僚制為基礎。三代無之。它只是規模範圍極有限的貴族教育。無論教者，還是學者，都是貴族內部的事情。（2）

120　參見艾森斯塔得《帝國的政治體系》，第 236–237 頁。

121　戰國諸子雖倡尊君，官僚制在戰國也開始發展起來。但同樣毋庸置疑的是，那種爭霸天下的列國格局和稱霸一國的君權體制，使得各國君主根本無力也無心在思想控制上耗費精力和心智。所以意識形態只能是統一帝國的產物。

122　國人的「三代情結」表現在不論好壞，皆習慣於從三代說起。相對於章氏高論，劉師培則說，周代「愚民政術，已開秦政之先」，漢武罷百尊一之術「蓋用周代之陳法」。（〈古學出於史官論〉、〈補古學出於史官論〉，《劉師培辛亥前文選》，三聯書店，1998 年。）

123　但對於這種區別，余英時可能判斷有誤。他認為，以吏為師（1）是一個「比三代的政教合一更為嚴屬」的措施，（2）「是企圖用政治秩序來取代文化秩序。」（《漢代循吏與文化傳播》）其實問題實質首先不在於二者程度寬嚴不一，而在於性質迥然相異；其次也並不是用政治秩序取代文化秩序，甚至也不是重建政治－文化秩序，而是創建一種新型的意識形態秩序。

三代只有官學而無私學，[124] 故以吏為師與民眾無關。秦代是官私二學並存，故以吏為師與民眾直接有關。因為它取締私學，迫使全民教育納入國家體制，正像民眾身分編入國家體制一樣。編戶齊民與以吏為師是配套措施。前者是皇權對民眾身分的確認和身體的支配，後者是皇權對民眾精神的控制和思想的專制。前者意味著國家對人身的所有權和控制權，後者意味著國家對知識的壟斷權和解釋權。

另外，韓子雖倡以吏為師，但只是學說。既非法律制度，又沒有推向全國。故其說對於意識形態之建制並無直接意義。因為我所謂的「意識形態」是一個相互支撐的概念集合。比如，世俗化的程度，理論化的水準，政體性質及其架構特性等，都是有效判別意識形態是否可能以及存在的必然條件。[125] 所以，韓

124　這兩點亦可參《補古學出於史官論》。

125　「意識形態」一詞最早源於「法國革命時代」。為德斯蒂·德·特雷西（Destutt de Tracy）1796 年所創。本意指稱一種研究觀念形成的科學，以示有別於古代形而上學。（參見《不列顛百科全書》「意識形態」條目，中國大百科全書出版社，1999 年；雷蒙·威廉斯，《關鍵字：文化與社會的詞彙》，第 217–223 頁；另參薩托利，《民主新論》，第 575 頁注釋。）迄今它已衍化為一個橫跨多學科的龐雜概念。據西方學者統計，目前有關意識形態的定義不下十幾種。（參見孟登迎，《意識形態與主體建構》，第 78–79 頁、108–109 頁，中國社會科學出版社，2002 年。）不過在我看來，對一些基本問題的理解，重要的不是形式化的定義，而是實質性的思考。這並非要撇開定義，而是要超越定義。所以真正的思考肯定包含有嚴格的定義。我希望首先能給意識形態作出一些最基本的描述性界定。
　　（1）意識形態是一種思想秩序；（2）意識形態決定思想狀態；（3）意識形態功能有二：規範思想秩序，規定思想目的；（4）意識形態的基礎是政治－思想共識，政治－思想共識本質上是歷史－文化和政治－思想的實踐積澱，它直觀構成權力遊戲、官場規則和政治事務的觀念形式；（5）意識形態是把理論轉化為實踐的過程，即意識形態是一種思想實踐，這種思想實踐往往在制度控制下進行。把這幾層意思綜合起來，可以這麼表述：意識形態與思想之間存在著一個普遍的關聯域。這使得意識形態不是一般的思想，甚至不是某種統治思想。本質上，意識形態是對思想的系統化控制。它涉及到（1）這種控制所依據的終極理念和一般理論，（2）精密設計和建構起來的複雜的控制體系和權力機制，（3）以及在種種權力遊戲和官場規則的日常實踐中所體現和展示出來的普泛政治共識。所以，意識形態是一種具體而又直觀、抽象而又深刻的思想存在狀態、思想現實秩序和思想實踐過程。
　　從形成過程看，意識形態即便它本身沒有嚴格的理論體系，它也必須經過一個較長時期的理論化階段。一般說來，它應該具有以下五個基本要素：形式上的理論化，內容上的世俗化，形態上的權力化，價值上的絕對化，功能上的實踐化。所謂形式上的理論化，是說它必須進行論證；所謂內容上的世俗化，是說它論證的根據不是來自於某種超驗理念，而是來自於人間理想；所謂形態上的權力化，是說它這種人間理想擁有強大的政治資源和政權支持；所謂價值上的絕對化，是說這種由體制保障的思想學說是不容置疑的；所謂功能上的實踐化，是說這種思想學說的普泛效應就是能夠直接應用於政治事務和社會生活。簡言之，意識形態體系具有五個特徵：理論性，世俗性，

子以吏為師的隻言片語顯然不能用來作為判斷意識形態形成的根本標誌，同樣單單依據「三代皆以吏為師」並不足以說明意識形態起源於三代。它只能說明三代王權主義的特殊性和局限性。

《說文》云：「吏，治人者也。」以吏為師即是向統治者學習。以統治者為師，這絕對是一個意識形態命題。把統治者當作教師來尊崇禮拜，這似乎只有在中國這種素有尊師重教之傳統的國家中才會出現。它既是君道，又是吏道，還是師道，更是君－吏－師三者合一之道。正因如此，「天地君親師」的價值網絡只能落實在君－吏－師這種意識形態架構中。

需要追究的是，統治者何以有資格為民之師？理由可能是：（1）統治者均為社會之精英。這是一種能力上的認定。它包括知識、道德和權威等諸多因素。（2）統治者乃民之父母。這是一種觀念性比喻。它有一個血緣、家族和世俗的社會基礎和文化背景。（3）官民之間形成一種心理上和名分上的師生關係，有助於統治穩定。民不但敬畏官之權力，更敬仰官之權威。

可見以吏為師實際上包含兩個層面：一是狹義的知識傳授，它只限於少數文化學術官僚；一是廣義的道德教化，它包括了所有帝國官僚。就是說，按照以吏為師的意識形態規定，每一個官僚都負有天然的教化性使命。整個國家是一個學校，整個社會是一個教室，整個知識是一部教材。官僚的導師身分和教師資格使官方提倡的學說和觀念自動成為民眾必須無條件接受和認同的東西。與此同時，以吏為師的意識形態建制使全體民眾永遠成為被官方教化的對象。這意味著，以吏為師同時具有三個功能：既是對官僚的統一性要求，也是對民

制度性，實踐性，儀式性。這五個特徵之間的相互關聯是：意識形態依據某種廣義的理論，在世俗社會中建構出一種思想控制制度或觀念支配體制，這種制度或體制具有強烈的實踐性功能，這種實踐性功能往往表現為一種普泛性的政治儀式。

這五點說明意識形態的產生不是輕而易舉的事情。首先，某種理論學說主動或被動介入政治事務，並不能使得該學說自動成為意識形態。因為它尚不具有相應的體制性功能。在這個意義上，戰國諸子就不能算是意識形態。其次，某種思想學說雖然受到權力的體制性支持，但如果這種權力尚不足以對整個社會成員的生活和觀念達到一種全控性的程度，那麼該學說仍然不能算是嚴格的意識形態。換言之，一種學說或理論雖有強制的權力，如果它只是針對部分人，而不是該社會所有人，那它仍不是意識形態。這說明，意識形態是在一種很複雜的條件下產生出來的東西，具有相當大的特殊性。事實上，意識形態既不永恆，也不普遍。但馬克思卻把它弄成普遍之物了。相對於馬克思對意識形態虛假性的強調，我則凸顯其強制性；相對於人們對意識形態民間性或下層性的指認，我則突出其國家性和總體性；相對於人們對意識形態學說性的闡發，我則指出其體制性；相對於人們對意識形態制度性的肯定，我則彰顯其社會性。

眾的統一性要求，最後還是對吏民關係的統一性要求。

　　如此，以吏為師命題具有了另外一種合理表述：「吏為民師」。不過二者也有區別。以吏為師主要是一種體制規範，吏為民師則主要是一種價值設定。以吏為師肯定是一種單向度的官方規定，吏為民師則同時包含有一種民眾認同的心理基礎。

　　在中華專制主義的長時段脈絡中，皇權主義－意識形態－以吏為師三者構成一種相互支撐的遞進關係。[126] 它展示為價值－建制－現實三個同時態步驟。所以以吏為師之於皇權主義意識形態具有本質標誌性。基於此，我把以吏為師這一意識形態命題視為一個帶有根本性質的政治－思想史事件。因為在意識形態時代，意識形態問題永遠是一個涉及多方面實際利益的普遍問題。但吏而師、君而師的意識形態建制和命題卻使人們根本沒有任何可憑信的政治－思想資源來對皇權專制進行有力的道義性抗議和合法性質疑。於是，政治迷信和思想愚昧成為必然。

第三節　博士官的制度設置與價值設定

一、博士秩祿

　　帝國意識形態建制的核心支柱當然是博士官制度和教育體制。但後戰國時期教育體制似乎被完全打亂了，或者被徹底摧毀了。從文獻看，這段時間基本呈現空白。[127] 漢初幾十年也沒有能夠得到有效恢復。[128] 但這似乎不太合乎常理。因為既然提出「以吏為師」，就不可能沒有相應配套的制度設施。[129]《睡虎地

126　它彷彿天－命－性之一體同構。

127　當然，西周以來可信的教育史材料也少得可憐，遠不足以形成系統。（參見童書業，《春秋左傳研究》，第 208–209、306、342 頁。）至於《周禮》所言，恐不可率用。（參見蒙文通，〈孔子和今文學〉；陳來，《古代宗教與倫理》，第 347–350 頁，三聯書店，1996 年。）

128　直到景帝末，「仁愛好教化」的蜀郡守文翁，「見蜀地辟陋有蠻夷風，……乃選郡縣小吏開敏有材者張叔等十餘人親自飭厲，遣詣京師，受業博士，或學律令。……又修起學官於成都市中，招下縣子弟以為學官弟子，為除更繇，高者以補郡縣吏，次為孝弟力田。」（《漢書·循吏傳》）

129　更何況「以吏為師」本身固有遠近兩個傳統。遠的是三代王權理念，近的是秦國君權實踐。

秦墓竹簡》有所謂「學室」，很可能是官府設置的具有學校性質的專門學習場所。[130] 據推測，不光京師有「學室」，可能郡縣也有「學室」。[131] 而且，秦國自商鞅變法以後逐漸形成了一整套系統的法律傳授的官方體制。[132] 從這些內容分析，秦朝官學系統應該是頗具規模的。但限於史料，我們無法對此展開任何有價值的思想史描述。

　　唯一可行的是朝廷的博士官制度。這套制度包括人數、規模、秩祿、職掌、條件[133] 等諸多嚴格規定。人們一般認為，戰國後期魏、宋、魯、齊[134] 諸國已設博士。近人概括，「戰國博士的特點有二：一為儒家，二是可以做官。」[135] 甚至人們斷定戰國已有博士官。比如，梁啟超謂，「文侯初置博士官，實為以國力推行孔學之始。」[136] 錢穆亦同其說，「博士建官本於儒術」，而「儒術之盛自魯、魏」。[137] 但若謹慎言之，所謂「六國時往往有博士」恐難鑿實。王國維說得很有分寸。「疑當時未必置博士一官，《史記》所云博士者，猶言儒生云爾。」[138] 當時有此泛稱，就像漢人所說的「通士」、「達士」之類。至於魏國「博士弟子」之說，不過「衍文」所致。[139] 即便有也極可能只是一種私人傳授性質。所以博士官連同博士弟子作為一種規模化制度，自當始於秦朝。[140] 蓋所謂「秦

130　參見黃留珠〈讀雲夢秦簡劄記四則·「史子」、「學室」、與「喜揄史」〉，《秦漢歷史文化論稿》，三秦出版社，2002 年。

131　邢義田，〈秦漢的律令學——兼論曹魏律博士的出現〉。

132　參見張良才，〈試論秦之「吏師」制度〉。

133　安作璋認為《漢官儀》所說的博士條件「當是從秦代開始的，如『限年五十以上』也是如此」。（《秦漢官職史稿》上冊，第 95–96 頁。）這種推測符合我對秦帝國意識形態建制的總體估價。

134　許慎《五經異義》云：「戰國時，齊置博士之官。」人們據此推測，「稷下先生」與「博士」異名同實。（參見錢穆〈兩漢博士家法考〉；周予同〈博士制度和秦漢政治〉，朱維錚編《周予同經學史論著選集》〔增訂本〕，上海人民出版社，1996 年第 2 版。）

135　楊東晨，〈秦漢時期博士的地位和作用〉，《古史論集》，陝西人民教育出版社，1994 年。

136　《論中國學術思想變遷之大勢》，第 54 頁。

137　〈兩漢博士家法考〉。

138　〈漢魏博士考〉，《觀堂集林》上冊，河北教育出版社，2001 年。

139　「沈欽韓《漢書疏證》以為『弟子』二字是衍文。」（周予同〈博士制度和秦漢政治〉）

140　有人以始皇議帝號時有博士參預，而推斷秦國亦有博士，只是不是官職。（參見楊東晨〈秦漢時期博士的地位和作用〉；張漢東〈論秦漢博士制度〉）恐誤。因為戰國文獻並無秦國博士之記載。以後而推前，缺乏根據。

承魏制，置博士官」，[141] 乃誇誕耳。

關於博士官制度，我主要集中在兩個問題：一是秩祿，一是弟子。

先考察秩祿問題。秦國官僚祿秩序列共有九級，[142] 其中「秩比六百石」[143] 居第四級，即千石、八百石、七百石、六百石。漢初官僚祿秩序列共有十一級，[144] 其中「秩比六百石」仍然居第四級，即二千石、千石、八百石、六百石。在二者之間惟獨不見秦朝的官僚祿秩序列。所以不妨推測，它應該是秦國官僚祿秩序列的繼承和延續，而不會比《秩律》更為複雜。[145] 那麼，我們需要考慮：博士「秩比六百石」是根據什麼制定的？即秦帝國為什麼要把博士祿秩特意定為六百石，而不是別的等級？因為從直觀上看，有兩點值得注意：（1）九級序列中的第四級顯然位居中等偏上；（2）其餘五等之間的差距相當大。[146] 合而觀之，六百石與最高等級千石的差距明顯小於與最低等級五十石的差距。這意味著，六百石是一個「坎」。往上走是高官厚祿，即「高幹」；往下走是一般官員，即「中層幹部」。應該說，六百石在秦帝國的官僚祿秩序列中屬於一個中層偏上的等級。[147]

141　梁啟超，《論中國學術思想變遷之大勢》，第 55 頁。

142　參見閻步克〈從《秩律》論戰國秦漢間祿秩序列的縱向伸展〉。

143　「秩比六百石」是漢代的祿秩品級，秦代只有六百石。漢承秦制，把秦代博士祿秩視為六百石是合理的。到東漢，博士秩祿就是六百石。《後漢書・百官志二》云：「博士祭酒一人，六百石。……博士十四人，比六百石。」又，〈本注〉云：博士「本四百石，宣帝增秩」。對此近人考證，當以《東觀書》、《漢官儀》博士「秩六百石」為是。（張漢東，〈論秦漢博士制度〉）可見從一開始六百石似乎就是博士秩祿的一個基準。某種意義上，六百石似乎是皇權官僚制中定位知識人之價值、能力的一個「黃金律」。

144　張家山漢簡《二年律令》的下限雖然是呂后二年，但我覺得如果沒有其他與之相衝突的材料，把它視為漢初官僚祿秩序列的一般狀態，還是合理的。

145　參見閻步克〈從《秩律》論戰國秦漢間祿秩序列的縱向伸展〉。我的看法有所保留。因為秦以法立國，其軍功爵之細密，而官僚祿秩卻相對疏漏，似不合情理。即就制度言，前密後疏，疏而又密，亦非全無可能。參考漢初政局荒陋粗疏之特性，便可釋然。比如，「天下既定，民亡蓋臧，自天子不能具醇駟，而將相或乘牛車。上於是約法省禁，輕田租，什五而稅一，量吏祿，度官用，以賦於民。」（《漢書・食貨志》）所謂「約法省禁」、「量吏祿，度官用」恐不僅僅由於食貨經濟，當亦有官制祿秩之內涵和考量。而此考量必有其制度觀念之複雜情由。當然黃老清靜之影響亦不可全無。但這只是推測，就本專題思路之限定，不想旁涉過多。

146　即五百石、三百石、二百石、百石、五十石。

147　有人認為六百石只是「朝官中的低級官吏」。（張漢東，《論秦漢博士制度》）這實際上是把西漢中後期以後的官僚祿秩當成一個固定不變的序列，來涵蓋整個秦漢時期。

　　漢承秦制肯定也包括博士制度，即「秩比六百石」。只是略有變化。《二年律令·秩律》使人明顯感覺到兩點：（1）總體上看，官僚祿秩序列的上限和下限都提高了；（2）這樣一來，雖然六百石仍居第四級，但與最上限二千石的差距拉大了，同時與最下限一百二十石的差距卻縮小了。[148] 從直觀看，六百石差不多應該算是「高幹」序列了。但這究竟意味著博士地位的提高，還是恰恰相反，博士地位的降低？以常識判斷，在秦廷那種文吏政治下，博士地位似乎不可能比漢初儒學漸盛的氛圍中更高。但也難說。倘若不把秩祿與權位直接等同視之，更是如此。對此困惑，漢人也有自己的兩難選擇。比如，東漢人陳忠認為，「博士秩卑，以其傳先王之訓，故尊而異之，今服大夫之冕。」[149] 這是一種典型的秩卑而位尊的思路和評價。在漢代那種官僚祿秩序列日趨複雜且厚祿與低薪早已兩極分化的格局下，博士六百石的秩卑現實著實難以用道義之尊巧加掩飾。雖「服大夫之冕」，卻既無大夫之權，亦無大夫之祿，這正是六百石折射出的博士地位之尷尬。以此觀察，在《秩律》所排比的二千石序列中，御史大夫居首、廷尉居次、奉常居末[150] 確實也說明不了多少問題。因為文教大臣位置不顯是否一定等於博士地位不尊？恐怕未必。反之，文教大臣位置顯赫是否必定意味著博士地位尊崇？更是未必。判斷太常殿後為「刀筆吏治天下」精神之反映也能說得過去。但並不實在。因為中國何曾有過博士治天下？就此而言，博士尊與不尊，意思其實都不太大。[151] 我關心的是，秦漢一脈相承的博

　　至少秦朝漢初並非如此。當然在後來更為複雜細密的祿秩序列中，六百石確實不高。但似乎也說不上就是「低級官吏」，而仍然徘徊於中層。只是中層偏下。就此言，博士地位確實下降了。倘若以此為基準來觀察知識人在皇權官僚制中的價值和功能之變遷，可能會引發出一系列有趣的問題。這些問題正是政治－思想史的解釋領域。但這些解釋恐怕很難取得一致意見。

148　六百石以下的七個等級是：五百石、四百石、三百石、二百五十石、二百石、一百六十石、一百二十石。

149　荀綽，《晉百官表注》，見《後漢書·輿服志下》劉昭注。

150　閻步克，〈從《秩律》論戰國秦漢間祿秩序列的縱向伸展〉。

151　儘管文教官僚在漢朝政治中的地位和作用確實呈現出扎扎實實的上升勢頭。據閻步克說，西漢後期至東漢初，奉常由二而一，廷尉則或六或五。二者地位頓然逆轉。「『獨尊儒術』的統治思想變動，很可能提升了禮儀文教之官的地位。」「這與儒術取代法術而變成帝國正統意識形態的重大變化，無疑是同一進程。」（〈從《秩律》論戰國秦漢間祿秩序列的縱向伸展〉）太常居首終成定局後，自然影響到人們對其功能與地位之評價。《漢官解詁》恐怕是以後來居上之格局作此推論的。「太常，社稷郊時，事重職尊，故在九卿之首。」不過，另一方面，卻有相反之事實在。「作為九卿之首的太常，其職權在兩漢亦漸有分化降落之勢。如漢初三輔有陵廟之縣，均屬太常掌管，

士六百石這一官僚祿秩序列實際上確定了中華專制主義的一個基本原則，即對知識人的管制方式與標準。這個標準實在太重要了。因為它迄今有效。

這樣，問題更加凸顯出來。即秦帝國將博士秩祿規定為六百石究竟是出於什麼考慮呢？秦制法度謹嚴，任何官職之設立必有其實質理由與政治考慮。依法行政作為秦政傳統，尤其要求以功授爵，因功授祿。那麼，士人或知識人在帝制時代何功之有呢？這裡的知識人並非是指那些能夠出謀劃策建功立業的政治家或外交家，如李斯、蘇秦者流，而是較為純粹的議政之輩。韓非子所謂「儒以文犯禁」，說明知識人非但無功，而且有罪。但作為帝國，則不能如此輕率行事。它必須設置一個相應機構來安置知識人。因為它既不能把知識人全部殺掉，又不能讓知識人在社會上放任自流。前者不可行，後者不放心。正像法術政治對道德心智並不信任，但這不等於它會任其氾濫而不加管制。不過，博士畢竟沒有攻城掠地之功，[152] 軍功爵則是因功授祿，這一原則使博士「秩比六百石」絕非一個無足輕重的細節問題。

我想將這個問題分解為三個方面：一是「六百石」的制度含義，一是博士「六百石」的政治動因，一是博士「六百石」的意識形態考慮。

「六百石」的制度含義本身包含三個階段的變化。（1）周朝之「下大夫」

故當時公牘中每乙太常與三輔並稱。元帝永光元年分諸陵邑屬三輔，此後言三輔陵廟事，即不再涉及太常，而考試之權，武帝以後則漸轉歸尚書，明顯是職權的削弱。」（安作璋，《秦漢官職史稿》上冊，第91–92頁。）這說明任何歷史現象都不單一。歷史之複雜與吊詭無過於此。還有一個事實或許值得一提，博士並不真正隸屬於太常，而更多是與皇帝直接發生聯繫，並在廷議中自有一席之地。所以「博士自成系統」，和太常職掌的陵廟禮儀毫無關係。（同上書，第96–97頁。）這個事實可以印證我的思考。即太常地位升降與博士地位高低並無關係。換言之，即便太常居首，也不能改變博士秩祿始終徘徊於六百石的體制格局。所謂六百石誠然指秦漢言。問題的實質是，六百石所標誌和奠定的這種知識人在皇權官僚制中的中等上下之定位，在整個中國歷史中具有絕對本質性。這一點正是維繫知識人與皇權官僚制之間的命脈所在。

152　叔孫通在這點上對其弟子教訓的極是。說明其深諳帝國政治規則，眼光老道。不愧有「聖人」之譽。（參見《史記》、《漢書》本傳）從這個角度再來品味太史公的那番哀怨與自謙相交織的話，就能對皇權體制對待知識人的方式和態度有更深切的感知。「僕賴先人緒業，得待罪輦轂下，二十餘年矣。所以自惟：上之，不能納忠效信，有奇策材力之譽，自結明主；次之，又不能拾遺補闕，招賢進能，顯巖穴之士；外之，不能備行伍，攻城（戰野）〔野戰〕，有斬將搴旗之功；下之，不能累日積勞，取尊官厚祿，以為宗族交遊光寵。四者無一遂，苟合取容，無所短長之效，可見於此矣。」（《漢書·司馬遷傳》）太史公說的這「四者」中有三者為皇帝所亟需，知識人卻無力滿足。所以皇帝對知識人的態度雖說不上歧視，輕視卻是必然的。

階段。《漢書·司馬遷傳》中太史公說自己「嘗廁下大夫之列」。韋昭說：「周官太史位下大夫也。」司馬遷這是說自己的地位相當於周代的下大夫。他之所以有此說法，是依據其秩祿。臣瓚說：「漢太史令千石，故比下大夫。」《漢書·律歷志》云：太史令張壽王「吏八百石，古之大夫」。[153]《後漢書·百官志二》云：「太史令一人，六百石。」或許前後漢間太史令有千石、八百、六百遞減之變化。但千石既然為下大夫，八百石、六百石充其量只能相當於下大夫。[154] 這裡的換算方法是：雖然周朝並無史官千石、八百石或六百石的秩祿制度，但漢代史官秩祿卻是承襲周代史官的下大夫地位來定位史官的。

（2）秦朝之「上大夫」階段。睡虎地秦簡《法律答問》說：「六百石吏以上皆為顯大夫。」《史記·秦始皇本紀》云：「十二年，文信侯不韋死，竊葬。其舍人臨者，晉人也逐出之；秦人六百石以上奪爵，遷；五百石以下不臨，遷，勿奪爵。」作為一種「政治罪」的懲罰，這裡以六百石為界限，有相應不同之規定。足見六百石在秦國和秦朝官僚祿秩序列中確有其特殊分量和含義。

（3）漢朝之「大夫」階段。《漢書·景帝紀》云：「吏六百石以上，皆長吏也，亡度者或不吏服，出入閭里，與民亡異。今長吏二千石車朱兩轓，千石至六百石朱左轓。」[155] 這裡把六百石以上明確視為有別於一般小吏的「長吏」。[156] 張晏說，「長，大也。六百石，位大夫。」這種解釋是把對六百石劃為卿大夫系列，而有別於士吏。在皇權官僚制的觀念中，六百石以上的卿大夫系列差不多就算是國家或朝廷的標準化身和正式代表。比如，六百石以上的官員才有資格

153　《漢書·百官公卿表上》云：「成帝陽朔二年除八百石。」

154　「漢之大中大夫二千石，諫大夫千石，而太史令為六百石，僅當于下大夫。」（金毓黻，《中國史學史》，第 25 頁。）

155　《後漢書·輿服志上》對此有更詳細的說明，「景帝中元五年，始詔六百石以上施車轓，得銅五末，軛有吉陽筩。」

156　不過，問題恐怕並不如此簡單。《漢書·百官公卿表上》云：「縣令、長，皆秦官，掌治其縣。萬戶以上為令，秩千石至六百石。減萬戶為長，秩五百石至三百石。皆有丞、尉，秩四百石至二百石，是為長吏。」這樣看來，「長吏」的含義就變得頗為複雜了。它不光涉及到官僚秩祿等級，而且也包含一種對作為「親民官」之縣吏的特殊要求。這種要求著眼於縣吏與民眾之間的直接聯繫。所以《漢書·景帝紀》就說，「縣丞，長吏也。」基於這種判斷，我推測，所謂「長吏」之長，很可能包含有一種「長者」、「長老」等漢人約定俗成的政治－道德意向。在某種意義上，「長吏」亦同「師長」。它實際上就是「以吏為師」的簡化和簡稱。所以「長吏」這一稱謂本身就包含有豐富的意識形態意味。

和諸侯王一道參加「奉賀」皇帝的隆重典禮。[157] 所以他們的一舉一動都代表著朝廷的形象，他們的衣帽服飾都必須符合和遵守朝廷的禮儀和規範。這意味著，對六百石的特殊要求是既要教民，又要與民有別，在日常生活和行為中時時體現出帝國官吏的應有威儀。而這正是從「以吏為師」直接引申出來的內在規定。《漢書·惠帝紀》亦云：「吏所以治民也，能盡其治則民賴之，故重其祿，所以為民也。今吏六百石以上父母妻子與同居，及故吏嘗佩將軍都尉印將兵及佩二千石官印者，家唯給軍賦，他無有所與。」可見「重其祿」應該視為對六百石這一級別以上官員的特殊鼓勵和褒獎。因為他們「治民」而「民賴之」。《漢書·惠帝紀》還說：「賜給喪事者，二千石錢二萬，六百石以上萬，五百石、二百石以下至佐史五千。視作斥上者，將軍四十金，二千石二十金，六百石以上六金，五百石以下至佐史二金。⋯⋯爵五大夫、吏六百石以上及宦皇帝而知名者有罪當盜械者，皆頌繫。」這是作為對官員的酬賞和寬容而制定的標準。在這一標準中，六百石仍被刻意凸顯出來。足見六百石在官僚祿秩序列中確為一個坎。

這樣看來，六百石的制度脈絡呈現出一個由低而高，然後又穩中有降的複雜變化過程。最值得注意的是秦制。這不光因為在周秦漢三代中，秦把六百石定位的最高，也因為正是秦朝最先將博士定位於六百石，從而奠定了後世知識人的體制格局。六百石作為官僚祿秩序列中的一個客觀性質的「坎」，一旦與博士直接聯繫起來，自然具有了某種深刻的政治–思想史意義。

秦帝國給予博士六百石，雖說不上是高官，卻稱得上是厚祿。引人深思的是：（1）在對待知識人問題上，秦朝並沒有承襲周朝的慣例，而是給予了知識人更高的待遇；（2）在「獨尊儒術」的漢朝，知識人地位反而不如「焚書坑儒」之秦朝。合而觀之，問題的核心是：以秦朝素來重武輕文、尊法賤儒之傳統，[158]何以會有如此之制度？

原因大致有三：第一，秦始皇對自己功德和帝國的高度評價，使他習慣於用大氣魄、大手筆來設置一些制度，其中就包括博士秩祿。這可能也談不上是秦始皇對知識人的尊崇，只能說明這是一種皇帝式的豪爽和大方。第二，「五

157　《史記·叔孫通列傳》。

158　尊法賤儒乃秦國固有之傳統，尚法崇儒乃始皇治國之理念。二者之矛盾在政治–思想的複雜脈絡中，恰成旨趣。

德終始」說作為帝國的法統依據，使始皇帝必須要對被取代的周朝進行一番反其道而行之的制度創新。在這個宏大的體制創造過程中，博士陰差陽錯地交上了好運，成為帝國的「顯大夫」階層，而有別於周朝的「下大夫」。第三，秦尊齊學，齊人創設的稷下先生制度應該是博士制度的直接淵源。而稷下先生「為上大夫」。[159] 雖然很難說秦對博士秩祿的定位是完全套用稷下先生的「上大夫」規格，但參照其標準卻是肯定的。於是，知識人由周朝的「下大夫」而提升為秦朝的「上大夫」也就順理成章了。[160] 總之，秦朝對知識人在官僚制中的定位實際上已突破周代成例，而為後世奠定規模。這種突破既是有意為之的結果，同時也是無意為之的產物。即所謂「歷史合力」是也。

　　進一步分析，博士六百石的意識形態考慮究竟是什麼，尚需探究。我的解釋是：（1）博士雖不「治民」，但卻教民，民亦「賴之」，故亦需「重其祿」。（2）再考慮到秦朝「以吏為師」的意識形態建制特性和力度，我們不難理解博士在這一意識形態建制中所承擔的巨大責任，以及這一責任所對博士提出的高度要求和期待。或許，在這個意義上，我們能夠多少把握到博士與六百石之間的深刻關聯。（3）依據皇權專制主義之精神，秦朝定博士官六百石，必然有一個「防範性使用」的考慮，即對博士只能是要求「有控制的使用」。這樣就使得秦廷只能只能採取「利用而不重用」之策略。[161] 朝廷的意圖是用厚祿來製造一批昂貴的「花瓶」。[162]（4）博士之用雖在於教民，但為師之責卻非博士所專有，同時也是其他官僚的集體職責。在這個意義上，博士執教之用並無特殊意義。至少博士之功用在整個帝國官僚體制中並無功利性的實體價值。[163] 既然無

159　《史記・田敬仲完世家》。

160　這裡還有一個問題，作為同樣的知識人，秦朝史官的地位如何？也就是秦朝史官的秩祿是多少？我推測，太史令之秩祿在秦朝似乎不太可能是千石，而應是六百石。因為從太史令在秦朝之職掌看，遠不如博士重要。而博士才六百石。所以就常理言太史令秩祿不會比博士更多。即太史令和博士都是六百石。因為我覺得以秦人對制度設計思慮之細密，帝國對知識人肯定會有一個統一的政策規定和制度安排。

161　從秦政看，它所規定的博士職掌之體現不外乎廷議、封禪、出巡、占夢、作詩、問神等。範圍不可謂不廣，但多為「清客」性質。也有人把它估計的高一些。「秦朝的博士官，不僅是議政官，同時也兼有了禮官性質。」（張漢東，《論秦漢博士制度》）

162　博士們聲音也許很大，但往往無足輕重。博士雖然活躍，但卻更加寂寞。這種用而且疑的制度設計和控制手法使得博士只能毛附於皮，而不能成為皮；徒有畫皮之技，全無剝皮之能。

163　所謂「實體價值」不同於「實際價值」。我使用這個概念是因為更側重於其所體現和展示的制度性作用和功能。

功，又要授祿，這就有點「養起來」的味道。養就是施捨，就是恩惠，[164] 這體現出「恩德意識」或「恩感文化」之特質。

從政治－思想史角度看，博士制度構成了皇權意識形態體制中獨具特色的一種設計。博士秩祿的定位更是具有一種意味深長的含義。從此，士人的生存之道變成「吃皇糧」的為官之道。進而，「隨著中國秩祿制之逐漸實施，士人階層原先精神的自由活動也就停止了。」[165] 這自然是帝國意識形態的一個策略，同時也是帝國意識形態策略所追求的最大政治效應。這說明，在皇權政體之下，對於社會上的任何一個人，只要給他秩祿，就可以立刻把他納入官僚體制，使之成為一個地地道道服服帖帖平平庸庸渾渾噩噩的標準官吏。正像百姓「靠天吃飯」一樣，秩祿制使官僚只能「靠天子吃飯」。官僚對皇帝之人身依附，不言而喻。當然這並非說秩祿是官僚的唯一收入。而是說，這絕對是官僚們唯一合法的收入。這種唯一合法性不僅是其身分、地位、權力之標誌，更是其獲得其他諸多非法收入之保障。在這個意義上，秩祿制正是知識人從皇權體制獲取資本與價值的唯一正當渠道。

對帝國來說，博士可能是有用的，但更可能是有害的。這既有政治傳統的慣性，也有法家學說的薰陶，更有所有專制者的一般心理和觀念。總之，作為一個成熟的制度，它必然多多少少需要一些知識人，同時它也必須要把這些知識人嚴格管制起來。所以博士官之設很有些「廢物利用」，把知識人看起來的意思。可以說，秦帝國開創了一個對知識人統一管制的制度。秦帝國對知識人的制度化安排已經在決定性的程度上塑造了中國知識人的身分、觀念、形象、品質。中國知識人的政治命運和生活狀態大體由此而定。正常情況下，這種管制制度一般還是要讓知識人有口飯吃，而且有時還要吃得不錯。所謂「出有車，食有魚」，雖是戰國士人的標準，但也反映出士人對政治的一般期待，以及政治所能滿足的普遍限度。有趣的是，秦帝國制定的博士六百石恰恰符合這個標準。而且這個標準也成為後世知識人在專制政治下夢寐以求的理想生活水準。不貧不富。中流居上。日子比較滋潤。有飯吃，有事做，但不能亂說。六百石秩祿不但填飽了知識人的肚子，同時也封住了知識人的嘴巴。吃著官家的飯，還要說官家不好，連知識人自己也覺得不好意思。可見博士秩祿制實在是皇權

164　更不必說，養還是仁政，還是德治。

165　韋伯，《儒教與道教》，第 133 頁，江蘇人民出版社，1997 年。

意識形態建制中最為精妙和成功的一個創設。

二、博士弟子

博士弟子是秦帝國博士官制度的一個重要方面。[166] 其人數多少直接取決於博士數量。秦廷正式博士有七十人。[167] 從秦廷博士官設置對六國制度有所承繼這點看，秦廷博士七十人當不是一個隨意的數目，而是有其淵源。這一淵源很可能是齊國稷下學宮。稷下先生七十餘人，大體奠定了後世博士的一般規模。[168] 所以秦廷和漢文兩朝博士皆不過此數。馬非百則認為，七十人只是秦廷博士的固定編制員額。「然自始設至於秦亡，為時頗長。加以焚書議起，其中自不無多所更換之事。……故秦代曾任及現任博士之數，實不止七十人亦明矣。」[169] 以博士官前後相繼之總數累計算，當然可能要多於七十人。[170] 但我主要著眼於

166　張漢東《秦漢博士制度》說：「《叔孫通列傳》有『博士諸生三十餘人』前對二世之問，王氏云『諸生』指弟子，當時叔孫通僅是一待召博士而已，豈有擯正式博士于門外，而允許一待召博士帶弟子三十餘人進朝應對之理？」此說甚可笑。王國維說「諸生」為弟子並無錯。而且他也沒有說「博士諸生三十餘人」就是所謂叔孫通一人的弟子。倒是張氏自己作此無謂玄想。從上下文看，所謂「博士諸生三十餘人」不外乎就是說參預廷議的那些博士和弟子們。關鍵是，「二世召博士諸儒生問曰：『楚戍卒攻蘄入陳，於公如何？』博士諸生三十餘人前曰」云云，明明白白的「諸生」就是「儒生」，所謂「博士諸生」就是「博士諸儒生」的簡稱。可見「在秦時，『諸生』不限於儒，自武帝獨尊儒術，士人均成儒者，『諸生』才成了儒生的代稱」這種說法毫無根據。而且「博士諸生」一詞，顯明「諸生」非「博士」。既非博士，而又與博士聯稱，作博士弟子解正合情理。因為事實很可能是，「夠不上博士的」才被稱為「諸生」或「諸儒生」。（參見安作璋《秦漢官職史稿》上冊，第95頁。）以「『生』的含意有二：先生與學生」而斷言「秦之『諸生』或『博士諸生』，意為『諸位先生』或『諸位博士先生』」，則近乎現代人發言之空洞套詞，套用於古人實在不妥。至於說「秦博士有私人弟子而無官置弟子」（張漢東《論秦漢博士制度》），同所謂「博士可以招收弟子，但教授弟子屬個人的自發行為，並非政府所規定的職責」（李景明，《中國儒學史》秦漢卷，第107頁，廣東教育出版社，1998年。）這種說法一樣，有一個共同毛病，即二者對「以吏為師」作為意識形態建制原則對整個帝國知識人的精神生活和文化行為所具有強大的管制力度都明顯缺乏基本感知。很難想像，在以吏為師這種官僚意識形態架構下，為官為吏的博士們在招收弟子時竟然能夠不受政府約束。更何況，既然博士弟子能夠參預廷議，發表意見，其身分為官置弟子無疑。

167　章太炎〈秦獻記〉云：「秦博士七十人，……略得八人，於七十員裁九一耳。」張漢東〈論秦漢博士制度〉考證出12人，馬非百則考證出17人的姓名。

168　錢穆推斷稷下生人數編制與孔子有關。「孔子弟子七十人，當時諸侯尊慕孔子，故養賢設官亦以七十為准。」（〈兩漢博士家法考〉）

169　見《秦集史》下冊，第897–901頁。

170　近人有謂，始皇帝「又召集二千多文學方術之士置於博士領導之下，謂之諸生。」（李景明，《中國儒學史》秦漢卷，第12頁。另，該書第20頁又重複了這個數字。）不

體制問題。[171] 另外，除了正式「在編」的博士，還有數量不詳的待詔博士。[172]
候補性質的「待詔博士」準確有多少人，雖不清楚，但從常理看，因不占編制
名額，只能比正式博士更多，而不會是更少。以 1 比 2 為計，「待詔博士」至
少應該有一百四十人。

那麼，秦朝共有多少博士弟子？沒有直接數據。間接材料卻透露出一些關
鍵性訊息。《史記‧叔孫通列傳》云：「叔孫通之降漢，從儒生弟子百餘人。」
我們還不十分清楚叔孫通是否在成為正式博士之後才有這麼多弟子，就現有文
獻分析，當是在他尚為「待詔博士」時，已經有了這些弟子。因為當他憑藉阿
諛逢迎和政治投機的高超技巧而換來正式博士身分後，秦帝國已經面臨滅亡的
前夕，叔孫通本人也在驚恐之餘匆匆逃離了這個令人恐懼的虎狼窩。這種情況
下，他顯然已經無心再來做招收弟子這件事。而且，從眾多弟子一直忠心耿耿
不離不棄地跟隨他四處奔波這點看，似乎具有某種私人性質。即是一種「私人
弟子」。某種意義上，它確實頗似於孔子當年帶著大批弟子周遊列國的「壯觀」
場景。《史記‧叔孫通列傳》在叔孫通制禮前後有兩條材料可以印證我的推測
大致不誤。「通無所言進，專言諸故群盜壯士進之。弟子皆竊罵曰：『事先生
數歲，幸得從降漢，今不能進臣等，專言大猾，何也？』」又，「叔孫通因進曰：
『諸弟子儒生隨臣久矣，與臣共為儀，原陛下官之。』」可見叔孫通這些弟子
們跟隨他的時間確實很長了。從另一角度考慮，兵荒馬亂之際，似乎也不大可
能有人願意跟著這麼一位前途渺茫自身難保的前秦博士如喪家之犬般的四處奔
波。所以，合理的假設是叔孫通在秦廷做「待詔博士」時已經招收了大批弟子。

據此推知，既然一名「待詔博士」可以擁有百餘名弟子，那麼整個「待詔
博士」所可能有的弟子就會多達上萬人。這只是一方面，另一方面，既然「待
詔博士」如此，正式博士所能有的弟子在正常情況下只會比「待詔博士」們的

知這個數字從何得出。不過，該書將「諸生」視為與博士有別而又低於博士的一類士
人，他們不是博士弟子，但又與博士有隸屬關係，似乎屬於博士官機構的合法「成員」
或「工作人員」。張漢東〈論秦漢博士制度〉則說：「秦漢博士隸屬大常，有一人兼
任長官，領若干博士，博士以下無屬員，但從武帝起設有博土弟子，博士弟子不屬職
官範圍。」就現有文獻看，這個問題殊不易解決。

171　當然即便是編制也不會固定不變。比如，秦帝國後期，即坑儒以後至二世元年，博士
　　　數目已經減半。（參見張漢東〈論秦漢博士制度〉）

172　待詔博士是否參預廷議似無定制。至少始皇議制時，只有博士。二世時則有了待詔博
　　　士廷議發言的記載。

弟子更多。以一名博士帶有一百五十個弟子計，全體博士可能帶有上萬名弟子之多。[173] 倘若這兩個數字的推測和估計不算離譜，我們不難想像秦帝國官學機構的規模和高效。是可知，所謂「秦不好儒學，博士官是特設，因此博士弟子也不會太多」[174] 這種說法顯然並不合理。以此估算數字為基準，我們就相關問題不妨再稍作引申。史載，始皇帝坑儒四百六十人。其中儒士當占有絕大之比例。極而言之，以四百人為準，它與上萬名的「待詔博士」弟子和上萬名的博士弟子相比，似乎並不顯得很多。[175]

另外博士弟子間的師生關係也是一個頗有趣味的問題。叔孫通弟子對乃師自稱為臣，便極具深意。所謂「事先生數歲，幸得從降漢，今不能進臣等，專言大猾」云云，可知師生如君臣。弟子對師稱臣，也同樣可以把師稱作聖人。這正像臣子總要稱頌君主為聖王一樣。以師生－君臣格局來看「以吏為師」，其意味尤為深長。「以吏為師」即是官吏皆師。它包含雙重含義：官吏同時肩負雙重職能，具體的知識教育和普遍的道德教化。以吏為師作為制度化要求，意味著在普遍意義上民眾士人對吏稱臣。博士制度顯然把師生－君臣這種關係規範下來了，從而在更大範圍內確立了人們對官僚的敬畏，進而在更高層面上確定了對皇帝的敬仰。這是設置博士制度的核心理念。質言之，敬吏而尊君，是博士制度的觀念本質。

173　這並非完全不可思議之事。比如，孔子「弟子三千」雖非實數，但不難想見自春秋戰國以來私學規模之壯觀。另，以齊國稷下學宮為例亦可推知官學規模之龐大。《史記·田敬仲完世家》云：「是以稷下學士復盛，且數百千人。」齊國雖強，不過七雄之一；齊人雖多，不過三五百萬，卻能擁有如此規模之學宮。不難設想以秦帝國之國力之強，人口之眾，均數倍於齊；始皇帝氣魄之大，更非齊君可比。以其立國改制的一系列措施便可證明這點。而且我們非常有理由推測，取締私學和張大官學，完全是秦帝國同時並舉兩手並用的配套政策。所以秦廷博士弟子和待詔博士弟子合計數萬，實在是情理之中自然之勢。

174　張良才，〈試論秦之「吏師」制度〉。

175　如此推算，並不意味著我試圖抹殺或否定坑儒的野蠻性和酷烈性。而是因為我困惑於漢初士人對此事的平和反應。他們一是談及此事的次數不多，二是談及此事的態度並不激烈。他們雖然也不乏某種道義成分的譴責，但總體來說，其語調之「理智」足以使我為之不解。

第四節　意識形態思想控制的體制性權力——焚書與坑儒

一、火其書

始皇三十四年，為了駁斥儒生的復古論調，此時已身為丞相的李斯以更加強硬的口氣斷言，「五帝不相復，三代不相襲，各以治，非其相反，時變異也。今陛下創大業，建萬世之功，固非愚儒所知。且越言乃三代之事，何足法也？」[176] 這即是說，古並非是固定不變的鐵板一塊，而是一種連續變化並充滿複雜矛盾和衝突的歷史過程。古不是單面的，而是多面的。所謂「師古」，只能是「古為今用」。舍此，「師古」必然是不切實際的空話。不僅如此，在天下一統之際，任何觀念上的師古都有可能導致政治上的復辟。出儒入法的李斯對學術與政治之間的互動邏輯肯定有獨特認知。雖然戰國時代已經結束，百家爭鳴已成過去，但諸子思想仍以各自方式在當時的社會上悄然流傳，廣為散布，構成一批數量龐大的知識學術資源。李斯深知，這些數量可觀相互衝突並與官方思想相異質的知識學術資源如果不由政府強力控制，它們無疑會成為極具危害性和破壞力的東西，結果必定嚴重削弱乃至徹底顛覆帝國的統一形象。如果妥善掌控，它又會成為一種非常有效的工具，用來成功地維護和塑造官方所需要的標準形象。在建構皇權意識形態體制的過程中，這一行為自然成為一個至關緊要的關鍵性環節。

但據此判斷秦帝國是否已經建構出一種普遍有效的意識形態，還需謹慎。[177] 我猜測，法家所固有的反文化傾向，使得它對任何一種意識形態的努力都不感興趣。即便這種意識形態是法家式的。而法家的反文化傾向恐怕淵源於道家的反文明性。[178] 二者也有區別。區別在於，道家反文明性是極端主義和絕對主義的，即徹底否定一切文明形式，禮樂、道德、思想、知識、藝術、政治、法律、宗教、社會乃至人性本身；法家的反文化性則表現得多少還有些節制，

177　若要斷然說秦朝完全沒有確立意識形態，更需謹慎。（參見劉小楓〈臆說緯書與左派儒教士〉）

178　余英時有一個說法，叫作「反智論」。「『反智論』是譯自英文的 anti-intellectualism，也可以譯做『反智識主義』。『反智論』並非一種學說、一套理論，而是一種態度。」（《中國思想傳統的現代詮釋》第 45 頁）總體言之，它是指的對人性、知識、能力的一種不信任和懷疑傾向，其與政治之關聯，就中國言，往往成為極端專制與愚民之依據。

即它主要集中於各種與己對立的思想、學說、理論等方面。誠然，無論形式還是內容，法家的反文化性肯定屬於思想專制的範疇，可吊詭的是，從形式上看，儒家的思想專制卻表現出一種對文化的極端推崇和的對知識的由衷熱愛。[179] 雖然事實上，「文章學問復可為愚民之具，『明』即是『瞑』，見即為蔽。」[180] 以知識愚民較之以無知愚民，不過五十百步之別。[181] 但人們仍然更多地傾向於儒家這種文化主義或知識主義的思想專制的傳統立場，從而得以對法家的反文化性的思想專制表示出習慣性的憤怒和不滿。這便構成思想史的經典悖論，同樣追求思想專制，但由於路徑和策略不同，二者在特定條件下往往也能形成一種涇渭分明的水火不容之勢。

　　但我同時相信，人們在某種程度上可能有意或無意地誇大了秦朝儒法兩家的衝突。比如，這場衝突的中心人物李斯本身就兼具儒法兩家學術背景。所以李斯在設計意識形態秩序時依據的並不是某家學說，而是在上百年的戰國思想史脈絡中生成出來的普泛性政治共識。[182] 對李斯來說，任何一種學說都是「帝王之具」。他所做的只是需要無條件地忠誠於皇帝，而絕不是迂腐地忠實於學理。李斯的看家本錢是從荀子那裡學來的「帝王之術」。[183] 這使他對時局形勢

179　對此韋伯有個解釋。「實際上，一個處於絕對權力地位、並壟斷官方教士功能的家產制官僚階層，除了保持一種注重典籍的傳統主義的心態之外，別無其他選擇。只有典籍的神聖性本身可保證支撐官僚系統之地位的秩序的合法性。」（《儒教與道教》第190頁）這至少說明儒家關心的並不是任何一種性質的知識本身，而是知識背後所依託的權力。儒學的知識興趣從來都是一種政治欲望和權力意志的複雜表徵。無論孔聖還是孟聖，恐怕都不會隱瞞這點，更不會如後人般遮遮掩掩否認這點。

180　古人關於知識愚民的話題有不少論述。從新學愚民到八股愚民，再到古文愚民。比如，晁說之《嵩山文集》卷13〈儒言〉云：「其於《詩》、《書》則自為一說，以授學者，觀其向背而寵辱之，因以尊其所能而增其氣焰，因其黨與而世其名位，使才者顯而拙、智者固而愚矣。」（錢鍾書，《管錐編》第1冊，234–235頁。）再稍進一步，便是《四書》愚民和《六經》愚民。惜古人無論矣。

181　誠然「『文章』以及『明理載道』之事固無不足以自愚愚人」，但作為現代人的判斷，究竟能在多大程度上使統治者和知識人真正懂得「愚民之術亦可使愚民者並自愚」（錢鍾書，《管錐編》第1冊，235頁。）這個道理，實在不容樂觀。就知識人而論，他本身或許就是知識愚民的最大收穫。愚人而先自愚之，愚民而必自愚之。儒學教化愚民主義把知識人自欺欺人的辯證邏輯設計得天衣無縫，運用得出神入化，使人自愚而不知，自欺而不悟。這或許就是它的成功和妙趣。

182　當然即便是思想共識也不意味著它由各家學說平均構成。不過相對而言，這種長時段的思想共識，確實能夠給歷史中的具體行為和特定想法提供一個更為合理的說明。（參見呂思勉，《論學集林》，第107–108頁。）但其缺陷是，一種辯護主義傾向似乎在所難免。

183　其實，帝王之術可以視為中國學術之總稱。非但諸子百家是帝王之術，就連「經史子

有一種敏銳的直覺，而且這種直覺還驚人的準確。「今秦王欲吞天下，稱帝而治，此布衣馳騖之時而遊說者之秋也。」[184] 也許他已經預感到秋天來了，冬天也不會遠。如果不抓住「今萬乘方爭時，遊者主事」這個夜幕前的黃昏，大顯身手一番，建功立業，一旦秦帝天下，伴隨著大一統帝制時代的到來，布衣遊說之士的黃金時代可就徹底結束了。李斯的才能在於，當他處於布衣遊說地位時，他會憑藉本能而充分利用戰國時代這種士人的金秋季節而縱橫捭闔；當他身居高位時，他又會積極加大帝制時代思想管制的力度，迅速促使社會上各種異己學說的消亡，從而有利於皇權意識形態在更大規模上的整合。某種意義上，李斯作為最後一位法家，可以說是秦朝皇權意識形態的總設計師。[185]

經過戰國，郡縣官僚制已有相當規模之發展。到了秦朝，其成熟程度更是不容低估。這套制度的最大特點是自上而下一以貫之。其間之嚴密程度近乎間不容髮。其殘酷性具有覆蓋全社會的能力。於民於官均是如此。《秦律》對此記載頗詳。它的另一面是上對下只有權力而沒有責任。它要求臣對君盡忠，下對上盡責。在這套制度裡，唯一能夠聽到的是上面發布下來的各種強制性指令，永遠不可能聽到任何來自下面的不同意見和反對聲音。這樣，對現實和政府的譴責和批評不可能來自於這套官僚制內部，而只能來自於社會和民間。朝廷極力打壓和防範的也正是這點。所以，李斯對此尤為強調。所謂「入則心非，出則巷議，誇主以為名，異取以為高，率群下以造謗」者，既可能有朝廷裡那些

集」也無不是帝王之術之分類、集成與總匯。

184　《史記·李斯列傳》。

185　趙翼謂，「吳起嘗學于曾子，後乃殘忍好殺，為名將。所學與所用有如此之相反者，而尤莫甚于李斯。《史記·李斯傳》，斯少時從荀卿學帝王之術。而《賈誼傳》，河南守吳公治行為天下第一，故與李斯同邑，而嘗師事焉。然則李斯之師乃大儒，而斯之弟子又能以經術飾吏事，獨斯則焚詩書嚴法令，為禍於天下也。何也？蓋斯本學帝王之術，以戰國時非可以此干世，乃反而為急功近名之術，以佐秦定天下。及功既成，自知非為治之正道，恐人援古以議己，故盡毀諸書，以滅帝王之跡，欲使己獨擅名耳。」（《陔餘叢考》卷41，〈李斯本學帝王之術〉）這種說法過多強調了李斯個人的心術品行，但如果放置於皇權意識形態建構的宏大背景下觀察，可能就會發現問題未必如此簡單。對於思想史（其實所有歷史都是如此），我向來有個非常個人化的預設，那就是，把思想問題想得複雜一些要比想得簡單一些更有助於把握歷史真實。基於這個考慮，我並不完全認同趙翼的判斷。焚書誠然包含有愚民的用意，但這絕不單純是因為「恐人援古以議己」，「欲使己獨擅名」。所謂「語皆道古以害今」，即以古非今，可能是李斯設計意識形態取向時更具決定性的考量。否則，我們難免會犯尼采所諷刺的那種「把世界歷史繫在了鴿子腳上」的學術幼稚病。

不識時務的儒生博士，也捲入有某些身分複雜的地方官員，[186] 但更多的則是社會上的士人百姓。而且他們的批評和攻擊幾乎是不分時間和場合。他們依據的正是法家極端厭惡的儒家學說。「儒以文亂法，俠以武犯禁。」[187] 一文一武，正是對帝國秩序構成的最大威脅。所以，「收去《詩》、《書》百家之語以愚百姓，使天下無以古非今。」[188]

關鍵是「今皇帝並有天下，別黑白而定一尊」這種意識形態邏輯何以可能建構起來。為什麼「今皇帝並有天下」必須「別黑白而定一尊」？這說明「今皇帝並有天下」不單是有個天下就算完事，而是更明確地包含一種重新改造天下和設計天下的強勢要求。依照這種要求，皇帝所有的天下應該是一個黑白分明的一元化社會。在這個社會，黑白標準按照一尊需要均已規定妥當。這是一個由皇帝一尊來安排所有事物的絕對有序世界。它排斥和杜絕一切可能的混亂、多元和是非。它規定用「一尊」之見來統一全體社會成員的不同意見。它蘊含有取消一切「私議」而建立大同「公議」的政治理想。[189]

186　《漢書・藝文志》縱橫家有〈秦零陵令信〉一篇，云「難秦相李斯」。這位名「信」的楚地方官上書反對李斯觀點，其思想似屬於縱橫家。（參見顧實《〈漢書藝文志〉講疏》第 148 頁）

187　《韓非子・五蠹》。

188　《史記・李斯列傳》。吊詭的是，李斯後來竟然又用《詩》、《書》勸諫秦二世。「放棄《詩》、《書》，極意聲色，祖伊所以懼也；輕積細過，恣心長夜，紂所以亡也。」這暴露出李斯的某些儒家路數。趙高則使用李斯的非儒邏輯。「五帝、三王樂各殊名，示不相襲。朝廷下至人民，得以接歡喜，合殷勤，非此和說不通，澤不流，亦各一世之化，度時之樂，何必華山之騄耳而後行遠乎？」（《史記・樂書》）可謂以子之矛攻子之盾。這說明三點：一是，李斯的法家路線並不徹底。二是，李斯認為《詩》、《書》之害並不在於它本身，而在於它掌握在何人之手。所以百姓言《詩》、《書》是壞事，君主說《詩》、《書》是好事。事實上，專制者禁止任何事情均依據此等虛偽主義的辯證法理論。三是，儒法兩家的某些觀念經過自然融合，逐漸形成了一些人人習用的政治共識。

189　在秦政看來，「私議」源於私學，「公議」在於朝廷。在漢人眼中，這點恰恰是可爭議的。吾丘壽王說：「秦兼天下，廢王道，立私議，滅《詩》、《書》而首法令，去仁恩而任刑戮。」（《漢書》本傳）班固說：「昔秦燔《詩》、《書》以立私議，莽誦六藝以文奸言，同歸殊途，俱用滅亡。」（《漢書・王莽傳下》）顯然秦漢話語中呈現出兩種不同的「私議」標準。秦人之「私」恰恰是漢人之「公」。《詩》、《書》非但不是「私議」，反而有益「公議」。「公議」在於能行王道。一方面，朝廷未必都能行王道；另一方面，也唯有朝廷才能行王道。漢人的做法是把《詩》、《書》價值作為王道理念，提供給朝廷，從而賦予朝政以「公議」的內涵。但《詩》、《書》之外仍為私學和「私議」。漢人只是在把《詩》、《書》之私轉化為朝政之公。這似乎表明漢政對秦政合理內核的吸收。

　　本來，是非不一，黑白並存，是社會常態，無關政局；本來，「道古」與「害今」並無必然聯繫，「私學」也並不一定「非法教」；[190] 本來，師古與師今可並行不悖，各得其所，但李斯卻認為二者勢不兩立，有你無我。似乎這是兩個時代的相背相反的不同選擇。師古的時代已經結束，師今的時代剛剛開始。「異時諸侯並爭，厚招遊學。今天下已定，法令出一，百姓當家則力農，工士則學習法令辟禁。」而「今諸生不師今而學古，以非當世，惑亂黔首。」[191] 顯然是不識時務。李斯敏感到了學術背後的東西，這些東西對政治恰恰具有危險性，消除這種危險性，不能依賴學術，只能依靠政治。在我們看來，李斯的這種思路無疑更加危險。不過在那個時代，它卻是代表了相當一部分人的共同想法。

　　這個議案涉及兩方面。一是對官府，「史官非秦記皆燒之。」一是對民間，「非博士官所職，天下敢有藏《詩》、《書》、百家語者，悉詣守、尉雜燒之。有敢偶語《詩》、《書》者棄市，以古非今者族。」聯繫這兩個方面絕不能得出結論說，似乎民間可以讀史，就好像博士官可以「藏《詩》、《書》、百家語」一樣。因為頒布「焚書令」的主要目的就是要在官府與民間之間劃出一道嚴格的界限，以便確保官方對價值知識和歷史知識的絕對壟斷。所以民間讀史，這是歷代專制者的大忌。太史公說的很明確，「《詩》、《書》所以復見者，多藏人家。」一個「藏」字透顯出專制者對價值知識和歷史知識流布於民間的防範和警惕，同時也昭顯出民間對價值知識和歷史知識的渴望和希冀。伏生身為秦廷博士，尚需將自己所治《尚書》藏於壁中。可知焚書並不限於民間。若將此現象解釋為「焚書擴大化」似又過於現代「化」了。我對這件事的理解是：第一，相對民間禁學，官府誠然可以為學；第二，並非所有官吏都有權力為學，只有「博士官」才可以為學；第三，「博士官」為學也不能無所限制。[192]

190　《史記‧李斯列傳》特別說明是「非法教之制」。可知李斯著重的不是儒法學理之辨，而是儒政之謗，即儒家對現行制度的攻擊。首當其衝的很可能就是這套格局狹小破綻明顯的以吏為師之制。

191　《史記‧秦始皇本紀》。這與趙高說的是一個意思，「今時不師文而決于武力。」（《秦始皇本紀》）師文即師古，師今即施暴。

192　馬非百認為「博士官」和「博士」二者屬「機關」與「私人」之別。如果這種說法可以成立，那只是證明了我的判斷無誤。即意識形態對國家思想的控制可謂深刻之極。因為「私人」並非一般意義上的身為百姓的「私人」，而是特定意義上的具有官方身分的官僚個人。這種皇權意識形態的目的之一是要把作為個人的官僚思想有效統一在官方的整體意識之中。所以即便身為官吏的「博士」亦不例外。作為個人的官僚必須使自己的思想完全符合作為整體的官僚階級的職業道德和階級意識。意識形態目的之

　　所以「焚書令」意味著，不但民眾會因知識獲罪，官吏同樣也會因知識致罪。[193] 這是一種非常嚴厲的「知識法」。它本質上是一種「意識形態法」。即它是授權意識形態制訂出來的帝國法律。它限定的對象是帝國的所有成員。從民間到官府，統統受制於「意識形態法」的普遍控制。任何人皆不能例外。任何人都不能存有異於官方主導的整體意義上的統治思想的獨立思想。作為個人的官僚，同樣不能擁有獨立思想的權利。民間是眾口一詞，官方是千篇一律，從民間到官方則是步調一致。所以意識形態既要控制民間的思想，也要控制官方的思想。正因如此，「焚書令」在懲罰官僚的「思想罪」時，態度同樣異常強硬。比如「焚書令」特別規定了官吏的職責和採取措施的具體時限。「吏見知不舉者與同罪。令下三十日不燒，黥為城旦。」[194]

　　據上下文，所謂「令下三十日不燒，黥為城旦」，包含兩層意思：（1）三十日內，百姓不交者，「黥為城旦」；（2）三十日內，官吏不燒者，同樣「黥為城旦」。進而言之，我覺得「吏見知不舉者與同罪」更是大有深意。所謂「見知不舉」，當非單單說「見知」百姓有《詩》、《書》而不舉有罪，而是同時規定「見知」官僚們有《詩》、《書》而不舉也有罪。也就是說，「焚書令」對官吏們規定的職責是，不但要監視燒掉百姓的《詩》、《書》，同時也要監督官吏自己不能藉機私藏《詩》、《書》。否則均「與同罪」。據《太平御覽》卷八十八，《史記》原書在「吏見知不舉者與同罪」這句話下面，還有「諸文學之書捐除之」[195] 八個字。這意味著官吏必須將自己所有的《詩》、《書》全部上交。聯繫「見知不舉」，其基本意思可以看得更為清楚一些。即一方面，它要求官吏之間相互監督不得藏有《詩》、《書》；另一方面，對官吏們原有的《詩》、《書》則不必焚燒，而是上交。換言之，「焚書令」規定兩條：首先要求除官府外，天下不得有《詩》、《書》；其次，官府所有的《詩》、《書》

　　　　一在於此。（參見本章第五節〈意識形態對知識形態的區分與控制〉的相關分析。）

193　習慣上，人們對焚書的瞭解和感知多是基於儒生士人的批判性視角，而極少考慮到官僚們的實際感受。而劉邦「手勑太子」的真實表白，當使我們對此問題有更深一層理解。「吾遭亂世，當秦禁學，自喜，謂讀書無益。」（《古文苑》卷10）據此，至少有部分官吏對焚書非但並不反對，反而欣喜慶倖。倘稍作申論，我們是否可以推斷，焚書在當時確有相當普遍的官僚共識基礎？

194　《史記·秦始皇本紀》。

195　張文虎，《校刊史記集解索隱正義劄記》上冊，第 74 頁，中華書局，1977 年。

必須集中到中央，由朝廷任命的專職官員負責統一管理。[196] 朱熹謂：「秦焚書，也只是教天下焚之，他朝廷依舊留得。」[197] 這說明「焚書令」背後有一個嚴密的計畫。它在對官民區別的前提下同樣重視對官僚的思想控制。[198]

就內容而言，「焚書令」對官府和民間同樣設定了不同的目標。一方面，官府需要清除的是六國史書，我推測所謂官府所藏的史書很可能就是在秦滅六國的過程中從各國（包括官府和民間）和周室所搜集到秦廷的史書。由於可以想像到的種種原因，這些來源不一、內容不一、觀點不一的大量史書一直沒有得到系統整理。姑且不說它們保存在秦廷隨時都有可能再次流入民間，關鍵是這些史書在秦廷的存在本身對《秦記》的真實性就是一個莫大威脅。另一方面，民間需要清除的是諸子學說。包括「孫吳之書」和「商管之法」，「都所不逭也。」[199] 這說明「焚書令」的標準不是書籍的好壞或對錯，而是書籍中包含的價值知識本身。它的策略是，不管什麼書籍，只要屬於價值知識範疇，都不能保存在民眾手中，而必須由朝廷統一管理，完全由朝廷來獨斷決定該把什麼價值知識傳授給民眾，以什麼方式傳授，傳授哪些具體內容，與此同時，民眾應該掌握哪些價值知識，應該以什麼標準和觀點來接受這些價值知識，也都是意識形態秩序需要全面考慮的事情。聯繫以上對官僚「諸文學之書捐除之」的規定，可以看出意識形態設計中的兩個基本要求：官吏不得藏有文學之書，民眾不得藏有法家之書。[200] 這實際上反映出皇權意識形態架構下對價值知識的一般

196　這項集天下書於中央的法令，可能也包含「重京師而抑郡國，強幹弱支」的通盤政治考慮。（參見康有為《新學偽經考》，〈秦焚六經未嘗亡缺考第一〉。）

197　《朱子語類》卷138。

198　依據「焚書令」，官僚個人不能私自擁有《詩》、《書》。這恰恰能夠說明現今所發掘的從「焚書令」頒布到「挾書律」解除之前這段時期的秦漢墓葬帛書中為什麼缺少《詩》、《書》的原因。合理的推測是，這大概不能解釋為官吏們都嚴格執行了「焚書令」，把民間的所有《詩》、《書》都給燒掉了，即焚書的效果很好。因為即便是官吏們不焚燒民間《詩》、《書》，他們自己也同樣不能藏有《詩》、《書》。所以這種現象只能解釋為官吏們都把自己原來所有的《詩》、《書》都上交到朝廷了。故而，他們的墓葬品中不可能有大量的「禁書」。如果這種分析能夠成立，我們的結論是，秦帝國用法律行政手段來控制人們思想的做法，至少從形式上看，是相當成功的。

199　錢鍾書，《管錐編》第1冊，262頁。

200　對官吏而言，《詩》、《書》六藝只是為其特別限禁之書，並非說百家書可以除外；同樣，對民眾而言，諸子只是為其特別限禁之書，並非說《詩》、《書》六藝可以除外。「焚書令」的這個規定可能同《詩》、《書》六藝與諸子兩類書籍在官府與民間分別流傳的規模和程度有關。這恰恰說明帝國意識形態在對知識形態實施全面控制的前提下同時有其明確的針對性。

觀念。儒法融合在意識形態體制中的真實狀態是皇權帝國對官民二者可能擁有的價值知識的一視同仁的警惕和防範。

　　基於這個分析，「焚書令」本質上是一個以官僚和民眾雙方為全體對象的統一性思想控制方案。它就像一個碩大無朋之網，把所有人都收服在裡面。不過收網之前，諸子學說的傳授還是相當普遍的。《漢書·楚元王交傳》云：「楚元王交字游，高祖同父少弟也。好書，多材藝。少時嘗與魯穆生、白生、申公俱受《詩》于浮丘伯。伯者，孫卿門人也。及秦焚書，各別去。」[201] 據此可見，焚書之前，民間及社會上有關諸子的價值知識傳授和學術研討尚有相當存在之空間，至少沒有受到秦政之明令干涉。如果我們把六國史書看作歷史，諸子學說無疑就是思想。歷史關乎記憶，思想關乎價值。如果不再有真實的記憶，如果不再有傳統的價值，面對現實和政治人們只能是望天興歎無從談起。這樣，一種單一管道表達和單一話語言說的普遍性的政治沉默便合理成為專制政體下的思想常態。

二、人其人

　　恐怕事先誰也沒有預料到，就在「始皇置酒咸陽宮」這種莊重而又喜慶的場合竟會爆發一場關於國家體制的激烈爭論。如果考慮到秦朝那種「文史」治國，法度森嚴的緊張形勢，出現這樣一場爭論的確有些匪夷所思。秦始皇本是一個極重等級和禮儀的人，我們可以想像到這場慶典一定極盡排場和豪華之能事。依據常理，在這樣一個「錯誤的」時間、「錯誤的」地點發生這樣一場「錯誤的」爭論，它使秦始皇在興致敗壞、尊嚴冒犯的情況下，[202] 竟然有耐心聽下去，這不能不說是個「奇蹟」。但我們更有理由推測，當時一定存在某種制度具體保證了這種事情在一個極其偶然的情況下得以可能發生，並免於被追究相關人員的「法律」責任。[203]

201　關於荀子《詩》學系統，朱自清有過簡要說明，「荀子其實是漢人六學的開山祖師。而四家《詩》除《齊詩》外都有他的傳授，可見他在《詩》學方面的影響更大。」（《朱自清說詩》，第106頁，上海古籍出版社，1998年。）

202　因為秦始皇認為這個問題自己早已作出決斷，可以說是毋庸再議。

203　聯繫到武帝時張湯與博士狄山爭論對匈奴方略，「山自度辯窮且下吏。」師古注釋說：「度，計也。見詰自辯而辭窮，當下吏也。」（《漢書·張湯傳》）似可推知漢朝廷議爭論中，理屈詞窮者一方往往還面臨著下獄治罪的恐怖下場。這就意味著廷議結果並不僅僅是皇帝採用何人意見的問題，它還直接涉及到辯論者的身家性命的問題。這

　　不過，最使人始料不及的是，這場分封與否的爭論竟然最終產生那麼一個恐怖的結果。由於這個結果，整個社會的知識與學說遭到近乎滅絕性的摧殘。但事情還沒完。「焚書」次年，即始皇三十五年，又發生一件意外之事。這件事情直接導致了數百名士人的屠殺般的集體滅絕。史稱「坑儒」。它最初起因於始皇與方士之間的特殊關係。舉世無雙的帝國和功業使始皇帝已不滿足於做會死的凡人，而要做「入水不濡，入火不爇，陵雲氣，與天地久長」的「真人」。[204] 受始皇帝委託負責求煉「不死之藥」的方士盧生和侯生卻私下認為，「今上治天下，未能恬惔」，「貪於權勢至如此，未可為求仙藥。」對盧侯個人來說，這無疑是一個自殺般的瘋狂選擇。但其背後依託的理念邏輯卻非常理性。

　　盧侯二人既談到了始皇帝貪婪多欲剛愎自負的性格，「始皇為人，天性剛戾自用，起諸侯，並天下，意得欲從，以為自古莫及己。」又談到了始皇帝獨斷專行事必躬親的行政風格，一方面「丞相諸大臣皆受成事」，完全傀儡化；另一方面「天下之事無小大皆決於上，上至以衡石量書，日夜有呈，不中呈不得休息。」二人既為博士鳴冤，「專任獄吏，獄吏得親幸。博士雖七十人，特備員弗用。」又為術士叫屈，「秦法不得兼方，不驗輒死。然候星氣者至三百人，皆良士，畏忌諱諛，不敢端言其過。」最可怕的是，這個時代只有殺戮和鎮壓，「上樂以刑殺為威，」而沒有忠誠和責任，「天下畏罪持祿，莫敢盡忠。」這是一個醉生夢死的時代，是一個沒有信仰的社會，「上不聞過而日驕，下懾伏謾欺以取容。」[205] 這無疑是一種「全盤否定」式的批判和譴責。它從皇帝個性

樣，廷議決策對爭論者雙方無疑構成一種「達摩斯克之劍」的巨大壓力和致命威脅。這種大刑伺候對每一個廷議參加者來說都是隨時可能之事。就此而言，千古一史之太史公所遭受的奇恥大辱也實在沒有什麼可抱怨的。本來君主就是僅憑主觀好惡和個人喜怒來合法行使自己這種專制權力的。當然並非所有皇帝都會這麼做。這種做法可能始於二世。用叔孫通的話說，二世是用「虎口」來招待那些說話不中聽的博士。「二世令御史按諸生言反者下吏，非所宜言。」（《漢書・叔孫通傳》）關鍵是，在廷議上「享受」這種「待遇」的並不只限於博士、太史令這些級別較低的文化官員。比如，「汾陰得寶鼎，武帝嘉之，薦見宗廟，臧于甘泉宮。群臣皆上壽賀曰：『陛下得周鼎。』（吾丘）壽王獨曰非周鼎。上聞之，召而問之，曰：『今朕得周鼎，群臣皆以為然，壽王獨以為非，何也？有說則可，無說則死。』」（《漢書・吾丘壽王傳》）吾丘壽王時任光祿大夫侍中。「光祿大夫侍中，秩中二千石。」（《漢書・金日磾傳》）「侍中光祿大夫，秩中二千石。」（《漢書・張湯傳》）可見即便中二千石的高官也時常有因言致死之虞。相形之下，至少始皇廷議上確乎還沒有因言獲罪者。

204　《史記・秦始皇本紀》。
205　《史記・秦始皇本紀》。

說到帝國政體，但其思路明顯不同於師古的儒生主要立足於分封制來批評國家
體制。某種意義上，它似乎具有一種莊子式的否決一切的徹底性。[206] 所以，它
很難看成是對儒生那種溫和批評的繼續。但如果說二者全無聯繫似也不儘然。

　　值得注意的是，始皇帝主動將二者前後聯繫起來。「吾前收天下書不中用
者盡去之。悉召文學方術士甚眾，欲以興太平，方士欲練以求奇藥。今聞韓眾
去不報，徐市等費以巨萬計，終不得藥，徒奸利相告日聞。盧生等，吾尊賜之
甚厚，今乃誹謗我，以重吾不德也。」[207] 李斯首議「焚書」，始皇帝的態度，
太史公舉重若輕地用了三個字：「制曰『可』。」這次卻是始皇帝親自動議。
「諸生在咸陽者，吾使人廉問，或為妖言以亂黔首。」我們可以把這件事理解
為始皇帝在「太平」理想連同個人欲望受挫之後產生的綜合性的過激反應。「於
是使御史悉案問諸生，諸生傳相告引，乃自除犯禁者四百六十餘人，皆坑之咸
陽。」[208] 如果稍加區分，焚書的範圍是在全國，坑儒的範圍則限於咸陽。儘管
如此，但「使天下知之，以懲後」的意識形態意圖則使這個駭人聽聞的暴虐之
舉具有了堂而皇之的合法性，[209] 而它引起的社會上的普遍恐慌更加擴散了官方
刻意追求的心理效應。扶蘇提醒始皇，「天下初定，遠方黔首未集，諸生皆誦
法孔子，今上皆重法繩之。臣恐天下不安。」[210] 正是對其嚴重後果的深切憂慮。

　　雖然被坑者的身分相當複雜，[211] 但無論始皇還是其子扶蘇都明白前後兩年

206　郭沫若就推測盧生、侯生、韓眾、徐市等人「說不定也就是莊子的一群私淑弟子」。
　　（〈莊子的批判〉，《郭沫若全集》歷史編，第 2 卷。）

207　《史記·秦始皇本紀》。

208　《史記·秦始皇本紀》。關於坑儒，漢人另有說法。衛宏〈詔定古文尚書序〉云：「秦
　　既焚書，恐天下不從所改更法，而諸生到者拜為郎，前後七百人，乃密種瓜于驪山陵
　　谷中溫處，瓜實成，詔博士諸生說之，人言不同，乃令就視。為伏機，諸生賢儒皆至焉，
　　方相難不決，因發機，從上填之以土，皆壓，終乃無聲。」（見《史記·儒林列傳》，《正
　　義》）這或許是一事兩說，或許乾脆是兩件事。《文獻通考·學校考》則是把它作為
　　兩件事。繆荃蓀《秦博士考》認為「秦坑儒為先後兩次」。張漢東則說，將衛宏序言
　　與《史記》比對，「坑儒似為兩次，蓋其原因、方式、人數、地點均不相同。但仔細
　　推敲，衛宏序言虛構成分是很大的。」「西漢人的著作都與《史記》是一致的，從未
　　有人提到衛宏所述一案；而索隱與顏注恰是以衛宏語來注《史記》，這說明二者是一
　　回事。」張氏認為「應以《史記》為準」。至於「衛宏云坑儒地點在驪山，倒是有可能。」
　　（《秦漢博士制度》）

209　意識形態的主要功能在於為專制政治提供合法性論證。所謂「燔書為私學之書，坑儒
　　乃犯禁之儒」。（蒙文通，〈經學抉原〉，《經史抉原》。）

210　《史記·秦始皇本紀》。

211　一般認為被坑者大部分是術士或方士，而非儒士。胡適甚至謂，「這種方士，多坑殺

的「焚書」與「坑儒」，最大的犧牲品其實是儒士。[212] 焚書坑儒或許均與儒學言政有關。[213] 但言政恰恰是儒學之最大功能。這並非說儒學言政功能與焚書坑儒之關係就是必然，或是反之。二者關係可能要複雜得多。問題的實質是，言政功能之施展必須要有一個適當的制度環境。這一環境在秦帝手中並未完全形成。這同時造成儒學與秦政的雙重困境。一方面是儒學的現實政治困局，另一方面則是秦帝潛在的意識形態焦慮。透過儒家的政治困局，我們明顯感覺到始皇帝內心隱伏的意識形態焦慮。正是這種意識形態焦慮，使始皇帝在新生帝國不到十年時間連續採取了這兩次驚世駭俗的舉措，以便達到「興太平」之目的。[214]

了幾百個，於當時的哲學只該有益處，不該有害處。」（《中國哲學史大綱》，第 286 頁，河北教育出版社，2001 年。）素以寬容理性如胡氏，亦竟認為殺人有益於學術。可見用政治乃至暴力方式對思想問題進行「終極解決」，是國人最本能的慣性思路。至於「被坑者有否博士，目前尚無直接可靠的證據。……《論衡‧死偽》云：『秦始皇用李斯之議，燔燒《詩》、《書》，後又坑儒。博士之怨，不下申生；坑儒之惡，痛於改葬。』從這段話看，博士也有被坑者。」（張漢東《秦漢博士制度》）

212　周予同認為，焚書不但使儒生受到打擊，甚至秦始皇可能還有一個有預謀地壓制儒家的「計畫」。（周予同，《經學史論著選集》，第 741 頁。）蕭公權則認為，「焚書之舉，不過恐私學亂教，非欲消滅儒術也。」（《中國政治思想史》第 2 冊，第 264 頁。）錢穆認為，焚書坑儒另有企圖，「意在使天下懲之不敢為妖言誹上」。（〈兩漢博士家法考〉）也有人認為坑儒與學術無關。它只是始皇帝權欲膨脹，並加上愚民政策的結果。（參見李景明《中國儒學史》秦漢卷，第 27–28 頁。）客觀而言，坑儒確實是一突發事件。就秦政看，前後似乎也不存在有一個有步驟地消滅儒學的計畫。但無庸諱言，儒學與帝國的合作並不順利。甚至可謂矛盾重重。在這種背景下，儒學的生存環境日益惡化，自是難免。對於朝廷的全面封殺和壓制，儒學更是首當其衝。所以，不論焚書坑儒的矛頭是否針對儒學，但儒學的政治抱負難以施展，並備受歧視，則是儒家在秦朝的一般感受。

213　蒙文通認為，鮑白令之「毀始皇為桀、紂，遂釀坑儒之禍」，淳于越議封建，「遂釀焚書之禍。」（〈儒家政治思想之發展〉）剪伯贊則認為文人不隱藏山林而投降新朝，無氣節「也是屈辱招禍的原因」。（《秦漢史》，第 61 頁，北京大學出版社，1983 年第 2 版。）

214　余英時說焚書坑儒是法家「反智論的徹底勝利」和「反智論在政治實踐上的最後歸宿」。（《中國思想傳統的現代詮釋》第 65 頁）這種看法有兩個缺陷，第一，它沒有看到焚書坑儒實際上是一種皇權政體下建立意識形態秩序的初步嘗試；第二，它沒有注意到焚書坑儒的真實意圖和最高理念並非源自法家，而是儒家。錢穆已注意到這點。「荀主法後王，誅奸人，故秦禁誹上而坑儒士。荀主正名，故秦同書文而燒古籍。」（《國學概論》，第 78 頁，商務印書館，1997 年。）勞榦則進一步確定，「坑儒的理論應當是從荀子（〈宥坐篇〉）『孔子殺少正卯』一事而來的。」（〈秦的統一與其覆亡〉，《歷史語言研究所集刊》第四十八本，第二分。）更何況從源流看，人們只知《韓非子‧和氏》說商鞅有「燔《詩》、《書》」之言，而不知《孟子‧萬章下》更早就有「去其籍」之論。馮友蘭雖然看到了「焚書，禁私學，亦未嘗不合于儒家同

可以推測，始皇帝的確非常希望在自己的有生之年能建立起一種理想的意識形態秩序。而且他這種強烈的政治意念與公羊學關係莫大。似乎可以說始皇帝所理想的意識形態秩序很可能與公羊學的傳授與啟迪直接相關。事實上，秦政伊始確實也曾有過徵召天下學術的舉措。證據有三：第一，始皇封禪召見齊魯諸儒，並徵詢和討論了相關的禮制問題；第二，李斯焚書時暗示出來的諸子學說之活躍；第三，始皇坑儒自述中所謂「徵召天下方術文學士」亦透露出相關訊息。據現有文獻分析，秦廷學術徵召的結果包含有兩個可能：一是，諸子對此並不十分積極，而是處於觀望狀態，只有齊人進了鄒衍儒家化的「五德終始說」；[215] 二是，諸子與帝國充分合作，獻書獻策，但只有「五德終始說」、封禪等齊學引起了秦始皇的特別注意和極大興趣。[216]

基於此，一個合理的推測是，齊人恐在進上「五德終始說」之同時，還一並進獻有其他諸說，比如公羊學。[217] 而且始皇很可能也予以採信。因為公羊學闡發的那些「微言大義」極具神祕魅力和啟示價值。「所謂大義者，誅討亂賊以戒後世是也。所謂微言者，改立法制以致太平是也。」[218] 而這些也都是始皇

道德，一風俗之主張，不過為之過甚耳」，（《中國哲學史》下冊，第487頁。）但對於儒學的「興太平」理想竟然構成了焚書坑儒的一條主線，在思想史的合力推動下由焚書而坑儒的逐步發生這一內在脈絡，卻無所察覺。當然我並不打算證明焚書坑儒之間存在一個完整的政治計畫。但我希望提醒人們，坑儒的「偶然性」並不那麼簡單。雖然焚書坑儒二者並無一個周密計畫，卻有一個客觀邏輯。這個邏輯也並非出於尊君或愚民之需要，而是基於一個更為深刻的「太平」理想。換言之，始皇帝是把由焚書而坑儒合理地解釋為自己「興太平」的必然步驟。這意味著，「太平」之世至少有兩個特點，既無「不中用」的書，也無「奸利」之徒。即無用之書和無益之人不許存在於「太平」之世。事實上，這正是中國歷代統治者對「太平盛世」的基本要求。甚至它也是士人評價「太平盛世」的普遍標準。

215　《鹽鐵論・論儒篇》云：「鄒衍以儒術干世主。」

216　據蒙文通說，秦人深惡史記三晉之學，而獨尊齊魯之學。（參見〈經學抉原〉）亦可佐證我的判斷。另可參見陳夢家，《尚書通論》，第161頁，河北教育出版社，2000年。

217　公羊學與「五德終始說」之間的學理糾葛迄今仍是一個被人忽視的思想史問題。但人們也承認公羊學中確實攙雜有鄒衍之言，甚至認為「《公羊》之旨，浸淫于鄒氏者多」。（參見蒙文通，〈經學抉原〉）另外，一個並非無關宏旨的理由是，公羊學特有的神祕性質與「五德終始說」正相匹配。鄭玄謂「《公羊》善於讖」，並不意味著它與讖緯之間有多麼深微而複雜的學術淵源，在我看來，其實這也說的是《公羊傳》這種神祕主義的話語風格和思維模式。

218　皮錫瑞，《經學通論》，〈論《春秋》大義在誅討亂賊微言在改立法制孟子之言與公羊合朱子之注深得孟子之旨〉，中華書局，1954年。

已經做過的事情和正在做的事情。所以像「撥亂世，反諸正」[219] 這些話就很合始皇的胃口。另外像「以俟後聖」[220] 云云亦難免不使始皇對自身功德產生種種超現實聯想。不然的話，何以始皇對「興太平」[221] 念念不忘孜孜以求？反觀漢初諸帝，卻無一人提及「太平」之事。另外，始皇採信公羊學一事還可解釋為何公羊學竟能風行於秦廷之上朝議之中，成為帝國顯學。因此我判斷，公羊學既是秦學，又是漢學，更是「秦漢之學」。[222]

　　由於始皇對公羊學的採信，使公羊學開始發生「質」的變化。「大一統」、「改制」等關鍵性思想很可能都是這個時候形成的。首先，「大一統」之實質並不在於「一統」，而在其「大」。因為「一統」觀念早就有了，[223] 但在「一統」上特加一「大」字，則絕對是在皇權體制和帝國背景下演化出來的思想創意，故而得以「為『大一統』之先聲」。[224] 始皇君臣反復宣稱「自古三皇五帝所不及」，其凸顯和張揚的既是空間規模之廣大，更是其體制力量之強大。其次，始皇大規模改制與公羊學亦當有關。所謂「秦改郡縣，正合經義」。[225] 總之二者之關係當不是單向度的，而是互動式的。即一方面，公羊學之改制思想對始皇之改制實踐給予支持，另一方面，始皇改制實踐對公羊學改制思想予以提升。就此言，後世對於「王正月」的繁瑣解釋可能全然不著邊際。因為人們把注意力死死盯在「文王」、「周王」、「魯王」、「孔王」或「新王」身上，根本沒有考慮到現實的「秦王」存在。難道這裡面真的沒有一絲「秦帝」的背影？[226] 我想人們之所以此前沒有意識到這點，那只是因為人們過於相信儒家後來編制的學術譜系，故而沒有真正理解一種大規模的威權性制度之建立而對思想觀念

219　《春秋公羊傳》哀公十四年。

220　《春秋公羊傳》哀公十四年。

221　公羊學中的「太平世」與「大一統」實際上是一回事。（參見小島祐馬，〈公羊三科九旨說考〉，江俠庵編譯《先秦經籍考》，上海文藝出版社，1990 年。）

222　我對公羊學不作今古學評判。因為那對我的分析沒有任何實質意義。公羊學首先在秦朝進入政治，繼而又在漢朝大行其道。這說明公羊學從一開始就是一種伴隨著皇權政治而逐漸成熟起來的神祕政治學說。這種政治背景使公羊學在漢初終於由口說變為文本。可以說，《公羊傳》大致經歷了三個階段之演化：戰國末為口語化階段，後戰國由口語而轉為文本化階段，漢武帝開始由文本而轉為系統的闡釋化階段。

223　至少西周後期就已出現。比如《詩經》。後來《孟》、《荀》此類論說更為明晰。

224　廖平，《知聖篇》卷上。

225　廖平，《知聖篇》卷上。

226　至於說《公羊傳》僖公三十三年、昭公五年把秦稱為「夷狄」，我推測那可能是在漢初轉換成文本時，為了表示反秦而特意增添上去的。

可能發生的種種實質性影響。

　　某種意義上，始皇帝與公羊學的關係可能算是帝國意識形態秩序中唯一成功的範例。但總體而言，由於帝國與儒學的合作沒有成例可循，缺乏可資借鑑的現成模式，致使雙方都不滿意。[227] 可問題是，作為天生的意識形態專家，儒家的寂寞和尷尬足以從深層上決定帝國意識形態建構的實質性成敗。秦始皇本人當時沒有能夠意識到這點。但這也很難說是始皇帝的錯。作為中國歷史上第一個皇帝，秦始皇身上最缺少也最需要的就是歷史的經驗和教訓。這特別使他在意識形態問題上表現得更是毫不掩飾。其狂熱、急躁和幼稚可謂一覽無遺。一個史無前例的帝國，一種登峰造極的權力，使得始皇帝過多地沉溺於自己主觀構制的意識形態幻覺之中，不容置疑地要求人們按照一己認定的悖論性方式來建制自相矛盾的意識形態體制。「吾前收天下書不中用者盡去之。悉召文學方術士甚眾，欲以興太平。」在我們看來這完全是不可能的事情，既「收天下書不中用者盡去之」，又「悉召文學方術士甚眾，欲以興太平」。這簡直南轅北轍，緣木求魚。但秦始皇卻認為二者並不矛盾。[228] 仔細分析，這裡面透露訊息頗多。

　　其一，所謂「收天下書不中用者盡去之」，說明兩點，一是秦始皇對「焚

227 比如，儒生與始皇在封禪問題上的分歧。原因在於，儒家那種過度的師古傾向並不符合皇帝目前的實用需要。不過，我們也不必把這次合作的失敗看得過於必然。客觀言之，無論皇帝制度還是皇權政體都不存在徹底排斥儒家的必然邏輯。平心而論，儒生參政在戰國時也不多見。秦政給儒生留下的空間即便沒有變得更大，也絕沒有變得更小。只是相對帝國政治的龐大規模特別是漢政取向和做法，秦政給予儒生的待遇就有了大可非議的理由。所以我們只能說秦政所為只是皇權體制不成熟的表現。甚至還說不上是變態。反之，儒生對皇權體制也不存在天生的敵意。以封禪為例，儒生並不否認始皇帝泰山封禪的現實合法性，他們提出異議的只是歷史合理性。比如，上山應坐什麼車，應該用什麼席子，祭奠時應該遵守什麼程序等一系列繁瑣的細節問題。他們認為這都是有歷史根據的。這種經典主義的歷史合理性，實際上只是一個技術問題。但技術問題在某些特定場合也會成為一種難以逾越的障礙。所以，皇權與儒生相互認同並不是問題，加深認識才是問題。但由於種種原因，歷史並沒有給解決這個問題留下太多的時間。這樣它就構成了秦漢之際一份影響深遠的政治遺產。某種意義上，漢政的全部努力就在於打通此處關節。漢政的得與失皆繫於此。其結果則使「中華專制主義」獲得了一個經典型的形態體系。在這一經典形態中，儒學與皇權的結合使得漢政成為繼三代而後的又一個為人效法的政治範式。

228 呂思勉對此有個解釋，「焚其書而用其人者，特採取其謀議，用舍之權在我。」（《論學集林》第 689 頁）從專制者權術的角度倒也有些道理。

書」規模和效果的個人評估，當然它也可以解讀為「此收書而不盡焚之確證」；[229] 二是秦始皇對所焚之書性質的主觀判斷，即「《詩》、《書》、百家語」皆為無用之書。[230] 相形之下，「所不去者，醫藥卜筮種樹之書，」便是所謂的有用之書。醫藥之書肯定是有用的，它不僅關係人的身體、疾病和生命，如果我們進一步考慮到秦始皇那時正熱衷於「仙藥」和「奇藥」而祈求「長生」，對這個問題當有更深一層的理解。卜筮之書也肯定是有用的。這不光是那時的普遍社會風氣，而且秦始皇本人對其更是情有獨鍾。種樹之書同樣是有用的。因為它關係「耕戰」。由此我們斷定，李斯所言絕非心血來潮之舉，而是深思熟慮的結果。

其二，所謂「悉召文學方術士甚眾，欲以興太平」，也至少說明兩點，一是一邊焚燒書籍，一邊籠絡士人。按照秦始皇的邏輯，焚書所燒只是那些「無用之書」，它對天下士人的心理和情感並無任何傷害。同時聯繫到盧侯兩位方士所說，僅「候星氣者至三百人，皆良士」，秦始皇在當時集中的士人可能確實不少。「悉召」、「甚眾」二語便可看出。它意味著秦帝國已有能力對天下士人的行為進行隨心所欲的支配和控制。二是秦始皇相信一面廢除無用知識，一面重用有用之士，自然能「興太平」。他似乎不知道，單靠技能之士並不能真正「興太平」，所以這從一開始就註定了失敗。

如果把書與人聯繫起來看，所謂「卜筮」就是「方術士」的工作，在古代，「醫藥」同樣是「方術士」的工作。那麼，「文學」之書呢？「文學」應該做什麼呢？「文學」又是哪些人呢？呂思勉說：「所謂文學士者，即通知古今，而不僅囿於當世法律辟禁之人」。「『欲以致太平』上，蓋有奪文，此五字指文學言。」[231] 又謂「『欲以興太平』上，當奪『文學』兩字。文學便是當時的儒家。可知始皇並非不用儒者，所以要用儒者，就是因為當時的天下非更化不可，要更化非改制度不可，而改制度之事，唯有儒家最為擅長。」[232] 這種說法把「興太平」與文學直接聯繫起來，雖然不錯，但與思想史實態似乎有些隔膜。因為對於當時正介於焚書坑儒之際的秦始皇來說，我想他很難會把自己「興太平」

229　錢穆，《國學概論》，第 70 頁。

230　值得注意的是，秦始皇與李斯對焚書的理由似乎略有不同。前者認為焚書是因為某些書籍「無用」，而後者認為焚書是因為某些書籍「有害」。

231　《論學集林》，第 689 頁。

232　《呂思勉遺文集》（下），第 52 頁。

的政治理想完全寄託於他已經不甚感冒的儒家身上。所以聯繫上下文，不難推斷，所謂「文學」不大可能是單純「誦法孔子」的經術之士，而只能是那些兼通儒法的經世之士，或乾脆是些粗通文墨的技能之士，即漢人所謂的「文吏」。即便其中多少有些儒生，恐怕也不會太過於純正。比如，叔孫通「秦時以文學征，待詔博士。數歲，陳勝起山東，使者以聞。」[233] 從時間上推斷，正是焚書之後秦始皇所說的「悉召文學方術士甚眾，欲以興太平」這個時候。使用這些兼通儒法的經世之士和純技術性的專門人員，倒是符合帝國體制和意識形態標準。

但儒法兩家確有分殊。法家關心的是富國強兵，興致太平卻是地地道道的儒家理想。於是這就人為地造成了一種欲說還休欲罷不能的意識形態境遇。思想史在此變得異常曖昧和微妙。這說明，一種理論或觀念一旦形成並成為傳統，它就具有了自己的生命，就會自然而然地尋找各種機會甚至積極創造各種條件使自己千方百計地存活下來。在這個過程中，那些曾經反對它的人也會在不知不覺中接受它的觀念，甚至更有可能是出於某種需要而主動認同它的觀點，進而把它當成自己思想中原有的一部分，再拿它去反對它原來的主人。

第五節 意識形態對知識形態的區分與控制——解讀「焚書令」

一、知識背景

意識形態建構的基本標準有二：一是嚴格依據某種政治理論來設計政治制度；二是憑藉現行體制來強硬推行官方認同的某種政治理論。[234] 在秦帝國，這兩件事都以一種絕對的方式表現出來。概言之，秦帝國的意識形態建構分為兩步走。始皇二十六年，完成了第一步，即依據法家學說來創建皇帝制度和全國郡縣體制，同時依據「五德終始說」來設計政治儀式和規範行政風格。始皇三十四年，完成了第二步，即通過頒布「焚書令」，基本實現了對新舊王官學

---

233 《史記・叔孫通列傳》。
234 某種意義上，在意識形態框架中，制度與理論之關係，彷彿雞生蛋蛋生雞之循環。

的意識形態改造，從而確立起一種國家通盤掌控的新型知識格局。

　　從思想史角度看，「焚書令」具有一種深刻的專制主義「法典」性質。它透顯出在一個深遠的知識背景下，一種新型的「知識學」觀念如何通過一種意識形態的方式得以形成並展示。它預示著一個長遠的政治目標，即憑藉皇權政體來強制性消滅民間的價值知識資源，將價值知識資源完全壟斷於官府手裡，使官方成為對價值知識的唯一的合法擁有者和權威解釋者，從而迫使人們只能從官方管道來獲得某些極為有限的並被定於一尊的價值知識。對此，只需對秦始皇頒布的「焚書令」做些細緻解讀，就會有一個深刻的認知。因為「焚書令」字裡行間體現出來的是一種精密的專制主義知識分類體系。這套分類體系包含四大知識門類：政治法律知識、歷史典籍知識、人文價值知識、實用技術知識，貫穿於其中的是粗暴的等級性和嚴厲的禁忌性。

　　經過春秋戰國數百年的積累和沉澱，這四類性質迥異的知識各自都已形成為一套極為龐大和複雜的體系。帝國「焚書令」的頒布就面臨著這樣一個深遠的知識背景。基於意識形態秩序的通盤考慮，它必須對這四類知識的龐雜結構進行一番總體調整和重新定位，以便按照意識形態體制的需要來給予一個適當的位置。由於實用技術知識不具有實質性的意識形態性質，[235] 故而「焚書令」考慮的首要問題就是如何安置和篩選政治法律知識、歷史典籍知識和人文價值知識。

　　莊子最早曾把當時的知識分為三類，即《詩》、《書》、《禮》、《樂》，百家語和古史。[236] 錢穆根據「焚書令」把先秦至秦的書籍分為三類：（1）史官書；（2）《詩》、《書》、百家語；（3）秦史及秦博士官書。並進而推論先秦學官建制和典籍分類。認為先秦學官有二：一曰史官，一曰博士官。史官三代有之，掌王官學；博士官戰國始有，掌百家語。「古代學術分野，莫大于王官與家言之別。」王官學即《六藝》，百家語即諸子學。《六藝》即古學，諸子即今學。《六藝》代表為《詩》、《書》。王官學下流為百家語，故諸子皆言《詩》、《書》。官學與私學的合流，就是《詩》、《書》與百家語的融合。「故《詩》、《書》

235　當然，如果把天文、輿地、兵書、冶鐵等都看作是實用技術知識的話，事情可能會變得複雜些。但在「焚書令」的視野中，它們畢竟還沒有成為焦點問題。

236　《莊子‧天下篇》。

既與官史有別，亦復與新興百家言不同。」[237]

蒙文通依據莊子所作的學術劃分，而進一步將知識類型與地域對應起來。所謂「經術亦以地域而分」。因為古民族本有三系之分。它們分別發源出三種不同的史學和哲學。史學三系為，晉之《乘》、楚之《檮杌》、魯之《春秋》。其特點為：魯人敦禮義，說湯武為聖智；晉人崇功利，說舜禹為篡竊；楚人好鬼神，說虞夏則靈怪。而六經、《汲塚書》、《山海經》「稱道古事各判」，即本於三系民族傳統及傳說之不同。哲學三系為儒（墨）道法。分別對應於東、南、北三個方位。依據是，北方兵、農、縱橫統之於法，東方陰陽、名辨可統之於墨，雜家則統之於道。《漢志》九流實歸四家。儒墨同法先王，道仁義，誦《詩》、《書》，大同而小異。四家又可以分為三方。戰國以前，三系學說源流分明，自《呂氏春秋》雜合眾說，先秦學術統系「乃不可理」。[238]與此同時，蒙氏又認為《詩》、《書》、《禮》、《樂》為魯學，百家語為齊學，古史為晉學。三代政教的特質是禮史合一，禮法即史例，禮制即史書。這樣春秋戰國的禮法多保存於古史中。蒙氏又把當時知識按照地域分為四塊，南方派的道家和辭賦，北方派的法家和古史，中央派的墨家和名家，東方派的儒家和陰陽。儒家先是分為三，直到戰國末才分為八。[239]總的說來，這是一幅頗為駁雜的學術地圖。其間的學派淵源譜系和學說脈絡邊界都處於彼此交叉和相互疊合之中。許多時候難以確切辨識和完全剝離。

應該說，「焚書令」面對的一般知識背景大體如此。這勢必影響到帝國意識形態對知識形態的判斷、評價與對策。從意識形態對知識形態的控制機制看，我們發現兩個基本特點。第一，晉學古史多言禮法，於是古史也就屬於諸侯治國的典章律令範疇，而這些典章律令均與秦國傳統不合。這樣，一方面「焚書令」把古史作為重點打擊對象，另一方面秦政還要堅持以同出於三晉之學的法家作為治國之本。這說明秦朝的意識形態策略並不簡單以地域為取捨。第二，秦朝文化政策雖然尊齊魯，把《詩》、《書》百家語立在學官，但同樣禁止民間有《詩》、《書》百家語。這說明帝國意識形態設計主要以內容為基準，並

237　參見〈兩漢博士家法考〉。

238　參見蒙文通〈古史甄微自序〉、〈法家流變考〉、〈儒家法夏法殷義〉、〈論墨學源流與儒墨匯合〉，《古學甄微》。

239　參見〈經學導言〉、〈經學抉原〉，《經史抉原》。

充分考慮到知識主體的身分限定。

　　合而觀之，我們可以確認，秦帝國的意識形態體制另有其分類標準。這種標準以大一統帝國視野為基準，超越原來的地域學說、門派學術乃至朝代學脈，即徹底打破了諸子百家原有的區域性、門戶性和時代性，而完全著眼於皇權意識形態的理念設計和秩序建構，來對所有知識進行重新分類和甄別。就地域言，不拘東西；就時代言，不限古今。比如，它把晉學一分為二，古史劃歸為歷史典籍知識，法家劃歸為政治法律知識；同時對魯學的《詩》、《書》、《禮》、《樂》和齊學的百家語也作了一分為二的處理，即一方面把魯學的《詩》、《書》和齊學百家語的一部分劃歸為人文價值知識，一方面把魯學的《禮》、《樂》和齊學百家語的一部分劃歸為政治法律知識。這樣，從地域看，政治法律知識中就有了魯學、齊學和晉學；從學派看，政治法律知識中則有了儒法道墨各家；從朝代看，人文價值知識中既有《詩》、《書》古史這類晉魯古學，又有百家語這類晉齊今學。這顯然是一種更為合理和嚴格的知識分類體系，而且也是一種更為客觀和便於操作的知識控制體系。這說明，「焚書令」依託的是一個價值理性和工具理性同樣高度發達的意識形態秩序。正因為價值理性發達，所以它能對區分各種價值知識制定出明確的判斷標準；正因為工具理性發達，所以它能對控制各種價值知識制定出嚴格的操作規則。

二、控制策略

　　政治法律知識、歷史典籍知識和人文價值知識這三種皆統屬於意識形態知識範疇，也可以視為廣義的價值知識。它們必須由朝廷來予以嚴格控制。這意味著，「焚書令」根本不是「企圖用秦國的傳統文化統一中國的文化」，[240] 而是用一種新型的意識形態體制來控制全國的思想。它與「書同文」配套而成。[241] 事實上，焚燒《詩》、《書》同時包含著統一文字的周密考慮。[242] 所謂「秦撥去古文，焚滅《詩》、《書》」，[243] 說明「焚書令」既是「書同文」政策的延續，又是「書同文」政策的重申，更是「書同文」政策在知識領域的全面展開和「終

240　李學勤，《簡帛佚籍與學術史》，第 16 頁，江西教育出版社，2001 年。
241　參見陳夢家《尚書通論》，第 152 頁。
242　參見錢穆《國學概論》，第 72–75 頁。
243　《史記·太史公自序》。

極解決」。[244]

應該說，「焚書令」是繼「書同文」之後，帝國意識形態對三代以來的知識系統進行的第二次更大規模也更富成效的清理和整頓。文字定於官本，知識定於官學，二者構成了強悍的意識形態張力。它意味著皇權政體確實能夠運用行政手段來統一規劃整個國家的學術產業和知識結構。在這種體制中，朝廷是所有知識學說的最大也是唯一的市場。如果說一般市場存在一隻「看不見的手」，這個知識市場則有一隻「看得見的手」。這隻「看得見的手」就是意識形態。意識形態作為絕對權力體系的一部分，誕生伊始就天然具有一種確定方向、劃定範圍、制定標準、鎖定目標的精細眼光和嚴密思維。

1.「今天下已定，法令出一，百姓當家則力農工，士則學習法令辟禁。」這似乎暗示著，除了學習法典律令這些政治知識之外，士人也無權自由研習其他價值知識。[245] 這一點說的是官方對知識論域的限定。

2.「今皇帝並有天下，別黑白而定一尊。」從政治統一到思想一統，在邏輯上不存在任何矛盾。「並天下」之後順理成章就是「定一尊」。所謂「定一尊」包含兩層意思：一是思想一統，二是思想一統到皇帝身上。換言之，思想必須定於一，同時這個「一」則必須出自於尊者之口。這一點說的是制定官方知識形態的最高標準。

3.「私學而相與非法教。」所謂「非法教」，有三個意思：一是反對具體的法家學說，一是反對官方頒布的現行法律，一是反對這種法家主導的意識形態體制。這一點說的是諸子多元學術對官方知識形態的挑戰。

4.「誇主以為名，異取以為高，率群下以造謗。」[246] 所謂「誇主」，是指自家學說和本家學派。所謂「異取」，所謂「率群下」，主要指的是儒學師徒

---

244 三代皆有「文化遺民」。殷商有之，西周亦有之。春秋以降，西周文化遺民生存日艱，其知識資源恪於「六藝」舊典，其書寫形式沿於古文雅體，其活動區域限於東周一地。秦亡六國，西周文化遺民殆被盡滅。至此，「書同文」而「焚書令」，西周文化遺民便徹底完結。

245 這裡的理解不能過於死板。比如，「百姓當家則力農工」不等於說百姓無權學習，而「士則學習法令辟禁」也不等於說士人無權學習別的東西。合理的解釋是，無論百姓還是士人，他們學習的內容都必須受到官方的統一管制，即他們都不能自由學習。專制主義知識學的本質在於，官府的統一管制是人們學習任何價值知識的絕對前提。

246 《史記·秦始皇本紀》。

基於共同的價值觀和政治理念所形成的對朝廷政務的一種獨立評價。這一點說的是新舊傳統知識資源對現實政治秩序構成的威脅。

以上所說皆關涉如何控制和利用價值知識的問題。與此相對照，從現在角度看，「醫藥卜筮種樹」這三種書籍涉及的內容則都是與民眾的日常生活密切相關的實用技術，而不具有明顯的意識形態色彩和功能。「醫藥」關乎身體健康，「卜筮」關乎祖先祭祀，「種樹」關乎日用生計。這三者都是古代中國任何一個政權對其治下的民眾的基本要求。[247] 相形之下，六國史書和「詩、書、百家語」卻具有鮮明的價值判斷和意識形態內容。它提供的是一種對現行政權的統治合法性和行政合理性進行尖銳或含蓄批評的思想資源。因為從常理看，批評政治首先要有相應的思想資源。「法」、「術」、「勢」本來就為君主所獨有，故不可能成為批評政治的獨立思想資源。至於「聖」、「道」、「德」也被越來越多地用於裝點君主的王冠。也許只有六國史書這些歷史典籍知識和《詩》、《書》這些由價值判斷構成的知識形態還沒有完全被君主一手壟斷。這樣，六國史書和《詩》、《書》就成為人們用來批評政府的唯一合法思想資源。這一事實使得對政治極具敏感性的帝國君臣下決心必須用權力來徹底實施對六國史書和《詩》、《書》的官方控制，以便使社會成員最終喪失批評政府的合法思想資源。

這意味著，即便對於相同的價值知識範型，同樣存在一個不同層面的政治考慮。所以它必然引發出皇權意識形態對不同的價值知識類型危害性的評估差異，從而可能直接導致意識形態針對不同的價值知識類型來制定出不同的打擊方案和懲罰措施。沿著這個思路，我們發現，人們習說的「史官文化」在皇權意識形態體制中呈現出另外一種獨特而又深刻的含義。其內涵是：六國的「史官文化」與秦國的「法官文化」相遇而產生的必然性衝突。[248] 其目標是：「法官文化」依託著一種強大的政治軍事力量，試圖對「史官文化」進行全盤改造和重新配置。

放置於這種「以法為教」、「以吏為師」的「法官文化」大背景下，「史

247　後來晁錯在向文帝建議往邊疆移民時，同樣明確強調了這三者。

248　法家乃西北民族精神之產物，與東方民族禮儀之學、仁義之說恰成相對格局。（參見蒙文通，〈法家流變考〉）至於「法官文化」之制度背景與內容，參見黃留珠，〈略談秦的法官法吏制〉，《秦漢歷史文化論稿》。

官文化」被肢解被割裂被整容的命運也就大體可以勘定。從思想史的長程走向看，這實際上是對中國學術和古典知識的一次總體規劃和全面分類。由此，「史官文化」之性質與功能便在「法官文化」設計出來的意識形態架構中得到新的定位與體現。

　　蒙錢二氏雖都注意到了「史」的特殊性，但均未深入辨析「史」的分化狀態。這實際上是個學術分野和知識分類中的核心問題。三代史官統掌《六藝》史書，「遂為學術思想之所薈萃。」春秋戰國史官分化出私人性史家，「道術之源泉，皆在於史。」[249] 史家俱有雙重性。既寫史書，又屬諸子。[250] 這樣，《詩》、《書》與百家語兼容於史家一人之身。[251] 所謂「史記興，無異書，以民、事一意」。[252] 可見「史」表徵的知識在整個知識體系中具有舉足輕重的中心地位。它既屬於三代古史，又屬於戰國近史。它既有三代戰國官史，又有春秋戰國私史。它既是歷史典籍知識，又是人文價值知識。依照蒙文通所說，「史」同時還是政治法律知識。如此，「史」便成為知識類型中最具綜合性的知識形態。[253] 這正合乎中國學術的演化邏輯。最初，「史」貴為官學，綜合百學；後來，「史」降為私學，亦綜百學。由三代「史官」的一家之學分化出春秋戰國以「史家」為中心的百家之學，其中透顯出來的合而分之與分而合之的思想脈絡，正昭示出「史學」知識在中國學術結構中的主導地位。這使以「史」為代表的知識必然成為「焚書令」打擊的首選目標。[254] 太史公特別指出，「秦既得意，燒天下

249　梁啟超，《論中國學術思想變遷之大勢》，第 15 頁。

250　關於「史家」作為諸子百家之一家，與儒道諸家之異同以及與史官之關聯，我有專文論之。（參見〈史為一家──先秦史家研究之一〉，《社會科學研究》1999 年第 6 期；〈史與道〉，《學術交流》1999 年第 5 期。）

251　這與司馬遷所說並不矛盾。「《詩》、《書》所以復見者，多藏人家，而史記獨藏周室，以故滅。」（《史記・六國年表》）太史公這裡只是提示出文脈學統「藏」的分殊走向。即從書籍流傳和文獻保存的角度看，至少東周以降，「詩」、「史」分為朝野兩途，「詩」在民間，「史」在朝廷。但另一方面，從知識傳承和學術發明的角度看，自春秋始，「詩」、「史」主體合而為一，皆集中於私人一身。

252　王充，《論衡・書解篇》。

253　中國文化有兩個基軸，上者天，下者史。所謂「史」，基本上就是人文學術之總稱。

254　錢穆注意到，「焚書令」通過知識分類，從而確定了輕重有別的打擊目標和原則。首要者為六國史記和三代史書，其次為《詩》、《書》，最後是百家語。而且百家語「似是牽連及之」，並不秦政所重視。同時，其懲罰標準也以「史」為重。所謂「以古非今」，正是「史」的特徵。而其懲罰力度也最大，即滅族。而「偶語《詩》、《書》」，僅為「棄市」。至於言談百家語，「則並不列禁令」。（參見〈兩漢博士家法考〉）錢穆對「焚書令」的辨析重點不在朝野，而在古今。認為就《六經》古學言，朝野均燒；就百家

《詩》、《書》，諸侯史記尤甚，為其有所刺譏也。」[255] 這足以說明，暴政對史書有計劃的封殺毀滅遠甚於史書在民間的自生自滅。尤為值得注意的是秦帝對諸侯史書的價值判斷，即認為「其有所刺譏」。這與「焚書令」中說的「以古非今」顯然是一個意思。

按照「焚書令」的知識分類，「史」既有官史與私史之分，又有秦國官史與六國官史之別。「焚書令」規定秦國官史之外的史書皆燒之，其含義有三：一是消滅六國官史，一是消滅民間私史，三是消滅六國史官所掌握的所有文獻典籍。這說明秦政意識形態規劃中充分考慮到了「史學」知識的複雜性和廣博性，從而使「焚書令」對「史學」知識的掃蕩和消滅最為徹底和成功。[256]

可以看出，秦帝國的意識形態設計具有非常明確的打擊目標。它至少說明這樣幾點：（1）皇權意識形態試圖一舉改變知識體系的傳統劃分方式，從而確立新的知識格局和學術統系。比如，《周易》、《春秋》本為同一類知識，均屬周文化精華。[257] 文王演《易》，周公制禮，確立了周朝史文化的基本範式。

今學言，則朝野有別，即去野而存朝，亦即民燒官不燒。《詩》、《書》被焚的理由有二：言制則古今有別，行文則古今不一。儘管博士官不掌《詩》、《書》而掌諸子，「然政學分故有諸子，秦主政學復合，即是絕諸子之學脈也」。（參見《國學概論》第 68–72、79 頁）可見「秦雖無道，不燔諸子」，（《論衡・書解篇》）但仍不能逃脫絕學之宿命。是亦可知諸子焚與不焚並非主要，關鍵是吏師政教合一這套意識形態建制才是最終決定中國思想學術起伏走向的主導力量。因為意識形態對知識類型的區分，固然使得不同性質和內容的知識有貴有賤，或存或亡。賤者賤矣，亡者亡矣，但貴者存者亦不樂觀。其仰人鼻息朝不保夕之窘態隨時可見。意識形態對學術雖有厚薄之分，但其取捨均以一己之私為轉移。即便偶有僥倖者其下場亦非幸運。因為意識形態是對所有知識、思想與信仰的終極控制。秦皇尊法而法家亡，漢帝崇儒而儒家亡。所以，從歷史長程走向看，伴隨著意識形態霸權之崛起，所有學術盡被網羅其中，所有學術的命運均被註定，所有學術的結局都是一樣。

255　《史記・六國年表》。

256　相比春秋，戰國史書之稀缺正說明「史學」知識絕對是「焚書令」刻意製造的學術重災區。所謂「史記獨藏周室，以故滅」，就足以說明這點。不過，「史記獨藏周室」是否暗示出當時存在著一種寫史的制度或慣例，也就是要求將諸侯史書定期或不定期地彙集於周室以便保存的觀念和做法？從這點還可以推測，秦滅周之後，就將「諸侯史記」一併運往咸陽秦廷，就好像後世新朝在滅亡舊朝的過程中，必須要做的一件事就是在攻下舊朝都城後，立刻將朝廷圖書全部封存、運走。

257　如此學脈，至漢不絕。比如，主父偃「學《易》、《春秋》、百家言」。（《史記・主父列傳》）對此道統，司馬遷更是心領神會。所謂「正《易傳》，繼《春秋》，本《詩》、《書》、《禮》、《樂》之際」，（《史記・太史公自序》）就相當吻合於周朝那種將《易》、《春秋》另類於《詩》、《書》、《禮》、《樂》的知識布局和學術傳統。

故而，韓宣子聘魯，觀《易·象》與魯《春秋》於太史乃知「周禮盡在魯」。[258]
這是因為，「《周易》其用在卜筮，其道取精微，不以教人。《春秋》則列國
掌于史官，亦不以教人。」可見二者屬於「非人所常習」[259] 的「專門之學」。
它與「春秋教以《禮》、《樂》，冬夏教以《詩》、《書》」[260] 的普及型的「大
眾知識」迥然不同。「焚書令」則將此一分為二，斷為兩截。存《易》去史，《易》
史兩途。[261]（2）秦帝國的意識形態設計在基本觀念層面能夠相當準確和嚴格地
區分出兩種性質不同的知識體系。這種準確性和嚴格性已經達到了極為驚人的
程度。比如，官方甚至已注意到需要對《周易》經傳區分對待，通過制定精密
的標準而將經傳剝離為二。（3）帝國意識形態已能在操作手段上自覺地把握住
對這兩種性質不同的知識體系所應分別採取的不同政治策略。比如，雖然「《周
易》經文是卜筮之書，而《易傳》十翼則是儒學著作，自應屬於禁絕的範圍。」
故而近人推測，帛書傳文之脫失和散亂，「最可能的原因就是秦火。」[262] 不過《易
經》雖然不燒，但也只是用於占卜，而非作為經書傳授。[263]（4）皇權意識形態
並不是完全排斥一切「詩、書、百家語」的學理價值，它只是要把它們完全壟
斷在朝廷，由官府來予以控制並根據自己不同的政治需要來作出解釋，以便真
正達到「別黑白而定一尊」的專制效應。（5）即便在相同的價值知識範型中，
皇權意識形態也已經能夠理性地做到分別輕重緩急，從而確定打擊目標的先後
程序。

　　由此可見，秦帝國的意識形態設計在理念上具有相當成熟的專業水準，而
此專業水準恰為漢學奠基。[264] 歸結起來，秦帝國的意識形態在設計理念上大體

258　仔細揣摩，韓宣子所謂「周公之德」即周公制禮，所謂「周之所以王」即文王演易。
　　（《左傳》昭公二年）

259　段玉裁，《說文解字注》卷 15（下）。

260　《禮記·王制》。

261　這種考量誠然有戰國以降，諸子競起，知識分化，學說異流的複雜背景；同時也不排
　　除秦人自身獨特的重巫文化習性；最後，「焚書令」這種《易》史為二的強制決斷更
　　有可能是基於東西文化對峙之局而對東方史官文化作出的策略性壓。是可知，「焚
　　書令」的思路走向大體有二：一是延續西方法文化對東方史文化之滅絕，一是承繼西
　　方巫文化對東方史文化之覆蓋。

262　李學勤，《簡帛佚籍與學術史》，第 251 頁。

263　參見沈文倬，〈從漢初今文經的形成說到兩漢今文《禮》的傳授〉。

264　一個被人忽視的學脈是，漢成帝時的圖書分類便承襲了「焚書令」的書籍分類。人們
　　只知劉向「七略」是對中國圖書的第一次大規模系統整理，卻不知這種整理的知識形
　　態理念實際上源自於「焚書令」確立下來的學術格局。《漢書·藝文志》云：「詔光

呈現出這樣一個基本思路：一方面，允許民眾擁有一些與價值判斷無關的非意識形態性的實用知識；另一方面，則將那些具有意識形態效用的價值知識絕對壟斷在官方手裡，併由官方來自主決定如何使用和傳授這些價值知識。

三、吏師天下

　　按照「焚書令」的規定，在對所有價值知識進行分類和控制之後，最終必須要落實到以吏為師上面。就此而言，以吏為師可以說是意識形態的核心命題。[265] 這意味著我們必須對「以吏為師」作出新的解讀。傳統說法是，它只是針對「若欲有學法令」。今人對此有所異議，比如，有學者通過辨析《集解》徐廣曰：「一無『法令』二字」，認為所謂「以吏為師」並不局限於法令，而是包括「醫藥卜筮種樹」各種知識。[266] 不過我倒覺得這種解釋未必到位。

　　事情需分解為兩面。先言史實。其實，只要把《史記‧李斯列傳》作一對照，事情真相不難明白。「若有欲學者，以吏為師。」並無「法令」二字。此事本為李斯提議，從常理言，自當以其本傳記載為是。[267] 再看解釋。以官吏本身「與掌占卜、祭祀的卜、巫、師、史是一身二任」[268] 為憑據，在我看來，似乎並不能有效證明「以吏為師」必然要求百姓在學習卜筮、醫術和種樹這些日常生活知識時必須要到官府裡來求教於官吏。理由有四：一是，這些日常知識本來就是民間固有的，官吏懂得這些也屬自然，不足為奇，但相較而言，官吏肯定沒有百姓懂得更多；二是，這些「醫藥卜筮種樹」知識由民間自行傳播與朝廷控制思想並無衝突；三是，既然官府並不禁止這些民用知識在民間繼續流傳和存在，那麼就一般情理而言，百姓在學習這些知識時也實在沒有必要非得要向官

　　　祿大夫劉向校經傳諸子詩賦，步兵校尉任宏校兵書，太史令尹咸校數術，侍醫李柱國校方技。」師古云，「數術」即「占卜之書」，「方技」即「醫藥之書」。細微之別是，秦言「種樹」，漢言「兵書」。但二者性質不言而喻，「兵書」屬諸子，「種樹」屬技藝。如此，秦漢學統幾乎完全吻合，即價值知識形態與實用知識形態之截然兩分。「經傳諸子詩賦」和「兵書」對應於「詩書百家語」，「數術」和「方技」對應於「醫藥卜筮種樹」。此可謂「漢繼秦學」之一例。

265　因為它表明了秦政的連續性和結構性。所以我們在「車同軌」、「書同文」、「人同倫」之後，必須再加上「師同吏」。

266　林劍鳴，〈秦漢政治生活中的神祕主義〉，《歷史研究》1991 年第 4 期。

267　參見呂思勉《論學集林》，第 688 頁。徐廣所見，或是史公原本。若謂「法令」二字為劉歆「所竄亂」，（參見康有為《新學偽經考》，〈秦焚六經未嘗亡缺考第一〉。）則恐過於鑿深。

268　林劍鳴，〈秦漢政治生活中的神祕主義〉。

吏討教，與官與民都極不方便；四是，由政府來壟斷這些無礙思想專制的「醫藥卜筮種樹」知識，勢必要大量增加行政開支和管理成本，與官與民都是有害無益。聯繫到漢初晁錯的建議，便能更為清楚地看出這一點。「為置醫巫，以救疾病，以修祭祀，男女有昏，生死相恤，墳墓相從，種樹畜長，室屋完安，此所以使民樂其處而有長居之心也。」同時，晁錯還特別指出，作為官方在制定這些移民政策時，其價值取向不在於讓民眾對朝廷感恩戴德，「非以德上也，」[269] 而要盡可能喚起他們的正常人性欲望，即「欲全親戚而利其財也」。[270]從其思路看，他並不認為有必要由朝廷來控制「醫藥卜筮種樹」這些實用技能知識。所謂「為置醫巫」，其實際含義並非是說，只能由朝廷派遣具有官吏身分或官方背景的醫生和巫師，而是說，在移民的開始，由於眾多民眾來自於不同地方，互不瞭解，同時也未必隨身攜帶或具備有相應的醫療工具和巫術技能，所以有必要在最初階段先由朝廷為其提供一些生活方面的基本保障。因為這些移民遷徙之地大都是些「塞下」、「危難之地」。況且，倘若這些數以十萬計的大量邊疆移民都要由朝廷來負責派遣和指定醫巫，也根本做不到。從常理看，朝廷自身既無如此龐大之專業官吏和技能之士，而且也毫無必要。

所以，我認為，這裡說的「以吏為師」並不包括「醫藥卜筮種樹」知識。同時我又認為所謂「以吏為師」的確不是特指法令一項，而首先是指「《詩》、《書》、百家語」及「秦記」這些關涉價值取向的意識形態知識。從上下文看不難明瞭這一點。無論「非博士官所職，天下敢有藏《詩》、《書》、百家語者，悉詣守、尉雜燒之」，還是「史官非秦記皆燒之」，均強調的是，只有官府有權掌握這些意識形態知識。同時，意識形態作為一種關乎思想統治的價值知識，也需要傳授和研習。既如此，最為可靠和便捷的途徑是「以吏為師」。「以吏為師」可以視為帝國塑造皇權意識形態的正式法令，即秦帝國特有的「意識形態法」。[271] 具體言之，由博士官負責和掌控對社會成員的思想教化。這意味著，

269　師古曰：「言非以此事欲立德義於主上也。」

270　《漢書‧晁錯傳》。

271　以法的方式來進行思想管制，在秦國早已淵源有自。「可以斷定，秦自商鞅變法以後就實行了這種法令、法吏、教授三位一體的法官法吏制，並一直延續到秦統一中國，又於秦始皇三十四年以詔令的形式推行到全國。」（張良才，〈試論秦之「吏師」制度〉）如此，「意識形態法」就成為必然。一方面，它通過法律的力量來強行塑造人們的意識形態；另一方面，這種意識形態本身同時又具有了某種法律的功能。其結果，（1）法律直接介入人們的思想世界，成為思想時時面對卻不能逾越甚至不能觸及的專

人們以往對博士職能的理解過於簡單了。徐復觀說：「秦統一天下，整齊六國官制以為統一的官制時，設置博士七十人。雖秩卑祿薄，但以其代表知識，得參與朝廷大議，在官制中最具意義。」他雖然看出了秦帝國設置博士官的深遠意義，對博士官的職能理解卻過於疏忽。他認為，第一點，「設置博士的原來目的，在使其以知識參與政治，而不在發展學術。」第二點，「博士在政治中無一定的職掌，亦無一定的員額，其任務是由皇帝臨時諮詢、指派的。」[272] 依據我們分析，博士官最重要的職能是負責以「《詩》、《書》、百家語」和「秦記」教授社會成員。它雖然說不上是發展學術，但其側重點顯然並非一般意義上的政治，而是著重於意識形態教化的普及和拓展。

在這個問題上，章太炎的一些看法顯得過於輕率，需要仔細辨析。「自仲任誤解，乃謂博士獨有其書。鄭、馬之徒，沿襲斯論，遂為今日爭端。」因為「秦不以六藝為良書，雖良書亦不欲私之于博士」。章太炎通過說明諸子之危害，進而凸顯秦政焚書的果決性和徹底性。「不燔六藝，不足以尊新王。諸子之術，分流至於九家，遊說乞貸，人善其私，其相攻甚於六藝。今即弗焚，則恣其曼衍乎？諸子與百家語，名實一也。不焚諸子，其所議者云何？」胡適也說：「博士所保存的不過是一些官書，未必肯保存諸子百家之書。」[273] 章胡論說，仍然不能證明秦廷確實嚴禁博士官也不能藏有「《詩》、《書》、百家語」。據馬非百解釋，「博士官所職與博士所職不同。前者指機關而言，後者則為私人。有人以伏生壁藏尚書，為博士官亦不能藏書之證，是誤機關與私人為一致矣。」[274] 如果真像章氏所說，官府民間皆不許收藏「《詩》、《書》、百家語」，它又何以可能流傳下來？章氏的解釋是：

> 諸子所以完具者，其書多空言，不載行事，又其時語易曉，而口耳相傳者眾。自三十四年焚書，訖于張楚之興，首尾五年，記誦未衰，故著帛為具。驗之他書，諸侯《史記》與《禮》、《樂》諸經，多載行事法式，不便諷誦，而《尚書》尤難讀，故往往殘破。《詩》

制鐵幕。就此言，法律已非「外在」。（2）意識形態自身給人定罪。其深文周納足以使人無可逃遁。

272　徐復觀，《徐復觀論經學史二種》，第 57–58 頁。

273　《中國哲學史大綱》，第 285 頁。

274　馬非百，《秦集史》下冊，第 896 頁。

有音韻則不滅，亦其征也。[275]

此語亦與情理不合。《詩》屬特例，與諸子有別，自當另論。[276]

我們需考辨的是：（1）視諸子為「空言」並不妥當；（2）據常識言，「空言」反不如「故事」更易記憶和流傳。綜合言之，章氏論斷失誤有二：第一，斷定博士不能藏有「《詩》、《書》、百家語」不確；第二，所說諸子以「易曉」而「口傳」不當。二者的焦點在於章氏過分誇張秦廷焚書之威力和效果。以我之見，秦廷焚書無論是規模還是效果均相當之有限。但規模和效果究竟如何，實在難以準確估計。從現在的考古學證據看，似乎可以印證「焚書令」之實效。[277]但歷史實際肯定要比現有的考古發現呈現出來的面相複雜得多。所以我對「焚書令」的實施效應持謹慎判斷。一個證據是，我們可以「令下三十日不燒，黥為城旦」一語，推知其政治威懾大於實際效用。因為以當時交通條件和資訊傳播水平看，以區區「三十日」要把中央政府的命令傳達到全國各地已屬不易，更何況還必須要在「三十日」內把「《詩》、《書》、百家語」上交官府全部燒掉。那簡直是不可能的事情。故可斷言，所謂「焚書」雖非一句空話，但其實際效果絕不可高估，更不宜誇大。[278]

我無意懷疑帝國意識形態的懲罰力度。我只想指出「焚書令」必然會受到技術層面的一些客觀限制。但對整個社會的文化資源和學術積累而言，這些技術制約也確實並不具有決定性。劉邦入關廢「秦苛法」，[279]乃至漢初「挾書律」

275　此處所引章氏之語均見〈秦獻記〉，《章太炎學術史論集》。

276　劉汝霖也說，「《詩》則諷誦不在竹帛，故俱能遭秦而全也。」（《漢晉學術編年》卷1，上海書店，1992年。）

277　「迄今在《挾書律》施行時期以內的墓葬，所出書籍確不超出該令的規定。睡虎地秦簡諸書，《編年記》當出於《秦記》，《日書》屬於數術，其餘多為法律，其中《律說》（即《法律答問》）、《封診式》可能與吏的傳授法令有關，而《吏道》（即《為吏之道》）則為學吏的課本。這一切都與李斯的奏議符合，自非偶然。」這些說明，「秦朝的法令當時是發揮了相當作用的。」（李學勤，《簡帛佚籍與學術史》，第7、16頁。）

278　劉師培，《左盦集》卷3，〈六經殘于秦火考〉說，「民間所存之經亡于秦火，而博士所藏又亡於項羽之火。」錢鍾書則謂，「竊意劉氏言過。民間《詩》、《書》，未必能家摧而戶燒之，燼餘爐遺，往往或有。」（《管錐編》第1冊，第262頁。）錢穆亦謂，「民間之私藏，以情事推之，不僅難免，實宜多有。……故謂秦廷焚書，而民間書籍絕少留存，絕非事實。」（〈兩漢博士家法考〉）

279　《漢書·高帝紀下》云，劉邦「召諸縣豪傑」，特別提及秦法「誹謗者族，耦語者棄市」，顯然就是指的「焚書令」。劉邦在此將其稱作「苛法」，後來在「手勅太子」中卻又回憶說「當秦禁學，自喜」。相違之處只能解釋為，因處境、身分以及言說對象不同

的廢除，都不意味著皇權政體對意識形態管制的放棄。比如，文帝命博士作《王制》，對知識人使用知識的方式、範圍以及意圖均作了嚴格規範。「析言破律，亂名改作，執左道以亂政，殺。作淫聲、異服、奇技、奇器以疑眾，殺。行偽而堅，言偽而辯，學非而博，順非而澤，以疑眾，殺。假於鬼神、時日、卜筮以疑眾，殺。」所謂「亂政」一而「疑眾」三，其鎖定對象正反映了儒法共識。所謂「此四誅者，不以聽」，其懲罰力度之大，明顯具有「霸王道雜之」風格。尤為特異者，卜筮之書在「焚書令」中曾被網開一面，此時也被明令限制性使用。此種手法正合乎一張一弛的文武之道。應該說漢初意識形態策略之改變，恰恰表明漢帝的深思熟慮。當然，這種改變並非毫無意義。事實上，專制制度統治的結果是，它把持的意識形態管制的任何細微變化和波動都會對社會成員的思想發生種種意料不到的深刻影響。意識形態的敏感性已潛移默化為專制國家人們在思考時的自衛本能。

秦漢之際，意識形態管制以兩個法令而標誌著兩種方案的優劣和成敗。對具有政治批評功能的價值知識的態度，秦帝國是一律收為國有，除官府外，禁止價值知識在民間的任何存在。漢帝國則是「招安」，不是對民間存在的價值知識強硬鎮壓和打擊，而是巧妙利誘和引導，將其立為官學。秦帝國是規定只能允許博士官控制價值知識，漢帝國是將具備一定價值知識的士人立為博士。雖然策略不同，但目的都是試圖使官府掌握對價值知識的主導權和解釋權。在價值知識問題上，秦帝國意識形態設計的方案是，以絕對的實存對絕對的空虛，當人們喪失所有得以可能用來思想的價值知識資源時，政府頒布的任何法律條令就會絲毫不打折扣地得到迅速貫徹和執行。漢帝國意識形態的策略則是努力在政府與社會之間形成一種互動的交流網絡，並有意識地往官方傾斜，從而保障政府能夠始終掌控有絕對優勢的價值知識資源。相較而言，後者明顯表現得聰明一些。這被人視為一種政治智慧。恰是這種政治智慧使中華專制主義既富活力，又具魅力。

所自然產生的變化。同時不能排除張良對劉邦的指點。從「約法三章」看，只限於人身財產罪而不及「思想知識罪」。應該說，「余悉除去秦法」已基本確定了後來廢除「挾書律」的政治意向和思想態勢。

第六節　意識形態對後戰國諸子的整合與規範

一、意識形態的功能性機制

　　意識形態既是一種體制，又是一種機制。作為體制，意識形態的功能主要體現為教化。這種體制的完備形式是中央的博士制度和地方的學校制度的緊密配合和銜接。所以從制度層面看，在後戰國時代，意識形態體制並不十分完善。[280] 秦帝國和漢帝國在設計意識形態時選擇了不同的方案。秦帝國對這個問題的理解過於簡單，它以粗暴摧殘和掃蕩民間的價值知識的傳授和研究為代價。官方對價值知識的獨家壟斷使秦帝國的知識分布極不合理。隨之而來的則是由於下部過分空虛而明顯造成的頭重腳輕的傾斜局面。相較而言，漢帝國初期對這個問題基本採取「自由放任」的寬鬆態度。直觀印象是，朝廷對意識形態設計並不十分熱心，而是抱以頗為消極的姿態。但這不意味著它沒有一個主導性的認知思路。只是它較為自覺地把朝廷自己信奉的政治觀念有意識地放到一種盡可能不太顯眼的位置。官方似乎不太願意把自己的意識形態立場表現得過於專橫和張揚。至少從形式上看，官方意識形態的強勢並不特別突出。與此同時，由於「挾書令」的解除，民間的價值知識傳授系統和研究網絡得以逐漸重新開機和恢復。這樣，從結構上看，意識形態體制顯得比較均衡。[281] 官方和民間共同分享價值知識資源，從而得以形成某種難得的思想互動格局。

　　作為一種機制，意識形態的功能主要是整合。它需要將民間的那些分散的思想和學說，通過一種有序的方式有機地吸納和組織進官方主導的意識形態體制中，以此來隨時補充和滋養官方意識形態機體。如果說意識形態的體制性主要表現為一種教化功能，意識形態的機制性則主要體現為一種整合功能。教化是自上而下的灌輸和普及，整合則是自下而上的趨同和提升。但教化與整合又

280　人們一般認為，直到漢武帝，相對成熟的意識形態體制才算真正建立起來。雖大體如此，但意識形態的不完善並不等於意識形態不存在。

281　楊幼炯對此有過準確描述。「漢初思想界，大體上可分為二派，一派活動於中央政府；一派活動於地方諸王國。在中央政府方面活動者又可為消極與積極兩派；消極派崇尚黃老，主無為，與民休息。積極派崇尚申韓，講刑名，嚴法律，以賞罰為主。地方派亦分二系；效蘇秦張儀之縱橫與枚乘相如之詞賦。如戰國游士食客之變相。在此紛亂狀態中，儒家因其自身之努力而產生，乃主張『復古更化』之論，盡駁各家之說，以三代堯舜，以代亡秦，以禮樂教化，代法律與無為之說，以大一統之思想代列國縱橫與詞賦，經長久之奮鬥，始造成漢武帝之尊儒。」（《中國政治思想史》第167頁，商務印書館，1937年。）

不可截然二分。它們是意識形態體制的一體兩面。因為教化本身包含有對社會思想之規範，整合本身也包含有對民眾意識之導引。

從體制與機制兩方面看，秦帝國的意識形態體制的缺陷是相當明顯的。即它只有體制之教化而無機制之整合。雖然「焚書令」確立了教化體制，但對諸子學說和民間意識的整合機制則遠未形成。如果依漢政標準，秦帝國意識形態就連體制本身也是殘缺的。漢帝國後來居上，其意識形態體制自然顯得相對完善。它將體制之教化與機制之整合二者結合得相當合理。

我們需要考慮的是，意識形態作為一種複雜建制，給後戰國諸子提供了怎樣一種權力空間來安置這些不同學說，並使之彼此磨合和適應。應該說，這只是一種相當粗糙和粗放的功能性機制。但它已使諸子的整合過程呈現出某種思想史的目的論效應。它表現為，在皇權體制下，諸家學說相互之間雖有衝突、摩擦，但它們都沒有構成一種客觀的離心力，而是逐漸形成一種現實的向心力，即圍繞皇權而漸漸結合在一起，成為皇權意識形態的有機成分。人們多已注意到，自戰國後期，諸子之間已逐漸傾向於某種自覺性的彼此滲透和融合，比如《荀子》和《呂氏春秋》，甚至法家亦是如此。[282] 所謂「先秦晚期各派，法家、道家皆與他派相出入，韓非、莊子尤為顯著。儒家之事，正亦如此。」[283] 但倘若沒有隨之落幕的意識形態籠罩，諸子間的接納和認同肯定不會如此順利和迅速。[284] 所以如果只注意到諸子間的默契，所謂「一到漢初，從此以後，所有中國的思想家無不是混合的與折衷的」，[285] 而忽視意識形態建制對思想融合的積極塑造和人為推動，就不能對思想史的複雜性和悖論性有更深刻的理解。

這意味著皇權體制使得思想與制度之間有了更直接更內在更密切的互動關

282　王世管說，「韓非子實集儒道法三家之大成。」（《韓非子研究》，轉引馮友蘭〈原雜家〉。）

283　蒙文通，〈論經學遺稿三篇〉，《經史抉原》。

284　正常條件下，政治和宗教可以達致統一，思想卻永遠不可能真正一統。除非有政治或宗教力量。中國的世俗社會性質使得宗教絕對無此實力。只有政治有此力量。所以，中國的思想一統只能由政治來完成，而且這種完成過程和方式帶有鮮明的行政色彩和強烈的暴力性質。從這個角度看，所謂戰國末思想趨於統一只是一種膚淺的表像。其實質在於：（1）諸子趨於疲軟和姜靡；（2）大一統的帝制國家輪廓已大體成型；（3）基於這兩點，諸子思想便自覺不自覺地被它吸引，向它靠攏。這三者集合起來，就使得人們誤認為戰國末期思想出現了統一的趨勢。

285　張東蓀，《思想與社會》，第 133 頁，遼寧教育出版社，1998 年。

係，思想爭鳴越來越成為一種體制內的行為，[286] 同時，政治對思想的規範也越來越具有一種普遍的體制性質。意識形態在中國歷史進程中所表現出來的思想控制力量和社會改造力量越來越不容忽視。政治思想史的長程走向正昭示出，皇權意識形態從一開始，就不是單一而純粹的體制建構，而是複合和多元的觀念融合。[287] 這與學脈理路相反相成，基本吻合。先秦學術之重義理而轉入秦漢學術之重制度，[288] 這本身就是意識形態體制有序形成的一部分。

二、意識形態架構中的儒道法「三位一體」

世人所謂的「儒道互補」或「陽儒陰法」，其實皆是對儒道法「三位一體」的片面誤讀。這個「體」有兩義。其直接義是意識形態體制，其終極義是皇權專制政體。簡言之，皇權意識形態體制給儒道法提供了一個有限的生存空間和有機的生態環境，從而形成了「三位一體」的思想格局。這一思想格局最初源自於後戰國時代的思想史實態。所以無論秦廷的焚書坑儒，還是漢初的黃老勃興，背後均隱藏著一個儒道法「三位一體」的深層邏輯。

諸子百家雖然紛紛揚揚，[289] 但真正具有足夠實力影響一朝一代政局，或構成一時政局之綱領的也就只有儒法道三家。章太炎謂「儒家、法家皆出於道，道則非出於儒」，[290] 錢穆謂「法家主慶賞刑罰，原於儒；道家言返樸無治，原於墨」，[291] 皆不必當真。因為儘管基於不同視角而有不同分類和說法，[292] 但儒

286　比如「儒學揉合諸子、吸取諸子、改造自己的過程，主要是在博士制度下通過爭鳴完成的」。（張漢東，《秦漢博士制度》）必須指出的是，雖然完成是在漢武之後，但其開端則在漢初。

287　由於皇權完成了王權和君權的整合，以儒法道為核心的諸子融合便成為必然。它們構成了意識形態儀式的基本思想資源。建構意識形態儀式的目的是確立皇帝觀念成為社會成員的共同信仰，其功能是統合社會成員的普遍思想。

288　參見蒙文通〈儒學五論題辭〉。

289　先秦在諸子百家意義上使用「百家」一詞的只有莊荀二子。但二者也有區別。莊子用語較為中性和客觀。荀子則明顯趨於否定和貶低。不知這是否給董仲舒以某種啟示。

290　章氏尊道而賤儒，多有尖刻之語。「儒家之術，盜之不過為新莽；而盜道家之術者，則不失為田常、漢高祖。得木不求贏，財帛婦女不私取，其始與之而終以取之，比於誘人以《詩》、《禮》者，其廟算已多。夫不幸汙下以致於盜，而道猶勝於儒。然則憤鳴之夫，有訟言偽儒，無訟言偽道，固其所也。」（《章太炎學術史論集》第231、239頁）

291　《國學概論》，第59頁。

292　蒙文通說，名為別墨，法為道支，有價值者只有儒道墨三家。（〈經學導言〉）蕭公權說，「就政治思想言，僅儒墨道法四家足為大宗。」（《中國政治思想史》第1冊，

法道各擅勝場確為後戰國思想史之實態。司馬遷說：「曹參薦蓋公言黃老，賈生、晁錯明申、商，公孫弘以儒顯。」[293] 並非意味著漢初政治思想有三個階段，只是表明漢初同時存在有儒法道三股力量的互動起伏。[294] 呂思勉把這三家分別

第17頁。）李零說，儒墨一類，依託於詩書禮樂和貴族教育；陰陽、道、法、名一類，以數術方技為背景。（〈說「黃老」〉，《道家文化研究》第5輯。）此說最為無據。墨家非樂，怎麼會和詩書禮樂攪和在一起？墨家的成分構成與下層取向，怎麼能和貴族教育拉扯到一起？

　　不說這些。我關心的問題是，墨家到哪去了？以其儒墨並列的戰國顯學背景，加上入秦遠早於儒，墨家怎麼說也不應該一下子就不見了。更何況在焚書坑儒中墨家又不屬於「嚴打」對象。可以說，在後戰國時期，墨家是唯一突然消失和蒸發的戰國諸子（不過據說，此時墨家尚有人有書。只是這人與書不見於當時思想，也不見於後世歷史）。最為蹊蹺的是，漢人記憶中仍然保留著孔墨同類的深刻印象。比如，鄒陽稱「孔墨之辯」，賈誼贊「仲尼墨翟之知」，徐樂道孔墨「之賢」。甚至漢政的某些做法可能也有取於墨子。比如，「文帝不欲天下居三年喪，不欲以此勤民，所為大綱類墨。」（《朱子語類》卷135）但墨家本身卻蹤影全無，不知去向。對此，人們解釋不一，但均難圓說。有的著眼於墨家的宗教性；有的歸咎於墨家缺少應變能力；有的分析墨家缺乏儒學的詩書禮樂以自重或飾政；有的認為墨家思想自相矛盾處甚多，忽而法先王同儒，忽而又重刑輕民而近法（參見劉起釪《古史續辨》，第418頁。）郭沫若的看法極富想像。他認為墨家的絕跡只有兩種可能。「一種是墨家參加了秦人的保衛戰而遭了犧牲。墨家尊天明鬼，尚同非命，非樂非儒，為秦政所蹈襲，大有類於秦代的官學。」第二種可能是「墨家改了行」，在漢初變成了儒的附庸。（參見〈秦楚之際的儒者〉，《郭沫若全集》歷史編，第1卷。）

　　此外，另有一種「吸收說」。在我看來，這種「吸收說」蘊含有一種暗示或推論，即墨家被別家所吸收，故而漸漸衰微。其中，「吸收說」又分兩種情況。一種認為墨家被雜家所吸取。比如，盧文弨說《呂氏春秋》「宗墨氏之學」。（〈書呂氏春秋後〉，參見彭林《《周禮》主體思想與成書年代研究》，第232頁注釋1。）但吸收墨學並不能使墨家變得虛無。一種認為墨家被儒家所吸取。比如，蒙文通認為儒家多取墨學，比如平等、明堂、禪讓、議政、選舉等。「墨家非樂，而六藝佚樂，墨以孝視天下，而儒者於漢獨尊《孝經》，是皆秦、漢之儒，取于墨家之跡，斯今文說實兼墨家之義。《禮運》一篇，其為儒家之取於《墨》而又大進於《墨》，其義甚明。」（〈儒家政治思想之發展〉，另參見〈論經學遺稿三篇〉。）這似乎暗示墨家思想大部分已為儒家所吸取，不再有獨立的學理價值，故而自然消亡。其說雖然不為無據，但也有些勉強。因為兩種完全異質的學說，不可能一家被另一家全盤吞併。韓愈《讀墨子》云：「儒、墨同是堯、舜，同非桀、紂，同修身正心以治天下國家。孔子必用墨子，墨子必用孔子。不相用，不足為孔、墨。」（參見洪邁《容齋隨筆》，〈孔墨〉。）顯然著眼於孔墨無別。但若是把孔墨看成完全相同，則難以說明墨子之為墨子之所本，與理難通。看來古今人們面對著儒學獨尊格局，大多傾向於從孔墨共性來解釋墨家萎縮。但問題是，倘若孔墨相同，為何結局如此相異，而不是相反？即墨家獨大，儒學衰亡。

　　總之，墨家「無後」之謎應該是中國思想史的一個有趣問題。意識形態給諸子安排的格局本就是「一夫多妻制」。如果墨家無後，我想主要原因可能還在於墨家本身。比如其思想的激進性和徹底性以及過分的專業化和技術化都有可能造成墨家的絕後。

293　《史記·太史公自序》。

294　更何況，「公孫弘以儒顯」已是定局。而這則恰恰暗示出此前儒學的活躍。

以左中右三派視之，儒家為左派，法家為中間派，道家為右派。[295] 閻步克謂，就三家對政治影響言，儒最具意識形態色彩，法則像是一種專制官僚政治行政理論，道更多是一種政治哲學。「秦漢之際法、道、儒之嬗替，與此未必毫無關係。」[296] 但我更喜歡把儒法道三家之關聯比喻為思想史中的「三統」循環。儒為赤統，法為白統，道為黑統。[297] 思想史上的三統離合、分化和轉換在後戰國時代得到盡情演繹，其精彩之處雖不如百家爭鳴來得壯觀和絢麗，但也確有可圈可點值得省思回味之處。[298]

不過需要明確的是，儒法道三家在後戰國時代雖均有不同程度之變化，但變化最大者當屬道家。[299] 要而言之，道家之變化在於，要給秩序與意義以充分之重視。道家之變化肯定與意識形態體制下的思想史的總體趨向有關。即這種變化無疑是意識形態建構的結果。因為就儒法道三家的元典意義而言，儒家要給秩序賦予意義，法家只要秩序而不考慮意義，[300] 道家則是將秩序連同意義一起否棄。顯然，對於秩序和意義二者，儒法道三家的選擇各不相同。儒家是全盤通吃，二者都要；法家是「溺水三千，只取一瓢」；道家是釜底抽薪，二者

295　《呂思勉遺文集》（下），第46頁。呂氏同時又把諸子分別指派為不同時代，認為農家「代表神農時代的思想」，道家「代表黃帝時代的思想」，墨家「代表夏禹時代的思想」，儒家和陰陽家「代表西周時代的思想」，法家和兵家「代表東周時代的思想」。（同上書，第17頁。）這種做法頗類古人「五經皆史」說者把五經分別對應於三皇五帝以至三代。所謂「《易》是包犧氏之史，《書》是堯舜下史，《禮》《樂》是三代史。」（王守仁，《傳習錄》卷上。）

296　〈秦漢之際法、道、儒之嬗替片論〉。

297　或者換一種比喻，法之酷烈猶如火德，道之博大好似水德，儒之深厚如同土德。三者之糾葛恰好演繹為後戰國思想史上的一段完整的相勝相克的辯證精神進程。

298　後戰國思想史的核心問題是皇權意識形態體制的建構。而意識形態的核心則是包裝皇帝。即給皇帝塑造金身。這樣，儒法道諸家便成為皇帝身上的不同行頭。對此可有兩喻：（1）諸子百家是皇帝身上隨著季節變換和場合需要而不斷替換著穿的衣服；（2）儒法道分別構成皇帝身上的不同服飾，道是皇帝頭上的帽子，儒是皇帝身上的衣服，法是皇帝腳上的鞋子。後來佛道興起，中國民間也有類似說法，「戴儒帽，披佛袍，穿道鞋。」（參見郝大維、安樂哲，《先賢的民主——杜威、孔子與中國民主的希望》，第99頁，江蘇人民出版社，2004年。）

299　李學勤從思想史文獻角度對道家變化有過一個評述，「如《淮南子》書中有較多的《莊子》的影響，已與晚周至漢初南方黃老道家的正宗有所區別。道家由以黃老為主轉移到以老莊甚至以莊列為主，這一轉變在《淮南子》書中已可見其端倪。」（《簡帛佚籍與學術史》第26頁）但我這裡主要著眼於道家思想的內在理路之轉向。

300　嚴格說來，法家最不具備意識形態品格，陰差陽錯的是，法家卻成了意識形態的第一個試驗品。

皆拋。相較而言，儒道是兩個極端，法家則走中庸。貌似中庸卻不妨礙始終保有其根深蒂固的天然傾向。法近道而遠儒，自在情理之中。不過單純的道法親緣，也只是學術派系的分化離合。但在後戰國時代，它則具有了獨特的意識形態含義。即任何一家有幸占據意識形態主導地位的思想都能對其他思想構成一種話語霸權和強勢威脅。在這個意義上，儒家在後戰國時代的多舛命運正是源自於法道二家一先一後的雙重夾擊。[301] 就此而言，儒家之境遇彷彿一面鏡子，清晰地映照出了道法之間的內在因緣。

　　道法二家的深刻關聯，使得二者成為一隱一顯的複合關係。[302] 故而，當法術政治話語失效之後，自然顯露出來的就是更內在一層的道論政治話語。這點可以解釋，為什麼漢初黃老思潮不脛而走，風靡一時。這是因為道論政治話語作為法術政治話語的本體論基礎，它必然具備對法術政治話語日趨極端和偏激這一後果進行修復和矯正的思想功能。當法術政治話語不再為人們看好時，道論政治話語則不失時機地顯現了它特有的充沛生命力。就此言，《黃帝經法》出現在漢初可謂正當其時。[303] 時人渲染戰國黃老學的勢力難免有誇張之嫌。[304]

　　某種意義上，不妨說，皇權意識形態體制的建立，差不多等於把諸子百家這些雞蛋全都裝到了一個籃子裡。[305] 不過最妙的是，道法兩家如同一個雙黃蛋。

301　陳啟雲對西漢儒學有一個基本評價。「在西漢時期，儒學主要是一場復興和改革秦朝滅亡後的帝國政治體制的運動。」（參見《中國古代思想文化的歷史論析》，第 270 頁。）但不能忽視的是，這種改革是在法家的地基上和道家的藩籬中進行的。

302　對道法二家的復合關係，徐復觀有所辨析。「老子與法家的結合，並非出於老學必然的發展。這種結合，在學術上，是出於申、韓有意的依附。在政治上，乃來自西漢初年，在感情上因反對秦代暴政而趨向黃老；而在現實上又是繼承秦代由法家所奠定的政治制度；於是便形成黃老申韓互相結合的局面。在秦代，則並沒有這種結合。所以認為道家的無為必流為申韓，這已經是由司馬遷等而來的誤解。」（《中國思想史論集》，第 218 頁，臺灣學生書局，民國 72 年。）徐氏之說似乎拘泥於思想外緣層面，而沒有觸及到道法思想的內在脈絡。相較而言，金春峰對道法思想的內在關涉更為重視。（參見《漢代思想史》，第 5、38 頁。）

303　參見李申《中國儒教史》上卷，第 152 頁，上海人民出版社，1999 年；任繼愈主編《中國哲學發展史》秦漢卷，第 105 頁。

304　參見蒙文通〈楊朱學派考〉，《古學甄微》。

305　結果是，所有雞蛋面臨著更大的共同風險，每個雞蛋的保險係數變得更低，因壓力增大而變得更加脆弱。常態是，一個籃子裡的雞蛋，難免磕磕碰碰，不時也會碰碎個把個。但只要整個籃子不掀翻在地，意識形態的雞蛋秩序就能大體維持。至於籃子掀翻已是清末之事，那時整個籃子裡就是一堆黃水橫流稀里嘩啦的爛雞蛋。它構成了五四全盤反傳統的宏觀背景。

由此我們引申出一個推測：秦始皇宣布自居「水德」，[306] 恐怕不單單依據「五德終始說」，[307] 同時也與道家思想相關。[308] 理由有三：（1）先秦諸子中，唯有道家最喜歡和擅長以水為喻來闡發學理，其作品中水的意象可謂比比皆是，極為醒目，其風格之詭異，其意境之深邃，均令世人有深不可測之感；（2）學界公認，法家學脈根源於道家，作為法家集大成者的韓非子對《老子》哲理做過多篇解說和發揮，酷愛《韓非子》的秦始皇受其影響也自在情理之中；（3）據近人研究，從官僚制的演進和分化這一特定視角看，史官、道家、法術之士或文史之間存在一種深刻關聯。[309] 既如此，以法吏治天下的秦帝國偏愛「水德」，甚至以「水」之「德性」為據來加大執法力度，亦非不可思議。

倘若推測大致不錯，由法而入道，便構成後戰國時代的一道獨異的思想史脈絡。由法術之階梯而步入道理之堂奧，也符合思想演進之邏輯。秦始皇重道而輕天，[310] 清晰地顯示出秦帝國依道行法的學理線索。這一線索表明兩點：（1）秦帝國以法治天下不光有法家自身的功能論或工具論的學理依據，更具有道家宇宙生成論和自然本體論的思想根據。（2）道法兩家的內在關聯，使二者在諸子百家中獨具一種「唇齒相依」之感，這意味著，秦政法術失效，必須由道家接替和承擔。

漢初黃老大行，人們多從社會史和社會心理角度解釋，比如多年戰亂之餘對「休養生息」的迫切需要，使黃老之說大受歡迎。所謂「孝惠、高後之時，

306　據介紹，日本學者鎌田重雄《秦漢政治制度研究》和栗原朋信《秦代史研究》都對秦朝施行「水德」一事提出了質疑和否定。認為它出於西漢人的杜撰和假託。（田人隆，〈鶴間和幸教授與秦代史的再構成〉，《中國史研究動態》1996 年第 2 期。）

307　「五德終始說」在秦朝正式登堂入室，成為一種制度依據。這誠然與始皇本人對帝國德性的自覺意識有關。但秦帝國究竟何德何性，恐怕不是一開始就很明確的。因為這直接關係到對前朝德性之定位。「五德相承，古人所說皆不定。謂周為木德，後秦以鄒衍之說推之，乃以為火德。故秦以所不勝者承周，號水德。」（《朱子語類》卷 134）

308　這透顯出道與陰陽二家原本具有的思想之關聯。近人甚至指稱，「《老子書》也是受過鄒說很大影響的。」「老學在秦漢時和齊學結不解緣，這一點也很可以使我們想像到老學出於鄒衍的蛛絲馬跡。」（陳槃，〈寫在「五德終始說下的政治和歷史」之後〉，《古史辨》第 5 冊。）

309　閻步克，《樂師與史官》，第 33–114 頁，三聯書店，2001 年。

310　另一方面，秦始皇對道的強調和他對天的淡漠肯定與李斯的影響有關。李斯作為荀子弟子無疑承襲了荀子思想中重道而輕天這一鮮明特點。參見《荀子》，〈解蔽篇〉、〈天論篇〉。有人認為荀子「丟開自然之『道』，突出自然之『天』」。（胡家聰，《稷下爭鳴與黃老新學》，第 87 頁，中國社會科學出版社，1998 年。）不當。

海內得離戰國之苦，君臣俱欲無為。」[311] 但思想史的解釋同樣不容忽視。史華茲敏感地注意到黃老學術的多元性特質。認為「黃老道家關於各家學派具有相對優點的多元化態度，也許會由於不同的理由而對許多人都有吸引力。」在漢初，雖然「一種理想的黃老體系會在某種意義上減少乃至消除知識分子的道德及思想上的自主性，但無論如何還是代表了一種思想層次乃至社會層次上的多元主義的開放態度。」[312] 葛兆光在對漢初思想界融合趨勢的評論中也強調黃老之學的「開放性」。「黃帝之學的知識內涵與哲理意味中擁有可以繼續拓展的哲理與知識空間。」[313] 余英時則從政治與學術的關聯域切入，推斷黃老得勢另有隱祕。「黃生所用『冠履』的論證不但見於《太公六韜》的佚文，而且也還兩見於《韓非子‧外儲說左下》，可見此說為黃老與法家所共持。這裡洩露了黃老之所以得勢于漢初的一項絕大祕密。兩千年來許多學者都不免被黃老的『清靜無為』的表像所惑，沒有抓住它『得君行道』的關鍵所在。」[314] 余氏從道法兩家在尊君這點上的共謀之處來揭示漢初黃老崛起的原因，不為無據。可我總覺得似乎還欠些火候。比如他過分強調「儒家政治理論在漢初受迫害的實況」[315] 頗為不當。其實就尊君論，儒家較之於道法兩家毫不遜色。[316]

但道法相關這個思路不錯。我想沿著這個思路將問題進一步展開。漢初黃老興盛之原因應該從儒法道這思想「三統」之內在關聯機制中尋求貫通性解釋。[317] 秦亡使法無以獨立，攻法最烈者又非儒莫屬。這樣，法的唯一生存之道

311　《漢書‧高后紀》。

312　《古代中國的思想世界》，第 259–260 頁。

313　《中國思想史》第 1 卷，第 354 頁。

314　余氏把黃生看作黃老（《中國思想傳統的現代詮釋》，第 58 頁。），蕭公權則把黃生定位於法家（《中國政治思想史》第 2 冊，第 257 頁。），蕭萐父又把黃生說成是「新道家」。（〈秦漢之際學術思潮簡論〉，熊鐵基《秦漢新道家》，〈代序〉，上海人民出版社，1984 年。）這種細節性分歧，我覺得恰恰說明兩點：第一，道法兩家淵源甚深；第二，道法兩家共識甚多。

315　《中國思想傳統的現代詮釋》，第 58 頁。

316　嚴格說來，在尊君這點，諸子並無分歧。只是在是否必須（因尊君而）卑臣這點，諸子（主要是儒法）才有爭議。儒家更傾向於尊君而禮臣。孟子和賈誼反復說明這點。從形式上看，尊君禮臣以一種不平等的對等性而具有了某種似乎可以制衡君主的可能性。但這種理論上的虛幻性往往給人以制度上的錯覺。另外，韋政通也強調，「『尊君卑臣』，雖為法家所著意提倡，但並非法家所獨有，那是在專制體下，任何一個學派、一個個人，想得勢、想被帝王重用，都是無法避免的格局。」（《中國思想傳統的創造轉化——韋政通自選集》，第 182 頁，雲南人民出版社，2002 年。）

317　綜合蕭公權的論述，可以看出他判析儒法道三家消長的大體路數。（1）「儒家勢盛，

只能是援道抗儒。如此有了「外道內法」的「新法家」話語模式。故而，法術衰微之後必然凸顯出道論之根基。漢初道論政治話語對法術政治話語的整合恰恰構成黃老思潮流行於世的深層動因。

儘管從細微的思想差異看，老莊有別，[318] 莊黃有別，[319] 黃老也有別。[320] 據此，在「道家」這一名號下的思想史脈絡實際上存在著老、莊、黃（老）「三合一」的問題。反過來，這也可以稱作思想史上的「三家分道」。不過與儒墨或八或三的分化狀態不同，道家的趨同性似乎表現得比較明顯。儘管如此，顯而易見的是，漢初道家卻並非一個後人想像的思想整體，至少這個時候還沒有形成一個嚴整的體系，其中充滿了諸多相當深刻的差異。[321] 但對於其他諸子而言，這些種種差異並不足以構成任何實質性的影響。故而，道家作為法術的本體論支撐，在法術話語退隱之後直接顯露出來，實在是一件再正常不過的事情。近人有「秦漢新道家」之說，[322] 似乎在「新道家」之框架下有將秦漢思想家一網打盡之意圖，其中多多附會之弊雖常為人所病詬，但解釋過度本身也同樣能

而法墨同歸失敗。」「秦漢以後，雖間有法家之言，終不能預於顯學之列，足與儒家相抗衡。」（2）「儒道二家隨社會之治亂，互為消長。」道家「其消極之態度始終大體一貫，未曾因封建天下之改為郡縣而有根本之改易。」「老莊政治思想為專制天下時期反對專制最徹底之抗議，與儒家思想對立，略如野黨之於朝黨。」（《中國政治思想史》第 1 冊，第 11–12 頁。）

318　比如，克雷爾謂，老子為「目的派」，莊子為「冥想派」；金谷治謂，老子之道是「本體論」，莊子之道是「方法論」。而且漢初老莊分立狀態相當明顯，直到《淮南子》時才大致融合。（參見金谷治〈漢初道家思潮的派別〉，《日本學者研究中國史論著選譯》第 7 卷，中華書局，1993 年。）

319　參見蒙文通〈略論黃老學〉，《古學甄微》。

320　章氏特別點出老子與黃老之別。「老子之道任于漢文，而太史公《儒林列傳》言孝文帝本好刑名之言，是老氏固與名法相倚也。……蓋公、汲黯以清淨不擾為治，特其一端。世人云漢治本于黃老，然未足盡什一也。」（《章太炎學術史論集》，第 231–232 頁。）近人把這個問題講的要更為清楚一些。比如，黃老雖形式有別，「『黃』多為故事而『老』則是哲言，『黃』偏技術而『老』重思想。」但二者知識系統比較接近，「前者是後者的知識基礎，後者是前者的理論。」另外，數術方技通過道家和陰陽家得以伸展，而黃老又是融合二家的新體系。（參見李零〈說「黃老」〉。）

321　比如，有占主流的政術派，有消極的保身派，有現實的養生派，還有神仙派，這些都是些功利主義者；與之對應，也有些追求精神主義的觀念派。同時，這些複雜的派系中又相互影響和滲透，從而使漢初道家思想變得斑駁曲折，五光十色。（參見金谷治〈漢初道家思潮的派別〉。）另外，漢初道家的範圍也比現在說的寬泛得多。比如《漢書·藝文志》把道家書分為四種：陰謀書、先秦道經、黃帝書、西漢道論。它們都講治國用兵，與刑名法術關係密切。（參見李零〈說「黃老」〉。）

322　參見熊鐵基《秦漢新道家》。

夠顯露出一種歷史的實相和本態，即思想史的另一種可能。它昭示出來的思想
史景觀是，在後戰國時代，道家實乃諸子中最具實力和潛力的競爭對手。其在
漢初異軍突起並非空穴來風，無根無據。而由此規定下的思想史路徑則預示著，
從此以後，法家已不具有獨立的思想資格，它已經沒有能力來進一步完善其體
系，[323] 它必須與其他諸子結合，這裡有兩個選擇：與儒聯手，或與道聯盟。二
者皆有可能，也都可行。所以道法合流與儒法合流恐怕也並非先後發生，而是
同步進行。但就其思想統系和學脈親近性而言，法家無疑更傾向於融入或歸依
道家，而這種融入或歸依在理論上也毫無障礙。[324]

　　不過，法家雖然援道而論法，但「法」在法家話語中從來沒有真正提升
到一種「道」的層面，甚至也沒有達到儒家論禮的層面，而始終停留於「術」
的層面。當然這個「術」不是「法術勢」之「術」。但不管怎麼說，在道家的
包容下，作為道家的一部分，法家學說畢竟得以維繫和存在。[325] 借道而論法便
成為後戰國時代法家學理的一般言說方式。[326] 漢初風行黃老思想的真正原因也
就在此。[327] 它既有道家對法家的拯救和保存，也有法家對道家的滋養和充實。
道家的豐富和分化肯定也機緣於此。[328] 可以說，漢初黃老之風靡，也著實有賴
於法家餘蔭之助。[329] 原因在於，秦朝漢初意識形態體制的內部調整並不足以導
致其整體架構的根本改變。再者，秦朝漢初政治形態的一脈相承，使皇帝制度
和官僚體制得以全盤保留，文史政治依然如故，[330] 這樣法家學說的存在仍有其

323　「申韓之學自李斯致用之後，其法令名實諸旨漸已成為實用之治術，終止學理上之發
　　　展。」（蕭公權，《中國政治思想史》第 1 冊，第 11 頁。）

324　道法相近恰如儒墨相近。「凡道、法諸家之與儒異，皆即墨者之與儒同。此周秦學術
　　　之一大限。」（蒙文通，〈論墨學源流與儒墨匯合〉。）

325　當然，如果認為法家本為道家之「支流」，那麼就此而言，漢初法家的存在狀態倒不
　　　失為對戰國法家本初源流的回歸。

326　陳啟雲對漢初道法互動的過程有過簡明的描述，認為在道家的背景下，法家演變成一
　　　種「新法家」。（參見《中國古代思想文化的歷史論析》，第 182–183、266–268 頁。）

327　邢義田謂，「漢初君臣好黃老，究其實乃好有法術刑名之實，而無申韓之名的東
　　　西。……大體而言，漢初黃老和武帝以後的儒術類似，常常只是法術刑名政治的緣飾
　　　而已。」（〈秦漢的律令學——兼論曹魏律博士的出現〉）也許思想史實際並非如此
　　　簡單，但黃老之學也絕非空靈超越之物，而是一股有著切實政治內涵的意識形態思潮
　　　驅動。

328　顧立雅把道法融合稱之為「目的性的道家」，史華茲則稱之為「工具性的道家」。（參
　　　見《古代中國的思想世界》，第 245 頁。）

329　參見金谷治〈漢初道家思潮的派別〉。

330　參見閻步克〈秦政、漢政與文史、儒生〉，《歷史研究》1986 年第 3 期。

相當大的伸展空間。[331] 故而使得「漢代法家雖已終止學術上之發展而猶與儒爭勝」，[332] 甚至有力量反過來竟然導致某種程度上的「儒學的法家化」。[333]

　　但思想史實態肯定不會如此單面。思想史的同化過程從來不是單向度的。儒家的法家化同時也就意味著法家的儒家化。[334] 這個過程或許可以被視為「新法家」和「新儒家」的同步誕生。據說，漢初新法家「儘管融合了更多的儒家思想，但與滲和著刑名法術的新道家，仍處於互黜的地位」。[335] 其實互黜即互動，互斥即互學。儒法道諸家之間的明襲暗取，正棄反用，皆屬思想史之常態。三家作為體制中人，相互學習已成日常功課。儒法道在諸多問題上的各自表述並不妨礙彼此趨於共識。與習語說的「面和心不和」相反的是「心和面不和」。這或許是一種學術面子的正常表現。這個過程在意識形態的總體背景下，呈現出一種波瀾不驚的遊戲意味。

331　不過，西漢中後期以後，法家學說已經完全融入皇權官僚體制，充其量只具有某種政策功能或權術效用，而毫無任何思想史意義了。「陽儒陰法」成為一種統治策略，正像「儒道互補」成為一種生存策略一樣。對後世帝王來說，儒法之別，不在學理，而在權謀。儒家只是一件「新衣」，而法家則是一件「舊褻」。「新衣」看不見摸不著，缺乏操作性，要麼高高在上，懸空議論，不切實際，要麼真正落實下來，就只能成為貼身的「舊褻」。正因如此，面對任何一個帝王，哪怕是公認的明君聖主，我們在他們身上看到的也只能是法家的「舊褻」。而儒家的「新衣」則只有在皇帝赤身裸體的時候才能看見。在這種情況下，人們要麼說皇帝什麼都沒穿，要麼穿的是別的衣服，壓根與「儒服」無關。因為「儒服」根本就是為道德定制的，而不是為政治製作的。所以在宋儒眼裡，在三代以下，幾無聖王可言。正因為「儒服」是一件「皇帝新衣」，所以任何一個皇帝穿在身上都會覺得很尷尬，左右都不自在。更徹底一點說，儒家是「皇帝的新衣」，在皇帝身上你什麼也看不見，唯一能夠看見的就是赤裸的法家身體。這就是說，儒家是「皇帝的新衣」，而法家則是皇帝的身體。

332　蕭公權，《中國政治思想史》第 2 冊，第 256 頁。作為補充，他又強調了法家在漢代強弩之末般的學理枯竭狀態。「就思想史之觀點以論，則漢之刑名，不過申韓之餘波，澤猶未斬，已無復川淵之含蘊。以視墨學，五十與百步之差耳。」（同上書，第 2 冊，第 253 頁。）

333　余英時，《中國思想傳統的現代詮釋》，第 66 頁。其實，秦政伊始儒法合流就已開始。儒家的法家化和法家的儒家化本是一體兩面的共時態進程。

334　儒法這種相互轉化的過程正是延續戰國的思想史脈絡。蒙文通強調「戰國之世，儒之雜取法家者多。」進而將百家皆歸結於儒法，其餘諸子乃二者之餘波。而儒法既是周秦兩民族之對立，又是周秦兩時代之相替。它同時兼具華夷之辨與新舊之爭。儒法夏法殷即兼采墨法，而成新儒學。儒家取法甚多。據蒙氏辨析，儒家習法約有三個特點：（1）取法慎子，而非申韓；（2）儒家平等思想，出自法墨；（3）儒法殷法夏法即兼采法墨。（參見〈法家流變考〉、〈楊朱學派考〉、〈儒家政治思想之發展〉、〈儒家法夏法殷義〉、〈論墨學源流與儒墨匯合〉，《古學甄微》。）

335　蕭萐父，〈秦漢之際學術思潮簡論〉。

其實漢初對每一家都意味著一個新的開始和機遇。在意識形態秩序中,諸子位置還需要不斷調整。各家之間在相互磨合中也是矛盾重重。但畢竟已出舊室,而入新房,身分上有了「一家人」的模樣。不論「新儒」、「新法」,還是「新道」,相對先秦的原教旨而言,其「新」既多了點什麼,也少了點什麼。即多了點平和心,少了點門戶氣。諸子各家正在努力使自己認同和適應皇權政體對天下一家的總體規劃和全盤布局。諸子通過各種曲折含蓄或直截了當的方式向意識形態表明自身的利益和價值應當有一個合理的自我肯定。思想對皇權的請願和訴求在思想史上顯得意味深長。它暗示著,任何一種尖銳的思想都會在這種強悍的意識形態建制中逐漸變得溫順和馴服。思想本身的理智性在這個改造過程中發揮了重要作用。自然,這一最終結果是,思想本身逐漸被意識形態馴化得越來越不具有真實的理性。

第五章　皇權主義本質精神的直觀體現：
以部分禮制、儀式、建築為中心

第一節　「太上皇」──皇權政體的理性設計

　　後世的許多制度、觀念、習俗、話語和生活都與漢代聯繫在一起。漢朝的建立無論和周朝還是和秦朝比起來，又都顯得似乎太過於容易，也似乎太快了。[1]周朝建立用了兩代人的時間，秦朝建立用了二十餘代人的時間。漢朝建立不過用了短短五年時間。[2]所以無論從哪方面看，漢朝都算是中國歷史上少有的幸運兒。比如，秦制為秦朝帶來了太多的罵名，「漢承秦制」卻為漢朝贏得了巨大的榮耀。漢承秦制使漢帝國免去了在制度創構過程中與之俱有的巨大政治風險。「秦兼天下，建皇帝之號，立百官之職。漢因循而不革，明簡易，隨時宜也。」[3]不妨說，秦制的創設者預先為接踵而至的漢帝們預付了學費。[4]所謂孔子「為漢

1　司馬遷甚至把這個參照系往前追溯得更遠。「昔虞、夏之興，積善累功數十年，德洽百姓，攝行政事，考之於天，然後在位。湯、武之王，乃由契、後稷修仁行義十餘世，不期而會孟津八百諸侯，猶以為未可，其後乃放弒。」（《史記・秦楚之際月表》）

2　一個更大的歷史反差是，秦朝僅存在十五年，與其創業時的輝煌相比，可謂是虎頭蛇尾。而漢朝憑藉其二百年的基業，好歹也算是壽終正寢。

3　《漢書・百官公卿表上》。

4　十五年的秦朝彷彿是四百年的漢朝的一個短暫的序幕。錢穆也說，「秦代只是漢代之開始，漢代大體是秦代之延續。」（《中國歷代政治得失》，第1頁。）

立法」這一漢人普遍信仰的神聖觀念並不能改變真正是秦帝「為漢立法」這一正當歷史事實。當秦政由於自己的夭折而遭到漢人的憤怒討伐時，歷史總是無以言之。

秦始皇對歷史的設計到秦二世便嘎然而止，劉邦卻在琵琶別抱各有所圖的諸侯王們的勸進聲中把皇帝這把椅子穩穩地坐了下去。但「漢承秦制」使得不僅秦始皇創造的「皇帝」，還有秦始皇發明的「太上皇」也一同被劉邦繼承下來了。秦始皇自己做了皇帝，也順便給早已死去的父親封了個「太上皇」。[5]顧炎武認為，這種「死而追尊之號，猶周曰『太王』也。」[6]似乎沒有什麼特異之處。我們感興趣的是，為什麼秦始皇將乃父封為「太上皇」，而不是「太上皇帝」？[7]據說這是「由於要突出秦始皇稱帝的獨一無二、唯我獨尊的權威性。即使是養育他的生身之父也不能染指這一帝字。」[8]可見所謂「太上皇」並非同時態的另一個皇帝，或比皇帝更高的另一個皇帝，或是一個「最高的皇帝」。總之，「太上皇」不是「皇帝之皇帝」的意思。同時，「太上皇」也不表示「兩帝同治」的政治格局。它僅僅象徵性地表明，皇帝對自己父親的特殊禮遇與尊崇。不容忽視的是，這種禮遇與尊崇同樣屬於皇帝觀念的一部分。[9]如淳說，「太上，天子也。」[10]這意味著，「天子之父稱號與天子之別，在獨稱皇，不在太上二字。」但由於「秦去諡法，不可追尊之為莊襄皇」，再加上單獨「一皇字又不成辭，乃以『太上』二字配之耳」。[11]不過據司馬貞解釋，「太上者，無上也。皇者德大於帝，故尊其父號太上皇也。」[12]是可知，「太上皇」作為皇權政體下的政治「榮譽稱號」，側重點在於「德」，而不在於「功」。但即便是「德」，也

5　「追尊莊襄王為太上皇。」（《史記‧秦始皇本紀》）

6　瀧川資言《史記會注考證》之〈秦始皇本紀〉，上海古籍出版社，2015 年。

7　中國歷史上，確實有過「太上皇帝」。十六國時期，後涼呂光自號「太上皇帝」；北魏獻文帝讓位於其子孝文帝，被群臣上尊號為「太上皇帝」；宋徽宗傳位於欽宗，也被尊稱為「太上皇帝」。其中緣由或許複雜且多樣。不過我相信，無論如何這裡面也不存在任何法度性的分權苗頭。

8　徐連達、朱子彥，《中國皇帝制度》，第 9 頁注釋。

9　至於說，「太上皇」是「皇位終身制的一種補充形式」，（徐連達、朱子彥，《中國皇帝制度》，第 202 頁。）則恐怕未必。

10　《漢書‧淮南王傳》。

11　呂思勉，《呂思勉讀史劄記》，第 519 頁，上海古籍出版社，1982 年。

12　《史記‧高祖本紀》。

只是生性之「德」，而非人為之「德」。[13]

　　有了秦始皇的成例在先，劉邦再做起來就順當多了。不過劉邦還是有所發展。他「以為生號」[14]，乾脆給尚在人世的老父親加冕為「太上皇」。不僅如此，劉邦還將「太上皇」的含義從「德」擴張到「功」。劉邦專門下詔把自己的成功歸於乃父。

> 前日天下大亂，兵革並起，萬民苦殃，朕親被堅執銳，自帥士卒，犯危難，平暴亂，立諸侯，偃兵息民，天下大安，此皆太公之教訓也。諸王、通侯、將軍、群卿、大夫已尊朕為皇帝，而太公未有號。今上尊太公曰太上皇。[15]

同時，劉邦又特別強調說，「提三尺取天下者朕也。」說到底，真正擁有天下的是皇帝，而不是皇帝他老爹。「故太上終不得制事」。[16]我感興趣的是，所謂「太上終不得制事」背後是否還有其他觀念依據。「治天下終不以私亂公。」這可能是更為根本的。因為血緣父子與政治君臣之間的相互重合，使得必須確立另外一個標準，這就是大公小私。這樣，君主因為天然占有公的名分資源，決定了私性身分的父親再也無法憑藉血緣優勢來對君主權威構成任何可能的威脅。但這只是一方面，另一方面或許更為真實和本質，這就是「雖有親父，安知其不為虎？雖有親兄，安知其不為狼？」[17]這種對人性的冷酷分析和深刻洞察很有些法家氣味。但它卻是專制政治的經驗之談。所以這裡的人性已非一般人性，而是政治人性。[18]於是，我們可以看出，「太上終不得制事」實際上是由兩種觀念支撐起來的，即私不亂公的道義原則和父子虎狼的人性本質。前者為儒法兩家共同立場，大多呈現為正面價值；後者則是純屬法家邏輯，更多呈現

13　如果聯繫到秦始皇擬制「皇帝」名號的過程，我們似乎可以感覺到，秦始皇給予自己的「皇帝」名號意味著功德兼備，給予乃父的「太上皇」則意味著功德不全。

14　顧炎武語。（瀧川資言《史記會注考證》之〈秦始皇本紀〉。）

15　《漢書‧高帝紀下》。

16　《漢書‧韓安國傳》。

17　《史記‧韓長孺列傳》。

18　政治人性不易清晰定義，卻可真實直觀。它因人而異，因事而異，不同場合、不同對象、不同情景有不同表現和含義。古代很難找到一個詞語準確描述。現代卻有一個概念可以精確對應，這即是「黨性」。用黨性可以完滿解釋政治人性。此外，還有「組織性」，亦可用於界定政治人性。

為負面價值。[19] 但在二者的相互勾連遞進中則呈現出一種政治共識的必然力量。它決定了「太上終不得制事」的絕對合理性。這種絕對合理性又直接凸顯出「三尺」作為劉邦的天然合法性不容挑戰和質疑。

所以「三尺」就是劉邦合法性的唯一標誌。顯然，劉邦的皇位只能是來源於「三尺」拼殺，而非老爹傳授。這樣，「太上皇」只是一個名分上形同天子，實際上卻並非天子的特殊稱謂。顏師古說，「太上，極尊之稱也。皇，君也。天子之父，故號曰皇。不預治國，故不言帝也。」[20] 這彷彿是說，「太上皇」似乎類似於不直接行使行政權的國家禮儀元首。但實際上太上皇又確實不同於現代意義上的國家禮儀元首。因為太上皇本身不具有象徵國家的特殊身分。所以太上皇只能是皇權體制下的一種獨特政治禮儀符號。從稱謂上講，太上皇和皇帝同享尊榮，只是太上皇沒有實際職權。即太上皇更多的是一種源於血緣天性的父權象徵，它本質上不能分享皇權。[21]「秦漢皇權，作為自明之物，在性質上與民間存在的父家長權力是異質的。」[22] 所謂「不預治國」，正暗示出太上皇與皇帝之間的實質區別。這種區別，劉邦心知肚明。他絕不會傻到讓身為太上皇的父親凌駕於作為皇帝的自己之上。王肅的解釋就很合劉邦的胃口。「漢總帝皇之號，號曰『皇帝』。有別稱『帝』，無別稱『皇』，則『皇』是其差輕者也。故當高祖之時，土無二王，其父見在而使稱『皇』，明非二王之嫌也。」[23] 可見皇帝與太上皇「有別」、「無別」關鍵在於必須凸顯出「『皇』是其差輕者」這一體制性標誌。位尊而權輕，或有名而無權，這正是劉邦「授予」乃父「太上皇」名號時所特別謀求的一個平衡布局。它可以使「匹夫天子」與父同在的血緣現實同「土無二王」天子獨尊的皇權體制都得以妥善安置。所以既要在名分上對天子之父表示必須有的禮遇和尊崇，同時又要避免對皇權的冒犯，以免

19　需要提醒的是，這裡所謂的「正面價值」和「負面價值」本身並不是一個真正的價值判斷，而只是一個純粹的現象描述。也就是說，我使用這兩個概念並無意於肯定前者而否定後者。當然這也不意味著我對這些問題不作任何價值判斷。我實際想說的是，價值判斷是必須的，但需要謹慎。

20　《漢書・高帝紀下》。

21　中國古代稱「太上皇」總計 15 人，情況各個不同，不能一概而論。但就常規看，太上皇一般不能行使皇權。至於後戰國時代，我上面作出的判斷更是絕對不錯。

22　西嶋定生，《二十等爵制》，第 30 頁。

23　《三國志・魏書・王朗傳》。

造成「二王之嫌」。[24] 顯然，這種複雜考慮和精心謀慮只能出自於新型的皇權體制。

　　因為皇權體制的一個本質要求是，它必須對每個人都作出一個確定的身分安排。所以對於皇帝之父，也必須要有一個適當的身分。這涉及皇權體制下「匹夫天子」的一個實際問題。因為在三代的王權體制下，王位世襲，代代相承，子繼父位。並無父在子王的情況。推演到極致，以致於武王在率軍攻打商朝時，帶著文王牌位，以八十多歲高齡還自稱「太子姬發」。在此時代，「匹夫天子」幾無可能。皇權體制卻使之有了可能。這意味著，子為人主父為人臣成為必然。雖然人主之父不一定活著，但活著也絕非偶然。在這種情況下，傳統的「尊尊」、「親親」之觀念就與現實制度發生了衝突。[25] 所謂「如尊太公事，亦古所未有」。[26] 於是，尋找一種妥善的解決辦法成為一個不大不小的政治體制問題。因為以一人而「亂天下法」固然不符皇權政治對專制社會的秩序要求，[27] 同時，因「天下法」而廢棄對人主之父一人的尊崇和禮遇似乎也不合傳統禮制對皇權體制的道義要求。所以由「家人父子禮」而向朝廷君臣禮的轉換成為必然。這一轉換恰恰相容了皇權政體架構中對禮制和政制的雙向要求。家法轉換為國法，家族進入國家；孝道融入政道，父權提升為君權。[28]

24　至於說「父為士，子為天子，祭以天子」，（《漢書・韋賢傳》）就是另外一個問題。它不限於天子之父是否曾被封為太上皇，在死後都能享受天子待遇。

25　在分封制社會，可以廣義地說「尊」、「親」一體，「尊尊」皆「親親」。

26　《朱子語類》，卷135。

27　「高祖五日一朝太公，如家人父子禮。太公家令說太公曰：『天無二日，土無二王。今高祖雖子，人主也；太公雖父，人臣也。奈何令人主拜人臣？如此則威重不行。』後高祖朝，太公擁彗，迎門卻行。高祖大驚，下扶太公。太公曰：『帝，人主也，奈何以我亂天下法！』」（《史記・高祖本紀》）荀悅不同意家令之說。「孝莫大于嚴父，故子尊不加于父母。家令之言，于是過矣。」晉人劉寶則又反對荀悅之言。「悅不識高帝意。……帝聞家令言乃悟，即立號太上皇，得人子尊父之道。若不聞家令言，父終無號矣。家令說是也。」（《通典・禮三十二》）

28　一般情況下，無論皇室宗親還是普通人家，父權與君權往往都是一致的。但在某些特殊情況下，比如在開國之君身上，父權與君權二者就很有可能發生衝突。不過也正是這種衝突，才使得屈父權而尊君權更具有了某種實質性的意義。我覺得在這點上，現在人反而不如古代國人把事情看得更清楚。起碼古人還能分清家國之別，知道應該以家從國，族權附屬皇權。而今人卻昧於史實，想當然地誇大家族之於國家所具有的所謂「自治權」和「自治性」。似乎在國家與民眾之間真的存在有一大片權力真空，而任由家族力量來控制和支配。人們只看到了「天高皇帝遠」的一面，卻不知道皇權政體同時還有著另外一種「天高皇帝近」的體制性功能。這種「天高皇帝近」的體制性功能雖然允許官僚集團和家族勢力來行使部分國家權力，但國家的根本權力即皇權，

這意味著，在朝廷中給打天下的人主之父設立一個位置成為一個客觀性的制度要求。這是皇權體制對開國皇帝的血緣身分的正式認定。其目的是根據一種禮制的規定來給開國皇帝之父一個合法的名位。由此可能使皇權體制表面上看起來更具有某種人倫情調，也更符合人們的一般心理需要。這樣，仿照秦政做法，順理成章地將「生父」立為「太上皇」就成為一個合情合理的必然選擇。這一選擇意味著王權時代和君權時代單一性的子以父貴，到這時則轉換為更加廣闊的前景，不光是子以父貴，而且還會父以子貴。「人之至親，莫親于父子，故父有天下傳歸於子，子有天下尊歸於父，此人道之極也。」[29]這種「父子天下」模式把父子這種血緣關係同天下這種權力秩序結合在一起，使二者能夠相互賦予其價值與意義。王道根植於人道，人道提升為王道。這是一個雖近日常倫用但卻不易為人覺察的深刻變化。它的底層則來源於皇權制度對社會生活的廣泛滲透。「太上皇」名號作為派生於皇帝制度的副產品，正透露出帝制社會形成過程中，「基礎」與「建築」之間上下互動的複雜內涵。

第二節　廷議程序與君臣秩序

一、始皇廷議

我們在這裡所要分析的是一種政治「形式」或權力儀式。它一般被稱為「廷議」、「朝議」或「集議」。[30]它通過一種君臣之間的主題性話語來得以表現和實施。其中自然涉及各種各樣或大或小的話題，它們都被程度不等地誇張為關乎帝國命運的興衰，它們構成了支配整個國家機器正常運轉的無數指示、命令、規定以及法律。但我們更關心一些程序性的東西。比如，君臣之間的主題性話

他們卻絕對無緣染指。這就意味著，官僚和家族的權力本質上是一種不完全的權力，也就是一種缺乏自身合法性的有限權力。只要官僚和家族的權力合法性最終來源於皇帝，那麼他們的權力就必然是非常有限的。這不光是一個單純的政治理念，而且更是一個基本的制度事實。「天地君親師」這種觀念網絡置「君」於天地人倫之中心，就非常直觀地表明瞭這點。

29　《漢書・高帝紀下》。

30　「廷議」與「朝議」之別似不宜強調過甚。據秦漢慣例，以皇帝是否親臨可分為兩大類，其中，皇帝親臨又可分為定期與臨時兩類。（參見廖伯源〈秦漢朝廷之論議制度〉，黃清連主編《制度與國家》，中國大百科全書出版社，2005 年。）從整個帝制歷史看，朝議制度演變大體可以分為秦漢、唐宋、明清三個階段。（參見徐連達、朱子彥，《中國皇帝制度》，第 262–271 頁。）

語究竟是使用什麼儀式符號來把廷議過程塑造為一種秩序井然的權力空間的。換言之，是一種什麼力量和意念在充斥和支配著這個權力空間。如果要尋找和確定這樣一個基軸和原點，那就是尊君。故而，廷議程序根本上是一個反復呈現和不斷強化君臣秩序的合法場所。在許多時候，其儀式性功能往往要大於實體性功能。當然，這並非說，我們把廷議這種莊重的政務活動完全看成一種做作的權術表演。而是說，廷議肯定要討論問題、作出決議、制定法度、頒布律令，但這一切都必須在一種相對固定的程序中進行和完成，這種程序則必須符合一種絕對的君臣秩序。

在秦帝國的專制法制主義政治中，這種令人畏懼的廷議已經達到程序化的水準。比如，在統一六國後的第一次廷議中，似可看出其大體步驟。始皇帝首先指定討論的問題，即「議帝號」；然後，「丞相綰、御史大夫劫、廷尉斯」等人討論，隨之將討論結果稟報始皇帝；最後，由始皇帝作出裁決。裁決的結果都立即成為法律。值得注意的是，在這次廷議中，明確將皇帝權力予以符號化和儀式化。「命為『制』，令為『詔』，天子自稱曰『朕』。」[31]《集解》引蔡邕的話對此作出解釋，「制書，帝者制度之命也，其文曰『制』。」至於「朕」，本來是上下共稱，貴賤不嫌，彼此同號。「至秦，然後天子獨以為稱。漢因而不改。」可見皇帝制度是一種對社會成員身體、思想以及話語的全面管制體系，它因此特別設計出一整套象徵和專用符號儀式來體現這點。

如果在廷議中發生爭議，一般要經過一個朝臣廣泛議論的過程，而後由皇帝乾綱獨斷，當場作出裁決。[32]比如第一次丞相王綰與廷尉李斯就郡縣制和分封制發生分歧，以及第二次博士齊人淳于越與丞相李斯也因為同一個問題而展開爭論時，都是先由「始皇下其議於群臣」，[33]再由秦始皇親自裁決，當場定論。從這個程序看，它似乎屬於典型的「專制民主集中制」。這種「專制民主集中制」的最大特點是，它在皇權政體的框架中可以廣泛討論皇帝指令以及皇帝允許討論的各種問題，最後再呈交皇帝選擇、定奪。一旦皇帝裁決，任何人都無權再作質疑。這種「皇權民主集中制」把皇帝權威和官僚智慧有機地結合起來，

31　《史記·秦始皇本紀》。

32　如果事情複雜，爭論激烈，皇帝會要求大臣擇期討論，呈奏各方意見，自己再做決斷。

33　《史記·秦始皇本紀》。

從而使皇權官僚制達到最大的行政效率。[34] 同時，皇帝與官僚之間建構起來的君臣秩序也由此獲得雙方的一致認同。其無孔不入的意識形態效應就是在這種過程中逐漸擴張和泛化的。

從第二次廷議中的爭論來看，逐漸蔓延出一種趨勢，官僚們開始將正常的不同意見上升為是否「忠君」的原則高度。所謂「面諛以重陛下過，非忠臣」。[35] 這樣一來，對問題的不同看法往往被視為是否忠誠皇帝的政治立場。相形之下，問題本身倒變得不重要了。人們在這種場合所要極力表達的正是一種對皇帝的態度，而不是對問題的意見。毋庸置疑的是，這種現象正是廷議程序的一種必然結果。它其實內在蘊含於廷議程序之中，成為廷議程序的固有內容。就是說，在廷議程序的設置和安排中，它必然要貫穿和凸顯皇帝的尊嚴和絕對。不光要以皇帝意見為標準來判斷問題是非，還要以是否忠君為標準來判斷每個人對問題發表的不同意見。

從其演化邏輯看，不管政治問題，還是學術問題，[36] 一旦納入到廷議程序中，它都必然要以確認皇帝權威為指歸。實質上，在專制國家，這套廷議程序已成為一種普遍模式。它可以用來解決任何獨裁者感興趣的問題。對百姓來說，官僚可以憑藉它來確保自己的利益；對官僚來說，皇帝可以憑藉它來確認自己的權勢。所以當官僚們按照廷議程序來討論問題時，遲早都要走到這一步。對待皇帝的忠誠程度成為官僚們抒發不同政見的最有力的根據，同時也成為攻擊和反駁政治對手們的最有效的武器。當問題的不同看法被劃分為忠君與否的兩條「政治路線」之爭時，我們應該看到，它固然掩蓋了問題的固有性質，可同

34　何茲全認為廷議這種「皇權民主集中制」「乃是氏族社會民主制和周代內外朝的遺跡，對皇帝權力不無限製作用」。（《中國古代社會》，第 278 頁。）這種看法的毛病有二：一是問題追溯過遠，一是性質判斷有誤。姑且不說帝制廷議與氏族民主制毫無關係，即便以皇帝召集、皇帝主持、皇帝決斷這種一以貫之的廷議程序而言，它也根本不可能起到限制皇權的作用。因為它本身就是皇權的一部分，以及行使皇權的一種具體表現。更何況，廷議制度的設計理念壓根就是為了讓皇帝能夠對權力操縱自如，而不是為了行政磕磕絆絆。從歷史長程走向看，無論是廷議的哪種形式，或皇帝批示直降有司，或御前決策會議，或宰相決策會議，或百官決策會議，皇帝的權力主體地位均無可爭辯，非但不會受到絲毫削弱，反而愈益強化。（參見白鋼，《中國皇帝》，第 266–270 頁。）

35　《史記·李斯列傳》。

36　最典型的例子就是黃生和轅固在廷議上爭論湯武是否受命。最後景帝裁決，罷之，隨後成為一件無人涉及的學術公案。（《史記·儒林列傳》）

時它也最大限度地確立起絕對化的君臣秩序，從而使皇帝在這種廷議程序中獲得極大的心理滿足和身分認同。

最有意味的是，在廷議程序中引入「忠君」的標準竟然是由博士們率先發起的。這似乎說明，相對其他那些職業官僚對具體問題的實際考慮，儒生似乎更關心某些動機性的內容。從其思想特性看，這種做法倒也符合儒學理念。必須肯定，正是儒學把「忠君」引入廷議程序，才使君臣秩序得以有力凸顯。所以我們看到，在後來的廷議中，尊君被越來越多地強調和提倡。

二、二世廷議

不過，由秦始皇創設的廷議在秦二世手裡卻發生了某種變化。二世元年，「令群臣議尊始皇廟。」群臣們特別在最後要求「皇帝復自稱『朕』」。[37] 再聯繫到始皇三十五年，始皇帝曾鄭重表示，「吾慕真人，自謂『真人』，不稱『朕』。」我們似可推斷，從此到始皇帝死，他都不再自稱「朕」了。這一舉動被官僚們認為是不合禮儀的。於是，才在此時提出了這個問題。趙高則利用對「朕」的釋義，[38] 勸說二世放棄廷議。「天子所以貴者，但以聞聲，群臣莫得見其面，故號曰『朕』。」[39] 所謂「天子稱朕，固聞聲」。[40]《索隱》解釋，「言天子常處禁中，臣下屬望，才有兆朕，聞其聲耳，不見其形也。」趙高把廷議說成是對皇帝非常有害的事情。因為廷議會引發出群臣們的眾說紛紜。這些相互歧義彼此矛盾的說法往往會誤導皇帝，使之對政務作出不當判斷和錯誤決策，從而可能有損於皇帝的權威。所以最好不要「與公卿廷決事」。秦始皇舉行廷議是因為「先帝臨制天下久，故群臣不敢為非，進邪說」。而「陛下富於春秋，初即位，奈何與公卿廷決事？事即有誤，示群臣短也。」[41] 同時也「非所以示神明於天下」。[42] 趙高這番話至少從字面上看，依據的理由仍然是尊君。

37　《史記‧秦始皇本紀》。

38　趙高把吾、我之「朕」「通合於幾、兆之『朕』，從而推斷君人之術。……若其指歸，則固儒、道、法、縱橫諸家言君道所異口同詞者」。（錢鍾書，《管錐編》第1冊，第 264–265 頁。）

39　《史記‧李斯列傳》。

40　《史記‧秦始皇本紀》。今本作「固不聞聲」，《索隱》云：「一作『固聞聲』。」王念孫說：「一本及小司馬說是也。」（《讀書雜誌》「固不聞聲」條）從其說。

41　《史記‧秦始皇本紀》。

42　《史記‧李斯列傳》。

「如此則大臣不敢奏疑事，天下稱聖主矣。」[43]即趙高把廷議說成是將要導致「見短于大臣」的「輕君」。他建議二世「不坐朝廷見大臣」。[44]這樣，廷議就被稀裡糊塗地廢止了。「於是二世常居禁中，與高決諸事。其後公卿希得朝見。」[45]這樣一種架空策略使二世皇帝實「皇」而非「帝」。[46]

這只是趙高陰謀的第一步。第二步則是使廷議成為確立自己權威的政治儀式。因為他非常清楚，廷議的核心是君臣秩序下的絕對尊君。對他的野心來說，廷議恰恰能夠幫助他這一點。要實現這點，必須通過正當的廷議程序來改變既定的君臣秩序，使自己成為君臣秩序中的實質性的「君主」，並最終使自己的權力和身分合法化。這個行動就是中國政治史上臭名昭著的「指鹿為馬」。

> 趙高欲為亂，恐群臣不聽，乃先設驗，持鹿獻於二世，曰：「馬也。」二世笑曰：「丞相誤邪？謂鹿為馬。」問左右，左右或默，或言馬以阿順趙高。或言鹿，高因陰中諸言鹿者以法。後群臣皆畏高。[47]

指鹿為馬的真實含義是權臣對廷議程序中必須恪守的基本原則即君臣秩序的破壞和顛倒。通過這種顛倒，皇權被實際掌握在了一個不是皇帝的人的手裡。鹿滑稽地變為馬，馬則合法地取代了鹿的位置。問題是，在這種指鹿為馬的指稱轉移過程中，君臣秩序作為一種內在結構並未受到破壞。君臣秩序作為廷議程序的基本原則和設計理念仍然在維持著其存在和運作。只不過這種君臣秩序尊崇的實質對象不再是合法皇帝而已。

只是到二世滅亡前，他才又恢復了廷議，但那卻是一次糟糕透頂的廷議。由於二世的愚蠢，他在自己的廷議上遭到了儒生徹底的愚弄。這似乎歪打正著地驗證了趙高那別有用心的警告。不過我想，事情的關鍵很可能並不在於二世「富於春秋，未必盡通諸事」[48]這個年齡問題上，而在於他那天生的弱智和昏庸。史書對此的描述既簡潔又生動。「二世怒，作色。」這就是秦二世在聽到博士諸生所說不合自己心意時的第一反應。這迫使人們不得不製造出虛假訊息來滿

43　《史記・李斯列傳》。

44　《史記・李斯列傳》。

45　《史記・秦始皇本紀》。

46　參見錢鍾書《管錐編》第 1 冊，第 268 頁。

47　《史記・秦始皇本紀》。

48　《史記・李斯列傳》。

足他的主觀幻覺。「明主在其上，法令具於下，使人人奉職，四方輻輳，安敢有反者！此特群盜鼠竊狗盜耳，何足置之齒牙間。」[49] 叔孫通的這種說法固然充斥著欺騙和奉承，但我們也必須承認這是完全合乎廷議規則的正常話語。因為這種話語能夠非常鮮明地凸顯出皇帝權威的絕對性和神聖性。而且，我們還應該注意到二世對待不同意見者的態度。「盡問諸生，諸生或言反，或言盜。於是二世令御史案諸生言反者下吏，非所宜言。諸言盜者皆罷之。」[50] 可見這種做法同趙高在那場指鹿為馬的權術遊戲中對待異議者的手法如出一轍，毫無二致。

客觀而論，廷議在始皇帝時期大體還算正常。至少始皇帝沒有對那些持批評意見者採用這種暴力手段來加以恐嚇和威脅。秦二世時期，有限的廷議也被扭曲。在廷議的前後變化中，我們不難發現，無論正常還是不正常，有一點一以貫之。這就是，廷議程序中體現出來的君臣秩序。換言之，即便在不正常的廷議中，君臣秩序仍然不可改變，甚至更需強化。正因如此，在不正常的廷議中，對低能皇帝的無恥阿諛顯得更加堂而皇之。這說明，儘管在廷議變質的情況下，它已不能解決任何問題，甚至還會耽誤事情，但人們仍然必須恪守君臣秩序，而極盡歌頌吹捧之能事。皇帝那稻草人般的權威性和泥胎般的神聖性就是在諸如此類的廷議中得以塑造出來的。

三、漢廷廷議

至漢，廷議重新轉入常規。在某些方面較之於秦廷還能有所改善。比如，在始皇帝時期，廷議雖然程序無礙，合乎法度，但對皇帝的威嚴絕對不能冒犯。朝臣們盡可以「欺君之罪」來相互攻擊，但絕對不可直接批評皇帝本人。因為這不符合廷議程序。而在漢廷，至少在漢初，在廷議上批評皇帝也是允許的。當然，這首先取決於皇帝本人的開明態度。即這是由皇帝自己提議，要求群臣來進行批評的。否則的話，批評根本不可能出現。一個例子是，劉邦希望「列侯諸將無敢隱朕，皆言其情。吾所以有天下者何？項氏之所以失天下者何？」高起、王陵就直言不諱地說：「陛下慢而侮人，項羽仁而愛人。」[51] 劉邦自己

49　《史記‧叔孫通列傳》。

50　《史記‧叔孫通列傳》。

51　《史記‧高祖本紀》。

也坦承，他在計謀、治民、用兵三個方面不如別人。這種姿態，既可以看成是一種「開明君主」的心胸雅量，也可以理解為一種「平民皇帝」的新興風格。但無論如何，它在始皇帝的廷議中絕對不可能出現。相反，那些話語都是一些對始皇帝功德的無休止的頌揚。

其實，在漢初的大多數廷議中，同樣也是充斥對皇帝的讚美乃至溢美。特別是叔孫通的制禮活動又使人們獲得了更多的話語資源來稱頌皇帝，從而在很大程度上使廷議中的君臣秩序得到更加明顯的強化。[52] 劉邦所謂「吾乃今日知為皇帝之貴」無疑包含有對廷議程序中空前凸顯君臣秩序的肯定。[53] 這自然提示出一個有趣的問題，即「皇帝之貴」與禮儀之關係。因為在秦始皇的話語中，絲毫沒有「皇帝之貴」的感覺，有的只是「皇帝之威」的自我意識。比如，他指責五帝三王，「法度不明，假威鬼神，以欺遠方，實不稱名。」與此同時，他自我標榜，「義誅信行，威燀旁達，莫不賓服」；「武威旁暢，振動四極，禽滅六王」；「義威誅之，殄熄暴悖，亂賊滅亡」；「皇帝奮威，德並諸侯，初一泰平。」臣子們的話語亦可佐證。僕射周青臣頌揚秦始皇，「傳之萬世，自上古不及陛下威德。」侯盧二生抨擊秦始皇，「上樂以刑殺為威，天下畏罪持祿，莫敢盡忠。」可見，在秦始皇的思想中，「威」確實有著非常的意義。他用「義」、「德」、「武」這些概念來修飾和闡釋「威」。說明他看重的是「皇帝之威」。他對「皇帝之威」的認同和推崇，同樣獲得了人們的認可。否

52　至於叔孫通說的「人主無過舉」其實同趙高說的「示群臣短」是一個意思。都是基於皇帝不能讓人知道自己過錯或短處的權術考慮。其邏輯是：皇帝可能會犯錯，但不能讓人知道。皇帝是否會犯錯，在皇權體制下並不是一個很簡單的問題。至少秦帝根本不承認自己會犯錯。甚至他們還必須努力維持死去皇帝永無過錯的名聲。比如，二世就說，「今釋阿房宮弗就，則是章先帝舉事過也。」（《史記·秦始皇本紀》）劉邦則一方面不忌諱臣子當面指責自己是「桀紂主」，一方面又認為稱職的臣子應該是有功歸主，有過自責。這說明儘管在事實上和道理上，人們都相信皇帝肯定會犯錯，但作為政治理念原則，人們更強調皇帝的永遠正確。這是一種意識形態的要求。它必須向人們證明，或者使人們不能明確意識到：皇帝是會犯錯的。這說明兩點：（1）人們對皇帝的觀念尚未達到徹底神化的程度；（2）正因如此，才尤其需要百般維護皇帝的面子。這意味著，如何確保皇帝在廷議中的權威和神聖仍然是一個有待思考和解決的問題。

53　叔孫通制禮不僅使劉邦體會到做皇帝的尊貴，也使那些粗通文墨的布衣將相們感受到做皇帝的威嚴。劉邦對皇帝從「大丈夫當如此」的人生價值判斷到「吾今日乃知皇帝之貴」的政治價值判斷，正是通過儒學禮儀而得以提升、表徵和認證。引禮入法的叔孫通在其稍後制定的《謗章》中，更是挾法之威通過限禁誹謗皇帝而達致尊貴皇帝之禮制設計。

則，人們不會無論頌揚還是批評都不約而同地使用「威」來表示。相反，在秦始皇話語中，對於「貴」卻是另外一番含義。比如，「貴賤分明，男女禮順，慎遵職事」；「尊卑貴賤，不逾次行」；「貴賤並通，善否陳前，靡有隱情。」他這裡用「貴」指稱的都是民眾的身分高低和等級區別，而不是自身的皇權之高貴。至於李斯等人所說：「古有天皇，有地皇，有泰皇，泰皇最貴。」[54] 雖然以「貴」來標明帝號之尊貴，但秦始皇不以為然，明確拒絕了所謂「最貴」的「泰皇」稱號。這既說明秦始皇並不認可「泰皇」為「最貴」，甚至可能也不欣賞以「貴」來表徵自己的身分和權力。簡言之，秦始皇追求的是「皇帝之威」，而非「皇帝之貴」。或許因為此，在秦始皇的政治風格中，體現出來的正是這樣一種霸氣十足的「皇帝之威」。這種「皇帝之威」在秦政方方面面都能顯現出來。其實，就連項羽這樣的一介武夫和劉邦這樣的一介匹夫在看到秦始皇儀仗時感受到的也正是這種「皇帝之威」，而非「皇帝之貴」。由此推知，始皇帝在廷議中所要求的標準只能是「皇帝之威」。至於「皇帝之貴」，這只能是劉邦的身分意識和權力感覺。這正是秦帝國與漢帝國在廷議中體現出來的風格差異。這種風格差異包含體制、觀念、禮儀等諸多因素。

　　皇權與禮儀之關係呈某種互動狀態。[55] 這種狀態使秦漢廷議發生一些頗具意味之變化。其透顯出來的已不是「皇帝之威」，而是「皇帝之貴」。同時透過「皇帝之威」與「皇帝之貴」二者的理念差異，我們也許會對秦政與漢政在廷議程序中的不同要求和處理手法有一個更為深刻的認知。某種程度上，由於禮儀向朝政的大規模引入，使廷議的某些內涵已經自然發生了變化。這意味著，借助禮儀的規範，廷議程序必然對貫穿其中的君臣秩序有著更高的期待和要求。

　　有兩件事情可以說明這點。一是，丞相申屠嘉以整肅朝中禮儀為名，對文

54　此段有關始皇帝思想的材料均出自《史記・秦始皇本紀》。

55　甘懷真對君臣關係的禮儀化在皇權體制中所表現出來的特殊樣態有過細緻分析。「皇帝制度的關鍵在於君臣關係的運作，故皇權想利用儒家禮儀的推動以建構君臣間的人身隸屬關係，即君尊臣卑的身分原理。漢代以來，中國的皇帝制度持續『禮儀化』。這種禮儀化具有兩面性。一方面是配合皇權的擴張，另一方面也表現出皇權的危機。」這恰恰「反映了皇帝制度相較於先前的封建制，其身分制度，如君、臣、民間的身分等差不是那樣理所當然，更具有不確定與不穩定性，故更需要藉由禮儀與語言文字加以確認並強化。」（〈中國古代君臣間的敬禮及其經典詮釋〉，《台大歷史學報》第31期，2003年6月。）概言之，所謂皇帝身分的「不確定與不穩定性」，實質性地源自於皇權統治基礎的平民化和統治思想的世俗化。

帝寵臣鄧通加以羞辱性懲罰。他對文帝說：「陛下愛幸臣，則富貴之；至於朝廷之禮，不可以不肅！」因為，「朝廷者，高皇帝之朝廷也。通小臣，戲殿上，大不敬，當斬。」[56] 這裡雖然說的是一般朝禮，但如果從漢初禮儀政制化的背景看，它應該包含人們對廷議規則的重新審視和考慮。二是，針對丞相周勃在朝會和廷議中的傲慢無禮之舉，「朝罷趨出，意得甚。上禮之恭，常自送之。」袁盎提示文帝，「丞相如有驕主色。陛下謙讓，臣主失禮，竊為陛下不取也。」這使文帝有所警覺。「後朝，上益莊，丞相益畏。」[57] 君莊臣畏這種肢體語言暗示出的正是一個禮儀中的君臣身分問題。「君臣關係間的的身分認同是官員身分認同的核心部分，一位官員在不同的情境中應首先考慮其為臣者的身分。在古代中國，這種君臣關係的優先性甚至絕對性，是皇帝制度發展的關鍵。在思考禮儀問題時，首先要強調君臣身分的認同。」[58] 把君臣身分秩序化成為制定禮儀的根本。它要求人們在朝廷禮儀中時刻體現出君臣雙方的各自身分。這正是我們在廷議程序上關注的焦點。道理很簡單，一旦君臣身分意識淡化，廷議就會隨之喪失其應有意義。因為它不再能達到尊君之終極目的。

　　就是說，君臣身分與朝廷之禮聯繫在一起。作為其展現場所的廷議就是這樣一個合法空間。它要求官僚在這個空間以適當的方式把皇帝創造性地塑造為一個「明君」或「聖主」。所以廷議目的有二：一是儘量使皇帝與官僚之間對問題達成共識；二是這一共識必須能夠充分展示皇帝個人的權威和德行。比如，文帝時，在關於如何處置淮南王劉長的問題上，曾舉行過一次廷議。這次廷議把這兩個目的表現的相當充分。

> 「丞相臣張倉、典客臣馮敬、行御史大夫事宗正臣逸、廷尉臣賀、備盜賊中尉臣福昧死言：淮南王長廢先帝法，不聽天子詔，居處無度，為黃屋蓋乘輿，出入擬于天子，擅為法令，不用漢法。……長當棄市，臣請論如法。」
>
> 制曰：「朕不忍致法于王，其與列侯二千石議。」
>
> 「臣倉、臣敬、臣逸、臣福、臣賀昧死言：臣謹與列侯吏二千石臣

56　《史記·張丞相列傳》。

57　《史記·袁盎晁錯列傳》。

58　甘懷真，〈中國古代君臣間的敬禮及其經典詮釋〉。

嬰等四十三人議，皆曰『長不奉法度，不聽天子詔，乃陰聚徒黨及謀反者，厚養亡命，欲以有為』。臣等議論如法。」

制曰：「朕不忍致法于王，其赦長死罪，廢勿王。」

「臣倉等昧死言：長有大死罪，陛下不忍致法，幸赦，廢勿王。臣請處蜀郡嚴道邛郵，遣其子母從居，縣為築蓋家室，皆廩食給薪菜鹽豉炊食器席蓐。臣等昧死請，請布告天下。」

制曰：「計食長給肉日五斤，酒二斗。令故美人才人得幸者十人從居。他可。」[59]

史家把這次廷議過程描述得頗為完整。君臣之間對話層層遞進。給人的感覺是：官僚們對此事的處理要比皇帝更為嚴厲。皇帝的寬容與官僚的冷酷形成鮮明對比。拋開皇帝個人的性格和德行，我們只能把這看成一場政治遊戲。它以官僚的「惡」反襯皇帝的「善」，以官僚的殘忍凸顯皇帝的憐憫，以官僚的道德「自殘」烘托皇帝的德行「圓滿」。遊戲的結果是，官僚以投其所好的方式滿足了皇帝內心對解決這個問題要求的兩個基本條件：既要懲罰叛亂的諸侯王，又要體現出自己的仁慈和恩惠。

　　我們對此廷議文本的解讀的結論是：廷議程序已成為重複性建構君臣秩序的合法空間。在這一空間，不但政治事務成為兼具實體與象徵雙重功能的意識形態建構，而且一種頻繁的儀式化過程也足以使皇帝和官僚雙方都能夠有效確證自己的自我意識和身分。甚至，我們還有理由推斷，皇權政體架構需要的基本平衡和穩定正是在廷議中得以實現的。

第三節　燕禮儀式與尊君意識

一、燕禮之意義

　　在儒家禮學思想和國家禮儀中，同皇帝的封禪大典、祭祖之禮、登基和傳位大典（或禪讓之禮）、婚禮、葬禮以及其他那些直接關乎軍國重事的軍禮、朝覲之禮、外交禮儀、封建諸侯之禮、巡守之禮、郊祀之禮等諸多繁複禮儀相

59　《史記·淮南衡山列傳》。

比，燕禮實在算不上有多麼重要。[60]《儀禮》專有「燕禮」一門，談的是諸侯與其臣子宴飲之禮。《漢書·禮樂志》對「燕禮」毫無涉及。中國第一部典章制度通史《通典》雖然用了占據全書一半之多的整整百卷篇幅來記述禮儀沿革，但對燕禮也沒有專門給予特別的關注。只是在「嘉禮」中有一節「敦疏遠外親鄉飲酒」。[61]

　　一般而言，燕禮似乎更多屬於社交禮儀和日常生活的私人領域。即便如此，其中貫穿和體現出來的觀念意向仍然是鮮明而強烈的尊君意識。我們不妨以古代學者對《儀禮》的研究和詮釋為據來管窺一二。其一，郝敬在解釋「更爵」時說：「更爵，更取南篚之觚，不敢褻君器也。既更君爵，仍酌君尊，明酢出於君也。」其二，姚際恆認為，「主人坐祭，遂飲，賓辭」；「賓受爵於筵前，主人不奠而授之」；「賓不飲酬酒，猶必坐祭後奠。」這三點「與他禮異者」，原因在於「皆所以尊君也」。[62] 其三，姚際恆說：「公燕臣必使主人獻之，而酬始親焉。蓋燕禮以獻為主，而酬乃繼事。獻為主，則所以正君臣之分。酬為繼事則親之，所以洽上下之情也。」[63] 其四，敖繼公說：「君興以酬賓，立于席，舉觶鄉賓而酬之，不下席，君尊也。西階下再拜稽首，盡臣禮也。……賓升成拜，順君意也。……君既自飲不酢，以虛爵授賓，異於敵者親酢授也。賓易他爵洗，臣不敢襲君器也。君命不易，遂不洗，洗則嫌於不潔也。」[64] 其五，對於「席於阼階西，北面東上，無加席」一語，姚際恆認為，「卿設重席，而公則無加席。」鄭玄解釋這是由於「為其太尊，屈之也。亦因阼階西位近君，近君則屈」。[65] 其六，郝敬說：「凡君賜臣燕，所燕之臣不得為賓，為苟敬。」[66]

　　至於成於漢人之手的《禮記》在皇權政體和帝制社會的意識形態強力塑造

60　或許因此，近人陳戍國《中國禮制史》（秦漢卷，湖南教育出版社，1993年。）雖羅列門類頗全，像「田狩大搜禮」、「尊師養老之禮」、「冠禮」、「藉田禮」、「射禮」，乃至「輿服制度」和「樂制」，等一些不大不小的禮儀均赫然在目，卻獨獨沒有燕禮。但從文獻分析，燕禮在當時實際政治事務中的作用卻極為重要。

61　《通典·禮一》云：「天地唯吉禮也，其餘四禮並人事兼之。」又云：「前古以來，凡執禮者，必以吉凶軍賓嘉為次；今則以嘉賓次吉，軍凶後賓，庶乎義類相從，始終無斁云爾。」

62　姚際恆，《〈儀禮〉通論》，第188頁，中國社會科學出版社，1998年。

63　姚際恆，《〈儀禮〉通論》，第191頁。

64　姚際恆，《〈儀禮〉通論》，第192頁。

65　姚際恆，《〈儀禮〉通論》，第193頁。

66　姚際恆，《〈儀禮〉通論》，第207頁。

之下，對燕禮具有的獨特的儀式性和實踐性有了更深刻的發揮和闡釋。《禮記・燕義》云：

> 君席阼階之上，居主位也。君獨升立席上，西面特立，莫敢適之義也。……設賓主，飲酒之禮也，使宰夫為獻主，臣莫敢與君亢禮也。
> ……
> 君舉旅於賓，及君所賜爵，皆降再拜稽首。升成拜，明臣禮也。君答拜之。禮無不答，明君上之禮也。臣下竭力盡能以立功于國，君必報之以爵祿。故臣下皆務竭力盡能以立功。是以國安而君寧。禮無不答，言上之不虛取於下也。上必明正道以道民，民道之而有功。然後取其什一。故上用足而下不匱也。是以上下和親而不相怨也。和寧，禮之用也。此君臣上下之大義也。故曰：燕禮者，所以明君臣之義也。

這種闡釋的核心價值在於，君主的存在是壟斷一切的現實力量。它從國家政治領域毫無障礙和限制地擴展於個人生活領域。因而，燕禮的實際功能其實是一種儀式化的政治實踐。它通過一種君臣同樂的方式來實現一種深刻的意識形態理念。

　　某種意義上，燕禮在後戰國時代的思想整合和意識形態實踐中比其他禮儀發揮了更大的作用。從現有文獻看，燕禮作為一種經常性的政治儀式，為後戰國時代皇帝觀念和皇權主義信仰的塑造，提供了一種異乎尋常的空間和動力。事實上，自春秋戰國以來，燕禮在君主政治生活中一直扮演著相當重要的角色。《史記・滑稽列傳》記載了兩個生動的例子，可以看出古人借酒議政的妙趣。一個例子是齊國。威王置酒後宮，髡諷諫說：「酒極則亂，樂極則悲；萬事盡然，言不可極，極之而衰。」齊王「乃罷長夜之飲，以髡為諸侯主客」。以後「宗室置酒，髡嘗在側」。一個例子是楚國。「莊王置酒，優孟前為壽。」借此機會，引發出一段對話。它涉及到兩個相關問題，一是君主稱霸，臣子落魄；一是貪吏難當，廉吏難作。「於是莊王謝優孟，」厚待功臣。太史公的評論是「此知可以言時矣」。對此，既可以理解為是滑稽倡優的傳統，又可以理解為是燕禮儀式的特性。

　　客觀而言，借酒議政或把酒論政恰是燕禮之妙用。它給人們提供了一種特殊的政治實踐方式。至秦，一脈相承。比如，「秦始皇時，置酒而天雨，陛楯者皆沾寒。優旃見而哀之，謂之曰：『汝欲休乎？』陛楯者皆曰：『幸甚。』優旃曰：『我即呼汝，汝疾應曰諾。』居有頃，殿上上壽呼萬歲。優旃臨檻大呼曰：『陛楯郎！』郎曰：『諾。』優旃曰：『汝雖長，何益，幸雨立。我雖短也，幸休居。』於是始皇使陛楯者得半相代。」[67] 相較前兩例，此雖為小事，太史公卻認為「笑言」亦「合于大道」。這就把燕禮儀式的政治實踐特性交代清楚了。所謂「笑言」即是燕禮儀式的一般話語特徵，所謂「合于大道」即是燕禮儀式所試圖達致的普遍政治原則。二者合觀，它往往表現為：在詼諧幽默的旁敲側擊中，漫不經心不露痕跡地呈現出君臣之道的豐富內涵；在輕鬆自然的率性而為中，小心翼翼不越雷池地恪守著君臣之際的微妙邊界。

二、燕禮之定義

　　究竟什麼是燕禮，還需要進一步定義。這個定義是由思想史的性質決定的。即我們只關注那些具有政治觀念分析價值的燕禮儀式，對另外那些過於私人化的「燕樂」享受則不予考慮。比如，「（周）昌嘗燕時入奏事，高帝方擁戚姬，昌還走，高帝逐得，騎周昌項，問曰：『我何如主也？』昌仰曰：『陛下即桀紂之主也。』於是上笑之，然尤憚周昌。」[68] 又如，「文帝嘗燕飲（鄧）通家，其寵如是。是時丞相入朝，而通居上傍，有怠慢之禮。丞相奏事畢，因言曰：『陛下愛幸臣，則富貴之；至於朝廷之禮，不可以不肅！』上曰：『君勿言，吾私之。』」[69] 這裡需要「嚴肅」的「朝廷之禮」並非是指正式的燕禮，而是指寵臣對丞相的不敬即「怠慢之禮」。[70] 而「高帝方擁戚姬」時的「燕樂」以及「文帝嘗燕飲通家」等「燕私」則僅僅是一種君主私人消閒娛樂行為。這些燕禮由於並不具有明確的儀式化實踐特性，故而缺乏一種政治思想史價值。

　　至於二世之「燕樂」，雖也屬於私人性質，但其話語中透露出來的觀念卻值得分析。其背景是，由於受到趙高的愚弄，二世久居深宮，「不坐朝廷。」

67　《史記·滑稽列傳》。

68　《史記·張丞相列傳》。

69　《史記·張丞相列傳》。

70　所謂「怠慢之禮」是一種悖論說法。因為並非真有「怠慢」這種「禮」。禮的本質是敬。
　　怠慢顯然非敬。所以「怠慢之禮」的實質就是怠慢。

這使李斯感到，「吾有所言者，不可傳也，欲見無間。」在趙高聽來，此語正中下懷。其超一流的陰謀權術得以趁機左右開弓大施拳腳。「於是趙高待二世方燕樂，婦女居前，使人告丞相：『上方間，可奏事。』丞相至宮門上謁，如此者三。二世怒曰：『吾常多間日，丞相不來。吾方燕私，丞相輒來請事。丞相豈少我哉？且固我哉？』」[71] 在我們看來，二世的惱怒確乎有其理由。因為他認為李斯如此，就是明顯輕視他。丞相看我年輕，還小看我。所謂「少我」「固我」。「少我」意思明白，「以我幼故輕我也。」「固我」語義含糊，「固陋于我」其實就是「鄙之也」。[72]

二世雖然蠢，但不傻。他直白地表示了對李斯的強烈不滿。這種不滿有兩個原因：一是，「吾方燕私，丞相輒來請事。」二是，「丞相豈少我哉？且固我哉？」這兩個原因有個區別，前者是一事實，後者是一判斷。就前一個原因看，二世顯然是把「燕私」視為與朝政無關的純粹私人空間。這種純粹私人空間的功能就是單純的享受。當然，二世這種「燕私」觀念與他那種縱欲主義的政治觀念直接相關。放在中華專制主義的宏大語境中透視，以「燕私」這種方式表現出來的所謂純粹私人空間和縱情享樂只是皇帝一人所能擁有的絕對權力。但其蘊含的觀念意向則是，「燕私」與朝儀是兩個完全有別的場所，皇帝有權決策，同時，皇帝也有權享樂。如果朝臣不能遵守這個規則，將朝政上的事情拿到「燕私」場合說，無疑是對皇帝另一種權力的冒犯。而皇帝權力是永遠絕對的。對皇帝任何一種權力的冒犯都不可饒恕。李斯的倒楣正是由於掉進了趙高精心設置的這個政治陷阱。這個政治陷阱的本質是一種空間錯位。即把不同空間的功能有意（趙高）或無意（李斯）地加以重合和顛倒。在這個意義上，前一個原因作為一個事實自然會引出一種合理的心理判斷。於是構成了第二個原因。因為二世不可能有其他更合理的解釋。他只能認為李斯幾次三番地敗壞他的「燕私」興致，是因為他斷定李斯把他當成年少無知之人而加以捉弄。透過對二世「燕私」觀念的話語闡釋和心理分析，我們發現一個有趣的悖論：一方面，「燕私」和朝儀是功能有別的兩個不同空間，「燕私」的界限同樣不容侵犯；另一方面，雖然朝儀顯得更為重要，倘若皇帝在「燕私」，「燕私」自然最重要。因為皇帝的「燕私」權和皇帝的其他權力一樣重要。這涉及皇權的

71　《史記・李斯列傳》。

72　瀧川資言《史記會注考證》之《李斯列傳》，上海古籍出版社，2015 年。

兩個特點。皇權是一個整體，皇權不容干涉。干擾皇帝「燕私」意味著干涉皇權。總之，「燕私」這種空間本身就是皇帝權力的一部分。「燕私」的存在意味著，人們必須遵守它的固有規則，而不能隨意破壞。對作為皇帝另一種權力之「燕私」規則的尊重和恪守，這本身成為一種尊君的正當形式。[73]這提示人們，不但皇帝在朝儀上的行政權力是神聖的，皇帝在「燕私」上的享樂權力也是神聖的。所以尊君自然是燕禮的應有之義。

從性質上看，燕禮可分兩類：皇帝舉行的燕禮，其他人舉行的燕禮。從功能上看，皇帝燕禮又可分兩類：皇帝在朝廷上舉行的燕禮，皇帝在後宮或其他場合舉行的燕禮。需要細緻區分的是，皇帝在朝廷上舉行的燕禮與正式朝儀的區別。就文獻記載看，這種區別確乎存在，但二者界限又頗為游離。叔孫通制禮的一個基本前提是，「群臣飲酒爭功，醉或妄呼，拔劍擊柱，高帝患之。」作為漢帝國伊始的過渡狀態，這似乎被視為朝儀與燕禮不分的一種混亂格局。所謂「共起朝儀」，應該理解為制定出朝儀與燕禮二者的各自規則。但從其程序看，似乎朝儀本身仍然包含某種程度的燕禮。比如，「至禮畢，復置法酒。諸侍坐殿上皆伏抑首，以尊卑次起上壽。觴九行，謁者言『罷酒』。御史執法舉不如儀者輒引去。竟朝置酒，無敢讙譁失禮者。」[74]對「法酒」的含義，《史記》的諸多注家有著不同解釋。裴駰《集解》引用了兩種說法：文穎曰：「作酒令法也。」蘇林曰：「常會，須天子中起更衣，然後入置酒矣」。司馬貞《索隱》則引用了姚察的說法，「進酒有禮也。古人飲酒不過三爵，君臣百拜，終日宴不為之亂也。」[75]透過這些解說，我們大體可以推測，即便朝儀與燕禮二者有所區分，相互之間的功能重疊依然相當普遍。所謂「法酒者，異于私燕之

73　這表明皇帝擁有獨特且最大的「私權」或「私人權」。皇帝獨有天下且代表天下人利益，同時，皇帝又有最高的隱私權。比如，嚴禁且嚴懲「漏泄省中語」為歷代皇朝之金科玉律。這樣，皇帝本身擁有公私雙重特性。皇權藝術的至高境界是在公私之間保持微妙的平衡。這為皇帝處置家國事務的複雜糾葛保留了充裕餘地。比如廢立皇后或太子而遭朝臣的進諫或反對時，「皇上家事」成為一個有效的擋箭牌。其背後根據是皇帝的「私人權」。總之，中國皇帝的神奇在於，既有最大的公權力，又有最大的私人權。二者界限殊難分辨。這正是皇權邏輯的高明之處。善加體察和運用，存乎一心，是為皇權主義的中庸之道。如此，方可謂「極高明而道中庸」。有可能且有資格臻此境界的唯一人選是皇帝。

74　《史記‧叔孫通列傳》。

75　《索隱》復述文穎的「作酒法令」與《集解》引用的「作酒令法」二者在文字上略有出入。

酒，言進止有禮法也」，[76] 只是更細微地區分了「朝燕」與「私燕」二者之別。但「朝燕」與朝儀之間的疊合依然如故。不過從常理看，在朝儀上飲酒恐怕不是處理政務的常態。這裡對「法酒」的強調，可能意味著它是將燕禮的政治儀式同朝儀的政治實踐之間的某種結合。所以劉邦對「皇帝之貴」的「今日」之感慨，顯然不僅僅是他對朝儀的評價，同時也應包含燕禮在內。

　　至於其他人的燕禮，由於範圍過於寬泛，有的情況也頗為有趣，[77] 但相對我們的論題而言，卻缺乏一種必然的聯繫。故而不予專門分析。我們考慮的只是那些與皇權直接相關的燕禮儀式。在這種燕禮上，皇帝的存在成為一個不容忽視的巨大幽靈，以至於這些人燕禮的中心意圖仍然需要圍繞著皇權進行。至少它是以預設皇帝的當下存在或現場親臨為前提的。在這種狀態下，官僚們那種虔誠的尊君心態和自覺意識得到了更為深刻的展示。[78] 所以不論何種性質或功能，只要關乎皇帝，其中一以貫之的絕對是皇帝意志的自我張揚。它以一種喜劇的形式渲染出皇權意識形態的儀式性和實踐性，從而對皇帝意志的絕對性和神聖性加以確認和肯定。

三、皇帝之燕禮（上）

　　皇帝在朝廷舉行的燕禮中，最著名的有三次。第一次是始皇三十四年，「始皇置酒咸陽宮，博士七十人前為壽。」[79] 這是一次規模空前的燕禮。肯定也是文獻明確記載的中國皇帝制度創設之後的第一次燕禮。最值得我們關注的是，始皇這次燕禮的主題是歌功頌德。這意味著，燕禮已不是一般意義上的君臣之間休閒和娛樂的業餘活動，而成為一種目的明確的政治儀式。這樣，政治事務

76　張守節《正義》引姚察語。《史記正義佚文輯校》，第349頁，北京大學出版社，1985年。

77　《漢書・楚元王傳》云：「初，元王敬禮申公等，穆生不耆酒，元王每置酒，常為穆生設醴。及王戊即位，常設，後忘設焉。穆生退曰：『可以逝矣！醴酒不設，王之意怠，不去，楚人將鉗我於市。』稱疾臥。申公、白生強起之曰：『獨不念先王之德與？今王一旦失小禮，何足至此！』穆生曰：『……先王之所以禮吾三人者，為道之存故也；今而忽之，是忘道也。忘道之人，胡可與久處！豈為區區之禮哉？』遂謝病去。」這個例子說明穆生對燕禮儀式有著一種深刻的認知。所謂燕禮必須有禮，必須體現出一種禮遇。而這種禮遇則是一種理想意義上的道的體現。對不同的人而言，這種禮遇的對象自然不同，而它所呈現出來的道的秩序也就不同。不過我們的分析之意圖顯然並不在此。

78　比如，《史記・萬石列傳》云：「孝景帝季年，萬石君以上大夫祿歸老於家，以歲時為朝臣。……上時賜食於家，必稽首俯伏而食之，如在上前。」

79　《史記・秦始皇本紀》。

中必然具有的衝突和分歧在所難免。於是，燕禮成為政治的直接延續和另一種形式。皇帝在燕禮上對相關問題的態度和裁決使燕禮基本演變成另一種廷議。在咸陽宮上，儒生和官僚就分封再次展開爭論。這至少說明在燕禮這種政治儀式上還多少存在有一些言論空間。君臣同樂的喜慶氣氛在皇帝意志的強力主導下，越發呈現出一種意識形態的儀式性特徵。因為它顯示出皇帝的意志具有不可抗拒的絕對性。

第二次是高祖五年，「帝置酒雒陽南宮。」[80] 主題是劉邦要求大臣討論「吾所以有天下者何？項氏之所以失天下者何」。這其實是一個問題。漢廷君臣之間的分歧只是臣知「其一」君知「其二」之別。從我們的特定視角看，這種帶有明顯政治經驗總結意味的燕禮本質上是在向世人昭示其統治的合法性。這種情況下，燕禮自然轉化成一種意識形態儀式。在這種儀式中，皇帝的功德再次得到確認。

第三次是在高祖九年冬十月，「淮南王、梁王、趙王、楚王朝未央宮，置酒前殿。上奉玉卮為太上皇壽，曰：『始大人常以臣亡賴，不能治產業，不如仲力。今某之業所就孰與仲多？』殿上群臣皆稱萬歲，大笑為樂。」[81] 這是一個極富戲劇性的場面。它無疑是一個典型的燕禮。但它呈現出來的主題卻是皇帝向自己的親生父親炫耀皇帝身分和權力帶來的巨大財富。在這種皇權創造財富的絕對專制制度中，占有和壟斷一種最高的權力，這本身就是一種最大的榮耀和財富。它構成一種皇權意識形態的價值觀。這種皇權意識形態價值觀抹殺了一切原本有價值的東西，而使那些原來近乎無賴的行為變得神聖和合理。無論如何，無賴一旦成為皇帝，無賴原來所做的一切也自然而然地具有了特殊意義。相形之下，所有那些有價值的東西現在反而變得不值一提了。本來在中國價值觀念體系中，王權和君權皆具有至高無上的絕對性。人類的任何事物皆不能與它相提並論。只不過皇帝制度把這點更為極端化和絕對化，從而使「有權遮百醜」的社會心理效應成為一種不言而喻的政治共識和價值判斷。皇帝制度的確立，決定了皇權必然成為最高的價值標準。當它以劉邦這種「今某之業所就孰與仲多」的樸素語言表達出來時，顯得尤為意味深長。這實際上把皇權意識形態價值觀塑造為一種日常化的人生意識。它的樸素表達又完全符合燕禮這種「政

80　《漢書·高帝紀下》。
81　《漢書·高帝紀下》。

治休閒形式」的一般氛圍和場景。所以我們感興趣的是，皇權意識形態價值觀的樸素表達恰恰構成了燕禮這種「政治休閒形式」的主要內容和基本風格。

皇帝在後宮或其他場合舉行的燕禮同樣具有這種意識形態的儀式性功能。比如，劉邦還鄉時，「過沛，留，置酒沛宮，悉召故人父老子弟佐酒。」這是一種具有民間風格的燕禮。不同的是，它是為皇帝舉行並由皇帝主持的燕禮。[82]這樣，便賦予其以雙重意味。即皇家與民間的複合交融。有酒，有歌，有舞。「發沛中兒得百二十人，教之歌。酒酣，⋯⋯上乃起舞，忼慨傷懷，泣數行下。」在這種場合下，劉邦的性情一面得以充分顯露。但值得我們關注的是，劉邦以皇帝身分宣布的話語。「朕自沛公以誅暴逆，遂有天下，其以沛為朕湯沐邑，復其民，世世無有所與。」[83]於是，我們在此又一次看到了皇帝意志在燕禮中的體現和存在。這種體現和存在證明了《禮記》所謂「燕禮者，所以明君臣之義」的判斷之普遍性和有效性。

又如，漢制「諸侯王朝見天子，漢法凡當四見耳。始到，入小見；⋯⋯後三日，為王置酒，賜金錢財物；⋯⋯小見者，燕見於禁門內，飲於省中，非士人所得入也。」[84]但由於梁孝王恃寵而驕，在京師「因留，且半歲。入與人主同輦，出與同車」。於是，在景帝舉行的燕禮上圍繞著皇位傳承發生過兩次爭議。從這兩次情況看，中心都是皇位傳承問題。區別在於，第一次，是景帝自己主動提出將皇位傳讓給弟弟梁王，結果受到竇嬰勸阻。「天下者，高祖天下，父子相傳，此漢之約也，上何以得擅傳梁王！」[85]第二次，是竇太后要求景帝將皇位傳讓於梁王。景帝雖然口頭答應，心裡並不樂意。故而，「罷酒出，帝召袁盎諸大臣通經術者」[86]來尋找應急對策。

從這裡，我們可以清晰地看出，無論在朝廷還是在其他什麼地方，以皇帝

82　這種由皇帝主持的民間燕禮在文帝時期也曾舉行過。比如，《漢書・文帝紀》云：「上自甘泉之高奴，因幸太原，見故群臣，皆賜之。舉功行賞，諸民裡賜牛酒。」它必須向人們證明，或者使人們不能明確意識到：皇帝也是會犯錯的。這說明兩點：（1）人們對皇帝的觀念尚未達到徹底神化的程度；（2）正因如此，才尤其需要百般維護皇帝的面子。這意味著，如何確保皇帝在廷議中的權威和神聖仍然是一個有待思考和解決的問題。

83　《漢書・高帝紀下》。

84　《史記・梁孝王世家》。

85　《史記・魏其侯列傳》。

86　《史記・梁孝王世家》。

為主角的燕禮始終有一個鮮明的特點，即皇權會隨時面臨各種可能的問題。這些問題在燕禮這種儀式化的場合反復出現，意味著尊君成為人們的一種必然共識，同時也暗示著皇帝權威在不斷地經受考驗。

四、皇帝之燕禮（下）

在後戰國時期，皇帝在朝廷上舉行過多次燕禮。這些燕禮有一個共同的特點，那就是，燕禮的政治化和儀式化。皇帝似乎特別喜歡在燕禮這種場合討論和處理一些棘手或複雜的政務。[87] 比如，「項籍死，天下定，上置酒。上折隨何之功，謂何為腐儒，為天下安用腐儒。」隨何當場反問，「陛下發步卒五萬人，騎五千」不能取淮南，而我帶二十人使淮南，「如陛下之意，是何之功賢于步卒五萬人騎五千也。然而陛下謂何腐儒，為天下安用腐儒，何也？」劉邦只得說「吾方圖子之功」。[88] 不論真假，這正表明它是燕禮的政治功能之一。「乃以隨何為護軍中尉」無疑是這次燕禮的直接結果。又如，劉邦分封了二十多個功臣後，還有一部分人「日夜爭功不決，未得行封」。眾臣為此議論紛紛。劉邦頗為煩惱。張良獻上一計，在燕禮上當著群臣的面「急先封」自己最討厭的雍齒，以此安定人心。「於是上乃置酒，封雍齒為什方侯，而急趣丞相、御史定功行封。群臣罷酒，皆喜曰：『雍齒尚為侯，我屬無患矣。』」[89]

毫無疑問，在燕禮上，除了皇帝採取的政治策略和權術手腕之外，很重要的一個心理因素是燕禮這種特定場合和氛圍，使人們更容易接受和滿足於皇帝作出的各種決定。皇帝本人顯然也非常樂意利用這種心理來達到自己的政治意圖。當然，這裡面仍然存在一個君臣互動的關係。皇帝有時也會很寬容地接受朝臣的某些意見。總之，當皇帝詔令伴隨著美酒和歌舞一同出現時，事情會變得容易和輕鬆。這就是君臣同樂的儀式化效應。

誠然，皇帝燕禮規模有大小，樣式也不一，其傳遞的政治訊息更是複雜微妙。但它作為皇權政治實踐和政治生活的一部分，常常有著其他手段不能替代之處。比如，文帝處置外戚薄昭的方式就是燕禮。據《漢書》注家們的意見，

87　宋太祖「杯酒釋兵權」可謂經典範例。宮廷燕禮這個特點，傳播開來，成為後世官場流行飯局議事或酒桌辦事的制度範本。

88　《史記‧黥布列傳》。

89　《史記‧留侯世家》。

一種說法是，「昭殺漢使者，文帝不忍加誅，使公卿從之飲酒，欲令自引分。昭不肯，使群臣喪服往哭之，乃自殺。」一種說法是，「昭與文帝博不勝，當飲酒，侍郎酌，為昭少，一侍郎譴呵之。時此郎下沐，昭使人殺之，是以文帝使自殺。」顏師古則傾向於前一種說法，「《外戚恩澤侯表》云坐殺漢使者自殺。」[90] 從我們的視角看，無論出於哪一種原因，它都涉及到燕禮這種特殊的皇家儀式。這似乎顯示出，燕禮實際上已成為一個非常敏感的政治空間。在這一政治空間，大臣的臉面誠然需要顧及，皇帝的尊嚴更是不能隨意冒犯。

於是，我們自然看到了事情的另一面。這一面便是通過燕禮而呈現出來的政治本身的陰謀性和權術性。令人恐懼的是，政治本身的陰謀性和權術性同樣具有一種儀式性。比如：

> 景帝居禁中，召條侯，賜食。獨置大胾，無切肉，又不置櫡。條侯心不平，顧謂尚席取櫡。景帝視而笑曰：「此不足君所乎？」條侯免冠謝。上起，條侯因趨出。景帝以目送之，曰：「此怏怏者非少主臣也！」[91]

景帝通過燕禮確定了對周亞夫的處置策略。因為「臣莫敢與君亢禮」這種燕禮規則使燕禮成為一種尊君的儀式。周亞夫恰恰破壞了這種儀式規則。[92] 這造成一種強烈的心理暗示。這種暗示在專制政治中具有本質意義。這使景帝自然對其產生一種本能的警戒和憂慮。這就決定了周亞夫的命運。可見燕禮這種政治儀式同樣是按照君臣秩序來展開和運作的。

不過，當燕禮成為皇帝施展權術的政治儀式時，官僚們也會巧妙利用這種特殊場合來達到自己的某種目的。比如，劉邦因為寵倖戚夫人，有一段時間打算另立太子。這件事遭到眾多元老的堅決反對。所謂「大臣多諫爭，未能得堅決者」。[93] 比如，耿直的周昌向劉邦發誓，「臣口不能言，然臣期期知其不可。

90　《漢書·文帝紀》。

91　《史記·絳侯周勃世家》。

92　聯繫到周亞夫後來「不食五日，嘔血而死」的結局，似可看出周亞夫的率性而為已隱伏了命運的玄機。太史公對此評論說，「守節不遜，終以窮困。」《索隱》進一步解釋說，周亞夫「顧尚席取箸」完全是「不體權變，而動有違忤」。（《史記·絳侯周勃世家》）

93　《史記·留侯世家》。

陛下雖欲廢太子，臣期期不奉詔。」[94] 善變的叔孫通此時也一反常態地要脅劉邦，「陛下必欲廢適而立少，臣原先伏誅，以頸血污地。」[95]《索隱》引述的《楚漢春秋》中甚至有更為剛烈果決的場面。「叔孫何云『臣三諫不從，請以身當之』。撫劍將自殺。」迫於無奈，劉邦雖然表示「公罷矣，吾直戲耳」。但這些都沒有使他徹底放棄廢立太子的念頭。「上詳許之，猶欲易之。」[96] 直到一次燕禮上，事情才算有了一個真正的轉機。「及上置酒，見留侯所招客從太子入見，上乃遂無易太子志矣。」[97] 可見給這件事最終畫上句號的乃是多智的張良在燕禮上導演的一出頗具「意外」之效的政治喜劇。[98]

這出政治喜劇的高潮是讓「義不為漢臣」的所謂「四皓」一齊突然出現在劉邦舉行的燕禮上。「及燕，置酒，太子侍。四人從太子，年皆八十有餘，鬚眉皓白，衣冠甚偉。」經過一番戲劇性的對話，劉邦表示，「煩公幸卒調護太子。」[99] 我們關心的不是借助何人之力達到目的，而是在什麼場合產生的這種效果。在我看來，這是一種場合決定結果的必然過程。換言之，「四皓」的演員角色誠然不可或缺，但它必須在一種適當的場合合理展示出來。如果只有演員而沒有舞臺，戲同樣演不下去。

對張良導演的這出政治戲劇而言，皇帝燕禮無疑是一個最佳舞臺。所謂「以為客，時時從入朝」，這個「朝」絕非正式的朝儀或廷議，只能是皇帝燕禮。因為我們很難想像，在帝國的正式朝政會議上，會隨隨便便地出現這些毫無任何官職的「客人」。否則，帝國廷議也實在有些太過於兒戲了。所謂「令上見之，則必異而問之」，也只能是皇帝在燕禮這種較為輕鬆而活躍的場合才會注意到

94　《史記·張丞相列傳》。

95　《史記·叔孫通列傳》。

96　《史記·留侯世家》。

97　《史記·叔孫通列傳》。

98　不過據司馬光考證，這件事的可能性不大。「若四叟實能制高祖使不敢廢太子，是留侯為子立黨以制其父也。留侯豈為此哉？此特辯士欲誇大四叟之事故云。」（《資治通鑑·考異》卷1）但對思想史分析而言，這種史實考據往往無關宏旨。因為，思想史闡釋關注的主要是燕禮儀式這個政治舞臺對政治戲劇的客觀制約，而不僅僅是個別演員扮演的特定角色。不過，司馬子的思路也不可輕忽。「為子立黨」以制君父，就是對君不忠。臣不忠君，可為臣乎？留侯自然是為臣的。故而不可能出此下策。這種議論放在北宋背景下，恐怕已多少超出了司馬子的個人觀感，而具有了一層似乎更為深廣的政治－思想寓意。

99　《史記·留侯世家》。

這些面孔陌生的人，從而對之發生好奇和疑問。顯然，燕禮這種特殊空間為皇帝審視群臣提供了一種近距離的親密視角。正是這種親密視角，才使許多在其他場合似乎根本不可能發生的事情會出乎意料而又合情合理地發生並存在。

五、其他人之燕禮

所謂其他人的燕禮有各種類型。其共同之處在於，它無一例外地按照尊君的遊戲規則設置和運作。一個例子是「鴻門宴」。這恐怕是中國歷史上最具傳奇性的一次燕禮。鴻門宴的特異之處是賓主雙方身分的矛盾關係和微妙差異。項劉二人此時名分上雖同屬義帝派遣之部將，但雙方軍事實力的過分懸殊使項劉二人在地位和心理上自然形成了某種虛無而實有的君臣關係，至少存在著一種上下等級的臣屬關係。樊噲對項羽的指責正好說明了這點。首先，「懷王與諸將約曰『先破秦入咸陽者王之』。」說明了項劉二人原來地位的平等。其次，「今沛公先破秦入咸陽，豪毛不敢有所近，封閉宮室，還軍霸上，以待大王來。」說明了項劉二人現在身分的差別。最後，「勞苦而功高如此，未有封侯之賞，而聽細說，欲誅有功之人。此亡秦之續耳，竊為大王不取也。」[100] 則強調了劉邦對項羽的臣屬。[101] 這種臣屬意味著項劉二人之間君臣關係的實際形成和客觀存在。[102]

正是基於如此態勢，鴻門宴的位置安排必須體現出項劉二人身分的雙重關係，既是主賓，又是君臣。「項王、項伯東鄉坐。亞父南鄉坐。……沛公北鄉坐，張良西鄉侍。」[103] 直觀上看，這種座次格局表徵出三點：（1）項王自尊，沛公屈尊；（2）劉邦與范增面對而坐，地位相當，同為臣屬；[104]（3）張良作為劉

100　《史記‧項羽本紀》。

101　樊噲此番言辭其實正是劉邦通過項伯之口對項羽作出的「不敢背德」之表白的進一步重申。

102　某種意義上，這似乎重新確認了劉邦起事之初對項羽的臣屬關係。

103　如果同《史記‧武安侯列傳》中的類似描述加以對照，我們就會對鴻門宴上的座次方位的安排有一個更明確的感知。田蚡「嘗召客飲，坐其兄蓋侯南鄉，自坐東鄉，以為漢相尊，不可以兄故私橈。」東向為尊，南向次之，為燕禮通例。顯然並非單純標誌主位。

104　余英時雖注意到鴻門宴座次排列隱含政治寓意和心理暗示，但認為此種安排主要乃項伯所為，（參見〈說鴻門宴的座次〉，《史學、史家與時代》，廣西師範大學出版社，2004年。）似乎勉強。我倒覺得這與范增關係更大。以南北君臣義觀之，范增此舉顯然呈打壓意向。雖然范劉二人同屬項羽臣下，但范增仍高劉邦一頭。以項羽坐西為中心，范增坐北，劉邦坐南，劉邦之臣張良只能侍立於東。「其坐次尊卑歷然。」（王

邦下屬，地位更低，只能侍立。[105] 可見項羽「以人君自處而眾亦尊以為君」。[106]
這種燕禮格局完全符合《儀禮》對君臣主賓雙方的方位規定。[107] 在這種彬彬有
禮的燕禮儀式中，卻潛藏著一種無形的刀光劍影。於是，中國歷史上最驚心動
魄的一次燕禮就此拉開了序幕。

> 范增起，出召項莊，謂曰：「君王為人不忍，若入前為壽，壽畢，
> 請以劍舞，因擊沛公於坐，殺之。不者，若屬皆且為所虜。」莊則
> 入為壽，壽畢，曰：「君王與沛公飲，軍中無以為樂，請以劍舞。」
> 項王曰：「諾。」項莊拔劍起舞，項伯亦拔劍起舞，常以身翼蔽沛公，
> 莊不得擊。[108]

這個場面除了政治陰謀之外，它同時也呈現出一系列的燕禮程序。比如，祝酒，
舞劍。值得注意的是，這裡舞劍的只是（君）主一方。這點恐怕就體現出燕禮
對尊君的特殊考慮。

　　第二個例子，劉邦路過趙國時，由於他在趙王舉行的燕禮上的傲慢無禮，
幾乎招致一場殺身之禍。「趙王張敖自持案進食，禮恭甚，高祖箕踞罵之。」[109]
這使趙相貫高、趙午等人極為恥辱和憤怒。他們發誓報復，甚至鋌而走險地企
圖弒君。他們謀反的理由是，「天下豪桀並起，能者先立。今王事高祖甚恭，
而高祖無禮，請為王殺之！」[110] 這種邏輯的依據是，君主必須遵照禮儀行事。
如果君主無禮，臣子有權殺他。在這裡，一個很重要的前提是，「能者先立。」
這是一個原則判斷。它強調了劉邦稱帝的合法性。同時，它也凸顯了對劉邦行
為合理性的要求。所謂合理性是要求皇帝行事必須合乎禮儀。即他必須以適當
的禮儀來對等地對待臣子。否則，他的合法性也必然成為一個可疑的問題。所

　　　鳴盛《十七史商榷》卷 23，〈尚右〉）。

105　張良雖為西向，卻「侍」而立，並無坐位，尤見其特意安排。

106　張志淳，《南園漫錄校注》，第 256 頁，雲南民族出版社，1999 年。

107　王鳴盛云：「三代以上，君燕其臣皆在室中，則臣固有居賓位而東向者矣。或君東向，
　　　臣南北向。」（《十七史商榷》卷 35，〈進見東向〉。）這種禮儀至漢唐沿承不變。（參
　　　見《日知錄》卷 28，〈東向坐〉；楊寬《中國古代都城制度史研究》，第 185–186 頁，
　　　上海人民出版社，2003 年。）簡言之，廟堂朝禮南北向，私室燕禮東西向。

108　《史記·項羽本紀》。

109　《史記·田叔列傳》。

110　《史記·張耳列傳》。

謂「王事上禮備矣，今遇王如是，臣等請為亂」。[111] 明顯將合理性置於合法性
之上。合理性與合法性的這種置換，使合理性本身成為一種合法的東西。[112] 基
於這種邏輯，就連劉邦的生命都有危險之虞。故而「高祖無禮」自然成為劉邦
被殺的正當理由。

　　這樣，對皇帝來說，只有合法性而不同時擁有合理性仍然不足以保證他實
施權力和進行統治。只有同時具有合法性和合理性，皇帝才能成為真正的皇帝。
對無賴皇帝劉邦來說，合法性和合理性的結合似乎成為一個致命的問題。因為
在許多至關緊要的政治事務上，是否合禮一旦成為一個直接關涉權力合理性的
問題時，任何君主都必須對此高度重視和警惕。劉邦的無禮在中國歷史上是出
了名的。蕭何為韓信拜將一事，曾向劉邦指出過這個毛病；酈食其拜見劉邦時，
也批評劉邦「無禮」；韓信為劉邦提供合法性證明時，將劉邦的「無禮」與項
羽對士人的禮遇加以比較；陳平制定反間計時，也把劉邦的「無禮」作為一個
重要因素強調出來。遺憾的是，劉邦的流氓脾氣至死不改，這回又在諸侯王的
燕禮上再次發作。恰恰是這次，幾乎將劉邦置於死地。

　　貫高和趙午等人認為，一方面，「吾王長者，不倍德」是合理的；另一方面，
「吾等義不辱，今怨高祖辱我王，故欲殺之」[113] 也是合理的。這雙重合理性的
基本內涵是，它向皇帝為諸侯王要求一種對等的禮儀尊嚴。更「深刻」一點說，
這其實是臣子們基於自己對君臣道義的一般理解而向皇帝復仇的行動。這種行
動和觀念的複雜性在於，它既不完全同於戰國時代那種大國爭霸無法無天的對
等性政治格局，也不完全同於後代那種森嚴而成熟的皇權官僚體制下的絕對垂
直型政治架構。它僅僅是後戰國時期的特殊現象和心理。這一時期，有皇帝，
也有諸侯王。至少對諸侯王的臣子來說，他們既要忠誠於皇帝，同時也要忠誠
於諸侯王。這種雙重性的政治忠誠不可能絕對平均。但必須保持平衡。一旦二
者發生衝突，客觀上制造了一個可以選擇的機會。毫無疑問，作出的任何一種
選擇，肯定都有它的合法依據。所以「事成歸王，事敗獨身坐」[114] 就是這種二
難選擇的合理信念。對我們的論題來說，這種合理信念的展示空間是在燕禮這

111　《史記・田叔列傳》。
112　當然這並不意味著合法性與合理性全然無別。二者之界限需要在政治實踐與思想共識
　　　的複雜脈絡中仔細分辨和體認。
113　《史記・張耳列傳》。
114　《史記・張耳列傳》。

種特定的儀式化場合，便足以說明皇權意識在燕禮儀式中的複雜演化。

第三個例子，在呂后舉辦的燕禮上，年僅二十的朱虛侯血氣方剛，「忿劉氏不得職。」利用擔任酒吏之職，借題發揮，要求「得以軍法行酒」。這有點類似朝儀上的「置法酒」。同時，朱虛侯又以「耕田歌」影射呂氏專權。「深耕概種，立苗欲疏，非其種者，鉏而去之。」這使呂后頗為難堪。「呂后默然。」接下來發生的事情更使人目瞪口呆。「頃之，諸呂有一人醉，亡酒，章追，拔劍斬之，而還報曰：『有亡酒一人，臣謹行法斬之。』太后左右皆大驚。」[115]這場燕禮將長期以來劉呂二家的權力角逐和利益衝突以一種典型的遊戲方式呈現出來。這種權力遊戲非常合乎燕禮這種政治儀式的特性。故而它具有一種特殊的震撼性。「是之後，諸呂憚朱虛侯，雖大臣皆依朱虛侯，劉氏為益強。」即便我們不想有意誇大朱虛侯借酒令而行軍法這一行動的意義，也必須充分肯定燕禮這種儀式化空間展示出來的政治寓意。這種政治寓意誘發於皇權失落這一現實，通過燕禮這種儀式而暗示出來，從而得以可能收到某種意外之效。比如，通過燕禮儀式而合法殺人，以便敲山震虎地宣告對正統皇權的堅定維護。應該說，皇權意識形態的實踐效應即在於此。這個此就是燕禮儀式對尊君意識的自然強化和放大。

第四節　皇權主義的儀式呈現

一、序說

某種意義上，皇權主義的觀念–實踐就是皇權主義的儀式呈現。後戰國時代儀式的多樣性表明，皇權主義本身是一種極富創造性的專制主義意識形態秩序。[116]如果說藝術是有意味的形式，意識形態就是有意圖的形式。藝術有意義而無目的，意識形態則是既有意義，又有目的。作為有意圖的形式，意識形態必然同時成為一種儀式化的實踐功能體系，而不僅僅是一種文本化的理論思辨體系。[117]所謂「儀式」，其含義即在於凸顯制度的操作性和實踐的功能性。它

115　《史記·齊悼惠王世家》。

116　這種專制主義意識形態秩序的本質在於，它每時每刻都在生產著越來越無孔不入的專制的可能性，從而使真正有意義的思考變得完全不可能。

117　阿爾都塞甚至認為，「在意識形態中，實踐的和社會的職能壓倒理論的職能（認識的職能）。」（《保衛馬克思》，第 201 頁，商務印書館，1984 年。）

意味著，統治合法性本質上是通過一系列禮儀來展示的，[118] 而不是根據一兩個字眼來證明的。換言之，在皇權意識形態儀式中，合法性論證主要通過一系列制度性的實踐或實踐性活動來完成。因而它體現為一種時間段的過程，而非一個抽象的概念。就是說，皇權意識形態儀式本質上是一種同時兼具制度與實踐的綜合性範疇。

後戰國思想史表明，皇權主義儀式本身構成了一種相當成熟的「恩惠主義」的政治文化和政治理念。[119] 它把「皇恩浩蕩」視為一種普世價值，所謂「賞及牛馬，恩肥土域」。[120] 它把所有的政治事件和政治秩序都解釋為絕對正義的皇恩表現，所謂「今漢自高祖繼周，亦昭德顯行，布恩施惠，六合和同」。[121] 它有能力也有技術把所有的政治行為和政治意圖都合理納入一以貫之的皇恩邏輯，所謂「孝惠內修親親，外禮宰相，優寵齊悼、趙隱，恩敬篤矣」，[122] 所謂「孝文皇帝時，以二月施恩惠於天下，賜孝弟力田及罷軍卒」。[123] 皇帝有恩於民眾，是皇權教化主義的主旨。[124] 它要傳達的政治意念是，「皇權主義」本質上是皇帝造福全民，是施與全體社會成員以恩惠。它要求「君主所應有的德性，並非指君主個人的人格圓滿、完美，而是指對於人民應該常常保持恩惠施予者的德性。」它對民眾「常常表現為恩惠、仁慈，是以人民的幸福作為志向的。易言之，皇帝對於人民，必須常常是最能施惠的君主。」[125] 這一點構成了皇權主義儀式的核心。同時正是這一核心推動著皇權主義觀念－實踐的理性建構和自然演進。

118　就此而言，中華文明固有的禮樂傳統和禮制規定對意識形態的建構都起著某種潛移默化的內在奠基作用。同時，意識形態與禮制之間的關聯也成為意識形態體系的一個實質性體現。

119　這種關注民眾世俗利益的「恩惠主義」政治價值與西方「恩典主義」以拯救個人靈魂為終極關懷的宗教價值絕然不同。西嶋定生也特意強調，「羅馬或歐洲的皇帝、國王，是『對神祝福』的皇帝，也是『尊重正義』的國王。在他們的身上看不到由君主單方面施予人民恩惠的態度。這種差異不是偶然的，恐怕是與其支配體制有極密切關係的觀念形態的差異。」（《中國古代帝國形成史論》）

120　《史記・秦始皇本紀》。

121　《漢書・吾丘壽王傳》。

122　《漢書・惠帝紀》。

123　《漢書・魏相傳》。

124　這一主旨並不完全否認個別有德之君可能出於某種需要而有條件地承認臣民也能施恩於他。比如，文帝下詔讓百姓「悉思朕之過失，及知見之所不及，丐以啟告朕。」師古進一步說明，「言以過失開告朕躬，是則于朕為恩惠也。」（《漢書・文帝紀》）

125　西嶋定生，《中國古代帝國形成史論》。

二、出巡

　　始皇稱帝次年，即「巡隴西、北地」，「即帝位三年」更是大張旗鼓地「東巡郡縣，祠騶嶧山，頌秦功業」。[126] 從此巡視全國成為秦帝一項重要政治活動。秦朝十五年，秦帝共出巡六次。始皇五次，二世一次。以始皇帝為例，從時間看，差不多平均兩年半一次。特別是後四次，時間長，規模大。從地域看，從西北到東南，足跡大遍中國。[127] 可以說，始皇帝是中國有史以來最喜歡「旅遊」的天子，也是走得最遠的天子。這種做法無疑具有開創性。無論三代天子，還是戰國諸侯皆未曾有此張揚行為。[128] 值得考究的是，秦始皇出巡的真正目的究竟為何？[129] 李斯提示說：「治馳道，興遊觀，以見主之得意。」[130] 賈山也認為：「秦皇帝東巡狩，至會稽、琅邪，刻石著其功，自以為過堯舜統。」[131] 帝國聲勢、皇帝功德皆需據此得以展示。秦二世似乎把這點看得更透。「先帝巡行郡縣以示強，威服海內。」正因此，他感到自己「晏然不巡行，即見弱，毋以臣畜天

126　《史記・封禪書》。

127　比如，僅從始皇三十七年出巡的路線看，就到過以下許多地方。「十一月，行至雲夢，望祀虞舜於九疑山。浮江下，觀籍柯，渡海渚。過丹陽，至錢唐。臨浙江，……上會稽，祭大禹，望於南海。」（《史記・秦始皇本紀》）

128　首先王權分封體制缺乏巡視全國的統治管理技術和行政支配能力，故而天下共主也無力有此舉措。其次，戰國爭霸格局也實不容列國諸侯作此妄想。但這並不妨礙戰國諸侯在自己地盤上也可能有類似舉動。比如，始皇稱帝前曾有過兩次巡行。與他後來巡視全國郡縣相比，二者最大區別不在規模，而在性質。《史記・秦始皇本紀》云，十九年滅趙，「秦王之邯鄲，諸嘗與王生趙時母家有仇怨，皆阬之。秦王還，從太原、上郡歸。」二十三年滅楚，「秦王游至郢陳。」可見其有兩個特點。一是與重大軍事行動直接有關，一是與個人恩怨有關。它與始皇稱帝後作為宣揚皇威、溝通民心的意識形態儀式的出巡絕對不同。

129　李斯和趙高在始皇死後曾偽造一份詔書，其中說到，「朕巡天下，禱祠名山諸神以延壽命。」（《史記・李斯列傳》）尋仙訪藥，祈求長生，無疑是始皇出巡的一個目的，但同樣毋庸置疑的是，它絕對不是始皇出巡的主要目的，更不是始皇出巡的唯一目的。如果再考慮到這份詔書的偽造性質，我們就更有理由對這句話的真實含義表示懷疑。近人有謂，「天下大勢，實在東方，此秦始皇滅六國後，所以頻歲東遊，即二世初立時亦然。……漢王既滅項氏，仍歲勞於東方，有叛者必自討之，亦猶秦皇之志也。……東方所以為大勢所係，以其富庶也。」（呂思勉，《論學集林》，第705頁。）另有人謂，齊楚兩地亡在最後，又最不安定。但始皇「東遊以厭之」目的是為了「鎮服農民」，而非對付六國貴族。（參見孟祥才〈論秦刻石〉，《先秦秦漢史論》，山東大學出版社，2001年。）

130　《史記・李斯列傳》。

131　《漢書・賈山傳》。

下」。於是，二世即位之初便旋即「東行郡縣」。[132] 這裡透露出，「巡行郡縣」就是為了「示強」。只有「示強」，才能「威服海內」，否則就會「見弱」；「見弱」則不能「臣畜天下」。所謂「強」與「弱」，均與「威服海內」或「臣畜天下」這一政治目的直接聯繫在一起。

顯然，出巡事實上構成一種龐大的政治儀式。它的直接目的是試圖塑造一種新型的君民關係。就是說，皇帝需要在頻繁的出巡中，向世人展示其至尊至上的皇權威嚴和皇帝與民眾的直接對應關係。這種直接對應關係意味著，皇帝是所有民眾唯一的合法統治者和利益代言人。出巡將「普天之下，莫非王土；率土之賓，莫非王臣」的三代理想正式轉化為帝國現實。更令人回味的是，皇帝通過頻頻出巡，將親自見證這種現實。皇帝的舉世功業在與民眾的直接關聯中獲得一種普泛性的觀念認同。意識形態對皇權提供的理論和道義支援是粗俗宗教給三代王權提供的神性支援所無法比擬的。它能夠產生更為強烈的心理感應。皇權較之於王權的統治優越性顯而易見。

明乎此，我們就會對秦帝出巡時的種種做派有一個深刻理解。比如，秦帝每次出巡，幾乎都要刻石立碑，昭告天下。非但始皇熱衷刻石，二世後來居上，更是「金刻石盡始皇帝所為」，似乎要將始皇帝的豐功偉業鐫刻成一部浩然長存永留天地的宏大「金史」和「石史」。二世東行郡縣時，再次「盡刻始皇所立刻石」，等於將始皇刻石用石刻形式在帝國疆域重新複製了一份。儘管這可能起意于丞相和御史大夫的聯名上奏，「請具刻詔書刻石，因明白矣。」[133] 帝國君臣無所顧忌地把皇帝詔書通篇公布天下，從而將秦始皇的功德合理轉化為一種民眾必須認同和牢記的「公共理念」和「民族記憶」。通過這一方式，皇帝能夠重複性地昭示其統治合法性。「立石」、「刻石」、「立刻石」、「刻于金石」、「頌秦德」、「誦皇帝功德」[134] 以及「章始皇之功德」，[135] 這些字樣充分表明出巡的意圖是在全國範圍內進行一種聲勢浩大規模空前的政治宣傳。皇權主義作為帝國意識形態，由此在極短的時間內得以普及和強化。

132　《史記·秦始皇本紀》。

133　《史記·秦始皇本紀》。

134　《史記·秦始皇本紀》。

135　《索隱》引「小顏」之語說，「今此諸山皆有始皇所刻石及胡亥重刻，其文並具存也。」（《史記·封禪書》）

　　出巡以一種慶典般的方式展示出皇帝的絕對威嚴，使皇帝成為全國民眾心中敬畏的神聖偶像。所以，出巡的真實目的並非著眼於對狹義君臣關係之規範，而是放眼於對廣義君臣關係之確立。正因如此，文獻不見有始皇出巡召見各地郡縣官吏之記載，卻有與民眾相見之場面。而且這似乎還是一種制度。[136] 比如，始皇帝「游會稽，渡浙江，（項）梁與籍俱觀」。[137] 表明眾人皆可觀看。至於劉邦「縱觀秦皇帝」，師古特意解釋說：「縱，放也。天子出行，放人令觀。」[138] 可見始皇出巡之用意實在於主動溝通與民眾之關係。它試圖在盡可能廣泛的區域內與民眾之間獲得一種近距離的接觸。其目的是精心營造一種皇帝接近民眾甚至融入民間的政治效應。所以，「『天高皇帝遠』的格言並不全然正確無訛。一位精力過人的皇帝恐怕就會和人民發生近在密邇的關係。」[139] 較之王權主義，皇權主義的本質在於，它是「反彈琵琶」式的「天高皇帝近」。不管天有多高，皇帝永遠都是那麼近。「遠在天邊」的皇帝同時又「近在眼前」。它意味著，皇權意識形態會在皇帝與民眾之間最大限度地製造出一種「政治直通車」的強烈心理暗示。它具有儀式化的神奇效果。理論上，它含括了全社會的所有成員，把他們組織起來，使之分享、感受和體驗這種「意識形態直通車」的滿足和快感。在這方面，秦始皇是一個天生的大師。他把皇權主義不露痕跡地變成了一種出神入化的統治藝術。他把出巡巧妙地變成了一個顯示自身皇威的盛大禮儀。與此同時，這恰恰又是一個引導民眾自覺接納和認同皇帝權威的儀式化過程。通過這一儀式化過程，意識形態的內涵得以充分展示。

　　另外不容忽視的是，儘管始皇出巡主要面對民眾，但它對帝國基層官吏心理之影響同樣巨大和深刻。邢義田通過對南郡安陸的一個低級獄吏喜所作《編年記》的細緻分析，提供了一個「天高皇帝近」秩序生成的生動例證。

　　　　咸陽的皇帝何其遙遠？遙遠的皇帝如能來到安陸，又是何等大事？
　　　　他在編年中最後的一件記事赫然是：「廿八，今過安陸」。「廿八」
　　　　是始皇二十八年（西元前二一九年），「今」即今上。按始皇二十八

136　這與帝王出巡所必須的戒嚴和回避制度並不衝突。它同樣具有一種意識形態儀式的性質和功能。「警蹕，所以戒行徒也。周禮蹕而不警，秦制出警入蹕。謂出軍者皆警戒，入國者皆蹕止也。」（崔豹，《古今注》上卷，〈輿服〉第一。）

137　《史記・項羽本紀》。

138　《漢書・高帝紀上》。

139　楊聯升，《國史探微》，第 151 頁，遼寧教育出版社，1998 年。

> 年曾東巡泰山，回程南下渡淮水、之衡山，自南郡由武關歸咸陽。
> 他顯然是在由南郡趨武關的路上經過安陸的。這件大事以後，這位
> 小吏在所餘的兩年生命裡竟不覺再有可紀念的事情，由此我們不難
> 想像「今過安陸」對他一生具有的意義。秦始皇曾頻頻巡行天下，
> 所到之處，「天威不違顏咫尺」的形象不知在多少中國人的心中就
> 這樣建立起來了。[140]

不難想像，「平易近人」的皇帝直接來到民眾面前，高不可攀的神聖皇帝一剎
那變得觸手可及，這對那些親眼目睹的現場民眾造成的視覺衝擊和思想震撼應
該是無法言喻甚至是無以復加。

　　秦始皇出巡的次數之多，每次出巡的時間之長，範圍之廣，召見和接觸的
各色人物之多，必然會產生兩種不同的政治效應：一是強化了皇帝制度，使皇
帝觀念空前地深入人心；二是皇帝經常頻繁地出現在全國各地的眾多場合，雖
然會拉近皇帝與民眾之間的距離，同時也會沖淡和消解皇帝的神祕性。比如劉
項二人「縱觀秦皇帝」時產生的不同觀感，無論是「大丈夫當如此」的羨慕還
是「彼可取而代也」的豪氣，[141]都表明皇權完全可以成為民眾追求的人生目標。
雖然不是唾手可得，卻也並非遙不可及。[142]但這不應簡單理解為，皇帝頻頻出
行似乎降低了皇權的門檻。應該說，始皇帝出巡雖然傳遞出多重訊息，並引發
多種觀感，但宣揚皇權的無上威嚴和皇帝觀念的普世價值，始終是秦始皇頻頻
出巡的中心目的。它說明秦始皇很善於利用自己的形象語言和肢體語言激發民
眾那種崇尚皇權的內心情感，從而贏得民眾的無限敬仰和尊崇。總之，秦始皇
出巡在很大程度上是為了張揚皇帝觀念的普世性，以便使人們對皇帝觀念發生
更密切的認同。世俗性對皇帝觀念的繁殖，既包含崇拜和敬畏，同時也包含投
機和利用。

140　〈中國皇帝制度的建立與發展〉，《秦漢史論稿》。

141　王鳴盛比較二人話語風格，「項之言悍而戾，劉之言則津津然不勝其歆羨矣。陳勝曰：
　　『壯士舉大名耳，王侯將相寧有種乎！』項籍口吻正與勝等，而高祖似更出其下。」
　　（《十七史商榷》卷2，〈劉項俱觀始皇〉。）單就此語而言，項羽之霸氣與劉邦之痞氣，
　　確乎高下立判。

142　某種意義上，編戶民之於皇帝，從望塵莫及到望其項背，有時也就一步之遙。這種瞬
　　間逆轉的君民關係迥異於王權時代的君臣關係。本質上，君民關係是君臣關係進一步
　　分化的結果。它使君臣關係變得更加細化、動態和脆弱。

　　值得注意的是，秦始皇一方面通過頻繁出巡在社會上強化皇帝與民眾之間的心理認同感，另一方面又在身邊的小圈子內部極力製造一種高度詭異的皇帝神祕感。比如，「行所幸，有言其處者，罪死。」一次，「始皇帝幸梁山宮，從山上見丞相車騎眾，弗善也。中人或告丞相，丞相後損車騎。始皇怒曰：『此中人泄吾語。』案問莫。當是時，詔捕諸時在旁者，皆殺之。自是後莫知行之所在。」不過這可能更多受到方士的蠱惑和教唆。「方中，人主時為微行以辟惡鬼，惡鬼辟，真人至。人主所居而人臣知之，則害於神。……願上所居宮毋令人知，然後不死之藥殆可得也。」[143] 但它並沒有改變秦始皇極為看重的在皇帝和民眾二者之間建立直接對應關係的中心意圖。就像秦始皇出巡時，雖也兼有其他某種目的，比如，渴望長生、尋訪仙人、打撈周鼎等，卻並不與其宣揚皇威的核心意圖相衝突一樣。相反，在皇權主義儀式的精心安排中，這種種舉措均能不同程度地起到塑造皇帝神聖性的作用。

三、刻石

　　身為秦帝國意識形態總管，李斯設計的意識形態秩序是「文章布之天下，以樹秦之名」。[144] 始皇帝雖未必讀過萬卷書，[145] 卻在行萬里路上躬身實踐著這一意識形態意圖。「秦政刻文，爰頌其德。」[146] 於是，走一路寫一路，成為始皇與李斯共同策劃的展示皇權威儀和帝國盛世的宏大文字儀式。一批精心選擇出來的政治「關鍵詞」，被巧妙組合成一篇篇工整有序、琅琅上口的皇帝文告，作為帝國的標誌性符號鑴刻於名山之上。始皇刻石作為皇權主義的一項「政治發明」[147] 具有深刻的意識形態寓意。它兼具「憲法」和「社論」的雙重性質，從而具有規範與教化的雙重功能。它向民眾展示出一幅前所未有的政治藍圖。歷史的實際事態與現實的客觀秩序以及未來的理想期待作為三個主題，重複出現，相互重疊，彼此印證，鋪張成為一種包含想像、描述、虛幻、許諾、安撫、

143　《史記·秦始皇本紀》。

144　《史記·李斯列傳》。

145　秦始皇的閱讀量還是蠻大的。即便不考慮他每天一百二十斤的批閱奏章的超常工作量和驚人效率。

146　劉勰，《文心雕龍·頌贊》。

147　近人謂，「秦朝皇帝的巡守，與先秦巡守禮一樣只是各種禮典的彙集，但規模大得多，刻石頌本朝功德則是秦人的發明。」（陳戍國，《中國禮制史》秦漢卷，第 81 頁。）

肯定、詛咒、譴責、警告、威嚇等複雜成分的皇權意識形態新型話語。[148] 雖「法家辭氣，體乏弘潤，然疏而能壯，亦彼時之絕采」。[149] 其風格誇張而不失質樸，空洞而不失明確。文史本色緣飾以儒術修辭，[150] 展現為一種意識形態儀式的最初實踐。刻石的物質性和堅固性使之可能構制出一種成功的話語霸權效應。[151] 作為一種標準的官方文本，我想，把刻石的性質定義為秦帝國的政治宣言或政治綱領應該是適當的。[152]

　　重新定位皇帝與民眾的關係是始皇刻石極力張揚的主題之一。這種定位的結果是確認了皇帝對民眾的人身支配具有四個特點：全民性，直接性，絕對性，恩惠性。這四個特點正是通過將「皇帝」與「黔首」之間進行單一性的話語關聯和重複性的修辭結合得以顯現的。這決定了刻石中只能有兩個關鍵詞，即「皇帝」和「黔首」。不妨將「皇帝」與「天子」略作比較。如果說「天子」暗示著在天人兩個維度上人間君王與上蒼天命之間的本真關聯，「皇帝」則意味著在同一個世俗層面上君王與民眾之間的直接溝通。無論如何，「周天子」這個名號不包含與民眾直接對應的涵義。所謂「與民同樂」，只是諸子對列國君主一廂情願提出的政治期許和道德勸諭。儘管「天子」與「匹夫」已有相連之勢相通之語，但終究不同於法度觀念意義上的「皇帝」與「黔首」的直接對應。所以不僅是「皇帝」與「黔首」的這種對應方式本身包含獨特的思想史意義，尤為值得深思的是，對應於「皇帝」，作為秦帝國法定稱呼的「黔首」也必然包含諸多更為豐富的思想史含義。因為它透露出皇權體制對其統治對象之社會身分的普遍評價和規範意識。

　　某種意義上，「黔首」幾乎可以說是極具秦帝國政治特色的政治術語。因為無論此前，還是此後，「黔首」在文獻中的使用既不具有普遍性，也不具有

148　美國學者 Dull 在一篇關於秦朝正當性的論文中，討論了刻石所包含的政治意象：戰亂、無秩序的過去與和平有序的現在和未來。王健文把它形容為「刻石般的政治喊話」，並提出一個問題，「秦政權何以會以刻石來進行政治宣傳？」（參見〈歷史解釋的現實意義——以漢代人對秦政權興亡的詮釋與理解為例〉，《新史學》5 卷 4 期，1994年 12 月。）這倒是相當有趣。如果我們把這個問題置於皇權意識形態的話語模式和象徵儀式中，不難尋找到實際的答案。

149　劉勰，《文心雕龍・封禪》。

150　它是多家思想的雜糅，以儒法為主，同時也有些道家的成分。並非「主要都是儒家思想」。（陳啟雲，《中國古代思想文化的歷史論析》，第 173 頁。）

151　從意識形態角度看，秦石如同漢賦，是兩種形式有別功能無異的政治話語。

152　參見黃宛峰〈儒生與秦政〉，《學術月刊》1996 年第 1 期。

政治性。「黔首」作為對民眾身分的政治認定是秦帝國的創制。所以「黔首」雖非秦政獨創，其獨特意義卻為秦朝賦予。值得注意的有兩點，一是戰國子書已有「黔首」一詞；二是這些子書又多與秦關係非常。比如《呂氏春秋》和《韓非子》。所以即便「黔首一名，米索不達美亞文獻十分普遍」，[153] 也不能證明秦用「黔首」乃「承襲西亞之舊稱」。相反，戰國至後戰國，文獻顯示的「黔首」脈絡十分清晰。

　　據統計，除《史記・秦始皇本紀》和《呂氏春秋》外，《韓非子・忠孝》、《戰國策・魏二》、《史記・李斯列傳》中「諫逐客書」、《禮記・祭義》、《黃帝內經・素問・血氣形態》各出現一次「黔首」；《莊子》佚文、《十六經・姓爭》各出現兩次「黔首」。[154] 這些書（或文章）有個共同特點，即或前或後皆與秦帝國時期相距不遠。[155] 更重要的是，其中出現的「黔首」與「民」相同，完全屬於習俗用法，並沒有特別的思想史含義。比如時間稍後的《鹽鐵論・詔聖》出現的一次「黔首」是在「百姓」意義上使用的。或許唯一的例外是《史記・三代世表》徵引褚少孫話時提及的「黔首」。「《傳》云：天下之君王為萬夫之黔首請贖民之命者帝，有福萬世，黃帝是也。」[156] 這裡有兩點值得注意。一是所謂「《傳》云」，說明這種說法由來已久，甚至已成常識。二是這種說法將君主與黔首等同視之，似乎二者完全相同，君主只不過是黔首中的一員。顯然，這種說法包含有更多的「匹夫天子」的理想意味，而與始皇刻石中的「黔首」含義迥然相異。通過對以上文獻的梳理，似乎可以判定兩點：第一，「黔首」真正被賦予特定的政治觀念意義始於秦朝，所以「黔首」應該算是秦帝國發明的最具特色的政治概念。第二，雖然《呂氏春秋》已頻頻使用「黔首」一詞，

153　參見饒宗頤〈中國古代「脅生」的傳說〉，《燕京學報》新 3 期，1997 年。

154　李解民，〈民和黔首〉，《文史》第 23 輯。另外，帛書《繆和》第六章也出現一次「黔首」。

155　就一般看，有些書籍似乎屬於先秦，實際上很可能是「後秦」之作。比如《禮記》、《戰國策》。（有關此類考辨甚多。《禮記》主要參見：皮錫瑞，《經學通論・三禮》；江俠庵編譯，《先秦經籍考》；馮友蘭，《中國哲學史》上冊；任繼愈主編，《中國哲學發展史》秦漢卷。《戰國策》主要參見：劉知幾，《史通通釋・六家》，上海古籍出版社，1978 年；《古史辨》第 4 冊；齊思和，《中國史探研》；徐中舒，〈論《戰國策》的編寫及有關蘇秦諸問題〉，《歷史研究》1964 年第 1 期；鄭傑文，《戰國策文新論》，山東人民出版社，1998 年。）

156　李解民謂，「這似乎反映出秦漢時代在君、民關係上的兩種對立觀點，李斯所代表的法家主張君以民為役，而褚少孫說的《傳》云則主張君為民役。」（〈民和黔首〉）其說亦可參。

但只有到了始皇二十六年，「更名民曰『黔首』，」[157]「黔首」才使社會成員的身分稱謂正式具有了體制性的普遍名分含義，從而獲得了一種特殊的思想價值。

據推測，秦始皇把百姓命名為「黔首」可能與「五德終始」說中的「水德」有關。[158] 水德尚黑，故而秦朝推崇黑色。這樣以黑色命名百姓身分，[159] 似乎可以看出始皇帝對百姓的一種定位。這種命名實質上反映出秦始皇本人的一種特定的民眾觀念。不過它並非是一種「貶民的手法」，或是對民的「貶稱」，[160]當然也談不上是對民的「尊稱」。它只不過是宣布了帝國對全體民眾進行統一行政管理和全面人身控制這樣一個制度事實。所以「黔首」實際上是「編戶齊民」體制的觀念標誌和話語符號。一言之，「黔首」是皇帝治下的平民百姓。某種意義上，「黔首」作為帝國百姓的普遍身分稱謂，恰當地表徵著帝國權力的普遍化。這種普遍化的本質，是皇帝的唯一性、皇帝與「黔首」之間關係的直接性以及皇帝對「黔首」個人身體的絕對支配性。

集中出現「黔首」的地方是始皇刻石。其中有關黔首的詞句幾乎與《呂氏春秋》中的相關詞句完全相同，[161] 至少從字面看，二者在表述格式和內容上非常一致。可以推知，始皇帝關於黔首的觀念受《呂氏春秋》影響很大。其實這不難理解。李斯曾是呂不韋的門客，他對《呂氏春秋》肯定不會陌生，甚至可能直接參與了《呂氏春秋》的編寫。[162] 而此時，李斯又作為始皇刻石的主要撰稿人，從《呂氏春秋》書中直接援引一些符合始皇帝心思的詞句，也很合乎情理。

先看《呂氏春秋》關於「黔首」的說法。「說黔首，合宗親」；[163]「以利

157　《史記・秦始皇本紀》。

158　「從思想上來說，這是秦始皇信奉五德終始說的一種實踐。」（李解民，〈民和黔首〉）

159　應劭曰，「黔亦黎黑也。」（《史記・秦始皇本紀》）

160　李解民，〈民和黔首〉。

161　儘管《呂氏春秋》被漢人整理過，但「黔首」明顯並非漢人術語，雖然漢人偶有用之。所以黔首觀念確定與漢人無關。余英時視「黔首」為漢人之語不當。（參見《中國思想傳統的現代詮釋》，第 55 頁。）

162　參見郭沫若〈呂不韋與秦王政的批判〉。

163　《呂氏春秋・大樂》。

黔首。……功名大成，黔首安寧」；[164]「行大仁慈，以恤黔首」；[165]「以求賢者，事利黔首」；[166]「不有懈墮，憂其黔首」；[167]「世變主少，群臣相疑，黔首不定。」[168]《呂氏春秋》這些說法與秦始皇刻石中有關「黔首」的字句簡直如出一轍。「上農除末，黔首是富」；「憂恤黔首，朝夕不懈」；「黔首安寧，不用兵革」；「烹滅強暴，振救黔首，周定四極」；「黔首改化，遠邇同度，臨古絕尤」；「宣省習俗，黔首齋莊」；「黔首修潔，人樂同則，嘉保太平。」[169]

此外，《呂氏春秋》中還有諸如，「憂黔首」，[170]「安黔首」，[171]「安黔首之命」，[172]「壽黔首之命」，[173]「黔首利莫厚焉」，[174]「士民黔首益行義矣」，[175]「黔首畢樂其志、安育其性」，「百官已治矣，黔首已親矣，名號已章矣」。[176] 它們表達的正是君主對百姓的責任和「關愛」。黔首作為君主的賜恩對象，正表明了黔首的人身歸屬權完全屬於君主。

始皇刻石延續這一思路，並將它進一步強化。刻石文字表明，秦始皇是以「皇帝」身分在面對整個帝國的所有黔首而發言。這一點非常重要。因為它傳遞出一個皇權意識形態的神聖祕密。這個神聖祕密實際上是一種公開的政治訊息。這就是：皇帝是所有黔首利益的給予者和保護者；這種利益是非常實際的世俗利益；它只有依賴於皇帝的仁德和恩惠才能獲得。[177]

基於這種考慮，始皇刻石的布局非常清晰地展示出皇帝與黔首關係的直接性：

164　《呂氏春秋·古樂》。
165　《呂氏春秋·簡選》。
166　《呂氏春秋·慎人》。
167　《呂氏春秋·求人》。
168　《呂氏春秋·執一》。
169　《史記·秦始皇本紀》。
170　《呂氏春秋·聽言》。
171　《呂氏春秋·開春》。
172　《呂氏春秋·慎勢》。
173　《呂氏春秋·愛類》。
174　《呂氏春秋·振亂》。
175　《呂氏春秋·懷寵》。
176　《呂氏春秋·勿躬》。
177　作為某種象徵，始皇三十一年「賜黔首里六石米，二羊。」另，徐廣說，此年「使黔首自實田」。（《史記·秦始皇本紀》）

皇帝之功，勤勞本事。上農除末，黔首是富。

應時動事，是維皇帝。……憂恤黔首，朝夕不懈。

皇帝之德，存定四極。……黔首安寧，不用兵革。

皇帝哀眾，遂發討師，奮揚武德。……烹滅強暴，振救黔首，周定四極。

皇帝明德，經理宇內，視聽不怠。……黔首改化，遠邇同度，臨古絕尤。

皇帝奮威，德並諸侯，初一泰平。……地勢既定，黎庶無繇，天下咸撫。

皇帝休烈，平一宇內，德惠修長。……遂登會稽，宣省習俗，黔首齋莊。

皇帝並宇，兼聽萬事，遠近畢清。……黔首修潔，人樂同則，嘉保太平。[178]

皇帝與黔首的直接對應性，顯然包含一種深思熟慮的政治設計。即必須刻意抹平皇帝與黔首之間的任何人為等級，盡力凸顯皇帝與黔首在制度架構上的呼應性。它暗示出，皇帝對黔首擁有的權力、責任、使命、保護、仁慈等只能出自於皇帝一人，而絕不能受到任何人的染指和褫奪。

這樣，至少在形式上，皇帝制度使所有人獲得了一種平等性。在西方，由於上帝信仰的確立，使人們觀念中產生一種普遍的平等意識。在中國，由於皇帝觀念的確立，也使人們思想中產生一種普遍的平等意識。倘若仔細考究起來，二者雖然殊途，卻並不同歸。前者是宗教體系，後者是意識形態。人們在古典理性中沒有能夠獲得的普遍的平等意識，[179]在上帝信仰中得到了。同樣，人們在王權體制中沒有獲得的普遍的平等意識，在皇權體制中得到了。這似乎是一個歷史的悖論，一者是信仰產生平等，一者是專制產生平等。[180]專制政體造成

178　所引文字均見於《史記‧秦始皇本紀》。

179　無論亞里士多德哲學還是「羅馬法」，都沒有把奴隸作為「人」來考慮。

180　這類似於托克維爾說的「與專制結合在一起的平等」。（參見何懷宏《選舉社會及其終結——秦漢至晚清歷史的一種社會學闡釋》，第57頁，三聯書店，1998年。）

的空前的身分平等，是皇權意識形態建立的制度前提。這種平等雖然現在看很虛幻，當時卻相當實在。它的直觀形式就像始皇刻石中著意展示出來的那種言說布局和修辭邏輯，即將皇帝與黔首二者直接對應起來，這種對應構成一種特殊的心理網絡，使每個人都由衷相信自己與皇帝之間存在著一種直接聯繫，即皇帝在具體地關心著黔首中的每個人。皇帝的獨尊觀念和皇帝對黔首的直接支配，是皇權意識形態的核心。本質上它既是一套價值體系，又是一種體制建構，它絕不允許官僚居中在皇帝與黔首之間施展任何手腳，有損於皇帝恩德。百姓的父母官同時也是吃皇糧的天子吏。所以官僚權力只是皇權的延伸，而不是一種獨立的權力。這意味著張揚皇恩馴服官僚，正是始皇刻石中精心表述和極力凸顯的雙重思想主題。這種皇權意識形態的建制意圖要求，必須將官僚的作用壓制到最低限度，使之無法對皇帝與黔首二者的直接對應關係造成任何可能的干擾和損害，更不能使人們對皇帝賜恩黔首的意願和動機產生任何觀念上的誤解和歧義。

總之，「皇帝」與「黔首」作為始皇刻石中經常對應出現的詞語，深刻表明全體黔首是皇帝一人的子民，皇帝是全體黔首的君父。皇帝有權力也有能力對全體黔首賜恩賜福。也只有皇帝一人有權力和有能力這麼做。皇帝制度本身包含有一種深刻的皇權觀念。這種觀念的一般運算式是兩極性的，[181] 即皇權政治架構的存在與穩定繫接於空間距離最遠同時心理距離最近的兩點：「皇帝」與「黔首」。透過這種詞語以及表述方式，它所達成的政治效應和心理效果是：皇帝和黔首是直接相對的關係，即二者之間存在一種法定的而不僅僅是道義的直接聯繫。換言之，皇帝始終和黔首在一起。在這種關聯場景中，諸侯通常被作為反面形象處理，即作為被貶斥和譴責的對象，[182] 官僚則往往被撇在一邊，不予理會。[183] 帝國雖然「以吏治天下」，但政治觀念上則必須凸顯皇帝與民眾

181　有相當多的人非常強調家族、士族或豪族在古代社會的重要地位和作用。但在我看來，它無論如何也不可能構成另外的單獨一極。至少它在政治思想和統治理念上不具有合法性。所以皇權體制下的統治合法性觀念與家族、士族或豪族在古代社會中的實際存在和具體功能無關。簡言之，家族、士族或豪族作為社會結構的一部分是一回事，而這一部分能否在皇權體制中獲得足夠有效的政治觀念資源支持則又是一回事。可以說，家族、士族或豪族的社會地位和屬性在政治思想層面上並不具有任何特殊價值。

182　顧炎武說，「秦始皇刻石凡六，皆鋪張其滅六王，並天下之事。」（《日知錄》卷13，〈秦紀會稽山刻石〉。）證之《史記》，果然。比如，「聖法初興，清理彊內，外誅暴強。武威旁暢，振動四極，禽滅六王。闡並天下，災害絕息，永偃戎兵。」（《秦始皇本紀》）

183　比如，只有一次明確提及官僚的作用。「皇帝臨位，作制明法，臣下修飭。」（《史記·

的二元結構。因為「百官皆吏」[184]與「吏治天下」的實質不是官僚體制，而是皇帝制度。一方面，「皇帝權力並不只是在皇帝與臣僚之間實現，它本質上是對人民的統治，即存在於皇帝與人民之間。」[185]另一方面，秦漢帝國的基本結構並不奠基於皇帝與各類豪強之關係，「說到底是皇帝對人民的統治。從這個原理出發，則此等豪強，也跟一般庶民同樣，都應是皇帝支配對象的『民』。」[186]這意味著意識形態儀式的目的只能是強化「皇帝」與「黔首」二者之間的直接對應性。「皇帝」與「黔首」作為皇權主義話語中的兩個主題要素，被自然分派為兩種不同的角色。「皇帝」有功有德，其絕世功業使其統治具有天然之合法性。「黔首」則被賦予了各種責任與義務。皇帝的功業和德行與黔首的責任和義務被巧妙地結合起來，從而構成了一種統治的權威性和世俗的神聖性。皇帝有權做什麼，黔首應該做什麼，在始皇刻石的這種典型的政治文本中，形成一種高度垂直的統治網絡的理想互動。

於是，「皇帝」與「黔首」的關係既單純，又直接。通過這種反復敘說和話語強化，一種新型的政治觀念得到廣泛的普及和宣揚。這種新型政治觀念的基本含義是：黔首完全屬於皇帝一人，黔首的一切皆來源於皇帝的恩德和賜予；反之，皇帝也必須關心黔首的生活，為黔首們提供生存秩序的合理保障。這樣，皇權政體精心編織的意識形態網絡逐漸成型。這種意識形態的核心環節在於皇帝與黔首之間構成的二元對應模式。這種模式的最大好處是，它使人能夠一目了然地確認一個事實，皇帝與黔首都是永恆的，而且二者還是相依為命的。有皇帝，必須有黔首；反之，有黔首，必須有皇帝。皇權主義與平民主義相互詮釋一體論證。以平等的理想追求專制，以專制的理念捍衛平等，成為中國政治－思想史的深層邏輯，同時也使中華專制主義獨具道義感召力。

從這個角度看，全國規模的「編戶齊民」之思想史價值實不容忽視。其核心點在於皇帝與民眾的直接對應性和本質關聯性。從政治思想的視角看，「編戶齊民」包含的多重含義可謂一以貫之。從社會史的層面看，它初步實現了對

秦始皇本紀》）

184　「百官皆吏」並不全然妨礙官僚之間亦能有某種「君臣之義」。這正像雖然官民皆為君之臣，但這並不影響官民之間仍然存在著某種「君臣之別」一樣。這也說明君臣之義的擴張，人們能夠用君臣之義的眼光來看待其他一切關係。

185　西嶋定生，《二十等爵制》，第31頁。

186　西嶋定生，《二十等爵制》，第34頁。

社會的整合；從政治史的層面看，它基本奠定了統治秩序。合而觀之，皇帝已經有能力實施對社會全體成員的「個別人身控制」。[187] 這種「個別人身控制」體系一旦建立，從思想史層面看，皇帝與社會的每個成員均已形成了一種直接的或垂直的精神聯繫。這種垂直精神聯繫的深層含義在於，每個人都知道有個皇帝，都知道皇帝的存在，都知道誰在統治著他們，誰在統治著他們的一切，誰有權力賦予他們以一切。這樣，皇帝的政治權威性和道德神聖性自然確立起來。皇帝權威性和神聖性的確立，就是意識形態的形成。因為說到底，意識形態的核心是如何建構和塑造肉身皇帝的絕對權威性和神聖性。

四、賜爵

所謂賜爵主要是指民爵。[188] 從文獻看，最初有些賜爵雖然性質不甚明朗，但理解為民爵當無大錯。比如，秦昭襄王二十一年，「魏獻安邑，秦出其人，募徙河東賜爵，赦罪人遷之。」[189] 這種政府行為固然出於政治實用目的之考慮。其中蘊含的潛在觀念意義在於，它向社會成員昭示出，他們擁有的一切皆拜君主所賜。賞罰恩威一併出自君主之手。予罪予福，全在君主。其效果在於，它能夠把一個相對有限的範圍內發生的事情，用一種最有利於表現君主權威和恩惠的方式，將其最大限度地擴張成為一種具有普遍社會效應的政治典範。秦昭襄王四十七年，明確有了民爵賜予。「秦王聞趙食道絕，王自之河內，賜民爵一級。發年十五以上，詣悉長平，遮絕趙救及糧食。」[190] 西嶋定生對史書上出現的第一次賞賜民爵，有過精到分析。

> 很明顯，這不是因戰功而賜爵，是在臨戰前夕對出陣民卒各賜以爵。這不是比起軍功賜爵更能顯示出爵所具有的本質嗎？！……那就是說只有由於賜爵而使他們決然赴死，才是所可期待於這種賜爵的現實效果。也就是說，得到爵的秦民，由此而對秦王與自己之間的心情的聯繫作一番再認識，也就是秦王與民的關係，由於這個賜爵而更新重振，從而能踴躍上陣、開赴長平。……可以認為是要通過賜

187　參見西嶋定生《中國古代帝國形成史論》；劉澤華《中國的王權主義》，第 16 頁。

188　民爵始於戰國。對戰國時期爵制之目的和功用的分析，詳見劉澤華，《中國的王權主義》第 28–31 頁。

189　《史記·秦本紀》。

190　《史記·白起列傳》。

爵來加強君主與人民以爵為媒介而屬於同一集團這種一體性意識。至少說，作為秦王的意識看，當上陣之際，想通過實行這樣的賜爵，再一次強化自己與人民的結合。……如果可以這樣理解，那麼在長平之戰前夕的緊張空氣中舉行民爵賜與，就說明了當時在秦國重視爵制的意義，也就是意識到了靠這個而實現秦王與人民的結合。[191]

顯然，賜爵本身的意識形態意義，並不取決於軍功爵，而是取決於民爵。由此可見，意識形態在秦帝國脫胎而出實在淵源有自。不但前有諸子之理念，同時也有君主之實踐。從理論證明到實踐操作，均已不是問題。而且據推測，不光秦民已成為賜爵對象，三晉之地此時也實行了這種賜民爵的做法。[192] 總之，一種新型的更加有效的整合人們思想的方式正在漸漸形成。意識形態能夠在大一統的秦帝國安家落戶安營紮寨，也自是順理成章水到渠成之事。

正是充分意識到了賜予民爵包含的特殊意識形態意義，這種做法很自然地為皇權帝制仿效和採用。這樣，皇帝賜爵成為皇權意識形態儀式中的一項保留節目。始皇二十七年，「賜爵一級。」含義不明，但從上下文看，應該指的是民爵。「頭一年才把天下分為三十六郡，普遍施行了郡縣制；所以，這次賜爵，可以認為是對全體郡縣之民無遺漏地每戶給爵一級。」[193] 始皇三十六年，「遷北河榆中三萬家。拜爵一級。」[194] 這是沿襲戰國以來的遷徙授爵的做法。[195] 它是對那些遵從官府命令遷徙的民眾而給予的褒獎和鼓勵。

劉邦雖出身帝國小吏，對賞賜民爵體現的意識形態功能卻有著非常切身的感受。劉邦在楚漢之爭的最初階段，已經開始把賜爵作為與項羽爭奪天下的重要手段。高祖二年二月，「施恩德，賜民爵。」[196] 漢初諸帝對賜爵更是興趣濃厚，頻繁不止。[197] 而且他們將賜爵這一活動擴大到許多方面。[198]

191　《二十等爵制》，第 359 頁。

192　西嶋定生，《二十等爵制》，第 361 頁。

193　西嶋定生，《二十等爵制》，第 102 頁。

194　《史記・秦始皇本紀》。

195　戰國時期民爵常見的有納粟授爵和遷徙授爵。其中遷徙授爵更為常見一些。

196　《漢書・高帝紀上》。

197　先後有 15 次。據統計，兩漢賜爵共有 90 次。

198　徐天麟，《西漢會要》卷 35，把西漢賜爵分了 16 類。（1）立漢社稷，（2）即位，（3）立皇太子，（4）王皇子，（5）皇太子冠，（6）改元，（7）征伐，（8）力役，（9）

一是在皇帝即位之時。比如，惠帝元年「賜民爵一級。」[199] 高后元年，「賜民爵，戶一級。」[200] 景帝元年「赦天下，賜民爵一級。」[201] 皇帝即位賜爵，其意義在於，通過賜予恩惠的方式來獲得民眾心理的認同。因為皇帝的雙重身分，即上天之子和天下之父，使他合法成為普世民眾的「精神之父」。這樣，皇帝登基意味著百姓又有了一個新的「父親」。[202] 這種身分自然要求皇帝必須承擔一種相應的責任，即在即位之時應該給他的子民帶來一些看得見好處。儘管師古將其解釋為，「帝初即位為恩惠也。」[203] 但其意義仍似乎不甚明瞭。因為說到底，賜恩本身不是目的。賜予恩惠的目的根本在於讓民眾對皇帝感恩。這種感恩必須體現出某種意識形態功能。其形式是「普天同慶」，「與民同樂」。[204] 這要求它在賜爵中自然延伸出來的某些東西必須具有心理上的象徵性和感官上的享受性。比如，文帝元年，「赦天下，賜民爵一級，女子百戶牛酒，酺五日。」[205] 對此，注家均特別強調了「酺」的政治倫理含義。《索隱》引《說文》云：「酺，王者布德，大飲酒也。」景帝後元年，「赦天下，賜民爵一級。……

慕民徙塞，（10）郊祀，（11）祥瑞，（12）帝加元服，（13）尊廟號，（14）褒吏治，（15）災異，（16）匈奴朝。除了少數幾種外，大部分都已見於漢初。

199　《漢書·惠帝紀》。

200　《漢書·高后紀》。

201　《漢書·景帝紀》。

202　正因此，「尚未成年的小男孩，也是國家賜爵的對象，與成年人一樣占有爵位，更加顯示出秦漢編戶民占有爵位的普遍性。」（劉敏，《秦漢編戶民問題研究——以與吏民、爵制、皇權關係為重點》第 181 頁，中華書局，2014 年。）

203　《漢書·惠帝紀》。

204　從另一個角度看，這意味著皇帝死時，百姓應該為之悲傷和痛哭。文帝遺詔可以證實這點。「無發民哭臨宮殿中。」（《漢書·文帝紀》）這說明皇權意識形態儀式在設計理念上具有雙重考慮。它要求，皇帝即位應該帶給百姓一種「與民同樂」的喜慶效應，同時，皇帝死亡則應該帶給百姓一種「民眾同悲」的悲哀效應。在這種悲喜與共的儀式做派中，傳遞給民眾的心理暗示是：皇帝與民眾兩個身位之間的直接對應性和精神感知上的一體同在性。

205　《史記·文帝本紀》。近人認為賜「女子百戶牛酒」，是以女性戶主家庭為賞賜對象，從一個側面反應了秦漢婦女在家庭和社會上的重要地位。（于琨奇，〈「賜女子百戶牛酒」解——兼論秦漢時期婦女的社會地位〉，《中國歷史博物館館刊》1999 年第 1 期。）西嶋定生認為，「賜女子百戶牛酒」的「女子」一詞，「近於一般女性的用語，不應解釋為家長之妻或女戶主等特定含義。」因為民爵秩序同樣包括女子在內。（《二十等爵制》，第 288、320–321 頁。）也有學者持更為謹慎的態度。「秦漢時期婦女雖然不是國家普遍賜爵的對象，但卻具有法律規定的繼承和占有爵位權利。」（劉敏，《秦漢編戶民問題研究——以與吏民、爵制、皇權關係為重點》第 181 頁。）

大酺五日，民得酤酒。」[206] 師古也解釋說：「酺之為言布也，王德布於天下而合聚飲食為酺。」這就說的很清楚了。它是新皇帝擁有統治合法性的一種直接體現。因為只有合法的皇帝才有權力賜予百姓恩惠。百姓感覺到的是，以前不能做的事情，現在可以合法享受了。文穎把這點說的更加明白。「漢律，三人以上無故羣飲酒，罰金四兩，今詔橫賜得令會聚飲食五日也。」[207] 皇帝賜爵之日就是民眾狂歡之時。通過這種特定時間和場合的「狂歡」，民眾對即位皇帝的認同感就會很質樸地油然而生。正因為「酺」具有這種更為醒目的「王者布德」的意識形態象徵性，故而，有時皇帝可能會出於今人不甚知曉的某種原因而將「大酺」與賜爵的時間有意錯開。比如，景帝後元年，「三月丁酉，赦天下，賜爵一級……。四月，大酺。」[208] 有時，皇帝在不賜爵的情況下也會詔令天下民眾「大酺」。比如，文帝「始更為元年，令天下大酺。」[209] 景帝後二年正月，「酺五日。」[210] 從這個角度看，始皇二十六年的「大酺」顯得有些意味深長。[211] 其表徵的意向自然是「與民同樂」。因為普天之下所有百姓都是他的子民。他有權力讓所有百姓「同樂」。當然這同時也包含著他有權力讓百姓「同悲」。這是一種從絕對權力本身直接派生出來的對人身及其情感的強力支配和控制。當然它也講究策略和方式，比如注重與民間飲酒禮的結合。但其目的不外乎都是試圖驅趕著百姓按照皇帝一人的意願去塑造自我感覺和規範自身行為。所以，「民間以酒食之會而行鄉黨之禮，藉以樂民，這絕不是與國家無關的民間的自發狀態，而是有賴此事所以導民，是皇帝支配所要求的。從而，酒食之會，不論是禁而不行、抑或是無故擅行，對皇帝來說皆屬致命大事。」[212] 賜民與爵作為國家禮儀與飲酒禮這種民間禮儀的結合，並通過對後者秩序的主導，形成一種新型的政治景觀，從而凸顯出皇帝的「在場」。正是出於如此考慮，頻繁的「大酺」便成為皇帝希望看到的一種「開明」政治場面和「清明」社會圖景。同時

206　《漢書・景帝紀》。

207　《漢書・文帝紀》。

208　《史記・景帝本紀》。

209　《史記・文帝本紀》。

210　《史記・景帝本紀》。

211　儘管「趙武靈王滅中山，酺五日，是其所起也。」（《史記・文帝本紀》）但我仍然認為它與始皇帝的「大酺」性質並不完全相同。無論如何，滅一國而「大酺」於本國同定天下而「大酺」於天下，意義並不一樣。

212　西嶋定生，《二十等爵制》，第 294 頁。

也必須承認，這種帶有明顯政治功利性質的狂歡，確實非常容易使百姓對新皇帝產生某種感恩戴德之情。這正是皇權主義儀式追求的最大效果。

　　一是在朝廷有重大活動時。比如，立太子。文帝元年，立太子啟。「因賜天下民當代父後者爵各一級。」《集解》引韋昭的話說：「文帝以立子為後，不欲獨饗其福，故賜天下為父後者爵。」[213] 師古則解釋說：「雖非已生正嫡，但為後者即得賜爵。」[214] 二者注意的角度有所差異。韋昭著眼於賜爵之動機，師古著眼於賜爵之對象。如果把二者結合起來，其寓意會看得更為清楚一些。它表徵出一種「把將任下一代皇帝的皇太子與將當下一代家長的『當為父後者』置於對應地位」的複雜政治意向。這意味著，「這位不久將成為下一代皇帝的人，跟預定為不久之後將代替其父而繼承家業的下一代家長即『當為父後者』之間，決定了不久將來形成皇帝與民的關係。」但如果因此說，「凡與皇太子有關的慶事之際的賜爵，其著眼點是放在下一世代上，而並非放在規定現在的統治秩序上，」[215] 則把事情弄得過於拘泥了。因為皇權秩序的穩定性和連續性都使得這種賜民與爵不可能在時間段位上將現在與未來劃分得那麼清楚機械。毋寧說，它更多著眼於一種長治久安的皇權秩序和意識形態效應。所以我更傾向於把它理解為，皇帝通過賜民與爵便很自然地把立太子這件事情同天下所有「為父後者」聯繫起來，從而確證了一種共識，即皇帝作為天下的「大家長」，是全體百姓必須敬仰的合法「父親」。這樣，從表層看，他有權使「天下為父後者」與他共用這種天倫之樂和人倫之福。這就是所謂「不欲獨饗其福」之義。此義又可分兩義解。一方面，君之樂即民之樂；另一方面，與民同樂也是君主行政的要求。這樣，從深層看，與民同樂所幻化出來的儀式效應，悄然消解了民眾對自身幸福和感受的自我給予能力和自我評價能力。它使民眾只能依賴外部的力量和標準來確認自身的感覺狀態，以及自己內心究竟需要何種幸福和感覺。如此，一個不言而喻的意識形態命題靜靜浮出水面。它的核心是：幸福人倫來源於浩蕩皇恩。在這種浩蕩皇恩的覆蓋之下，人倫已非純粹的自然存在，而是一確鑿的政治德性。它是皇帝仁政的施捨對象和承載實體。依據這種觀念，

213　《史記・文帝本紀》。

214　《漢書・文帝紀》。

215　西嶋定生，《二十等爵制》，第 187 頁。

人倫的方方面面皆不是簡單的自身之行為，而是處處體現著一種皇恩的光輝。[216]
概言之，文帝有意擴展賜爵範圍，其意圖即在於使更多的人能直接感受到皇帝
對他們無微不至的關懷。在這種目的的誘惑下，皇帝對借助賜爵這種相對簡易
易行的意識形態儀式所達到的「親民」政治效應樂此不疲。隨後，景帝七年，
「立膠東王徹為皇太子。賜民為父後者爵一級。」[217]甚至「皇太子冠」，也要「賜
民為父後者爵一級」。[218]這種賜爵方式將親親與尊尊有機地糅合在一起，把朝
廷的國務活動融入民眾的私人感覺。它把國家和民眾看成一個聯繫的有機體。
通過經常性的頻繁賜爵，使民眾心理上自然產生一種皇帝與他們共在和互動的
政治想像。這種想像則可以最大程度地保持皇權政治結構的平衡。它使意識形
態對政治形態的影響和支配達到了帝國可以實現的最合理的技術水準。

　　一是把大赦與賜爵結合起來。景帝元年「赦天下，賜民爵一級。」四年，
「赦天下，賜民爵一級。」中元年，「赦天下，賜民爵一級。」五年，「赦天下，
賜民爵一級。」[219]赦免罪人是德政，賜爵與民是仁政。二者相互搭配，彼此呼
應，恰恰暗示出意識形態的精心設計和巧妙安排。「當民爵賜與的場合，把赦、
賜爵、賜牛酒跟賜酺組合起來的做法，實可謂漢代民爵賜與的基本形式。」[220]
大赦天下使有罪變無罪，重罪變輕罪。這實際上是「普天同慶」的另一種方式。
所以，它能夠很自然地和「與民同樂」的賜爵結合在一起，成為一種更加廣泛
的意識形態儀式。它使罪人和百姓一起感受到皇帝的恩德，從而在整個社會營
造一種異常強烈的政治效應。其深層含義在於，罪人和百姓同樣都是皇帝的子
民。上天有好生之德，天子則寬大為懷。刑法即恩典。法外施恩，法中行惠。
法理人情，相得益彰，於無聲處昭顯出綿綿不絕的普世皇恩。[221]基於這種恩威
兼施的皇權意念，大赦與賜爵之結合便成必然，皇帝的權威和德行由之迅速釀
造出一種深入人心的觀念力量。

216　同樣，「上為立後故，賜天下鰥寡孤獨窮困及年八十已上孤兒九歲已下布帛米肉各有
　　數。」（《史記‧文帝本紀》）也是源自這種觀念。

217　《漢書‧景帝紀》。

218　《漢書‧景帝紀》。

219　《漢書‧景帝紀》。

220　西嶋定生，《二十等爵制》，第113頁。

221　中國古代各級官府衙門審案大堂的兩邊柱子上多刻有「帝德乾坤大」、「皇恩雨露深」
　　的字樣，其用意即在於此。（上海圖書館編，《西方人筆下的中國風情畫》，第37頁，
　　上海畫報出版社，1997年。）

　　值得注意的是，賜爵給民眾日常生活帶來的絕不僅僅是一種單純的心理作用。它同時還具有非常實際的社會功能。比如，民眾通過買賣爵位來獲得某些顯而易見的好處和利益。惠帝六年，「令民得買爵。」[222] 文帝後六年，「天下旱，蝗。帝加惠：令諸侯毋入貢，弛山澤，減諸服御狗馬，損郎吏員，發倉庾以振貧民，民得賣爵。」[223] 從這些內容看，令民「賣爵」顯然是「帝加惠」的一部分。《索隱》引崔浩的話作進一步說明，「富人欲爵，貧人欲錢，故聽買賣也。」可知，無論賜爵於民，還是許民賣爵，皆是皇帝給民恩惠的一種方式。[224] 惠帝元年的一條詔書把許民賣爵的政治功能解說得更為清楚和具體。「民有罪，得買爵三十級以免死罪。賜民爵，戶一級。」應劭解釋為「一級直錢二千，凡為六萬，若今贖罪入三十匹縑矣。」師古解釋為「今出買爵之錢以贖罪。」[225] 不過，還是「臣瓚」說的最為透徹。「爵者，祿位。民賜爵，有罪得以減也。」[226] 雖然「爵三十級以免死罪」並非常例，但有爵者有減免刑罰之特權，確是常規。[227]

222　《漢書・惠帝紀》。

223　《史記・文帝本紀》。

224　從朝廷角度看，賣爵的考量和作用並不單一。「孝景時，上郡以西旱，亦複脩賣爵令，而賤其價以招民。」（《史記・平准書》）顯然，這裡說的賣爵並非民眾賣爵，而是朝廷鬻爵。可見，售賣民爵既流於民間，也行於官府。

225　《漢書・惠帝紀》。

226　《漢書・高帝紀上》。

227　西嶋定生將爵刑與禮刑聯繫起來，認為禮對刑的排斥與爵對刑的減免遵循的是同一個思路。只是範圍從貴族擴大到庶民。這就把周爵、秦爵、漢爵貫通起來，從而展示出爵製作為禮制的本質特性。爵制的擴展意味著秩序的強化，也就意味著皇權體制的建構。最終將全體民眾整合進一種前所未有的龐大皇權秩序之中。這是一種從皇帝到民眾的「直通車」式的高度垂直的政治秩序。全國的每一個里，里的每一個人，都是這種民爵秩序的一部分。在這裡，關鍵是，國家秩序已經整合了民間秩序。「為了通過各個有爵者來顯現國家權力，作為其實現的場所，於是形成了里的秩序；而由賜爵形成里的秩序，成為副產品。」「依靠這種民爵制度，國家權力就滲入進里的秩序的內部而加以規定、控制；這不單是里的秩序形成的問題，也是皇帝與各個編戶之民之間形成身分性結合的關係的問題。」所謂「編戶齊民」，實質上是給民眾確定身分和編制秩序。民爵制度作為「理念的實體來看，那就不單純是以形成個別的里的秩序為目的，而是旨在形成一種從內部支撐那巨大的統一帝國的統治結構的一元化國家秩序。在這裡，人民的各個分子，作為其各自居住著的里的住民，一方面經營其以里為單位的社會生活；同時也意識到，自己社會生活上的身分，是與皇帝直接連結的，並賴此而得到保證的；基於這種意識而形成為里的秩序，並由此而被隸屬於皇帝的一元化支配之下。」（參見《二十等爵制》，第238–241、323–324頁。）所謂皇權一元化秩序就是從朝廷到鄉里的直通體系。這種直通體系雖然有「鄉里以齒，朝廷以爵」（《漢書・武帝紀》）之別，但在皇帝心中，朝廷到鄉里並不遙遠。因為這種從鄉里直接說到朝廷的話語邏輯本身便顯示出皇帝眼中的天下是一個從朝廷到鄉里的直通整體。所

從這些內容看，賜爵對民眾生活的影響之深刻很可能遠遠超出我們今天的通常想像和感知。

因為現代社會，統治者和民眾之間的一般聯繫大都是法制性的和技術性的。古代社會，統治者和民眾之間的一般聯繫則大都是禮儀性的和功能性的。西嶋定生從這個角度提問，應該說切中肯綮。「君主與人民，在秦漢時代的用語是皇帝與『民』，以何種紐帶相互結合？」他進而分析：

> 我們推測秦漢帝國的皇帝與人民，是根據「禮」來結合的。「禮」若限於具體的結構，那麼作為皇帝與人民紐帶的「禮」，就非為具體之物不可。這個具體的「禮」的存在，必須在當時的皇帝與人民之間發現。……我們發現適應它的現象，就是秦漢時代的皇帝常對全國人民授予爵位的驚人事實。易言之，當時的人民不分貧富，都能成為有爵者的事實。[228]

這個判斷極具啟發性。它使我們對賜爵這一普遍事實獲得一種新的認識。爵作為一種「良民」身分，來自皇帝的賜予。它體現在兩個方面：一是，「由於民

以就皇帝本身而言，他同樣有一種「天高皇帝近」的政治視野和自我要求。這使高高在上的皇帝必須盡可能地尋找乃至刻意製造各種機會、規則和名分來與民眾之間建立起直接關係。比如就個人而言，有「天子門生」；就群體而言，有「皇帝子民」。總之，天下作為一個從朝廷到鄉里的直通整體，皇帝在這一整體的無處不在，正是這種絕對垂直型政治秩序極力灌輸給民眾的普遍社會意識，也是民眾在民爵制度與里的秩序中能時刻感受到的日常體驗，還是民眾在國家體制內塑造自我身分的價值憑證和觀念依託。所以民爵制度與里的秩序不外乎是垂直型皇權體制和直通型天下觀念的實際表徵。比如，陳平能由在里宰分肉均平而跳躍性地直接聯想到「宰天下」必能更公平，足見皇權體制在人們觀念中的「直通性」。即從最低層組織到最高層政權之貫通，在人們觀念中是非常自然也非常和諧之事。值得注意的是，這種觀念之貫通同時貫穿著另外一個基本理念，即「均平」。至少理論上，皇權政體要求從小吏到皇帝都應該公平待人，均平辦事。《史記‧蕭相國世家》云，蕭何「以文無害為沛主吏掾」。裴駰引《漢書音義》解釋說：「文無害，有文無所枉害也。律有無害都吏，如今言公平吏。」王觀國云：「不侮文，不害法，則公私平允，而稱為能吏矣。」（《學林》卷3，〈無害〉，中華書局，1988年。）可知在一般觀念中，官吏與皇帝都應恪守著同一個「平」的原則。它似乎多少顯現出一種思想史的脈絡融合之趨勢。無論「興太平」之理念，還是「平天下」之理想，其中貫穿的「平」的價值意識，已成為一種對帝吏二者均具有規範力和約束性的政治共識。應該說，一旦從吏到帝均以「平」自許並以此期人時，它已經成為皇權意識形態「直通車」正常運行的客觀標誌之一。

228　《中國古代帝國形成史論》。

爵賜與，形成了身分性的秩序。」[229] 一是，「由於有爵，乃成為跟皇帝保有直接關連之人，並因此而受到皇帝的恩惠。」[230] 總之，「由於爵的作用，首先構成以君主為中心的身分秩序，根據此身分而規定出各自的具體特權。」[231] 這種身分必須通過特定秩序而得以體現。這種秩序為皇權體制所必需。「這種爵制是皇帝支配權藉以實現的場地，皇帝支配只有在這一場地之上才成為可能，因之，這個場地乃是把皇帝與民聯結在一起的具體的秩序結構，所謂皇帝權力或即是這一秩序結構的集中表現。」[232]

　　從意識形態儀式的角度看，賜爵首先表明了當時的帝制社會在統治結構上是一種比較直觀的二元對應關係，即皇帝與民眾。帝民關係的這種二元對應性則暗示著皇權的正當性並非來自某種特定的政治共同體的支持，而是來自於全民性的自然認同。它意味著，皇帝作為所有人的皇帝，他必然有權力也有能力給每一個人的實際生活帶來某種或好或壞的變化。賜爵則從生活的層面上使百姓懂得皇帝是唯一能夠給他帶來恩惠和好處的人。這進一步強化了民眾觀念上的傾向，即他必須信任和依賴皇帝。如此，皇帝表徵的皇權是他唯一能夠接受和認同的政治秩序。

五、大赦

　　大赦本身包含有德刑並用的雙重意圖。這使赦成為皇權發揮其最大效力的一張王牌。「赦令以皇帝詔書的形式頒布，沒有什麼比『如律令云云』這一表現形式更能說明皇帝『發揮指揮權』的了。」[233] 不過我對大赦的解讀不是著眼

229　西嶋定生，《二十等爵制》，第 254 頁。

230　西嶋定生，《二十等爵制》，第 251–252 頁。

231　西嶋定生，《二十等爵制》，第 234 頁。

232　同時，西嶋定生又指出，賜爵「並不意味著皇帝權威的單方面延伸」，從根本上說，皇帝權威本身「也是產生並鞏固於這種秩序中的身分特權」。（《二十等爵制》，第 227、271 頁。）

233　冨谷至，《秦漢刑罰制度研究》，第 115 頁，廣西師範大學出版社，2006 年。令人困惑的是，作者對赦與法相互影響的說明卻前後矛盾。他一方面斷言，「在任何情況下，恩赦都是皇權的隨意發揮，這勢必損害司法權和法的權威。」同時又認為，文帝十三年設定刑期，「其結果是通過赦來實現皇帝權力的職能被削弱。……這是因為，除皇帝發出赦令之外，預先設定『刑期』從某種意義上來說也成了一種『赦』。而這種『赦』的存在，使原有赦令的效果弱化。為了誇示皇帝的權力，又不得不增加其次數，這恰恰反過來更加減弱了其本身的實際效用。」（同上書，第 107 頁）給人的印象是，赦令與刑罰處於彼此損壞的狀態。我覺得，這種看法可能過多著眼於某種技術層面的考

於法律意義，[234] 而是政治教化意義。對某些功臣、權貴或官僚個人罪行的赦免不在我的考慮之內。我考慮的是針對或面向整個社會的一種政治倫理行為。所以我把大赦看成一種顯示君主恩德的儀式行為。它的主要功能在於反復強化一種君主有恩於百姓的政治觀念。從其赦免對象看，固然限於罪犯，但它傳遞出來的訊息則是，它是對罪惡的寬恕，是對罪人的感化，是對民眾的感召。它表明了君主的善意和仁慈。它把君主的德行直接轉化為對社會犯罪群體的普遍關注。在此意義上，它起到了一種整合和控制社會成員意識的作用。

　　從文獻看，現有的大赦可能始於秦國昭襄王時期。[235] 據《史記·秦本紀》，昭襄王二十一年、二十六年、二十七年、二十八年均曾「赦罪人遷之」。[236] 這些記載顯示出它們都具有非常明確的政治軍事目的。而且局限於特定地區。值得注意的是，「孝文王元年，赦罪人，修先王功臣，褒厚親戚，弛苑囿。」[237] 第一次明顯擴展了大赦的政治意圖。但它似乎限於對貴族集團的賜恩。只有到了莊襄王元年，「大赦罪人，修先王功臣，施德厚骨肉而布惠於民，」[238] 意識形態意義上的大赦才算初具端倪。因為它將大赦表述為君主對民眾的恩惠和仁政。[239]《史記·秦始皇本紀》對莊襄王元年同一件事情的不同記載更加強化了我們這個判斷。它只是說「大赦」，而沒有說「大赦罪人」，這使它接下來說

量。因為不論有無刑期，大赦都是對刑期的終止。無期而獲赦是解放，有期而獲赦是提前釋放。它不但清楚表明了法是赦的一種形式，而且深刻顯示了赦具有比法更高的宣教價值。赦凌駕於法，而非削弱了法。大赦作為皇帝仁心和德行的體現，一出君手，可以隨時中止司法程序和刑罰過程而充分張揚浩蕩皇恩。這種行為和策略只能放置於皇權主義自覺建構的觀念－實踐中才得以索解。

234　《漢書·刑法志》云，「周官有五聽、八議、三刺、三宥、三赦之法。」「三宥：一曰弗識，二曰過失，三曰遺忘。三赦：一曰幼弱，二曰老眊，三曰憃愚。」

235　不過自春秋中後期爭霸兼併戰爭的曠日持久，愈演愈烈，兵源成為一個棘手問題。於是赦免罪隸變得必需。《左傳》昭公十四年云，楚國簡兵於宗丘、召陵，同時又有「赦罪戾」之舉。《戰國策·魏四·魏攻管而不下章》則對大赦範圍和對象作出了限制。「子弒父，臣弒君，有常不赦。國雖大赦，降城亡子不得與焉。」似可推知，赦之演進是一個漫長的過程。這個過程在諸子爭鳴的思想背景下，往往被人忽視和遺忘。但在帝國時代，大赦卻被建構成為意識形態體制的一個有機環節。這意味著，大赦蘊含的意識形態資源本身就是一段逐漸擴展和創生的思想史。所以，由赦而大赦，由一地之赦到一國之赦，再到天下大赦，其中曲折實在需要探究。

236　引自《史記·秦本紀》。

237　《史記·秦本紀》。

238　《史記·秦本紀》。

239　這一點似乎表明，東方六國的仁政理念卻是在秦國首先落實到實踐層面的。這個歷史細節應該說極具象徵性。

的「修先王功臣，施德厚骨肉，布惠於民」顯然具有了更為寬泛和廣闊的政治象徵意義。即它是面向全體百姓作出的一種仁政姿態，從而自然凸顯出「赦」即是「德」的邏輯關係，這就非常清晰地傳達出赦免罪行與「布惠於民」二者相互疊合交匯的內在寓意。

　　不過，秦帝國的建立卻使大赦突然發生了意外的逆轉。當秦始皇接受了鄒衍學派的「五德終始說」之後，「水德」成為帝國的合法政治特性。由水之德性派生出來的制度原則成為帝國行政的絕對依據。所謂「水主陰，陰刑殺，故急法刻削，以合五德之數。」[240] 這樣，原來那種以赦示恩的統治策略就被徹底放棄了。「於是急法，久者不赦。」

　　直到二世即位才重新恢復了大赦傳統。尤具深意的是，「十月戊寅，大赦罪人。」[241] 秦帝國以十月為歲首。所以這個時間具有雙重含義。第一，它是二世元年；第二，它是二世元年的歲首。在這個特殊的時間宣布天下大赦，無論如何也是意義非常。首先，它將自然界的萬物更新和社會秩序的與民更始巧妙融合在一起；其次，它將新皇帝擁有的全部合法權力以一種賜恩的方式呈現在民眾面前。就此而言，二世似乎並不像人們想像的那麼愚蠢和殘忍。當然，這只是一個政治姿態。其象徵意義遠大於實際意義。但政治思想史關注的正是這種象徵行為背後隱含的深層政治觀念和統治理念。通過對其細致解析，我們可以瞭解皇帝思想中對帝國秩序的安排和設計。它反映出皇帝與民眾之間的互動關係的建立與維持。在這個意義上，大赦是一個極具意味的政治象徵符號。

　　應該說，秦二世最初恢復大赦並非完全出於一種極端功利的考慮，可能更多地只是希望展示出一種新的政治形象。到了第二年，大赦具有的政治投機性就充分表露出來了。由於突發性的民眾叛亂，大赦被再次提出，並被二世君臣討論能否用於消除叛亂。結果是徹底否定性的。三十多個博士儒生一致認為，「人臣無將，將則反，罪死無赦。願陛下急發兵擊之。」[242] 這裡傳遞出來的訊息是：它不光表達了對叛亂者的仇恨，而且認為大赦作為一種政治權力不能輕率使用。但到後來，為了對付迫在眉睫的民眾叛亂，二世接受了少府章邯的建議，「盜已至，眾強，今發近縣不及矣。酈山徒多，請赦之，授兵以擊之。」於是，

240　《史記‧秦始皇本紀》，《索隱》。
241　《史記‧秦始皇本紀》。
242　《漢書‧叔孫通傳》。

「二世乃大赦天下。」[243] 不過有一個問題，既然初衷只是赦免隸徒，用來平定叛亂，為何又「大赦天下」？這個「大赦天下」是否也包括那些亟須鎮壓的叛亂者？如果包括，等於否定了原來的主張；如果不包括，「大赦天下」的實際內涵是什麼？或者說，這是否可以理解為帝國對叛亂者採取的文武並用的兩手策略？但無論如何，自此，大赦確實開始成為帝國處理政治危機的一個有效手段。比如，七國叛亂時，人們仍然寄希望於大赦。把大赦作為平定叛亂的兩條計策之一。所謂「方今計獨斬錯，發使赦七國，復其故地，則兵可毋血刃而俱罷。」[244]

儘管如此，不容忽視的是，大赦具有的安撫民心功能仍然必須重視。這種功能對戰爭進程和成敗均有直接影響。比如，外黃就是一個明顯例子。外黃降後，項羽「悉令男子年十五已上詣城東，欲坑之」。史稱：

> 外黃令舍人兒年十三，往說項王曰：「彭越強劫外黃，外黃恐，故且降，待大王。大王至，又皆坑之，百姓豈有歸心？從此以東，梁地十餘城皆恐，莫肯下矣。」項王然其言，乃赦外黃當坑者。東至睢陽，聞之皆爭下項王。[245]

大赦關係民心。所以爭取民心始終是大赦的一個重要目的。陳豨叛亂時，劉邦下詔，「吏民非有罪也，能去豨、黃來歸者，皆赦之。」[246] 盧綰叛亂時，劉邦下詔，「燕吏民非有罪也，賜其吏六百石以上爵各一級。與綰居，去來歸者，赦之，加爵亦一級。」[247] 濟北王興居叛亂，文帝下詔，「濟北吏民兵未至先自定及以軍城邑降者，皆赦之，復官爵。與王興居去來者，亦赦之。」[248] 七國叛亂時，景帝下詔，「吏民當坐滎等及逋逃亡軍者，皆赦之。」值得注意的是，

243　《史記‧秦始皇本紀》。值得注意的是，在赦免官徒方面，它裡面還常常充滿著種種政治陰謀。比如，《漢書‧韓信傳》云，漢十年，陳豨反，「高帝自將而往，信〔稱〕病不從。陰使人之豨所，而與家臣謀，夜詐赦諸官徒奴，欲發兵襲呂后、太子。部署已定，待豨報。」

244　《漢書‧荊燕吳傳》。

245　《史記‧項羽本紀》。

246　《漢書‧高帝紀下》。

247　《漢書‧高帝紀下》。

248　《漢書‧文帝紀》。

文景二帝在詔書中均特意說明，叛亂者是「詿誤吏民，吏民不得已」。[249] 作為皇帝在叛亂爆發之後能夠主動為吏民開脫，誠然是出於政治策略的考慮，[250] 但不容否認，它體現出來的價值理念則是對民心向背的認同。這意味著，民心作為統治合法性的一個重要因素，往往需要通過多種形式表現出來。大赦天下就是其中之一。

　　大赦天下既緩解了皇帝與民眾之間的制度性緊張，同時又拉近了皇帝與民眾二者的心理距離。所以無論客觀效果上，還是主觀意圖上，大赦天下絕不僅僅是屬於罪人的事情。它都影響到整個社會民眾的一般感覺和情緒，它甚至關係到廣大士人在新政權中的現實存在境遇。例一，劉邦曾下詔，「兵不得休八年，萬民與苦甚，今天下事畢，其赦天下殊死以下。」[251] 例二，「天下既安，豪桀有功者封侯，新立，未能盡圖其功。身居軍九年，或未習法令，或以其故犯法，大者死刑，吾甚憐之。其赦天下。」[252] 例三，「赦天下。省法令妨吏民者；除挾書律。」[253] 例四，「赦天下。免官奴婢為庶人。」[254] 它這裡針對戰爭和法律給百姓士人造成的痛苦和傷害，表達了一個仁慈的皇帝應有的撫慰和同情。這種撫慰和同情無疑屬於儒學最高的政治範疇「仁政」。這是一種非常具有誘惑力的政治姿態。在民眾無力改變政治事態的專制社會，皇帝的這種道義性表態，可能會在百姓士人心理上產生難以估量的影響。這種影響則直接關係到帝國秩序的穩定。

　　某種意義上，免罪比賜福更能震動民心和打動人心。它包含的實際作用並不限於對民眾的情感撫慰。文帝曾頒詔，「民讁作縣官及貸種食未入、入未備者，皆赦之。」[255] 最能昭示出大赦的思想史價值的是晁錯的構想。他以其慣有的直率方式把大赦與民生二者的關係空前地凸顯出來。

　　　陛下幸使天下入粟塞下以拜爵，甚大惠也。竊恐塞卒之食不足用大

249　《漢書·景帝紀》。

250　因為大亂更需穩定人心。於是大赦成為必須。目的是誘民以利，「以與天下更始，固非平世所得同也。」（沈家本，《歷代刑法考》，第 582 頁，中華書局，1985 年。）

251　《漢書·高帝紀下》。

252　《漢書·高帝紀下》。

253　《漢書·惠帝紀》。

254　《漢書·文帝紀》。

255　《漢書·文帝紀》。

　　漢天下粟。邊食足以支五歲，可令入粟郡縣矣；足支一歲以上，可
　　時赦，勿收農民租。如此，德澤加于萬民，民俞勤農。時有軍役，
　　若遭水旱，民不困乏，天下安寧；歲孰且美，則民大富樂矣。[256]

晁錯把大赦視為政府經濟政策中的一個關鍵要素。這種要素的核心價值在於實現國家與民眾之間的良性互動。即所謂「德澤加于萬民，民俞勤農」。它的前提是，「足支一歲以上，可時赦，勿收農民租。」這說明，在人們的觀念中，大赦的含義似乎發生了某些引人矚目的變化。這種變化的實質在於，皇帝大赦天下不光要赦免罪犯的罪過，更要給百姓帶來切實有用的好生活。

　　當大赦擴及到官僚集團時，它本身同樣包含有一些非常具體化的實質性利益。比如，劉邦在一份詔書中針對官吏的需要專門作出規定，「吏有罪未發覺者，赦之。」[257]如果聯繫到漢帝國「吏治天下」的體制特性，我們對此當有更深一層理解。對吏治的寬而不苛，非常符合漢初那種「清靜無為」的意識形態要求。在另外一個地方，劉邦又表示，「軍吏卒會赦，其亡罪而亡爵及不滿大夫者，皆賜爵為大夫。」[258]如淳解釋說：「軍吏卒會赦，得免罪，及本無罪而亡爵級者，皆賜爵為大夫。」

　　可見大赦天下無論給官僚集團還是給普通百姓帶來的都是一種極為廣泛的切身利益。這些利益大都為日常生活所必須。更重要的是，這些利益正是通過意識形態儀式來實現的。其效應是皇帝與百姓之間的良性互動。即皇帝始終造福，百姓永遠祝福。在造福－祝福的對應關係中，滋生出「萬歲」的敬畏與虔誠。「萬歲」本義即是祝福。百姓祝福是因為皇帝在為民造福。當皇帝以民眾造福者的身分君臨天下時，民眾除了「山呼萬歲」，不作他想，別無他圖。這樣一種心理圖式顯然是意識形態儀式的自我印證。這種印證使皇帝成為民眾必須依賴的絕對存在。即有百姓就必須有皇帝。即便沒有皇帝的肉身，也必然有皇帝的觀念。這自然是意識形態實踐功能的結果。它形成的政治效應是：皇帝不斷賜恩，百姓無限感恩。它實質上是一種標準的「恩惠主義」的施政綱領。它承當著一種以滿足民眾實際生活需要為最高執政目標的價值取向。當皇權意識形

256　《漢書・食貨志》。

257　《漢書・高帝紀下》。

258　《漢書・高帝紀下》。

態把賜恩－感恩作為基本心理結構日常化和儀式化之後，就自然而然地提升了皇權主義儀式對社會成員觀念和行為的塑造能力和控制能力。

　　如果作一概括，大體可以說，較之秦朝，漢初大赦具有三個特點。第一，次數頻繁，範圍廣泛，種類雜多。有大赦，有特赦。有的有具體原因，比如，劉邦「立太子，赦罪人」；太上皇崩，「赦櫟陽囚死罪以下」；[259] 呂后死，「大赦天下。」[260] 有的則沒有什麼明顯原因，比如，劉邦有兩次就屬於這種情況，呂后六年和文帝七年各有過一次這種情況。第二，新主臨朝大多要「大赦天下」。比如，《漢書・惠帝紀》云：「皇帝冠，赦天下。」《漢書・高后紀》云：「太后臨朝稱制，大赦天下。」《漢書・文帝紀》云：文帝即位，「其赦天下。」西嶋定生對此有過很好的說明，「由於踐祚，新皇帝登基一事，可以說是以新皇帝為中心的新秩序的開端，從而赦免在舊秩序下的罪人，與吏民一道來整備新的秩序體制的第一步。」[261] 第三，雖然劉邦和文帝時也有過大赦與賜爵一併頒布之舉，但只有到了景帝，才把大赦與賜爵二者固定和規範下來。景帝十六年間共有五次「赦天下，賜民爵一級」。平均三年一次。[262] 可以肯定的是，大

259　《漢書・高帝紀下》。

260　《漢書・高后紀》。

261　《二十等爵制》，第 278 頁。

262　據估計，在中國整個帝制時期，大赦的次數有 1200 次之多。如果再寬泛一點計算，甚至可能多達 2000 次以上。僅漢代就有 165 次。（參見陳俊強對美國漢學家馬伯良《慈悲的品質──恩赦及傳統中國司法》一書所作的書評，《新史學》2 卷 3 期，1991 年 9 月。）馬伯良認為「大赦天下」與「赦天下」二者有別。不過據我看，在漢初，這種區別並不明顯。該書試圖解決這樣一個問題，為什麼帝國早期大赦多而後期大赦少？馬氏的解釋是，「早期帝國多赦是因為員警系統發達，但司法審判人手及設備都嚴重不足，致囚犯及待決的案件過多，對國家造成極大壓力。而中國又有皇帝應以德治天下的觀念，故朝廷經常大赦以抒解司法壓力並博取官民歡心。至於後期帝國少赦的原因，可能與當時員警系統敗壞有關，而外族統治者猜忌漢人官僚，使中央及地方的官員只能消極敷衍日常事務，許多糾紛改由民間團體解決，從而導致官府壓力大減，也就不必常常大赦了。」陳氏則認為，「恩赦的日益法制化，的確給予皇權一定的掣肘。而審錄製則沒有什麼限制，皇帝定期的審錄，就如同定期的施恩，具有同大赦一樣的施恩布德的效果，卻沒有大赦那麼多的掣肘，因此，皇帝也就不必經常大赦了。明清少赦而多審錄，可能就是審錄制已取代大赦的功能所致。」從兩千年的帝制歷史看，這誠然是一個不易索解的問題。但我想，是否可以從意識形態的角度做些嘗試。當然，陳氏也看到，「將大赦視為皇帝的統治技術似乎更為恰當。以漢代為例，個人便覺得皇帝是同時以嚴法及恩赦二端來治理這個大帝國，此即漢宣帝所謂『霸王道雜之』的治國技術。」需要考慮的是，如何在思想史的脈絡中，細緻闡釋大赦這種政治行為的皇權主義儀式化意義。因為從長時段的帝制歷史看，大赦中的皇權意識形態內涵始終是一個值得認真思考但又一直缺乏深入探究的思想史問題。

赦與賜爵並舉，只能意味著二者包含相同的意圖，即與民「更始」的觀念和使民「更新」的意向。[263]

　　從漢初大赦之演變，似乎可以略略看出一種趨勢，伴隨著皇權政體的逐步成熟，大赦更多地具有了意識形態的儀式化特性。也許可以推測，伴隨著帝國統治架構的完善和穩固，大赦具有的實體功能已漸漸轉化為一種儀式功能。

六、立廟[264]

　　為皇帝立廟，自二世始。對二世來說，這是他的一大舉措。堪稱這位政治低能兒的短命皇帝生涯中罕見的一次大手筆。「增始皇寢廟犧牲及山川百祀之禮。」說明人間帝王與自然神靈享用的供奉是被放置在一起來考慮的。這是一種兼具自然合理性與政治神聖性複合意向的意識形態考量。這種考量把「與日月同輝」由一種心理期待落實為一種制度實踐。所以群臣們都說：

> 古者天子七廟，諸侯五，大夫三，雖萬世世不軼毀。今始皇為極廟，四海之內皆獻貢職，增犧牲，禮咸備，毋以加。先王廟或在西雍，或在咸陽。天子儀當獨奉酌祠始皇廟。自襄公已下軼毀。所置凡七廟。群臣以禮進祠，以尊始皇廟為帝者祖廟。[265]

最值得注意的是「始皇為極廟，四海之內皆獻貢職，增犧牲，禮咸備，毋以加」。它把始皇帝推向了一個空前絕後的地位。所謂「尊始皇廟為帝者祖廟」，意味著始皇帝不但生前為皇帝之首，死後也為皇帝之祖。「極廟」之所以「毋以加」，

263　西嶋定生，《二十等爵制》，第278頁。

264　這裡可能涉及到始皇陵的問題。始皇陵的布局、方陣、兵俑、車輛、文物等確實包含有豐富的思想史內容。但嚴格意義上講，它並不具有意識形態「儀式」的意義。因為意識形態「儀式」的特質之一是要求必須具有公眾性和展示性。即它必須能讓人們看到，而且看見的人越多，效果越好。所以它不能是隱蔽的，只能是公開的。從這個角度看，始皇陵不適合進行意識形態「儀式」分析。儘管始皇陵內部的複雜設計（比如各種精緻的圖案和畫像等）包含許多深刻的思想寓意和象徵意味，但這些只能進行一般的思想史分析，而不能用於意識形態「儀式」的考察。這或許是一般思想史與意識形態儀式之間的基本殊異。當然，通過始皇陵的建造過程來推斷它體現出來的某種統治合法性，（參見田人隆〈鶴間和幸教授與秦代史的再構成〉。）的確有助於從一個特定的視角來透視皇權政治觀念的生成。但從現有史料看，對這一問題具有一定深度的研究還有很大的文獻困難。

265　《史記‧秦始皇本紀》。

是因為「極廟乃象天極，天極在天之中，謂之中宮，為天帝所居」。[266] 這使為始皇立廟具有了特殊的意識形態儀式的意義。皇帝居天之中，與天比齊，如同天帝，就是人們所欲達致的象徵效應。

到漢朝，為皇帝立廟變得具有更加廣泛的意識形態意義。這主要表現在四個方面。第一，「身存而為廟。」[267] 「不只已死的皇帝為神，皇帝生時已經成神，各自立廟，使人崇拜。文帝自立廟，稱顧成廟。景帝自立廟，為德陽。」[268] 對於「顧成廟」一詞，諸家解說有所出入。但其顯示出來的意識形態儀式意義應是不言而喻。它就像文王之靈台，「因顧成之廟，為天下太宗，與漢無極。」[269] 第二，不但為皇帝立廟，而且進一步擴大到為太上皇立廟。高祖十年，「令諸侯王皆立太上皇廟于國都。」[270] 第三，大規模增加皇帝廟的數量。「惠帝尊高帝廟為太祖廟，景帝尊孝文廟為太宗廟，行所嘗幸郡國各立太祖、太宗廟。」[271] 這樣，皇帝廟的數目就相當可觀了。其意識形態效應也自然得以體現。至少全國立有太祖廟和太宗廟的地方，能夠很直觀地給民眾營造出一種皇帝「與民同在」或「永遠活在人民心中」的儀式化效果。與廟制密切相關的「遊衣冠」則更使這種儀式化效果具有了一種頻繁的日常化政治意義。[272] 所以皇帝肉身雖然不復存在了，意識形態卻有能力做到讓皇帝的影響繼續存在於人們日常生活中。這是因為：

> 古代的政治社會完全崩潰，皇帝是新局面下唯一維繫天下的勢力。
> 沒有真正階級分別的民眾必定是一盤散沙，團結力日漸減少以致於

266　邢義田，〈中國皇帝制度的建立與發展〉，《秦漢史論稿》。

267　《漢書‧文帝紀》。

268　雷海宗，《中國文化與中國的兵》，第 94 頁。

269　《漢書‧文帝紀》。

270　《漢書‧高帝紀下》。

271　《漢書‧韋賢傳》。

272　應劭云，「月出高帝衣冠，備法駕，名曰游衣冠。」《集解》引如淳云，「高祖衣冠藏在高寢。」並補充說，「月出遊於高廟。」《正義》引如淳云，「高祖之衣冠，藏在宮中之寢，三月出遊。」服虔云，「持高廟中衣，月旦以遊於眾廟，已而復之也。」這裡涉及兩個問題，一是衣冠所藏位置，一是出遊時間。對此張守節概括說：「服言衣藏於廟中，如言宮中衣冠。遊于高廟，每月一為之，漢制則然。」（參見《史記‧叔孫通列傳》、《史記正義佚文輯校》第 351 頁。）這種每月例行的衣冠出遊可謂是極具象徵性的國家日常儀式。在這種「游衣冠」儀式中，皇帝的衣冠成為皇帝的標誌和化身，它頻頻出現在民眾視野中，從而使民眾能時時感受到皇帝的存在。

消滅。……現在只剩下皇帝一人為民眾間的唯一連鎖，並且民眾間是離心力日盛、向心力日衰的，所以連鎖必須非常堅強才能勝任。以皇帝為神，甚至生時即為神，就是加強他的維繫力的方法。天下如此之大，而皇帝只有一人，所以皇帝、皇室的廟布滿各地是震懾人心的一個巧妙辦法。[273]

第四，當時還專門下詔明令禁止人們議論立皇帝廟一事。「高後時患臣下妄非議先帝宗廟寢園官，故定著令，敢有擅議者棄市。」[274] 這說明在漢初，立廟一事已經成為朝廷政治生活和國家意識形態關注的焦點問題之一。這也說明，意識形態從來不是自發形成的。換言之，意識形態本質上不是一種自然過程或自發狀態，而是一種人為設計和自覺建構。這種人為設計和自覺建構又不僅僅是依據思想自身的力量，而是依賴制度的力量。這個程序是：依靠絕對權力建構意識形態體制，進而，運用意識形態來改造民眾思想。從呂后這道詔令看，較之秦帝國頒布的「焚書令」，其專制性實在有過之而無不及。可見漢帝國意識形態控制力度在逐漸加強，而不是削弱。

從為皇帝立廟的具體過程看，漢帝國也有一些新特點。比如，群臣對劉邦的評價是，「帝起細微，撥亂世反之正，平定天下，為漢太祖，功最高。」故而「上尊號曰高皇帝」。[275] 與秦朝相比，它有兩點不同：第一，臣子公開對皇帝作出了評價，這在秦朝是不被允許的，這點正是秦始皇廢除諡法的主要理由。[276] 悖論的是，秦始皇廢除諡法的理由恰恰符合周朝諡法的規定，即上可諡下，而下不可諡上。[277] 秦始皇的手法非常高明。以諡法之矛攻諡法之盾，故諡法不得不取消。[278] 所以二世為始皇帝立廟時，群臣都沒有議論到始皇帝的功德。

273　雷海宗，《中國文化與中國的兵》，第 94–95 頁。

274　《漢書·韋賢傳》。

275　《漢書·高帝紀下》。

276　在始皇看來，「子議父，臣議君」都「甚無謂」，所以「自今已來，除諡法」。（《史記·秦始皇本紀》）

277　參見虞萬里〈先秦名字、爵號、諡號、廟號與避諱略論〉。

278　始皇之謀慮甚是深遠。不但規定了生前名號，而且提前擬定了死後名號。以始皇之歷練，自然知曉帝王皆有生前死後的兩套不同之名號。這樣一來，兩套名號之衝突必定會損害帝王之威嚴。故而，他取消臣子議論帝王之權利，以便使帝王生前名號成為永遠不變之名號。其手法是：生前自定其名號，作為萬世不移之定論，同時禁止臣子在自己死後再來擬定名號。質言之，始皇帝試圖創造出一個歷史奇蹟，即自己給自己蓋棺論定。這樣，「始皇帝」就具有了雙重含義，以皇帝誕生為標誌，既重構了有史以

第二，順理成章地恢復了諡法，把劉邦諡為「高皇帝」。又如，為文帝立廟時，景帝本人先行定下基調。這又是一個新的特點。

> 孝文皇帝臨天下，通關梁，不異遠方；除誹謗，去肉刑，賞賜長老，收恤孤獨，以遂群生；減耆欲，不受獻，罪人不帑，不誅亡罪，不私其利也；除宮刑，出美人，重絕人之世也。朕既不敏，弗能勝識。此皆上世之所不及，而孝文皇帝親行之。德厚侔天地，利澤施四海，靡不獲福。[279]

可以看出，給皇帝立廟以及在立廟過程中實施的一些特定程序，它具體到對「廟樂」的曲子和風格的擬定和選擇，比如「其為孝文皇帝廟為昭德之舞，以明休德」，都可以被合理地利用來作為新皇帝自我標榜和自我宣傳的一個適當形式。通過這種前後比較和聯繫，它可以給人們造成一種強烈印象，這種印象非常有助於新皇帝對自己的道德提升和形象塑造。這一切都是皇權意識形態的應有內容。它使得皇權意識形態既實際又具體。

七、還鄉

　　劉邦以平民身分驟獲大寶，他衣錦還鄉體現出來的觀念背景尤為值得分析。皇帝觀念以一種相當平民化的方式悄然融入社會心理，並自然地塑造著人們的一般政治意識。天子與平民身分的合而為一，使劉邦的榮歸故里具有深刻的象徵意義。天子與平民之間的天懸地隔之感在心理上似乎一下子被大大地沖淡了。皇帝與百姓之間產生了一種近乎天然的聯繫。劉邦的《大風歌》以及即興表演都具有某種意味深長的意識形態暗示性。儒學所謂的「與民同樂」在此得以正式體現。王權政治形態下的嚴格等級制度即便在形式上也無法做到天子與民眾之間的直接對應。

　　高祖十二年，劉邦「過沛，留置酒沛宮，悉召故人父老子弟佐酒」。[280] 這是皇權意識形態儀式中非常重要的一環，值得細細解讀。嚴格說來，皇帝還鄉，這是只有在後戰國時代「匹夫天子」正式誕生後才能發生的事情。它使皇帝與

　　來的全部歷史，又規劃了自此以後的整個歷史。

279　《漢書·景帝紀》。
280　《漢書·高帝紀下》。

民眾的聯繫變得既直接又具體。從平民到天子，再從天子回到平民中間，這使人們感到皇帝與自己並不遙遠。皇帝就在民眾身邊。突出皇帝與民眾的聯繫，而不是皇帝與上天的關聯，是意識形態的鮮明特徵。王權政治形態中，王通天而不近民；君權政治形態中，君主既不通天也不近民；皇權政治形態中，皇帝既能通天又要近民。相形之下，如何使皇帝與民眾之間建立一種觀念上的相互感應性，是皇權意識形態需要優先考慮的問題。

「平民皇帝」的雙重身分使意識形態有機會把皇帝身上的人倫性空前放大，使皇帝成為一種人們日常生活中非常熟悉和親切的感性存在。「發沛中兒得百二十人，教之歌。酒酣，上擊築，自歌曰：『大風起兮雲飛揚，威加海內兮歸故鄉，安得猛士兮守四方！』令兒皆和習之。」[281] 劉邦是即席創作，也是現場表演。即席創作即成名作，[282] 現場表演更堪老道。劉邦一張嘴，就是千古絕唱。比起項羽忌諱的「衣繡夜行」，[283] 劉邦是更上層樓。他要在光天化日之下，上演一齣天子還鄉的千年大戲。劉邦既是天才的導演，也是一流的演員。雙重身分充分滿足了他表現複雜情感的心理需要。他把富貴還鄉這出大戲演的出神入化，聲情並茂。劉邦固然是絕對的主角。但他不是一個人在演。他帶動著故里的父老鄉親一同參演。劉邦一邊調動著群演的情緒，一邊掌控著群演的節奏，鄉民的群體呼應使其喜怒哀樂更加感天動地，雙雙漸臻佳境，高潮迭起。這裡既有「沛父老諸母故人日樂飲極歡，道舊故為笑樂」的喜慶，也有劉邦在「忼慨傷懷，泣數行下」中流露出來的那種遊子般的鄉愁和無奈的傷感。「遊子悲故鄉。吾雖都關中，萬歲之後吾魂魄猶思（樂）沛。」[284] 身為天子，卻不失遊子之心。天子遊於天下，夢魂縈繞的還是故土。這種人倫情感的自然傾訴，同時傳達了兩層含義：故鄉與京都的對應，遊子與天子的對應。這種對應基於一

281　《漢書・高帝紀下》。

282　其思慮紛繁，意象多端，令人回味無窮，不禁咏之嘆之，思之憾之。沈德潛便解讀出《大風歌》的另一層寓意。「時帝春秋高，韓彭已誅，而孝惠仁弱，人心未定。思『猛士』其有悔心乎？」（《古詩源》卷2，中華書局，1963年新1版。）思猛士固然，但絕非韓彭之輩。以韓彭梟雄來扶持仁弱孝惠，那才真真要命。所以，《大風歌》有思緒，無悔心。小川環樹避開了這點，直接從「雲」的意象來解釋劉邦對命運難測的憂患以及對身後之事的焦慮。「大風起處，流雲飄動。這飄忽不定、來而又去的雲，也許就象徵著高祖內心那難以抑制、欲藏又露的不安吧。」（《風與雲——中國詩文論集》，第2–3頁，中華書局，2005年。）

283　《史記・項羽本紀》。

284　《漢書・高帝紀下》。

個更加廣泛的民間與朝廷的互滲結構。這種結構呈現出皇帝與民眾關係的單一性。這種單一性關係，既意味著皇帝對全體民眾的全權支配，同時也意味著民眾絕對需要有一個皇帝來保護自己的利益。

從秦帝為了「威服海內」而巡視全國，到漢帝因為「威加海內」而回歸故鄉，其中一以貫之的是意識形態的實踐性。他們都需要通過一種合理的方式來向社會展示其政權的合法性。「朕自沛公以誅暴逆，遂有天下。」這種場合的如此表白，看似無心，實則有意。其用意在於，它試圖告訴人們，漢家的天下是自己堂堂正正地打下來的。對一個史無前例的「平民皇帝」來說，打天下是得天下的唯一正當方式。除非你根本不想做皇帝。某種意義上，肯定皇帝觀念中的平民性，正是中國皇權意識形態體制的一個極具魅力的特點。它有多重效應。一方面，它使皇帝能夠以民眾的合法保護人自居；另一方面，它使民眾對皇帝的信仰能達到一種自覺的程度，從而形成一種為皇帝制度辯護的心理定勢。最重要的是，皇帝觀念中的平民性並沒有否定平民成為皇帝的可能性。這使人們隨時準備認同和接受任何一個有幸做成皇帝的平民百姓。[285]

八、藉耕

藉耕本為古禮。「至秦滅學，其禮久廢。漢文帝之後，始行斯典。」[286] 可見，自文帝始，皇權意識形態儀式在復興古禮方面又有了一番新的舉措，即在孟春之月，「天子親載耒耜。」[287] 這種做派使皇帝確實像是「天下第一農夫」。[288] 韋伯解釋說，「中國的皇帝親行耕作的儀式」說明「他早就是農民的守護神」，而「不再是一位武士的君主了」。[289] 從這個儀式中，韋伯觀察到它所欲表達的是一種意識形態刻意強化的皇帝與農民之間的特殊關係。這種關係通過藉耕儀式而規範下來，成為皇帝行政的一種價值表述和日常準則。對其中寓意，古人多有解說。應劭云：「古者天子耕藉田千畝，為天下先。藉者，帝王典籍之常也。」鄭玄云：「藉之言借也。王一耕之，使庶人耘耔終之。」韋昭云：「借民力以治之，以奉宗廟；且以勸率天下，使務農也。」干寶《周禮注》則概括

285　當然這並不意味著皇權向民眾開放。
286　《晉書・禮志上》。
287　《禮記・月令》。
288　參見黃仁宇，《中國大歷史》，第 52 頁，三聯書店，1997 年。
289　《儒教與道教》，第 32 頁。

為三，「一曰，以奉宗廟，親致其孝也；二曰，以訓于百姓在勤，勤則不匱也；三曰，聞之子孫，躬知稼穡之艱難無（違）〔逸〕也。」[290]

質言之，皇帝與天時之間，與祖先之間，與農耕之間，與土地之間，與百姓之間的多重複雜關係，在示範性和象徵性的耕作儀式中得到直觀和真實的展示。藉耕儀式使皇帝置身於天地農時政令民意的交匯點上。一個獨一無二的位置使皇帝具有了一個絕無僅有的身分。藉耕儀式賦予皇帝行為的意義構成了帝國政治最醒目的一部分。藉耕儀式作為皇帝行政的週期性內容，它要求皇帝必須反復提醒自己，同時也告知天下：

> 夫農，天下之本也，其開藉田，古者天子耕藉田（十）〔千〕畝，朕親率耕，以給宗廟粢盛。民謫作縣官及貸種食未入、入未備者，皆赦之。

> 農，天下之大本也，民所恃以生也，而民或不務本而事末，故生不遂。衣食（之）〔乏〕絕，致有夭喪，故不遂其生。朕憂其然，故今茲親率群臣農以勸之。

> 道民之路，在於務本。朕親率天下農，十年於今，而野不加辟，歲一不登，民有饑色，是從事焉尚寡，而吏未加務也。吾詔書數下，歲勸民種樹，而功未興，是吏奉吾詔不勤，而勸民不明也。且吾農民甚苦，而吏莫之省，將何以勸焉？

> 朕親率天下農耕以供粢盛，皇后親桑以奉祭服，其具禮儀。[291]

值得注意的是，文帝還試圖將這種藉耕儀式制度化。顏師古說：「今立耕桑之禮制也。」《漢書‧景帝紀》云：

> 雕文刻鏤，傷農事者也；錦繡纂組，害女紅者也。農事傷則饑之本也，女紅害則寒之原也。夫饑寒並至，而能亡為非者寡矣。朕親耕，後親桑，以奉宗廟粢盛祭服，為天下先；不受獻，減太官，省繇賦，欲天下務農蠶，素有畜積，以備災害。強毋攘弱，眾毋暴寡，老者以壽終，幼孤得遂長。

290　以上諸說均見《後漢書‧禮儀志上》「注」。
291　以上所引均出《漢書‧文帝紀》。

這些詔令透露出諸多訊息。即皇帝率先垂範，為民作則。這種行為的意識形態意圖不言而喻。它希望能夠以此起到一種溝通民眾感召百姓的作用。通過藉耕，皇帝與民眾做著同一件事情。藉耕這種儀式將皇帝與百姓直接聯繫起來，使皇帝在這一時刻這一過程中能夠分擔和體驗百姓日常勞作的艱辛和悲苦。藉耕刻意製造了一種皇帝與民眾同在的意識形態幻象。其暗示性在於，皇帝時時都在關注著民眾的疾苦和辛勞。所謂「賜天下民今年田租之半」，正是皇帝關心和體諒百姓的實際表徵之一。它詔告天下，皇帝從來沒有忘記百姓，皇帝更沒有拋棄百姓。簡言之，皇帝親民、愛民、為民。皇權主義在這種藉耕儀式中似乎獲得了一種意識形態體認，它既是「親民主義」，又是「愛民主義」，還是「為民主義」。正因為皇權主義包含這種獨特的「三民主義」，它才具有了一種道德上的合理性和政治上的合法性，並從而使其中華專制主義之本質變得曖昧不明。

不過，恰恰是這種本質曖昧性，才使藉耕呈現出來的意識形態寓意愈加豐富和真實。相對其他儀式，藉耕似乎更能拉近天子與民眾之間那種似乎遠不可及的距離。它至少有這樣幾層意義：（1）順應天時；（2）關心農事；（3）與民同耕。從這點考慮，其中幾個因素是必須的。（1）春季；（2）皇帝重申農業之重要；（3）天子親耕；（4）譴責官吏；（5）頒布重農政策，給民恩惠。這裡有對時間的考慮和選擇，有對民以食為天的深切體察，有對瀆職官員的警告和督促，有政府減免賦稅的承諾。一旦把這幾種因素組合在一個儀式中，皇帝的仁政和德治形象就呼之欲出了。

九、改元

文景時期，一種新的政治觀念已經在帝國政治事務中漸漸浮現出來，並得到人們越來越多的的認同。其初步表徵之曖昧在於，它通過一種似乎矛盾的方式表現出來。不過這種矛盾並不具有結構性。因為它只是皇權主義時間觀自我張力的一種和諧體現。一方面，它以合乎時令、順應陰陽的自然合理性為價值理念，用以指導朝廷的施政方略。[292] 另一方面，基於塑造新的時間－政治觀，

---

292 雖然學者們對按月讀令的時令制度在漢初是否已經施行存在分歧，但對漢初君臣確實已開始將時令因素自覺引入政治規劃，則持一致意見。當然文景時還不可能按照《禮記‧月令》制定出和時令宜忌相配套的完備的時令體系，所以「文帝詔提到振貸鰥寡孤獨，賜老者酒肉，具體施行是否即依時令，年年在春季，其餘各季是否也有其他相

文景二帝開始實施一種含義模糊但意義深遠的改元舉措。[293] 這是一個極具創意的政治設計。在後來的中國歷史中，它被證明這是一個將皇帝個性與皇權體制巧妙相容的獨具中國政治－文化意味的象徵性符號和儀式性建構。它對中國皇權歷史的支配性影響可謂一以貫之。由於這一舉措，中國漫長的帝制歷史幾乎是一長串五花八門的年號的排列與更替。

先看前一方面。它主要通過皇帝頒布的各種詔令體現出來。比如：

> 方春和時，草木群生之物皆有以自樂，而吾百姓鰥寡孤獨窮困之人或阽於死亡，而莫之省憂。為民父母將何如？其議所以振貸之。[294]

> 間者數年比不登，又有水旱疾疫之災，朕甚憂之。……意者朕之政

應的措舉，並不清楚。」不過可以肯定的是，「漢朝應自有一套漢家月令。這套月令一方面採擇經書，一方面很可能也考慮到國家社會的實際需要而作了增刪調整。」此外，「漢家月令應該還包含不少自漢初以來的『故事』。……月令要求於春季行德施惠，重視祖宗故事的西漢皇帝即將這樣的故事納入了月令行事之中。」（邢義田，〈月令與西漢政治——從尹灣集簿中的「以春令成戶」說起〉，《新史學》9 卷 1 期，1998 年 3 月。）另據考訂，出土於銀雀山的漢簡，大部分抄於文景之間。我們從吳九龍《銀雀山漢簡釋文》（文物出版社，1985 年）書末所作的分類目錄「陰陽時令占候之類」中，可以看出，這十二類中相當部分都是屬於指導政治事務的時令規定。李零〈讀銀雀山漢簡《三十時》〉（《簡帛研究》第 2 輯，法律出版社，1996 年。）對這類內容有精細研究。據邢氏對李氏研究的概括，「《三十時》是一種以六日為一節，十二日為一時的時令書；《迎四時》則講天子於春、夏、秋、冬分居東、南、西、北四堂以迎四時，應屬古代『明堂月令』一類；《四時令》則以天子命四輔，配四方，授時於民，定其宜忌，亦古『明堂月令』之說。」此外，《曹氏陰陽》、《五令》講刑德相輔，似乎也應屬於時令之類。不過，據我推測，《為政不善之應》和《人君不善之應》雖然簡文不存，但就整理者擬定的題目看，顯然也應屬於規劃政治事務的時令範疇。還有，「《禁》似乎是為統治者設計的，使人很容易想起『月令』一類的說法，即列出四季各種正常的自然現象，警告統治者不要通過『聚眾』之類的方式，來從事那些有害於自然變化進程的活動。」（葉山，〈論銀雀山陰陽文獻的復原及其與道家黃老學派的關係〉，《簡帛研究譯叢》第 2 輯，湖南人民出版社，1998 年。）如此說來，我們不難作出一個大致判斷，漢初政治中的時間建制無疑是一個涉及多方面的複雜政治史和思想史課題，我們今天則剛剛開始觸及到它的表面。也許更為豐富和深刻的觀念內涵和制度思想還有待於我們進一步的考察和探索。

293　一般認為，改元始於武帝。僅從有特殊意味的年號而言，大體不錯。但改元實質並不在此，而另有深意。以時間政治學眼光視之，改元不是一種自然時間，而是一種制度時間。改元不是對時間的簡單適應，而是對時間的權力創設。改元通過對自然時間的人為分割和強力中止，製造出一個符合皇帝口味和心思的儀式時間段。這種儀式時間段或長或短，可以根據皇帝需要而隨時切割和劃分。它是皇帝行政的一部分，也是意識形態秩序自我調整的一種形式。如此，一種包含明確政治意圖和價值期待的皇權主義儀式得以反復呈現。就此而言，改元實始於文景之際。

294　《漢書·文帝紀》。

有所失而行有過與？乃天道有不順，地利或不得，人事多失和，鬼神廢不享與？何以致此？將百官之奉養或費，無用之事或多與？何其民食之寡乏也！夫度田非益寡，而計民未加益，以口量地，其于古猶有餘，而食之甚不足者，其咎安在？無乃百姓之從事于末以害農者蕃，為酒醪以靡穀者多，六畜之食焉者眾與？[295]

這些詔令的特點在於，（1）通過「歲首」來強調時令對政令的規範和引導；（2）通過災害來顯示陰陽對朝政的干預和制約。合而觀之，則全面呈現出自然合理性的政治思維模式。

在這種時間主義的自然合理性政治觀念主導下，文帝的遺詔顯得意味深長。值得細細品味和解讀。從我們的視角看，有兩點需要注意。（1）文帝對生死的看法。「蓋天下萬物之萌生，靡不有死。死者天地之理，物之自然，奚可甚哀！當今之世，咸嘉生而惡死，厚葬以破業，重服以傷生，吾甚不取。」（2）由此引發的對喪禮的改造。這種改造的一個突出特點是通過重新限定時間來確立其意義。「其令天下吏民，令到出臨三日，皆釋服。……以下，服大紅十五日，小紅十四日，纖七日，釋服。」[296] 應劭解釋說：「凡三十六日而釋服矣。此以日易月也。」師古對此持有異議。「此喪制者，文帝自率己意創而為之，非有取于周禮也，何為以日易月乎！三年之喪，其實二十七月，豈有三十六月之文！又無七月也。」但對我們來說，二人分歧無關宏旨。我們只想確認的是它透露出來的政治訊息。這種訊息則反映出文帝對生命、死亡以及政治三者之間的複雜聯繫的獨特認知和感受。它融合了時間主義的自然合理性，同時又使自身適應於這種時間主義的自然合理性。於是，這使文帝以及其他人期待的那種自然秩序和人倫和諧成為可能。

再看後一方面。這可以展開為兩個層面。第一層面，時間的體制建構。國人對時間觀念的高度重視，使他們很早發展出一種通過時間來控制社會成員的權力技術。無論是「隱公元年」，還是「王正月」，這兩種計時方式作為權力體制可能屬於異質，存在一個究竟是二元並立，還是等級附屬的關係糾葛問題，但作為時間與權力互動之關聯則毫無二致，皆屬於一種基於均質性時態來標明

295　《漢書·文帝紀》。
296　《漢書·文帝紀》。

權力秩序的體系，即「正月以存君」。[297] 元年是君主即位之始，正月是君主施政之始。以時存君意味著君主與時間不但有一種特殊關係，而且君主對時間還有一些特殊要求。這就是普天之下只能採用一種統一的計時方式。這種計時方式是國家的標準時間。它代表著一種合法的政治權力。當這種合法權力要求必須通過一種時間來表徵時，這種時間必須是以最高權力者的個人時間為依據。君主的時間就是百姓的時間，皇帝的時間就是全國的時間。這是一種制度化的權力時間。它把時間作為一種專制權力體系推向整個社會，用來控制人們的生活、勞作和休閒。所有人的生命都必須適應這個人的時間要求。人們必須牢記永遠以君主的時間為自己的時間。百姓自己則根本沒有時間，也根本不需要時間。這是一種建立在芸芸眾生頭上的專制時間制度，也是一種強力控制世間萬民行為和意識的專制時間表。人們的日常生活節奏必須習慣於符合時間制度的強制規定。在這種情況下，人們需要記住的而且也必須記住的只是這種以帝王肉身為標誌的權力時間。除此之外，人們根本不知道自己個人的時間究竟應該如何記憶。

第二層面，時間的文獻記錄。有史書記載以來，中國通行和沿用以帝王在位時間來記述歷史的「《春秋》筆法」。這是一種簡單易行的方式。它呈現出來的是一種單一向度的自然時間。除非帝王肉體死亡，生命終結，或由於種種原因喪失權力，丟棄王位，史書無一例外地都是按照這種自然時間順序年復一年地繼續寫下去。這是唯一為人們認可的時間形式。人們通過這種時間方式記憶歷史，帝王通過這種時間方式創造歷史。於是史書編纂和歷史寫作將這種帝王時間潛移默化地沉澱成人們的記憶程序。人們按照這種記憶程序來記憶一切自己想記住的東西。否則，人們根本不知道應該如何去記憶歷史，更不知道如何可能使自己感興趣的歷史進入自己的記憶程序。換言之，如果不使用帝王時間，人們無法辨認自己的身分，確認自己的存在。這就產生了悖論。如果你不使用帝王時間，你不能記憶歷史；如果你使用帝王時間，你同樣不能記住自己真實的歷史。帝王時間使你只能知道帝王的歷史，而不知道自己的歷史。你只有把自己的歷史首先換算成帝王時間，才能獲取一些有限的歷史知識。

將這兩個層面合而觀之，我們發現，這裡貫穿著的是一種時間－政治學體

297　《公羊傳》莊西元年。

系，[298] 或時間主義的政治觀念建構。這一體系建構的中心目標是確保如何呈現出君主自身對時間的一般認知和感受。帝王們最初對時間大都有一種自然主義式的直觀認同。他們願意在平靜的時間之流中享受權力的尊貴與榮耀。就此而言，王權體制和君權體制對時間都沒有什麼特別要求。皇權建立，事情開始發生變化。秦始皇作為中國歷史上的第一個皇帝，對時間有著極度的敏感和特殊的理解。他明確要求，他的帝國只能以自然時間標誌。所謂「朕為始皇帝。後世以計數，二世三世至於萬世，傳之無窮」。[299] 他試圖通過這種方式來徹底刪除所有人為痕跡，使之帝國的存在本身直接成為一種時間的純粹呈現。始皇帝對時間的形式化要求雖已非常嚴格，但尚未達到明確的儀式化水準。比如，他稱帝後並未改號元年。至少從直觀看，始皇稱帝前後在時間上並無任何變化。這樣，王制時間和帝制時間之間毫無斷裂痕跡，呈現出一種罕見的連續性節奏。

　　入漢，文景二帝開始著手對時間的儀式化建制作出最初嘗試。在皇權主義的時間觀念史和時間建制史上，文景二帝對時間與權力之間秩序所作的調整具有劃時代意義。[300] 它一方面強調依時行政，在權力中融入了更多的時間因素；

298　時間政治學的特點之一是把遵守嚴格的時令視為一個國家或君主是否優良或賢明的主要標準。政令符合時令，就是好的國家和君主。反之則不然。作為時間政治學的標準文本，《月令》實際上是依據時間而建立起一整套的審核和規範政府活動和君主行為的價值評估體系。而且這套體系的起源相當複雜。一種推測是，《禮記·月令》可能來自《呂氏春秋·十二紀》，胡適《中國中古思想史長編》則進一步認為「十二紀」的設計思路來自鄒衍。（參見葛兆光《中國思想史》第 1 卷，第 346 頁注釋 2。）

299　《史記·秦始皇本紀》。

300　這一點，在《公羊傳》的「王正月」中隱祕地暗示出來。它通過一種權力與時間的雙重建構來展示其對天子的獨特理解。它意味著最高權力必須是一種能夠創制時間的合法權力。這種合法權力的存在標誌著標準時間的合理存在。《公羊傳》隱公元年謂，「元年者何？君之始年也。」時間的標準化制度憑藉君主肉身得以合法表徵。時間的權力性功能通過「正月存君」命題得以正當顯現。它意味著時令與王命、時間與君主相互融構成一種籠罩天下的「穹窿」式的「大一統」政教秩序。《公羊傳》對「大一統」有其特殊考慮，所謂「大一統」之「統」並非只有空間義，即「王者無外」；本質上它首先是一種時間義，即王者有時。但更重要的是，王者定時。何休特別點明，「統者，始也。」所以「大一統」要求世界在時間上有一個原始起點和總體開端，這個開端則由絕對權力設置。它不是超驗上帝創造世界的神意體現，而是世俗皇權統治天下的人為謀劃。它象徵著一種絕對權力對國家、社會和民眾在時間歷程中的統籌安排和總體規範。在「大一統」的時間序列和計時程序中，個人時間遭到全面排斥，私人時間毫無容身之地。「私人對日曆的計算因此變得毫無意義。」（蘭德斯，《國富國窮》，第 50 頁，新華出版社，2001 年。）所以「大一統」的本質在於時間與權力的重構。通過權力對時間的制度性設計，時間得以展示其支配人類活動的權力意志。這就是「大一統」的深層理念。「大一統」意味著理想的政教秩序必須把一切事務都

另一方面則加強了權力對時間的干預力度，使時間秩序更多地體現權力的特定需要。文帝時期，一些激進儒生如賈誼、公孫臣、新垣平等先後發起一陣勢頭猛烈的改制思潮。陰差陽錯的是，最終由改朔變為改元。至於其中歷史變故如何，文獻有闕，實情難詳。據推測，可能是文帝希望先改元，再改朔。但由於改元本年，「人有上書告平所言皆詐也。下吏治，誅夷平。是後，文帝怠於改正服鬼神之事。」[301] 這樣，從整個改制思潮的脈絡看，文帝改元成為一件似乎不太徹底的政治工程。但事實也未必如此。需要分析的是這兩種可能。一是，人們認為改朔難度較大，故遲遲不能付諸行動。一是，人們對改朔並不看得那麼重，故僅僅以改元為滿足。當然這兩種可能都有。

就前一種可能而言，問題顯得複雜一些。據說三代存有一種改朝換代之際須改正朔的傳統。這個傳統的真假詳情至今不得而知，[302] 但人們一致相信的基本點是：夏商周三代使用了三種彼此不同的曆法，以示所承不同天命的標誌和

放置於這個新的起點來通盤考慮，必須從這個起點來開始一切活動。《春秋公羊傳注疏》隱公元年〈解詁〉云，「夫王者，始受命改制，布政施教於天下，自公侯至於庶人，自山川至於草木昆蟲，莫不一一係於正月，故云政教之始。」由此看來，「大一統」的時間規定，時間規定的開端要求，開端要求的權力意圖，權力意圖的絕對性質，構成相互纏繞和交織的複雜觀念結構。《公羊傳》認為時間作為一種普遍權力只能來自於最高權力者的直接授予，換言之，它規定君主應該以一種絕對權力者的身分來為天下立法定時。這就將時間的起始程序直接設置在君主的符碼上，以君主即位作為國家統一時間的開始。它蘊含一種深刻的意識形態意義，即「時間開始了」，（胡風，〈時間開始了〉，《人民日報》1949 年 11 月 20 日。）一個新的劃時代的時刻到來了。人們必須以此時間為基準來安排和計畫自己的生活和事情。行動的步驟和思想的秩序也都由此得以確立。「王正月」就這樣使「大一統」的時間觀深深嵌入人們的意識之中，並潛移默化為人們的生存需要和生命本能。芸芸眾生的卑微生活和瑣碎細節均被無一遺漏地納入這種王制時間結構中，並得到全面規劃和控制。

301　《漢書‧郊祀志》。

302　我對此有所保留和懷疑。朱熹也為之困惑。比如有人問，「古者改正朔，如以建子月為首，則謂之正月？抑只謂之十一月？」朱熹答，「此亦不可考。如《詩》之月數，即今之月。《孟子》『七八月之間旱』，乃今之五六月；『十一月徒杠成，十二月輿梁成』，乃今之九十月。《國語》夏令曰『九月成杠，十月成梁』，即《孟子》之十一月、十二月。若以為改月，則與《孟子》、《春秋》相合，而與《詩》、《書》不相合。若以為不改月，則與《詩》、《書》相合，而與《孟子》、《春秋》不相合。如秦元年以十月為首，末又有正月，又似不改月。」（《朱子語類》卷 81）近人對此有較多研究，但多為推測之詞。比如，董作賓說，「吾國上古曆法當起源於建子，即是子正，到夏代易為『寅正』，商代易為『丑正』，周代又復『子正』。否則先有寅、丑，而後有子，頗不合于命名天文月以子為始的原意。所以夏代以前必有建子月為曆法之源。」（〈中國歷史上三正問題之科學證明〉，《董作賓卷》，河北教育出版社，1996 年。）

見證。[303]《逸周書》說：「夏數得天，百王所同。其在商湯，用師于夏，除民之災，順大革命，改正朔，變服殊號，一文一質，示不相沿。」[304] 既然「夏數得天」，又要「示不相沿」，就只能在「月建」順序上做文章。[305] 把這個問題向前大大推進一步的自然是董仲舒。[306] 一般說，正朔表明一種秩序，這種秩序尤其要求一個好的開端。好的開端是整個過程達成某種善果的有意味的象徵。做事之前必須費一番手腳，以示姿態，以表氣象。朱熹即是如此解釋的。[307] 正因為人們對三代改朔深信不疑，故而多有難以置信的附會之詞。[308] 也因為附會之詞甚多，使正朔本義顯得異常模糊和游離。既關乎天象、曆法，又關乎天命、王權，還是把二者結合起來的歲首異建。[309] 在先秦，人們普遍把它看成三代道統的一部

303　為什麼這種不同非要通過歲首異建的方式表示出來？而且這種歲首異建彼此僅僅相差一個月。這所差的一個月還是前後相連。我總覺得這裡面的象徵意義大於實際效用，即形式大於內容。甚至它的遊戲意味大於其操作效果。結果是適得其反，至少是相差甚遠，不盡人意。由此，其訴求的神聖性大為降低。也許合法性還有。但我總覺得在古代中國，政治的至高要求是神聖性而不是合法性。同時我還對中國政治思想史上合法性觀念的普遍性和有效性表示懷疑。

304　黃懷信等撰，《逸周書匯校集注》卷6，〈周月解〉第51，上海古籍出版社，1995年。

305　《孔叢子·雜訓》的思路似有不同。「縣子問子思曰：『顏回問為邦，夫子曰『行夏之時』。若是，殷周異正為非乎？』子思曰：『夏數得天，堯舜之所同也。殷周之王，征伐革命以應乎天。因改正朔，若云天時之改耳。故不相因也。夫受禪於人者則襲其統，受命於天者則革之。所以神其事，如天道之變然也。三統之義，夏得其正，是以夫子云。』」《孔叢子·答問》又有「王曰三統者何？答曰：各自用其正朔。二代與周，是謂三統。」作者把「夏數得天」限定於堯舜，這樣就為殷周改朔留下了餘地。前者是承命，後者是革命。問題是，既然承命者是「得天」之「夏數」，革命者是否會因改朔而不再能「得天」？進一步推之，如果殷周不再能「得天」，它這種改朔還有什麼合法性？

306　董子主要解決了兩個問題，一是三代改朔即歲首異建的順序問題。（參見《春秋繁露》卷6，〈二端〉第15。）一是三代改朔具有的三統規則問題。（參見《春秋繁露》卷7，〈三代改制質文〉第23。）三代之所以改朔，既是天命，又是統則。

307　有人問：「三代損益，如衣服、器用、制度，損益卻不妨。如正朔，是天時之常，卻要改，如何？」朱熹說：「一番新民觀聽，合如此。如新知縣到任，便變易號令一番；住持入院，改換行者名次，相似。」（《朱子語類》卷24）

308　參見顧炎武《日知錄》卷4，〈三正〉。

309　歐陽修說的簡潔，「正朔者何？王者所以加天下而同之於一之號也。」（《文忠集》卷59，〈梁論〉。）歐陽子還把正朔與改元作一比較。「三代用正朔，後世有建元之名。……由是而後，直以建元之號加於天下而已，所以同萬國而一民也。而後世推次以為王者相繼之統。若夫上不戾於天，下可加於人，則名年建元，便似三代之改歲。」（《文忠集》卷16，〈序論〉。）這似乎說，正常情況下，建元類似改朔。這樣一來，三代一朝一代之改朔具有的神聖性在後世三年五載一改元的頻繁過程中難免大打折扣。其消耗殆盡的神聖性使明清諸帝對頻頻改元無心且厭倦，故多滿足於一生一元而已。

分。即通過改正朔來表示自己政權的合法性。但必須注意的是，三代正朔強調的合法性其針對點主要是被取代的前朝。這個傳統一直到秦漢還大體如此，只是到了中古魏晉才發生變化。既然正朔含義如此難以確切把握，其涉及面必然極廣，推行過程中受到的抵觸也必然極多。[310]

再看後一種可能。相形之下，人們有意無意淡化了改朔的合法性含義，或根本不承認改朔具有確定政治合法性之義。否則立國已幾十年（甚至已經超過短命的秦帝國）的漢帝國該如何處置？在這種情況下，人們顯然更願意採用一種技術化的處理方案。所以改元似乎是一種折衷，但無疑又是一種極富創造性的思路。它把表面好像複雜的問題明智地予以簡化。改元並不意味著人們不相信漢帝國具有合法性，而是說，人們不把合法性當成一個像模像樣的問題對待。即人們認為合法性根本不是一個真正的現實政治問題。[311] 於是，問題合理轉向了技術層面。技術層面則意味著行政合理性。行政合理性則要求時間在場。其核心是，在確保遵循時令的前提下凸顯權力的自我意志。改元則使皇帝感受到了自我意志在時間中的真實存在。原本似乎單純的時間在權力介入下融入了人的因素，人的意識，人的欲望。通過改元，時間之流似乎被中止，被截流，被改道。重新開機和命名的時間具有了皇帝的目的和意志。自然時間變成了權力時間。甚至權力創造時間。看得見的權力之手操縱著看不見的時間之流，從而使時間成為可以直觀顯現的東西，即皇帝的創造物和藝術品。每一次改元都把帝國君臣的激情與想像、詩意與象徵融入一種自然合理性的政治理念。每一次改元都寄託著皇帝的一個新的夢想。每一次改元都象徵著皇帝對歲月河流的一次新的改道。每一個新的年號都標誌著時間之流的一個新的航標。年號把時間提升為一種「有意味的」歷史形式。這種「有意味的」歷史形式以皇權為軸心而變化無常。唯一可以直觀辨識的是皇帝年號。年號成為皇權的計時器。權力對時間的控制和操縱就是通過這種改元來深刻體現的。文景改元的思想史意義在於，它使皇權時間開始具體化為一種體制性的形式和象徵性的儀式，並使專

310　比如，《史記‧張丞相列傳》云，更元年，「張丞相由此自絀，謝病稱老。」

311　這涉及國人的政治思維特質。「合法性」是從西方「自然法」理念中引申出來的觀念。它不屬於中國政治思維的必然邏輯。但這並非說，中國政治思想史上全無合法性觀念。只能說，中國政治思想史上的合法性觀念是一種內涵模糊、邊緣不定、作用有限的思想意識，它既不是一種有體系的理論，也不是一種有價值的理念。總之，合法性觀念在中國政治思想史上向來是一種弱勢觀念，是一種弱性思考；許多時候，它往往被強勢的合理性觀念取代和覆蓋。

制主義的時間觀念和時間制度逐步成為一種影響並規範政治生活的現實力量。

　　現在具體分析一下文景二帝的改元過程。[312]文帝在位二十三年，改元一次。景帝在位十六年，改元兩次。從直觀看，這三次改元有一個共同點，那就是，凡改元，必定伴隨有「大酺」、「大赦」、「賜爵」這些意識形態儀式。文帝十六年改元，「令天下大酺;」[313]景帝中元年，「赦天下，賜民爵一級;」後元年，「大酺五日，民得酤酒。」[314]可見改元也是屬於意識形態的一種新的功能儀式。不過，與大赦、賜爵這些同民眾日常生活直接相關的意識形態儀式相比，改元的創意在於，它似乎遠離民眾日常生活，同時卻又使人們真真切切地感受到具體時間的開始。所以改元實質性地成為權力切入時間秩序的一種創造性嘗試。不妨說，改元是對時間順序的一種重新建構。這種建構體現了皇權的力量和希望。它蘊含有在融入時間的過程中能夠進一步控制時間的向度和「向量」這一理念。

　　不過，從另一個角度看，這三次改元只有第一次似乎有具體原因。至於後兩次改元則不知其故。文帝十六年，「秋九月，得玉杯，刻曰『人主延壽』。……明年改元。」[315]據應劭說：「新垣平詐令人獻之。」想必新垣平是個急功近利的投機分子。但改元卻與他有關。我考慮的是，為什麼這樣一個並不高明的政治作秀行為能夠使皇帝產生改元的念頭？改元的最初設想是誰先提出來的？後一個問題可能永遠沒有答案。第一個問題肯定與時間－政治學相關。證據是，「魯人公孫臣上書，陳終始五德傳，言漢土德時，其符黃龍見，當改正朔，易服色。……其後黃龍見成紀，於是文帝召公孫臣以為博士，草立土德時曆制度，更元年。」[316]顯然，它是在時間主義的政治觀念建構中創造出來的意識形態儀式。它寓意的是，皇權政體在追求自然合理性這一理想政治秩序過程中可能引發出來的種種創意和構想。

312　我不準備對漢初諸侯王及諸侯們的時間建制作更多分析。不過，諸侯王列侯於其國中「自稱元年」這種獨立時間建制的存在，似乎符合我對後戰國時代性質的一般觀察。當然這不排除仍有個別例外。相關材料可參顧炎武《日知錄》卷20，〈年號當從實書〉。

313　《漢書·文帝紀》。

314　《漢書·景帝紀》。

315　《漢書·文帝紀》。

316　《漢書·張蒼傳》。

第五節　皇權主義的空間造型

一、序說

作為帝國的創建者，秦始皇對時間和空間均有著近乎狂熱的追求。時間的無限性和空間的廣袤性是秦始皇政治理想的兩個基本維度。結果卻是：空間成全了他的空前帝業，時間毀滅了他的萬世基業。他征服了空間，卻沒有征服時間。但在有限的時間中，始皇帝的空間事業卻得到了極限般的的拓展，以至於它竟然成為一種令人歎為觀止的政治造型。

秦帝國的政治空間造型大體可分兩方面。一方面是建設性的，[317] 一方面是破壞性的。「墮壞城郭，決通川防，夷去險阻。」就屬破壞性的。儘管其目的在於，「地勢既定，黎庶無繇，天下咸撫，」[318] 具有防止復辟和叛亂，確立政治新秩序之用意。不過直觀上看，「夷諸侯之城」確有「王道蕩蕩」之意味。蕩者，闊而平也。蕩蕩，廣闊而平坦。廣袤無垠的帝國大地，一望無際，暢通無阻。這種政治格局正是帝國制度設計理念中的理想期待。相形之下，這種理想期待更多更完美地體現於那些建設性的空間造型上面。它有四大代表作：馳道，長城，阿房宮，始皇陵。其中，馳道和長城或許還多少有些行政和國防的用途，[319] 但其設計理念卻是為了體現皇帝對帝國疆域的統一規劃和對帝國版圖的重新繪製。皇帝的中心性體現在設計中的每一個細微環節。所以這四大建築總的來講，全都是為皇帝一人服務的。這種服務既有身心物欲之考慮，也有政治理念之設計。古人其實已經點出了這兩個方面。「始皇並滅六國，憑藉富強，益為驕侈，殫天下財力，以事營繕。……蓋騁其邪心以誇天下也。」[320] 從思想史角度看，過度強調秦始皇縱欲主義的物質一面可能會對其政治理念之揭示造成不應有的遮蔽。因為如此大規模的建築工程絕對不可能只有某種單一的動機，它肯定有著更為複雜和深遠的思慮和設想。物質建築誠然可以滿足皇帝的肉欲享受，但皇帝的政治理想必然寓於其中。

317　所謂「建設性」並無道德肯定和審美評價之義。毋寧說，它只是一個純然的「中性」說法。

318　《史記·秦始皇本紀》。

319　當然，我絕不否認其中必然包含著的窮奢極欲、好大喜功之因素以及它所必然導致的勞民傷財、塗炭生靈之後果。只是我並不打算在這裡作無謂的道德審判。

320　陳直校證，《三輔黃圖校證》，〈原序〉，陝西人民出版社，1980 年。

　　將整個秦帝國作為皇權空間造型的試驗場所，這似乎是秦始皇的獨特創造和發明。《三輔黃圖》說：「始皇表河以為秦東門，表汧以為秦西門。」兩門相距八百里，作為都城大門的確有些大得不可思議。它雖然不是說的秦朝咸陽，但也肯定說的不是秦國咸陽。[321] 因為司馬遷明確說：「立石東海上朐界中，以為秦東門。」[322] 這顯然是統一之後的事情。[323] 所以它表徵的只能是開拓帝國疆土的宏大意圖。從大河到大海，作為統一的帝國，這正是秦東門闕與秦都東門遙相呼應 [324] 所表徵的獨特政治意象。即整個東方都是帝國的大門。所以這裡不應該拘泥為一種實體性的大門和實際的地理區域，而應當正常理解為一種帝國疆域的政治表徵。所謂「表」，即是此義。只是其表徵的對象不是秦國，而是秦帝國。

　　廣義看，整個帝國似乎都是皇帝政治想像的空間試驗場所。甚至可以說，皇帝的所有行為多多少少都帶有某種展示空間造型的謀劃和用意。所以皇權帝國的空間造型表現在方方面面。[325] 有些是有意為之，有些是無意為之。當然，有意為之者多，無意為之者少。比如，「始皇大怒，使刑徒三千人皆伐湘山樹，赭其山。」從本專題的分析視角看，其意味在於，它似乎是在無意識中完成了一項將皇權主義的空間造型強加於大自然的粗暴政治試驗。這種無意識行為本身無疑是專制皇權之絕對傲慢的真實體現。所謂伐樹而赭山，其效果具有雙重含義，一是表現為皇權對神靈的蔑視，一是表現為皇權對自然的蔑視。毫無疑

321　王學理此說是因為他沒有認真考慮司馬遷的意見。（參見《秦都咸陽》，第 88 頁，陝西人民出版社，1985 年。）

322　《史記·秦始皇本紀》所云「東門」下當脫「闕」。《漢書·地理志》言「東門闕」。此闕，漢代還在。《隸釋》卷 2 有漢「東海廟碑」，云「闕者，始皇所立，名之秦東門闕，事在《史記》。」（參見楊寬《中國古代都城制度史研究》，第 103 頁。）

323　而且很可能還是始皇帝某次出巡時所建。

324　「從地球經緯線來看，東門闕正好直對秦都咸陽的東門，說明秦始皇擴建的秦都咸陽，還是坐西朝東，以東門為整個城的正門。」（楊寬，《中國古代都城制度史研究》，第 103 頁。）

325　它可以大到百里方圓，也可以小到尺寸之間。前者有《三秦記》所云，「始皇引渭水為池，東西二百里，南北二十里，築土為蓬萊，刻石為鯨，長二百丈。」透過始皇數次瀕臨大海，以及「始皇夢與海神戰」的神祕情景，這種「移海于陸」的建築，其象徵意義就在於，它表明了始皇帝內心隱伏著一種征服海洋的欲望。後者有秦朝瓦當、畫磚等，極力張揚一種飛揚跋扈的霸氣。帝國威嚴以及政治符號「水德」在其中均有大量表現。（參見王學理《秦都咸陽》，第 74、155 頁。）另外，一定意義上，「易服色，殊徽號」同樣具有某種空間造型的意味。因為它的目的就是試圖製造出一種新穎別致的空間形象，以此作為新朝皇帝確認自我身分和權力的象徵和標誌。

問，在始皇心目中，皇權肯定高於神權。神明冒犯皇帝時，必須給予嚴懲。當這種嚴懲一旦落實為一種對山川面貌的改造行動時，它必然包含一種政治造型的意識形態之意向。它要用新的皇權形象來覆蓋和消除神靈在山川上面遺留下來的舊有痕跡。通過這一行為，皇帝的個人意願在山川形象上得到直觀體現。如此，皇權主義自然成為山川歷史的一部分。

在這種重整河山的儀式化過程中，天地萬物皆有可能被囊括其中。即使始皇做夢，也離不開重整河山這個皇權主義的宏大主題。「始皇夢與海神戰，如人狀。」博士告訴他，只有除惡神，才能致善神。[326] 聯繫到始皇下令塗山之舉，可以看出二者如出一轍之跡。它的意圖是規劃山川以及馴化神祇。如此，天地間的一切「怪力亂神」在皇帝面前統統都要甘拜下風，俯首稱臣。於是，皇權主義的至高威嚴在宇宙人世間得到了最大程度的彰顯和表意。

應該說，在皇權帝國形象的自我定位和自我塑造上，秦始皇具有某種異乎尋常的敏銳意識和強烈要求。稱帝伊始採取的一系列重大措施中，很有幾項關乎空間造型。筆直寬闊的馳道象徵著蕩蕩王道，雄偉堅固的長城象徵著巍巍皇權。當萬里長城在空間極度伸展自己那近乎無限的巨大尺度時，它彷彿成為始皇帝雄心勃勃地創建萬世基業的另一種象徵和暗示。[327] 如果說馳道是帝國向自己臣民顯示皇權力量的內部象徵，長城就是帝國向蠻夷敵寇顯示自己皇帝威嚴的外部象徵。[328] 如果說阿房宮是皇權在現實世界的建築造型，始皇陵就是皇權在想像世界的建築造型。

概言之，皇權意識形態的自覺性和創造性在帝國空間造型上得到了史無前例的發揮和體現。它蘊含的思想史價值在於，皇權主義的直觀性、實體性、物質性較之單純的觀念、話語、知識具有更大的暗示效應和塑造作用。

326　《史記・秦始皇本紀》。

327　李澤厚認為中國建築的一個基本特徵是「把空間意識轉化為時間進程」。即所謂「瞬間直觀把握的巨大空間感受，在這裡變成長久漫遊的時間歷程」。比如長城，「它盤纏萬里，雖不算高大卻連綿於群山峻嶺之巔，像一條無盡的龍蛇在作永恆的飛舞。它在空間上的連續本身即展示了時間中的綿延。」（《美的歷程》，第 68–69 頁，《美學三書》，安徽文藝出版社，1999 年。）

328　古人對長城的色彩和名稱之解釋，皆透示出強烈的意識形態象徵性。「秦所築長城，土色皆紫，漢亦然，故云紫塞也。塞者，塞也。所以擁塞夷狄也。南方徼色赤，故謂之丹徼。徼，繞也。所以繞逆蠻夷，使不得侵入中國也。」（崔豹，《古今注》上卷，〈都邑〉第 2。）

二、都城

　　毋庸置疑，秦漢兩朝都曾對都城大興土木。只是秦朝用力在於老城擴建和改建，漢朝則是新城建設。相較而言，秦帝所能發揮的自由空間不是很多。但這不意味著秦都建築規劃必然毫無章法，缺乏創意。顧炎武強調說：「離宮三百及起阿房，皆始皇事也。」[329] 如此規模之建造，沒有一個通盤規劃倒真有點匪夷所思。更重要的是，「一旦城市中心發展到了稱『城』的階段時，政府就要直接來插手干預城市形式的外觀了。」[330] 因而除了那些獨立的宮殿群所寓意的複雜政治意象之外，就整個秦朝都城看，其中是否包含一種宏觀構想，應該是一個基本可以肯定的事實。[331] 如果考慮到「在統一的帝國建立起來的時候，就有一個與城市建設相聯繫的學問、習俗與思想的五光十色的龐大總匯」，[332] 我們必須確信秦始皇對帝都布局的通盤構想是在一個非常深厚久遠的傳統背景下自然形成的東西。學者承認，「始皇帝構想宏大，咸陽的雄偉超乎想像。」[333] 這肯定與秦始皇本人對「帝王之都」的總體構想有關。「吾聞周文王都豐，武王都鎬，豐鎬之間，帝王之都也。」[334] 秦始皇說的雖然只是都城的地域選擇，但同樣包含一種著眼於帝王建都的政治向度和價值設定。

　　秦始皇心目中的「帝王之都」究竟是一種什麼樣子和規模，人們無從得知。他自己是否構思有一張帝國都城的具體藍圖，亦不可曉。[335] 所謂「始皇以為咸陽人多，先王之宮廷小」，其實是兩個並不相關的理由。因為「咸陽人多」，只是京城裡的居民雜多。但這些人又住不到皇宮裡面，對始皇安全不會造成什麼不利影響，所以「咸陽人」多與不多，和秦始皇關係都不大。關鍵是「先王之宮廷小」，才是真正的原因所在。這透露出秦始皇內心追求的是一種絕對的

329　《歷代宅京記》，第 52 頁，中華書局，1984 年。

330　年復禮，〈元末明初時期南京的變遷〉，施堅雅主編，《中華帝國晚期的城市》，中華書局，2000 年。

331　參見王學理《秦都咸陽》，第 67 頁。另外，劉邦「以興樂宮為基點建設長安，在某種程度上可以說秦始皇當初設想的延續。」（周長山，《漢代城市研究》，第 64 頁，人民出版社，2001 年。）亦可佐證秦始皇本人確實有一個關於帝都規劃的整體構想。

332　芮沃壽，〈中國城市的宇宙論〉，施堅雅主編，《中華帝國晚期的城市》。

333　五井直弘，《中國古代史論稿》，第 200 頁，北京大學出版社，2001 年。

334　《史記·秦始皇本紀》。

335　近人推測蕭何所收的圖冊典籍中「很可能就包括有秦渭南新都建設的草圖」。（周長山，《漢代城市研究》，第 64 頁。）

無與倫比的大。[336] 所謂「天子之居，必以眾大之辭言之」，[337] 這種皇權主義意念肯定對始皇帝心中的帝國形象設計產生深刻影響。

值得注意的是，秦始皇這種「先王之宮廷小」的感覺是在「三十五年，除道，道九原抵雲陽，塹山堙谷，直通之」這一「放逐蠻夷」的政治策略相當成功的背景下產生的。司馬遷用「於是」兩個字特別強調了二者之間的內在因果關係。暗示出，秦始皇對帝國京都「大」的追求明顯包含一種傲視天下、威懾夷狄的政治寓意。所以始皇帝大其京都的設想正是要把自己「放逐蠻夷」的功德以一種特殊的方式刻畫在帝國版圖上。聯繫到始皇刻石詔告出來的「垂著儀矩」，應該說，大其京都的主題意向恐怕還在於「重威」。[338]「重威」之核心即在尊君。所謂「京邑翼翼，四方是則。千門萬戶，兆庶仰其威神；虎踞龍蟠，帝王表其尊極」。[339] 亦所謂「山河千里國，城闕九重門。不睹皇居壯，安知天子尊」。[340] 始皇帝雄視千古、不可一世的帝王傲慢正是借此而得以盡情宣洩，一覽無餘。

作為一種政治－思想共識，高祖七年，蕭何造未央宮同樣遵循這個思路。劉邦「見其壯麗」而大為不滿，「天下匈匈，勞苦數歲，成敗未可知，是何治宮室過度也！」蕭何告訴他，「天下方未定，故可因以就宮室。」[341] 這是在「成敗未知」、「天下未定」之際的事情，說明人們明確意識到建造大型宮殿已成為向天下昭示皇權統治正統性的直接途徑和直觀形式。所謂「天子以四海為家，非令壯麗亡以重威，且亡令後世有以加」，即是說「重威」於「四海」，對世人造成絕對的威懾和壓服。至於說「亡令後世有以加」，雖然未央宮沒有完全

336　這種大體現在方方面面。比如，《史記·滑稽列傳》云，「始皇嘗議欲大苑囿，東至函谷關，西至雍、陳倉。」其規模至為驚人。與始皇帝追求政治空間造型的大手筆、大眼光和大縱深相比，其子二世就顯得氣魄和格局狹小局促了。如果說秦始皇是在設計房子和建造房子，那麼二世則只是在裝修房間。他只會搞室內裝修。因為二世的政治空間想像能力也只不過表現在「欲漆其城」，即打算把咸陽城牆粉涮粉涮而已。從這個角度看，秦帝國的政治空間造型能力已經從設計和塑造退化到了裝潢和維修水準。這就是說，帝國在政治空間造型方面已經喪失了所有令人驚歎的創意。這在一個方面標誌著帝國政治機能的衰退和腐朽。

337　《春秋公羊傳》桓公九年。

338　參見王學理《秦都咸陽》，第 80 頁。

339　劉知幾，《史通通釋·書志》。

340　駱賓王，〈帝京篇〉，《唐五十家詩集》，上海古籍出版社，1981 年。

341　《漢書·高帝紀下》。

做到這點，[342] 阿房宮卻做到了極致。

　　所謂「重威」於「四海」，至少表現在兩個方面。其一，皇宮不但要建造得高大異常，選址地勢也必須登高而望。[343] 事實上，「未央宮所在的西南部正是長安城中地勢最高的地區，將皇宮設於此地，既可居高臨下、便於控制全城局勢，又可避免來自城北渭河的水淹之虞。」[344] 其二，皇都是以宮殿為絕對主體的一個空間布局，都城中其他一切皆為皇宮之附屬。「規模巨大的皇宮、宗廟、官署、附屬機構以及達官貴人、諸侯王、列侯、郡主的邸第，占據了長安城的絕大部分。」[345] 長安城作為皇家內城對民眾空間的強烈擠壓顯而易見。一般居民的住地「不過 160 個里。僅占全城面積 36 平方公里的 6%。漢長安城幾乎是宮殿群」。[346]

342　顏師古的疑惑或許可以解釋這點。當然也只是局部的。「未央殿雖南向，而上書奏事謁見之徒皆詣北闕，公車司馬亦在北焉。是則以北闕為正門，而又有東門、東闕。至於西南兩面，無門闕矣。蓋蕭何初立未央宮，以厭勝之術，理宜然乎？」（《漢書‧高帝紀下》）這裡面究竟包含多少象徵意味，多少實用考慮，殊難索解。（參見芮沃壽〈中國城市的宇宙論〉）但其規模依然令人驚歎。「兩千多年後的今天，未央宮前殿遺址，依然高聳地面十餘米，占地甚廣，長約 340 米，東西寬約 150 米，亦足見當時規模的宏偉。」（朱祖希編著，《北京城演進的軌跡》，第 129 頁，光明日報出版社，2004 年。）

343　如果可能的話，還要位居城市中心。這一點從明清的北京城看得更為清楚。紫禁城最主要的三大殿以及後三殿都位於北京城的中軸線上，太和殿甚至位於中軸線的「黃金分割點」上，（朱祖希編著，《北京城演進的軌跡》，第 139 頁。）金鑾殿上的龍椅更是被放置在東西兩城之間的中心點上。總之盡力占據城市的中心點和制高點是皇權主義空間造型的雙重追求。城市中心象徵著皇帝主宰天下，城市高處象徵著皇帝高於一切。這意味著，象徵皇帝「不但位居一切之中，而且高出一切之上」（侯仁之，《歷史上的北京城》，第 31 頁，中國青年出版社，1980 年第 2 版。）的絕對權力正是皇宮設計的理念本質。顯然，「中國的城市象徵主義已成為帝王思想的一部分——即使是很小的部分，它強調了中國中心論，天子在文明中至高無上的地位。」（芮沃壽，〈中國城市的宇宙論〉。）中國中心論不僅意味著中國是天下中心，更意味著中國皇帝所在是宇宙中心。北京城把這種中心放射型象徵結構表現得極為經典。外城包著內城，內城包著皇城，皇城包著紫禁城。「這樣，皇帝居住的紫禁城便成了全城的中心，處在層層的拱衛之中。其四周又築以天、地、日、月壇，故宮儼然是『宇宙的中心』了」。這種象徵化和儀式化的宇宙中心感曾給培根以強烈印象，他感覺「整個城市默默地沉浸在禮儀規範和宗教的意識形態之中」。（參見朱祖希編著《北京城演進的軌跡》，第 118、108 頁。）作為宇宙中心之中心的造型符號，太和殿、中和殿、保和殿特別是乾清宮、交泰殿、坤寧宮，故宮這六大殿的殿名本身更是寓含此意。

344　周長山，《漢代城市研究》，第 69 頁。

345　楊寬，《中國古代都城制度史研究》，第 112 頁。

346　五井直弘，《中國古代史論稿》第 203–204 頁。

　　由於漢都長安是在渭水南岸的一個小鄉聚發展起來的，[347] 這給漢帝通過都城建造來實現自己的政治造型提供了大施拳腳的足夠空間。據王鳴盛說，長安「當是自取美名，非必因秦鄉名」。[348] 這個推斷倒是提示我們，漢帝對長安結構應該會有一個整體規劃。[349] 這使我們有相當理由相信長安城可能確為「斗城」。[350]《三輔黃圖》卷一云：「城南為南斗形，北為北斗形，至今人呼漢京城為斗城是也。」亦即《三輔舊事》所謂「城形似北斗」。就是說，長安城是按照天上星座的分布形式來建造的。「從外形上來看，分別與北斗星座、南斗星座確有部分相似之處。」[351] 我試圖提供三個解釋來證明「斗城」確有可能。一是，劉邦楚人，楚風尚巫，多有神祕之好。這自然會使劉邦對「斗城」有其特殊偏好和需要。二是，吳楚向來有依天造城之觀念和習慣。它賦予城市布局和建築以各種複雜詭祕的政治象徵，以至於使城市成為一個巨大的凝固的政治符號。比如，「（伍）子胥乃使相土嘗水，象天法地，造築大城。」[352] 與此同時，「范蠡乃觀天文，擬法于紫宮，築作小城。」並表示自己築城「其應天矣，昆侖之象存焉」。[353] 雖然《吳越春秋》成書晚一些，但其所說並非完全空穴來風，純屬無稽之談。所以據此推測「斗城」是合理的。三是，「咸陽作為『天子之都』就是始皇統一天下後，用『以則紫宮，象帝居』的指導思想建設的。」[354] 漢承

347　蕭何在主持建造長安時，只有長樂宮是利用秦舊宮而建成的。

348　《十七史商榷》卷 8，〈長安〉。

349　衛宏《漢舊儀》卷下云，「長安城方六十里，經緯各十五里，十二城門，積九百七十三頃，百二十亭。」孫星衍校補說，「《三輔黃圖》一引作『長安城中，經緯各長三十二里十八步，地九百七十三頃，八街九陌，三宮九府，三廟，十二門，九市，十六橋。地皆黑壤』。文與此異。」（《漢官六種》，中華書局，1990 年。）如此整齊有序精確周密的城市規劃足以使得人們得出一個結論，即「西漢的建設，該是有其一整套的規劃而按部就班地建成的」。（楊寬，《中國古代都城制度史研究》，第 213 頁。）

350　從直觀看，「方城」與「斗城」迥異。但我們這裡關注的並非帝國京都的實際形制，而是京城背後的設計理念和政治意向。就此而言，「斗城」並非不可想像之事。

351　不過周長山過於輕信古人，認為班固與張衡二賦、《水經注》皆無「斗城」之說，就認定必為後人附會之辭。甚至依據主持建造者出身和地域來推測其深受東方文化影響，肯定不可能建造「斗城」。（《漢代城市研究》，第 66–67 頁。）其實，「陰陽五行說」本身就源自於東方。東方文化事實上包含有更多的此類神祕成分。所以倘若依據東方文化，倒是更有可能建造成「斗城」。

352　《吳越春秋·闔閭內傳》。

353　《吳越春秋·勾踐歸國外傳》。

354　王學理，《秦都咸陽》，第 124 頁注釋。

秦制不僅使長安城「繼承了秦朝的宮殿形式」，[355] 而且也包括了對秦朝建都造城理念之繼承。基於此，長安城之「斗城」作為「體象乎天地」這一漢帝國政治意象的空間造型並非什麼不可理喻之事。[356]

三、宮殿

統一六國的過程中，始皇心裡恐怕已經有了盡納六國宮殿於一城，建造一個空前絕後乃至舉世無雙的天下大都的念頭。「秦並天下，多自驕大，宮備七國。」[357] 自有其深遠考慮。所謂「秦每破諸侯，寫放其宮室，作之咸陽北阪上，南臨渭，自雍門以東至涇、渭，殿屋復道周閣相屬。」[358] 聯繫鑄金人、修馳道、築長城、造陵墓等一系列行動，不難看出秦始皇這些做法的政治寓意並不單單在於顯耀其赫赫皇權，同時更是一種巧妙而富有意味的政治造型。它的目的是把一種人力無法抗衡的絕對權力，以及這種絕對權力蘊含的皇權的力量、皇權的威嚴、皇權的氣勢、皇權的妄想統統塑造為一種驚人的空間造型。

所謂「更命信宮為極廟，象天極」，[359] 進一步將這種空間造型的政治寓意伸展到廣袤無垠的天空。始皇帝「築咸陽宮，因北陵營殿，端門四達，以則紫宮，象帝居。渭水貫都，以象天漢；橫橋南渡，以法牽牛。」[360] 高帝七年，蕭何建造未央宮。對未央宮與紫微宮之關係，[361] 班固和張衡均有精緻之描述，緯書更有穿鑿之解說。[362]《西都賦》云，「其宮室也，體象乎天地，經緯乎陰陽。據坤靈之正位，仿太紫之圓方。」「煥若列宿，紫宮是環。」《西京賦》云，「正紫宮於未央，表嶢闕於閶闔。」「思比象於紫微，恨阿房之不可廬。」「營宇之制，事兼未央。圜闕竦以造天，若雙碣之相望。」可見，無論「王者師天

355　五井直弘，《中國古代史論稿》，第 204 頁。

356　參見李允鉌《華夏意匠》，第 391–392 頁，中國建築工業出版社，1985 年。轉引梁治平《尋求自然秩序中的和諧》，第 211 頁。

357　《後漢書・皇后紀上》。

358　《史記・秦始皇本紀》。

359　《史記・秦始皇本紀》。

360　《三輔黃圖校證》第 6 頁。

361　《三秦記》曰：「未央宮一名紫微宮。」李善云：「未央為總稱，紫宮其中別名。」（蕭統編，《文選》卷 2，中華書局，1977 年）

362　《春秋合誠圖》曰：「紫宮，大帝室也。」《春秋元命苞》曰：「紫之言此也，宮之言中也。言天神圖法，陰陽開閉，皆在此中也。」總之，「天有紫微宮，王者象之。」（《文選》卷 1、2）

地，體天而行」，還是「普彼坤靈，俾天作制」，[363] 秦漢帝國都不僅僅是把皇宮建築簡單視為一種普通的人間設施。秦皇漢祖們似乎更樂意賦予自己的宮殿以一種「通天」的神聖意味。總之，他們試圖把皇權的空間造型編織為一種「天人合一」的巨大建築網絡。這種建築網絡的核心則是皇帝的無上威勢。

　　一方面是「天人合一」，一方面是「以誇天下」。這正是皇權主義的雙重妙用。或許，只有依託「天人合一」的神聖資源，才有資格「以誇天下」。在此意義上，天子可以說是天地之間天人之際最最瀟灑快活之人。因為整個天下都是他肆意揮霍的囊中之物。這裡根本不需要什麼合法性論證，需要的只是合理性使用。天下不光是天子安心享樂的自然地盤，同時也是天子隨心所欲的政治空間。在這裡，皇帝幾乎可以不受任何人為限制或情欲節制，而將自己的各種古怪或狂妄的想法逐一付諸實踐。所以任何一種政治建築，在本初意義上，都必須視為專制者妄想征服世界和奴役人類的野心和意志之表徵。這就是「以誇天下」的實質內涵。它支配著帝國建築的全部空間理念。

　　作為「以誇天下」之傑作，阿房宮堪稱典範。「先作前殿阿房，東西五百步，南北五十丈，上可以坐萬人，下可以建五丈旗。周馳為閣道，自殿下直抵南山。表南山之顛以為闕。」[364] 以阿房宮為標誌性建築，「關中計宮三百，關外四百餘。」如此規模的宮殿建築，表明皇權帝國對社會人力資源的強大動員能力和對天下物質財富的絕對支配能力，更重要的是它實現了皇權主義的世俗欲望。這種欲望的內涵是，至尊皇權需要在一個一目了然的直觀空間享受壓倒一切的舉世朝拜。在後人對阿房宮 [365] 的驚世場面較為具體的描述中，規模更是已經擴大到令人震驚和炫目的程度。比如，「庭中可受十萬人，車行酒，騎行炙，千人唱，萬人和。」[366] 這種一呼百應的壯觀場面和指揮若定的宏大氣勢似乎只有

363　劉歆《七略》，揚雄《司命箴》。（《文選》卷 1）

364　《史記·秦始皇本紀》。不過《漢書·賈山傳》的說法略有不同。「起咸陽而西至雍，離宮三百，鐘鼓帷帳，不移而具。又為阿房之殿，殿高數十仞，東西五里，南北千步，從車羅騎，四馬騖馳，旌旗不橈。為宮室之麗至於此，使其後世曾不得聚廬而托處焉。」郭沫若推斷，「兩書所說的大小度數稍有出入，或者《史記》是根據阿房前殿的大小而言，賈山是指朝宮全體而言的吧。」（〈呂不韋與秦王政的批判〉）後來《三輔黃圖》中的相關描述大同小異，但有些數字似又有誇大。

365　陳直引《長安志》指出《三輔黃圖》將朝宮與阿房宮「似誤分為二宮」。（《三輔黃圖校證》第 11–12 頁）

366　《三輔黃圖校證》，第 12 頁。

在專制國家才能出現。作為皇權意識形態創造力和想像力的非凡表現，它無疑具有一種震撼人心的特異效果。它本質上是一種皇權主義特技。較之相對簡單的宗教儀式和相對單調的宗教建築，皇帝宮殿蘊含和展示出來的世俗政治觀念似乎更為鮮明和強烈。至少在國人看來，它更為親切和感性。[367]一方面，皇宮對民眾絕對防範和排斥；另一方面，皇宮對民眾又充滿吸引和感召。這恰如其分地暗示和表徵出皇帝與民眾之間的二元對應關係。

四、道路

皇權帝國的空間造型核心性地表現為一種皇帝的空間欲望和空間權力。其實質是將空間理解為一種權力場所，即是由權力加以規劃和塑造的政治結構。它要求必須以皇權為中心來設計和勾畫空間布局。一個具體例證是在帝國建造一條專供皇帝一人行走的保密性通道。「自極廟道通酈山，作甘泉前殿。築甬道，自咸陽屬之。」對所謂「築甬道」，應劭特別有過一個解釋。「謂於馳道外築牆，天子于中行，外人不見。」這實際上是在公共空間修築了一條專門供皇帝行走的專用通道。所謂「築垣牆如街巷」，就是修建一條將皇帝與眾人分開的「政治隔離牆」。一牆之隔，君臣有別。而且這種區別還必須達到一種絕對化的程度。「乃令咸陽之旁二百里內宮觀二百七十復道甬道相連，帷帳鍾鼓美人充之，各案署不移徙。行所幸，有言其處者，罪死。」[368]它的目的是把皇帝同其他人完全隔離開來，使人們對皇帝的行蹤和動向一無所知，即「莫知行之所在」，從而使皇帝能始終保持有一種絕對的神祕感。神祕感則有助於皇帝行使權威。所以這是一種專制主義和神祕主義的雙重設計思路。可以看出，「皇帝隔離牆」的修建無疑是對公共空間的強制性封閉、分割和肢解。結果是，由於「皇帝隔離牆」在公共空間的不受限制的穿行而過和無法無天的橫行霸道，

---

367 李澤厚從審美角度對此有所分析。中國建築「一開始就不是以單一的獨立個別建築物為目標，而是以空間規模巨大、平面鋪開、相互連接和配合的群體建築為特徵的。」中國大都是宮殿建築，「於是，不是孤立的、擺脫世俗生活、象徵超越人間的出世的宗教建築，而是入世的、與世間生活環境聯在一起的宮殿宗廟建築，成了中國建築的代表。從而，不是高聳入雲、指向神祕的上蒼觀念，而是平面鋪開、引向現實的人間聯想；不是可以使人產生某種恐懼感的異常空曠的內部空間，而是平易的、非常接近日常生活的內部空間組合；不是陰冷的石頭，而是暖和的木質，等等，構成中國建築的藝術特徵。在中國建築的空間意識中，不是去獲得某種神祕、緊張的靈感、悔悟或激情，而是提供某種明確、實用的觀念情調。」（《美的歷程》第67–68頁）

368 《史記·秦始皇本紀》。

使正常意義上的公共空間變得體無完膚，不復存在。不妨說，它典型地表現為皇權帝制的空間造型對民眾公共空間的徹底破壞和瓦解。

這種無限制的使用皇帝特權，並將其貫穿到一切盡可能的存在領域，最終將皇權予以制度的合法化和空間的實體化。作為「天子道」的馳道，[369] 正是憑藉超級帝國皇權，才得以在全國四通八達，暢行無阻。它嚴禁一切人行走其中。[370] 有人說：「馳道有兩條，以咸陽為出發點，分別通向東方和南方。在關中境內，一在渭河南，是東通函谷關的『枳道』，另一條向東南，是『武關道』。」[371] 恐怕不確。因為班固說的很清楚，「秦為馳道於天下，東窮燕齊，南極吳楚，江湖之上，瀕海之觀畢至。」[372] 所謂「東窮燕齊」，就是有東有北。聯想到滅燕的曲折過程，馳道不通燕地似乎與理不通。所謂「東窮」云云只是統稱和泛指。就是說，東、南、北皆有馳道通達。所謂「秦為馳道於天下」並非虛言，而是實指。整個帝國版圖皆被馳道連接為一個整體。這正是始皇帝政治理想的空間設計。馳道作為皇帝的政治創舉，其象徵意義在於，馳道似乎已經成為王道的空間造型，即王道理念已經通過馳道空間而得以實現。所以對始皇帝而言，理想政治已經不是「溥天之下，莫非王土」，而是「溥天之下，莫非王道」。就是說，王道已經馳道化，同時馳道也已經王道化。總之，馳道本身就是對皇權政治的空間表徵。

對馳道之堅固，《漢書》注家們並無異議。《賈山傳》云：「道廣五十步，三丈而樹，厚築其外，隱以金椎，樹以青松。」[373] 只是對馳道是否完全如同甬道，服虔和師古有所分歧。前者謂，「作壁如甬道。隱築也，以鐵椎築之。」後者謂，

369　《集解》引應劭話說，「馳道，天子道也，道若今之中道然。」（《史記‧秦始皇本紀》）另，《史記‧李斯列傳》云，「又作阿房之宮，治直、馳道。」王念孫認為「直馳道」「當作直道、馳道」。因為「直道與馳道不同」。（《讀書雜誌》〈直馳道〉條）據《史記‧六國年表》和《蒙恬列傳》記載，直道實際上是在西北地區修建的具有軍事用途的國防大道，顯然它與專供天子通行的馳道大不相同。

370　比如，《漢書‧鮑宣傳》如淳注曰，「令諸使有制得行馳道中者，行旁道，無得行中央三丈也。」《三輔黃圖》補充一句，「不如令，沒入其車馬。」（《三輔黃圖校證》第 17 頁）

371　王學理，《秦都咸陽》，第 117–118 頁。

372　《漢書‧賈山傳》。

373　作為「隱以金椎，樹以青松」之佐證，《三輔決錄》云，「長安城面三門，四面十二門，皆通達九逵，以相經緯，衢路平正，可並列車軌，三途洞開，隱以金椎，周以林木，左出右入，為往來之徑，行者升降，有上下之別。」（參見顧炎武《歷代宅京記》，第 56 頁。）

「築令堅實而使隆高耳，不為甬壁也。」但無論如何，馳道的確是一條地地道道的帝國大道。賈山強調，「為馳道之麗至於此，使其後世曾不得邪徑而託足焉。」馳道之功能反映著一種政治理念中的空間意識。馳道無疑是一個極具象徵意味的皇權帝制的空間造型。專制皇權動用它的一切力量，使自己在空間上極力擴張。「三十五年，除道，道九原抵雲陽，塹山堙谷，直通之。」[374] 縱橫交錯，綿延不斷的馳道，像巨大而靈活的手臂在帝國版圖上無限伸展，恣意縱行。它象徵著皇帝征服一切的狂妄欲望，同時也象徵著皇帝對全國領土的肆意操控。天子道到哪裡，天子就到哪裡。天子道標誌著皇帝權力的邊界和疆域。天子道與皇帝的足跡、皇帝的身影、皇帝的聲音、皇帝的權力直接聯繫在一起。同時，馳道作為官方標準的交通路線，在四通八達的空間網絡中把整個帝國聯繫為一體。它使皇帝完全可以做到無處不在。馳道可以使遠在天邊的皇帝隨時都能近在眼前。馳道之於皇權主義的普及和落實絕對不容低估。[375]

五、陵墓

皇帝的世界是天下。這個天下由兩部分構成，生前的京城，死後的皇陵。[376] 古人相信，皇權完全能夠延伸至地下和來世。帝陵的形制、功能和規模同皇宮遙相呼應甚至一一對應，暗示出皇陵和皇宮乃是皇權的陰陽兩極。雖然皇帝生死兩隔，但並不影響皇權的高度統一。皇權穿越生死，網絡天地。芸芸眾生，皆在其中。如此一來，皇陵觀念和佈局便必然創制出一種生命意志和死亡焦慮對峙且重合的政治地理學景觀。這一景觀以陵墓為中心，陵園、陵區、陵邑向外層層擴展，[377] 在天地間展示出一種皇權規劃的生命之圓。所以，皇陵可以看

374　《史記・秦始皇本紀》。

375　秦始皇頻頻出巡，主要目的之一恐怕就是為了督促和檢查馳道的修建進程和品質。

376　一般說，周秦之際經歷了一場「從廟到墓」的運動。商周「廟祭」傳統在秦漢已經衰落，「以墓地為中心的祖先崇拜獲得長足的發展。體現在皇室的祖先崇拜中，個體皇帝陵園中的禮儀建築替代了集合性的宗族祖廟。這種轉變一方面是當時社會和家庭結構變化的結果，一方面也是皇帝希望鞏固君權這一強烈政治動機刺激下的產物。」（巫鴻，《武梁祠——中國古代畫像藝術的思想性》第 220 頁，三聯書店，2006 年。）

377　設置陵邑始于秦始皇陵。「秦始皇設置陵邑，主要為方便修陵工程。」（劉慶柱，《地下長安》第 156 頁，中華書局，2016 年。）漢帝設置陵邑，意圖複雜。有人說是祖先崇拜的宗教情懷。「陵墓的建築及供奉方式是祖先崇拜的一個重要內容，陵縣的設置更把這種崇拜提到新的高度。」（周振鶴，《中國歷史政治地理十六講》第 205 頁，中華書局，2013 年。）究其實，一是供奉陵園的實際需要，一是強幹弱枝的政治考量，一是彰顯皇恩的教化設計。比如，「帝陵的陵邑，猶如都城的甲第，陵邑位於帝陵之

作皇帝安排自己死後世界的一種空間制度設計。形象地說，皇陵和京城互為鏡像，似乎呈現一種雙鏡效應。因為，「陵園基本上是仿造都城漢長安城及其皇宮修築的。」[378] 考古學研究表明，西漢帝陵是京城長安的直觀縮影。[379]

始皇帝的創制之功，從生前延伸到死後。始皇陵之宏大巍峨，高聳千年，使後世所有帝陵無不匍匐於其陰影之下，望塵莫及。某種意義上，始皇陵宛若一座地下的阿房宮。「下徹三泉，合採金石，冶銅錮其內，漆塗其外，被以珠玉，飾以翡翠，中成觀游，上成山林。為葬薶之侈至於此，使其後世曾不得蓬顆蔽塚而托葬焉。」[380] 其規模之空前，令漢人不禁驚歎為「自古至今，葬未有盛如始皇者」。[381]

儘管始皇陵建造可能經歷了一個從戰國王陵到帝國皇陵的階段性演變過程，並非一成不變的精心設計。[382] 但就主體工程而言，無人能夠否認其中皇權觀念的深刻蘊含和支配性影響。秦始皇「自以為功蓋三皇，德逾五帝，千古一尊，為了顯示帝威，在建築上追求上扼天穹，下壓黎庶的氣氛，反映在陵園布局方面，一墓獨尊，墓側設寢殿和便殿，一切設施都追求至高至大，氣勢宏偉，

北或東部，酷似甲第建於皇宮之北或京城之東。」這是因為，「帝陵陵邑的分佈位置，受都城長安佈局的影響。漢長安城內，宮殿占去了全城三分之二的面積，主要分佈在城南部和中部。城內居民主要住在城北部和東北部，達官顯貴以住在北第和東第為榮。」（劉慶柱，《地下長安》第156頁。）這種京城格局無疑凸顯了皇權對臣民日常生活的絕對威壓。正像長安的官民居舍基本屬於皇宮的附屬建築一樣，陵邑本質上也是皇陵的依附性存在。

378　劉慶柱，《地下長安》第149頁。

379　這種做法始於高帝長陵。以景帝陽陵為例，陽陵中帝陵和後陵的相對方位，以及陵園中祭祀坑的位置非常符合景帝生前住所和皇后生前住所的相對方位以及朝廷郊祀場所在長安的位置。

380　《漢書·賈山傳》。

381　《漢書·楚元王傳》。

382　袁仲一說，「秦始皇陵園的平面布局和戰國時期的一些諸侯王的陵園相比，有相同的地方，也有不同處。……可見始皇陵園的規劃設計，承襲了戰國王陵陵園的布局。」（《秦始皇陵兵馬俑研究》，第50頁，文物出版社，1990年。）鶴間則分析的更為細密，認為始皇陵建造可分為四個階段：第一階段是戰國王墓的建設（前246–前222年），第二階段是統一時期皇陵的建造（前221–前215年），第三階段是戰時體制下皇陵的建設（前215–前210年），第四階段是二世所造（前210–前207年）。總之，王陵向帝陵的轉換，不是一次完成的。「工事也不是按預想速度進行的，一邊遵守傳統的做法，一邊適應著變化的政治狀況，不斷附加新的要素，在當時並沒有對皇帝陵進行構想，始皇帝陵構造配置的不對稱性、分散性就反映了這種情況。」（參見田人隆〈鶴間和幸教授與秦代史的再構成〉）

盡收世間萬物，象徵於地下。」[383] 在這點上，太史公也提供了證據。「始皇初即位，穿治酈山，及並天下，天下徒送詣七十餘萬人，穿三泉，下銅而致槨，宮觀百官奇器珍怪徒藏滿之。令匠作機弩矢，有所穿近者輒射之。以水銀為百川江河大海，機相灌輸，上具天文，下具地理。以人魚膏為燭，度不滅者久之。」[384] 這裡完全是另外一個世界。建造這個世界的本來目的並非為了展示給世人觀看，所以它本是一個絕對隱祕的陰暗世界。其中所有造型都掩藏在一種神祕的黑暗之中。但這種神祕的黑暗並不能完全掩蓋住其獨有的象徵性。它把人間景觀全盤移植於地下，在有限的空間中創造出無限的想像。供始皇肆意驅使和揮灑的匠心設計已達極致。[385] 天文地理，江河大海，渾融一體，使地下這樣一個人造帝國的微縮景觀極具空間造型的政治象徵意味。

學者認為，秦始皇陵表徵著一種絕對權力的「大同」觀念。「巨大的墳冢象徵著中心權力，圍繞著它的是龐大的國家機器軍隊、臣僚和百姓，都被以一種令人心寒的方式複製和埋在地下。」[386] 如果把始皇陵比作秦都咸陽的一座「朝宮」，陵園就像是咸陽城，而陵園東門外「千米處數以萬計的兵馬俑作屯衛陣形，就是拱衛首都的禁衛軍形象了」。[387] 不過，對現代人來說，那些似乎突然崛起於地下的秦俑軍團，彷彿以一種最本色的方式復活了一個千年帝國。就像一種無法言喻的奇異命運，赤裸裸地昭示著一種古老皇權的根深蒂固和十足霸氣。學者們注意到秦俑有三個最醒目的特點。一是型體高大。「秦俑的身材，多數可以說是古代大力士的形像。」

> 陶俑、陶馬高大的體形，為人們平時見所未見，聞所未聞，超越感官或想像所能容納的慣常極限，給人以崇高至大的體量感。……如修建的阿房宮高聳入雲，修建的陵墓高五十丈（合115米），鑄造的十二金人，每個重達二十四萬斤，渭河橋上的石人是烏獲、孟賁等

---

383 袁仲一，《秦始皇陵兵馬俑研究》，第 56 頁。

384 《史記‧秦始皇本紀》。

385 考古學研究表明，《漢書‧賈山傳》所云秦陵「中成觀遊」的布局結構，其實是為了讓秦始皇的靈魂能夠四處遊覽。（參見〈秦始皇陵的千古之謎〉，《中國科學探險》2004 年第 9 期。）如果聯想到秦始皇生前的頻頻出巡，一種貫穿生與死的對帝國疆域的眷戀之情和獨占之欲，通過這種創意性設計而得以巧妙暗示。

386 巫鴻，《武梁祠——中國古代畫像藝術的思想性》，第 246 頁。

387 王學理，《秦都咸陽》，第 122 頁。

古代大力士的形象。秦俑所要體現的意識，正是皇帝所要顯示的威力的象徵，是龐大封建帝國統治者的精神支柱。

二是數量眾多。「數千兵馬俑仿真軍陣的編列。」

　　一、二、三號兵馬俑軍陣有機地結合，組成一個龐大的軍陣編列體系。

　　　　這種仿真軍陣的宏大構圖，在中國和世界雕塑史上都是無與倫比的。它把兩千多年前秦軍軍陣的編列情況再現在人們面前。它使人們自然而然地聯想到秦軍的叱吒風雲，統一中國的偉大業績。……那十百為群，千萬成陣的千軍萬馬，凝聚著搖山撼海之力，是秦人信念、力量和進取精神的體現，是當時的時代精神。

三是形象逼真。「嚴格地類比實體，力求與實體相似。」

　　　　每一個軍陣的俑、馬排列，均符合兵書布陣的原則；武器的配備，長兵強弩在前，短兵弱弩在後，長短兵相雜，與文獻記載契合。它好像秦國軍陣編列的真實圖譜。秦俑坑出土的戰車，車的形制、結構和各部件的大小尺寸，與考古發現的戰國時的木車沒有大的差異。[388]

尤其是「對人物形象的高度寫實」，[389] 令人讚歎不已。黃仁宇注意到，「士兵的造型似乎取材自活生生的人物，沒有兩個人一模一樣。他們的臉部表情顯示出無盡的個性。」[390] 研究者還特別指出秦俑的顏色有其獨特性。「作為紀念碑式的大型群塑，它必須是莊嚴、雄壯、具有偉大的氣概。秦俑這種運用大紅、大綠對比的設色方法，使軍陣的氣氛顯得熾熱、威武、雄壯，在視覺上就給人的心理造成一種大氣磅礴、凜然不可侵犯的威懾感。」[391] 它向人們呈現出的是一種由鋼鐵紀律強力塑造而成的血肉之軀對超級皇權的絕對服從和效忠。如果我們將思路稍稍轉換一下，不難發現另外一層含義。即這一雕像群「證明了一個公眾的目的，可由國家的意志創成」。就是說，「秦國的無名藝術家不幸之

388　袁仲一，《秦始皇陵兵馬俑研究》，第 303–304 頁。
389　袁仲一，《秦始皇陵兵馬俑研究》，第 304 頁。
390　黃仁宇，《黃河青山》，第 342 頁，三聯書店，2001 年。
391　袁仲一，《秦始皇陵兵馬俑研究》，第 327–328 頁。

處在於他們的作品是集體完成的，只能貢獻于一個君主之前。」[392] 二者合觀，則使問題更具深意。流血的士兵與流淚的藝術家這兩類似乎從不搭界的人都被皇權有機組織在同一個權力體系，供皇帝肆意驅使和奴役。所謂皇權主義恰恰是二者的結合。因為單一的暴力和單純的審美，都不足以造成令人窒息的皇權主義。[393] 我想，這可能更為本質。

顯然，秦俑之價值並不在於單個看多麼形象和逼真，[394] 而在於它使個體造型的美學技巧徹底服從於皇權的整體秩序，即通過有序組合排列所展現出來的那種統一的意志、群體的力量、宏大的氣勢。這正是絕對權力的直接體現。這種威嚴的陣勢本身彷彿來自於一種絕對命令。這種命令把原本那些軟弱無力的個人嚴密組織成一個堅不可摧的龐大體系和軍事機器。這種紀律森嚴步調一致的軍隊布局恰恰是「編戶齊民」那種嚴格行政體制和高效管理效率的皇權主義造型。秦俑以一種戰術方陣的形式直觀展示出一種絕對權力的專橫意志。這種專橫意志既徹底摧毀了國人的個體自尊，同時又不失時機地使國人幻化出一種集體自信和群體迷狂，從而使國人別無選擇地依附於一種專制權力。某種意義上，編戶齊民、以吏為師與秦俑軍團三者正是以一種相互支撐的總體方式鋪張著皇權專制的無所不能。[395]

六、金人

《史記·秦始皇本紀》云：「收天下兵，聚之咸陽，銷以為鍾鐻，金人十二，重各千石，置廷宮中。」這是一個很奇怪的舉措。因為三代以來，中國

392　黃仁宇，《中國大歷史》，第 39–40 頁。

393　這說明，中國皇權主義不光令人恐懼，同時也使人著迷。對中華專制主義形形色色的認同、辯護、欣賞乃至讚美，其實都是這種著迷的微妙表現。

394　黃仁宇深感困惑，「秦始皇既為一個『焚書坑儒』的專制魔王，為何有這樣的耐性？他為什麼不以軍事形式的雷同劃一為原則，將幾千個人像以模型翻砂式的套制，有如波斯大流士（Darius）宮殿前的裝潢，又有如羅馬的康斯丁（Arch of Constantine）上面的側面人像，成排結隊的出現，既不必講究生動，也毋須在藝術角度上斟酌？又很多人指摘秦始皇的迷信。像在陵墓附近配置陶俑就有迷信的嫌疑。可是他如果信神權的話，為什麼不採取埃及的辦法，將人像塑成幾丈高，或設計為鳥頭人身，或照印度的辦法，造成三頭六臂？而偏偏像希臘雅典一樣，保存了集體作品之個別的美感？」（黃仁宇，《赫遜河畔談中國歷史》，第 7 頁，三聯書店，1992 年。）

395　編戶齊民把人的生活固定在一處，以吏為師把人的思想規定為一個，秦俑軍團把人的行為規範為一種。三者構成的綜合效應正是皇權主義追求的理想境界。

並無鑄造銅像的習慣和傳統。[396] 雖然有過大規模製造銅鼎的做法。製造銅獸或許也曾有之。但製造銅人並無先例。至於如此塊頭和體積的超巨型銅人，更是絕無僅有之事。《三輔黃圖》一說是「各重三十四萬斤」，一說是「各重二十四萬斤」。說法雖有出入，但依然可以看出其重量之驚世駭俗。事情來源，據《索隱》說，「二十六年，有長人見於臨洮，故銷兵器，鑄而象之。」更為詳細的說法是《正義》所引《漢書‧五行志》。它對巨人的身高、腳長、服飾、人數皆有具體描述。「二十六年，有大人長五丈，足履六尺，皆夷狄服，凡十二人，見於臨洮，故銷兵器，鑄而象之。」相同之處在於，二者皆指明鑄銅人之事與巨人直接有關。值得注意的是這種巨人可能來自夷狄。令人費解的是，「大人」「見於臨洮」所包含的一系列疑問。比如，他們來自何處？來此有何意圖？從其描述看，「大人」絕非凡種。如果我們有條件地接受太史公的說法，只能相信這是一批有特異性質的蠻夷巨人。有兩個問題需要考量，一是這批蠻夷巨人之數目「十二」是否有所寓意？巧合的是，始皇帝在位恰為十二年。二是蠻夷巨人之現身與「聚天下兵器」鑄為銅人之間究竟有何關聯？[397] 對此倘若沒有其他更好的解釋，只能合理推測它與兩個因素有關。一是秦始皇對自己功德的自我評價，一是秦始皇對政治理念的自我設定。[398] 不言而喻，二者均含有明顯的意識形態儀式之象徵意味。不過它同時指向的卻是兩個相當不同之維度：

396　廣漢三星堆出土的商代銅人，大如真人，實屬罕見。有學者推測，此恐非殷商文化之物。另外，文獻講金人有七例，兩例在始皇之前。（參見李零《中國方術續考》，第125–128頁，中華書局，2006年。）但這兩例都有些問題。因為《孔子家語》和《晉書》均成書於魏晉之後，其所言金人很可能受魏明帝鑄金人之啟發。若反推上溯，則構成另一種「層累古史」。

397　對這種可能性關聯，我們不妨從其他途徑作些嘗試性推測。《漢書‧王莽傳下》云，「莽夢長樂宮銅人五枚起立，莽惡之，念銅人銘有『皇帝初兼天下』之文，即使尚方工鑴滅所夢銅人膺文。」在《三輔黃圖》中則展開為一句完整的銘文。「皇帝二十六年，初兼天下，該諸侯為郡縣，一法律，同度量。」而且明確說「李斯篆，蒙恬書」。稍有差異的是，《三輔黃圖》說「銘其後」，《關中記》則說「胸前銘」。（《三輔黃圖校證》第12–13頁）這有個問題，究竟銘文在銅人胸前還是背後？此誠小節，姑且不論。如果我們再聯繫到後來「蒙恬渡河取高闕、山、北假中，築亭障以逐戎人」的行動，不難感覺到鑄銅人包含著的向蠻夷示威之意向。應該說，這是帝國第一次以皇帝權威而對蠻夷表示的一種具有特殊意義的政治姿態。

398　《漢書‧五行志下之上》云，「天戒若曰，勿大為夷狄之行，將受其禍。是歲始皇初併六國，反喜以為瑞，銷天下兵器，作金人十二以像之。」鑄金人以象夷人，無論如何也是一件異常之舉。其隱情雖不得知，但始皇肯定不會有「大人見於臨洮，明禍亂之起」這種後來漢人的感覺。相反，某種意義上，始皇帝似乎還是把這視為他實現自己政治理想的一個好的徵兆。

「平定海內，放逐蠻夷。」所謂「聚天下兵器」，即是已成定局的「平定海內」之功德，鑄銅人則是尚未實現的「放逐蠻夷」之理想。

　　所以始皇二十六年，朝臣們只是說，「今陛下興義兵，誅殘賊，平定天下，海內為郡縣，法令由一統。」言內而不及外。到了始皇三十四年，置酒咸陽宮時，博士們開始堂而皇之地頌揚，「他時秦地不過千里，賴陛下神靈明聖，平定海內，放逐蠻夷。」內外兼顧。而且口氣更大。「日月所照，莫不賓服。」地上的帝國與天上的日月同輝。帝國自豪感昭示出來的是對政治造型之空間模式的高度要求和狂妄幻想。在這種情況下，皇權的神聖性和帝國的壯觀似乎只能用日月來襯托和比較。但這說明一個事實，即「放逐蠻夷」的帝國理想已經成為現實。這顯然與三十二、三十三、三十四連續三年的行動直接相關。三十二年，「始皇巡北邊，從上郡入。」由於接下來的圖讖事件，使始皇帝命蒙恬「發兵三十萬人北擊胡，略取河南地」。三十三年的行動和聲勢則要大得多，可謂四面出擊。「發諸嘗逋亡人、贅婿、賈人略取陸梁地，為桂林、象郡、南海，以適遣戍。西北斥逐匈奴。自榆中並河以東，屬之陰山，以為十四縣，城河上為塞。又使蒙恬渡河取高闕、山、北假中，築亭障以逐戎人。」三十四年，「適治獄吏不直者，築長城及南越地。」[399]通過這三年的大規模軍事集結和領土擴張，始皇帝基本達成了自己稱帝時的政治目標。

　　作為始皇帝政治目標之一的「放逐蠻夷」，首先通過鑄銅人這一政治象徵而隱祕表露出來，從而使鑄銅人舉措顯得更加意味深長，其內在寓意也更為撲朔迷離。[400]另外將銅人所在置於阿房宮門前，[401]這本身足以暗示出某種將蠻夷拒之門外的政治象徵意味。[402]至於《水經注‧渭水》對「卻胡門」的解說：「門

399　《史記‧秦始皇本紀》。

400　比如，我們就不能完全排除鑄金人「以弱天下之人」（《三輔黃圖校證》第12頁）的可能性意向。

401　據陳直考證，「《長安志》引《三輔舊事》云：『秦作銅人，立在阿房殿前，漢徙著長樂宮大夏殿前』。」（《三輔黃圖校證》第12頁）不過，據李善注《西京賦》，「《三代故事》曰：大夏殿，始皇造銅人十枚，在殿前。」（《文選》卷2）似乎銅人原本立在大夏殿前。

402　漢人已不滿足於將蠻夷拒之門外的政治象徵和想像。憑藉青銅工藝技術來表現漢人對蠻夷的象徵性征服和想像性奴役在漢初有了進一步發展。比如，滿城漢墓出土的「當戶燈」把匈奴高級官吏塑造成跪擎銅燈的形象，（參見《滿城漢墓》，第48頁，文物出版社，1978年。）似乎說明匈奴對漢人的屈服、卑恭和順從已成為當時漢人的一種強烈渴望和普遍期待。

在阿房前，悉以磁石為之，故專其目，令四夷朝者，有隱甲懷刃入門而劾之，以示神。」據近人判斷，從技術角度講，這種可能性不大。但也不妨通過某種方式產生一種「示神」的心理作用。[403] 這說明，皇權體制下，任何技術手段或知識因素均是服務於專制的必要力量。如此超巨型銅像，既是帝國青銅冶煉水準高度發達之標誌，也是皇權運用先進物質技術巧妙展示其政治理念之體現。這同商周銅器大多是王器，而非神器是一個道理。

403　參見王學理《秦都咸陽》，第 84 頁。

申論　思想之後的繼續思考

一、推演論題

　　這是一個刑上大夫、禮下庶人的時代。這意味著，禮刑並舉，庶人大夫齊一。客觀意義上，皇權政體的平等性是空前的。主要表現有二：

　　（一）「匹夫天子」成為現實。皇權時代之前，有機會成為至高無上的天子，僅僅是極少數人，即諸侯和貴族。由於皇帝制度把所有人都變成了直接臣屬於皇帝一人的子民，故而從邏輯上內在包含有每個人皆有成為天子的可能性，所以它使「匹夫天子」成為必然。這本身是一種歷史進步。皇帝制度的進步性體現在，當皇帝以直接的方式君臨於所有人之上時，理論上，所有人做皇帝的機會變得平均且平等了。換言之，皇帝制度空前擴大了每一個人成為皇帝的機會。因為邏輯上，當所有人在一種東西面前一律平等時，這本身就是一種歷史進步。

　　（二）「子弟為匹夫」成為事實。皇帝貴有四海，子弟賤為匹夫，這意味著至少理論上子弟與黔首處於平等地位。在這個意義上，所謂「王子犯法，與庶民同罪」，才真正有了實現的可能。皇帝制度通過使「子弟為匹夫」而將皇權統治基礎近乎無差別地擴大到所有人。這表明專制制度的法統前提是必須有一個形式上的平等性。歷史的悖論在於，平等是專制的合法基礎。這個悖論的

本質在於，皇權政體本身包含一個「專制主義的平等之謎」。[1]一方面，平等程度越高，專制強度隨之越高；另一方面，隨著專制強度的加大，平等規模也會相應擴大。[2]這意味著，第一，當皇權體制強力抹平所有人之間的身分差別時，皇帝擁有了直接支配和奴役所有個體人的專制權力；第二，沿著政體超越性的最大邊際線，專制政體可以使用最小的資本，並承受最小的風險，來最大限度地擴大其社會成員的平等範圍，從而得以從一個社會形態轉入另一個社會形態，並自動成為新社會的合法統治體制。這樣當人們從平等角度看問題時，就會對這種專制政體的優越性、合理性乃至「民主性」功效表示出由衷的讚歎和欣賞。

　　基於這兩點，皇權觀念具有的普世價值就不難理解了。可以說，皇權觀念的普世價值在於它包含的最廣泛的平等性。這種最廣泛的平等性則使皇權觀念具有最頑強的生命力和最深厚的認同感。對皇權觀念的認同感，使皇權觀念成為一種社會共識和全民信仰，即「皇權主義」。

　　皇權主義作為一種世俗信仰，理論基石之一是儒學人性論。儒學人性論就是政治教化論。其特質是，對道德有著最高的期待，對倫理有著最大的需求。[3]進一步分析，政治上的教化論恰恰基於人性上的性善論。[4]它包含兩個層面，通過教化，既可以使皇帝成為理想的明君，也可以使百姓成為理想的良民。就客觀效果看，對百姓的教化顯然比對皇帝的教化更為有效。就是說，儒學教化的

1　這個謎底在現代極權主義中得以自我呈現。極權主義通過把平等擴張到極致，從而實現對所有人身心的直接控制和全面支配。在這個意義上，它的確是絕對平等。它做到了皇權專制無法做到甚至無法想像的極端平等。這種極限狀態的平等本質上正是專制主義平等之謎的唯一正確謎底。

2　一種大規模的平等主義往往抵消了專制暴政的施虐強壓。這反而從另外一面證明了專制政體的高效、完善和正當。於是，「大一統」就成為其夢縈千年高歌入雲的經典命題。

3　政治是惡，專制政治是極端的惡。正因如此，專制政治也才極度需要一種道義立場來加以標榜。這點可以解釋為何專制政治對道德有一種異乎尋常的狂熱和愛好。這正像一個十惡不赦的壞蛋反而能輕而易舉地把自己的所作所為說成是道德的和正義的。極端的惡意味著專制政治有著最大的道德需求。因為專制政治客觀上正是建立在道德真空的基礎上。這就為專制政治無限制地泛化道德提供了機會和市場。一方面，專制政治使自己的一言一行無不具有虛偽的道德含義和道德姿態；另一方面，專制政治的一舉一動從不具有真實的道德力量和道德價值。

4　荀子「性惡論」雖構成了人性論的另一維度，但由於它屬於人性論的逆向思維，出發點是對人性價值的基本否定，故而，無論其論證方式，還是其接受效應，都難以在政治思想史上構成主導性的論點。或許性惡論更有深度，但性善論則更有影響。換言之，性惡論更有理論價值，性善論則更有實踐效果。從政治－思想共識的角度看，只能是性善論而不是性惡論成為中國思想史的主流，並構成了教化論的基礎。

雙重目的實際上只收到了一重效應。它僅僅培養出了無數的良民，從未教導出
一個真正的明君。但這與其說百姓比皇帝更容易愚弄，不如說這種教化目標就
是圍繞皇帝個人專制的需要而有預謀地設計出來的。所以這種教化因其針對不
同對象而採取的「因材施教」的雙重標準就表現得極其虛偽和脆弱。更重要的
是，因性善論而導向的教化論，對皇帝實際行政的專橫和暴虐常常起到一種天
然辯護的作用。比如，皇帝本性純良，教化內容向善，任何政治災難都不是問
題，充其量只是「一個指頭」的問題。總之，皇帝的「仁心」加上教化的「良方」，
必然能改正和彌補政治上的一切弊端和暴行。基於這種合理化思維，皇權永遠
不會喪失其政治合法性。

論證程序是，首先，任何制度之所以能夠長期穩定存在下去，肯定有人
們願意相信的東西。皇權政體和皇帝制度之所以能夠存在兩千年，自然也有人
們相信的東西。這種東西不是制度本身，而是制度的終極體現者──皇帝。其
次，這種相信不是源於某種外緣證明，比如皇帝身上體現有神意或天命，而是
基於內緣設定，即皇帝自身先天擁有某種神聖品質和超凡能力，比如，「聖」、
「道」、「德」、「仁」、「明」。[5]

依據這種內緣設定，皇帝必然擁有各種美好品質和德行。儘管理論上，這
些高貴品質和非凡能力完整集中在任何一個具體的人身上，都足以使人對之無
條件地信仰和認同。但皇帝畢竟是肉身凡體，會死，會做錯事，會有各種普通
人都有的毛病和弱點，比如，妒嫉、貪婪、自私、虛偽、懦弱、恐懼、專橫、
偏執等等。但「天高皇帝遠」的現實空間距離極大地沖淡了這一切，甚至使人
感覺不到皇帝身上具有的平常人性缺陷。距離不僅產生美，距離也產生幻想和
信仰。心理上的審美效應和政治感應有其同構性。再加上，訊息管道的閉塞和
不暢，人們也習慣於沿著原有的觀念路徑來解釋自己眼前和身邊發生的種種不
盡人意的事情，把它完全歸結於皇帝身邊的奸臣和小人所致。

於是，人們會自覺啟動一道保護性的解釋程序，即「君明臣奸」，它引出
的合理結論是，「反貪官不反皇帝」。[6]從心理角度看，這是因為貪官近在眼前，

5　顯然，這種內緣設定利用的是中學式的人倫資源，而非西學式的神學資源。概言之，
　　中華專制主義的思想資源的主體構成是人文與世俗，而非神意與超驗。應該說，中華
　　專制主義的人文資源和世俗論證是其特質所在。人文資源顯其「高明」，世俗論證不
　　離「中庸」，故而它極得國人稱道。
6　中國古代小說多有單打獨鬥式的俠義英雄（《三俠五義》、《七俠五義》等），也有

看得見；皇帝遠在天邊，看不見。可見之物的缺陷容易被人相信，不可見之物的過錯則難以置信。所以，不管大國還是小國，只要是專制政體，它都會最大限度地利用空間因素，用距離來掩蓋和遮蔽獨裁者的邪惡、罪行和劣跡，使人在有限的距離對獨裁者產生無限的崇拜和敬仰。但作為凡人的皇帝和作為世俗政權的皇權政治，在按照自己固有的軌道運行時，必然會越來越趨於黑暗和腐敗，直到實在無法掩飾的時候，這也就是最後徹底不可救藥的崩潰地步。

這時，人們又會自然產生出另外一種辯護性的主張和要求，即通過把政治區分為「治世」與「亂世」（或有道之世與無道之世）這兩種類型來訴諸於一種有可能實現的政治暴力。這樣人們有了一種可以選擇的機遇，即自己做皇帝。有道之世，人們自願接受皇帝平等地奴役；無道之世，人們則可以機會均等地爭奪天下。一旦塵埃落定，新皇帝出世，人們又會毫無障礙地把聖、道、德、仁、明這些神聖品質和美好德行統統賦予在他身上。這樣，新一輪的皇朝更替，對皇帝的信仰毫髮無損，反而信心倍增。在皇帝信仰的背後，是「天下絕望」的心理和現實。

皇權主義信仰的祕密是，它通過一種意識形態儀式把皇帝變成人人都須臾不離又倍感親切的東西。與此同時，當皇帝把所有人都變成國家奴隸之後，這意味著，所有人皆有可能成為皇帝。這是一種中華專制主義的皇權普及過程。至少從觀念意識上說，在亂世，每個人都有做皇帝的資格。所以非但天下乃天下人之天下，就連天子也是天子乃天下人之天子。即皇帝人人可得而為之。這使人們幾乎與生俱來就有一種皇權主義信仰。總之，人們相信皇帝，人們希望相信皇帝，人們需要相信皇帝，人們必須相信皇帝。這種政治思維的辯證法和靈活性，在層層推進之後，就會自然顯現出它的普世價值和世俗智慧。

嘯聚山林的綠林好漢（《水滸傳》等），卻從未有翻天覆地的稱王稱霸者（張獻忠、李自成等）。這是因為，前者在「鋤暴安良」和「劫富濟貧」的同時極力標榜「忠義」，即認可和接受現實皇權秩序。所以一種單一性的「忠君」話語便能圓滿敘述這類事件和人物。後者則有兩種可能：造反成功，做了皇帝，自有「明君聖王」之號冠之頌之贊之譽之；造反失敗，成了流寇，則有「亂臣賊子」之名稱之罵之咒之責之。這樣它必須把「尊君」話語變成一種複合式的敘事結構。這種複合敘事依據「成王敗寇」的不同結局而定，故而具有某種歷時性的靈活度。但它無論如何不能同時既承認明君之合法又肯定亂臣之合理。因為它不符合皇權主義一元論的絕對要求。皇權主義一元論可以允許「成王敗寇」的複合敘事，但絕不允許「成王敗侯」的二元敘述。因為皇權主義理念規定，皇帝至尊且獨尊。

　　概言之，皇權主義就是意識形態，它的核心是塑造皇帝的信仰。這裡有一個微妙的技巧。一方面，意識形態利用「天高皇帝遠」的現實空間距離來淡化和消解皇帝身上的各種正常缺陷，使人們對皇帝產生過度的美感和聖感；另一方面，意識形態則又極力製造出一種「天高皇帝近」的心理效應，使人們感到皇帝距離自己不遠，就在自己身邊，如此滋生出一種對皇帝的天然依賴感和信任感。

二、審視問題

　　我覺得，通過對後戰國思想史流變的梳理，應該能夠認定「天高皇帝近」確是這一時期逐漸確立下來的主題和目標。皇權政體使皇帝合法獲得了比以往任何一位天子或君主都難以企及的絕對權力。皇權的擴張意味著皇權控制人們思想的能力的增強。同時它也意味著，統一的思想秩序，即意識形態體制在皇權時代第一次具備了強大的權力基礎和制度支持。這作為一個嚴重的思想史事件，必須納入思想史的反復考究之中。

　　從思想史角度看，皇權主義究竟是什麼仍然是一個問題。在似乎確切但又並不甚明確的境遇中，我嘗試著對皇權主義的生成過程、內部機能、理念依據、呈現樣態等作出一番描述和分析。在我的話語中，皇權主義既是一種普世倫理，又是一種政治信仰，還是一種意識形態。聖明有道只是皇權主義的一方面，另一方面則是恩澤萬民。前者多為理論所關注，後者則多為實踐所體現。[7]皇帝獨占天下的體制格局，使皇帝施恩百姓成為天經地義的事情。無論皇帝怎麼做，無論皇帝做什麼，都是在施予民眾恩惠。皇帝的存在本身是皇權施恩百姓的制度保障和道義見證。他每時每刻隨時隨地都在施惠於子民。這是皇權主義的核

7　當然理論與實踐之關係殊為複雜。一方面，理論本身同樣包含有某種共識性內容；另一方面，實踐過程也同樣需要理論資源的深厚支援。比如，後戰國諸子們共同面臨著一個棘手的難題，即如何從「道術為天下裂」的歷史過程開出「道術為天子合」的致思路徑。換言之，如何使道術真正合諸於天子之身，成為後戰國諸子思考的中心問題和需要加以細緻論證的理論工作。《尚書大傳》、《黃帝四經》、賈誼、晁錯、《禮記》、《易傳》、《文子》對君權、政道、君體、尊君、君道、君術、君主權威、君主理念、君主政治的繁複闡發就是出於如此考慮。至於理論與實踐互動而衍生出的廣泛共識，更是對雙方構成一種規範性的深刻力量。但就分析論域而言，側重於觀念－實踐對皇權主義共識特質之呈現，並無不當。

心價值。對民眾來說，皇帝有道無道，聖明與否，首先從皇帝是否通過各種方式或儀式不斷重複著他施惠於百姓的意願和意向而得以感知和判斷的。只有確認了皇帝有恩於自己，民眾才能進而確信皇帝的有道與聖明。皇帝與民眾的直接對應性正是通過這種方式想像性地建構起來的。皇權主義秩序就是致力於這種想像模式的形成、建立與持續。

這引出一個問題，什麼是中國政治思想史獨有的問題？這個問題似乎不能簡單理解為尋找中國政治思想史的特殊性，或挖掘中國學術的所謂本土資源，或關注中國思想史上的某些特殊觀念、名詞或現象，比如，儒法道諸家等。至於把儒學說成「儒教」、「禮教」、「國教」或「政治宗教」，恐怕也不好說這就是中國思想史的獨特問題。而王權主義、皇權主義或專制主義，這些對中國思想史具有結構性的支配力量和體系，是否可能成為中國政治思想史獨有的問題？我不敢說有絕對把握。[8] 至少我們可以嘗試。

在漫長的思想史演進中，中國政治思想以尊君為核心導向而形成了一種總體結構。這一結構的最終定型有賴於意識形態建制。[9] 它表現為：（1）意識形態需要把不同類型和取向的政治思想加以統一界定和重新編碼，從而構製成一種可以供人們靈活運用的權威性綜合觀念資源；（2）意識形態對政治思想資源的綜合管理和權威配置使思想史漸漸結構化，即形成一種規範思想史自身脈絡的總體結構。

中國思想史的結構可以簡單表述為「一個核心」、「三個基點」。所謂「一個核心」是「尊君」，[10] 所謂「三個基點」是「敬天」、「修德」、「保民」。[11]

---

8 我總覺得，中國政治思想史的最大特點是「非政治性」。它是一種政治不在場的政治思想。因為所謂政治有兩義：對個人而言，政治意味著權利；對制度而言，政治意味著政體。可這二者在中國政治思想史上恰恰都不存在。所以我說中國政治思想是一種「無政治」的政治思想，或「無政治主義」的政治思想。但它又並不「非政治」，或「非政治主義」。它只是顯得有些「另類」。恰恰是中國政治的「另類性」給人們提供了多元解釋之可能。與此同時，美化、附會也蜂擁而至。但只要不失正常感覺，不難發現，中國政治既不另類，中國問題亦不複雜。它就是人們常說的專制。

9 我把「意識形態的早熟性」視為中國政治思想史上至為深刻的問題之一。

10 蕭公權謂「二千餘年之政論，大體以君道為中心」。（《中國政治思想史》第 3 冊，第 825 頁。）其實「尊君」在中國思想史上完全是一以貫之的軸心和主體。

11 我側重於強調思想史的內在結構，而沒有過多考慮其發生秩序和複雜脈絡。比如，從發生秩序看，作為王權時代政治思想最高水準的「天命」，作為君權時代政治思想軸心原理的「尊君」，作為皇權時代政治思想最新資源的「五德終始」和「功德」。從

其邏輯關係是：（1）圍繞尊君，逐漸發展出了敬天、修德、保民三種理論；（2）由敬天而衍化出「天人感應」和「天人合一」等學說，由修德而衍化出「內聖外王」和「修齊治平」以及宋明理學，由保民而衍化出「仁政」、「德治」的民本主義學說。

國人相信，敬天理論使人們可以制君，修德理論使人們可以諫君，保民理論使人們可以責君。基於此，人們似乎沒有理由不相信中國皇帝實在是最有可能成為最仁慈和聖明的君主。有了聖君，就會有賢臣；有了賢臣，就會有良民。這個邏輯倒是相當自洽。問題是，歷史往往是邏輯的倒置。這意味著，中國歷史上實際只有良民，而極少賢臣，絕無聖君。

這說明教化功能只能在手無寸權的民眾身上發揮作用。權力越大，教化效應越小；如果權力達致極限，教化效應自然歸零。無限的權力意味著無謂的教化。一方面，教化對最高權力者作用最小；另一方面，國人又只用教化去約束最高權力者。這種以羊牧狼的策略近乎一本萬利乃至無本萬利的買賣。結果只能是血本無歸。[12] 這一客觀結果又進一步表明，中國政治思想存在兩個致命缺陷。第一，它不涉及權力制衡；第二，它不包含權利平衡。[13] 前者意味著君權獨尊，後者意味著民權虛無。合而觀之，則是構製成一種君權無限擴張、民權極限萎縮的現實秩序。在這一現實秩序中，天道王道合一，君統道統合一。換言之，皇帝即國家，君主即聖人，成為這一現實秩序的觀念邏輯。認同這種觀念邏輯，就自然進入了相應的思想史結構。

我把思想史結構理解為觀察和描述思想史實際狀態的操作平臺。這意味著，中國政治思想史上獨有的問題恰恰有可能憑藉這一平臺得以展示和處理。

三、考量方法

古人謂人有三面鏡子：以銅為鏡可以正衣冠，以人為鏡可以明得失，以古

觀念脈絡看，在「尊君」基點上同時發展出來了兩條不同思想線索：尊君－卑臣－賤民，尊君－禮臣－貴民，從而構成了意識形態秩序的兩條極值性邊際線，並被一同整合在「以吏為師」的意識形態建制中。

12　於是儒學教化與專制皇權之間在半真半假假戲真作中達成了一段天作之合的圓滿姻緣。可以肯定的是，二者完全是自由結合，而非包辦婚姻。

13　權利論的合法性思維與目的論的合理性思維之別可能是中西政治思想的基本分野。

為鏡可以知興衰。現在則需要加上第四面鏡子，以西為鏡可以知中國。[14]不妨說，睜眼看西方就是睜眼看中國。這是同一個過程，同一個開端。這意味著在睜眼看西方之前國人不可能真正看清中國。前三面鏡子是國人為自己製造出來的，是一種比較小的鏡子，它不具有過分明顯的強制性，選擇的權利在自己。後一面鏡子是西人為國人製造出來的，是一種特別大的鏡子，它具有嚴酷的強制性，選擇的權利完全不在自己。就是說，以前是自己主動去照鏡子，現在是別人強迫自己來照鏡子。這是性質非常不同的兩件事情。問題是，以西為鏡是否意味著中國只能是西方眼中的中國？老實說，除了西方這面鏡子，中國現在又找不到其他一面更好的鏡子。原來的三面鏡子雖然還可以繼續使用，但它的重要性已大大降低。它甚至已不具有可供獨立觀照的功能。所以在現代意義上，只有西方這面鏡子才能真正呈現出中國的本色形象。因而，如何使用西方這面鏡子，同時又不被西方這面鏡子所控制，二者之間的確存在一個難以把握的度。這個度就是：西鏡既非魔鏡，亦非哈哈鏡。一方面，既要通過「西鏡」來認真全面地觀照自己的真實形象；另一方面，又要努力避免使自身成為「西鏡」中的單一形象。所以我們必須尋求「東方主義」與「東方話語」之架構性平衡。[15]這意味著，儘管我們必須通過「西鏡」來觀照自己，可「西鏡」映照下的中國的完整性卻還有待於進一步確認。至少我們沒有權利說中國僅僅是「西鏡」中的存在。

所以，以西為鏡不意味著「西鏡」中的「中國」肯定是中國的唯一形象。問題是，我們憑什麼確信這點或質疑這點？毋庸置疑的是，我們的憂慮肯定會永遠存在：「西鏡」可能扭曲中國，可能遮蔽中國，可能剝奪中國。可我們能有兩全其美的「正確」選擇嗎？換個角度看，在此之前，我們自己製造的鏡子是否一定反映了中國的真實？但這個問題其實並不存在。因為如果確實如此，我們壓根用不著費勁八力地討論這些問題。西鏡自成多餘。顯然事情並非如此。所以需要接著思考：我們是否一直在用自己製造的鏡子去不加任何節制地甚至

14　參見叢日雲《西方政治文化傳統》，〈後記〉，黑龍江人民出版社，2002 年。

15　東方主義是西方表述東方，東方話語是東方表述自我。這裡的問題有二：第一，是否所有西方對東方的表述都是東方主義？第二，是否所有的東方主義都是對東方的遮蔽？無論如何，反思東方主義不等於放鬆（更不等於放棄）對東方話語的警惕。因為西人的蒙蔽與國人的自蔽是同時發生的事情。我們不能因防西人之騙，而陷入更深的自欺。這並非或然，而是實然。

近乎隨心所欲地扭曲中國、遮蔽中國、剝奪中國？而且，我們這種古已有之的自我扭曲、自我遮蔽、自我剝奪其動機和效果是否一定比西鏡的他者扭曲、他者遮蔽、他者剝奪更好更值得贊許？如果不能充分肯定這點，我們必須選擇兩害相權取其輕的現實策略，而不是兩全其美八面玲瓏的理想方案。

比如，相對於法家或其他諸子，抑或相較於秦漢以後越來越趨於極端的主流思想，先秦儒家的某些游移不定的隻言片語可能會被人們視作「民主」。但相對於西方思想，則無論如何不能說成是「民主」。[16] 同樣，如果不考慮西方歷史，我們倒是很有理由把中國政體說成是不那麼專制的，甚至說成是「民主的」。[17] 問題是，如果真的完全撇開西方歷史，我們絕不可能對中國政治－思想作出這種「專制」還是「民主」的兩極性判斷。[18] 這就是悖論。我把它稱之為「本體論的中國悖論」。[19] 作為本體論之悖論，它不可能以任何認識論的方式徹底消解，而只能尋求方法論的折衷與平衡。這種平衡之嘗試就是以西為鏡與中西有別的方法論設置。

以西為鏡是方法論的前提要求，中西有別是方法論的操作規定。它與「中華專制主義」構成了方法論考量的內外方面。就外而言，有兩點，以西為鏡和中西有別；就內而言，也有兩點，既首先確認「中華專制主義」，同時又暫時擱置「中華專制主義」。[20] 但內外兩面具有本質相關性。正因為以西為鏡，才

16　這恐怕不能說由於西方思想的觀照，使我們曲解了儒學思想或沒有正當認識儒學的真實面目。

17　這恐怕也不能說如果不參照西方思想，我們反而能夠正確認知儒學的性質與價值。

18　在我印象裡，古人從未以「民主」稱讚儒家，當然也從未以「專制」指責法家。

19　這種悖論表現為民主思想背景下的專制主義思考。它包含這樣一個意向：專制主義在什麼條件下成為一個必須思考的問題？事實上，對中國來說，沒有民主，專制就不是問題。同樣事實上，對中國來說，沒有民主，專制才成為問題。這種「民主－專制悖論」可能是中國歷史－現實構成的特有的政治－思想問題。一般說，民主、專制、民主和專制、專制即民主，這四種看法基本涵括了國人現在對中國政治－思想史的思考和判斷。

20　這需要在既確認「中華專制主義」又擱置「中華專制主義」之間尋找一種架構性平衡，從而在此前提下具體而深入地分析和闡釋中國歷史和社會的豐富內涵。比如，「皇帝制度」、「帝制社會」、「帝制國家」、「君主政治」、「皇權政體」這些概念應該盡可能地保持其中性，而不必時時刻刻事事處處都與「中華專制主義」勾連起來。簡言之，既要有價值判斷，又要擱置價值判斷。因為沒有價值判斷或放棄價值判斷，並不是一種正常的思想狀態和真實的思想過程。但過度的價值判斷也會削弱和損害理性分析必須的思想力度，同時它也會妨礙和限制我們（在盡可能的意義上）對事情真相的認識和理解。所以，價值判斷前提下的具體分析和實證闡釋是否可能以及如何可能，

得以確認中華專制主義；同時，也正因為中西有別，才需要擱置中華專制主義。[21]

內外結合，使中華專制主義政體超越性的最大邊際線成為一條思想史方法論的「輔助線」。這條「輔助線」可以幫助我們設置一個特殊的虛擬空間。在這裡，我們可以對中國思想史進行盡可能的充分想像，同時並最大限度地保持著思想的謹慎和獨立的判斷。所謂以西為鏡與中西有別的方法論原則恰在此處得以正當安置。

這意味著，以西為鏡並不必然導向目的論，中西有別也不必然導致還原論。目的論是對西方歷史的理想期待，它隱含有某種普遍性訴求；還原論是對中國歷史的境遇設定，它蘊含有某種特殊性訴求。二者均有悖於以西為鏡與中西有別的方法論建構。因為這種建構恰恰解構了目的論與還原論之對峙以及普遍性與特殊性之對抗。它相信，無論單行道還是雙軌車，不期而遇的僥倖往往是對中國政治－思想實態的失之交臂。所以，考量方法要求我們對自己創造的方法論始終保持一種最嚴厲的質疑和最開放的平衡。

是一個真正的問題。毋庸置疑，在價值判斷和實證闡釋之間保持一種充分的張力對我們的思維能力和思想極限來說無論如何都是一個苛刻的挑戰。

21　正是在這個微妙的意義上，我才說，思考也就是真正的思考確實是一種智慧的平衡術。

參考文獻

一、古典

繆文遠，《戰國策新校注》，巴蜀書社，1998 年第 3 版。

孫希旦，沈嘯寰、王星賢點校，《禮記集解》，中華書局，1989 年。

王維堤、唐書文譯注，《春秋公羊傳譯注》，上海古籍出版社，1997 年。

〔日〕安居香山、中村璋八輯，《緯書集成》，河北人民出版社，1994 年。

王聘珍，王文錦點校，《大戴禮記解詁》，中華書局，1983 年。

孫楷，徐復訂補，《秦會要訂補》，中華書局，1959 年。

許慎，段玉裁注，《說文解字注》，成都古籍書店，1981 年。

黃懷信等撰，《逸周書匯校集注》，上海古籍出版社，1995 年。

蘇輿撰，鐘哲點校，《春秋繁露義證》，中華書局，1992 年。

范曄，《後漢書》，中華書局，1965 年。

司馬遷，《史記》，中華書局，1959 年。

朱熹，《朱子語類》，中華書局，1994 年。

顧炎武，《日知錄》，嶽麓書社，1994 年。

陳壽，《三國志》，中華書局，1959 年。

薛居正，《舊五代史》，中華書局，1976 年。

班固，《漢書》，中華書局，1962 年。

杜佑，王文錦等點校，《通典》，中華書局，1982 年。

酈道元，《水經注》，巴蜀書社，1985 年。

《冊府元龜》，中華書局，1960 年。

杜預，《春秋左傳集解》，上海人民出版社，1977 年。

《孔叢子》，四部叢刊。

《藝文類聚》，上海古籍出版社，1999 年新二版。

劉知幾，浦起龍注，《史通通釋》，上海古籍出版社，1978 年。

袁宏，《後漢紀》，四部叢刊。

章學誠，葉瑛校注，《文史通義校注》，中華書局，1985 年。

孫詒讓，王文錦、陳玉霞點校，《周禮正義》，中華書局，1987 年。

《古文苑》，四部叢刊。

蘇軾，趙學智校注，《東坡志林》，三秦出版社，2003 年。

陸賈，王利器校注，《新語校注》，中華書局，1986 年。

賈誼，閻振益、鐘夏校注，《新書校注》，中華書局，2000 年。

劉安，張雙棣校釋，《淮南子校釋》，北京大學出版社，1997 年。

王利器校注，《鹽鐵論校注》，中華書局，1992 年。

劉向，《說苑》，上海古籍出版社，1990 年。

劉向，《新序》，上海古籍出版社，1990 年。

嚴可均輯，《全上古三代秦漢三國六朝文》，中華書局，1991 年。

楊伯峻譯注，《孟子譯注》，中華書局，1962 年。

楊伯峻譯注，《論語譯注》，中華書局，1980 年。

郭沫若集校，《管子集校》，科學出版社，1956 年。

任繼愈譯，《老子新譯》，上海古籍出版社，1985 年。

郭慶藩集釋，《莊子集釋》，中華書局，1961 年。

章詩同注，《荀子簡注》，上海人民出版社，1974 年。

陳奇猷集釋，《呂氏春秋集釋》，學林出版社，1984 年。

影印《十三經注疏》，中華書局，1980 年。

《馬王堆漢墓帛書（壹）》，文物出版社，1980 年。

韓嬰，屈守元箋疏，《韓詩外傳箋疏》，巴蜀書社，1996 年。

趙翼，王樹民校證，《二十二史箚記校證》，中華書局，1984 年。

王鳴盛，《十七史商榷》，中國書店，1987 年。

葉適，《習學記言》，上海古籍出版社，1992 年。

錢大昕，《十駕齋養新錄》，江蘇古籍出版社，2000 年。

楊伯峻集釋，《列子集釋》，中華書局，1979 年。

高明校注，《帛書老子校注》，中華書局，1996 年。

王充，黃暉校釋，《論衡校釋》，中華書局，1990 年。

《睡虎地秦墓竹簡》，文物出版社，1978 年。

王守仁，《傳習錄》，江蘇古籍出版社，2001 年。

朱越利校點，《墨子》，遼寧教育出版社，1997 年。

劉寶楠，《《論語》正義》，河北人民出版社，1988 年。

《柳宗元集》，中華書局，1979 年。

《國語》，上海古籍出版社，1978 年。

李定生、徐慧君校注，《文子要詮》，復旦大學出版社，1988 年。

陳亮，鄧廣銘點校，《陳亮集》，中華書局，1987 年。

桓譚，《新論》，上海人民出版社，1977 年。

《春秋公羊傳注疏》（標點本），北京大學出版社，1999 年。

王夫之，《讀通鑑論》，中華書局，1975 年。

洪邁，《容齋隨筆》，上海人民出版社，1978 年。

趙翼，《陔余叢考》，河北人民出版社，1990 年。

孔穎達，《周易正義》，中國書店，1987 年。

李鼎祚，《周易集解》，上海古籍出版社，1989 年。

《二程集》，中華書局，1981 年。

吳九龍釋文，《銀雀山漢簡釋文》，文物出版社，1985 年。

伏生，《尚書大傳》，《傳世藏書‧經庫‧經學史》，海南國際新聞出版中心，
　　　1996 年。

《戰國縱橫家書》，文物出版社，1976 年。

《商君書》，《諸子集成》本，上海書店，1986 年。

劉歆，葛洪輯，《西京雜記》，上海古籍出版社，1991 年。

王念孫，《讀書雜誌》，北京市中國書店，1985 年。

姚際恆，陳祖武點校，《《儀禮》通論》，中國社會科學出版社，1998 年。

司馬光，《資治通鑑考異》，四部叢刊。

王先慎集解，鐘哲點校，《韓非子集解》，中華書局，1998 年。

張文虎，《校刊史記集解索隱正義劄記》，中華書局，1977 年。

孫承澤，《春明夢餘錄》，臺北，大立出版社，1980 年。

焦竑，《焦氏筆乘》，山東友誼書社，1991 年。

陳直校證，《三輔黃圖校證》，陝西人民出版社，1980 年。

崔豹，《古今注》，四部叢刊。

馬端臨，《文獻通考》，中華書局，1986 年。

劉汝霖，《漢晉學術編年》，上海書店，1992 年。

《吳越春秋》，四部叢刊。

班固編，陳立疏證，吳則虞點校，《白虎通疏證》，中華書局，1994 年。

蕭統編，李善注，《文選》，中華書局，1977 年。

顧炎武，《歷代宅京記》，中華書局，1984 年。

徐天麟，《西漢會要》，上海人民出版社，1977 年。

崔述，顧頡剛編訂，《崔東壁遺書》，上海古籍出版社，1983 年。

《明實錄》，上海古籍出版社，1983 年。

歐陽修，《文忠集》，影印文淵閣《四庫全書》，臺灣商務印書館。

張衍田輯校，《史記正義佚文輯校》，北京大學出版社，1985 年。

張岱，唐潮校點，《夜航船》，巴蜀書社，1998 年。

王觀國，田瑞娟點校，《學林》，中華書局，1988 年。

孫星衍等輯，周天游點校，《漢官六種》，中華書局，1990 年。

應劭，吳樹平校釋，《風俗通義》，天津人民出版社，1980 年。

譚嗣同，《譚嗣同全集》，中華書局，1981 年。

鄭樵，《通志》，臺灣，新興書局，1965 年影印版。

《唐五十家詩集》，上海古籍出版社，1981 年。

沈家本，《歷代刑法考》，中華書局，1985 年。

張岱，《四書通》，浙江古籍出版社，1985 年。

劉勰，周振甫注，《文心雕龍注釋》，人民文學出版社，1981 年。

沈德潛，《古詩源》，中華書局，1963 年新 1 版。

《滿城漢墓》，文物出版社，1978 年。

〔日〕瀧川資言，《史記會注考證》，上海古籍出版社，2015 年。

張志淳，李東平等校注，《南園漫錄校注》，雲南民族出版社，1999 年。

二、現代

王國維，《觀堂集林》，河北教育出版社，2001 年。

楊聯升，《國史探微》，遼寧教育出版社，1998 年。

蒙文通，《古學甄微》，巴蜀書社，1987 年。

張光直，《商代文明》，北京工藝美術出版社，1999 年。

錢穆，《兩漢經學今古文平議》，商務印書館，2001 年。

俞榮根，《道統與法統》，法律出版社，1999 年。

楊東晨，《古史論集》，陝西人民教育出版社，1994 年。

王爾敏，《中國近代思想史論》，社會科學文獻出版社，2003 年。

陳啟雲，《荀悅與中古儒學》，遼寧大學出版社，2000 年。

張運華，《先秦兩漢道家思想研究》，吉林教育出版社，1998 年。

閻步克，《閻步克自選集》，廣西師範大學出版社，1997 年。

牟宗三，《中國哲學十九講》，上海古籍出版社，1997 年。

馮友蘭，《中國哲學簡史》，北京大學出版社，1985 年。

呂思勉，《呂思勉說史》，上海古籍出版社，2000 年。

繆文遠，《戰國策考辨》，中華書局，1984 年。

祝總斌，《兩漢魏晉南北朝宰相制度研究》，中國社會科學出版社，1990 年。

朱維錚編，《周予同經學史論著選集》（增訂本），上海人民出版社，1996 年第 2 版。

楊寬，《戰國史》，上海人民出版社，1980 年。

李澤厚，《美學三書》，安徽文藝出版社，1999 年。

金毓黻，《中國史學史》，河北教育出版社，2000 年。

陳戌國，《中國禮制史》（秦漢卷），湖南教育出版社，1993 年。

鄧球柏，《帛書周易校釋》（增訂本），湖南出版社，1996 年。

黃凡，《《周易》——商周之交史事錄》，汕頭大學出版社，1995 年。

廖名春，《《周易》經傳與易學史新論》，齊魯書社，2001 年。

章太炎，《章太炎學術史論集》，中國社會科學出版社，1997 年。

李零，《中國方術續考》，東方出版社，2000 年；中華書局，2006 年。

徐復觀，《徐復觀論經學史二種》，上海書店出版社，2002 年。

饒宗頤，《中國史學上之正統論》，上海遠東出版社，1996 年。

余英時，《現代儒學的回顧與展望》，三聯書店，2004 年。

葛承雍，《儒生‧儒臣‧儒君》，陝西人民教育出版社，1993 年。

馮達文，《早期中國哲學略論》，廣東人民出版社，1998 年。

徐興無，《讖緯文獻與漢代文化構建》，中華書局，2003 年。

胡適，《中國哲學史大綱》，河北教育出版社，2001 年。

丁原明，《黃老學論綱》，山東大學出版社，1997 年。

鄭良樹，《竹簡帛書論文集》，中華書局，1982 年。

康有為，《春秋董氏學》，中華書局，1990 年。

張榮明，《殷周政治與宗教》，臺灣，五南圖書出版公司，民國 86 年。

丁德科，《先秦儒道一統思想述論》，陝西人民出版社，2003 年。

劉澤華，《洗耳齋文稿》，中華書局，2003 年。

楊寬，《中國古代都城制度史研究》，上海人民出版社，2003 年。

錢鍾書，《管錐編》，中華書局，1986 年第 2 版。

雷家驥，《兩漢至唐初的歷史觀念與意識》，書目文獻出版社，1987 年。

佘明光，《黃帝四經與黃老思想》，黑龍江人民出版社，1989 年。

張岱年，《中國哲學大綱》，中國社會科學出版社，1982 年。

呂思勉，《先秦學術概論》，中國大百科全書出版社，1985 年。

張舜徽，《周秦道論發微》，中華書局，1982 年。

王明，《道家和道教思想研究》，中國社會科學出版社，1984 年。

翦伯贊，《秦漢史》，北京大學出版社，1983 年第 2 版。

楊向奎，《宗周社會與禮樂文明》，人民出版社，1999 年。

周谷城，《中國政治史》，中華書局，1982 年。

白鋼主編，《中國政治制度通史》，人民出版社，1993 年。

劉澤華，《中國傳統政治思想反思》，三聯書店，1987 年。

梁啟超，《梁啟超全集》，北京出版社，1999 年。

劉澤華，《先秦政治思想史》，南開大學出版社，1983 年。

侯外廬主編，《中國思想通史》，人民出版社，1956–1960 年。

葛兆光，《中國思想史》，復旦大學出版社，1998–2000 年。

葛兆光，《葛兆光自選集》，廣西師範大學出版社，1997 年。

楊幼炯，《中國政治思想史》，商務印書館，1937 年。

蕭公權，《中國政治思想史》，遼寧教育出版社，1998 年。

呂振羽，《中國政治思想史》，三聯書店，1955 年第 4 版。

劉澤華主編，《中國政治思想史》，浙江人民出版社，1996 年。

李開元，《漢帝國的建立與劉邦集團》，三聯書店，2000 年。

閻步克，《士大夫政治演生史稿》，北京大學出版社，1996 年。

林存光，《儒教中國的形成——早期儒學與中國政治文化的演進》，齊魯書社，
    2003 年。

劉澤華，《中國的王權主義》，上海人民出版社，2000 年。

林安梧，《儒學與中國傳統社會之哲學省察》，學林出版社，1998 年。

余英時，《士與中國文化》，上海人民出版社，2003 年。

陳啟雲，《中國古代思想文化的歷史論析》，北京大學出版社，2001 年。

張國，《中國治國思想史》，新華出版社，2002 年。

顧准，《顧准文集》，貴州人民出版社，1994 年。

顧准，《顧准筆記》，中國青年出版社，2002 年。

馮友蘭，《中國哲學史》，中華書局，1961 年新 1 版。

彭林，《《周禮》主體思想與成書年代研究》，中國社會科學出版社，1991 年。

周桂鈿主編，《中國傳統政治哲學》，河北人民出版社，2001 年。

傅斯年，《傅斯年卷》，河北教育出版社，1996 年。

徐復觀，《兩漢思想史》，華東師範大學出版社，2001 年。

姜廣輝主編，《中國經學思想史》，中國社會科學出版社，2003 年。

劉師培，《劉申叔遺書》，江蘇古籍出版社，1997 年。

孫筱，《兩漢經學與社會》，中國社會科學出版社，2002 年。

王家範，《中國歷史通論》，華東師範大學出版社，2000 年。

何懷宏，《世襲社會及其解體──中國歷史上的春秋時代》，三聯書店，1996 年。

《中國思想與制度論集》，聯經出版事業公司，民國 68 年。

謝維揚，《中國早期國家》，浙江人民出版社，1995 年。

呂思勉，《呂思勉讀史劄記》，上海古籍出版社，1982 年。

徐連達、朱子彥，《中國皇帝制度》，廣東教育出版社，1996 年。

錢穆，《中國歷代政治得失》，三聯書店，2001 年。

《中國前近代史理論國際學術研討會論文集》，湖北人民出版社，1997 年。

童書業，《春秋左傳研究》，上海人民出版社，1980 年。

呂思勉，《呂思勉遺文集》，華東師範大學出版社，1997 年。

呂思勉，《論學集林》，上海教育出版社，1987 年。

王文亮，《中國聖人論》，中國社會科學出版社，1993 年。

楊寬，《楊寬古史論文選集》，上海人民出版社，2003 年。

柳春藩，《秦漢封國食邑賜爵制》，遼寧人民出版社，1984 年。

楊鴻年，《漢魏制度叢考》，武漢大學出版社，1985 年。

金春峰，《漢代思想史》，中國社會科學出版社，1997 年修訂版。

朱維錚，《中國經學史十講》，復旦大學出版社，2002 年。

魯迅，《魯迅全集》，人民文學出版社，1981 年。

沈文倬，《宗周禮樂文明考論》，杭州大學出版社，1999 年。

皮錫瑞，《經學歷史》，中華書局，1959 年。

皮錫瑞，《經學通論》，中華書局，1954 年。

錢穆，《國學概論》，商務印書館，1997 年。

馮友蘭，《中國哲學史新編》，人民出版社，1985 年。

邢文，《帛書周易研究》，人民出版社，1997 年。

李鏡池，《周易探源》，中華書局，1978 年。

葛志毅、張惟明，《先秦兩漢的制度與文化》，黑龍江教育出版社，1998 年。

安作璋、熊鐵基，《秦漢官職史稿》，齊魯書社，1985 年。

齊思和，《中國史探研》，河北教育出版社，2000 年。

蒙文通，《經史抉原》，巴蜀書社，1995 年。

李景明，《中國儒學史》（秦漢卷），廣東教育出版社，1998 年。

余敦康，《內聖外王的貫通──北宋易學的現代闡釋》，學林出版社，1997 年。

傅斯年，《民族與古代中國史》，河北教育出版社，2002 年。

黃留珠，《秦漢歷史文化論稿》，三秦出版社，2002 年。

徐旭生，《中國古史的傳說時代》，廣西師範大學出版社，2003 年。

張光直，《中國青銅時代》，三聯書店，1999 年。

陳來，《古代宗教與倫理──儒家思想的根源》，三聯書店，1996 年。

施治生、劉欣如主編，《古代王權與專制主義》，中國社會科學出版社，1993 年。

李零，《郭店楚簡校讀記》，北京大學出版社，2002 年。

錢穆，《先秦諸子系年》，商務印書館，2001 年。

白奚，《稷下學研究》，三聯書店，1998 年。

劉起，《古史續辨》，中國社會科學出版社，1991 年。

李學勤，《簡帛佚籍與學術史》，江西教育出版社，2001 年。

馬非百，《秦集史》，中華書局，1982 年。

崔適，張烈點校，《史記探源》，中華書局，1986 年。

康有為，《新學偽經考》，三聯書店，1998 年。

郭沫若，《郭沫若全集》歷史編，人民出版社，1982 年。

〔美〕黃仁宇，《中國大歷史》，三聯書店，1997 年。

袁仲一，《秦始皇陵兵馬俑研究》，文物出版社，1990 年。

王學理，《秦都咸陽》，陝西人民出版社，1985 年。

熊鐵基，《秦漢新道家》，上海人民出版社，1984 年。

徐復觀，《中國思想史論集》，臺灣學生書局，民國 72 年。

余英時，《中國知識階層史論》，聯經出版事業公司，民國 69 年。

李申，《中國儒教史》，上海人民出版社，1999 年。

顧頡剛等，《古史辨》，上海古籍出版社，1982 年。

胡家聰，《稷下爭鳴與黃老新學》，中國社會科學出版社，1998 年。

閻步克，《樂師與史官》，三聯書店，2001 年。

韋政通，《中國思想傳統的創造轉化——韋政通自選集》，雲南人民出版社，2002 年。

劉述先，《儒家思想開拓的嘗試》，中國社會科學出版社，2001 年。

楊向奎，《中國古代社會與古代思想研究》，上海人民出版社，1962–1964 年。

嚴正，《五經哲學及其文化學的闡釋》，齊魯書社，2001 年。

《儒家與自由主義》，三聯書店，2001 年。

杜維明，《道學政——論儒家知識份子》，上海人民出版社，2000 年。

余英時，《歷史與思想》，聯經出版事業公司，1976 年。

韋政通，《中國哲學思想批判》，臺北市，水牛出版社，民國 81 年。

何光滬，《何光滬自選集》，廣西師範大學出版社，1999 年。

張灝，《張灝自選集》，上海教育出版社，2002 年。

張東蓀，《思想與社會》，遼寧教育出版社，1998 年。

韋政通，《中國文化概論》，嶽麓書社，2003 年。

冷德熙，《超越神話——緯書政治神話研究》，東方出版社，1996 年。

陳來，《古代思想文化的世界》，三聯書店，2002 年。

許倬雲，《西周史》（增補本），三聯書店，2001 年。

李澤厚，《歷史本體論》，三聯書店，2002 年。

徐復觀，《中國人性論史》，上海三聯書店，2001 年。

蔣慶，《公羊學引論》，遼寧教育出版社，1995 年。

劉小楓，《個體信仰與文化理論》，四川人民出版社，1997 年。

劉小楓，《現代性社會理論緒論》，上海三聯書店，1998 年。

劉小楓，《儒家革命精神源流考》，上海三聯書店，2000 年。

顧實，《《漢書藝文志》講疏》，上海古籍出版社，1987 年。

余英時，《中國思想傳統的現代詮釋》，江蘇人民出版社，2003 年。

蔣慶，《政治儒學──當代儒學的轉向、特質與發展》，三聯書店，2003 年。

張光直，《美術、神話與祭祀》，遼寧教育出版社，1988 年。

董作賓，《董作賓卷》，河北教育出版社，1996 年。

劉小楓、陳少明主編，《經典與解釋的張力》，上海三聯書店，2003 年。

陳夢家，《尚書通論》，河北教育出版社，2000 年。

王亞南，《中國官僚政治研究》，中國社會科學出版社，1981 年。

周長山，《漢代城市研究》，人民出版社，2001 年。

侯仁之，《歷史上的北京城》，中國青年出版社，1980 年第 2 版。

何懷宏，《選舉社會及其終結──秦漢至晚清歷史的一種社會學闡釋》，三聯
　　書店，1998 年。

雷海宗，《中國文化與中國的兵》，商務印書館，2001 年。

呂思勉，《秦漢史》，上海古籍出版社，1983 年。

呂思勉，《先秦史》，上海古籍出版社，1982 年。

呂思勉，《中國制度史》，上海教育出版社，1985 年。

顧頡剛，《秦漢的方士與儒生》，上海古籍出版社，1998 年。

呂思勉，《中國民族史》，中國大百科全書出版社，1987 年。

汪受寬，《諡法研究》，上海古籍出版社，1995 年。

王育民，《秦漢政治制度》，西北大學出版社，1996 年。

周良霄，《皇帝與皇權》，上海古籍出版社，1999 年。

叢日雲，《西方政治文化傳統》，黑龍江人民出版社，2002 年。

劉師培，《劉師培辛亥前文選》，三聯書店，1998 年。

白鋼，《中國皇帝》，天津人民出版社，1993 年。

許倬雲，《許倬雲自選集》，上海教育出版社，2002 年。

晁福林，《先秦社會形態研究》，北京師範大學出版社，2003 年。

夏曾佑，《中國古代史》，河北教育出版社，2000 年。

何茲全，《中國古代社會》，北京師範大學出版社，2001 年。

高敏，《睡虎地秦簡初探》，河南人民出版社，1981 年。

余宗發，《雲夢秦簡中思想與制度勾搐》，文津出版社，1992 年。

吳福助，《睡虎地秦簡論考》，文津出版社，1994 年。

余英時，《余英時文集》，廣西師範大學出版社，2004 年。

孟登迎，《意識形態與主體建構》，中國社會科學出版社，2002 年。

尹伊君，《社會變遷的法律解釋》，商務印書館，2003 年。

干春松，《制度化儒家及其解體》，中國人民大學出版社，2003 年。

廖平，《廖平學術論著選集》，巴蜀書社，1989 年。

石元康，《當代西方自由主義理論》，上海三聯書店，2000 年。

梁治平，《尋求自然秩序中的和諧》，中國政法大學出版社，2002 年修訂版。

陳寅恪，《金明館叢稿二編》，上海古籍出版社，1980 年。

瞿同祖，《中國法律與中國社會》，中華書局，2003 年新 1 版。

唐力行主編，《國家、地方、民眾的互動與社會變遷》，商務印書館，2004 年。

邢義田，《秦漢史論稿》，東大圖書公司，民國 76 年。

趙伯雄，《春秋學史》，山東教育出版社，2004 年。

叢日雲，《在上帝與愷撒之間——基督教二元政治觀與近代自由主義》，三聯
　　　書店，2003 年。

鄭傑文，《戰國策文新論》，山東人民出版社，1998 年。

葛兆光，《屈服史及其他：六朝隋唐道教的思想史研究》，三聯書店，2003 年。

錢穆，《黃帝‧秦漢史》，廣西師範大學出版社，2005 年。

陳少明，《等待刺蝟》，上海三聯書店，2004 年。

王學典，《二十世紀後半期中國史學主潮》，山東大學出版社，2000 年第 2 版。

朱自清，《朱自清說詩》，上海古籍出版社，1998 年。

余英時，《史學、史家與時代》，廣西師範大學出版社，2004 年。

黃清連主編，《制度與國家》，中國大百科全書出版社，2005 年。

馮天瑜，《「封建」考論》，武漢大學出版社，2006 年。

傅斯年，《史學方法導論》，中國人民大學出版社，2004 年。

嚴耕望，《中國地方行政制度史——秦漢地方行政制度史》，上海古籍出版社，
　　2007 年。

錢永祥，《縱欲與虛無之上》，三聯書店，2002 年。

〔美〕黃仁宇，《赫遜河畔談中國歷史》，三聯書店，1992 年。

劉慶柱，《地下長安》，中華書局，2016 年。

巫鴻，《武梁祠——中國古代畫像藝術的思想性》，三聯書店，2006 年。

朱祖希編著，《北京城演進的軌跡》，光明日報出版社，2004 年。

孟祥才，《先秦秦漢史論》，山東大學出版社，2001 年。

劉敏，《秦漢編戶民問題研究——以與吏民、爵制、皇權關係為重點》，中華
　　書局，2014 年。

周振鶴，《中國歷史政治地理十六講》，中華書局，2013 年。

三、西學

〔德〕黑格爾，賀麟、王太慶譯，《哲學史講演錄》，商務印書館，1959–1978
　　年。

〔古希臘〕亞里斯多德，吳壽彭譯，《政治學》，商務印書館，1965年。

〔美〕詹姆斯‧W‧西瑟，竺幹威譯，《自由民主與政治學》，上海人民出版
　　社，1998年。

〔英〕J‧B‧伯里，宋桂煌譯，《思想自由史》，吉林人民出版社，1999年。

〔英〕邁克爾‧歐克肖特，張汝倫譯，《政治中的理性主義》，上海譯文出版
　　社，2003年。

〔日〕內藤湖南，夏應元選編並監譯，《中國史通論》，社會科學文獻出版社，
　　2004年。

〔美〕郝大維、安樂哲，施忠連譯，《漢哲學思維的文化探源》，江蘇人民出
　　版社，1999年。

〔美〕施堅雅主編，葉光庭等譯，《中華帝國晚期的城市》，中華書局，2000
　　年。

〔美〕金勇義，陳國平等譯，《中國與西方的法律觀念》，遼寧人民出版社，
　　1989年。

〔德〕卡爾・曼海姆，艾彥譯，《意識形態和烏托邦》，華夏出版社，2001年。

〔德〕馬克斯・韋伯，洪天富譯，《儒教與道教》，江蘇人民出版社，1997年。

〔德〕馬克斯・韋伯，林榮遠譯，《經濟與社會》，商務印書館，1997年。

劉小楓選編，《施米特，政治的剩餘價值》，上海人民出版社，2002年。

〔美〕巴林頓・摩爾，拓夫等譯，《民主和專制的社會起源》，華夏出版社，
　　1987年。

〔意〕加塔諾・莫斯卡，賈鶴鵬譯，《統治階級》，譯林出版社，2002年。

〔美〕艾蘭，楊民等譯，《早期中國歷史、思想與文化》，遼寧教育出版社，
　　1999年。

〔美〕艾森斯塔得，閻步克譯，《帝國的政治體系》，貴州人民出版社，1992
　　年。

〔日〕五井直弘，姜鎮慶、李德龍譯，《中國古代史論稿》，北京大學出版社，
　　2001年。

〔英〕安東尼・吉登斯，胡宗澤、趙力濤譯，《民族──國家與暴力》，三聯
　　書店，1998年。

江俠庵編譯，《先秦經籍考》，上海文藝出版社，1990年。

〔比〕戴卡琳，楊民譯，《解讀《鶡冠子》──從論辯學的角度》，遼寧教育
　　出版社，2000年。

〔德〕卡爾・洛維特，李秋零、田薇譯，《世界歷史與救贖歷史──歷史哲學
　　的神學前提》，三聯書店，2002年。

〔美〕悉尼・胡克，金克、徐崇溫譯，《理性、社會神話和民主》，上海人民
　　出版社，1965年。

〔德〕黑格爾，王造時等譯，《歷史哲學》，三聯書店，1956年。

〔日〕西嶋定生，武尚清譯，《二十等爵制》，國際文化出版公司，1992年。

〔英〕邁克爾・H・萊斯諾夫，馮克利譯，《二十世紀的政治哲學家》，商務印書館，2001年。

斯拉沃熱・齊澤克、泰奧德・阿多爾諾等，方傑譯，《圖繪意識形態》，南京大學出版社，2002年。

〔美〕卡爾・A・魏特夫，徐式谷譯，《東方專制主義》，中國社會科學出版社，1989年。

〔美〕郝大維、安樂哲，何剛強譯，《先賢的民主──杜威、孔子與中國民主的希望》，江蘇人民出版社，2004年。

《日本學者研究中國史論著選譯》，中華書局，1993年。

〔美〕喬治・霍蘭・薩拜因，〔美〕湯瑪斯・蘭敦・索爾森修訂，盛葵陽、崔妙因譯，《政治學說史》，商務印書館，1986年。

〔荷〕斯賓諾莎，馮炳昆譯，《政治論》，商務印書館，1999年。

〔荷〕斯賓諾莎，溫錫增譯，《神學政治論》，商務印書館，1963年。

〔德〕康得，何兆武譯，《歷史理性批判文集》，商務印書館，1990年。

〔日〕戶川芳郎，姜鎮慶譯，《古代中國的思想》，北京大學出版社，1994年。

〔美〕本傑明・史華茲，《古代中國的思想世界》，江蘇人民出版社，2004年。

〔美〕喬・薩托利，馮克利、閻克文譯，《民主新論》，東方出版社，1998年第2版。

〔德〕奧特弗利德・赫費，龐學銓、李張林譯，《政治的正義性──法和國家的批判哲學之基礎》，上海譯文出版社，1998年。

湯瑪斯・阿奎那，馬清槐譯，《阿奎那政治著作選》，商務印書館，1963年。

〔德〕恩斯特・凱西爾，范進、楊君遊譯，《國家的神話》，華夏出版社，1990年。

〔德〕尤爾根・哈貝馬斯，劉北成、曹衛東譯，《合法化危機》，上海人民出版社，2000年。

〔法〕讓－馬克・誇克，佟心平、王遠飛譯，《合法性與政治》，中央編譯出版社，2002年。

劉小楓主編，楊德友等譯，《二十世紀西方宗教哲學文選》，上海三聯書店，

1991年。

〔法〕托克維爾，馮棠譯，《舊制度與大革命》，商務印書館，1992年。

〔美〕哈威‧C‧曼斯費爾德，馮克利譯，《馴化君主》，譯林出版社，2005年。

〔日〕大庭脩，林劍鳴等譯，《秦漢法制史研究》，上海人民出版社，1991年。

〔英〕雷蒙‧威廉斯，劉建基譯，《關鍵字：文化與社會的詞彙》，三聯書店，2005年。

〔美〕詹姆斯‧R‧湯森、布蘭特利‧沃馬克，顧速、董方譯，《中國政治》，江蘇人民出版社，2004年。

〔日〕冨谷至，柴生芳、朱恆曄譯，《秦漢刑罰制度研究》，廣西師範大學出版社，2006年。

〔美〕費正清，郭曉兵等譯，《中國的思想與制度》，世界知識出版社，2008年。

〔日〕小川環樹，周先民譯，《風與雲——中國詩文論集》，中華書局，2005年。

〔美〕布魯斯‧雪萊，劉平譯，《基督教會史》，北京大學出版社，2004年。

〔法〕阿爾都塞，顧良譯，《保衛馬克思》，商務印書館，1984年。

上海圖書館編，《西方人筆下的中國風情畫》，上海畫報出版社，1997年。

後　記

　　1985 年暑假，我初步形成「歷史即現實」的思想，兩年後又推導出「歷史研究即現實批判」的命題。迄今為止，我的全部思考都是致力於通過研究歷史而發展出一種有效解釋現實的思想方式。

　　真實的思考就像金屬，儘管也會生銹，一旦與另一種真實的思想相遇，仍然會發出金屬般的聲音。只是我好久沒有聽到這種聲音了。

　　以學術為人生，只是一種人生境界。以學術觀照人生，才是學術的至高境界。

　　我以前有過一個比喻：史學界大體有兩種人，一種是蓋雞窩，一種是造宮殿。雞窩太小，人不能住；宮殿太大，普通人不能住。所以唯獨缺少的是供普通人住的房子。沈從文好像說過，他希望為自己蓋一間「希臘式的小屋」。我理解，那裡面供奉有神性，同時也有人性。我也希望能給自己，同時也給普通人建造一間這樣的「希臘式的小屋」。

　　孟子曾抱怨：人丟了雞鴨還知道去找，丟了心卻不曉得去找。這確實是個

問題。可要是人把自己給丟了，那該又如何？倘若人連自己什麼丟了都不知道，那又該如何？龔自珍更是痛心疾首：士不知恥，乃國之大恥。這也是個問題。可國不知恥，該又當如何？這兩個例子說明，國人許多貌似尖銳的問題其實都不徹底。徹底意味著對問題負責。我準備好了嗎？

我們害怕死亡，卻不恐懼身體。難道疼痛和疾病不是比死亡更使我們煩惱和焦慮嗎？我們不擔心子彈的威脅，卻總惦記著原子彈的威嚇。難道原子彈距離我們生活不是更遠嗎？為什麼我們的思慮總是與自己的實際生活無關呢？為什麼我們總是喜歡思索一些自己感覺不到或壓根沒有感覺的事情？為什麼我們總是習慣於思考那些自己感覺之外的事情？我們什麼時候才能使自己的思想具有一種正常的感覺？我們如何才能在思考歷史時擁有一種真正的歷史感？換言之，我們怎樣才能使歷史感成為自己思考歷史時的真實感覺？

我覺得，所謂思想往往不單純是思想本身的事情。它包含有諸多的複雜力量和因素。比如，思想的受控機制、思想的實踐過程、思想的權力載體、思想的表現形式等。如果我們充分考慮到這些，並盡可能把它揭示出來，那麼寫出來的思想史很可能不像是一般印象中的「思想史」模樣。但就思想史實際而言，它本身真的很可能就不像是所謂的「思想史」。

三年來，方向感和失重感的反復疊合構成我的一種複雜體驗。我希望能夠創造出一些真正有價值的東西。但有些似乎超出了我最初的預想。每天都在見證並重新認識一些似曾相識的東西，成為這種思考過程中最有意義的一部分。歷史作為現實中匿名的存在，使我們的生活方式和信仰體系在巨大的慣性中始終處於一種不確定的狀態。我們能夠用手觸摸到它，但卻無法把握。如果把現在人拋進俑坑，填上黃土，誰能擔保他不會又是一個新的秦俑？而且歷史的所謂進步似乎也不應僅僅體現在對過去的這種現代式展示和審美性觀賞。現代知識人在俑坑底層的逍遙倒是真正值得關注。我們應該還能聽到不遠處的儒坑中那綿綿的呼吸和不絕的呻吟。

　　我思故史在。

　　歷史學的全部意義應該從這裡得到理解。因為歷史學家的自我反思保存著民族的精神祕密並啟動著人類的歷史記憶。

　　寫作中，與劉澤華先生的討論與爭論不是一件輕鬆的事情。我得承認，這是一個不小的壓力，這種壓力也確實擠壓出了我的許多毛病。我還得承認，這些毛病使得爭論結果常常是分歧多於共識。好在我們兩人都能接受這點。

　　學術上需要感謝的人，我自然銘記在心。至於一些學界丑類，也很讓人懷念一番。同乎？異乎？同也，異也。終歸齊矣。知我罪我，唯有春秋。

2005 年 3 月 25 日

台版後記

　　書是有生命的。史書的生命取決於歷史。史書要想長久，必須配得上歷史。

　　書在成長，我在老去。我想，我可以說「天涼好個秋」了。可我不想說。
我喜歡說：

> 夢裡種花在海上
>
> 三千紅紫成一方
>
> 不觀秋水不賞月
>
> 恥對天下說天涼

　　本書初版已有十六年，其間有過一次重印，限於版式，僅改正了個別錯字。
此次再版，內容有所修訂。遺憾的是，依然不能恢復《天高皇帝近──秦漢之
際皇權主義生成的觀念－實踐研究》之本名。

　　在臺灣出書，一直是我的夢想。理由當然不僅僅是學術，更是高於學術的
學術自由，乃至自由本身。這難免有理想化的成分。因為 2020 年美國大選向世
界昭示出，民主的墮落完全公開化，民主的腐敗速度已超過了專制。

　　或許，人類再次步入了一個世界歷史的低谷期。雖然尚未見底。這是一個
史無前例的失明且失語時代。儘管尚未正式歷史命名。匿名的歷史意味著，歷
史的倒退仍在繼續。事實上，歷史倒退始終都在進行。大躍進即是大倒退。本

質上，歷史倒退不可逆轉。幻想歷史進步表明人類尚未真正成熟。人類不必重頭再來，但需要重新起步。這不是低谷的啟示，而是低谷的命運。應該相信，有時光明恰是一種地下財富。

　　站在低谷，仰望星空，走向遠方，皆無意義。它無助於人們走出低谷。更重要的是，它無助於人們辨識和確認走出低谷的歷史方向。歷史方向並非自然方位，它需要史家提供的歷史洞察力。史家洞察力首先幫助我們確認身分。中國就像歷史陪讀生，似乎很努力，但毫無意義。因為它所做的一切都和正確的歷史無關。中國睜眼看世界近二百年，看到的都是世界的倒影，這使它深信不疑自己早已領先世界，總是從領先走向新的領先。中國發明了夜郎自大的成語，豈不知自己才是最大的夜郎。這使中國的自大成為世界級的，並因此具有了世界歷史的意義。史家有責任告訴世界，夜郎中國的歷史真相。

　　就其本質，歷史學家的責任不是直接創造歷史，而是指導人們創造歷史。這似乎誇大了歷史學家的能力。但並不離譜。至少他應該向人們展示出歷史低谷的海拔高度，以及走出歷史低谷的可能。這需要一種歷史整體感。只有歷史整體感才能產生真正的歷史感。

　　希望我寫的每一本書都有這種歷史感。

2022 年元旦

國家圖書館出版品預行編目資料

中國文化研究叢書. 第一輯10,秦漢之際的政治思想與皇權主義 / 雷戈著. -- 初
版. -- 臺北市：蘭臺出版社, 2024.06
　　冊；公分. -- (中國文化研究叢書. 第一輯；10)
ISBN 978-626-96643-9-9(全套：精裝)

1.CST: 中國文化 2.CST: 文化史 3.CST: 中國史

630　　　　　　　　　　　　　　　　　　　　　112008792

中國文化研究叢書第一輯10

秦漢之際的政治思想與皇權主義

作　　　者：雷戈
總 編 纂：党明放　盧瑞琴
主　　　編：沈彥伶
編　　　輯：沈彥伶　凌玉琳
美　　　編：陳勁宏
校　　　對：楊容容　盧瑞容　古佳雯
封面設計：陳勁宏
出　　　版：蘭臺出版社
地　　　址：臺北市中正區重慶南路1段121號8樓之14
電　　　話：(02)2331-1675或(02)2331-1691
傳　　　真：(02)2382-6225
E－MAIL：books5w@gmail.com或books5w@yahoo.com.tw
網路書店：http://5w.com.tw/
　　　　　　https://www.pcstore.com.tw/yesbooks/
　　　　　　https://shopee.tw/books5w
　　　　　　博客來網路書店、博客思網路書店
　　　　　　三民書局、金石堂書店
經　　　銷：聯合發行股份有限公司
電　　　話：(02) 2917-8022　　傳真：(02) 2915-7212
劃撥戶名：蘭臺出版社　　　帳號：18995335
香港代理：香港聯合零售有限公司
電　　　話：(852) 2150-2100　　傳真：(852) 2356-0735
出版日期：2024年6月 初版
定　　　價：全套新臺幣18000元整（精裝，套書不零售）
ISBN：978-626-96643-9-9

近代中日關係史

一套10冊，陳鵬仁編譯　定價：12000元（精裝全套不分售）

精選二十世紀以來最重要的史料、研究叢書，從日本的觀點出發，探索這段動盪的歷史。是現今學界研究近代中日關係史不可或缺的一套經典。

第一輯
ISBN：978-986-99507-3-2

第二輯
ISBN：978-626-95091-9-5

中國藝術研究叢書第一輯　党明放 總編纂

　　從考古和人類學的角度看，各種生活內涵形成特有文化，藝術是其中之一。中國藝術博大精深是文化根源，在民族綿延數年中，因歷史悠久數量繁多且內容豐富，有大量珍貴的古籍文獻留存。今蘭臺出版社廣邀海內外各藝術領域研究專家，將藝術文獻普查、整理和研究成果，出版成《中國藝術研究叢書》，每輯十冊；擬以第一、第二輯、第三輯，陸續出版，除發揚前人文獻成果外，並期待文化藝術有所增益。

作者：
陳雪華、易存國、
柏紅秀、賀萬里、
張　耀、張文利、
李浪濤、黃　強、
劉忠國、羅加嶺

全套10冊不分售 精裝本
定價：新台幣18000元
ISBM：978-626-95091-6-4

《臺灣史研究名家論集》

　　這套叢書是四十三位兩岸台灣史的權威歷史名家的著述精華，精采可期，將是臺灣史研究的一座豐功碑及里程碑，可以藏諸名山，垂範後世，開啓門徑，臺灣史的未來新方向即孕育在這套叢書中。展視書稿，披卷流連，略綴數語以説明叢刊的成書經過，及對臺灣史的一些想法，期待與焦慮。

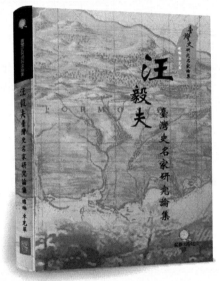

一編 ISBN：978-986-5633-47-9

臺灣史研究名家論集（套書）　定價：28000

王志宇、汪毅夫、卓克華、
周宗賢、林仁川、林國平、
韋煙灶、徐亞湘、陳支平、
陳哲三、陳進傳、鄭喜夫、
鄧孔昭、戴文鋒

二編 ISBN：978-986-5633-70-7

臺灣史名家研究論集二編　（精裝）NT$：30000

尹章義、李乾朗、吳學明、
周翔鶴、林文龍、邱榮裕、
徐曉望、康　豹、陳小沖、
陳孔立、黃卓權、黃美英、
楊彥杰、蔡相輝、王見川

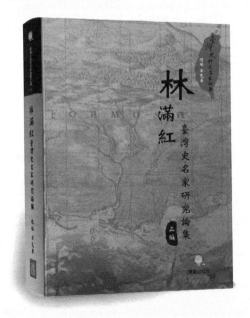

三編 ISBN:978-986-5633-70-7

尹章義、林滿紅、林翠鳳、
武之璋、孟祥瀚、洪健榮、
張崑振、張勝彥、戚嘉林、
許世融、連心豪、葉乃齊、
趙祐志、賴志彰、闞正宗

臺灣史名家研究論集二編　（精裝）NT$：30000

錢穆著作選輯最後定稿版

本版特色

1. 全書在觀點上和研究成果上已多不同於其他書局所出的同名書。
2. 對原書標點進行整理，全書加入私名號、書名號及若干引號，以顯豁文意，方便讀者閱讀。
3. 字體加大，清晰明顯，以維護讀者之視力。
4. 《經學大要》為首次出版；《中國學術思想史論叢》原八冊，新增了（九）、（十）兩冊，補入現代部份，選輯四十九本書，共新增文章二百三十餘篇，在內容上，本選輯是錢先生畢生著作最完整的版本。

ISBN:957-0422-00-9
錢穆叢書系列套書 定價:2850元
一、中國學術思想史小叢書（套書）定價：2850元

ISBN:957-0422-12-2
錢穆叢書系列套書 定價:1230元
二、孔學小叢書（套書）定價：1230元

ISBN:957-0422-17-3
錢穆叢書系列套書 定價:1780元
三、中國學術小叢書（套書）定價：1780元

ISBN:957-9154-64-3
錢穆叢書系列套書 定價:1460元
四、中國史學小叢書（套書）定價：1460元

ISBN:957-9154-62-7
錢穆叢書系列套書 定價:880元
五、中國思想史小叢書甲編（套書）定價：880元

ISBN:957-9154-63-5
錢穆叢書系列套書 定價:1860元
六、中國思想史小叢書乙編（套書）定價：1860元

ISBN:957-9154-61-9
錢穆叢書系列套書 定價:2390元
七、中國文化小叢書（套書）定價：2390元

ISBN:957-0422-11-5
八十憶雙親·師友雜憶合刊本 定價:290元
《八十憶雙親·師友雜憶合刊本》定價：290元

勞榦先生學術著作選集

勞榦是居延漢簡研究的先驅，他的相關考證和專題論文也開啟了此後研究的先河。漢代邊塞遺留下來的這些簡牘文書，內容十分豐富。它們直接、生動地記錄了大約從西漢中晚期至東漢初，當地軍民在軍事、法律、教育、經濟、信仰以及日常生活各方面活動的情形，為秦漢代史研究打開了一片新天地。

《勞榦先生選集1~4冊》，收錄其論著十一類一百二十四種，共分四冊出版，展現了勞榦先生畢生的研究成果，突出了論著之精華，為廣大學仁提供了研究之便利，更是對勞榦先生學術風範的繼承和發揚，意義非凡。

16開圓背精裝 全套四冊不分售
定價新臺幣 18000 元
ISBN：978-986-99137-0-6